品牌工程学

——TBCI 2.0

孙日瑶　宋宪华　著

山东大学出版社

图书在版编目(CIP)数据

品牌工程学:TBCI 2.0/孙曰瑶,宋宪华著.—
济南:山东大学出版社,2015.7
ISBN 978-7-5607-5305-8

Ⅰ.①品… Ⅱ.①孙… ②宋… Ⅲ.①品牌—企业
管理 Ⅳ.①F273.2

中国版本图书馆 CIP 数据核字(2015)第 152078 号

责任策划:姜　明
责任编辑:姜　明
封面设计:张　荔

出版发行:山东大学出版社
社　址　山东省济南市山大南路 20 号
邮　编　250100
电　话　市场部(0531)88364466
经　销:山东省新华书店
印　刷:山东新华印务有限责任公司
规　格:787 毫米×1092 毫米　1/16
29.5 印张　676 千字
版　次:2015 年 7 月第 1 版
印　次:2015 年 7 月第 1 次印刷
定　价:48.00 元

前 言

随着基于互联网技术的电子商务的发展,品牌经济学理论研究也应不断地深入,品牌工程学也将随之深入,尤其是在品牌溢价方面的理论研究。为此,在书中,我们将第一章确定为品牌溢价模型,从理论上分析了品牌为什么会获得溢价,并进一步提出了在过剩市场条件下,企业应从增产转到增值。在增值的道路上,则需要从做大思维转到做久思维。

从 2011 年以来,品牌工程学在诸多培训中得以应用。以品牌溢价为目的、以 10 个指标为标准的品牌工程学,得到了不同类型、不同行业企业学员的广泛认同。他们认为,建立在品牌经济学基础上的品牌工程学,目的明确,操作可靠,对企业进行品牌建设提供了科学的保证。

在有了品牌经济学选择成本基础理论的基础上,为什么还要进行品牌工程学的应用理论也即品牌溢价模型研究?这是因为选择成本是纯理论分析,将其应用到解决实际问题时,还需要应用的工程理论研究。

每次谈到理论研究,都会想到美国科学家罗兰在 1883 年的《科学》杂志的撰文:

> 我时常被问及,科学与应用科学究竟何者对世界更重要,为了应用科学,科学本身必须存在,如果停止科学的进步,只留意其应用,我们很快就会退化成中国人那样,多少代人以来他们都没有什么进步,因为他们只满足于应用,却从未过问过原理,这些原理就构成了纯科学。
>
> 中国人知道火药应用已经若干世纪,如果正确探索其原理,就会在获得众多应用的同时发展出化学,甚至物理学。因为没有寻根问底,中国人已远远落后于世界的进步。
>
> 我们现在只将这个所有民族中最古老、人口最多的民族当成野蛮人。当其他国家在竞赛中领先时,我们国家(美国)能满足于袖手旁观吗?难道我们总是匍匐在尘土中去捡富人餐桌上掉下的面包屑,并因为有更多的面包屑而认为自己比他人更富裕吗?不要忘记,面包是所有面包屑的来源。

每次读这段文字,心里都不舒服,但遗憾的是罗兰先生说的却是事实。中国文化是建立在农业文明的基础上,以经验总结为主,从而形成了老人思维:不听老人言,吃亏在眼前。起始于隋朝的科举制,又把考试范围限定在四书五经,用诠释思维极大地限制了创新思维。而在瞬息万变的工业文明和信息文明时代，经验就像后视镜，只能看到后边，却无法看到前边。而要到达一个未知的地方，需要的不是后视镜，而是导航仪。

“中国是世界航空大国，而不是强国，主要是因为我们缺少自主研制的‘心脏’——先进航空发动机。”中国工程院院士刘大响在接受《中国科学报》采访时如是说。他认为，过去国内所走的路子主要是测绘仿制。在新中国成立初期，我国工业基础薄弱，测绘仿制的思路收到了较好的效果。但长期的测绘仿制，却又阻塞了自主创新的发展之路。此外，对国外先进技术没有花大力气去消化吸收，导致众多技术问题“知其然，不知其所以然”，仿制可做到“形似”，却不能“神似”。

事实上，这种“知其然，不知其所以然”的山寨效应，不仅仅在飞机行业，在很多行业皆如此。之所以出现这种现象，就是因为我们太缺乏理论思维以及理论研究了。

理论研究就像爱因斯坦的$E=MC^2$，该方程不是爱因斯坦用经验得出来的，而是其通过数理推导得出来，由此证明了原子能的巨大威力。放在中国文化背景里，就会有人对爱因斯坦说您造个出来我看看？如果没有这个方程，就不会有后来的原子弹工程。所以在1963年，当美国第一艘核动力航空母舰进行环球航行时，官兵们在甲板上列队排出了这个方程，以此向爱因斯坦致敬。

《新京报》在2011年11月15日C2版，发表了博主图宾根木匠题为《〈失恋33天〉：难以复制的黑马》一文，文章认为：最讨厌事后诸葛亮式的马后炮分析了，一旦成功，所有的因素都会被往成功路径上套，各色人等都来振振有辞；一旦失败，所有的因素又都会被打入18层地狱，继而集体声讨院线的“势利”和内地电影环境的不完善(甚至批评观众的智商)。几年下来，这样的活剧在内地电影界一直上演着，除了给媒体多点八卦谈资，基本无甚反思价值。所以，当《失恋33天》成为2011年内地影坛最大的黑马时，我也很反感以此为例证来分析什么成功原因。对一个还处在萌芽阶段的电影市场来说，基本面都还没做足，哪里能有充足的数据来侈谈什么规律？

从电影专业的角度，他的观点是正确的。但从新闻传播的角度，他所提的两种分析，却有可能增加作者的传播度。问题是该如何进行分析呢？图宾根木匠认为：按照既有的经验来看，一个成熟的电影工业体系必然是以类型片为基础的，《失恋33天》一部影片的成功，能否代表着一种类型片模式(都市爱情)的成功？现在看来，即使加上《非常完美》和《将爱》，作此断言也为时尚早。

这就存在一个问题：既然《失恋33天》是一匹“难以复制的黑马”，那“必然以类型片为基础的”“成熟的电影工业体系”从何而来的？其实，类型片的类型划分和形成，都是市场形成的，是电影顾客也即观众通过市场选择出来的，既不是学者的分类，也不是政府的命名。谁能想到1934年的《一夜风流》，成为爱情喜剧的开篇？1952年的《罗马假日》、1998年的《泰坦尼克号》也就顺理成章了。

图宾根木匠认为：中国这么大，看电影和拍电影的人都这么多，出黑马是必然的，问题是，黑马能否成群？

其实，图宾根木匠提出了一个严肃的问题，就是研究从何开始？是从经验开始，还是从理论入手？如果说牛顿研究是从苹果落地这个经验开始的，那么，爱因斯坦、波尔、霍金等人的研究，却没有可供观察的经验，因为从光电效应，到量子纠缠，都是先有理论证明，后有实验验证。正是在理论基础上，指导着实验的成功，进而在技术上进步。

在第三共产国际主张工人阶级领导的城市革命的情况下，毛泽东根据中国实际，提出了打土豪分土地的农村革命理论，也是先有理论后有实践。在马克思那里，则是通过对资本主义生产规律的研究，得出了社会主义必然到来的结论，由此开创了科学社会主义的理论。

传统的经验性思维或问题导向的思维，有一个很大的限制，就是若没有经验过或者问题没有发生，也就不会得以关注，而很多事情一旦发生，有可能带来很严重的后果。因此，通过数量或逻辑证明得出的理论，构成了实践的方法和标准。

品牌建设最大的误区是把商标尤其是驰名商标与品牌混淆，对此，在第一章进行了区别。

随着对品牌经济学理论研究与实践的深入，我们逐渐发现品牌建设是一项工程，作为一项工程，就需要专用的工程技术。这个观点最早是孙曰瑶在《中国工业经济》2006 年第 4 期上发表的《自主创新的品牌经济学研究》一文中提出来的。在随后的四年多中，品牌工程需要什么样的工程技术，一直成为笔者思考与研究的重点。并且经过反复测试，从品牌经济学理论出发，推导出了 10 个指标，逐渐地形成了品牌信用评级这个技术手段。通过这 10 个指标计算出来的商标的品牌信用指数(TBCI)，可以定量地测算出一个注册商标与品牌的距离，并能测试出每个指标对商标品牌化的贡献或损失，这就为品牌建设提供了可靠的科学依据。

运用商标的品牌信用评级技术，我们团队先后完成了 1200 个商标的品牌信用评级，揭示出了诸多有趣的现象。其中最有价值的，就是发现很多知名度很高的商标，其实距离真正的品牌很远，从而发现驰名商标并不等同于品牌。

在商标的品牌信用评级技术的研发过程中，刘强、李野、袁文华、袁洁、崔颖、姚蓓艳、范维莲、吕承超、万乾在具体评级和撰写分析报告方面，做出了很有价值的案例研究。对他们的这些研究工作，本书中相关研究案例后边都给出了明确的标示。

关于本书，我们想说以下四点：

1. 关于《品牌工程学》的目标顾客，是品牌经理与企业招聘。从网络搜索就会发现，招聘品牌经理的企业越来越多。但是，品牌建设最怕的就是不知道什么是品牌以及如何科学建设品牌。换言之，作为一项工程，品牌建设本身就需要专业的技术保证。通过系统地学习本书，就能很好地掌握品牌建设所需要的工程技术。与此同时，企业在招聘品牌经理时，人力资源部门又缺乏可靠的测评标准，为了解决这个问题，企业人力资源部门可以按照《品牌工程学》，对应聘者进行可靠的科学测试。

本书不适合作为单纯的考试用书，因此本书每章之后没有编写思考题。

2. 关于《品牌工程学》的基本结构，是整体模型与指标独立。所谓整体模型就是品牌信用模型，在第 2 章中，对该模型整体论述，但从第 3 章到第 12 章，则是对品牌工程的 10 个指标独立成章单独论述。在系统论述每个指标时，从技术标准、测试评级、设计流程、案例诊断、案例模拟五个方面展开。其中，技术标准是该指标应该达到的程度，达到这个程度，就对品牌建设是有利的；测试评级则是测量某个商标的该指标的现实情况距离品牌有多远；设计流程则是该指标从现实到实现技术标准规定水平的具体步骤，按照这些具体步骤，该指标就能达到技术标准所规定的水平；案例诊断则是运用技术标准和测试评级要求，对具体商标进行诊断研究；案例模拟是为读者亲自实践采集的案例资料，通过这些案例模拟，可以熟练进行每个指标的具体建设与优化。案例模拟，也可以作为企业人力资源部门，对前来应聘品牌经理的候选人进行岗位专业技能测试。

3. 关于《品牌工程学》的论述方式，是借题发挥与寓理于案。所谓借题发挥，就是本书采集了过百个案例或背景资料。通过这些案例与背景资料，可以直观而又深刻地理解相关概念或原理。同时，在20多年的教学实践中，我们发现学生尤其是在职学员，不太欢迎传统教科书的教条化论述方式，从而降低了教学效果。为了避开教条化论述，在本书中，我们在借题发挥的基础上，寓理于案例。所谓寓理于案，就是通过对案例的分段点评，来阐述相关的概念和原理。因此，在案例中，读者会发现很多"本书点评"。

4. 关于《品牌工程学》的案例采集，是公开来源与独立点评。所谓公开来源，就是案例与资料都是采集于公开出版或发表的报刊、图书、网站或博客。之所以采用公开来源的信息，不是我们自己亲自编写，是为了保持其公正性。所谓独立点评，就是对这些案例或资料的分析是我们独立完成的，不存在外部干预。在这些案例中，有一部分重复应用于不同的章节中，一是便于阅读，不至于前后翻找，二是这部分案例能够说明多个问题。为什么全书不能用一个案例，是因为没有一个案例能够把所有问题都能说清楚。通过本书的案例点评与测试，就会发现品牌信用评级技术的10个指标的价值。

在本次出版中，对10个指标的具体测试标准及其算法，进行了很大的调整，故称其为TBCI 2.0级。根据新的测试标准和算法，对以前的测试案例进行了调整，从而使这些案例的结果在两个版本之间有差别。这些差别本身，不具有法律意义，仅仅起到教学示范的作用。

为了使读者熟悉TBCI 2.0版的具体使用，本书选择了华夏良子养生、上海牌手表、七匹狼男装、百达翡丽手表、依波路手表、双胞胎饲料、闪电贴创业计划，《失恋33天》电影剧本，进行了案例研究。在进行案例研究时，所有信息皆来自网络，因对网络信息无法进行验证，故所得出的结论仅仅具有案例教学意义，不具有法律意义。

在本书中，引用并点评了120多个背景资料、实例、案例理解和案例模拟，对所引用的每个案例或背景资料的作者和刊物，表示衷心的感谢，困于无法获得您的详细地址，故敬请您给我们发个邮件，我们将赠书以谢(我们的邮箱是：7776sun@vip.163.com)。

在品牌建设过程中，基于品牌经济学原理的品牌工程学，一定能给您带来可靠的专业支持，通过品牌溢价，化解质量成本，走上持久的发展之路！

关于《品牌工程学》，我们渴望得到来自读者的建设性的建议，以便我们在后续的研究中，不断进行改进。同时，也愿意为企业提供客观独立的商标的品牌信用测试评级，为品牌建设提供科学可靠的依据。

本书的责任编辑姜明先生付出了很多心血与辛苦，在他身上，看到了敬业精神！在此表示诚挚的谢意！

孙曰瑶　宋宪华

2015年1月21日星期三于泉城

目 录

第 1 章　品牌溢价模型

在现实生活中，存在一种经济现象，即同质化的产品，用商标 A 的价格是 100 元，而用了商标 B 之后，即使价格是 150 元，买的人也还是很多。多出来的 50 元，就是品牌溢价（Brand Premium）。

例如，山东某食品企业是肯德基的鸡肉供应商，由该企业供给肯德基的炸鸡中翅，在肯德基的零售价格是 8 元/对。该企业认为，如果自己办一个快餐店，同样的炸鸡中翅卖 4.8 元/对，应该有市场。但事与愿违，办起来的快餐店公司很快就经营不下去了。

为什么同质化的产品，使用不同的商标，所产生的效益差别如此之大？这就是商标和品牌的区别。在孙曰瑶《品牌经济学》（经济科学出版社 2005 年版）和孙曰瑶、刘华军《品牌经济学原理》（经济科学出版社 2007 年版）两本书中，通过构建选择成本、品牌信用度等概念，我们解释了在什么条件下，注册商标能成为品牌。但是，没有解释清楚品牌为何能溢价。因此，本章的任务，就是解开品牌溢价的机制是什么，也即品牌溢价模型。

1.1　有规模为何无定价权

新古典经济学的基本命题是规模经济，问题是有规模一定有利润吗？为此，我们看以下资料。

背景资料 1.1　钢琴“大”国[①]

全世界的钢琴生产大国其实是中国。在 2011 年，全球钢琴的总产量在 50 万台左右，其中超过 70% 是在中国生产的。而德国的贝希斯坦钢琴去年的产量仅为 4500 台左右，也就是说不到全球产量的 1%。但因为价格昂贵，贝希斯坦钢琴的产值却要占到全球钢琴产值的 10%。

贝希斯坦总裁：我们不想做大，因为那样就不能把品质做到极致了。

① 参见曹阳《向德国中小企业学什么?》，2012 年 11 月 22 日“商业评论网”。

背景资料 1.2 国产手机企业:真不想做大,实在亏不起

《广州日报》2013 年 1 月 8 日报道:市场份额再创新高,甚至把洋品牌远远甩在背后,但在利润上,除了少数的那几家,众多的中国本土手机品牌并不赚钱,“大而不强”仍是中国本土手机业界难破的“局”。

来自第三方调查公司的数据显示,到去年 11 月份,中国本土手机品牌在中国内地市场的份额已超过七成。从最初的不到一半,到超过一半,再到超过七成,国产手机的成长速度不可谓不快。但同时,另一个数据显示,目前全球几乎 99% 的利润都被手机业界的两大巨头拿走。可以说,众多中国手机厂商“赚吆喝不赚钱”。

上述两份资料,分别是钢琴和手机,产品不同,但共同点是,我国生产规模都非常大,但利润却很低,直观的理解就是缺乏定价权。

所谓定价权,是指在同时满足股东投资利润率和产能等于销量的条件下,厂商对属于自己的注册商标及其承载的产品或服务,具有自主定价的能力。

对此定义,需要特别强调以下三点:

第一,定价权突出的是自主定价的“能力”,而不是权利。从法律上来讲,在符合法律相关规定的前提下,厂商对自己的产品或服务,当然有价格制定的权利。但是,所制定的价格,不一定能得到顾客的认可。若得不到顾客的认可,也就得不到顾客的钞票。为了达到销量,厂商只好采取降低价格的策略。故对厂商来讲,有权利定价不等于有能力定价。

第二,定价权突出了两个条件,即同时满足股东投资利润率和产量等于销量的条件。如果不满足股东投资利润率的要求,股东会不给予投资,或者撤换经营者;如果投资形成的产能不能变成销量,则导致生产能力闲置,成本增加,利润减少,进而诱发股东利益受损。

第三,定价权突出了自主商标,而不是贴牌生产,因为贴牌生产的厂商从理论上,不管是 OEM(代工生产)还是 ODM(原始设计制造商),都难有定价权。

没有定价权的厂商,随着上游成本的增加,出厂价格的下降,损失的就是利润,而当损失到一定程度时,厂商也就停止了。这就是贴牌经济为何难以持久的根源,也是中等收入陷阱的微观机理所在。

那么,如何获得定价权呢?

从理论上讲,只有一个答案,就是获得“垄断”。但是,这个“垄断”是有条件的,这个条件就是“顾客选择”。例如,获得发明专利的技术创新,发明专利持有人对其专利是有垄断权的,但未必是有商业价值的。很多发明专利持有者,并未获得销售的成功。那么,什么样的“垄断”才能既获得定价权,又能获得顾客选择呢?答案是也只有一个条件,就是满足目标顾客需求的产品或服务。

在现有的经济理论中,满足这个条件也即有效率的垄断,有两种:

一是自然垄断,也即在理论上一个行业只有一个企业存在。例如铁路、自来水、电力等。

假设有两个电力公司 A 和 B,用 R 代表利润,Q 代表销量,P 代表价格,C 代表成本,则 A 公司的利润函数是 $R_A=Q_AP_A-C_A$,B 公司的利润函数是 $R_B=Q_BP_B-C_B$。某个电

力用户家里同时接进A和B两家电力公司的电线，假设A和B两家电力公司的价格相等，但成本不同。而该用户根据两家电力公司的服务质量，高兴了用A公司的电，不高兴了用B公司。设该用户使用A公司电力的可能性是β，则使用B公司电力的可能性是1−β。则两个电力公司的利润函数调整为：

$$R_A = Q_A P_A \beta - C_A$$

$$R_B = Q_B P_B (1-\beta) - C_B$$

由于电力设施已经投资建成，也即成本已经发生，也即成本C_A和C_B是确定的，但由于A和B两家电力公司的收入是不确定，在{不确定的收入，确定的成本}之间，A和B两家电力公司各有三个选择：要么提高电力价格，要么都不供应电力，要么合并成一家电力公司。而前两个选择都导致电力用户利益受损。因此，为了获得电力公司的电力，电力用户也即顾客不得不接受一家电力公司的电力，即A与B合并为一家电力公司。

二是行政垄断，即国家通过立法授予的独家经营。在我国的经济领域，目前有两个行政垄断：1991年6月29日第七届全国人大常委会第二十次会议通过的《中华人民共和国烟草专卖法》，授予了中国烟草总公司独家生产与批发卷烟的垄断权力；国务院于1996年5月27日发布的第197号令《食盐专营办法》授予了中国盐业总公司批发食盐的垄断权力。

但是，自然垄断和行政垄断，都是绝大多数企业尤其是民营企业不可能获得的，那一般的企业又该如何做呢？汶川地震期间，有个央视的现场抢救直播，当时，一个小男孩被救援人员从废墟中抢救出来时，救援人员问他想要什么，这个小男孩张嘴就说“叔叔，我要可乐”。这个小男孩选择的产品，既不是自然垄断，也不是行政垄断，而是我们在品牌经济学中提出来的一种新的垄断类型，也即品牌垄断。

所谓品牌垄断，就是在目标顾客产生需求动机时，选择成本等于零（俗话是不假思索）的选择某个注册商标及其承载的产品或服务。根据品牌经济学的理论研究，品牌垄断的前提有两个：一是厂商所属的注册商标，二是该注册商标成为目标顾客所需要的某个单一利益点的排他性代言或象征符号。

我们认为，不能将规模作为垄断的标准，因为规模是垄断的结果，而不是垄断的原因。换言之，垄断一定形成规模（绝对或相对），但规模不一定得到垄断。为了理解这个问题，可以先看一个媒体报道，即背景资料1.3。

背景资料1.3 嵊州领带：失语的“世界之最”①

从铁木织机、有梭织机到剑杆织机，再到世界上最高档的电脑提花织机，这是嵊州领带“设备革命”走过的道路。

本书点评：这些先进的纺织设备是中国厂商制造的吗？如果不是，那就是给国外厂商提供了市场。一旦国外设备生产企业推出了新的设备，拥有老设备的企业是更换还是不更换呢？若不更换，拥有新设备企业的产品更好。若更换，则前期获得的利润，都要换成新设备了。在设备技术更新的条件下，加工企业最佳选择是租赁设备，而不是购买设备。

① 参见2010年10月18日《经济参考报》，作者：李亚彪、商意盈。

问题是我国的商业银行采取的是抵押贷款，而不是信用贷款，导致加工企业只能把设备抵押给银行，也即选择购买设备，而不是租赁设备。由此一来，在贷款没有还清之前，被抵押的设备就无法及时更新。

戴着“世界之最”的大帽子，却说了不算，没有任何话语权

浙江省嵊州市是世界最大的领带生产基地之一，这个“领带之都”曾自豪地声称“给地球系上了领带”。

然而，这个“世界之最”近几年却面临着从上游到下游都被别人掌控在手中、产品附加值低的苦恼。而随着今年以来上游原材料价格的不断暴涨，企业利润严重萎缩，几乎难以支撑。观察和解剖嵊州领带所面临的产业困境，其实具有标本意义，它的某些产业局限正是浙江制造甚至中国制造的通病。

谁在卡“世界之最”的脖子

嵊州市的领带产业自1984年起步以来，目前拥有领带企业千余家，年产值超过百亿元，成为嵊州经济的支柱产业。“嵊州年产领带3.5亿条，从量的角度上看位居全球第一，占全国的90%，世界的40%。”嵊州市领带行业协会常务副秘书长周庆余说。不少嵊州人曾自豪地说，他们“给地球系上了领带”。

令人尴尬的是，嵊州市的领带产业虽戴着“世界之最”的大帽子，却是一个说了不算、没有任何话语权的“世界之最”。业内人士注意到，主要原因是其在上游的原材料供应链与下游的价格链都缺乏话语权，命运总掌控在别人手里。

上游原材料成本的波动始终卡着嵊州领带的脖子。领带真丝用量巨大，嵊州市每年真丝用量达7000吨，其中95%需要在外地采购。由于原材料对外依存度大，价格一有“风吹草动”，就会给领带企业带来阵阵“寒意”。今年春茧收购价同比增长60%，前七个月丝价增长40%，从去年的每吨24万元到今年7月份突破30万元。

本书点评：从这段论述可见，嵊州的领带规模已经很大了，但却没有形成垄断效应。有病很可怕，更可怕的是病因诊断错误。嵊州领带没有话语权的“病因”是什么？是上游的原材料？是下游的价格链吗？杜邦莱卡也只是一种化纤即氨纶，杜邦也不拥有上游原料即石油，但为什么莱卡牌氨纶有定价权呢？如果将嵊州领带的“病因”归于上游原材料，势必开出后向一体化的药方，也即投资控制上游原材料，可问题是杜邦为了获得莱卡牌氨纶的定价权，为什么没去控制石油呢？

领带的产业链依次是：桑蚕→蚕丝→丝绸→领带加工厂→经销商→商场柜台→顾客。如果嵊州领带缺乏定价权是因为没有控制上游原料的话，结论就是直接投资桑蚕养殖。问题是领带的定价权究竟掌握在谁手里呢？品牌经济学认为，不是上游原料，而是在柜台购买的顾客。问题是，在商场购买领带的顾客，购买的领带的商标，不是嵊州的领带代工厂的，而是“金利来”们的。而“金利来”们为了让终点顾客购买自己的领带，也是投入了很多资金的，这就是品牌投资。而嵊州的领带代工厂商们投资的是厂房设备，当然得不到顾客的关注了，也就没有了定价权。

周庆余算过，丝价每吨上涨1万元，每米面料增加4元成本，每条领带成本增加0.4元。“按目前的丝价，我们已没有利润可言。”周庆余说，“企业已经坚持半年多了，丝价如果不降，恐怕撑不下去了。”

在上游成本挤压的同时，下游销售缺乏价格话语权。大量订单掌握在中间商手中，高额利润被截留。嵊州市最大的领带生产企业之一、巴贝集团有限公司董事长金耀说，以一条嵊州领带在国际市场上销售30美元测算，国外终端品牌企业在商店中销售赚取15美元，拿到品牌经营权的中间商赚取12美元，只给本地生产企业留下3美元的出厂价。

本书点评：其实，嵊州领带的厂商们，在领带产业链中，仅仅完成了加工过程。本质上是贸易而已，也即买卖而已，既然是做买卖，也就只关心进价和出价之间的差价，离市场的距离还很远。为什么在30美元中，嵊州领带加工厂只得了3美元？那是因为嵊州领带加工厂离领带购买者也即终点顾客的距离最远！在政治领域，谁越接近权力中心，谁就越拥有决策权；而在市场领域，谁越接近终点顾客，谁就拥有定价权！因为正是终点顾客是最后的出钱购买者。

“这些中间商牢牢把控流通渠道，不会让出。”金耀说，“我们曾计划收购一家英国从事中间商业务的公司，马上受到国外批发商‘转移订单、停掉业务’的威胁，各种制裁迅速跟上来，收购不得不放弃。除非我们放弃加工，专门做中间商，可这要颠覆整个产业的定位。”

产品低端，没有话语权，这正是量大利低的“中国制造”的特点。在绍兴其他地方，在浙江省，不少以加工出身的行业对品牌几乎是忽略的，有的县市支柱产业中，甚至一半以上的企业没有自己的商标品牌，只能替人做嫁衣。

本书点评：按照这段话的分析，嵊州的领带加工厂，注册一个属于自己的商标，是否就不用替人做嫁衣了？答案肯定是否定的。为什么呢？因为商标不等于品牌。文中提到的“品牌”，其实是“商标”，品牌经济学将商标与品牌进行了严格的区别。注册商标是个法律概念，而品牌是终点目标顾客的单一利益点的认知概念。品牌一定需要注册商标予以法律保护，但注册商标不等于终点目标顾客不假思索选择的品牌，完成这个转变所需要的技术，就是品牌信用模型，运用品牌信用模型将注册商标建成终点顾客认知的品牌，就是品牌工程学的任务。嵊州的领带厂商们，对终点顾客的领带选择行为几乎没有研究，当然就没有定价权。

到底是制造业大省还是“打工大省”？“世界之最”的苦恼同样存在于其他行业。浙江会制造服装，有的服装却不如其他品牌服装的纽扣值钱；浙江会制造眼镜，可有的产品不如别的企业一个眼镜盒值钱；浙江会制造布匹，可100米布不如别人的一条手帕值钱；浙江会制造打火机，可有的打火机不如别人的火柴值钱。

本书点评：终于开始思考制造业大省和打工大省的区别了，也就是Made in China与China Made的区别了。知耻而后勇！能够思考这两者的区别，不是执迷不悟，说明还有希望。

面对上挤下压的“卡脖子”处境，嵊州领带不得不通过考虑提价的问题。自2008年以来，嵊州领带行业协会先后两次提价：一次是在2008年每条领带最终涨价0.1美元；一次是今年5月，每条再涨0.1～0.25美元不等。“这两次提价难度极大，需要对内终止价格战、统一企业认识，对外同国际采购商展开马拉松式谈判，而且最后也只是保本微利。涨价10美分都这么费劲，看来再想吃这碗饭就必须得换换脑筋了！”

“量到天花板了，利润却还在地板上”

中共嵊州市委书记郭敏说:"即使全世界的领带都归嵊州生产,也难以支撑起整个市域经济的发展。""量都做到天花板了,可利润十分稀薄,还在地板上。"在嵊州市,这是从政府到企业谈起领带产业时常说的一句话。在当地不少领带企业心目中,量大利薄成为一大痛处。

本书点评:这就充分证明了规模形不成有定价权的垄断!价值的现代意义,是指在折现率一定的条件下,未来收益的折现值。因此,只有深刻理解产品或服务给终点目标顾客带来的未来收益的厂商,才能获得终点目标顾客的选择。通俗地讲,就是只懂产品或服务本身是不够的,所有产品或服务最终都是给终点顾客买走的,而终点顾客买产品或服务,不仅仅是为了占有产品或服务,而是所购买的产品或服务给自己带来的预期收益,这个预期收益既可以是物质利益即需求带来的生理满足,也可以是情感利益即欲望带来的心理快乐。在技术原理一定的条件下,竞争的结果,导致不同厂商的产品或服务物质利益的同质性。这样一来,终点顾客所关注的,就将集中于情感利益。而情感利益就是品牌溢价的根源。

巴贝集团有限公司董事长金耀告诉《经济参考报》记者,目前嵊州领带还只是赚取中间环节的利润,非常稀薄,在从生产到终端产品整个利润链条上,只占10%的比重,还有90%的提升空间,产值提升空间更是巨大。与其说嵊州是领带制造大市,还不如说是打工大市。中共嵊州市委书记郭敏说:"嵊州领带虽然在量上已达到产业的天花板,可质的提升还有很大的空间。"

本书点评:在此句话中,"量"好理解,"质的提升还有很大的空间",此处的"质"是指什么呢?是产品质量吗?显然不是,因为如果生产出来的领带不合格,下订单的委托方也不会接受的。品牌经济学认为,这个"质"是指降低目标顾客选择成本,而要降低目标顾客的选择成本,就要精确地把握目标顾客最敏感的利益需求。嵊州的领带代工厂商,恰恰忽视了这个战略方向,反而转向了桑蚕养殖,也就是离领带的终点顾客越来越远,离定价权也就更远了。

有的嵊州领带企业主说,量不大利润却很高,在世界上就有范例。同嵊州一样,意大利的科墨市也是该国的领带之乡,但是领带的产值充其量也不过是全部工业产值的1/5。科墨用于制造领带的手工绘制丝绸面料,每种款式只印100米,但每米价格却以百欧元计。近五年间,科墨市虽然还是领带主产地,可大部分加工环节已转移到嵊州,而提供设计、持有品牌的科墨市领带却拿走了大部分利润。在国际市场上,科墨的领带一条可以卖到上百美元,嵊州的领带最多只能卖几十美元,而且即使在这几十美元的价格中,嵊州领带企业赚取的加工费也只有几美元。

本书点评:科墨的领带值钱,难道真的是因为"手工绘制丝绸面料,每种款式只印100米"吗?中国也有很多手工制品,价格为什么也没上去?品牌经济学认为,答案是科墨的领带很清楚自己是为谁设计、为谁生产的。而不像嵊州的众多领带加工厂,自己代工出来的领带,被谁买走了、在什么场合佩戴、每个款式和顾客颜色的含义是什么,统统不清楚,当然就不知道价值何在。换言之,不知道为谁设计、顾客为何购买的厂商,也就远离价值。在这种情况下,在领带的整个利润链条上,嵊州的领带厂商们能获得10%的比重,已经很不错了。

正如“长三角”地区许多地方的制造业中心一样,在过去20多年间,嵊州领带的起家、勃兴经历了从无到有、从小到大的历史。领带作为一种轻纺工业,由于其门槛低,一时间,缺乏资金、技术的大量农民涌入这一产业。嵊州领带正是依靠“大批量、低价位”的优势,在世界产业分工中,将缘起于西方国家的领带产业转移到东方,中国深圳、香港、台湾与韩国、日本、意大利等地领带产业大规模向嵊州转移,如韩国在嵊州投资的领带企业就达到30家。

可时至今日,日趋稀薄的利润已成为制约产业甚至地方经济发展的主要因素,以量为荣的发展方式遇到了巨大的挑战。郭敏说:“即使全世界的领带都归嵊州生产,也难以支撑起整个市域经济的发展。”

本书点评:早在1988年,孙曰瑶在撰写北京大学的硕士论文时,就将这种追逐劳动成本的产业称为候鸟产业,即哪里劳动成本低,厂商就搬到那里。换言之,江浙一带丝绸产业发达,尤其杭州更是如此,国际上的真丝领带品牌厂商,将加工基地搬到这里来,是符合候鸟产业规律的,这不是嵊州人“努力”的结果,而是丝绸的历史优势和劳动优势所致。随着劳动力成本的增加,候鸟产业一定会选择新的栖息地。因此,请郭敏书记放心,全世界的领带不会归嵊州生产,因为这个世界上,一定还有劳动成本比嵊州低的地区。从汇率和地理位置来看,东南亚就是下一个领带产业的候选代工基地。五年前欧美很多“Made in China ”产品,现如今已经是“Made in Sri Lanka”了。

打造一条“垂直产业链”

事实上,以加工环节为主的浙江制造业,在历经20多年的发展中多数并没有形成一个完整的产业链。

目前,嵊州市从政府到企业在生产环节上正全力向上游与下游拉伸,力争改变以加工为主业的发展方式,把巨大的成本压力向两端释放,把微薄的利润空间向两端拓展。

在上游,嵊州市鼓励企业外拓原料生产基地。一个多月前,巴贝集团有限公司董事长金耀就远赴四川省,与当地政府洽谈设立蚕桑生产基地事宜。为提高原材料的自主掌控能力,12家领带生产企业分成两批,同云南、四川、广西等地实施“东桑西移”工程的县市达成多项协议,累计建立蚕桑茧丝生产基地约百万亩,有的企业还通过控股当地丝绸公司的方式,确保原材料的稳定供应。

据嵊州市政府预计,这些项目全部投产后每年可以产丝近8000吨,不仅能保证嵊州领带企业的用丝需要,而且还可以面向国内其他用丝单位销售白厂丝4000吨左右。为此,市政府每年出资200万元,设立外拓蚕桑基地专项基金。在浙江嘉兴市,嵊州市的领带企业也把目光放在了当地的供丝大户身上,把对方纳入自己的采购体系当中。

本书点评:建立蚕桑基地,增加蚕丝的供应量,之后呢?在质量一定的情况下,蚕丝的价格取决于供求关系,如果蚕丝供应增加了,嵊州领带企业就有定价权了吗?科墨领带的价格高,难道就是因为有自己的蚕桑蚕丝生产基地吗?如果嵊州领带掌握了定价权,自然就会带动四川等地的蚕桑生产面积的扩大,而不需要领带企业自己来扩大。

目前,嵊州市还正筹划建立茧丝调配中心,但这项工作难度更大,需要国家有关部门支持。周庆余说,如果组建一个可储备3000~5000吨的蚕桑茧丝储备仓库,可能比建立蚕桑基地速度更快捷、更有效。然而,这样一个仓库需要投资10亿~15亿元,对地方财政与正处于微利的行业来说压力太大，如果没有国家有关部门的协调与银行的支持，难度可想而知。

本书点评：没听说过意大利政府支持过科墨市政府办过蚕丝调配中心。领带生产企业后向进入蚕桑种植基地，或者嵊州市建立蚕丝调配中心，都是小而全的小农意识，也都是简单的贸易思维，不可能解决嵊州领带的定价权问题。因为领带企业的利润＝销量×价格－(固定费用＋变动费用)，这些措施都是在降低蚕丝的费用，而不是领带的价格。扩大蚕桑种植，能增加蚕丝的供应，通过蚕丝调配中心能在一定程度上解决蚕丝价格波动。但是，如果不掌握领带在终端柜台上的定价权，前面这两个措施所带来的成本降低，同样会被转移出去，嵊州领带生产企业是无法获得的。领带的价值不在蚕丝原料，而在终端柜台的顾客购买，只有尽可能地接近并取悦在终端柜台选购领带的顾客，才能掌握定价权。

在下游，嵊州市加强品牌运作，进军终端销售市场。嵊州市经贸局副局长邢昌陆说，政府拿出专门资金鼓励自主品牌出口、鼓励收购国外品牌、鼓励国外注册商标等。浙江丹鲁依服饰有限公司利用欧洲经济波动的时机，同国外品牌公司合作，在东欧创办一家终端销售业务公司。董事长袁小平说："我们出资，对方以品牌入股，合作协议约定，我们可以分享对方品牌带来的终端销售利润。"此外，巴贝公司收购了意大利一家以设计领带著称的公司，宏达制衣公司把设计工作室办到米兰，并引进台湾针织大师潘怡良为旗下品牌的设计总监。

本书点评：与品牌公司合资，或收购领带设计公司，对嵊州领带加工厂而言，都是正确的，毕竟进入品牌领域了。可问题是这还是贸易思维，只不过是从实物贸易，转入了知识产权贸易，自己还是远离终端柜台，远离前来选购的终点顾客，也就远离市场，自然远离价值，照样没有定价权。

一位研究人员形象地说，嵊州领带产业眼下最需要上下伸个懒腰，把自己的空间腾得更大一些。事实上，以加工环节为主的浙江制造业，在历经 20 多年的发展中多数并没有形成一个完整的产业链。现在的浙江省，包括领带在内的越来越多的企业开始重视并力争打造一条从上到下、纵向一体的"垂直产业链"，从而使企业便于从各个环节对产品成本、质量及生产节奏进行控制。

本书点评：这就是产业链陷阱！我们曾到过陕西一家油脂企业，进口大豆生产大豆油，后来用豆渣生产饲料，再后来又办起来养殖场，进而办起来肉食加工厂。在问其为何这样做时，答曰打通产业链。本人就提醒对方：杜邦的莱卡氨纶是卖给纺织厂的，纺织厂融化喷丝制成布，布再卖给成衣厂，成衣厂将成衣如女性丝袜经过区域代理，进入超市柜台陈列。在这个产业链中，杜邦公司没有办起自己的纺织厂，也没办起自己的成衣厂。而是通过举办"深圳模特美腿大奖赛"，吸引大量的中国时尚媒体给予免费报道，从而将商标"莱卡"转换成了"美丽时尚"的代言，从而成为终点顾客即职业女性的选择。在此基础上，杜邦公司授权给成衣厂：你如果用莱卡氨纶制成的布，就允许你在自己的成衣上挂个"莱卡"标签。因此，品牌经济学理论证明，打通或建立产业链，不是指自己从头到尾地生产，而是通过给终点目标顾客一个排他性的单一利益点，并用自己的注册商标成为这个单一利益点的代言或象征，从而掌握整个产业链的定价权。

行业"世界之最""单打冠军"的嵊州领带，正在用自己摆脱阵痛阴影的实践，为其他戴着光环的“中国制造”敲响警钟。

1.2 过剩转型：从增产到增值

在供大于求的市场环境也即过剩条件下，如果同行业多数厂商继续投资扩大规模，很快就会进入供大于求的过剩市场，从而导致产品价格下降，并由此导致资金链断裂。为此，我们先看个案例。

案例理解1.1 追求增产的恒森家具为何垮掉了？①

恒森家具始建于1997年，年产值5000万元。从2011年起，该厂共借1000多万元的高利贷，月息5分，年利高达79.58%，短短三年时间原本红火的家具厂被高利贷吸空。

本书点评：$[(1+0.05)^{12}-1]\times 100\%=79.58\%$。如果是几天内的临时融资，还可以接受，如果是半年以上的借贷，问题就严重了。人人皆知高利贷的利息高，为什么还有人借？这就是急需！换言之，在急需的条件下，人们对价格是不敏感的。

一个半月前，恒森家具厂房内机器轰鸣、人头攒动，一片繁忙的景象；厂区门口每天都有进料、销货的大卡车排队。一个半月后，这个家具厂内设备、库存已被债主们一抢而光，偌大的厂房空空荡荡、尘土满地。只有祝传梅领着两个木匠在工厂的一个角落忙碌着。

恒森家具的厄运始于2009年的扩张。当年，老板祝清民决定投建1.2万平方米的新厂。为了这一项目，他一面从民间以2分的月息四处借款，一面从多家银行进行融资。看到工厂生意兴隆，祝传梅也发动亲朋凑了100多万元，贷给老板。她万万没想到，恰恰是这一投资，让红火的家具厂陷入了高利贷的泥潭。原来，近些年祝清民相继从工行、建行、莱商银行、青岛银行、农村信用社共贷款1600多万元，贷款期均为一年，大多被用于建设厂房、购置设备、采购原料等。

本书点评：为什么说厄运始于2009年的扩展？在作出投资扩大厂房、购买设备、增加工人的决策时，老板肯定是看好未来的收益。这就是增产模式。

可是，家具厂的投资周期一般要三四年，远远大于贷款周期，每当贷款到期，祝清民只能到当地民间借贷公司去借高利贷，以图银行续贷。作为会计，祝传梅记得，2010年恒森家具的银行贷款只有100多万元。随着企业投资的加大，银行贷款不断增多，老板的高利贷也不断加大。

引发恒森家具资金链危机的导火索，是2012年底莱商银行在200万元贷款到期后，突然决定不再续贷。从此，祝清民再也没能还上任何一笔高利贷。2013年7月，工厂里突然出现了七八个高利贷公司的人上门讨债。他们天天吃住在厂里，打牌喝酒，强行阻止企业与客户的卡车进出，为此厂里报了两次警。当年8月，一家高利贷公司为逼债甚至绑架了老板的儿子祝汉景。

本书点评：企业究竟为谁工作？为利润？为规模？为资产？为客户？为贪欲？为市

① 参见钟昂《中小企业困局：高利贷上门讨债大打出手，有企业主自杀》，2014年1月3日《经济观察报》。

长？为银行？为高利贷？为快乐？目的不清，输得干干净净！但求500年，何必500强！

一边是十多家高利贷公司不断上门追讨，一边是银行贷款陆续到期需要归还。祝清民与儿子祝汉景不得不将名下房产反复抵押，到多个银行贷款融资。2013年12月，恒森家具已无法从借贷公司处融资，300万元的建行贷款到期也无法归还，上述违法抵押也在资产清查中被查出。老板祝清民连夜跑路，其子祝汉景因涉嫌金融诈骗被捕。

该企业扩大规模为什么导致倒闭？表面原因是资金链断裂。而资金链为什么会断裂？我们认为不是因为银行贷款的抽贷，而是因为该企业没有掌握品牌溢价的能力，导致销售收入和增值率不够。银行感觉到了给其贷款的潜在风险，对企业进行了抽贷。

案例理解1.2　亨氏为何不增产？[①]

亨氏公司成立之初，只是一个普普通通的食品公司，它是怎样脱颖而出并确立了业界老大的地位呢？

美国西宾夕法尼亚盛产山葵，山葵根部柔软，纤维较少，味道辛辣，用醋泡过后，是一种很可口的风味菜。1869年，亨利创办了一家专门生产这种风味菜的公司，当时，市场上已经有多家同类型的公司了，其中的几家公司，已经拥有了相当规模，因此竞争非常激烈。亨氏公司创始人亨利·亨氏苦苦思索，怎样才能让自己的产品能与众不同。

亨利很快想到了办法：一是在选材上严格把关，挑选优质山葵根，绝不掺杂疙瘩块；二是联系玻璃厂为自己定作专用的无色透明的瓶子。这样一来，亨氏公司的产品就成了“看得见”的放心食品，因此大受欢迎。

亨利并没有因此满足，他把自己的加工厂也变得透明，邀请公众到自己的加工厂内，参观山葵辣根生产的全过程。任何人都可以自由进入亨氏的加工厂的各个车间，参观各个环节的生产过程，亨氏公司还会派专人作导游，为游客进行讲解，回答游客提出的问题。这样一来，公众更加信任亨氏的产品了。

亨氏很快就发展起来了，短短几年，就坐上了同类企业的头把交椅，按理说，亨利应该迅速扩大产品生产量，可恰恰相反，1900年，亨利实施一项举措，把每年的产量限制在一定的范围内，每年完成了计划的生产量后，不再追加。

本书点评：食客患什么？当然是患食品安全。如何确保食品安全？让顾客看得见。

大家都不理解，亨利解释说：“在公司发展过程中，最重要的是品质和口碑，而速度和规模如果发展太快，就会拉低产品的质量，最终会使我们失去市场。”

本书点评：在那个短缺时代，亨利都能从顾客所担心的食品质量，可见其远见！我们问过的每个人，几乎都知道并接受“人无远虑必有近忧”这句话，可在现实中，为什么很少有人能做到？

因为限量生产，亨氏产品变得更加珍贵，成为市场上的紧俏商品，价格一再攀高，成为业界第一。结果，不增加产量的亨氏，所赚的钱反而比增加产量还要多。

本书点评：谁说增加效益一定得靠增产？为什么不通过提高价格即增值来增加效益？如果你做不到，为什么亨氏就做得到？

---

① 参见2013年9月26日《山东青年》，作者：唐时月。

亨氏著名的赠品——印有亨氏字号的绿色树脂胸针。这小玩意儿长得像棵酱菜，又随手可得，叫人舍不得扔掉，整整一代孩子们的衣服和帽子上都别着它。

亨氏发放了千百万个酱菜胸针，媒体称其为“商品促销史上最著名的赠品之一”。年复一年，亨氏员工经常会听人说起这样的话：“有一次我去你们的工厂参观，当时他们给了我这枚别针。虽然是个小破玩意儿，可从那以后我一直戴着它。”

顾客利益＝物质利益（食品安全）＋情感利益（胸针的触景生情）。由此可见，不仅仅是亨氏的产品质量好，更重要的是免费赠送一个小小的胸针，能够带给顾客们触景生情，从而情不自禁地回忆起自己参观时的情景。正是这个小小的胸针引发了顾客的快乐，即化解了对食品安全的焦虑。

通过上述两个案例可见，对企业而言，增产不一定增值，而增值一定增强。而增值的根源在于给顾客带来快乐的情感利益。

厂商做大是个规模问题，做久是个时间问题。每个人都希望自己长寿，但很少有企业追求长寿，总是追求做大。在供不应求的短缺阶段，价格一路走高，做大是理性选择。但到了供大于求的过剩阶段，价格一路下滑，做大就成为规模陷阱。

在现行体制下，民营企业不可能得到国有背景银行的全力支持，信贷和融资的制度性差异政策，导致民营企业通过信贷来扩大规模的可能性极低。在这种情况下，拥有各种政策和资源优势的国有企业，可以做大，而民营企业只能将做久作为经营的战略目标。换言之，在现行的社会主义市场经济基本制度下，民营企业勿与国企比规模，勿与国企抢资源，而应该走一条根植于市场导向的持久（Durable）战略。

假设每年净收益是 A，满意的投资回报率是 i，年限是 n，则净现值 $NPV=\frac{A[(1+i)^n-1]}{i(1+i)^n}$。

若时间即年限 n 无限长，也即做久，则 $NPV=\frac{A}{i}$；若时间即年限 $n=0$，则 $NPV=0$

n（年）	5	10	20	30	50	100
NPV0.05	4.33A	7.72A	12.45A	15.37A	17.16A	19.85A

假设有两个方案：

甲方案：$A=50$ 万元，但能经营 100 年，则 NPV(甲)＝1000 万元；

乙方案：$A=100$ 万元，只能经营 10 年，则 NPV(乙)＝772 万元。

显然，从总的价值来看，甲方案的每年的收益尽管只有乙方案的 50%，但只要时间足够长，甲方案的收益总价值还是大于乙方案的收益总价值。所以，单从价值角度，厂商的理性选择是 Max{1000 万元，772 万元}＝1000 万元＝甲方案。

但我们在多个培训班中征询学员自己愿意选哪个方案，不超过 20%的学员选择乙方案。其实原因很简单，经营 100 年的前提是政治稳定带来的经营环境的稳定。换言之，在经营环境不稳定的条件下，或者投资者对未来预期不佳的时候，投资者不会选择长期行为。

R 代表利润，Q 代表销量，P 代表价格，C_f 代表固定成本，C_v 代表变动成本，则利润函

数 $R=QP-(C_f+C_v)$。

显然，在 C_f、C_v 一定条件下，Q 也即规模也就确定了，增加利润的唯一的策略就是提高价格，也即增值。为了理解何谓增值策略，我们看个实例：

案例理解 1.3　凯洛格(Kellogg's)是如何从增产到增值？[①]

20 世纪 90 年代末，美国食品市场经历一场消费危机：一方面是因为消费者纷纷抱怨麦片类的食品价格太高，在众多同类商家竞争下，他们纷纷倾向购买那些更便宜牌子的麦片。凯洛格公司的产品在市场中所占的份额一路下滑。

本书点评：同质化＋无情感利益＝低价格。其实从形态学上来看，每个男的或女的都一样。从化学角度，都是碳水化合物，更是"同质化"，那为何一个女的嫁给了一个男的？或者一个男的娶了一个女的？答案是因为这个男的对那个女的好，也就是有感情了。那又怎样？问人间情为何物，直叫人生死相许！所以，在技术原理一定条件下，同行业的不同厂商之间的产品完全可以同质化，也即带给目标顾客的物质利益是相同的。若目标顾客无情感利益，他们必定选择低价格的同类产品。加上供大于求的过剩，进一步加剧价格降低，导致利润流失。而要增加价格，唯一的是增加目标顾客的情感利益，也即快乐度。这一点将在后面的公式(1)(2)和(3)中予以表达。

另一方面他们产品没有跟上当时大部分美国人节奏越来越快的生活节奏。那时的美国人养成了一种边走边吃的习惯，而凯洛格公司的麦片还停留在 20 世纪 80 年代的家庭市场。

本书点评：随着科技进步以及不同年龄代的生活环境的差异，外部目标顾客的需求与欲望都必将发生很大的变化。请问您的目标顾客正在发生哪些变化？

面对这种不利形势的苗头，凯洛格公司高层仍旧强调不断增加产量的错误策略。幸运的是，1999 年 4 月古铁雷斯当上了凯洛格公司首席执行官以后果断地实行了大刀阔斧的改革。

46 岁的古铁雷斯成功地推行了他的改革方案。他提出"从增产转向增值"的理念，把原来简单的麦片经过重新"包装"打造成附加值含量高的产品。推出一种叫作"健康食品"的麦片，专门针对打算瘦身的女士以及体重超标存在患心血管疾病危险的消费群。

本书点评：古铁雷斯首先是调整了目标顾客，从家庭顾客转到了"打算瘦身的女士以及体重超标存在患心血管疾病危险的消费群"，这就是目标顾客的精确性。

如何实现做久的战略呢？根据品牌经济学原理，就是把厂商所属的商标建成目标顾客的品牌。原因是土地、厂房、设备、人员等每个生产要素都无法持久，唯有注册商标能够在法律上永恒地属于所属厂商。因此，品牌经济学认为，厂商尤其是民企的唯一任务，就是把自己的注册商标建成目标顾客不假思索选择的符号或代言。

具体而言，就是我们提出来的 D-SNOB 模型，目标函数是持久(Durable)，包含四个要素：一是小(Small)，通过控制规模，减少对资金、土地、设备、劳动力等生产要素的投入量，从而先活着。二是专(Niche)，通过选择大企业看不上眼的缝隙市场也即鸡肋市场，来

① 参见"互动百科"(www.baike.com)，作者：卡洛斯·古铁雷斯(Carlos Gutierrez)。

规避陷于与大企业直接竞争,也即健康地活着。三是精(Only),提高精益求精的技术进步,做到我能别人不能,从而别人来求我,从而能有尊严地活着。四是美(Beautiful),即带给内部员工和外部顾客快乐的情感利益,从而能快乐地活着。为此,我们看两个案例。

案例理解 1.4 卡尔倍可为何基业长青?①

久:位于鲁尔区哈根小镇的卡尔倍可是一家成立于1834年的润滑油制造企业。也是一家族企业,在煤矿时代,创业者从坚果中榨油;第二代,在钢铁工业的崛起中,他们找到机会;二战后,工厂被炸成废墟,这是卡尔倍可百年历史中唯一一次停产;如今到了家族第六代,生意也交付给专业经理人去操作。

本书点评:资产家族所有但专业管理,这就是现代企业制度。常问老板是否相信人无远虑必有近忧?回答是相信。那公司里谁负责定远虑?回答是老板。再问是否相信旁观者清当局者迷,回答相信。那老板是当局者还是旁观者?回答是,老板是当局者。那不就迷了吗?被问及的老板们无语。这就是很多企业为什么失败的原因。

在竞争激烈的行业内,卡尔倍可一直保持着每年15%~20%的稳定增长。CEO Hans Otto Franz说,在成熟的润滑油领域,各家产品性能都不错,卡尔倍可能够胜出在于服务。

小:2010年年收入在200万~300万欧元上下。近三年,全球润滑油年产量稳定在3700万吨左右,卡尔倍可为之贡献了3.5万吨。在35个国家,卡尔倍可都开展了业务,大客户包括宝钢、中石油、梅赛德斯·奔驰等企业。

"卡尔倍可是一个小的公司,要低调。我们很少向外界透露具体的年产值。"卡尔倍可公司现在的CEO弗朗兹拥有经济学硕士学位。他说:"我们没有兴趣跟壳牌和BP、Sinopec这些公司对抗。他们只在乎大宗订单,而我们更关注小客户。只要客户有需求,我们就会研发新的产品。今年,我们又开设了一条新的生产线。这一切也许让卡尔倍可看上去像个小贩,一担一担地卖东西;但在润滑油的一些细分市场中,我们又是绝对领军者。"

本书点评:卡尔倍可的销售额只有不到3000万元人民币,销售量占全球润滑油不到0.1%,但谁能说对世界没有影响力?但就是这个小公司,在这润滑油行业存在了180年!这就是持久发展,而不是昙花一现。他们之所以能持久,就在于"更关注小客户",也即目标顾客的精确性与单一利益的对立性。

卡尔倍可有一支专门为客户服务的工程师队伍。一旦客户遇到问题,一个电话、一封邮件,工程师就会马上飞到现场帮助解决。

这种为客户提供的"一对一"服务是BP、Shell等国际大型企业做不到的。"它们太大了。"弗朗兹说,"今天这个负责跟进,明天又换另一个,流动率很高。我们的客服人员都是20多年的老员工,和客户是熟人,当他们提出建议或者新的需要时,沟通理解会容易很多。"每三年,卡尔倍可还会组织一次大型研讨会,邀请所有的客户、合作伙伴一起联谊、交流。

① 参见李国卿《是时候谈谈德国了》,《全球商业经典》2011年第9期。

本书点评:通过研讨会的联谊和交流,参加的客户获得了尊重和快乐,增进了客户对卡尔倍可的情感利益。而我国企业则是赤裸裸的订货会。

专:在弗朗兹看来,接近客户甚至比营销更为重要。他说卡尔倍可的兴趣在于细分市场,而非BP、贝壳等大石油公司引领的原油市场。所以寻找特殊的润滑油解决方案是卡尔倍可的专长。而要做到这些就必须了解客户的需求,与客户建立长久的合作关系。

本书点评:与在位者保持对立的定位即单一利益的对立性,从而不构成竞争的关系,从而相安无事。

精:卡尔倍可为满足客户的不同需要,已经研发出800种产品,每一种产品的小小变化就可以有150种应用。为了生产出能满足特殊要求的润滑油,卡尔倍可每一条生产线都是自己研发、自己制造。

本书点评:何谓精?精就是只有你能而别人不能,这样,别人产生了需求,就只能求你,这一求,你的尊严就产生了,从而有尊严地活着。

美:在经济危机期间,卡尔倍可公司也面临困难,比如销售额下降、降薪。但他们绝不裁员,因为"裁员不是家族企业的策略";同样,也少有人离开,每个人都怀念曾经的美好。

乌夫说:"这就像一个家庭,当男人失意时,女人总不能选择离开。"就像19世纪德国作家荷尔德林评价德国人的一句话:他们喜欢死盯着一件事情去做,直到做完为止。

为了留住员工,卡尔倍可每年为员工提供8次高质量的职业培训;公司利润的10%作为奖金,返还给员工。负责销售的拉夫为卡尔倍可公司工作9年,算是资历比较浅的员工。据说在德国,在一家企业工作5年以上的才会得到同事真正的信任。

卡尔倍可为一个59岁员工开了一个Party,他在这里工作了40年:"我的很多同事都有长达20年的工龄,我们在这里结婚生子,有些同事的家人也在工厂工作。"

卡尔倍可公司在本溪开了一家分公司。很快,弗朗兹就发现,在劳动密集型的制造业中,中国工人的流动性太频繁了。他对中国公司提出了一项要求:在招募新职员时,一定要考量他们是不是能为公司工作很久。

弗朗兹解释说:"我的目标是把德国的信任系统带到中国。我们不喜欢解雇别人。中国人喜欢来这里一两年再去跳槽。我不能阻止这样的事情。我只能说,任何事情是开放的,我要和员工,跟管理层,跟销售人员去交流我们的理念,这很重要。这里是一个大家庭。"

本书点评:"每个人都怀念曾经的美好",而美好的产生,在于企业给员工与客户带来的情感利益,也即快乐。

案例理解1.5 一"线"之隔[①]

前几天,看见一位时装设计师朋友在微博上抱怨,新设计的几款皮包下厂打样,东西出来怎么看都不对,最后,发现是因为缝制皮包的"车线"品质感不佳造成的。

这位设计师开始上天入地去寻找能够与她的设计相匹配的车线。最后,她沮丧地说,称中国内地是"世界工厂"未免过于自我褒奖,因为,全世界顶级的服装辅料生产工厂都集

① 参见2011年9月14日"新浪博客",作者:李天田。

中在欧洲。

这位设计师发现，能够满足她苛刻颜色要求的只有一家成立于19世纪的德国家族企业，世界上顶级的车线制造商，提供真丝、全棉、涤纶等不同材质的超过1500种颜色的车线。天哪！1500种！让我们肆意联想，恐怕能数得出来的颜色不会超过150种吧！

当我这位设计师朋友欣喜若狂地给德国人发邮件下订单时，却得到了这样一个彬彬有礼的答复：对不起，我们不对中国内地的厂家供货。

本书点评：此事要是换成中国的厂商，极有可能立马儿成交。很奇怪，国人都知道有所为有所不为，但轮到自己，更多的人是选择为所欲为，也即什么赚钱就做什么。

“谁说世界是平的?!”是这位备受打击的年轻设计师和我一起喝酒时反复向我发出的感慨。我当即热血沸腾地要求那些涉嫌“歧视”的德国人必须给我们一个“说法”，而设计师说：我早问了，人家很有礼貌也很实在地回答说，第一，我们不了解、目前也没有能力监控到你们对我们产品的使用工艺情况，无法对车线最终呈现在成品上的品相负责；第二，也许是我们过时了，我们无法保证和控制你们不是把我们的产品使用在“山寨”其他国际品牌的用途，因此具有不可控的法律风险。

用东北话里的经典段子来说，“不就是根线嘛，多大的事儿呀?!”但德国人觉得是可大可大的事儿了。

我把这个故事讲给另外一位设计师听，他倒是不以为然，因为入行久了，类似的经验多得很：曾经有一家国内颇具规模的男式西服制造商，向一家意大利顶级面料制造工厂发出热情的合作邀请，并且派出代表小组亲自飞到意大利去拜访这家工厂的老板。

60多岁的意大利人热情地招待了他们，但是，说到合作，却完全拒绝，连商量的余地都没有。不合作的理由是：我们家族世世代代与三家意大利顶级品牌合作，我们的生产能力只够供应这三家合作者的需求，也只能在这个规模上保障最高面料品质和他们创新的需要。不，我们不想无限制地扩大规模；不，我们不想在全世界做生意。是的，我们是小生意，但是我们觉得这很美好。

“我们是小生意，但我们觉得这很美好！”有多久，我们没有听到过用“美好”这个词来形容一个生意了？

很熟悉也已很成功的一个香港小众品牌负责人在微博上公开指名道姓地控诉：“我们品牌的衣服会被一些人买去拆开，再缝上退货，不过很悲催的是他们根本复原不了。上次我当面问了某位风头很劲的女士经营的北京男装公司，在购买我们产品一个月后来退货，而且多处缝合出现问题的事情，她不肯承认。”

据行内人说，阿玛尼等品牌也常常遭受这种待遇。即使通过这种办法给我带来了以更低价格穿上一件山寨阿玛尼的实惠，我也得说，这种行为，不仅不美好，而且，很流氓。

以上讲了三个关于服装业的真人真事。一叶而知秋，对于今天的中国企业来说，庞大的消费市场和低廉的制造成本，可以当作是我们在牌桌上的两个“大猫儿”，但好的玩家都知道，手里握着俩“大猫儿”，也不一定就能“抠底”，甚至未必能凑成一“炸”。

大不了不跟你玩儿，能奈我何？在一个商业传统有所保存的环境里，理应是行行都有底线，人人都有操守。当年唱戏的都要讲究“戏比天大”的坚守，如今我们的商业生态里泛奥运主义处处可见，随便问一家公司，价值观都是“更高更快更强”的变体，再没有人考虑什么是“美好”的企业。

本书点评：在一个流氓文化盛行的社会里，侵权根本不算事儿，既然知识产权得不到保护，那也就无人进行创新或创造。问题是这在全球化的今天，侵权就是大事儿。“大不了不跟你玩儿”，这不是一句气话，而是正在实现。美国催生的 TPP（泛太平洋战略经济伙伴协定（Trans-Pacific Strategic Economic Partnership Agreement，TPP），其意图就是取代 WTO，从而把中国大陆排除在外，一个重要原因就是中国大陆对知识产权保护不力。

当然，企业也是无辜的环境产物，人家隔壁公司都上市了，您还在这美好地当手艺人呢，见了市长好意思抬头嘛？同行企业都融资三轮儿了，您还自耕自收呢，行业里能有您一号嘛？不行啊，“不进则退”啊，“与时俱进”啊，现如今创业不就是为了先诱投资人，再诱小股民嘛？我想问，究竟，美好，是不是“强大”的反义词？

区别是微小的，一线之隔而已——既是车线，也是底线。

本书点评：很多企业都在探讨自己的定位，而忘了定位的本质就是满足谁的、什么样的需求和欲望。还在用短缺思维来应对过剩时代，尤其是用买来卖去的商业思维，来经营工业企业。买来卖去的商业思维，就像领养了别人 20 岁的孩子，虽然省去了十月怀胎的辛苦和一朝分娩的痛楚，省去了抚养的劳力，省去了教育的劳心，却无论如何不是自己的遗传基因这个根本所在。所以，即使再辛苦，但更多的人也还是选择自己亲生自己的孩子。

把自己的注册商标建成目标顾客不假思索选择的品牌，就是养育自己亲生的孩子！

电商悖论：在顾客预期递送时限的条件下，电商规模越大，递送速度越慢，顾客体验越差，重复购买的意愿下降，电商规模受限。

故在顾客可接受的递送限时最多天数的条件下，电商的规模是限定的。根据“利润＝收入－成本＝销量×价格－（固定成本＋变动成本）”，在最大限定规模之后，电商增加利润的途径有两个：一是提高价格，二是降低成本。偷工减料或山寨，就是降成本的策略，后果用脚后跟都能想出来。网民的眼睛可能是瞎的，但对手的眼睛以及职业打假的网络特务的眼睛是雪亮的！

通过以下实例，可以更好地理解电商悖论。邹卫在 2015 年 4 月 13 日《南方都市报》中报道：

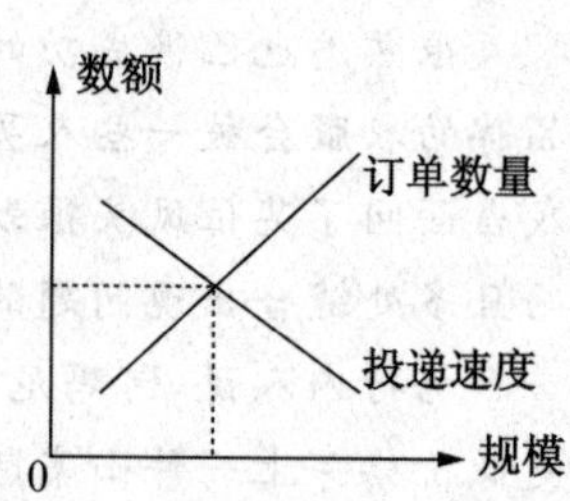

图 1.1　电商规模

清农电商成立于 2014 年 11 月 6 日，5 天后恰逢“双十一”到来，清农电商当天在网上一天共卖出了 857 万只清远鸡。清远市委书记葛长伟后来多次提及此事，认为“互联网＋”为农业提供了无限的可能。

“我们的目标是 2018 年后每年销售 3 亿只清远鸡。”陈百方向南都记者说出了他的“野心”。

3 亿只清远鸡是个什么概念？据清远市鸡协相关数据统计：近些年清远市清远鸡每年的出栏量大概在 4500 万～5000 万只，这意味着未来 3 年，清远市清远鸡的出栏量必须要爆发式地数倍增长，才能满足清农电商的需求量。

“最大瓶颈可能是供应量的不足，而不是销售。”陈百方说。他告诉记者，“双十一”卖的857万只清远鸡，截至目前只供应了不到30%，还有差不多70%没供货。“还要6个月的时间我们才能把‘双十一’那800多万只鸡全部交完，要不然我们就会赔得很惨。”

“这也是农村电商与传统农业模式最大的不同。在清农电商的销售模式下，鸡还在蛋壳里，但鸡已经通过网上订单卖出去了，之后要做的事情就是把鸡养大，并在订单要求的时间里送到终端消费者手中”。陈百方说。

注意最后一句话“并在订单要求的时间里送到终端消费者手中。”这个时间也即顾客可接受的递送限时最多天数，这个天数无论怎么计算，都不会超过6个月吧。如果来不及怎么办？一个简单的策略就是购进别地的鸡，当做清远鸡提交。

根据电商悖论，需要小心的就是爆品陷阱。所谓爆品陷阱，就是为了应对互联网订单短期的迅速增加，厂商需要提前备足库存。假如备足库存的产品品类有 N 个，只要有一个品类产品的订单销售额没有迅速达到库存产品的成本，就直接产生损失。就像清远鸡一样，受“双十一”的天量订单的反馈，就是加大养殖量，但一旦订单减少呢？

1.3 商标与品牌的区别

在和企业经营者交流时，常常听到经营者说“我有三个品牌”。其实，应该说“我有三个商标”。商标不等于品牌，商标是法律概念，品牌则是目标顾客对厂商通过某个商标所作承诺的评价。

从中国文字学上看，“品”字就是三人之口也即众人之口，也就是众人的评价。“牌”字由“片”和“卑”两字构成，“片”是从木头上劈出的一块木板，“卑”字是手持扇子给他人煽风的人，也即地位低下。在古代祠堂中，辈分最高的先祖画像挂在墙上，墙上的面积毕竟有限，辈分低的人去世后，就只能用木块制成的灵位，这个木制灵位就是“牌”。

因此，“品牌”的本意，就是在祭奠先人时，人们对某个牌位的先人的评价，其实就是今天的悼词。用于企业管理，“品牌”就是目标顾客对厂商通过注册商标所作承诺的评价。商标法保护的是商标，而不是品牌，否则，“商标法”就该改成“品牌法”了。

例如，“海飞丝（商标）＋去头屑（承诺）”，若目标顾客使用海飞丝后，感觉确实能去头屑，就会认为海飞丝作出的承诺兑现了，也就是有信用。商标法保护的是别的厂商不得使用“海飞丝”这个商标，但不能阻止别的厂商使用“去头屑”这个产品性能。

一旦在目标顾客中形成了去头屑买海飞丝的认知，“海飞丝＋去头屑”就成了品牌。

品牌经济学的研究发现：

品牌不在于知名度。想想是否有知名而无市场的现象？还记得那些诸如秦池酒等央视的“标王”吗？我国曾一度把驰名商标当成了品牌，但结果是“标王”虽获得了极高的知名度，却退出了市场。

品牌不在于美誉度。工薪阶层哪个不说奔驰S600好，但不买。难道把商标建成品牌的目的就是为了让人们说好但不买？

品牌更不在于忠诚度。管理学把重复购买当作测量品牌忠诚度的指标，可问题是很多主妇并不知道自己重复购买的食盐商标！忠诚度是指严格的排他性选择。请问：您抽了多年的香烟牌子停产了，您准备戒烟吗？20世纪70～80年代，烟台多数百姓抽的是栖霞卷烟厂生产的"蓬莱阁"牌卷烟，后来，这个卷烟厂关闭了，"蓬莱阁"牌卷烟也停用了，可烟台百姓继续抽烟，只不过不抽"蓬莱阁"牌卷烟了。何来忠诚度可言？

那品牌究竟在于什么呢？品牌经济学认为，品牌就在于品牌信用度！

所谓品牌信用度(B_c)，是指厂商通过注册商标，向目标顾客作出某个单一利益点承诺并实现承诺的程度。$B_c \in [0,1]$，0代表无信用，1代表最高信用。

在此需要特别指出的是，品牌经济学所指的单一利益点(Single Benefit Point，简称SBP)，不同于广告界的USP也即"独特销售主张"(卖点)。

1961年，罗瑟·瑞夫斯(Rosser Reeves)的《实效的广告》出版，提出了他的"Unique Selling Proposition"也即USP理论，中文译为"独特销售主张"。其要点是：一则广告必须向消费者明确陈述一个消费主张；这一主张必须是独特的，或者是其他同类产品宣传不曾提出过或表现过的；这一主张必须对消费者具有强大吸引力和打动力。

因此，USP的衡量标准是所作出的产品销售卖点是否与其他竞争中具有差异性以及有多大的差异性，其目的是吸引和打动消费者。而品牌经济学的单一利益点则是把顾客的利益分解成物质利益和情感利益两个面，以不同比例组成的、并且以厂商注册商标为载体的一个承诺，其目的是通过降低目标顾客的选择成本来获得品牌溢价。

一个商标的品牌信用度越高，目标顾客对该商标所承载的产品或服务的选择成本越低，选择的可能性越大。因此，品牌建设的任务，就是通过提高商标的品牌信用度，来降低目标顾客的选择成本，从而提高外部目标顾客的选择效率，最终获得品牌溢价！

所谓选择成本(C_c)，是指目标顾客建立了备选集之后，从中择其一的时间费用。"货比三家"中的"三家"，就是备选集，从中择其一就是选择。备选集的建立所花费的费用，就是交易费用，而从中择其一所花费的费用，我们将其定义为选择成本(Choice Cost)。

关于选择成本的概念及其数理分析，在笔者所著的《品牌经济学》与《品牌经济学原理》中已经完成，在此我们仅仅给出一个戏剧性的理解分析。例如，一个女青年面临两种可能：

A. 只有1个男性追求，也即备选集内只有1个拟选对象，结果是嫁或不嫁；无论是嫁还是不嫁，都存在对与错两种可能。

B. 若有100个男性追求，也即备选集内有100个拟选对象。该女性选择对象时可设定两个方案：

第一是多指标评估：身高、长相、学历、职业、收入、家庭背景等。这样，她需要对这100个男性建立起来一个指标集。建立这个指标集所花费的时间，在经济学上称为交易费用(信息搜索费用)。

当这个巨大的备选集建立起来之后，该女性从中择优选一个。假设她采取的是两两比较的方式，则需要比较的次数是：$N(N-1)/2=100(100-1)/2=4950$(次)。

假设每次比较需要一周时间，则需要4950个周，每年52周，$4950/52=95$年。

这就是该女性从100个追求者中，按照多指标择优的时间费用，这个时间费用就是选择成本。

第二是单指标评估：该女性不是考虑男性的多指标，而是单一指标，或者是身高，或者是收入，或者是职业等。则同样是100个追求者，选择的时间费用在1个小时即可确定。

请思考：选择成本从95年到1个小时的极大降低，原因何在？

结论：将男性多指标转化为产品的功能诉求，则功能诉求越多，顾客的选择成本越高。换言之，厂商的产品可能是优质产品，但因为承诺了很多利益点，结果导致顾客不知所措，也即加剧了购前焦虑症，从而提高了选择成本，导致顾客放弃选择。

其实，当你的产品说明书中列举的利益点越多，意味着你越不了解目标顾客是谁，他们最敏感的需求是什么！例如，佳洁士牙膏：有1种产品时，市场份额超过50%；有38种产品时，份额下降到36%；有50种之后，份额降到了25%。

案例理解1.6　弗索手表(Fossil Watches)[①]

弗索手表在17～24岁的年轻消费者当中很受欢迎。虽然弗索表质量上乘，但对于它的核心消费者而言，表本身却并不是价值的首要来源。当然，如果表的质量不行的话，它也很难找到消费者。不过，消费者被弗索表吸引却是因为弗索品牌独一无二的个性——它的品牌形象是“回到20世纪50年代”。

本书点评：表的质量是“桶底”。没有桶底，水桶盛不住水，可只有桶底，也盛不住水。顾客买表的利益＝物质利益＋情感利益。不同商标的手表的质量可以是相同的，但情感利益却是可以不同的。“回到20世纪50年代”，就是弗索表的情感利益。

为了培养这种品牌形象，公司找到那个时代的图片、图像和艺术品，并用它们将品牌包装起来。这些图片从总部大楼的建筑风格、办公室里的装饰品、店内陈设到销售点用具，再到公司的文具，无所不包。公司管理人员为了寻找思路以及真实物品，找遍了古董店、跳蚤市场、宅前销售、旧杂志等各种地方。最能突出体现这种形象的莫过于它的包装盒了。

本书点评：这是实现“回到20世纪50年代”的具体策略，而且是重复的情感故事。通过重复体现日久生情。

这种包装盒有一个既简单又可爱的名字叫“听”(Tin)，是一种锡制的小盒子，上面印有20世纪50年代的各种图片。在任何时候都有一百多种设计各不相同的包装盒。消费者们在购买了表之后，可以再选择一个包装盒(免费赠送的)。

公司的管理人员相信，在购买了表之后还可以选择包装盒对消费者的购物经历来说是一个很大的附加价值。消费者们回到家后，每次看到它都会使他们想起弗索品牌独特的形象。

本书点评：回家后每次看到的不是所购商品即手表，而是自己喜欢的那个20世纪50年代。走时准的手表是物质利益也即功能需求，而自己喜欢的20世纪50年代，则是情感利益也即快乐欲望！

这种20世纪50年代的风格是通过那一年代的图片、图像及事实来烘托品牌而塑造出来的。公司管理人员说：“这些图片都是独一无二、非同寻常的。”看起来他们不仅是来自于一个不同的时代。他们都具有超现实主义的特点，上面描绘的人们都是快乐的，脸上带着天真的微笑。

---

① 参见Jagdish N. Sheth，Banwari Mittal《消费者行为学：管理视角》，机械工业出版社2004年版，第21页。

本书点评：为什么17～24岁的年轻人喜欢“回到20世纪50年代”？是因为这个时代的图片的人物是快乐的、天真的微笑！弗索手表+50年代的图案包装盒=目标顾客的品牌。引入50年代的图案，就是通过触景生情，来满足目标顾客的快乐欲望。

这一切都深深地吸引了年轻的人们，使其代表着一种渴望。目标消费者们认为，如果购买了这种手表，他们就属于某一个群体，就成为超现实主义文化的一部分，并有着某种特定的生活经历。

本书点评：请注意最后这句话。这句话表达的是弗索手表的目标顾客购买的不是一种走时精确的手表，而是这种手表所表达的自己的渴望也即欲望。这就是弗索手表的情感利益，也就是弗索手表的品牌价值。

在《北方农资》杂志社举办的第二届农业与农资南北对话临沂会议上(2014年6月22日)，有位代表说化肥不需要做品牌，理由是土地、作物懂啥品牌，给它吃啥它就吃啥。而我们的回答是：您说得太对了！化肥的确是对土地及作物有用，但土地不会来买化肥，小麦也不会自己来买化肥，而是种地的人来买。所以，品牌是给人做的。因此，品牌建设需要从产品思维转到品牌思维。所谓产品思维就是做出好产品，但忘记了你能做出好产品，别的企业也能。所谓品牌思维，则是把目标顾客的选择成本降低到零，从而获得品牌溢价。

1.4 为何能品牌溢价

所谓品牌溢价，是指在相同质量条件下，取得高于其他厂商同类产品或服务的价格和销量。

品牌工程学的任务，就是通过提高商标的品牌信用度，来降低目标顾客的选择成本，从而获得品牌溢价。

特别需要说明的是，品牌建设不涉及产品或服务质量，产品或服务质量是一个产品质量法规定的法律概念。对品牌建设而言，产品或服务质量的作用是桶底：没有桶底，水桶盛不住水；可只有桶底，水桶也盛不住水。

实例1.1 品牌溢价能力①

1982年丰田和通用在美国合资一家叫NUMMI的汽车公司，该公司1989年投产相同的两种轿车，取名分别是丰田Corolla和通用Prizm。1990～1994年，两者制造成本相同，都为10300美元，丰田Corolla出厂价为11100美元，售出了20万辆。通用Prizm出厂价为10700美元，售出了8万辆。则丰田Corolla的品牌溢价能力系数为：

单价溢价系数=(1.11÷1.07)－1=0.037=3.7%

销量溢价系数=(20÷8)－1=1.5=150%

销售额溢价=(20×1.11÷1.07×8)－1=1.59=159%

当一个商标建成了品牌之后，为什么会获得溢价增值？这就需要进行理论解释。

根据品牌经济学原理，能够降低目标顾客选择成本的单一利益点，是由物质利益和情

① 参见里克·莱兹伯斯等《品牌管理》，机械工业出版社2004年版，第7页。

感利益两个方面构成的。简单的描述就是:顾客利益=物质利益+情感利益。此即品牌溢价,也即增值做久的理论模型。

例如,丰田 Corolla 价格高于通用的 Prizm,为何销量却很大?为什么会出现这种差别呢?原因是丰田知道为谁设计,卖给谁。今天世界最大的轿车市场美国,丰田 Corolla 是作为儿女成年或大学毕业时,父母送给儿女的轿车,成为独立的象征,也即人生的第一辆车。这种符号意义超过了其他商标的轿车,也就成为了美国青年人的独立选择。

顾客买 Corolla 的利益=物质利益(驾驶)+情感利益(独立)。Prizm 也能驾驶,但没独立代言这个情感利益,所以即使便宜 400 美元,买 Prizm 的人还是不如买 Corolla 多。

所谓顾客利益,是指顾客选择商品所获得的满足所在,这种满足包括物质利益(即功能需求)和情感利益(即快乐欲望)。

所谓物质利益,是指产品或服务的使用价值的具体体现形式,包括材料、规格、质量、价格等各种可见的物质化形式。顾客对产品的物质利益的判断标准是"值不值得"。如果缺乏情感利益,在同质化条件下,顾客将选择低价格,也即砍价。

良好的产品质量也即物质利益,是企业应该做到的,这是产品质量法所规定的。例如,你在买水杯时,导购员说"我的杯子不漏水",对你有说服力吗?杯子本来就不应该漏水。如果"我的杯子不漏水"对你没有说服力,则你对你的顾客说这样的话也没说服力。

所谓情感利益,是指让目标顾客通过所选择的商标所获得的快乐。包括卡通形象、入胜故事、身份符号、美好联想、渴望期待等。顾客对产品的情感利益的判断标准是"乐不乐意"。

物质利益满足的是目标顾客的生理需求,其边际收益是递减的;而情感利益满足的则是目标顾客的情感欲望即快乐,其边际收益是递增的。而欲望的满足恰恰是品牌溢价的根源所在。在案例 1.6 即弗索手表中,走时准确的手表是目标顾客的功能性需求也即物质利益,而包装盒的 20 世纪 50 年代的图案即界面,本身没有任何实际用途,却给目标顾客带来了触景生情的快乐性欲望,也即情感利益,从而构成了目标顾客购买的理由,也就构成了其品牌溢价的来源。

在图 1.2 中,横轴代表数量,纵轴代表满足,抛物线代表需求也即物质利益,而向上的曲线代表欲望也即情感利益。

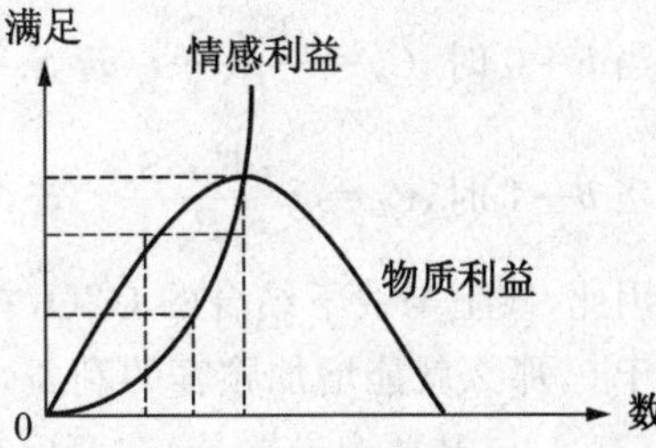

图 1.2　情感利益与物质利益

例如,我们做过很多次现场测试:问一个小伙子,吃午饭时,二两一个馒头,吃几个能饱?多数回答是两个。问第三个吃不吃了?回答是吃不下去了。接着跟他说,你要是把第三个馒头吃了,你崇拜的明星偶像可以跟你合影,吃不吃?小伙子很爽快地说"吃"。再接着问第四个还吃不?回答是不吃了。但说到若有个大客户说,要是你吃了第四个馒头,我就和你签订大单时,小伙子还是爽快地回答"吃"。

吃两个馒头就饱了,为什么现在吃到四个了?答案就是头两个馒头满足的是饥饿生理功能需求,符合边际收益递减规律。后两个馒头满足的是欲望,符合边际收益递增规律。正如常言所说需求是有限的,而欲望是无限的。

对于女性来说,常说"女人的衣柜里永远少一件衣服",问题是少哪一件呢?我们进行的现场测试是：给出三个假设，假设每件衣服都能遮体保暖，假设家里现有衣服都没破，假设体型不变，现有衣服都能穿身上，请问现有衣服够穿一辈子吗？回答是够。再问那今后还买衣服吗？回答买。显然，对女士而言，衣服的物质利益即遮体保暖是有限的，那为什么还要买新衣服？答案就是通过新衣服让自己看起来更年轻漂亮，即欲望是无穷的。

顾客利益 $C_b=M_b f(E_b)$。式中 M_b 和 E_b 分别代表物质利益和情感利益。其中，物质利益 M_b 是外生变量，若 $M_b=0$，则顾客利益 $C_b=0$。

设 F 代表产品功能，P_q 代表物质利益价格，q 为质量系数且 $q\in[0,1]$，h 为因商标品牌化所产生欲望而带来的快乐度且 $h\in[0,1]$。

则根据价值工程，价值 $V=\frac{F}{P_q}$，

$$M_b=qV=\frac{qF}{P_q},E_b=\frac{1}{1-h}$$

则：

$$C_b=M_b\times E_b=\frac{qF}{P_q}\times\frac{1}{1-h}=\frac{qF}{P_q(1-h)} \tag{1}$$

显然，若顾客的快乐度 $h=0$，则顾客利益直接取决于质量系数、功能和质量价格。在功能 F 一定的条件下，若质量系数 $q=0$，则顾客利益 $C_b=0$；若功能 $F=0$，也即物质利益 $M_b=0$，则顾客利益 $C_b=0$。

若在质量系数、功能、质量价格一定的条件下，则因情感欲望带给顾客的快乐度 $h\to1$，顾客利益 $C_b\to\infty$。

基于互联网的电子商务，存在着 O2O(Online To Offline)是对还是错的争论。线下比线上，顾客增加的是接触产品所带来的服务体验，若服务体验系数为 S_e 且 $S_e\in[0,1]$，0 为服务体验差，1 代表服务体验好。则有公式：

$$C_b=\frac{qF\cdot S_e}{P_q(1-h)} \tag{2}$$

当 $h=0$ 时，$C_b=\frac{qF\cdot S_e}{P_q}$　若 $S_e=0$，则 $C_b=0$；若 $S_e=1$，则 $C_b=\min P_q$

当 $h\to1$ 时，$C_b=\infty\frac{qF\cdot S_e}{P_q}$　若 $S_e=0$，则 $C_b=0$；若 $S_e=1$，则 $C_b=\infty$

因此，线上与线下结合的 O2O，在品牌信用带来的快乐度 h 一定的条件下，若服务体验大于 0，那么就能增加顾客的利益，从而是有市场价值的。例如，在海尔家电的同一个柜台，有 A 与 B 两个导购员，在商标与产品相同条件下，A 与 B 所产生的销售业绩是不同的。原因就在于两个导购员带给顾客的服务体验是不同的。

根据这个公式，增加顾客利益的路径有五个：

第一，提高 F，即提高产品功能的有效性，在产品的使用价值上，满足目标顾客的需要。问题是同类产品的功能具有高度相似性。由此哈佛大学的波特认为，企业应该采取的策略是差异化。差异化真的有效吗？

市场上有一种五指鞋，即五个脚趾头是分开的，不仅质量很好，而且还是专利产品。经过我们亲身试穿，也挺舒服。但经过近 300 人的测试，有购买意愿的仅仅 1 人。市场销量也证明了这款极具差异化的鞋并没有得到消费者热购。由此引出一个问题，就是什么

样的差异化才能成功？

按照品牌经济学的观点，只有选择成本=0的差异化，才能成功。而当且仅当品牌信用度 $B_c=1$ 时，选择成本 $C_c=0$。

第二，提高 q，也即提高质量的可靠性。产品质量是一个法律概念，既然如此，为什么还有很多低质量产品？答案是提升质量，销量能否增加不一定，但产品成本的增加却是确定的。如果价格不能提高，就会导致企业利润减少。这就是企业为什么不愿意提高质量。那么，如何在提升质量的同时增加价格，将增加的质量成本予以化解？在非自然垄断和行政垄断的条件下，唯一的答案就是品牌溢价。

第三，降低 P_q，也即降低质量价格。所谓质量价格是指在达到一定质量标准也即 q 的条件下的市场同类产品的平均价格。质量价格与顾客利益成反比，在 $h=0$、q、F 一定的条件下，在多个产品可选择的条件下，顾客的选择是 $\min\{P_q{}^1, P_q{}^2, \cdots, P_q{}^n\}$，也即选择最低价格。

第四，提高 S_e，也即服务体验。在现实中，存在着品牌缺乏条件下的产品，也会有一定的销量，其中一个重要原因，就是导购人员或销售人员带给顾客较好的服务体验。例如，在2002年，澳柯玛空调在全国市场份额为第15名，在北京市为第5名，但在雪银大厦却占第1位。原因就是当时派驻北京雪银大厦的导购员非常优秀。

第五，提高 h，也即提高目标顾客的快乐度。在质量价格一定的条件下，如何降低目标顾客对价格的敏感度？答案就是提升顾客的快乐度。因为千金难买我乐意，其逆定理就是我乐意才愿意花千金。那么，如何让目标顾客快乐呢？为此，需要分析为什么不快乐？答案是焦虑。

所谓焦虑，是指人们想得(正欲望)却未必得到、不想得(负欲望)却可能得到的急迫性情绪。因此，焦虑的产生，恰恰是因为欲望的存在，而欲望是现实中永远无法满足的，于是焦虑产生了。

换言之，正是边际递增也即无限的欲望，导致了人们现实生活中的普遍存在着焦虑。天有不测风云，人有旦夕祸福，由此导致人生八九不如意、家家都有本难念的经，即焦虑，决定了人们生活中最缺乏的是快乐。如果你的注册商标在视觉或其承载的故事，能够给目标顾客带来情感利益，也即因其满足顾客欲望而产生快乐，使其乐而忘忧，目标顾客就会乐在其中，从而乐此不疲地选择你。此处的"中"就是厂商的品牌载体即商标。

例如，拍摄于1934年的《一夜风流》，描述的则是逃婚的富豪女，偶遇报社记者所发生的浪漫故事。美国1952年出版的喜剧电影《罗马假日》，描述的是英国公主因摆脱公务压力而逃出宾馆，偶遇报社记者，随后发生的浪漫故事。拍摄于1998年的《塔坦尼克号》，描述的则是厌倦包办婚姻的贵族女，偶遇流浪画家的浪漫故事。

三部经典的电影，其故事情节都是一个模式：高等级的美女，偶遇低等级的帅哥。但都在表达一个理念：自由、平等、博爱。其实三部经典电影表达的都是满足男屌丝梦：电影院里看电影的主体是17～25岁的普通男性观众(屌丝)，在现实生活中，不可能娶到高社会等级的美女，但他们却幻想着能够娶到，于是，通过电影世界来获得实现其欲望。

厂商通过注册商标向目标顾客所作出并做到的承诺(品牌信用)，若能满足目标顾客的欲望从而使其情感愉悦也即快乐，也就消除了目标顾客的焦虑。正是这个原因，降低了了目标顾客选择该注册商标及其产品的选择成本,也即不假思索地选择。

根据美国娱乐软件协会(ESA)与经济学家股份公司(Economists Incorporated)发布一份名为《21 世纪游戏:2014 报告》显示:游戏业增长速度是美国经济增长速度的 4 倍,在 2009~2012 年之间,游戏行业的真实复合年增长率达到 9%;在就业复合增长率方面,游戏业是美国劳动市场的 13 倍(分别是 9%和 0.72%)。ESA 表示,在此期间,游戏业直接或者间接带来的工作岗位大约在 14 万个。游戏行业正在快速为美国带来很多最有价值的岗位,成为美国经济增速最快的领域之一,每年为美国带来数万个高薪职位。

游戏产业为何如此强劲地增长?游戏满足的是人们的什么利益?是物质利益还是情感利益?答案当然是通过操作游戏来满足现实中无法满足的情感欲望,从而获得心理快乐。

当然,游戏与游戏之间也存在竞争,面对 N 个游戏,顾客选择哪个?这又是品牌问题。

因此,在功能、质量、价格、服务一定的条件下,增加目标顾客利益的唯一选择就是提高目标顾客的快乐度,这恰恰就是品牌工程学的任务。

若从价格角度进一步分析品牌溢价,我们将价格分解为:顾客意愿价格=质量价格+情感价格。

所谓顾客意愿价格,是指目标顾客愿意支付的最高价格。顾客意愿价格由质量价格和情感价格构成。

所谓质量价格,是指达到一定质量标准时的产品价格。在具体评估的实际测算时,质量价格 P_q 的获得,可以有三个标准:

一是将同类产品的市场平均价格作为质量价格,这适合于产品类评估。

二是将投资成本(含营销费用)作为质量价格,尤其适合于影视、游戏、动漫等文化产品。这类文化产品都是在一定投资额后完成的,故可用投资成本作为质量价格的测算标准。在测算时,由于影视播出的院线或电视台的成本未考虑在内,故只考虑投资方的投资(含营销费用)。

三是将产品或服务的完全成本作为质量价格,该标准适合于新产品的评估。原因是新产品缺乏同类产品市场平均价格的测算,而且一旦进入批量生产或投入使用(如宾馆等),运营成本和费用等变动成本随之产生。可以在生产能力基础上,测算"(固定成本÷生产能力)+单位变动成本"作为完全成本来测算质量价格。

所谓情感价格,是指顾客因为商标品牌化所带来快乐而超过质量价格额外支付的价格。换言之,产品商标分别是 A 和 B,在两者的物质利益一样的条件下,为何有的顾客愿意支付更高价格购买商标 A 产品,而不是商标 B 产品?这就是情感价格:千金难买我乐意,其逆定理就是我乐意就愿意花千金。

用 P_d 代表意愿价格,P_q 代表质量价格,P_h 代表情感价格,且 $P_h = P_q\dfrac{h}{1-h}$,则:

$$P_d = P_q + P_h = P_q + P_q\frac{h}{1-h} = \frac{P_q}{1-h} \tag{3}$$

前有界定,快乐度 $h\in[0,1]$。

若快乐度 $h=0$，则 $P_d=P_q$，在多个产品可选择条件下，顾客将按照最低价格来选购产品。如果质量提升了，成本增加了，但价格没有增加，则企业利润将减少，企业提升质量的意愿降低。

若快乐度 $h\to 1$，则 $P_d\to\infty P_q$，也即顾客意愿价格将远远高于质量价格，则企业利润可以极大提升，质量提升意愿得以提高。

假设：目标顾客不快乐一定不买，但快乐也不一定买。则问题是：什么样的快乐使目标顾客一定选购？品牌经济学认为，使选择成本 $C_c=0$ 的快乐一定选购，根据品牌经济学原理，当且仅当品牌信用度 $B_c=1$ 时，选择成本 $C_c=0$，则有以下换算：

$$h=e^{-C_c},C_c=\frac{1-B_c}{B_c}，则\ h=e^{\frac{B_c-1}{B_c}}$$

代入公式(3)，则得出以下公式：

$$P_d=\frac{P_q}{1-h}=\frac{P_q}{1-e^{\frac{B_c-1}{B_c}}} \tag{4}$$

公式(4)就是品牌溢价的理论公式。

例如，某商标A的品牌信用度 B_c(A)=0.26，代入公式(4)得出：P_d(A)=1.06 P_q(A)，其含义是：若商标A的产品的质量价格 P_q(A)=1000元，则目标顾客的意愿价格 P_d(A)=1.06×1000=1060(元)，也即其商标A的品牌溢价是60元。

而同等质量产品的商标B的品牌信用度 B_c(B)=0.78，代入公式(4)后，得出 P_d(B)=4.0 P_q(B)，其含义是：若商标B的产品的质量价格 P_q(B)=1000元，则目标顾客的意愿价格 P_d(B)=4.0×1000=4000(元)，也即其商标B的品牌溢价是3000元。

换言之，在质量相同、功能相同、质量价格相同、服务相同的条件下，由于品牌信用的差异，将商标A的产品换成商标B，则可获得(3000－60)÷1000=2.94倍的溢价。

在对影视等文化产品进行投资评估时，由于院线或电视台等播出厂商的成本难以计算，可以按照分账比例进行测算。

例如，根据本书第13章对电影《失恋33天》的剧本品牌信用测试，得出 P_d《失恋33天》=24.5P_q《失恋33天》，换言之，如果《失恋33天》的质量价格也即投资成本 P_q《失恋33天》=100元，目标顾客的意愿价格是 P_d《失恋33天》=2450元，品牌溢价率24.5倍。

按照1500万元总投入(900万元制作投资和600万元推广费用)，0.15亿元×24.5=3.675亿元。也即其总票房收入是3.675亿元，若按0.45∶0.55分账，投资方(发行方)获得3.675×0.45=1.65375(亿元)。

在实际购买过程中，消费者还存在着面子效应，即需要考虑现场旁观者的看法。例如，洗发液A的价格是20元/瓶，洗发液B的价格是15元/瓶。在容量都是200mL且功能相同的情况下，若商标A的品牌效应高于商标B，则消费者选择A的可能大。因为在众目睽睽之下，拿着洗发液B会给别人一种自己没钱的感觉，从而很没面子。

在电子商务网购的条件下，消费者独坐电脑或独自操作手机下订单，旁观者异样眼光带来的面子压力不存在了，则消费者选择商标B的洗发液的可能性增加了。

在旁观者带来的面子压力不存在的条件下，消费者是否一定选择价格最低的呢？

假设面子压力为 β，某商品给顾客带来的面子压力，由其价格与同类产品最高价格比

与旁观者人数决定，即

$$\beta_i = \frac{P_m - P_i}{P_m} \cdot W$$

P_m 为同类产品最高价格，W 为现场旁观者人数。则在同一商场，旁观者人数 W 为相同，则商标 a、b、c 带给顾客的面子压力分别是：

$$\beta_a = \frac{P_m - P_a}{P_m} \cdot W \quad \beta_b = \frac{P_m - P_b}{P_m} \cdot W \quad \beta_c = \frac{P_m - P_c}{P_m} \cdot W$$

在实体店中，W 存在，假设 $P_a = P_m$，则 $\beta_a = 0$，$\beta_b < \beta_c$，即购买最低价商标 c 的顾客面子压力最大。

但在网购条件下，$W = 0$，则 $\beta_a = 0$，$\beta_b = 0$，$\beta_c = 0$。换言之，对于日用消费品而言，在网购条件下，因价格差与旁观者带给顾客的面子压力没有了。

根据顾客利益方程，则有以下三个方程：

$$C_b^a = \frac{q_a F_a}{P_q^a(1-h_a)} \quad C_b^b = \frac{q_b F_b}{P_q^b(1-h_b)} \quad C_b^c = \frac{q_c F_c}{P_q^c(1-h_c)}$$

求 $\mathrm{Max}(C_b^a, C_b^b, C_b^c)$

假设价格越高，带给顾客的情感利益越大，因 $q_a > q_b > q_c$，故 $h_a > h_b > h_c$，则 $C_b^a > C_b^b > C_b^c$，故商标 c 产品被剔出。

在商标 a 与商标 b 产品中，若商标 a 为生产厂商，b 为商场的自有品牌，并委托 a 加工，则 $q_a = q_b$，$F_a = F_b$。

因 $P_q^a > P_q^b$，则只要 $h_a = h_b$，则 $C_b^b > C_b^a$。换言之，随着网购的发展，线下实体店的品牌信用度越高，其自有品牌产品的市场空间越大。

根据上述论述，就可以进一步分析究竟什么是新经济。

所谓新经济，就是将业务划分为基本业务和派生业务。其中，基本业务的任务是低价格甚至零价格以吸引尽可能多的顾客，而派生业务则是获取利润的。

设 Q_d 为顾客数量，P_0 是基本业务价格，P_d 是派生业务的顾客意愿价格，P_q 是派生业务的质量价格，k 为系数，R 为企业收入，则：

$$R = Q_d P_d = \frac{k}{P_0} \cdot \frac{P_q}{1 - e^{\frac{B_c - 1}{B_c}}} \tag{5}$$

从公式(5)可见，若基本业务的价格 $P_0 = 0$，$B_c = 1$ 时，企业收入 R 将最大化。若 P_0、P_q 都一定，则 B_c 越接近 1，企业的收益越大。

根据上述的理论分析，我们可以很好地分析什么样的餐馆能得到顾客的重复选择。很多从事餐饮的老板，总是思考食客喜欢吃什么？而忘了不管吃什么，吃几次就边际效益递减了。根据“顾客利益＝物质利益＋情感利益”，饭菜可口卫生是基本的物质利益，但仅此不会吸引食客们重复光临也即乐此不疲。吸引顾客的办法就是从让食客快乐的情感利益入手，比如引入娱乐业。

早年的餐馆或茶馆，在大厅的一边总要为说书、唱戏、玩杂技的人等设置一个小型舞台。这样，食客们一边吃饭或喝茶，一边欣赏舞台演出。如果某个食客特别喜欢某个演员（俗称“角儿”），该食客就会乐此不疲地光临该餐馆或茶馆，则：食客利益＝物质利益（可口卫生的饭菜)＋情感利益(自己喜欢的角儿)。

根据上述研究,可以对生产函数进行新的改进。Y 代表产出,A 代表技术,$A=e^{\lambda T}$,T 代表技术,将其划分为硬技术 T_h 和软技术 T_s 且 $T_s=E_b=\dfrac{1}{1-h}$,K 代表资本,L 代表劳动,则:

$$\begin{aligned} Y &= Af(K,L) \\ &= e^{\lambda T}K^{\alpha}L^{\beta}=T_s e^{\lambda T_h}K^{\alpha}L^{1-\alpha}=\frac{e^{\lambda T_h}}{1-h}K^{\alpha}L^{1-\beta}=\frac{e^{\lambda T_h}}{1-e^{\frac{B_c-1}{B_c}}}K^{\alpha}L^{1-\alpha} \end{aligned} \tag{6}$$

在 X 低效率理论中,莱宾斯坦(Harvey Leeibenstein)提出了一个问题,即在设备等硬技术 T_h 一定的条件下,投入一定量的资本 K 和劳动 L 后,理论上应该产出是 Y_e,可实际产出是 Y_a,但 $Y_a<Y_e$。对此,莱宾斯坦从激励的角度给予解释,认为是厂商内部存在一个未知的低效率因素。由于无法测算,故 X 低效率理论至今无法进行更深入的研究。

但是,根据品牌经济学的理论,从公式(6)给出的解释是:不是厂商内部存在的未知低效率,而是厂商外部存在的顾客选择低效率,而选择低效率是因为品牌信用度低导致的目标顾客的快乐度低,从而使厂商内部的生产能力无法得以实现。因此,在硬技术、资本、劳动一定的条件下,产出 Y 的增加,直接取决于品牌信用度 B_C。

1.5 何为品牌工程

从嵊州领带的案例可以看出:对嵊州领带企业而言,能够大批量地生产出领带,说明领带的生产工艺问题基本解决了;样品是订单委托方提供的,说明研制或设计问题尚未解决。而意大利的科墨领带厂商,则解决了一个根本问题,即为谁设计、卖给谁。由此,我们区分出三个问题,即品牌工程、研制工程、工艺工程。品牌工程解决的是目标顾客爱不爱用的问题,研制工程解决的是能不能用的问题,而工艺工程解决的则是批量生产问题。

所谓研制工程,就是设计并生产出新产品的样品,使样品达到设计要求。例如,成都飞机公司处于试飞的J-20战斗机,就是样机的研制。从样机的研制成功,到列装空军形成战斗力,还需要至少5年以上的时间,这就说明研制过程的艰巨性。

在厂商的实际研制过程中,产品研制可以是正向研制,也可以是逆向研制。正向研制就是完全从无到有的研究和开发过程,包括从概念到结构,都要自己从零开始。而所谓的逆向研制工程,则是在有先例的情况下,把已有的其他厂商的产品买回来,进行拆卸,对零部件逐个进行绘制分析,对材料进行成分与比例的分析,在此基础上,设定自己的设计要求或标准,采取新技术,进行设计与开发。

研制工程的成果,就是拿出达到设计要求的样品,以及批量生产所需要的全套图纸。在此基础上,再进行工艺工程的设计与开发。

从我国的众多生产型工业企业来看,多数是从欧、美、日进口的生产设备。以家电为例,不仅生产线是进口的,而且早期的零部件也是进口的,在中国国内,只是完成组装和销售。在20世纪80年代到90年代中期,我国家电属于短缺市场,家电厂只要生产出来,就不愁销售。在这种情况下，中国的家电企业就埋头生产，不需要考虑销售问题，也不用深究技术创新问题，更不用思考为谁设计、为何购买的问题。

所谓工艺工程，也就是在保证产品质量的前提下，如何实现批量生产。批量生产不是购置设备这么简单，而是如何做到批量生产出来产品，能够保证产品质量。例如，在生产电冰箱时，不是简单地购置电冰箱生产线，把电冰箱的零部件进行组装就可以了。电冰箱在家庭使用一段时间后，由于重力原理，冰箱门外缘出现下沉现象，导致冰箱门上缘出现小缝隙，使冰箱的保温效果下降。为了解决这个，就需要在安装冰箱门时，外缘比内缘要高出 3 毫米，这样一来，在冰箱启用一段时间之后，冰箱门的外缘下沉，达到重力平衡之后，上缘仍然是密闭的，使冰箱保温效果仍然很好。这就是工艺问题，也即工业工程。

所谓品牌工程，就是回答产品或服务为谁设计、为何选择的问题。根据品牌经济学的理论研究，就是在价格一定的条件下，通过运用品牌信用技术，厂商将自己的注册商标，转换成目标顾客产生购买动机时，能够不假思索（也即选择成本等于零）地进行选择的某个单一利益点的代言或象征。

基于互联网的电子商务，价格是极其透明的，换言之，由于价格信息的交易费用近似为零，顾客不是货比三家，而是可以货比百家，则品牌工程的任务就是在价格透明的条件下，如何降低顾客价格的敏感度。

工程学的研究目的，就是在预算一定的条件下，运用一定的技术手段，为实现既定目的而进行的资源配置。例如，建筑工程，就是在预算一定的条件下，运用力学和材料技术，设计并建造一座符合委托方要求的楼房。

品牌工程的目的，就是形成品牌垄断，从而获得品牌溢价。为此，进一步分析如下：

第一，所谓“在价格一定的条件下”，就是指厂商的既定价格，也即厂商拥有的定价能力。主流经济学的理论基础是供需曲线，也就是价格的变化带来供求关系的变化，进而带动资源配置的变化。得出的结论是：在产品其他条件一定的情况下，价格降低，带来需求的增加。根据这个结论，厂商的行为就是通过降低价格来获得销量的增加，也就是价格战。

但是，我们在进行品牌经济学的理论研究时发现，顾客在作出自己的购买选择时，首先是确定自己的购买价格预算，换言之，就是先确定自己的价位水平，然后，再在这个价位水平下，建立备选集，并最终从中选择一个。

因此，将顾客的这个选择过程转换成厂商行为，就是在价格一定的条件下，通过降低目标顾客的选择成本，也能增加销量。而要降低目标顾客的选择成本，就要提高商标的品牌信用，这就是品牌信用技术。

第二，所谓“品牌信用技术”，是指厂商提供自己的注册商标，向目标顾客作出并做到某个单一利益点承诺的程度。“信用”的本意，就是作出承诺以及实现承诺的程度。如果实现了所作出的承诺，就是讲信用，否则，就是没信用。对厂商而言，就是谁作出的承诺，向谁作出的承诺，承诺了什么，这个承诺是自己原创的还是模仿的，如何实现这个承诺，其中，谁作出的承诺，就是注册商标。换言之，厂商是通过注册商标来作出自己的承诺的。而顾客也正是通过注册商标所承载的承诺，来作出是否选择的决策。

在现实工作中，更多的品牌工作是由广告公司来承担的，而他们的工作目标是知名度、美誉度和忠诚度。可问题是，很多知名度很高的商标及其产品或服务，已经退出了市场，如前几年的央视标王，很多都是昙花一现，在赢得了极高的知名度之后，市场却没了。这说明商标知名度高，不一定赢得顾客的选择，即不一定有销量。从逻辑上讲，有销量一定有知名度，但有知名度不一定有销量，因此，知名度高不是有销量的充分必要条件。

如何解决有知名度没销量这个矛盾呢？广告学界又提出了要有美誉度。可问题是有美誉度也未必有销量。例如，走在大街上，随便问一个行人奔驰车好不好，估计回答说好的比例会是很高的。可又怎么样呢？说奔驰车好的人，不一定购买奔驰，不是因为奔驰车不好，而是因为自己的收入低。因此，美誉度高也不一定带来高销量。

为了解决美誉度和销量之间的矛盾，广告学界进而提出了忠诚度，而测量忠诚度高低的指标，就是重复购买率。其实，这同样存在逻辑问题：忠诚度高一定带来重复购买，但重复购买不一定是高忠诚度。例如，每个家庭的主妇，做饭时都要使用食盐，而且重复购买率很高，可问题是有几个主妇知道自己买的是哪个商标的食盐呢？其实，她们到超市重复的买某个自己也不知道的商标的食盐，不是出于忠诚度，而是出于超市卖哪个商标的食盐。

我们通过选择成本，将品牌引入经济学，建立了品牌经济学的理论体系，通过品牌经济学的理论研究证明，厂商进行品牌建设的根本目的，是通过将注册商标转换成某个单一利益点的代言或象征符号，使需要该单一利益点的目标顾客的选择成本等于零，从而获得定价权。而要实现这个目的，就需要提高品牌信用度。

因此，品牌工程就是通过不断提高品牌信用，来降低目标顾客的选择成本，从而形成品牌垄断，进而获得定价权，实现品牌溢价的目的。

通过以上论述可以得出这样的结论：在研制工程、工艺工程之前，首先要进行品牌工程。换言之，对厂商而言，正确的流程是：品牌工程→研制工程→工艺工程。但更多的以引进设备为主的中国厂商们，恰恰是倒过来，即先引进国外工艺设备，然后进行产品开发，等产品开发出来了，却突然不知该卖给谁了。为了保证生产线别停下来，只好通过降低价格来推销。之所以如此尴尬，是因为缺失了品牌工程这个方向。

缺失了品牌工程这个方向的结果是什么呢？通过下面这篇背景资料，就可以得到深刻的理解。

背景资料1.4 艰辛的奋起——中国自主品牌警示录[①]

11月17日，美国新奥尔良。中国“天河一号”荣膺全球超级计算机冠军颁奖现场，掌声响起。当中有美国人、欧洲人、日本人。但此时此刻，现场的中国人清楚地知道，即便是在安装了“中国芯”“飞腾－1000”后，“天河一号”仍有6/7的芯片来自美国。

本书点评：如果说工业时代的核心是内燃机的话，信息时代的核心就是芯片。没有完全掌握内燃机的工业化，经济规模再大，也是建立在沙堆上，难有国际竞争力；同样，不掌握芯片技术的信息化，同样也是建在沙滩上，命运也就掌握在别人的手里。在内燃机和芯

① 参见2010年11月29日“新华网”，执笔记者：谢登科，参与记者：明金维、陈玉明、韩洁、何宗渝、刘菊花、傅云威。

片这些硬技术领域，我们中国还需要一段追赶的时间，在未达到世界领先之前，中国的厂商们完全可以学习孙子兵法的"以迂为直"策略，将更多的精力用来研究终点顾客的行为，将终点顾客的乐点转换为自己产品或服务的卖点，从而掌握定价权。想想看，欧美国家占领中国市场的大量的产品或服务，诸如麦当劳、肯德基等，并不需要多高的硬技术，他们之所以掌握定价权，就是因为深入地研究终点顾客的选择行为。

"天河一号"像一面镜子，清晰地映照出一个在自主品牌之路上奋进的大国的希望与追求、差距和忧思。自主品牌，离世界有多远？中国，离真正的品牌强国有多远？

经历国际金融危机洗礼的世界，正孕育一场深刻的变革。变革中的中国，在警示与奋起中解开一个个急切的追问，奋力开启追赶和跨越的征程。

尴尬与酸楚——中国品牌，有多少伤痛的记忆

2008年4月，当主演过《指环王》《加勒比海盗》的男星奥兰多·布鲁姆穿着一双"飞跃"鞋出现在曼哈顿的片场时，中国人的镜头对准的不是他的面孔，而是他的那双脚。布鲁姆的双脚唤醒的是国人对沉寂已久的国货老品牌的伤痛记忆："飞鸽"不再展翅，"永久"已不永久，"海鸥"奄奄一息，"梅花"凋零枯萎……在品牌的力量引领全球之际，一个个曾让我们引以为豪的品牌早已湮没在历史厚重的尘埃里。

本书点评："飞跃"鞋可以请奥兰多·布鲁姆代言，可问题是"飞跃"公司是否清晰地知道奥兰多·布鲁姆的粉丝团的主体成员是谁吗？这些成员是"飞跃"的目标顾客吗？如果不是，请奥兰多·布鲁姆代言的价值何在？如果是，这些成员有什么期待呢？其实，"飞跃"公司的正确做法，是先确定"飞跃"的目标顾客是否是奥兰多·布鲁姆的粉丝团，如果是，才有必要请奥兰多·布鲁姆代言。

"飞鸽""永久""海鸥""梅花"等等，按照品牌经济学的观点，这些都只是短缺时代的驰名商标，他们之所以今天陷入困境，不是因为产品质量出现了什么问题，而是因为短缺时代导致的忽略目标顾客的后遗症，当进入供大于求的过剩时代，这些在计划经济时代曾经辉煌的厂商，因为不清楚目标顾客的利益所在，而被顾客抛弃了。1987年，我们在青岛从事战略研究，在提交的研究报告中，我们认为自行车将不再是简单的交通工具和承载工具，而将通过式样、颜色等扮演时尚的角色，建议青岛自行车厂从交通工具转型到时尚代言。

在饮料市场，曾控制国内市场的"八大名牌"已有七家被"可口可乐"或"百事可乐""收编"。之后，无一例外地在市场上消失；在化妆品市场，国外品牌已占据75%的市场份额；在啤酒行业，年产5万吨以上的60家企业中有72%被合资；在洗涤用品市场，4大年产超8万吨的洗衣粉厂被外商"吃掉"3个；在感光行业，除乐凯一家外，其余的全部被国外"吞并"……

本书点评：如此多的曾经控制国内市场的中国在位者，为什么纷纷被外资吃掉了？是因为这些国内的厂商只认钱不认人，长期对终点顾客的忽视，导致这些厂商们不清楚自己的目标顾客究竟是谁，为什么选择自己，结果就是丢掉市场。

这是发生在我们身边的真实场景——10月20日上午，一场庆祝奥迪轿车中国销售100万辆的盛典在长春一汽大众隆重举行。但此时，距离现场500多米的厂区一隅，已停产数月的红旗轿车正悲壮地等待着自己的下一次复出。

22年前，一汽用引进的奥迪100技术开发了CA7220“小红旗”。此后，外方不愿在技术上持续输出，“小红旗”黯然退市；2006年，一汽把合作对象换成丰田，推出了红旗HQ3，但由于对外方技术的过度依赖，HQ3昙花一现。“我们的目标是，力争到2013年达到年产3万辆红旗的目标。”一汽负责人信誓旦旦。

1000000∶300000000，数字的对比说明了什么？

没有品牌，就会受制于人；没有品牌，只能仰人鼻息。

本书点评：“没有品牌，就会受制于人；没有品牌，只能仰人鼻息。”记者的这段话，其实隐含着指出了“商标”与“品牌”的区别。因为“红旗”就是一汽的轿车商标，但却不是目标顾客的品牌。注册一个商标，只需要1500元人民币，但不等于建成了一个品牌。按照品牌经济学的理论研究，品牌是在价格一定的条件下，使目标顾客选择成本等于零的排他性单一利益点，而注册商标成为这个单一利益点的代言或象征时，这个厂商所拥有的商标，才成为目标顾客的品牌。

但是，没有品牌，受制于什么人呢？是有品牌的厂商吗？我们认为，不是受制于有品牌的厂商，而是受制于终点顾客。想想看，20世纪80年代，当时我国的洗发液是谁占领市场？是美加净、蜂花。我们都用过这两个洗发液，效果也挺好的。但是，当宝洁(P&G)公司进入中国，推出了“海飞丝”“潘婷”“飘柔”之后，为什么我们就放弃了使用很多年的“美加净”和“蜂花”呢？而且宝洁公司的这些洗发液的价格，都高于“美加净”和“蜂花”。我们认为，不是因为“美加净”和“蜂花”洗发液有什么质量问题，而是因为海飞丝“去头屑”、飘柔“让头发更柔顺”、潘婷“护发”。换言之，这三个商标每个都聚焦于一个单一利益点，宝洁公司怎么知道某个单一利益点就是目标顾客需要的呢？是因为坚持不懈地研究目标顾客的利益需求，此即品牌工程导向。

10月的北京，人们在瑟瑟秋风中排起长长的队伍，这样的场面不为别的，只是为了买一部iphone4手机。“苹果”掀起的品牌魔力横扫全球。与此同时，为其代工的富士康国际集团却难掩窘困：继上半年亏损1.43亿美元后，第三季度再现业绩下滑。

尴尬与酸楚不只属于富士康。

本书点评：谁在瑟瑟秋风中排队买这个手机呢？是年轻人。为什么呢？难道原有的手机不能打电话、发短信？不是，而是因为苹果公司将iphone4手机变成了信息时代娱乐的代言或象征。换言之，苹果公司是手机的后来者，当那些手机在位者们满足于打电话时，苹果这个手机后来者则主推了娱乐功能，成为时尚的工具，自然就满足了年轻人的欲望，因为没有一个年轻人愿意被别人认为自己落伍了。

在国际品牌巨头瓜分市场的咄咄逼人之势中，国产手机近两年落入直线下滑通道，200多家企业中已有1/5关门倒闭；在利润诱人的葡萄酒高端市场，法国干红正以每秒15瓶的销售速度大行其道，国产品牌却难觅踪影；目前全球三大男衬衫的40%产自中国，世界每10双运动鞋中有1双是“中国制造”，电脑整机95%以上的零件在中国加工，但这些产品的制造者很少不是在为国际巨头“打着零工”。

“短线作战、贴牌生产、初级加工是我们的致命伤。”中国国际经济交流中心常务副理事长郑新立如是说。在全球市场上，“中国制造”被埋在那些华贵品牌的底层。

本书点评：为什么中国厂商“短线作战、贴牌生产、初级加工”呢？因为他们不懂人性。

为什么不懂人性？我们认为有两个原因：第一，是因为中国儒家文化的核心是等级制度，也即孔子所言的“君君、臣臣、父父、子子”，这种等级制度的后果就是人与人之间是不平等的，在这种等级制度下，“听话”成为最优选择。问题是听谁的呢？“城墙变换大王旗”，也就是我国缺乏一个永恒的“上级”，2000 多年导致的结果，就形成了中国人的机会主义，短线、贴牌本身就是一种经济机会主义。第二，是因为“学而优则仕”，强大的政府成为获得财富的最佳途径，正如“三年清知府，十万雪花银”，由此吸引了各类人才成为官员，而进行深加工的科技进步，不仅需要个人的投入，而且还需要冒失败的风险。在通过从政或者收买官员就能快速获取财富的条件下，为什么还要冒风险进行科技创新？

惊醒与奋起——决战“卡夫丁峡谷”

品牌是软实力的较量。在围绕自主品牌展开的较量中，我们已经走到了无法绕开的“卡夫丁峡谷”。卡夫丁峡谷，凝固了 2300 多年前一个沉重的瞬间。在这里，古罗马军队被萨姆尼特人击败，然后被迫从峡谷中用长矛架起的“牛轭”下通过……从此，“卡夫丁峡谷”成为一种奋起的警示——要谋求新的发展进步，就必须直面痛苦和烦恼，跨越困难和挑战。舍此，别无选择。

2009 年 10 月，在生死边缘挣扎了 16 年的重庆天府，将合作方百事可乐告上法庭，踏上品牌重塑之路。“我们陷入了他们预制好的陷阱，百事在全力推广自己的同时，步步为营将天府扼杀。”提起这场合作，天府创始人李培全至今痛心疾首。目前，这一案件仍在审理中。“不论最终结果如何，这都难能可贵。”东南大学法学院律师张马林说。

本书点评：宗庆后也说过自己“掉入了达能精心设下的圈套”，其实，这就是知识维度的问题，对高纬度空间而言，低纬度空间是开放的。只有农业思维和短缺思维的厂商，怎么能打得过信息思维和过剩思维的厂商呢?！我们认为，如果宗庆后和李培全对问题的解释是“陷入了他们预制好的陷阱”的话，“踏上品牌重塑之路”仍将难以成功，因为“陷阱”只是加剧问题的直接或表层原因，其间接或深层次原因，是在存在在位者的条件下，你究竟要满足或能满足谁的什么利益！

就在天府状告百事可乐的当年，可口可乐提出以每股 12.2 港元的上市以来最高股价全面收购中国果汁饮料的龙头老大——汇源。这单 24 亿美元的天价交易消息既出，旋即引发热议。最终，这起并购案因未通过国际通行的反垄断审查而终止。汇源又踏上新的征程。

本书点评：可口可乐为什么要收购汇源果汁？不是因为看好果汁市场，而是为了消灭果汁，我们将这种收购称为拦截式收购。想想看，在酒桌上，女士们喝什么？在没有啤酒时代，要么喝白酒，要么喝红酒；有了啤酒以后，就是要么白酒，要么啤酒；有了可乐之后，则是要么啤酒，要么可乐；当有了果汁之后，则就是要么可乐，要么果汁。换言之，至少在酒桌上，女士们更多地选择了果汁，而酒桌是中国的一个巨大的、持久的市场。这对可乐来说，就是一个丢掉了的市场。我们可以推演一下，一旦可口可乐收购了汇源果汁，结果会是什么？就是利用汇源果汁已经形成的庞大的渠道资源和配送资源，销售可口可乐，而不会是果汁。因为在酒桌上，女士们在啤酒和可乐之间选择，还是更愿意选择可乐的。

“我们应该有自己的拳头产品，创出中国自己的名牌，否则就要受人欺负。”20 世纪 90 年代初期，邓小平就急切地表示。在发展黄金期与矛盾凸显期并存的新时代里，一次次历经失败和挫折的中国自主品牌幡然醒悟，奋力前行。

本书点评：还是小平同志高瞻远瞩，在20世纪90年代，正是国内厂商如火如荼地发展代工厂的时代，小平同志就强调创出中国自己的名牌，否则，就要受人欺负。

木地板必须应用锁扣技术，但就是这个小小的锁扣，长期"锁"住了中国地板进军国际的脚步。欧洲Unilin公司凭借斜插锁扣技术称霸，中国众多企业每销售1平方米地板，不得不交纳1美元的专利授权费。

深刻感受到受制于人的危机，中国地板企业燕加隆公司下决心研发中国人自己的锁扣。艰辛磨砺，"一拍即合"锁扣惊艳出世并拥有专利全球授权。

由于动了国际巨头的奶酪，"一拍即合"从走出国门的那天起，就陷入各方面无休止的刁难。2004年9月，加拿大首次对燕加隆启动反倾销调查。此后，这种调查又连续发动三次；一年不到，美国对燕加隆发动了更具杀伤力的"337"调查；2009年1月德国汉诺威地板展期间，Unilin又申请汉堡法院发出紧急禁令，没收燕加隆的全部展品。

最终，这些调查都以燕加隆的胜诉而告终。"没有哪个国家会满足于只靠廉价商品走向世界。面对一次次疯狂围剿，我们愈发期待中国自主品牌的奋起。"燕加隆总经理何贻信说。

本书点评：在本书第二章，我们将对燕加隆这个实例进行分析，问题是燕加隆获得了专利技术，但为什么并没有获得市场呢？这就证明获得专利技术当然重要，但是，获得专利技术不等于就有了定价权，更不等于就有了品牌。品牌经济学理论证明，专利技术是实现品牌的手段而不是目的。其实，在存在Unilin公司斜插锁扣技术这个在位者的条件下，燕加隆公司可以深入Unilin公司现有终点顾客现场，测定终点顾客们在使用斜插锁扣技术过程中，存在哪些抱怨或期待，针对这些抱怨或期待，来进行专利技术研发，这个过程就是品牌工程。换言之，打破发达国家厂商们的技术壁垒，第一步是品牌工程，第二步是研制工程，第三步是工艺工程。

世界知识产权组织的报告显示，国际金融危机以来，在全球发明专利申请与授权总量增速放缓的情况下，中国却保持旺盛增长。

带着辛酸和伤痛，踏上品牌之路的中国在一个全球资源、全球市场、全球规则的世界一路向前奔跑。有一点日渐清晰，唯有在自主品牌上拥有更多话语权，才能让这个历经磨难的国家真正拥有强大的力量。

今年8月以来，一款款造型别致、色彩亮丽的"永久c"自行车图样迅速在年轻人聚集的豆瓣、开心和新浪微博等SNS网站疯传，其中开心网上一个帖子就被转了40多万次。9月下旬，一批数量有限的"新海鸥"相机也出现在上海田子坊的门店里。

本书点评："永久"自行车加入了时尚要素，当然很好，但是，造型和色彩，仅仅是外表，"永久"的心是什么？从品牌经济学原理来看，我们认为，如果将"永久"作为万变不其宗的不动点，潜力更大，至少对大学情侣而言，是渴望爱情"永久"的。如果通过情感主题系列活动，将"永久"作为他们表达情感的符号或代言，这才是品牌建设的道路。

惊醒的"天府"，异域征战的"燕加隆"，复活的"永久"，唤起的不仅是对国货老品牌沉睡的记忆，而且还是对中国自主品牌的想象力和自信心。

转变与超越——撑起中华民族伟大复兴的光荣与梦想

2010年9月29日，丝丝凉意笼罩下的春城昆明，绵绵秋雨在秋风中下个不停。当天下午，为中国钢铁产业服务了52年的昆钢2号炼铁高炉正式淘汰拆除。

就在昆钢2号高炉关停的前一天，用中国钢铁铸就的“中国高铁”又向新的目标发起冲刺。28日10时27分，“和谐号”CRH380A驶出上海虹桥站，风驰电掣，一路超越——这是一条不加快转变就难以持续的“风险之路”！

进入21世纪后，我国大量进口的大宗商品，价格上涨幅度远远高于我们可以自给的商品。2009年以来，我国进口的铜、锌期货价格涨幅均在100%～200%之间。“在每年的铁矿石谈判中，我们往往不得不被动接受三大铁矿石生产商的漫天要价。”中国钢铁协会负责人的诉说透着无奈。

本书点评：如果我们只有一家钢铁公司呢？或者所有钢铁公司共同出资，组建一个铁矿采购公司呢？再或者，中国推出了铁矿价格指数这个衍生金融产品呢？

这是一条不加快转变就难以支撑的“负重之路”！

2009年，中国创造了占世界8%左右的GDP，却消耗了世界上45.6%的煤炭、40%左右的水泥和钢铁。今年上半年，环境保护部监测的443个城市中有189个出现了酸雨，全国地表水总体处于中度污染。

“我们在给全世界做产品，结果，品牌的荣光和丰厚的利润给了别人，消耗和污染全留给了自己。”中国名牌战略推进委员会副主任艾丰说。

这是一条不加快转变就越走越窄的“突围之路”！

2008年9月底，拥有亚洲最大、世界第二PTA生产能力的华联三鑫公司在浙江绍兴宣告停产，整个绍兴的纺织产业遭遇前所未有的生存危机；一个月后，全球最大玩具代工商之一的合俊集团旗下两家工厂同时在东莞宣布倒闭；一年之后，昔日家电巨头夏新电子工厂启动破产程序……

本书点评：这三个企业的停产，进一步证明：远离终点顾客的企业，规模再大也形不成垄断。只有使终点目标顾客选择成本等于零的规模，才能获得定价权，从而获得规模。

300！350！380！400！416.6！沪杭高铁上的“和谐号”一路飞驰——300公里，这是波音飞机起飞的时速！

416.6公里，这是中国高铁跑出的时速！

18世纪60年代，经历了7年战乱的英国凭借蒸汽机的应用引领了第一次工业革命，并最终建立起称霸全球的“日不落帝国”；19世纪最后30年，经济危机之后的美国和德国后来居上，主导了第二次工业革命，凭借通用、奔驰、西门子等一批国际品牌实现了赶超。

时光进入21世纪，赶超的历史性机遇再次出现。在科技和创意引领全球之际，谁抢得先机，谁将成就强大的品牌。

本书点评：中国高铁是技术还是品牌呢？我们认为，还是一门硬技术，只要是硬技术，如果存在较高的利润率，发达国家的厂商们也会进入高铁行业。问题是，如何将中国高铁技术转换成为高铁品牌呢？这就是一个品牌工程。如果通过高铁品牌工程，将基本业务的高铁品牌化，然后，通过品牌授权，开发出一系列的派生业务，则高铁的价值空间更大，也更持久。

随着后危机时代的到来，世界范围内一场抢占新兴产业制高点的竞争悄然发轫。“在这些领域，我们和西方发达国家站在同一起跑线上，实现超越的机会更大。”比亚迪董事长王传福的神情里充满信心。

本书点评：针对这些新兴产业，“我们和西方发达国家站在同一起跑线上”这句话是对的，但问题是运动场上的百米跑运动员，比赛时不也是站在同一起跑线上吗？为什么到终点时，成绩不一样呢？这说明能站在同一起跑线上当然重要，赛前的科学训练更重要。对中国的厂商而言，如果还是不把终点目标顾客当作技术进步的唯一目的的话，还会继续落后下去。其实，斯密在《国富论》中曾经明确指出：消费是一切生产的唯一目的，而生产者的利益，只有能促进消费者的利益时，才应当加以注意。后来的凯恩斯也重复过：一切生产之最后目的，都在满足消费者。消费乃是一切经济活动之唯一目的，唯一对象。马克思则说：商品交换是实现价值的“惊险的跳跃”。没有完成这个跳跃，摔坏不是商品，而是商品所有者。

品牌，在人们的复杂目光下成长、校正，无论希望还是忧思，它都深深镌刻进经济社会前行的脚步里。

品牌，是一个既古老又新鲜的命题，它是正在发生的、鲜活的、变化着的故事。

21世纪的今天，急行在科学发展征途上的中国正以前所未有的危机感和紧迫感投身经济发展方式转变之战，加快提升自主品牌打造能力，支撑起中华民族伟大复兴的光荣与梦想。

谢登科执笔的这篇报道，震耳发聩，这是记者的责任和任务，问题是如何促进中国的品牌建设呢？首先需要在理论上解释清楚什么是品牌，对此，经济科学出版社2007年出版的《品牌经济学原理》，进行了原创的理论研究；同样是经济科学出版，2009年出版的《BCSOK：品牌建设体系》，则构建了品牌建设知识体系；还是经济科学出版社，2011年出版了《品牌工程学》，则是提出了品牌经理的专业技术，为品牌建设提供科学的工程技术保证。而本次由山东大学出版社出版的TBCI2.0版品牌工程学，则是从理论到技术的更新。

1.6 品牌工程是技术吗

看了上面新华网记者谢登科的这篇报道，中国厂商进行自主品牌建设的紧迫性和重要性，也就不言而喻了。可问题是，自主品牌建设的道路如何走呢？中国的厂商们，依靠良好的愿望以及自己摸索，是否就能完成从代工到品牌的转变呢？

案例理解1.7 6000万元打造的一段品牌噩梦①

大多数制造业老板都梦想着做品牌，尤其是这次金融海啸，出口受阻，大家都将眼睛盯着国内市场。要做国内市场，就意味着要打造品牌。

本书点评：梦想的实现，需要理论指引出正确的方向，需要技术提供可靠的方式，需要专职岗位经营方法，更需要灵活机动的方术。

在一次打造品牌研讨会上，我问老板：如果给你500万元打造品牌，你的钱将如何花？

与会者的答案虽然各有不同，但基本都是“烧钱方案”，只是花钱的时间、顺序不同而

① 参见2009年7月20日“就要加盟网”，作者：梁芷媚。

已。我把一客户鞋业老板 Tom 烧了 6000 万元还不得正果的品牌故事分享给大家。

万事俱备，只欠品牌

鞋业老板 Tom 为多个全球知名品牌做 OEM 多年，每双鞋大概赚 5 美元左右，而品牌商却赚 25～50 美元不等。经营鞋厂多年，Tom 在制鞋方面人才济济、经验丰富，资金实力雄厚。作为企业转型、升级，Tom 觉得自己万事俱备，只欠品牌。

然而，让 Tom 始料不及的是，做了 3 年品牌，不但没有赚到品牌的丰厚利润，还烧了 6000 万元，而且还没烧出个结果来。

本书点评：万事俱备，只欠品牌，那么，品牌之源在哪里呢？品牌经济学理论证明，既不在产品身上，也不在渠道里，而在终点顾客那里。因此，Tom 要见自己的品牌，就要从商场鞋类柜台开始，观察正在选择鞋的顾客们，关心什么，抱怨什么，期待什么。但是，遗憾的是，从下面的资料可以看出，Tom 所聘请的团队，恰恰是擅长于渠道的销售经理。

钱都烧在哪里了？

几年前，Tom 花了 2000 万元买断了一个历史悠久的意大利知名品牌，然后又扔了 4000 万元做渠道，整整折腾了 3 年都不见成效，失望之余只好让这个意大利品牌睡大觉。这 4000 万元到底都烧在哪里呢？

首先，Tom 高薪挖了某著名品牌的大区经理，让大区经理组建队伍，小小一个品牌公司，工资成本相当于几百名工人的工资。

本书点评：高薪挖来的某著名品牌的大区经理，那么，大区经理是做什么的？其责任是区域代理商的管理和拓展，换言之，就是渠道建设。因为该著名品牌肯定不是该大区经理建成的。因此，Tom 要建设自己的品牌，聘请来的却是擅长渠道建设的大区经理，这第一步确实是错了。

第二笔是给了一家专业市场调查公司。第三笔钱给了国内大名鼎鼎的广告公司，负责搞形象、店铺设计。第四笔钱是给某品牌策划公司，做品牌运营手册、产品目录……第五笔钱是在某一级城市打造了第一家旗舰店，光月租金就十几万元。开店前半年，营业额加起来都不够付铺租。（注意：是营业额！）

本书点评：从第二笔钱所聘请的专业市场调查公司，从形式上看是对的，但问题是调查出来的结论是什么呢？是否得出了精确的目标顾客？从后边的资料反推，是没有。在目标顾客不精确的条件下，向谁作出利益承诺呢？既然这个问题不清楚，那做出来的广告创意与设计、运营手册、产品目录、旗舰店的选址及其装饰等等的依据，也就不精确了。换言之，由此形成的投资，都将是高风险的。品牌工程学的责任，就是降低品牌投资风险。

当工厂的高层对旗舰店提出异议的时候，品牌经理列出了无数店铺只要能“守”到一定阶段，就可能盈利的案例，并指出旗舰店最重要的作用不是盈利，而是广告。

第六笔钱是在时尚杂志、鞋业专业杂志上做广告招商，这一点上，大家都没有异议，尽管时尚杂志的广告版面非常昂贵。

第七笔钱是用优惠的条件招商：品牌公司的员工到各地去“忽悠”经销商，包来回机票、吃住，请经销商来参加招商会。招商条件也极有吸引力：送装修费、货架、促销品，退货制度，返点……

第一次渠道失败:经销商赚不了钱

几次成功的招商大会,让Tom的公司签下了30多名总代理,店铺一下子开得到处都是,公司的士气极度高昂,Tom也非常高兴。谁知道没高兴多久,经销商的抱怨来了。

首先,要求公司做广告,虽然是意大利名牌,但中国消费者不认识,希望公司花钱做广告,提升品牌知名度;第二,作为新品牌,公司的支持力度太少;第三,折扣太高,导致经销商没有钱赚;第四,有些鞋出现质量问题,有些款式不适合中国市场,滞销,要求退货。

……

一年下来,总代理给Tom带来的毛利远远不够支付品牌的运营成本,同时,绝大部分总代理也处于亏损状态,于是,有些总代理退出,有些拒付余款,有些拿了装修费、货架,却摆卖其他牌子的鞋。

Tom向品牌经理问责,品牌经理抛给Tom一句类似"母亲是女人"的真理:"如果经销商赚不了钱,是不可能听我们的。"然后,品牌经理带着几个手下愤而辞职。

本书点评:召开招商大会,实在是大区经理的擅长,几次招商大会都很成功,就证明高薪聘请的大区经理是优秀的。问题是这只是做渠道建设,不仅离终端建设很远,而且离品牌建设更远,对招来的这些经销商而言,进货容易卖货难。当Tom的鞋摆到了柜台,却无足够数量的顾客来选择,不是因为鞋质量不好,也不是鞋款式不好,更不是经销商不好,而恰恰是没有弄清楚为谁设计、为谁制造,为谁销售的,也就更没法搞清楚降低目标顾客选择成本的各种措施,因而失败是必然的。

渠道再造:商场专柜

"人才"流失后,Tom通过猎头公司又找了另一名渠道经验丰富的职业经理人,经理人力主进商场做鞋专柜。Tom也确实尝够了专卖店只是为房东打工的苦头,决定改变渠道策略,不做专卖店,进商场做专柜。

本书点评:做专卖店失败了,就做商场专柜。问题是做专卖店为什么失败了?如果不能总结出来做专卖店失败的原因,进商场做专柜也同样会失败,因为根本的问题还是没有解决,这个根本的问题就是:在存在如此众多在位者条件下,如何降低终点目标顾客的选择成本。只要这个问题不解决。商场专柜还是要失败。

在基于互联网的电子商务时代,很多企业都在疑惑:为什么投资建成了企业网站,但销量与销售额却并没有增加?我们认为,这是因为他们没有将商务电子与电子商务搞清楚,将满足需求的商务电子当作目的,而电子商务满足的是欲望。对此,将在第8章分析。

进商场是不需要缴纳租金的,代之以与营业额挂钩的扣点(扣点的意思是:品牌商不用缴纳租金,在销售额里提取百分比作为租金给商场,扣点一般是25%~35%不等)。

但是,除了扣点外,要付给商场上架费、广告费、公关费,要参加商场各类促销,货款每3个月与商场结算一次。当然,如果营业额低于一定数额,是需要补给商场租金的,同时也有被清场的危险。

刚开始,商场专柜不多的时候,压了3个月的货款与货也不算什么,等专柜有一定量的时候,Tom发现,一个商场哪怕压了20万元的货款和货物,如果有300个商场专柜,则压6000万元的资金,这似乎是一笔不划算的生意。

本书点评:商场专柜经营的利润=专柜销售收入-专柜经营成本=销量×价格-专

柜经营成本。上面提到的这些费用,都属于专柜经营成本,而且多数是固定成本。那么,在成本和产品零售价格一定的情况下,确保利润的唯一方向就是增加销量。而要增加销量,就要给终点顾客们一个不假思索选择的排他性单一利益点。

百丽的致命打击

对 Tom 的品牌梦打击最大的是著名的鞋业上市公司百丽集团。据说有一次,某二级城市新开了一个购物广场,Tom 的手下与购物广场的副经理是铁哥们,以为进驻购物广场是铁板钉钉的事,谁知道百丽集团来了,百丽旗下有 8 个鞋品牌,要么就全部进驻,要么就不来。

购物广场为了吸引百丽,不但不要进场费,而且还包装修,地方随百丽先挑,挑剩的才轮到 Tom 等小品牌。因为跟购物广场的副经理熟,Tom 了解到购物广场给百丽的扣点少了 15%,而且货款是 2 个月结一次……

Tom 觉得跟百丽根本没法玩,百丽目前只是七、八个品牌,日后可能会几十个品牌,如果鞋专区只有 30 个位置,则可能全让百丽占了,百丽的强势必然让商场给百丽最优惠的待遇,结果是强者越强,弱者越弱……

绝望之余,Tom 又作出了一个重要的改变:拒绝进入该购物广场,同时,也决定不再进入商场专柜,只开专卖店。

渠道恶性轮回

当 Tom 的渠道策略轮回到专卖店的时候,Tom 发现,哪怕肯帮房东打工,也未见得处处能打。开专卖店要挑选旺铺,但很多地方的旺铺,哪怕愿意付钱也没有位置。

就这样,从选址、装修、招人、培训、进场、卖货、促销、清仓大拍卖、跳楼价、撤场,Tom 折腾了 3 年,前后 6000 万元没了,还没能把意大利知名品牌变成中国知名品牌。

尾声

后来 Tom 找我说,不做品牌在等死,做又烧钱烧死,那应如何解决?我的意见是首先低成本自身打做品牌人才,然后才以点带面地做!

本书点评:这篇文章的作者认为,首先低成本自身大做品牌人才,然后才可以以点带面地做。这个观点是正确的。那么,品牌人才需要掌握哪些理论知识呢?又需要掌握什么样的专业技术呢?我们坚信,《品牌经济学原理》提供了科学的理论基石,《BCSOK:品牌建设体系》提供了系统的专业知识,而本书《品牌工程学》则提供了可靠的专业技术。

如果说上面的资料中的主角是个民营企业,缺乏实力,缺乏智力,我们再看看一个国有企业的实践。2010 年 2 月 2 日,《经济导报》报道了海信国际化的情况。

背景资料 1.5　海信试错国际化①

在主管海外业务的海信集团有限公司副总裁林澜看来,时至今日,海信在国际市场上还称不上咄咄逼人。自从 2005 年海信发动大规模的海外市场抢滩登陆战役以来,在澳大利亚和南非,海信已站稳脚跟。但在欧洲大陆,却呈现退缩之态:匈牙利工厂已于 2009 年早些时候关闭;设于荷兰的欧洲研发中心至今仍只承担着产品测试的功能;而在北美市场,海信的自主品牌出口还未达到一定规模。

① 参见 2010 年 2 月 2 日《经济导报》,作者:岳森。

价格波动异常激烈：2004年6月3日，在匈牙利伟创力公司的高新工业园区，海信举行了隆重的匈牙利工厂开工剪彩仪式。根据合作协议，伟创力提供现代化的生产厂房和员工，海信提供技术、质量、品牌、设备等方面的支持。

海信此举是希望绕过欧盟高达14%的进口关税，这迫使竞争者必须考虑当地设厂。但海信很快发现，一旦涉及在欧洲当地生产，整个业务流程就变得非常复杂。雪上加霜的是，欧洲各国的零售渠道由于竞争激烈，常常会提出只有20天交货周期的临时订单，这意味着要么提前预判某一时间段的订单量，要么放弃这类临时订单。风险最大的则是液晶面板的价格弹性——面板刚装到船上，价格就可能开始急剧下跌。“这注定了你必须忍受亏一个半月或两个月的钱。”林澜说。但如果面板价格暴涨，品牌溢价能力又不强，渠道商也可能强迫降价撕毁订单。

本书点评：对海信而言，面板价格和渠道商确实是拓展欧洲市场需要解决的问题，但在欧洲，彩电在位者是已经存在的，这样就需要首先解决一个前提问题，就是在存在彩电在位者条件下，海信电视在欧洲的目标顾客究竟是谁？这些目标顾客为什么要买海信彩电？这就是海信电视进入欧洲的品牌工程。这个问题不解决，研制工程和工艺工程的投资，都是极大的风险。

林澜提到了“品牌溢价能力”，这是个很好的观点。问题是究竟是什么决定了品牌溢价能力？这就是我们在本章所要解决的理论问题。

匈牙利设厂给海信的警示是，如果想在欧洲深耕细作，必须有低成本控制的自建工厂。而自建工厂的前提则是足够的自主品牌订单规模——因为OEM的订单波动起伏较大，盈亏点在于自主品牌能否达到15万～20万台的稳定销量。这次失败使得海信压缩了欧洲60%～70%的市场规模，仅保留荷兰、比利时、卢森堡等极少数国家的自主品牌业务，留下六七名员工用于维持当地一些机构的运转。它甚至停掉了OEM业务——“因为不解决系统风险，上‘量’没有任何意义。”林澜坦承。

本书点评：正文中用到了“这次失败”的说法，对此，我们认为，这实在算不上什么失败。国际化道路，就像婴儿学步，摔跤总是难免的，任何人都是在摔跤中学会走路的。问题是如何理解“深耕细作”。什么是“深耕细作”呢？“必须有低成本的自建工厂”就是深耕细作吗？其实，在存在彩电在位者的欧洲市场，只有深入消费者，并对消费者行为进行更细致的研究，了解他们对现有彩电的抱怨或新的期待，才是真正的深耕细作。

欧洲的OEM订单并不好做。各个国家电视信号制式标准不同，仅以欧洲的数字视频广播（简称DVB）为例，其标准包括视频、音频等多达34种。欧洲单一国家市场较小，如果想在当地实现销售，就必须提供符合当地制式的小批量产品，这并不经济。一旦市场不成熟，大量产品滞销，很快就会成为难以处理的库存。

为了了解不同国家的信号差异情况，海信仅前期信号测试工作就费用不菲。为了前往欧洲大陆国家的偏远角落测试产品信号接收能力，海信在欧洲不得不专门配置数台集装箱式测试车，执行各种各样的测试任务。

本书点评：这都是研制工程的技术问题，这些技术问题的解决，得有个前提假设，就是这些技术问题解决之后形成的产能，得有足够数量的顾客选择。这个问题也就是品牌工程要回答的。如果目标顾客不精确，或者使他们的选择成本比较高，即使解决了这些技术问题还是没有市场。

另一个无法回避的风险即是DVB标准的专利问题。这些专利掌握在法国电信、荷兰飞利浦、日本松下等国外厂商手里，被统一授权给一家名为SISVEIS. P. A的意大利公司代为管理。处于严密知识产权保护体系下的欧洲，一台平板电视在当地需要缴纳2～3美元专利费，对于希望在欧洲大规模开拓业务的海信来说，这是一笔不小的费用。

海信国际营销副总经理刘庆华承认，在专利、关税、成本、供应链等一系列刚性成本重压之下，海信在欧洲市场至今还没有找到好的方法，唯一的路径就是通过上量以及对供应链结构成本进行优化，以达到盈利。

本书点评："唯一的路径就是通过上量以及对供应链成本进行优化"确实是对的，问题是如何上量。对此，海信可以有两个选择：一是跟随策略，但欧洲的彩电厂商们，作为在位者，他们已经在专利、关税、成本、供应链的每个环节上，都对后来者构筑了强大的拦截。二是对立策略，按照品牌经济学品类对立模型，海信欧洲上量唯一的路径是《孙子兵法》所言"军争之难，以迂为直，以患为利"，而不是通过"上量"来进行直接竞争。想想看，欧洲每年的需求量是一定的，海信增量了，就有欧洲厂商减量。

按照本书第5章的单一利益的对立性，可以换个思路，即采取与欧洲厂商所属品类对立的策略，创造出新的欲望，而不是替代欧洲厂商的产品。这就可以既避免了直接竞争，又能实现上量的目标。我们认为，这个新的欲望可以是中国为代表的东方神秘文化，换言之，将"Hisense"建成东方神秘文化的代言或象征。

"B品牌"毫无空当：海信通过前期试水发现，在美国，只有质优价优或者完全廉价品两种极端的产品市场，前者以三星、索尼为代表，后者则以Vizio、Polaroid、Westinghouse以及Syntax-Brillian等4个品牌为主，市场并没有给"B品牌"（质量好且性价比高）的海信留下空当。在北美市场，LED产品关税只有5%，电视机市场从不缺乏廉价者。Vizio一马当先，2009年的电视机发货量增长1倍，达到600万台，2010年有望达到1000万台。

尽管海信已经通过代工和品牌租赁的方式在美国实现了盈利，但刘庆华坦言销量依然是最大的瓶颈，自主品牌如果没有规模，就无法降低采购成本，也无法完成渠道、物流和服务平台一整套基础建设。"北美市场现在的目标是建立初级平台。"刘说。在他看来，无论是海信品牌抑或租赁的品牌，两者都不够强势。Vizio的成功在于抓住了CRT转型LED的市场大爆发契机，仅北美一地数百万的产能足以平抑成本——但对于海信来说，机会已经失去。

本书点评：高收入顾客不在乎价格，更在乎品牌；低收入顾客在乎价格，不在乎品牌。所以，所谓的"B品牌"就掉进空当了：重视品牌的高收入者不选择，重视价格的低收入者也不选择。在这种情况下，"上量"是不可能的。是否有出路呢？当然有：福特轿车的品牌是技术，通用轿车的品牌是款式，两者的共同点是"正规路面"。而"正规路面"的对立面就是"不正规路面"，所以有了克莱斯勒的吉普。而克莱斯勒的轿车就难以生存，不是价格问题，也不是质量问题，而是顾客选择问题：喜欢技术的，选择福特；喜欢款式的，选择通用，没有选择克莱斯勒轿车的理由。但是，喜欢越野的，则选择吉普。如果有人说轿车与彩电不同，别忘了：隔行不隔理，这个"理"就是顾客的选择成本。

退货产品无法处理：一个隐形的致命要素是，在北美销售的产品均实行无条件退货，依照美国法律，退货后的产品必须在美国国境之外重新包装之后才允许返美出售。一般而言，重新包装的产品只能达到原来60%的售价。来自海信的数据显示，其OEM退货率仅在5%左右，远低于20%的行业平均水平。林澜说："如果在北美一旦选用自主品牌进行推广，海信必须预备10%的正常退货量。盈利的关键在于如何处理退货。"如果自主品牌不能真正做出好产品，给予消费者更好的性价比，登陆美国市场失败的可能性将非常大，损失也异常惨重。

本书点评："盈利的关键在于如何处理退货"，是海信可能亏损的理由，这个理由是可以通过质量管理来降低的。"海信必须准备10%的正常退货量"的前提是什么？是要有足够的销量，而足够销量的前提是要有足够的顾客选择，而有足够数量的顾客选择的前提是，要给这些顾客一个不假思索的选择排他性的单一利益点。

一个巨大的掣肘是，海信在北美尚无生产基地，其退货产品要么低价处理给第三方，要么运回海信其他区域工厂返修。其运费高得惊人，未免得不偿失。海信正在研究在墨西哥小规模建厂以及物流仓库的可能性，用以集中处理北美市场退货。

"2009年公司给我的目标是海外销售翻一番，2010年，我们会展开欧洲大反攻。"林澜透露，在海信接下来的议事日程上，已经列上了并购一个欧美当地品牌的计划。

本书点评：通过匈牙利建厂作为拓展欧洲的基地，结果呢？通过墨西哥建厂，作为拓展美国的基地，是否会重复匈牙利投资的结果呢？如果海信不去真正地测定欧美消费者还有哪些未被满足的潜在的物质需求或情感欲望，拓展欧美的这些常规措施，结果是可以肯定的，就是失败。

看到这里，读者可能已经感觉到了，从进口设备代工生产，到自主品牌建设，拓展国际市场，不是满腔热情所能解决的，也并非是做个广告那样的简单。因为品牌建设本身就是一门技术。

在一次西北地区科技干部培训会议上，参会的主要是西北五省、自治区的科技局局长或主管副市长，笔者在讲课时提问："邓小平同志说科技是第一生产力，对不对？"全场回答"对"。接着再问："请说出可口可乐有何科技进步？麦当劳、肯德基又有何科技进步呢？"这时全场沉默。过了一会儿，有位学员回答说它们是特例。孙曰瑶接着问："按照哲学的基本观点，是普遍性存在于特殊性中，而不是特殊性存在于普遍性之中，这又作何解释呢？"该同志说他们是垃圾食品。笔者接着说："如果这样的话，那问题就更严重了：为什么那么多人会兴高采烈地乐此不疲地去吃这些'垃圾食品'"？

其实，与会的学员之所以难以解释，是因为对科技进步的理解有误。长期以来，我国将科技进步理解为对物质进行形态、结构或成分加工的手段，而没有将对人的行为的研究纳入科技进步的范畴。为此，我们将科技分为两类：一类是硬科技，解决的是物质属性问题，第二类是软科技，解决的是人类行为问题。可口可乐、麦当劳、肯德基等，在物质属性方面，确实没有多少值得称道的科技进步（可口可乐在1985年的改配方事件，引发了数量众多的顾客们的反对，只好作罢），但他们在研究人的行为，尤其是研究目标顾客的选择行为方面，确实取得了巨大的成就，难道这不属于科技进步吗？

别忘了，肯德基、麦当劳里出售的食品，可都是在中国国内生产的，生产这些食品的中国厂商们，为什么不能自己联合起来，开设快餐店呢？我们的研究结论就是：中国的食品厂商们根本不了解是谁为什么愿意到肯德基花高价，而肯德基们做到了这一点。这就证明肯德基们掌握了目标顾客的选择行为这个科技水平。为了对此有直观而深刻的理解，请阅读并思考以下案例。

案例理解 1.8　肯德基首次“牵手”中国动漫①

刚从影院陪孩子看完《喜羊羊和灰太狼之牛气冲天》出来的李女士，在孩子的央求下，到商场地下一层的肯德基点了一份儿童套餐，这次不是因为孩子馋嘴薯条和汉堡，而是为了凑全一整套的喜羊羊玩具。元旦开始，全国的肯德基餐厅售卖的每份儿童套餐都可以获赠一个喜羊羊玩具。

本书点评：李女士的孩子央求妈妈去肯德基的理由是什么？是因为那里的食品好吃吗？不是，是为了获得“凑齐一整套的喜羊羊玩具”。生产出薯条和汉堡，当然是技术即硬技术，但是，知道如何吸引孩子们央求父母前来选择，更是技术即软技术。遗憾的是，我国的厂商们恰恰不重视这个如何选择的软技术。他们常常发出这样感慨：我这么好的产品，咋就卖不出去呢？

这是肯德基今年在中国推出的第一款儿童套餐玩具，而且它也把与中国国产动漫形象合作的处女秀，留给了可爱又可乐的“喜羊羊”与他们的欢喜冤家“灰太狼”。

百胜餐饮集团中国事业部肯德基品牌企划副总裁陈美瑜回忆说，早在 2007 年年初，《喜羊羊与灰太狼》的动画片在各地电视台播映时就引起了他们的关注，一方面这是中国原创的国产动画片，另一方面他们也发现这部片子和片中的卡通形象深受小朋友和家长喜爱。

本书点评：肯德基的目标顾客是谁？是小朋友。小朋友喜欢什么？当然是玩具。所以，肯德基就要关注小朋友们喜欢看什么卡通片。知道小朋友们喜欢观看什么卡通片，就是顾客行为研究，这就是和产品生产硬技术同等重要的软技术。

陈美瑜介绍，肯德基的儿童套餐一直都包含一款儿童玩具，除肯德基自有的“奇奇”系列玩具以外，近年来陆续推出了“多啦 A 梦”系列、“海绵宝宝”系列以及“芭比”系列，都受到小朋友们的喜爱。

有专门收集这种套餐玩具的粉丝们留意过，每年肯德基会有 8～9 个系列的儿童玩具，“奇奇”有 3～4 个系列，其他的就是一些经典、流行的卡通形象。

“小朋友熟悉和喜爱的卡通人物形象”，是肯德基挑选其儿童套餐玩具的重要标准。谈到与喜羊羊的合作，作为肯德基在中国首次选用的国产动漫形象，在初期考察时肯德基是否有担忧？

陈美瑜说，肯德基在作决定之前都是作过评估的，肯德基选择“喜羊羊”是因为这个动漫形象已经深受小朋友和家长的熟悉和喜爱。

此外，肯德基还会考虑到动漫的内容是否健康积极、是否会对小朋友有正面的教育意义，要对市场前景作预测，之后还要获得授权。还要考虑动漫形象本身是否适合制作成玩具等因素。整个过程至少需要一年的时间。

本书点评：“肯德基在作出决定之前都是作过评估的”，这个评估就是品牌工程。“整

① 参见 2009 年 2 月 14 日“经济观察网”，作者：贺文。

个过程至少需要一年时间”,也就是完成这个品牌工程需要一年的时间。

陈美瑜笑着说,当时肯德基也是“一颗红心,两手准备”,如果推出“喜羊羊”儿童套餐玩具没能达到预期的话,就当是为推动国产动漫做些力所能及的事情吧。

好在市场的反应印证了肯德基的眼光。双方在2007年基本确定了合作意向,在与原创动力达成协议、取得授权后,经过一段时间筹备,肯德基决定在2009年伊始向小朋友们推出“喜羊羊与灰太狼”系列玩具。

“我们对这个动漫形象充满信心。这也算是一种前瞻性吧。”陈美瑜说,“‘喜羊羊与灰太郎’系列玩具推出以来销售情况非常好。没想到,锦上添花的是,‘喜羊羊’玩具的儿童套餐推出不久,正好碰上改编的电影热映。”2009年1月16日,“喜羊羊”电影版在国内各大影院公映,并马上成为2009年度贺岁片中的“黑马”。

陈美瑜所在的肯德基品牌推广团队很高兴这个皆大欢喜的结局。“也真是巧到一起了。活动原计划为6周,但由于这部动画片深入人心,这套玩具的受欢迎程度也远远超出预期,很多餐厅差不多3周就断货了。”

这套玩具因其形象可爱,设计新颖,还吸引了不少成年人加入购买儿童套餐的队伍。

就是在小细节上,肯德基也很在意。虽说是取得了原创动力的授权,但是在套餐玩具开发时还是颇花费了一些心思。此次推出的“喜羊羊与灰太郎”系列玩具,精心设计了好玩的机关,比如灰太郎可以脱掉“外套”、美羊羊可以替换裙子等。“这些都很符合小朋友对玩具的天性要求。”

就像叫座的商业电影,往往会开发出系列影片一样,陈美瑜所在的肯德基品牌推广团队已经盯上了“喜羊羊”电影版的续集。有消息说,上海文广新闻传媒集团已在着手准备“喜羊羊”电影的续集拍摄。陈美瑜说:“我们也很期待看到第二部、第三部……改编的电影。肯德基也会继续努力,争取推出更多‘喜羊羊和灰太狼’系列玩具。”

因此,我们研究认为,与其说肯德基、麦当劳是卖快餐的,不如说是免费送儿童喜爱的卡通玩具的。儿童们通过看卡通电视片,喜欢上了其中的卡通形象,就希望得到这些卡通玩具。但是,商店类没有出售的。到哪儿能得到呢?到麦当劳或肯德基,不同的套餐,得到不同的卡通玩具。

读者可能会有疑问,既然如此,那可口可乐和百事可乐,也没见赠送啥玩具,为什么也那么火呢?这是个好问题。根据我们对可口可乐和百事可乐100多年的广告研究发现,可口可乐在1943年的广告词是“美国生活方式的世界性标志——可口可乐 ”,百事可乐在1963年的广告词是“奋起吧,你就属于百事新一代”。而恰恰是这两个年份,构成了这两个可乐企业发展的标志:可口可乐是从二战期间,伴随美国大兵走向世界的;而百事可乐则是借助20世纪60年代美国反传统青年一代突破瓶颈的。可口可乐在1943年的广告,成为了那个时代美国人的自豪,而百事可乐在1963年的广告语,又得到了反传统一代青年人的共鸣,从而成为自己的选择!

而在今天的社交时代,可口可乐在瓶子上增加了印有“粉丝”“喵星人”“纯爷们”“氧气美女”“零度”“文艺青年”等的瓶帖,构成了小伙伴们表达自己是一伙的标识。

这难道不是科技进步吗?!

我们认为,硬科技水平决定了一个国家的国防能力,而软科技水平则决定了一个国家的定价能力。

没有"两弹一星",没有先进的战斗机,就没有中国的国防能力,日子就不踏实;但是,如果我们不去研究作为国民的顾客选择行为,我们国内的市场也会被丢掉,更别说去拓展国外市场。

所谓硬技术,是指将物质加工成产品的能力。产品的价值在于质量。例如,将橡胶、炭黑等加工成轮胎,就是硬技术,轮胎的质量是保证汽车安全运行。这属于技术团队的任务,解决的是产品能不能用的问题。

所谓软技术,是指将情感具体化为顾客快乐的能力。例如,轮胎是给汽车用的,但汽车不会自己来买轮胎,是开车的人来买。如何让开车的司机不假思索地愉快选择,就是软技术。这属于品牌团队的任务,解决的是顾客爱不爱用的问题。

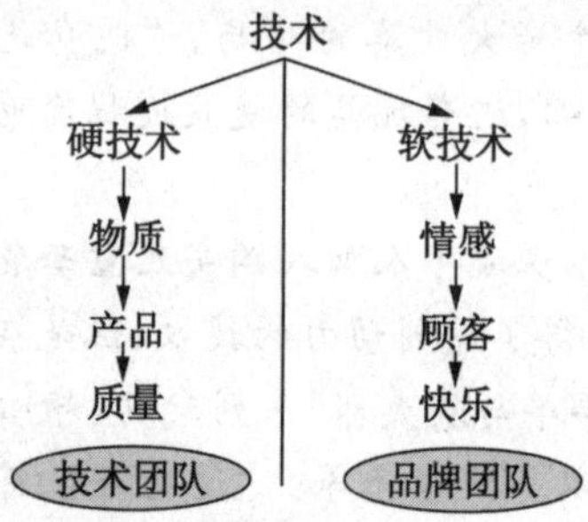

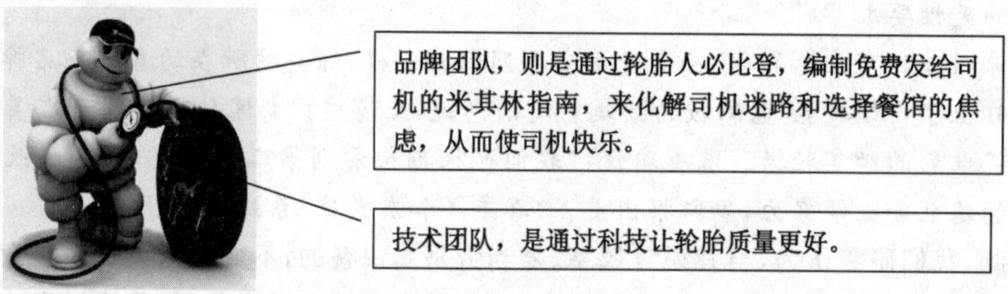

背景资料 1.6　iPhone 6 已经落伍了,华为中国骄傲①

华为 Mate 7 国内行货售价近日公布,与先期德国柏林的欧洲版售价相比,人民币 2999 元的国内起售价比,499 欧元的欧洲起步价低出近千元。这让人们不禁唏嘘,iPhone 6 大敌当前,华为可不想在国内市场玩虚的,在价格上还是实在一些好,也许更高性价比真的可以让不少人"把肾留住"。

在上周 Mate 7 国内上市发布会上,华为终端董事长余承东滔滔不绝,对 Mate 7 介绍了一个半小时。接下来,好事的记者不妨为读者细数一番,余承东口中的 Mate 7 到底打败了 Mate 7 几回。

第一回合:机身长度。苹果 iPhone 6 Plus 长度为 158.1 毫米,华为 Mate 7 为 157 毫米,用余承东的话来说,手机太长放在裤兜里会搁到大腿,所以能短则短。Win!

第二回合:摄像头厚度。虽然苹果 800 万像素摄像头堪称业界顶级,但余承东却嘲笑

① 参见 2014 年 10 月 21 日《IT 时报》,记者:王昕。

苹果的工业设计师竟然让iPhone 6系列的摄像头凸了出来，他还说，如果乔布斯老人家在世，一定不会答应，毕竟Mate 7的1300万像素6块镜片的摄像头都没凸出来过。Win!

第三回合：屏占比。Mate 7屏占比高达83%，无边框设计远超甩不掉“home”键的新iPhone。Win!

第四回合：屏幕。Mate 7配备了全球首款JDI IPS-NEO负向液晶屏，据说能实现高对比度，从这个角度来说，都“全球首款”了，没得比了。Win!

第五回合：机身厚度。Mate 7采用弧形机身，平均厚度7.9毫米，边缘最薄处仅2.3毫米，而iPhone 6 Plus机身厚度为7.1毫米。按余承东的综合理解，依然是Win!

第六回合：上网速度。Mate 7所采用的海思K925芯片组，支持Cat 6 LTE标准，相当于传说中5G的水平，理论上可达到300Mbps的上网速率，是新iPhone的差不多一倍。Win!

第七回合：发热。从发布会上第三方测试演示来看，Mate 7发热量远低于iPhone、三星等其他品牌手机。Win!

第八回合：双卡。Mate 7是一款双卡双待全网通手机，这点上，iPhone家族从来没有涉足过。Win!

第九回合：续航。Mate 7配备4100毫安电池，尽管iPhone 6 Plus已经破纪录地采用了2915毫安电池，但还是不敌“土豪”。Win!

第十回合：支持两套操作系统。Mate 7将可以同时装下两套Android系统，这在业界尚属首创，该版本系统预计会在今年11月推出，这点iPhone压根就没想到。Win!

不得不说成为中国国产手机的对手，真是一件悲剧的事情。虽然iPhone仍是全球最牛的手机，且没有“之一”，但国内竞争对手的创新步伐正在不断加快，而且将矛头直指苹果。

当然了，也许上述仅是余承东和华为的一家之言。但毕竟，Mate 7售价只有iPhone 6系列的约一半，且又具备指纹识别等高阶功能。

看了上述背景资料，就存在一个问题：既然华为的Mate 7手机在技术上如此领先于iPhone 6 Plus，那为什么年轻的消费者更倾向于选择iPhone 6 Plus？先进的技术属于手机的物质利益也即功能性需求。根据“顾客的利益＝物质利益＋情感利益”：

顾客买Mate 7的利益＝Mate 7的物质利益＋Mate 7的情感利益

顾客买iPhone 6 Plus的利益＝iPhone 6 Plus的物质利益＋iPhone 6 Plus的情感利益

既然Mate 7的物质利益＞iPhone 6 Plus的物质利益，在Mate 7的价格＜iPhone 6 Plus的价格的条件下，买Mate 7的顾客数量＜买iPhone 6 Plus的顾客数量，说明买iPhone 6 Plus的顾客更看重的是买iPhone 6 Plus带来的情感利益。

因此，国内企业在不断增加产品物质利益的前提下，更重要的还是通过欲望来增加顾客的情感利益，这才是品牌溢价的根源在所！

背景资料1.7　自主品牌密谋撞线30万元价格区间，他们会成功吗？[①]

一直以来，诸多自主品牌均徘徊在15万元左右的价格区间之下，20万元以上的寥寥

① 参见2015年1月22日“环球网”，作者：沈楠。

无几，更不用提30万元左右的价格区间，但随着时间进入到2015年，这样的局面有可能得到逆转，自主车企进军高端产品的日子变得指日可待。

就在不久之前，在一片迪粉的包围和鼓掌声中，为比亚迪首款插电式混合动力SUV"唐"站台的王传福，自信满满地公布了这款2015年比亚迪最新车型的预售价格，标准版30万元和极速版60万元，高昂的售价直接逼近了奔驰、宝马、奥迪这样的豪华汽车品牌的售价区间。

而在去年12月份，在水立方举办的声势浩大的吉利新车博瑞(GC9)新车发布仪式上，李书福也罕见地出席并亲自为博瑞站台"打气"。吉利集团总裁安聪慧更是给予了博瑞极其高的评价："吉利博瑞是奠定全新吉利品牌形象的基石，在吉利的发展史上具有划时代意义。"有业内人预计，吉利博瑞的新车价格不会低于20万元的价格，甚至会直至25万～30万元的自主品牌的"禁地"。

这两款定位高售价的自主新车的"横空出世"，就如同在茫茫黑夜中释放出的两颗耀眼的闪光弹，照亮的是自主品牌合力冲击中高端产品的野心。

本书点评："冲击中高端产品的野心"当然是必需的，从技术和性能的角度，我们也不怀疑比亚迪的"唐"牌SUV和吉利的"博瑞"，问题是这两款车在设计时，是给谁设计的？也即其目标顾客是谁？

奔驰车最早突出的是质量，但其从S600系列开始，突出了权贵，正如其主流广告所言：世界元首使用最多的车。奔驰S600是从1964年开始的，是为谁设计？卖给谁的？是为了非洲民族独立运动的，从1962年到1974年，随着非洲大量的原殖民地独立，这些国家元首迫切需要一种身份的象征也即欲望，让别人知道我独立了，我是元首。于是，奔驰S600应运而生，该款车最大的特点就是前脸很大，显得盛气凌人。随后，奔驰也就走上了权贵的定位，而且采取的是限量生产，其S600系列只接受预订。

这两款新车尽管出身自主阵营，但从技术配置、外形设计等方面堪称可以比肩外资品牌，也是比亚迪和吉利近年来少有的花了大心血打造的旗舰级别的车型，几乎代表了这两家企业目前为止能够达到的最高制造和技术水准。

比亚迪首款插电式混动SUV"唐"是比亚迪542技术下首款车型，所谓"542技术"分别指的是"所有车型0～100km/h加速在5秒内，4代表全面四驱，2代表百公里油耗在2L内"。作为比亚迪首款"542"新标准下的"唐"共发布5个版本的车款，分别是全时4驱豪华型、全时四驱精英型、全时四驱尊贵型、全时四驱旗舰型以及极速版。其中，除了极速版百公里加速仅需4.5秒，其他版本均达到4.9秒的比亚迪新能源车"新542"标准。

本书点评：宝马公司成立于1916年，BMW是巴伐利亚发动机工厂的缩写，原来是给德国空军生产发动机的，20世纪60年代其汽车规模很小，是德国最小的汽车公司。为什么说开宝马坐奔驰？因为奔驰是给"元首"用的，一切设计为了后座，"元首"当然不能自己开车。

宝马为什么定位于"驾驶的乐趣"？这也与宝马为谁设计，卖给谁有关。宝马为什么盛于20世纪80年代，且最早打开的市场是美国？是因为YPIC(Youngth Professional In City，即城市中年轻的专业人士)阶层的产生。经过20世纪60年代开始加速到80年代，美国形成了一个独立的白领精英阶层，这个精英阶层被称为YPIC即雅皮士。YPIC阶层属性是：以MBA为主体的高学历、未婚的年轻人，担任高层职务，高收入。

这个阶层形成之后，他们的需求：一是自己驾驶；二是追求潇洒，并由此设计出了突出的腰线，以显出飘逸而不是笨重的车型；三是身份代言，高价格以彰显的高收入；四是白色车身，除了宝马车以外的高端车，基本色调都是黑色，为什么宝马车的基本色调是白色？是因为这些未婚的 YPIC 符合欧美的神话故事白马王子。想想看，宝马车在中国推出的 7 系、5 系、3 系中，7 系车白色车身多吗？其实，在中国，买得起 7 系的车主，有几个符合 YPIC 的特点？

作为吉利旗下首款引入沃尔沃安全技术理念和方法的车型，博瑞 GC9 在产品性能上也足够与合资品牌一竞高低。GC9 是博瑞系列的第一款车型，也是继吉利 EC8 之后推出的第二款中型车，它的车身长度超过了 4.9 米，并配备包含 2.4L、1.8T 以及 3.5L 在内的三款发动机。

经过同沃尔沃的深度合作，博瑞 GC9 在安全性上迈入了一个全新的境界，其中笼式吸能车身的高强度钢材占整车材质比例的 58%；7 安全气囊将有效降低二次碰撞中车内饰对驾驶员膝部的伤害；颇具前瞻性的城市预碰撞安全系统，可有效避免低速碰撞。此外，还装备了 ACC 智能自适应巡航控制、自动泊车辅助系统等配置。

而同沃尔沃一样，博瑞也将车内空气质量视为自己的另一大卖点，博瑞 GC9 配备 AQS 空调质量控制系统和 PM2.5 空气净化器，还与哈曼共同开发了多媒体通信娱乐系统，不仅包括 8 英寸超大高清数字触控屏、8 方向中央集控器，而且还有 13 扬声器音响环绕系统。

本书点评：这些技术和性能、功能，当然是重要的，问题是这些技术、性能、功能同样也是国外品牌汽车的配置，但从顾客利益的角度，我们可以进行简单分析：

顾客买国产车的利益＝国产车的物质利益＋国产车的情感利益

顾客买外国车的利益＝外国车的物质利益＋外国车的情感利益

顾客买国产车的利益－顾客买外国车利益＝(国产车的物质利益＋国产车的情感利益)－(外国车的物质利益＋外国车的情感利益)＝(国产车的物质利益－外国车的物质利益)＋(国产车的情感利益－外国车的情感利益)

假设国产车的物质利益＝外国车的物质利益，换言之，就是技术、质量、性能、功能等都一样，也即同质化，则顾客利益的变化就是：

顾客买国产车的利益－顾客买外国车利益＝国产车的情感利益－外国车的情感利益

只要顾客认为购买外国车获得的情感利益大于购买国产车带来的情感利益，也即顾客买国产车的利益－顾客买外国车利益＜0，则顾客就选择购买国外车。

因此，根据品牌经济学的品牌溢价模型，在质量、技术、性能、功能等物质利益同质化的条件下，决定比亚迪的唐和吉利的博瑞市场价格的，就是如何增加顾客购买的情感利益，让目标顾客以此为荣才是品牌溢价的关键。

具有浓重沃尔沃“味道”的博瑞一经面世，甚至引起了一向对自主车型嗤之以鼻的外媒的关注，《华尔街日报》在一篇文章中评价指出：“在中国自主品牌纷纷抄袭的时候，吉利却用了来自前沃尔沃汽车的设计师 Peter Horbury 来设计自己新车的外观内饰。相比起其他品牌，吉利的做法非常明智，并且在外观的设计上更具有自己的独立精神，同时也改进了海外对于中国自主品牌的印象。”

当然，如同自主品牌其他车型一样，被扣上明星光环的"神车"博瑞和唐，依旧同样面临着品牌溢价能力欠缺的尴尬局面。"60 万元的价格都能买宝马、奔驰了。谁会去买比亚迪?"相信这是不少中国消费者的真实声音。

本书点评：1924 年 4 月 14 日第一辆沃尔沃牌车诞生，创始人是阿瑟·格布里森和古斯戈夫·格森，都特别追求汽车的安全性，在创立之始，两人就约定：新车型不经过至少两年的全面检验，不得投放市场。那么，沃尔沃是为谁设计的？卖给谁的？

沃尔沃最初进入美国市场时，主推的是"坚实耐用"。但报纸记者们体验之后，给予的报道是最安全。这时，沃尔沃才正式将"安全"作为自己的品类定位。沃尔沃是被动安全的最忠实的研究和实践者。但是，别的高级轿车也同样是安全的。那么，沃尔沃轿车是卖给谁的呢？即其目标顾客是谁呢？是自由职业者！包括牙医、律师、会计师等。这些自由职业者不仅收入高，而且生活低调，自己就是最大的资产，这就是沃尔沃轿车车型——有特点但又不张扬。当沃尔沃增加了时尚要素之后，销量就下降了，代之而起的是低调奢华的大众的辉腾(PHAETON)系列。

这恰恰就是中国车市一个显著的特征——中国消费者并不怎么青睐中国汽车。正如广汽传祺乘用车总经理吴松在底特律接受外媒采访时所言："中国已经成为了全球最大的汽车市场，但是中国目前更多的顾客还是买的外国车。尽管有一些外国品牌在中国采用的标准要低于其他国家市场，但是因为他们有品牌(优势)，所以中国消费者还是认可。"

IHS 汽车资讯服务高级顾问萨博尼之前在接受环球网汽车频道独家采访时就指出：2014 年，长城汽车高端 SUV 方面，长城哈弗的自身品牌影响力、口碑以及市场接受度成了困扰 H8、H9 两款高端 SUV 销量增长的主要因素，因此自主品牌对于高端车型的研发，在技术层次还需要更加谨慎。

无疑，一直遭到外资品牌围殴的自主品牌们，正在密谋一场格局很大的"豪华棋"。质量提升迅速，但价格天花板却迟迟不能打破，这个让李书福和王传福们备受困扰的问题，能够伴随着博瑞和唐等新车的脱颖而出而成明日黄花吗？还是同以往的努力一样，在外资品牌的围追堵截之下折戟成沙？

2015 年，自主品牌值得期待。

本书点评：中国消费者为什么不怎么青睐中国汽车？一个重要原因是中国汽车厂商们没有很好研究中国消费者的物质利益和情感利益，尤其是情感利益的欲望！所以，也就无法获得品牌溢价能力。

通过背景资料 1.7 和 1.8 可以看出，无论是手机还是汽车，中国厂商的技术标准的确在取得可喜的进步，这是值得庆贺的，但这不是获取品牌溢价的充分条件。品牌经济学认为，只有通过品牌信用建设，把厂商的商标建成目标顾客乐而忘忧的品牌，才能使目标顾客乐在其中，从而成为乐此不疲的选择。

在价格极其透明的互联网电子商务时代，通过品牌建设，使顾客对网站界面一见钟情，从而降低顾客价格敏感度，是电子商务成功的关键所在。

第 2 章　品牌信用模型

品牌溢价模型揭示了把商标建成品牌为什么获取的溢价，为实现从增产到增值提供了理论依据。那如何把注册商标建成能溢价的品牌呢？这就需要建立品牌信用模型。

在市场全球化的条件下，靠房地产和 OEM 堆积出来的 GDP，是无法提升一个国家的全球竞争力的，只有赢得全球顾客选择的品牌，才能拥有定价权，在占领国际市场同时，赢得世界的尊敬。这就需要不断提高中国的品牌信用，即品牌信用强中国。品牌经济学证明，只有拥有高的品牌信用度，企业才能获得定价权，实现品牌溢价从而既赢得市场，又赢得顾客的尊重。

我国的厂商们在品牌建设中存在的最大问题，就是不知道什么是品牌而进行所谓的品牌建设。结果就是导致我国众多企业出现严重的品牌建设失误。因此，品牌工程学研究的目的，就是为中国厂商品牌建设，在品牌经济学基础上，提供具有科学依据的可靠标准，并由此为投资者和消费者选择品牌提供可靠的依据。在缺乏可靠的表内评估条件下，通过品牌信用评级这个表外评估，也可以对中小企业和文化产业投资项目进行评估。

目前流行的品牌价值榜，其测算的基础是折现现金流法（DCF），也即某个商标所代表的商品，按照一定折现率，将未来 10 年每年利润予以折现的总和，在此基础上再进行定性调整。其基本公式是年值的现值公式：

$$NPV=\frac{A[(1+i)^n-1]}{i(1+i)^n}$$

式中，NPV 是净现值，A 为年值，i 折现率，n 是年限，若 $n\to\infty$，则 $NPV=\frac{A}{i}$

基于 DCF 法测算品牌价值，有四个值得质疑的问题：

第一，假定利润是由品牌创造的。我们知道，利润是销售收入与总成本的差值，而企业经营的成本是由企业内部决定的，换言之，即使再好的品牌型企业，内部自己加大运营成本，也有可能产生亏损。事实上，品牌影响的是销售收入，即在价格一定的条件下，如何增加销量。如果把利润归于品牌，那些销售收入很大但利润是亏损的企业，也即 $A<0$，其品牌价值就是负的。这又该作何解释？例如，Google 和 Facebook 上市后，处于亏损阶段，但其股价却很高。

第二，有些品牌价值评估很高的企业，会很快出现经营危机甚至破产。最典型的事例就是“三鹿”奶粉。在没有出现问题之前，按照品牌价值方法计算出来的三鹿奶粉的品牌价值，在奶粉行业也是很高的，但是为什么会出现这种致命的错误？由此带来的质疑，就是现行的品牌价值评估存在着严重的缺陷，从而给企业品牌建设和消费者的选择带来了严重的误导。

第三，新创企业的品牌资产价值无法测算，因为新创企业即使有了注册商标，其利润也是不稳定的。

第四，很多无商标的企业，也可能有一定的利润，例如贴牌企业。但可观的利润不是品牌带来的，而是其他生产要素产生的。Interbrand 公司从利润中扣除 5% 作为资本利润，想表达的也是这个意思。而垄断行业的企业有注册商标，也有足够高的利润，但其利润并不是因为品牌产生的。

鉴于此，通过品牌经济学理论研究得出的结论是：品牌建设的核心，不是知名度，不是美誉度，不是忠诚度，而是建立在降低目标顾客选择成本的品牌信用度，并由此获得品牌溢价。没有信用的商标，就不会有持久的生命。

在厂商品牌建设的实践过程中，正是因为将商标与品牌混淆了，所以才得出了知名度、美誉度、忠诚度这三个“品牌”建设指标。而品牌经济学理论表明，现实中，很多知名度很高的商标（诸如早期的央视标王们），却因没有销量而退出了市场。人们对某个商标及其产品或服务的美誉度也很高，但因为购买力限制并不实际购买，难道厂商品牌建设的目的，就是要让不具备购买能力的人赞美自己？而忠诚度的测量方法是顾客的重复购买程度，忠诚会有重复购买行为，但重复购买不等于忠诚，例如，家庭主妇重复的购买食盐，其实并不知道其所购食盐的商标名称。

因此，品牌经济学从理论上证明，在价格一定的条件下，只有降低目标顾客选择成本的品牌信用度，才能使目标顾客在产生购买动机时不假思索地进行排他性选择。

品牌工程学的基础理论是品牌经济学，其应用理论是品牌溢价模型，而其操作技术则是品牌信用模型。

2.1 如何理解品牌信用

传统的信用研究属于历史归纳法，也即评估过去的守信或违约概率。但问题是过去守信的人，将来未必守信。很多商业欺诈行为，开始都是表现得很守信，获取信任后，实施更大的欺诈活动。

例如，某地的商人甲，为了骗取远离该地的啤酒生产企业的信任，支付给该啤酒企业 100 万元现金，从而获得该啤酒企业的 100 万元啤酒产品。该商人甲在一个月内，将该啤酒产品价格打对折销售，获得 50 万元现金。然后，商人甲将这 50 万元现金支付给该啤酒企业，获得该啤酒企业价值 50 万元的啤酒产品。继续对折销售，变现获得 25 万元现金。又将该 25 万元现金支付给该啤酒企业，获得价值 25 万元的啤酒产品。

到目前为止，在该啤酒企业眼里，商人甲的信用很高。也就在此时，商人甲开始了诈骗活动：告诉该啤酒企业市场需求很旺，快断货了，希望尽快供货，货到付款。

为了解决过去守信、将来未必守信的信用评估问题，品牌经济学提出了新的评估方法，也就是对厂商以商标为载体进行承诺的评估。若承诺本身就不值得信任，其信用就是低的。在什么条件下的承诺是值得信任的？答案是所在承诺本身是可以验证的。

例如，在谈恋爱过程中，男孩子对女孩子承诺海枯石烂不变心，这个承诺本身就是不可靠的，因为海不会枯石也不会烂。即使承诺不离不弃，这个承诺也不可靠，因为这个男孩子即使和别的女孩好了，对第一个女孩也可以不离不弃。

为了深刻理解品牌信用度，先看两个案例。

案例理解 2.1 泸定桥铁索为何不断？[①]

泸定桥是大渡河上建造最早最长的一座桥梁。桥体分别由桥身、桥台、桥亭三部分组成。

该桥长 103 米，宽 3 米，13 根铁链固定在两岸桥台落井里，9 根底链，两侧各 2 根扶手链，共有 12000 多个铁环相扣，光铁件就重达 40 余吨。踏上桥面，整个桥身起伏荡漾，如泛轻舟，它是连接川藏交通咽喉之地。

该桥是康熙四十四年(1705 年)动工兴建，康熙四十五年(1706 年)，泸定桥竣工之际，康熙皇帝亲自为该桥题写“泸定桥”桥名，桥头立有康熙御笔题写的“泸定桥”御碑为证。大渡河自北向南，浪大水急，两岸谷壁陡峭，险峰兀立。

当年对铁环的铸造要求极其严格，要求工匠必须将名字一起铸在铁环上，以便日后发生质量问题好追究其责任，这也保证了近 300 年来铁桥仍然横跨大渡河之上。

铁索桥自建桥至今，曾饱经风霜，几经劫难。据历史记载，1776 年，大渡河水暴涨，河水高出桥面数尺，铁索毁于一旦；1915 年冬，东桥头失火，桥亭化为灰烬；1917 年 7 月，桥被大风吹翻，底面朝天，铁索折断。但每次损坏都很快得到修复。泸定桥桥龄三个世纪，至今巍然屹立在大渡河上。

各位读者，读完这段文字之后，您印象最深刻的是什么？

我们读完之后，印象最深的是“当年对铁环的铸造要求极其严格，要求工匠必须将名字一起铸在铁环上，以便日后发生质量问题好追究其责任，这也保证了近 300 年来铁桥仍然横跨大渡河之上。”

其实，将工匠的名字铸造在铁环上，就是信用，其含义是：如果哪个铁环断裂了，就追究该环铁环铸造者的责任。即使当年的亲自铸造者过世了，在那个时代，是父债子还的。而在父债子还的规定下，为了子孙后代的安宁，当年铸造铁环的祖辈，是绝对不敢忽视质量的。因此，我们认为，品牌信用的要素有 5 个：

第一，要有明确的承诺者，也即是谁作出了承诺。在泸定桥制造时，铸造在铁环上的工匠姓名，就是明确的承诺者。对现代厂商而言，就是注册商标。欧美等国家的很多注册商标，其实就是家族姓，如西门子、福特等。

第二，作出了什么明确的承诺，也即该承诺者作出了什么可看得见的承诺。在泸定桥

① 参见 2006 年 8 月 29 日“飞扬军事”(www. FyJS. cn)，作者：镇南石。

制造时，在无自然灾害条件下，保证铁环不断裂就是看得见的承诺。对厂商而言，则就是白纸黑字的文字记录，这就是质量信息的透明性。

第三，该承诺向谁作出的？如果缺乏明确的承诺对象，再好的承诺也无效。在泸定桥中，承诺的对象是过往行人。在厂商品牌建设过程中，终点目标顾客就是承诺的对象。

第四，该承诺是否可验证？如果作出的承诺不可验证，承诺者即使违约了，也无法证实，自然也就无法受到惩罚。在泸定桥中，铁环是否断裂，是很容易验证的。根据力学原理，每根铁索能承受的最大重量，不取决于最强的那一环，而取决于最薄弱的那一环。每个工匠都明白这个道理：谁制造的铁环质量最差，也就最容易断裂，这是无法抵赖的。正是这个可验证性，确保了每个工匠确保自己铁环的质量。对厂商而言，则是注册商标、生产企业名称、生产地点、生产日期、产品成分、服务内容等，必须清楚地写在产品标签上。

例如，19 世纪 90 年代，当时的绝大多数商家采取的是“商品出门概不退货”的政策。但马歇尔・菲尔德率先作出了商品退货和免费送货的承诺，使离该商场很远的顾客也来此购物，并因此树立起了马歇尔・菲尔德的品牌，使“马歇尔・菲尔德”成为当时商界诚信的代言或象征，从而成为顾客们不假思索前来该商场选择的品牌。

第五，违约之后受到的处罚成本超过其违约收入，只有满足了承诺的可验证性，才有可能确定违约之后的处罚成本。为此，我们构建一个是否违约的经济模型：

违约净收入＝违约收入－违约处罚成本×查出率

如果查出率＝0%，则必定违约；若查出率＝100%，且处罚成本超过违约收入，在执法者不被违约者受买的条件下，则无人违约。目前的法律体系，多数是采取加大处罚成本和提高查出率也即提高侦破技术的策略。其实，如果违约收入＝0，无论处罚成本和查出率有多高，也无人违约。据此，品牌经济学认为，在现实经济活动中，建立起品牌信用评级系统，使顾客预先知道或者自己也能对商标及其承诺进行信用评级，才能降低厂商的违约收入预期，从而避免其违约行为。

在泸定桥中，铁环出现质量断裂后，制造者即工匠的处罚成本是什么，我们无从查起，但从事实来看，铁索至今未断，可以反推，因质量断裂的处罚成本将是很高的，而且也必定是延至其子孙后代的，否则，不可能保留至今。

背景资料 2.1　中国本土洗发水去哪儿了？[①]

近日，凯度消费者指数提供的数据显示，2011～2013 年，洗发水市场国际品牌的市场份额分别为 70.5%、72.3%和 73.9%，本土品牌分别为 29.5%、27.7%、26.1%，呈现逐年下滑态势。

“本土洗发水衰落已是不争的事实。”广州野火公共关系咨询有限公司董事长彭儒霖对记者表示，行业中已经看不到年销售额 5 亿元以上的本土品牌了，某知名本土洗发水品牌 2010 年时还有 10 亿元左右的销量，现在大概只有 2 亿元。

柏亚国际集团有限公司企划传播中心总监黄志东介绍，外资品牌占据了中国洗发水市场约 80%的份额，其中宝洁占 60%，联合利华占 15%，还有 5%来自欧莱雅。日化专家

① 参见 2014 年 11 月 16 日《每日经济新闻》，作者：贺文婷。

冯建军曾向媒体透露，潘婷、海飞丝、飘柔、沙宣4个品牌贡献了整个宝洁中国超过53%的收入，但是在中国的卖场中这4个牌子却不用交进场费。

黄志东提到，他们受到国际品牌的冲击非常大，利润下滑得非常厉害，基本上可以说是微利，老板考虑到行业后劲没有那么足，当然不会投那么多钱去发展了。“企业必然要去寻找其他行业补回业绩，多元化不足为奇，现在做洗涤类的企业大部分都会涉足其他行业。”

早在几年前，洗发水企业就加快了多元化步伐，房地产市场爆发后，转投房地产的企业更是数不胜数，丝宝、雅倩、雅嘉、飘影、好迪等都曾不同程度地投身楼市。据报道及公开资料，依靠雅倩发家的苏氏家族控股的联美(中国)投资有限公司目前拥有30多家全资、控股公司，在国内投资开发建设的房地产项目遍布全国十多个城市。

好迪集团董事长黄家武此前在接受采访时曾透露，好迪在2009年开始涉足农药行业和商业地产业，如今已变成涵盖制造业、房地产、服务等领域的综合性企业。“现在日化已经很难说是洗发水企业的主业了。”彭儒霖对记者表示，他们都在当地搞起了房地产、厂房出租等物业，因为在现有的环境下毛利太低了，为了生存下去也就不得不“不务正业”了。

同样是洗发液，为什么宝洁、联合利华等就能发展得很好？为什么本土日化企业就日渐衰落？面对同样爆发的中国房地产市场，为什么宝洁公司、联合利华等就没有投身于中国房地产市场，而是继续在洗发液市场精耕细作？为什么本土洗发液企业纷纷投身于房地产？这就是对品牌信用不同态度导致的必然结果。对中国多数企业来说，用什么赚钱就干什么的商业思维，当然不可能形成精益求精的工业思维，更不可能牢固地树立取悦于人的人文思维。

为了加深理解品牌信用，再看一个案例。《羊城晚报》2004年10月2日，发表了一篇名为《一张床垫》的文章，通过该案例，我们可以更好地理解究竟什么叫品牌信用。

案例理解2.2 一张床垫[①]

美国人汤姆搬家时，准备买一张新的床垫。汤姆去了一家名为“蓝森林”的家具店买床垫。汤姆买的床垫出自美国最知名的家具厂“美像”厂。床垫的质量与价格都是美国一流的，在社会上很有声誉。

本书点评：“蓝森林”是商店商标，“美像”是产品商标，两者都是承诺者。

汤姆买床垫的那天，按规定先向家具店交付了200美元的订金。交完钱，他便高高兴兴地回家了。谁也没有想到的是，汤姆那天出了大事。他在回家的路上遇到了不幸：路边的一辆煤气车突然发生爆炸，汤姆的车子被炸翻了。他被送到医院时，已经人事不省。几天后，他仍然没有脱离危险。

而这时已经到了家具店给汤姆送床垫的日子。当家具店把床垫送到汤姆的家里时，开门的人却是一副不知所措的样子。他说他从来没有订过什么床垫。对送床垫一事，他感到莫名其妙。送货人按照订单上的地址，发现一点没有错，就是这个小区，就是这个门牌。但房子的主人坚持说送错了，说他对于此事一无所知，还说这里根本没有一个叫汤姆

① 参见2011年9月19日《现代青年》，作者：星竹。

的人。

事情让人百思不得其解。送货员只好将床垫拉回了店里。他想,如果是什么地方出了差错,那个叫汤姆的人一定会回来找的,他毕竟已经交付了200美元的订金。

殊不知,这时的汤姆已经被医院诊断为植物人。他的家人也不知道汤姆已经预订了一张床垫。"蓝森林"家具店是一家严守合同、为顾客着想的老店。他们不但没有因为这张床垫无人来领取而感到捡了个便宜,反而陷入了困境。他们在店门口张贴了广告,又在当地的报纸上发布了消息,寻找汤姆,并希望知情者能够提供有关汤姆的线索,好让他将床垫领走。

本书点评:"蓝森林"是家具店的名称,如果注册的话,也就是注册商标,也构成了承诺者。在找不到汤姆的情况下,"蓝森林"在店门口张贴了广告,在报纸上发布消息找汤姆,这都是"蓝森林"的公开承诺,因为这些寻找汤姆的信息都是广而告之的,所以,是可以验证的承诺。别忘了,"蓝森林"在报纸上发布消息,是要付费的。

汤姆的处境使他的家人根本没有时间看什么报纸。他的邻居们更没有想到,遭遇了不幸的汤姆,在这之前还订购了一张床垫,事实上,这已经能够成了一桩悬案。

然而家具店和生产床垫的厂家都坚持一定要等汤姆来领床垫,这是关乎信誉和诚实的问题,做生意怎么能不讲诚信呢?多年来,无论是商家还是厂家,都一直信守着自己的经营承诺——急顾客所急,想顾客所想。

本书点评:这句话或类似的话,是所有厂商都会说的,问题是有几个真正做到了呢?如果做不到,很多国人常用的依据为自己辩解的话,就是孟子的"此一时彼一时",这句话为一些不讲信用的国人,提供了心理依据。

但事实是,汤姆却不能来领床垫了。一切如石沉大海。

汤姆订购的床垫放在家具店里一年了,依然没有人来认领。汤姆的床垫在店里放置了两年了……还是那个老样子。又过了两年,厂家已经不生产这种床垫了,汤姆还是没有来。这期间商店和厂家为这张床垫又交换过几次意见。双方商定还是留下这张床垫。虽然事实上也许不可能有人来认领这张床垫,但道义上,他们仍然选择了信守诺言,因为他们是美国知名的厂家和商家。

本书点评:作出承诺容易,实现承诺难。其实,不是因为他们是美国知名厂家和商家,所以才讲信用,而是因为他们讲信用,所以才成为了知名厂家和商家。换言之,很多厂商,把因果关系搞颠倒了。我们在品牌经济学讲座过程中,用到一些诸如可口可乐、杜邦等公司的案例,很多厂商学员的质疑是:老师,您举的案例都是大企业,我们做不到啊。我们给他的回答是:这些企业不是一生下来就是大企业,他们之所以成长为大企业,是因为按照品牌建设的规律做才长大的,而不是因为他们是大企业,所以做得起品牌。

就这样,这张没有人来认领的床垫被店家挪来挪去,虽然很占地方,却没有人说什么,也没有人对这种看似愚蠢的做法提出任何异议。信守诺言和诚信有时确实会呈现出愚和拙的一面。

这期间,家具店换过两次老板。接任时,前任都要领着接任者走到这张奇特的床垫前,说明几年前发生的事情。接任者也像他们的前任一样,信守诺言。每隔一段时间,他们就会照样拿出一支粗笔,把床垫上那几个已经模糊了的大字再描上一遍:"订购人,汤姆。”他们不仅耐心地等待汤姆，而且还把这件事作为信守合同的一种义务让自己履行。“蓝森林”家具店的做法，笨拙得让人感动。

本书点评：读到此想起来了关羽，虽然在曹操那里受到了极好的待遇和礼遇，但一得到刘备的消息，立刻封金挂印，过五关斩六将，千里寻兄。国外有人说中国人更重视家庭或家族，而不是国。其实，这是可以解释的，想想看，家庭或家族的关系是连续的，利益是有保障的，也即是确定的。而朝廷呢？“城墙变换大王旗”，是不确定的。这就证明，连续的确定性的收益，是信用得以保证的前提。因此，一切流动的摊贩、随时可能关门的小店，在理论上都是难得有信用的。

谁也没想到，七年之后，奇迹发生了——植物人汤姆苏醒了。汤姆的苏醒是作为医学界的一个奇迹被媒体争相报道的。电视、报纸上都登出了有关汤姆起死回生的消息。这时的汤姆已经不记得从前的事了，毕竟已经过去了七年。但离最近的一件事他还是想起来了，那就是七年前，他是在订购床垫回来的路上出了事的。

家具店老板得知这一消息后十分惊讶，急忙派人去医院找汤姆。原来，七年前汤姆把订单上的地址写错了，把一区写成了七区。一区和七区相差了五里路，怪不得床垫永远送不到汤姆家里。

本书点评：汤姆把送货地址写错了，因此，家具店没法送货。表面看，错确实在汤姆身上。但是，如果家具店有个审核的流程，也即汤姆填好了送货地址之后，接待的店员当场与汤姆核对一遍，很有可能就把错误更改过来：我们不知道顾客是否会填错送货地址，但现场核对一遍，就能消除错误却是可以肯定的。如果这个分析对各位有所帮助，就是案例分析的价值。

七年之后，家具店终于把汤姆订购的床垫送到了汤姆的家。店家是作为汤姆康复回家的一个礼物，将床垫送去的。这件事在全美引起了强烈的震动。床垫商和家具店的信誉让人十分感动，他们默默地坚持了七年，整个过程平凡得让人流泪。

汤姆回家的那天，许多市民跑到街上，他们一定要抬一抬、摸一摸这张神奇的床垫。人们说，汤姆的苏醒肯定与这张床垫有关。他们不但认为汤姆的苏醒是一个奇迹，同时也认为，家具店七年来对汤姆的深情召唤功不可没。是上苍不肯放走汤姆，一定要让他睡一睡这张床垫！就连美国当时的总统里根，看了报道，也感动地跑到一家新闻中心大加赞扬，他肯定地说：“真诚，一定会感动上帝。”

其实，一张床垫，确实不值多少钱，“美像”或“蓝森林”即使不送给汤姆，也赚不了多少。现在，如此众多的新闻媒体给予了主动的、正面的、免费的报道，将这些新闻报道的版面折算成广告费，将是一个很大的金额，这就是对信用的奖励。

2.2　为何要先做品牌信用

我们认为，厂商以自己的注册商标为承诺者，进行的品牌信用建设，就构成了品牌工程的核心。品牌经济学理论证明，厂商进行技术进步不是目的，满足目标顾客的需求和欲望才是目的。换言之，技术进步是满足目标顾客需求与欲望的手段，如果颠倒了这个关系，为了技术进步而技术进步，得不到目标顾客尤其是终点目标顾客的选择，技术进步就难以实现价值转换。换言之，硬技术生产价值，而软技术实现价值。

这就是为什么我们认为，厂商在进行技术进步之前，也即在进入研制工程之前，首先进行品牌工程，也即进行品牌信用研究。换言之，如果说品牌信用是发展方向的话，则实现该品牌信用的技术进步就是方式。

尤其值得关注的，是随着工业 4.0 技术的成熟，目标顾客选择的个性化越来越多的通过"互联网＋物联网"也即 CPS(Cyber-Physical System)在生产企业内得以实现。在这个过程中，哪个厂商对目标顾客的个性化选择研究和理解得更深刻，那个企业就能获得更多的顾客选择。

为了深刻直观地理解品牌工程先行的价值，请阅读以下案例，在该案例中，中国深圳的燕加隆公司研制成功了地板锁扣技术，并获得了专利，但是，为什么市场推广就不成功呢？

案例理解 2.3　地板行业"洋专利"贵而吃香 国内技术本土遇尴尬①

高额专利费转嫁消费者：锁扣技术是地板领域的核心技术，目前，全球仅三家企业拥有地板锁扣技术核心专利，燕加隆(Yekalon)是其中唯一的中国企业。在燕加隆的"一拍即合"锁扣技术诞生之前，全球地板锁扣技术由比利时 Unilin 和瑞典 Valinge 两家企业垄断。这两家企业近 10 年来仅靠专利实施许可及侵权赔偿，就获得了几十亿美元收入。不少中国地板企业表示，中国地板行业因欠缺核心技术，不得不采用国外锁扣专利并向他们支付巨额专利许可费。

本书点评：专利作为知识产权的目的，就是通过防止模仿侵权，来保护技术进步的收益，以此来促进技术进步。因此，为这两家外国公司支付专利费本身是应该的。这就是知识产权保护能促进经济发展的经济学原理。

中国地板锁扣技术出现后，已经迫使"洋专利"降低了专利许可费，这让中国地板产业至少免于支付 3 亿美元的专利侵权赔偿，两家地板巨头在华专利许可费也从每平方米 1 美元降至 0.65 美元，而国内地板业的每平方米利润还不到 1 美元。

尽管如此，世友地板北京公司总经理范文坚告诉记者，现在采用 Unilin 的锁扣专利除了在前期要支付几十万美元的专利费以外，Unilin 还将根据企业的销量日后再收取费用。大型的地板企业可以通过摊薄成本降低自身管理费用等方式消化掉这部分费用，但多数中小型地板企业还是会将这部分费用转嫁给消费者。

本书点评：正因为这部分费用转嫁给了消费者，所以，就给燕加隆从消费者角度拓展自己的锁扣技术提供了一个现实的机遇。问题是燕加隆如何取得消费者信任呢？这就是燕加隆品牌信用要解决的问题。

"中国制造"频遭国际打压：在越来越多中国企业拥有自主知识产权、国际竞争力不断提升的背景下，一些欧美企业通过各种方式竭力打压"中国创造"。地板锁扣技术也不例外，尽管是破了"洋专利"的垄断局面，但"中国制造"却遭到对手的强烈反攻。

---

① 参见 2010 年 1 月 6 日"搜房网"(http://home.soufun.com)，作者：荆浩。

本书点评：中国有句俗话，真金不怕火炼。如果中国企业的专利技术，确实不存在侵权事实，任何对手的打压，都不会得逞。但是，中国企业的技术进步，目的不是经得起对手的打压，而是得给目标顾客一个排他性单一利益点。否则，再好的技术，没有终点目标顾客的选择也是没有价值的，这就是品牌工程先于研制工程的根本原因。

2004年在Unilin公司的策动下，加拿大对中国地板启动反倾销/反补贴调查。2005年7月，Unilin公司下属的两家美国企业又向美政府提起更具杀伤力的"337"调查申请，指控34家企业(其中中国企业18家)生产的锁扣地板侵权。2009年9月Unilin公司再次于德国将曾两次胜诉的燕加隆公司告上法庭，最终以燕加隆胜诉告终。

中国专利保护协会副会长兼秘书长肖鲁青告诉记者，目前我们国家的企业95%的涉外专利诉讼都发生在美国，发达国家企业运用知识产权壁垒进行大量的侵权诉讼目的很清楚，就是排斥和削弱国外的竞争对手。而Unilin打官司可能出现两种结果：一是Unilin打赢官司直接扼杀中国专利，实现专利垄断的目的。二则是如果打不赢，通过官司的"马拉松式"诉讼，以诉讼冻结贸易、带来巨额诉讼负担的方式，来消耗中国公司的实力，使得本土专利难以延续推广。

本书点评：除了这两个目的之外，对Unilin公司来讲，还有第三个目的，就是通过新闻传播，对地板厂家和消费者以强大的心理暗示，即我Unilin才是主角！换言之，从品牌经济学的角度看，Unilin公司即使输了官司，却强化了品牌，因为通过主动的起诉，以受害者的身份出现，将强化自己占先的地位。

"本土专利"国内面临尴尬：当"本土专利"打破垄断后，却在国内地板行业推广中遭遇尴尬境地。记者致电了国内国家知名地板企业发现，尽管大家为燕加隆胜诉叫好，但几乎没有一家采用"本土专利"，全部无一例外地使用Unilin的专利技术。在建材卖场中，销售人员在向消费者介绍时，也将"美国专利""德国技术"赞美有加。

本书点评：燕加隆技术在中国国内推广所遇到的尴尬，原因就是没有先通过品牌工程提高自己的品牌信用所导致的。燕加隆在获得了专利之后，首先要进行的不是面向地板厂推广该技术，而是针对地板的终点顾客。按照品牌经济学理论，理想状态是：在地板展销门店，顾客进门先问是否是用的"一拍即合"技术？如果店员回答是，顾客就选购，如果店员回答不是，顾客就走人。剩下的就是通过策略，实现这个理想状态。知道以及实现这个理想状态的工作，就是品牌工程。其实，按照我们品牌经济学观点，在燕加隆立项进行地板锁扣技术进步时，也即进入研制工程之前，就应该到地板展销门店，观察前来选购地板的顾客们是否关心地板锁扣，是否知道锁扣。除了地板锁扣，顾客们更关心什么呢？关心地板质量是必定的，但是，地板质量是法定标准，是物质利益。品牌经济学认为，顾客购买地板的单一利益点＝地板的物质利益＋情感利益。在物质利益一样的情况下，什么样的情感利益，才能打动选购地板的顾客们呢？这就是品牌信用也即品牌工程要回答的。

难道是"本土专利"技不如人？欧人地板总裁张跃轩坦言，之所以沿用国外技术主要是担心出口遇阻。张跃轩说：一是国外专利技术长期垄断市场，国外的客户只认可国外专利技术，对国内技术十分排斥。二是作为生产商，在技术的更新上还要面临更换生产设备的问题。不同的锁扣制造要用不同的刀具，一些刀具厂为规避风险对用于新技术的刀具生产也非常保守。不过，张跃轩以及更多的中国地板企业代表明确表示，如果"本土专利"

能够得以推广壮大，未来将停止与国外专利续约，转投“本土专利”。

对此，消费者则理解得更为实际。家住美利山小区的张先生告诉记者，买地板的时候关注更多的是材质，对于用了谁的专利他并不在意。知名品牌地板选择的技术应该是最适合的，即使为此多付出一些“专利费”也是可以接受的。通过调查仍有不少消费者更希望的是能够使用上“中国制造”，金隅的李小姐夫妇认为，中国木作工艺自古就有，锁扣技术早就出现在中国古代建筑中，尽管要支持产权保护，但更重要的是中国制造能够强大起来，让消费者减少支出。

为了理解张跃轩的意思，我们可以绘制一个简单的顾客链（见图 2.1）：

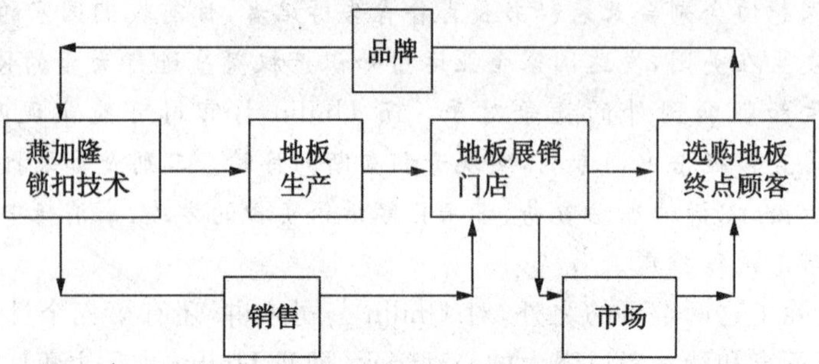

图 2.1　燕加隆锁扣顾客链

在这个链条中，谁掌握定价权呢？当然是终点的地板选购顾客。那么，地板选购顾客在选购地板时，对地板的物质利益，至少有五个关注点：一是价格，这是他们自己根据自己的收入水平所作出的预算；二是颜色，选择自己喜欢的颜色；三是数量，也即根据铺设地板的房间面积；四是质量，也即抗磨性和是否变形；五是服务，也即是否给铺装以及出现质量问题的解决承诺。在这五个关注点中，没有人关注锁扣问题。

我们再站在地板生产厂来看，如果使用国外锁扣技术，需要的是缴纳专利费，但不要更换设备，因为设备已经购买使用了。更换设备的费用远远高于继续缴纳的专利费，地板生产厂家当然不愿意使用“燕加隆”的技术了。

在这种情况下，如果燕加隆从地板选购顾客入手，先进行品牌工程，使选购地板的顾客们进到地板展销门店就问：是否是燕加隆锁扣技术？是，我们就买；不是，我们就不买。这样一来，就对地板展销门店形成了压力，他们将这种压力传递给地板生产厂家，就会迫使地板生产厂家来采用燕加隆的技术，也就掌握了定价权。

在这个过程中，如果燕加隆与地板生产企业达成一个免费协议，即免费提供设备或专利，但要求地板生产企业在地板外包装和地板展示材料中，加入“采用燕加隆锁扣技术”，并且设计注册一个令人开心的使顾客一见钟情的卡通形象，地板厂家就更有采用的动力。随着地板数量的增加，这个“燕加隆”技术及其卡通形象，就有品牌授权的溢价空间。

这些措施，都属于品牌信用的范畴，也就是品牌工程学要研究的技术。

2.3　品牌信用有哪些指标

品牌信用是实施品牌工程的技术手段，作为一种技术手段，需要有可以操作、测量、测试的指标体系。那么，品牌信用由哪些指标体系构成的呢？

指标体系的设计有两种思路，一是经验总结，例如，广告学界提出的知名度、美誉度、忠诚度，就是基于成功厂商的经验基础上总结而成的。这就存在着逻辑缺陷，即有知名度不等于有销量；有美誉度的顾客未必是实际购买的顾客；重复购买的顾客，也未必是因为忠诚度。另一种思路是理论设计，也就是先有理论标准，然后分析需要通过哪些指标来实现该理论标准。例如，爱因斯坦得出的质能转换公式即 $E=MC^2$，就是一个理论标准。在这个理论标准基础上，通过技术手段来实现原子弹的爆炸。

在品牌经济学原理基础上，我们提出了品牌建设的知识体系，并于 2009 年由经济科学出版社出版了《BCSOK：品牌建设体系》。根据 BCSOK，我们推导出来了品牌信用的十个指标。在本章，只对这 10 个指标的定义及其价值进行论述，每个指标的技术标准、测试评级、设计流程、案例诊断和案例模拟，都将在随后的章节中单独成章。

指标 1：目标顾客的精确性

所谓目标顾客的精确性，就是厂商确定性地清楚自己的产品或服务，究竟会被哪些终点顾客选择，并确定这些终点顾客为何选择。

在厂商的现实经营活动中，往往推出多种产品，美其名曰满足顾客的挑选。其实，这是因为厂商并不知道顾客需要什么，就给出很多产品，让顾客们挑选自己满意的产品。这种顾客们自己挑选自己满意的产品，从品牌经济学来看，就是厂商把定价权也即命运交给了顾客，结果就是增加了产品类型，为此就要增加流动资金。那些到了换季打折处理产品的厂商，都是因为不了解顾客的需求，而采取的资金回收措施。

毛泽东的第一篇文章是他在 17 岁时写的《体育之研究》，但在出版毛泽东选集时，第一卷第一篇文章，却是他 1925 年 12 月 5 日也即 32 岁时完成的《中国社会各阶级分析》，该篇文章开篇第一句就是"谁是我们的敌人，谁是我们的朋友，这是革命的首要问题"。为什么这篇文章被列为第一卷第一篇呢？我们认为这是毛泽东思想的起点。正是通过对当时中国各个阶级的分析之后，毛泽东在理论上得出了贫下中农才是革命的朋友，并由此得出了农村包围城市的革命道路。

贫下中农需要什么呢？短期利益是吃饭，长期利益则是获得土地。如何满足他们的需要呢？"打土豪，分田地"，因为当时的粮食和土地，都掌握在"土豪"们也即地主的手里。这就是毛泽东为什么能成功的政治原因。这个正确的政治方向确定之后，就要采取灵活机动的战略战术。对政治而言，政治方向就是依靠谁、团结谁、争取谁、打击谁，也就是目标顾客的确定问题。很多厂商的战略战术确实是灵活机动的，但其政治方向也即目标顾客也是灵活机动的。想想看，行驶中的车轮，无论车轮转多快，车轮的中心点是不动的。这个不动点就是精确的目标顾客，满足目标顾客利益的策略，则是需要灵活机动的。

我们认为，任何厂商，如果不清楚谁是自己产品或服务的终点目标顾客，但又承诺说为顾客着想，这种承诺在逻辑上是不可靠的，也就是缺乏品牌信用的直接表达。因此，我们得出的结论是：凡是目标顾客不精确的厂商，其信用度必定是低的；反之，凡是信用度低的厂商，其目标顾客也必定是不精确的。

通过对目标顾客的精确性评级，就能判断出某个厂商是否重视顾客需求以及重视的程度，并由此得出该厂商的承诺是否值得信赖的逻辑结论。

品牌建设的根本，是将目标顾客选择成本等于零的单一利益点也即买点，转化为产品的卖点，以此来获得定价权。在过剩条件下，当且仅当目标顾客的买点是其乐点时，他们对所需产品价格的敏感性就降低了，厂商从而实现品牌溢价。为此，要求厂商在产品或服务设计时，就遵循目标顾客导向，而不是产品研制、生产出来了，再去找顾客。也就是先进行品牌工程，再进行研制工程和工艺工程。

例如，中国动向公司在购买了 Kappa 在华永久代理权之后，做了一个调研，发现穿 Kappa 服装的人很多都是白领。Kappa 原来是运动服，白领喜欢运动，但是很少有人真正去运动。所以中国动向将目标顾客定义为喜欢运动感觉的人，而不是喜欢运动的人。

该定位非常精确，因为喜欢运动的感觉和喜欢运动是完全不同的。故它对 Kappa 的服装重新进行设计：作为运动服都是讲究宽松，讲究透气，现在则讲究时尚。因此，现在穿 Kappa 运动服基本上在休闲场合比较多。它的盈利是多少呢？在 2008 年的时候 500 个人创造了 13 亿元净利润，净利润率为 42% 。

下面通过中国建筑设计研究院建筑历史研究所发展的实例可以看到，在目标顾客不精确的时候，建筑历史研究所几乎难以为继了，但有了精确的目标顾客之后，则获得了巨大的发展空间。

案例理解 2.4　中国建筑设计研究院(集团)建筑历史研究所发展纪实[①]

中国建筑设计研究院(集团)建筑历史研究所所长陈同滨永远也忘不了转制之初自己和同事们经历的那些艰难时刻。最困难的时候，历史所只剩下 6 个人。

一次偶然的机会，历史所接了一个地方历史街区保护规划的活儿，站在历史废墟上，陈同滨和她的同事们有了"新生"的感觉，大家找到了方向——文化遗产研究与保护。

本书点评：为什么是"一次偶然的机会"？既然是从事建筑历史研究，为什么一开始就没有立足于文化遗产研究与保护？其实，这不能责怪他们，而是评价标准导致的行为偏离。改制前的建筑历史研究所，评价标准是发表论文或专著等科研成果，从而使他们不必去关心文化遗产研究与保护。改制后的评价标准，则是市场顾客的选择，如果得不到市场的选择，挣不到钱，也就难以为继了，这就是价格机制对资源配置的价值。陈同滨和同事们为什么有了"新生"的感觉？就是因为目标顾客找到了。

特请关注"一次偶然的机会"这句话，本书后边的案例中，也不止一次地出现这种偶然。1960 年 7 月，在安江农校实习农场早稻田中，袁隆平偶然发现一株"鹤立鸡群"的特异稻株，这个特异稻株有 160 粒。第二年，袁隆平把这 160 粒稻籽种到地里，本以为也能

① 参见 2011 年 2 月 4 日《经济日报》，作者：李予阳。

长出这样的水稻，实际却长得参差不齐。袁隆平才认识到这是“天然杂交稻”株，而受到启发。面对当时的严重饥荒，袁隆平立志用农业科学技术击败饥饿威胁，从事水稻雄性不育试验。

所以，在一阵阵大数据喧嚣的今天，各种各样的孤本小数据，才是创新的源泉。

如今，历史所已经成为中国建筑设计研究院的增长明星。2010 年总收入近 2000 万元，是 2001 年的 60 余倍。无法衡量的是他们创造的巨大社会效益：保护和弘扬中华民族的文化遗产，在多项事关国家、民族利益的文化遗产保护重大项目中作出了突出的贡献，并先后完成了《中国古代建筑史》（第二、五卷）、《中国古代城市规划史》等重大科研成果。

“历史所的发展变化是中国建筑设计研究院（集团）成功转制的一个生动例证。”中国建筑设计研究院（集团）院长修龙对记者说。

本书点评：与市场接轨，不仅实现了自身的经济价值，而且还实现了社会和学术价值，这就是市场经济的互利法则的作用。未读过斯密《国富论》的人，总是认为斯密把市场经济的人性说成“人是自私的”，其实，斯密从来没这样说过。在分析分工产生的原因时，斯密认为是因为人类拥有一种倾向：互通有无、物物交换、相互交易。请给我以我所要的东西。同时，你也可以获得你所要的东西：这句话是交易的通义。斯密明确指出：我们每天所需的食料和饮料，不是出自屠户、酿酒家或烙面师的恩惠，而是出于他们自利的打算。我们不说唤起他们利他心的话，而说唤起他们利己心的话。我们不说自己有需要，而说对他们有利。这就是互利法则。互利的前提是：甲有 A，乙有 B，而甲需要 B，乙需要 A，并且甲乙愿意进行交换。品牌建设的本质，就是将能给终点目标顾客带来欲望满足的乐点，转换为厂商产品或服务的利益承诺，当目标顾客产生需求动机时，自然就会选择自己喜欢的乐点。

目标顾客精确性的价值，表现为三个方面：

（1）通过绘制顾客链，来识别终点顾客。只有终点顾客的选择拉力，才能使厂商拥有定价权

所谓顾客链，就是厂商的产品或服务直接卖给了 A，A 卖给了 B，B 卖给了 C，而 C 买了产品或服务之后，不是为了再次转卖，而是为了自己的需要；则我们将 A 和 B 称之为中间客户，而 C 则是该厂商的终点顾客（Terminal Consumer ）。但是，并不是所有的终点顾客都是该厂商的目标顾客，只有用得着、买得起、信任你、喜欢你的才是目标顾客，此即终点目标顾客（Terminal Target Consumer，简称 TTC ）。只有赢得了这样的终点目标顾客，厂商才能获得定价权，从而获得品牌溢价。

厂商的产品或服务的流转程序是从中间客户到终点顾客，但资金也即价值实现的过程，却是从终点顾客开始的，也即：终点顾客 C 把钱交给了 B，B 把钱交给 A，A 再交给厂商。换言之，终点顾客 C 是价值之源，这就是品牌经济学一再强调的——谁离终点顾客最近，谁将分得最大的价值。

根据这个价值分享规律，大量的中间产品生产厂商，更需要知道自己的产品或服务究竟被哪些终点顾客、为何买走的。否则，自己被深埋在顾客链的中间环节，必将遭受两头挤压的价值流失状态：上游涨价，导致成本增加；下游降价，导致毛利流失。最终就是价值流失，企业关门或者勉强维持。

例如，各位看看自己所用的电脑(苹果电脑除外)，一定有两个显著标志：一个是Intel，一个是Windows。前者是告诉你这台电脑里安装的是“Intel”牌处理器，后者则告诉你这台电脑里安装的是“Windows”操作系统。可问题是，你拆开电脑，看过处理器啥样了吗？知道“Windows”操作系统是怎么写的吗？“Intel”和“Windows”都是典型的中间产品。以“Intel”为例，我们来绘制一个简单的顾客链：

芯片→微处理器→电脑整机厂→代理商→电脑柜台→终点顾客

按照这个顾客链，我们自然发现，微处理器深埋在电脑整机里，购买电脑的终点顾客是无法打开看看的，即使看，也是看不明白的。在前面的“燕加隆”地板锁扣技术中，买地板的顾客不关心地板锁扣，但是，买电脑的终点顾客为什么偏偏关心是否安装的是“Intel”处理器？其实，不是顾客不关心地板锁扣技术，而是因为终点顾客根本不知道。选购电脑的终点顾客，也不是天生就知道“Intel”牌处理器的，而是从1991年开始实施的“Intel Inside”计划。

该计划自1991年启动以来，任何一位电脑生产商，只要在其广告上加入英特尔公司认可的“Intel Inside”图像或者标识，英特尔就会为其支付30%～40%的广告费用。在全球，平均每5分钟，5音调的Intel Inside广告曲就会响起一次。英特尔全球Intel Inside项目总监Carol Barrett女士评价此项计划时说：“Intel Inside计划使得计算机制造商，纷纷将Intel Inside品牌视为他们所提供产品的一个重要组成部分。而电脑购买者也愿意选择Intel Inside品牌，因为这个品牌能够使他们确信从产品中获得英特尔公司领先的技术、优质的产品和可靠的保证。”

其实，“Intel Inside”计划的创意者是丹尼斯·卡特。他是一名拥有斯坦福大学MBA学位的工程师，1990年时在英特尔公司任市场营销经理。他当时希望为微处理器这一消费者看不见、摸不着的复杂技术产品，创建一种品牌身份和消费者偏好。虽然“Intel Inside”计划最终得以实施，但起初公司内外都对它持怀疑态度，它从一个最初刊登在《华尔街日报》1991年4月号上的IBM PC的广告，演变为今天得到了2700家计算机制造商支持的计划。获准加入该计划的计算机制造商有权在他们的系统上粘贴英特尔公司的商标、Intel Inside标识，以及获得市场推广资金的支持。“Intel Inside”计划的目的一方面是要在最终用户当中建立强大的品牌形象；另一方面，还要通过英特尔的品牌效果限制PC机生产商在最终用户中的影响，使CPU成为消费者的关注对象，而不是计算机的品牌，从而获得定价权：因为选购电脑的顾客，关心的是电脑整机里是否是“Intel Inside”，换言之，他们更愿意为“Intel Inside”付账，而不是电脑整机。

(2)终点目标顾客需求和欲望描述的个性化及其类型化

对目标顾客的描述不是总体化的信息，而是某个具体的个人信息，通过该个人信息来作为一类顾客的代言。为此，就需要进行终点目标顾客选择行为的观测与测试。

通过顾客链来确定自己产品或服务的终点顾客究竟是谁，接着就需要回答的是他们为何选择。换言之，终点顾客边际递减的需求(物质利益)和边际递增的欲望(情感利益)究竟是什么。在此基础上，再进行类型化研究，判断究竟谁才是终点目标顾客，由此获得的总量信息才是可靠的。

在研究终点目标顾客行为时，厂商常犯的错误是用数据代替活生生的人，从而只见树林不见木。其实，只有通过个性化的顾客描述，从需求和欲望两个维度才能精确地理解顾客为何选择这个命题。

(3)进行顾客数据库的建设及其挖掘

通过对顾客描述的个性化和类型化研究，就可以为建立顾客数据库提供设计依据。品牌经济学认为，厂商最大的资产是那些已经购买自己产品或服务的终点顾客。将这些终点顾客信息进行存储和处理，不仅能识别出目标顾客，而且还可以挖掘出更大的价值，这就需要建立顾客数据库。

请各位读者再进超市购物时，在超市出口结账时，注意一个环节，就是条形码或二维码扫描仪。这个扫描仪链接的是收款机。其实，这是一个顾客购买信息收集处理系统，而不是一个简单的收款机。正是通过这个顾客购买信息处理系统，使超市详细地了解了顾客的购买行为。这就是为什么超市希望你办个会员卡。

办这个会员卡，不是为了打折用，而是为了对你的购物行为进行分析的。想想看，这是一个多么巨大的数据库。这个巨大的顾客购物数据库，犹如参天大树庞大的根系一样，吸收着大量的养分，才确保大树的生长。

遗憾的是，我国很多超市，仅仅是将POS机作为收款机，而不是顾客购物处理信息系统。对更多的厂商而言，更是远离自己的产品或服务的终点顾客，从而成为没有根系的树，不仅难以长大，而且还将因营养不良而枯萎，这是必然的。

在第3章即“目标顾客的精确性”的案例模拟环节，各位可以阅读案例《宰运立的果农档案》，看看宰运立是如何建设顾客数据库并进行数据库挖掘，从中不断加深目标顾客精确度，从而不断扩大价值空间的。

指标2：利益承诺的单一性

所谓利益承诺的单一性，是指厂商通过注册商标承诺的利益是否是单一的。品牌经济学的理论证明，只有当目标顾客备选集中在单一利益点时，才能将目标顾客的选择成本降到最低。

作为厂商，若问“你相信别人的药能包治百病吗?”你的答案将是肯定的，那就是“不信”。既然你不信别人的药能包治百病，为什么会认为有人会信你的药能包治百病呢？这在逻辑上是说不过去的。“包治百病”就是指厂商承诺自己的产品或服务，具有很多种利益。

那么，为什么没有包治百病的药呢？其实，这是个逻辑问题：如果有能包治百病的药，百病也就被治好了，这种药也就不需要了。

其实，当一个厂商将自己的产品或服务的好处列出很多时，潜台词是自己也不知道顾客究竟需要哪个，请顾客自己选择吧。而顾客一看有如此多的好处，就要琢磨自己究竟需要哪一个好处呢？这一思考，就费去了一定的时间，这个时间折算成购物费用，就是品牌经济学的选择成本。换言之，品牌经济学不是研究品牌的，而是研究顾客的选择成本的，因为品牌能够降低顾客的选择成本，所以称其为品牌经济学。而品牌工程学就是从技术上来降低顾客的选择成本，这个技术就是品牌信用评级。

但是，我们必须强调的是，单一利益点是由物质利益和情感利益两个面构成的，即“单一利益点＝物质利益(需求)＋情感利益(欲望)”。尤其重要的是，在品牌建设过程中，物质利益是产品或服务必需的，因此，厂商在向目标顾客承诺单一利益点时，必须是基于物质基础上的情感利益。为此，可以通过以下这个背景资料来理解。

背景资料 2.2　幸福的源泉①

詹姆斯是美国哥伦比亚大学的哲学系博士，他毕业论文选取的课题是《人的幸福感取决于什么》。为了完成这一课题，他向市民随机派发出了10000份问卷。问卷中，有详细的个人资料登记，还有5个选项：A 非常幸福，B 幸福，C 一般，D 不幸福，E 很不幸福。最后，收回了5200余张有效问卷，但是，只有121人认为自己非常幸福。

接下来，詹姆斯对这121人作了详细的分析。他发现，有50人，是这个城市的成功人士，他们的幸福感主要来源于事业的成功；而另外的71人，有的是普通的家庭主妇，有的是卖菜的农民，有的是公司里的小职员，甚至还有领取救济金的流浪汉，他们又为什么会拥有如此高的幸福感呢？

本书点评：事业成功者之所以成功，是因为对自己的预设目标高，由此获得的幸福，就是因为成功的事业，得到了人们的尊敬。当事业失去了，这个达到别人尊重的条件就没有了，幸福感也就不存在了。而对于平凡者而言，之所以平凡，是因为本身的目标预期设定就低，而这个低的预设目标总是容易实现的，幸福感自然就一直存在。

通过与这些人的多次接触交流，詹姆斯发现，这些人对物质没有过高的要求，他们平淡自守，安贫乐道，很能享受柴米油盐的寻常生活。最后，詹姆斯得出了这样的论文总结：这个世界上有两种人最幸福，一种是淡泊宁静的平凡人，一种是功成名就的杰出者。如果你是平凡人，你可以通过减少欲望、修炼内心来获得幸福。如果你是杰出者，你可以通过进取拼搏获得事业的成功，从而达到更高层次的幸福。

他的导师在他的论文结尾批了一个大大的“优”！

十多年后，詹姆斯已经是哥伦比亚大学的哲学系教授。他的一位学生，叫爱德华，在作毕业论文时，选了一个与詹姆斯当年十分类似的题目——《幸福的源泉》。詹姆斯看到了，很感兴趣。他把当年那121人的联系方式又找了出来，让爱德华去调查。

几个月后，调查结果反馈回来了。当年那71名平凡者，除了两人去世以外，收回69份调查表。这些年来，这些人的生活发生了许多变化，他们有的已经跻身于成功人士的行列；有的一直过着平凡的日子；也有的人由于疾病和意外，生活十分拮据。但是他们的选项都没变，仍然觉得自己“非常幸福”。而那50名成功者却发生了巨大的变化。只有9人事业一帆风顺，仍然选择了“非常幸福”。有16人因为事业受挫，或破产或降职，这次选择了“痛苦”和“非常痛苦”。

面对这样的调查结果，爱德华陷入了沉思。最后，他得出了这样的结论：所有靠物质支撑的幸福，都不会持久，都会随着物质的离去而离去。只有心灵的淡定宁静，继而产生的身心愉悦，才是幸福的真正源泉。

看着爱德华得出的结论，詹姆斯沉凝了许久。最后，他郑重地用红笔在文末批了一个

---

① 参见《少年文摘》2011年第4期，作者：朱国勇。

大大的“优”字！

由上述背景资料可以看出，无论是成功者或是平凡者，感到幸福的都不是直接的物质利益本身，而是由物质利益带来的情感利益：早期的成功者后来感到不幸福，不是因为物质利益的损失，而是由此失去了别人的尊敬。平凡者一直幸福，则更不是因为物质利益，而是因为心灵的淡定宁静。因此，厂商在研究测定产品或服务的单一利益点时，应该着重于基于物质基础上的情感利益。厂商向目标顾客作出单一利益点的承诺，可以有三个价值：

(1)所承诺的利益点越单一，可验证性越强，信用度越高

从逻辑上讲，一个厂商对自己产品或服务，向顾客作出的利益承诺越多，顾客可验证性就越弱，其承诺的信用度也就越低。例如，瑞典轿车沃尔沃承诺的利益就一个，即被动式安全。所以，当戴安娜出车祸不幸去世后，沃尔沃作出的广告是“如果当时戴妃乘坐的是沃尔沃，情况就完全不同了”。沃尔沃之所以敢这么说，是因为自己坚持不懈地进行被动式安全的研究。占据洗发液份额第一的海飞丝，其承诺也只有一个，即去头屑。是否去头屑，这是顾客自己就可以验证的。

如果沃尔沃或海飞丝同时承诺更多的利益，潜台词就是：这个利益不成，还有那个利益呢，问题是顾客如何验证呢？

(2)所承诺的利益点越单一，越能避免品牌错误延伸

一提到“荣昌”，你想到了什么？当然是治疗痔疮的药，因为“荣昌肛泰，贴肚脐，治痔疮”做得太成功了。荣昌制药公司通过贴肚脐治痔疮，将注册商标“荣昌”成为一对一的“贴肚脐治痔疮”这个单一利益点的代言，这是很成功的。但是，后来荣昌制药推出了“甜梦胶囊”，而且在外包装盒的左上角显著地标明“荣昌制药”，问题就出来了。你看了“荣昌制药”，联想到了“贴肚脐治痔疮”，再看到“甜梦胶囊”，你会吃吗？因此，我们推断荣昌制药的甜梦胶囊的销量一定难尽如人意。其实，荣昌制药只需要将外包装盒左上角的“荣昌制药”的显著性降低，将这四个字换到药盒的背面也可以，阻断顾客的联想，销量就会再增加。

品牌延伸的前提条件，是成为情感类或情感物质类品牌，如果只是一个物质类品牌，延伸是不会成功的。例如，“荣昌”这个注册商标，已经成为“贴肚脐治痔疮”的代言，而且是药物这个物质类品牌，就无法用于“口服液或胶囊”，不是口服液或胶囊不好，而是因为顾客的选择成本极高，导致顾客拒绝选择。

越是情感类品牌，因其是满足目标顾客欲望的情感利益，其品牌延伸的广度越大。这就是米老鼠、维尼熊等卡通授权产品之所以很多的原因。

但是，“海尔”已经成为了“家电快速服务”这个单一利益点的代言，也就是情感物质类品牌，它可以用于各种家电，但用于药业就难以成功。而英国的 Virgin 成了反叛年轻人的即嬉皮士代言，则用于了 200 多种不同的产品或服务，同样是成功的。

因此，如果厂商的产品或服务，单一利益点也即品类越多，就越需要采用多商标策略，而应避免企业将一个注册商标用于多种商品，即一标多品，否则，其品牌信用度必定很低。

(3)所承诺的利益点越单一，目标顾客定位越精确

厂商产品或服务承诺的利益点越单一，就越要清楚这个单一的利益点究竟谁需要。

换言之，承诺的利益点越单一，就需要厂商对目标顾客的研究越精确，否则，卖不出去的风险也就越高。但也正好促进厂商来更加关注目标顾客的利益，也就越能判断出厂商所作出承诺以及实现承诺是否可信。

我们得出的结论是：凡是利益承诺越单一的厂商，其利益可验证性越强，信用度越高；反之，凡是信用度低的厂商，其利益承诺必定是多样的，从而也是难以验证的。

指标 3：单一利益的对立性

所谓单一利益的对立性，是指厂商所承诺的单一利益点，与对手或在位者所属单一利益点是否具有对立性。这里的对手或在位者可以是同类产品或服务，也可以是替代品或替代服务。品牌经济学理论证明，在存在在位者的条件下，作为后来者的厂商，只有与在位者的单一利益点是对立的单一利益点，才能降低目标顾客的选择成本，从而避开价格竞争。

简言之，如果在位者厂商 A 所承诺的单一利益点，已经使终点目标顾客的选择成本等于零了，则定义此单一利益点是 A。作为后来者的厂商 B，所承诺的单一利益点只有是"－A"，才能使终点目标顾客的选择成本等于零，从而赢得终点目标顾客的选择，这就是品牌经济学的品类对模型。

若在位者承诺的是功能性的物质利益也即需求，则后来者的最优定位或选择就是快乐性的情感利益也即欲望。

我们得出的结论是：凡是承诺的单一利益与在位者的是对立的厂商，其信用度是高的；凡是承诺的单一利益仿冒跟随在位者的厂商，其信用度是低的。反之，信用度高的厂商，必定不会去仿冒跟随在位者厂商。

运用我们提出的品类对模型，我们对二战后日本的崛起进行了重新的揭示，发现日本厂商的在位者，都是欧洲和美国的强大厂商。在这种情况下，日本的厂商正是采取与欧美在位者厂商所承诺单一利益点对立的策略，才避开了欧美在位者的直接竞争，从而开创了属于自己的新需求。

例如，面对瑞士的机械表（A），日本开发出了石英表（－A）。我们认为，按照日本的技术，生产出与瑞士机械表一样质量的机械表，是完全可能的。但是，一提到机械表，顾客们还是第一想到的是瑞士机械表，而不会是日本。但是，通过开发石英电子表，却拓展出了新需求，而且避开了瑞士机械表的直接竞争。

再如本田摩托，面对的在位者是美国的哈雷摩托，哈雷摩托是大容量的（A），都在 1000 毫升以上，并且不是为了骑着上下班的，而是为了享受强大功率带来的轰鸣声，也即是休闲的。本田摩托则是小容量的（－A），集中在 250 毫升到 750 毫升，并且主要用于骑着上下班的交通工具。

丰田轿车更是典型，推出的第一款花冠牌轿车，被美国人当成玩具车。面对的在位者是福特轿车和通用轿车，他们都是大容量轿车（A），车体宽大、排气量也很大。当时占据小型车市场的是大众甲壳虫，使用甲壳虫的顾客对甲壳虫的抱怨是后座狭窄、冬天难启动、内饰粗糙，而花冠轿车则加大后排空间，更容易启动，内饰精美，这都是花冠轿车的物质利益，丰田将花冠的单一利益点承诺为"人生第一辆车"（－A），也就是子女达到独立年龄或者大学毕业时，父母送给子女的礼物。正是这个“独立”的符号，才使丰田花冠不仅价格高于同样配置的其他商标的车，而且销量一路领先。

再如通用汽车是后来者，当时通用汽车的在位者是福特汽车(A)，福特作为流水线的创始人，高度重视技术进步，不重视轿车款式的变化，其黑色的T型车生产了1000多万辆，美国顾客对福特的单一利益点认知就是福特代表汽车技术。在这种情路况下，通用汽车则突出自己的款式和颜色，率先推出了年度新款(－A)。在美国就形成了这样的轿车品类对：喜欢技术的顾客，选择福特轿车；喜欢款式的顾客，则选择通用轿车。

福特轿车代表技术，通用轿车代表款式，那克莱斯勒轿车代表什么呢？换言之，喜欢轿车技术的顾客，选择福特牌，喜欢轿车款式的顾客，选择通用牌，克莱斯勒牌轿车左右为难，顾客们不知道选择克莱斯勒牌轿车的理由是什么。因此，从品牌经济学角度分析，克莱斯勒牌轿车之所以陷于困境，不是因为克莱斯勒牌轿车有什么质量问题，而是在技术代言的福特牌、款式代言的通用牌作为在位者的条件下，没有使选择轿车的顾客们的选择成本等于零。

但是，当艾科卡担纲克莱斯勒时，为什么只保留了“Jeep”牌越野车？因为“Jeep”是一种与福特和通用都对立的车型：福特和通用轿车都是用于正规路面的(A)，而“Jeep”是用于非正规路面的(－A)。所以，当人们选择非正规路面用车时，不会想到福特或通用，而是“Jeep”。

在我国，前几年中央电视台高频率播出广告，“去头屑买雨洁”，单一利益点即去头屑是足够的，但与在位者即海飞丝构成了跟随行为，尽管雨洁的价格低于海飞丝，也很难成功。最近，雨洁又在模仿百事可乐在1963～1964年的广告，即新一代的选择。对此我们认为也难以成功，因为百事可乐当年的“新一代”，是特指反传统的嬉皮士群体，这个群体反对越南战争，而当时的可口可乐仍旧作为战需品配送到越南战场，嬉皮士们反对越战，也就拒绝喝可口可乐。这时，百事可乐站出来说百事可乐是“新一代”的选择，结果就是：支持越南战争的(A)，选择喝可口可乐；反对越南战争的(－A)，选择喝百事可乐。那么，请问雨洁所说的中国的“新一代”，是谁呢？谁认为自己是新一代呢？

当年海飞丝进入中国时，当时的在位者是遍布大江南北、长城内外的美加净和蜂花洗发液，但这两个商标均缺乏利益承诺的单一性，而海飞丝作出了单一利益点即去头屑的承诺并做到了这个承诺，结果就以高价格赢得了中国整个洗发液40％的份额、去屑类洗发液80％的份额。

孙子兵法认为，百战百胜，非善之善者也，不战而屈人之兵，才是最高境界。并确定了上兵伐谋和以迂为直两个策略。而通过品牌经济学的数理证明，在存在在位者的条件下，后来者只有采取与在位者所属品类“A”对立的新品类“－A”，才能提高自己的品牌信用度，从而降低目标顾客的选择成本，赢得目标顾客的选择也即掌握定价权。

指标4：品牌建设的岗位性

所谓品牌建设的岗位性，是指厂商是否有单独的责任明确的品牌经理，并且品牌经理是否获得了品牌工程师的专业技术。

我们很奇怪，企业都设有财务经理、生产经理、采购经理、销售经理等具体的岗位，但我国绝大多数企业却没有设置品牌经理，从而无人具体负责终点目标顾客，也就使满足终点目标顾客需求的承诺成为空想，进而使品牌建设落空。

品牌经济学认为，企业内部对每个商标都应给予明确的岗位责任，也即品牌经理，承担起品牌信用的具体负责。

在缺乏具体的品牌经理岗位保证的情况下，企业决策者就成为事实上的品牌经理，但几乎都缺乏品牌建设专业知识和技能。很多企业创立者尽管开辟了一个新的产品领域，但因缺乏品牌建设知识和技能，企业是建立起来了，也成了驰名商标，但品牌却失落了，从而失去了定价权，也就不可能获得品牌溢价。

我们得出的结论是：凡是建立了明确的品牌建设岗位责任制的厂商，其信用度是高的；否则，就是低的。反之，凡是信用度低的厂商，必定缺乏明确的品牌建设责任制。

在我国，多数企业将获得驰名商标作为品牌建设的目标，这是极其片面的。因为驰名商标可以通过法院判决的，问题是法院无法决定该商标所承载产品或服务的终点目标顾客的选择。好在 2013 年 8 月新修订的《商标法》规定了从 2014 年 5 月 1 日起，在产品、包装、宣传中，不得再出现驰名商标的字样。

如何进行品牌建设岗位性设计，详见第 9 章。在此，我们特别强调的是，品牌建设的目标不是获得驰名商标，而是通过品牌工程，将商标变成品牌，从而通过掌握定价权来获得品牌溢价，使厂商从增产盈利的商业模式，转到增值盈利的商业模式。

品牌经理承担的不仅仅是销量、销售额、利润这样的经营指标，而是通过锁定终点目标顾客的欲望也即情感利益，使目标顾客获得快乐，从而实现品牌溢价，并由此获得销量、销售额和利润。

曾经有个朋友的企业，销售规模不大，我们建议他要注重品牌建设，他的回答是我已经是中国驰名商标了。我们给他是这样说的：为了生存，所有的动物都会有某种伪装，以欺骗天敌。但是，绝对不要自己欺骗自己。为了理解品牌建设的目标不是获得驰名商标，请仔细阅读 2009 年 2 月 12 日“东方网”发表的一篇文章。为了压缩篇幅，本书对此报道进行了删减。

背景资料 2.3　驰名商标近年泛滥成灾，浙江全省皆“驰名”①

东方网 2 月 12 日报道　驰名商标原本拥有极高的权威性，但因为司法认定中存在的一些问题，这些年，许多闻所未闻的商标一夜“驰名”，驰名商标几乎已达到泛滥成灾的地步。一些特殊群体依附其上，将驰名商标认定当成了一场各取所需的商业游戏。

本书点评：驰名商标的要义是驰名即 Well-know，也就是知名度。这个指标本身是可以衡量的。问题不在于是否是驰名商标，而在于商标是否驰名只是商标所属厂商的事，与终点目标顾客没有关系。因此，驰名商标不是品牌建设的目标。想想看，市场上有多少驰名商标，却为什么退出了市场？那些当年的央视标王们，哪一个不是驰名商标？现在呢？商标还是驰名的，可市场没了。难道这就是厂商进行品牌建设的目的？

“现在驰名商标太多了，我们根本统计不过来。我们这里只有工商总局认定的数字，

① 参见 2009 年 2 月 12 日“东方网”(http://www.eastday.com)，作者：陶喜年。

到现在整个金华市只有 10 个。司法认定的就多了，但具体有多少我不知道，也许今天就认定了一件呢。”2 月 10 日，金华市工商局商标处一位工作人员这样告诉《时代周报》记者。

商标处的人不知道辖区有多少驰名商标，这或许是个讽刺，不过事实确实如此。

驰名商标的认定有两大途径，一是工商行政认定，二是司法认定。按金华市工商局这位工作人员的说法：司法程序认定的驰名商标，如果公司不把判决书拿过来，工商局根本就不知情，也不会主动去统计。

本书点评：司法可以认定驰名商标，可司法无法决定顾客的选择权。当一个顾客看到一个产品外包装上写着“驰名商标”时，可能心里却在琢磨：“咋没听说呢？蒙人的吧？”一旦顾客有了这样的想法，还会掏钱购买吗？

《时代周报》记者经过粗略统计得出，金华市目前拥有的驰名商标至少已达 150 个。以金华下属的永康市为例，2006 年之前，该市驰名商标的数量是零，3 年过去，这个数字一下变成了 44。义乌、东阳等地的情况也莫不如此。有趣的是，不少驰名商标，别说在中国驰名，连金华本地人也闻所未闻。

本书点评：如果把获得驰名商标作为品牌建设目标，已有 150 个驰名商标的金华市，可谓已经完成了品牌建设。可问题恰恰就出在这儿。“有趣的是，不少驰名商标，别说在中国驰名，连金华本地人，也闻所未闻。”既然连本地都闻所未闻，又何来驰名呢？

驰名商标泛滥，已经引起工商、司法等部门的高度重视。在驰名商标泛滥最严重的浙江，从 2008 年开始，浙江省工商局已经取消对司法认定驰名商标的授牌。2008 年 12 月，浙江省高级人民法院将“涉及驰名商标认定的案件”，列为 6 类容易发生虚假诉讼的案件之一。

忽如一夜春风来，驰名商标遍地开。这背后，蕴藏着什么样的玄机呢？

浙江全省皆“驰名”

时间回到 2006 年 8 月 17 日。这天，步阳集团董事长徐步云从时任浙江永康市委书记吴彩星手中接过一张 100 万元的支票。“步阳”牌商标荣获中国驰名商标，永康实现了驰名商标零的突破。

为鼓励企业创牌，此前，永康出台《关于促进工业经济发展的若干奖励政策》，对辖区获得中国名牌、中国驰名商标的企业一次性给予 100 万元奖励。

本书点评：永康市出台的这个奖励政策，将中国名牌和中国驰名商标当成了品牌建设的标准。这就是为什么我们认为，品牌建设中存在的最严重的问题，就是将商标当成了品牌。既然如此，企业当然就要追求中国名牌和中国驰名商标了。可问题是，即使追求到了，对市场竞争能有多大的提高呢？

让永康市政府始料不及的是，步阳前脚刚拿到 100 万元奖励，永康的一大堆驰名商标后脚就追了上来。短短几个月时间，永康 9 家企业的商标先后荣获中国驰名商标，光防盗门企业就占了 6 席。

此后，永康的驰名商标，依然接二连三地冒出。截至目前，永康已有 44 件驰名商标，但其中通过工商认定的仅有 3 件。

或许是认识到了司法认定背后的猫腻，从 2008 年开始，永康市取消了对司法认定驰名商标的所有奖励，但对通过工商认定的驰名商标，依然奖励100万元。

浙江企业拥有的驰名商标数量，一直位居全国第一，但截至2005年底，浙江的驰名商标只有70件，其中通过司法认定的，只有9件。

2006年2月，浙江省出台《浙江省"十一五"商标发展规划》，力争到2010年全省的驰名商标总数达100件。但2010年尚未到来，光浙江金华一个市的驰名商标数量，早已超过100件。

早些年，义乌、永康、诸暨等地的企业获得驰名商标称号后都会找当地媒体广泛宣传。如今，驰名商标在当地就像宝马和奔驰一样遍地都是，企业主甚至不好意思拿出来说事，当地老百姓更是多见不怪。

本书点评：如果驰名商标就是品牌建设的话，浙江省也基本完成了，可我们看到的还是代工厂遍地的浙江。这就从反面证明，驰名商标不是品牌建设的目标。其实，高价格的海飞丝，之所以能取代低价格的美加净或蜂花洗发液，不是因为海飞丝是驰名商标，而是因为"去头屑"及其隐含的生活水平。（为何有头皮屑？因为好久没洗澡；为何好久没洗澡，因为家里没有洗澡的设施；为何家里没有洗澡设施？因为家里穷。）

蹊跷的司法认定

浙江的驰名商标数量在几年间狂飙突进，一路井喷，奥秘就在司法认定上。《时代周报》记者调查发现，通过判决认定浙江数百家驰名商标的法院，80％以上集中在中西部地区，而通过浙江本省法院系统作出的认定则凤毛麟角。

2007年前后，湖南益阳中院和湘潭中院曾分别认定义乌6件驰名商标。在义乌最具人气的"稠州论坛"有人就提出质疑：怎么义乌的驰名商标都是湖南判的，义乌是湖南管的？此后只要有新的驰名商标认定，就有义乌网民调侃：湖南又给义乌送礼物来了。除湖南的两家中院外，黑龙江鸡西、辽宁鞍山、江西景德镇、江西宜春、山西吕梁等中院"送"给义乌的驰名商标，都在3件之上。

上述中院都位于经济相对落后或较为偏远的地区，而司法认定判决书的大部分内容为：某偏远地区的一个神秘人士——通常以个体户、农民或无业人士的面目出现——注册了以浙江等地企业为核心词的域名，如www.史翠英.net、www.求质体育用品.com、www.千足.com等。浙江等地的公司则委托该偏远地区的一家律师事务所将该神秘人士上诉至该地区法院，法院经过一番调查，通常在神秘人士缺席的情况下下达判决书，认定神秘人士侵犯了该公司的商标所有权，并认定该商标为驰名商标。

本书点评：看来以后看见某个商标是驰名商标，还要进一步打听是谁认定的，是否是司法认定的，是哪个地方的司法认定的。好在根据新修订的《商标法》，驰名商标从2014年5月1日开始不得使用。

原来是一场局

"侵犯"浙江等地企业权利的当事人何以如此集中在中西部地区？有知情者道破玄机：这些人不过是一些托而已，侵权官司几乎全是中间人策划好的。而中间人选择在中西部打官司，是因为在浙江等地不容易钻空子。

据《时代周报》记者了解，在浙江金华、温州、绍兴等地，长期有一批号称"全程代理企业司法认定中国驰名商标"的机构、个人在活动，其身份主要以律师和广告公司员工为主。

他们与一些法院关系熟稔，经常登门鼓动企业出钱，全权委托他们代理驰名商标认定事宜。

浙江那些苦于无法扩大企业知名度和产品销路的中小企业主一旦知道有这个“投资省、见效快”的捷径，无不心动，争先恐后加入争创驰名商标的行列。那些动手快的，甚至还拿到了政府的几十万元至100万元奖励，除掉支付给中间人的费用还有盈余，驰名商标好像是倒贴的。

本书点评：品牌经济学的理论证明，使目标顾客选择成本等于零的品牌，绝对不是哪一个政府部门或机构认定的，而是目标顾客选择的结果。请各位想想看，“立顿”是哪个部门或机构认定的驰名商标？

司法系统严查虚假诉讼

这些年拿到驰名商标的企业也没了兴奋——驰名商标的分量，早已不能跟几年前同日而语。“在我们义乌，光袜类的驰名商标，就有10个。跟你说，有两个牌子，我这个义乌人都没听说过。”义乌稠州论坛上的网友骆平对《时代周报》记者说。

记者经过统计发现，义乌服装类的驰名商标已经达到近20个，温州鞋革行业的驰名商标有30多个。在义乌、温州等地许多企业主的心目中，驰名商标已经严重贬值，甚至不如质监部门认定的浙江名牌产品有分量。很多人相信：只要我愿意花钱，再小的公司也能“中国驰名”。

驰名商标的泛滥，尤其是康王驰名商标运作案的穿帮，引发了公众对驰名商标司法认定公信力的广泛质疑，亦引起了全国高院的重视。

2008年11月11日，最高人民法院公布《关于在审理侵犯商标权等民事纠纷案件中认定和保护驰名商标应用法律若干问题的解释(征求意见稿)》，规定人民法院对驰名商标的认定不写入判决主文，也不在调解书中予以认定。

本书点评：提醒各位，以后看到某个厂商的驰名商标时，一定要查清楚是否是司法认定的，按照最高人民法院的这个文件，司法认定的驰名商标是不算数的。可问题是，欧美等国家的驰名商标认定，恰恰是法院认定的。

在地方高院中，浙江高院最先直视驰名商标认定中存在的问题。2008年12月15日，浙江省高院向社会公布了全国首个针对虚假诉讼的规范性文件——《关于在民事审判中防范和查处虚假诉讼案件的若干意见》，涉及驰名商标认定的案件，被列为可能产生虚假诉讼的典型之一。

我们认为，当价格弹性等于零时，市场机制就失灵了，但是，当政府失去了公共性或者法院失去公平性时，政府或者法律也就失灵了。面对欧、美、日那些强大的在位者厂商的咄咄逼人，我们国内厂商，不仅自主商标产品或服务难以拓展国际市场，而且我们国内市场也正在一步一步地被他们占领。我们国民为什么更信任外资品牌，是因为他们在品牌信用方面更值得信任。

令人非常高兴的是，2013年8月30日通过的《商标法》修正案，决定从2014年5月1日起，驰名商标将不得出现在产品、包装或宣传材料上。

指标 5:单一利益的持久性

所谓单一利益的持久性,是指某商标所承诺的单一利益点,是否是终点目标顾客某种永恒的利益需求。根据品牌经济学的研究证明,人类的终极需求是因欲望的心理满足而获得的快乐,而快乐本身是多元化的,这就为厂商的品类创新提供了空间。换言之,只有当某个注册商标成为目标顾客欲望的某种快乐代言或象征时,这个注册商标才能成为百年品牌。

利益的持久性决定了商标所承载的产品或服务,是否具有足够持久的市场空间,通过顾客利益衍生链的分析,可以判断某个商标所承诺的单一利益或首位利益,是否符合终点顾客的终极利益。

我们得出的结论是:凡是承诺的单一利益是持久的厂商,其信用度是高的,否则,就是低的;反之,信用度高的厂商,必定承诺持久的单一利益。

任何厂商都说要满足顾客的需求,其实,任何顾客的终极需求都是因某种欲望的心理满足而带来的快乐。为此,我们可以看看米老鼠的品牌授权。米老鼠(Mickey Mouse)是华特迪斯尼和 Ub Iwerks 于 1928 年创作出的动画形象。迪斯尼将米老鼠授权的第一个项目是国际饮品公司生产的米老鼠冰激凌,第一个月就卖出了 1000 万份,迪斯尼公司从销售额中提取了 5%的授权费。目前,被迪斯尼授权的商品涉及手表、饰品、少女装、箱包、家居用品、毛绒玩具、电子产品等。

迪斯尼通过一系列的卡通故事片,推出了一系列的卡通形象,这些卡通形象成为某种快乐的代言或象征,从而获得极高的品牌溢价空间,也就获得了很高的品牌授权价值。这就表明,顾客们喜欢的不是产品或服务本身,而是看到米老鼠图案触景生情联想到的快乐故事带给自己的快乐暗示。

我们常问参加 MBA 培训的学员:“喜欢老鼠吗?”回答:“不喜欢。”“喜欢米老鼠吗?”回答:“喜欢。”再问米老鼠不也是老鼠吗? 学员们就回答不出来了。

为了分析单一利益的持久性,我们将品牌建设抽象为四个阶段,即老鼠、小白鼠、卡通米老鼠、快乐米老鼠。

第一阶段是假冒伪劣产品的“老鼠”阶段。该阶段企业生产的产品包括假冒伪劣、粗制滥造、偷工减料、使用有害物质、明显的仿制产品等。该类产品质量存在诸多问题甚至伤害,自然在市场中形成“老鼠过街,人人喊打”的效应。当然,从理论上看,企业也可以直接跨越这一阶段,即在创业伊始就生产出优质产品。但从实践看,即使是完全自主知识产权的产品,也存在一个完善的过程。

第二阶段是符合产品质量法的“小白鼠”阶段。小白鼠被广泛用于医学实验,也即具有了正面的使用价值。该阶段生产出的产品符合国家产品质量法。处于该阶段的企业通过对产品的粗加工、精加工等来提高产品的价格。例如,养鸡场出售活鸡的增值空间不大,可通过宰杀切割也即分割鸡、熟食品、鸡肉酱、鸡精、鸡粉、鸡汁等,形成一个鸡肉加工链。随着加工程度的提高,包含在产品内的劳动量增加,进而使得产品价格上升。

用这种办法虽然提高了产品的劳动量,但是否一定能提高利润率呢? 答案是未必,因为存在着同质化产品的竞争。现实中我们看到,大量处于该阶段的厂商面临如下两个问题：一是产品的同质性。一种产品区别于另一种产品的仅仅是不同的“商标”。除少数具有较高技术壁垒的产品外，大多数企业因产品同质而面临着残酷的“红海”竞争。其实，在产品遵循相同技术原理的条件下，竞争的必然结果是产品同质化。二是价格战。在产品同质化的市场中，企业常常采取降低产品价格的办法来扩大市场份额，并由此形成淘汰赛，最终形成产业集中。

第三阶段是视觉夸张设计的商标“米老鼠”阶段。所谓视觉的夸张设计，就是将实物进行反向设计，例如，将老鼠的尖嘴设计成米老鼠的宽嘴；将老鼠的粗腰设计成米老鼠细细的蜂腰；将老鼠的小眼睛设计成米老鼠的大眼睛；将老鼠的小耳朵，设计的米老鼠的大耳朵。这种反向设计形成的视觉，超出了人们的经验常识，也就带来了想象空间和牢固的记忆。

但从现实来看，很多企业对企业的产品外形，包括包装、产品本身、商标等，也进行了视觉设计，但并未增加销量。原因有两个：第一，目标顾客对厂商所设计的视觉缺乏情感，设计出来的视觉形象，仅仅是个符号而已，这个符号与目标顾客并未建立起情感共鸣关系。第二，厂商所设计出来的视觉符号，与产品的使用功能发生冲突。例如，将米老鼠用到丧葬产品上，就不能提高原产品的销售量。此外，我国某著名痔疮商标所属企业，后来开发了一种口服液，但在口服液的外包装盒的左上角，显著突出了该痔疮药商标，从而使该口服液无法取得市场。

因此，单纯的视觉设计，即使这个视觉很夸张，从而赢得顾客的喜欢，但这种喜欢属于浅层情感，边际收益很低，重复选择的可能性极少。

第四阶段是快乐故事形成的情感“米老鼠”阶段。米老鼠从1928年在世界上第一部有声动画《威利汽船》正式登上银幕后，随后出演了一系列的故事。据收录最全迪斯尼米奇故事的《米奇的动画生涯》DVD显示，关于米老鼠的故事有117个。人们通过观看这一系列的故事来了解米老鼠，它以其随和、快乐的天性成为孩子和家庭心目中永远乐观的卡通形象，并为人们所钟爱和信任。至此米老鼠从一个夸张的视觉符号，成为了“快乐”的代言或象征。也就从1933年成长到今天，而且还将会继续发展下去。

在表情化的时代，商标的视觉夸张设计就是商标表情化，通过赋予其满足欲望的快乐即表情欲望化实现欲望品牌化。只有实现了欲望品牌化，品牌才能资本化，从而实现授权资格获得品牌溢价。即：

商标表情化→表情欲望化→欲望品牌化→品牌资本化

指标6：终端建设的稳定性

所谓终端建设的稳定性，是指在品牌建设过程中，终点目标顾客选择注册商标及其承载产品或服务的场所是稳定的。所谓终端，是指终点目标顾客购买产品的具体场所。从终端的形式来看，包括实体终端与虚拟终端。

无论是资源类、中间类、消费类、服务类的厂商，都存在终端市场，所不同的是不同类型的厂商，其终端市场的具体形式不同。

例如：服务类的终端形式或者是酒店、饭店、教室、服务电话，或者是景区等；食品、服装类产品的终端形式是超市；汽车类产品的终端形式是4S店；家具、建材类产品的终端形式是专业市场。设备类(又称为"投资类")产品,表面上看没有类似超市的终端,因为设备类产品更多的是从厂家直接卖给了用户,用户就是终端。同时,该类设备其他用户在选购设备时,也往往到设备老用户那里进行考察,这样一来,设备的已有用户就是终端。此外,网店也正在成为日益强盛的终端形式。

如果一个厂商与顾客完成交易的终端,像游击队一样,存在着随时变换的流动性,也就意味着顾客在购买产品或服务之后,如出现产品质量问题,是无法获得赔偿的。因此,从逻辑上判断,凡是终端不稳定的厂商,必定存在欺骗的可能,其一切承诺都是没有信用的。

例如,在农村销售化肥、农药的农资门店,如果店主是本地的,农户就敢来买,而且店主也敢给熟悉的农户赊销。赊销不等于有风险,因为一个农户赊销农资后,一旦到约定时间不还钱,就失去了信用,当地所有的农资门店也就不会再赊销给他。同样,如果农资门店敢销售假冒伪劣农资,农户之间的传播将迫使该农资门店在当地无法继续经营。

央视曾经在2011年1月报道,某地有人在宾馆房间里以280元的价格销售羊绒衫,记者现场发现,这些羊绒衫的标签上也写着"100%山羊绒"。为了验证羊绒衫的真假,记者买了一件,拿到正规厂家进行现场检验,洗涤之后缩水很明显,发现是假的。其实,根据终端建设的稳定性这一个指标,就可以百分之百地得出结论,就是这些羊绒衫百分之百的是假货。原因很简单,就是因为这些在宾馆房间卖羊绒衫的人,随时都可以退房。如果消费者发现所购产品有质量问题,或在15日内想退换货,也就不可能了,而宾馆是不承担先位代偿责任的。

同样的道理,凡是在公园、城市广场等临时租地举办的各种产品展销会,也是随时可能走人的,其作出的所有承诺的信用都可以推定为零。

因此,我们得出这样的结论:凡是终端建设稳定性强的厂商,其信用度是高的;否则,就是低的。反之,凡是信用度高的厂商,其终端建设也必定是稳定的。苹果公司在全球建设旗舰店,就是这个道理。

对厂商而言,终端建设确定性的价值有三个:

(1)降低顾客购买时的地点选择成本。即如果终端形态是很明确的,顾客具有了购买需求时,能够不假思索地来到这个终端地点,而不必到处寻找。到处寻找必然是货比三家,也就增加了顾客的选择成本,降低了选择效率。

(2)避免假冒伪劣产品。在企业控制的零售终端,企业可以确保产品的真实性,一旦零售终端不受产品企业控制,则在机制上就存在假冒伪劣的可能,这就需要企业必须建立自己可控的零售终端体系,可以是超市的专柜、自己的连锁专卖店、自己的网络旗舰店等。

(3)通过终端顾客的购买(进店率、试用率、成交率、服务记录等),为建立数据库营销提供可靠来源。如果厂商仅仅是通过代理商向各地终端供货,则厂商就会远离自己产品或服务的终点顾客,其关心顾客利益、为顾客着想的承诺,可信程度都是值得怀疑的。

指标7:品类需求的敏感性

所谓品类需求的敏感性,是指目标顾客对某商标所承诺的单一利益点即品类的需求,从生活、工作或情感需求而言,在日常必需、阶段性必需、锦上添花、可有可无四者之中,处于哪一类。

大量的农产品的价格之所以难以提高，一个重要的原因是，没有一种农产品是消费者生活必需品：没有小麦，可以吃大米；没有大米，可以吃玉米……换言之，就是替代性太强。既然如此，按照品牌溢价模型，农产品的品牌建设，就在于把生活上的非必需品，转化成情感上的必需品。例如，将生活上非必需的大枣、花生，加以包装，变成"早生贵子"的口彩礼物，成为新婚贺礼。这也是"好想你"枣价格高的原因。

2012 年底，麦当劳早餐赠送的星猫宝宝"好运魔力吸水杯垫"，在儿童、学生及白领中引发的收集热潮，在短时期内迎来了早餐收益的新一轮增长高峰。显然，儿童、学生及白领涌到麦当劳吃早餐，是为了获得自己喜欢的星猫宝宝。

在厂商的实际经营活动中，如果前 6 个指标得分都很高，但目标顾客对厂商所承诺的单一利益是不敏感的，尤其是面对厂商的利益承诺，顾客的反应是"这有啥用"时，厂商就该明白了，自己作出的利益承诺，是目标顾客不敏感的。

我们得出的结论是：目标顾客对厂商承诺的利益越是敏感，对厂商的信任度越高；否则，就降低对厂商的信任度。反之，如果厂商承诺的利益是终点目标顾客所不敏感的，则其信用度也是很低的。

如果终点目标顾客对厂商所承诺的单一利益点的需求非常强烈，则对品牌信用度的提高是很大的；若是对目标顾客的需求而言，所承诺的单一利益点是可有可无、可多可少的，只能影响该产品的实际销售量，但对品牌信用度本身的影响是很小的。为了理解品类需求的敏感性，请阅读案例理解 2.5。

案例理解 2.5 良心的处方[①]

参加朋友的家庭聚会，有幸认识了当地颇具名气的私立医院的院长王先生，他向我讲诉了自己的经历：

那一年我 26 岁，是当时分到那家公立医院的第一个研究生。医院有一条内部规定，医生的工资和奖金是与自己的业务量相挂钩的。也就是说你所开处方的多少、患者购买药量的大小和所做辅助检查的费用都将直接影响你当月的收入。正是在这种机制的鼓舞下，许多医生不管患者的病情轻重，总要叫患者去各个辅助科室走一遭，做着没有多少必要的这样或那样的化验与检查，并在开处方时尽量开得贵一点、多一点。最初我也是这么做的，而且并没感觉有什么不妥。

本书点评：这些"没有多少必要的这样或那样的化验与检查"，正是患者所不需要的，也即不敏感的，这样的化验与检查越多，患者对医院的信任度越低，医生在患者中的信用也就越差。

直到有一天，一个穿得破破烂烂的农民模样的人走进我的诊室。我为他诊断后，确定他只是得了农村人因为不讲卫生而经常患的肠道寄生虫病。检查完了，我正要开化验单让他去化验一下大便，不经意间抬起头时，却见他正怯怯地看着我："医生，我的病严重吗？要治得花多少钱？"

---

① 参见《公关世界》2010 年第 1 期，作者：朱砂。

我一愣，开化验单的手不由自主地停了下来。见我犹豫了，那农民的脸一下子变得惨白，“钱多的话我就不治了。去年孩子他娘得了子宫癌，治了一年多没治好最后还是死了，欠的债至今还没还清。不能再因为我让俩孩子这辈子也翻不了身啊！”他嗫嚅着，眼泪顺着那张干枯的脸簌簌地淌了下来。

那一刻，面对着那张满是皱褶的脸，我羞愧难当。也正是从那时起，我发誓再也不开“泡沫处方”了。但也正是那一决定，改变了我一生的命运。最初几个月我甚至拿不到别人收入的1/4。一年后，才渐渐有了一批自己的固定病人，一些新病人也大都是老病人介绍来的，有许多病人一进医院便直接要求找我。我生平第一次体会到了被人尊敬的滋味，那不是钱所能买得到的。

本书点评：这些固定的病人，就是王医生的目标顾客，而王医生赢得这些固定病人的信任，恰恰是放弃了患者们需求不敏感的那些化验与检查。

后来，院长找了我好几次，说别的医生反映我争夺了他们的病人。我一气之下辞了职，自己开了一家小诊所。有许多我原来的病人，不惜辗转几十里路来找我给他们看病，那种被人信任的感觉一次次鼓舞着我在最艰难的时候将诊所支撑了下来。再后来，我的一位病人看中了我，为我投资建了当时市里的第一家私人医院，再后来便发展到了今天你所看到的这个样子。现在，我们旗下的这九家医院每年都要招收二三百名新毕业的学生，在他们开始自己职业生涯的第一天，我都会为他们提一个要求：面对病人，请开出你良心的处方。

听了王院长的经历，我想起德国西门子电器公司的创始人在他晚年谈到自己的创业史时曾经说过的一句很是耐人寻味的话：“我的一生中，所选择的研究总是以大众利益为前提的，但到了最后最大的受益者却总是我自己……”

各位，文中的王院长，在以前的医院里做医生的收入高，还是现在收入高？为什么？现在，王医生已有9家医院，我们认为这个数量还将继续增加。王医生现在的收入必定高于他开泡沫处方时的收入，这就是信用的价值，而信用恰恰构成了品牌的核心。正如西门子创始人所说：“我的一生中，所选择的研究总是以大众利益为前提的，但到了最后最大的受益者却总是我自己……”其实，病人生病了，医生的承诺是能治好病，这个承诺是病人敏感的吗？当然是，但对中低收入者病人而言不是最敏感的，对中低收入者的病人而言最敏感的是“付得起钱”。正如文中农民病人所言：“医生，我的病严重吗？要治得花多少钱？”

指标8：注册商标的单义性

所谓商标的单义性，是指目标顾客对商标意义的理解是否存在歧义性。

从品牌经济学的理论讲，通过商标意义测试，在给定的测试样本中，如果对给定商标的理解的方差不等于0，其方差越大，表明商标单义性越差，也即歧义性越大。

注册商标的歧义性大，直接影响到传播效率，即歧义性越大，传播效率越低。注册商标的歧义性越小，传播效率越高，对品牌信用度的传播效果越大；但即使某个注册商标存在一定的歧义性，但只要坚持不懈，其信用度将是增加的。例如，美国的“亨氏57”西红柿酱，开始时很多人并不了解这个“57”的意思，也就有了各自的理解，也即歧义性比较高。但随着时间的推移，消费者已经不再关注这个“57”究竟是什么意思，只是将其作为优质西红柿酱的代言。

在中国的厂商实践中,注册商标单义性存在的主要问题是,试图通过好听的名称来产生好的联想,这本身不存在法律问题,但存在事实误导的可能。同时,更存在理解的歧义性。例如,当青岛电视机厂将"青岛"牌更名为"海信"并且将"海信"注册商标时,人们看到"海信"自动下意识的会琢磨"海信是啥意思?",海信公司高层有人给出的解释是"像大海一样的信用",但接着就有人说"大海是反复无常的"。

曲阜的三孔啤酒厂,为了推出中价位的啤酒,曾经设计注册了一个"吉祥"牌啤酒商标。创意者认为,人们都求吉祥,所以"吉祥"牌啤酒也会畅销,可事实不是这样。其实,人们确实都追求吉祥,可问题是代表吉祥的东西很多,没人把"吉祥"与啤酒联系起来。

在国际化的过程中,注册商标的单义性尤其重要,甚至是决定性的。例如,通用汽车在拉丁美洲销售"Chevy Nova"时,就是不见起色,后来才发现在西班牙语中,"Nova"的意思是"走不动"。三菱公司的 Pajero 在西班牙也遭遇了尴尬,因为"Pajero"在西班牙语中是"手淫者"的俚语。丰田的"Fiera"在波多黎各也引起争议,因为在这里"Fiera"的意思是"丑陋的老太婆"。劳斯莱斯的"Silver Animal"在德语的意思是"银色动物粪"。福特的"Pinto"牌车在巴西也远远没有达到预期,后来才发现,在巴西人的葡萄牙语中,"Pinto"是"小阴茎"的俚语。

我们得出的结论是:凡是注册商标单义性高的厂商,就能降低终点目标顾客的选择成本,就能提高其品牌信用;否则,若注册商标的歧义性很大,将极大地降低终点目标顾客的选择成本,从而降低厂商的品牌信用。反之,信用度高的厂商,必定通过科学测试来设计出歧义性低的注册商标,而信用度低的厂商,必定通过商标本身的美好含义来掩盖某些实质。

在注册商标单义性建设过程中,最缺乏信用的就是频繁地更换商标。可以推定:如果一个厂商频繁地更换商标,必定是没有信用的。

指标 9:媒体传播的公信性

所谓媒体传播的公信性,是指厂商在品牌建设过程中,目标顾客对厂商所进行的传播方式的可信度。新闻媒介的主动、免费的正面报道,可信度就高,而商业广告形式的可信度就很低。

这样一来,商标所承载的同样的内容,不同的传播方式所产生的可信程度是不同的。尤其是在新产品的导入期,作为市场活动的起点,其新闻媒介的主动、免费的正面报道,是正确的选择。但媒体传播的可信性与品牌信用度本身是不同的,可信度高的媒体传播,对品牌信用度的传播是正面的,若是通过广告等形式,对品牌信用度本身并不必然构成负面影响。

我们得出的结论是:凡是媒体传播公信性高的商标,目标顾客对该商标的承诺就是信任的;否则,媒体传播本身公信性低的商标,目标顾客对该商标的承诺也是不信任的。反之,信用度高的厂商,必定选择公信性高的媒体传播方式;否则,选择公信性低的媒体传播方式的厂商,其信用度必定也是低的、不可信的。

为了深刻理解媒体传播的公信性,阅读案例理解 2.7。

案例理解2.6 “天松大豆低聚糖”保健品品牌缘何败走济南[1]

大豆低聚糖，是从优质大豆中萃取的一种成分，这种成分有利于人体肠道内有益菌的生成，抑制有害细菌，平衡肠道功能，对治疗肠道的各种疾病，特别是便秘等病症，有着比较明显的效果。

当今社会，随着竞争的加剧，人们的工作压力、生活压力越来越重，节奏越来越快，必要的室内、户外活动也越来越少，这样导致了人们各种疾病的发生，最明显的表现就是失眠、厌食、便秘等症状。这些疾病往往使人面容憔悴，萎靡不振，影响了人们的身体健康和正常生活。

如何“吃得好、睡得香、排得畅”，成为人们衡量身体状况的一个标准。肠道的功能状况，又是影响这几方面的重中之重。从以上情况可以看出，大豆低聚糖的市场空间是非常广阔的。特别是有较大压力的青年白领和中、老年人当中，有着很大的市场。

本书点评：从题目上看，天松大豆低聚糖是保健品，而不是药品，但从以上三段文字看，描述的却是需要治疗的致病。其出发点就是错的：保健品重在预防，而不是治疗；如果从治疗入手，必定就是药品，就涉及夸大产品功效之违法行为。其实，把保健品当作药品宣传和销售，必定是死路一条，因为如果确有疗效，把病治好了，人们就不再吃了；如果治不好病，就更不吃了。

山东临沂山松生物工程有限公司，正是看准了这一广阔的市场空间，推出了“天松大豆低聚糖”这一产品。对于这一产品，天松公司投入了巨大的人力、物力和财力，也寄予了很大的希望。这一点，可以从前期在山东特别是济南投放的广告量上，可见一斑：山东卫视、影视等几个频道上轮番轰炸，《齐鲁晚报》《济南时报》等报纸上连篇累牍，终端上POP海报、宣传单页铺天盖地。其气势之大，不在脑白金之下，可短短几个月过去了，“天松大豆低聚糖”已风光不再，偃旗息鼓了。

本书点评：在市场导入期，媒体传播是以广告为主，而且其气势之大，不在脑白金之下。请问哪个人在家看电视或看报纸时，看到了一个广告，接着就去购买广告发布的产品或服务呢？广告的理论作用在于“治疗”人们的购后不适症，也即通过收看广告的正面信息，来证明自己的购买决策是正确的。但前提是此人已经购买了该产品或服务。这就是为什么在产品或服务的成熟期才需要广告，因为这个阶段，治疗购后不适症的千人成本最低。而在导入期，则是以新闻事件为主来获得一鸣惊人的效果。其实，对山松公司而言，如此大量的现金广告投放，还不如选准目标顾客，把投放广告的现金折换成实物产品，赠送给需求最敏感的目标顾客，并通过公益活动，获得新闻效果。

到底是什么大原因导致了它的失败呢？

通过观察和分析，我认为有以下几个方面的失误，导致了“天松大豆低聚糖”的失败：

一、概念提取不成功

在保健品界，概念营销已成为一种制胜法宝。“天松大豆低聚糖”只是沿用了产品的化学名称。这一名称，首先不利于人们的记忆和传播；再者，就是不利于人们产生好感，在

---

[1] 参见2009年11月13日“全球品牌网”，作者：王祥西。

联想上容易产生误会和歧义。脑白金在这方面就做得比较聪明。脑白金,它的学名叫"褪黑素"。"褪黑素"是个很生僻的词,它不利于记忆和传播。营销奇人史玉柱将它改成了"脑白金",巧妙地利用了人们对于白金的渴望和需求,并且会产生较好联想这一心理,再通过包装和推广,使人们产生良好、牢固的记忆点,所以脑白金的成功,很大一部分应归于概念提取的成功。

本书点评:"在保健品界,概念营销已经成为一种制胜法宝。"如果此判断是正确的话,则不成功就是因为提取的"概念"不成功。其实,我们认为,脑白金真正成功的,不是因为名字叫脑白金,要不史玉柱的脑黄金为什么就没做成呢?品牌经济学认为,脑白金的成功在于将一种保健品,转换成为了礼品。当人们为看望长辈不知带什么礼物时,"收礼就收脑白金"将送礼者从选择的困境中解脱了出来。换言之,"收礼就收脑白金"降低了准备给长辈送礼的目标顾客的选择成本,而不是因为"人们对于脑白金的渴望和需求"。

二、产品定位不清晰

"大豆低聚糖"是一个治疗肠道疾病的保健品。在前期宣传上,主要说是治疗肠道疾病和便秘的,后来正赶上"非典",可能是营销主管层想利用这一机会,又打出了主要提高免疫力这一卖点,使人们对它的功效和卖点,变得模糊起来。到底是治便秘,还是提高免疫力?人们是不会轻易购买连自己都不清楚的产品的。

本书点评:在短期内,承诺的单一利益点从治疗肠道疾病转到提高免疫力,确实降低了自己的信用度。但是,国家有关法规规定,保健品绝对不允许当作药品宣传和出售。其实,"人们是不会轻易购买连自己都不清楚的产品的"。请问,那些买电脑的顾客,有几个人懂CPU的?不照样买电脑。试图说服甚至教育目标顾客的努力,都是增加了目标顾客的选择成本。我们在研究家电柜台导购时就发现,给前来选择的顾客讲的产品知识越多,成交的可能性越低。因为导购员越讲产品知识,眼前的顾客越发现自己不懂的越多,顾客接着就产生一个问题:你是厂家的,当然要说好了,我怎么能知道你说的是真的?这就是媒体传播的公信性太低的表现。其实,我们发现,那些销售业绩好的导购员,恰恰介绍产品知识不多,而是和眼前的顾客唠嗑,取得顾客的信任,如果能说说产品存在这样或那样无伤大雅的缺陷则效果更好,因为更能取得顾客的信任。

三、媒介公关的失误

看得出,"天松大豆低聚糖"是想将济南市场作为启动市场,成功后再作为样板市场。刚一上来,投放卫视、影视及《齐鲁晚报》,广告量非常大。营销主管后来又选择了《济南时报》。可能他们不清楚"时报"与"晚报"间的关系,再加上后来在晚报上的投放量越来越少,惹恼了晚报。一篇小小的报道,直指"天松大豆低聚糖"的软肋,也伤了它的元气。将其以往的努力,毁于一旦,功劳付诸东流。再加上危机公关做得不好,更加剧了其失败的步伐。

本书点评:没有处理好两家媒体的关系,确实是问题所在。但广告量很大,为何销量却未达预期?而一篇小小的报道,就使其毁于一旦呢?这就是新闻媒体公信性决定的。广告尤其是功能性广告,人们都知道这是王婆式传播,公信性很低,但新闻媒体的新闻报道,其公信性却是很高的。"一篇小小的报道"打败"广告量非常大"就是自然的了,这就是媒体传播公信力的胜利。其实,如果山松公司不是以广告形式,而是通过新闻事件策略,不仅传播效果好，而且还能从根本上杜绝媒体间竞争可能产生的隐患。

四、选择渠道及终端的失误

“天松大豆低聚糖”是一种保健食品，可能其上层领导想充分利用销售渠道和网络（金锣专卖店），与金锣肉制品放在一起销售。虽然省了一些渠道、终端开拓费，但他们却不了解消费者的心理。消费者最直接的想法，就是卖肉的也造保健品，质量肯定不地道，所以就不敢买。

本书点评：产品陈列的柜台，本身就是一种传播媒体，渠道选择和终端的失误，又进一步降低了媒体传播的公信性。

五、终端促销的失误

我看到了“天松大豆低聚糖”的促销广告，广告上说，如果买98元一瓶的“大豆低聚糖”就赠100元的猪肉。这一促销活动看起来十分诱人，但却十分失败。

(1)猪肉是人们常吃的一种食品，买98元一瓶的保健品，就能送100元的肉，人们不禁会怀疑保健品的价值，认为它是不值钱的东西。

本书点评：这种喧宾夺主式的买赠组合之所以失败，正如文中所言，买98元一瓶的保健品，得到100元的肉，这保健品确实不会值钱，这个信息传播到受众大脑，导致的公信度是双向降低：不是肉有问题，就是保健品有问题。

(2)猪肉是常吃食品，每个家庭人口不多，每次购买的量都不大，人们不会因为一瓶不相信的保健品而买100元（近20斤）的肉放家里。

“大豆低聚糖”的失败，是很多策略上的失败，也是很多细节上的失败。它给我们留下了很多需要思考的东西。

通过上述案例，我们可以看出，“大豆低聚糖”之所以失败，集中起来，不是产品功效不好，而是信息传播过程中，从媒体传播、柜台展示、促销组合等各个环节都存在信息受众不信任的问题。

指标10：质量信息的透明性

所谓质量信息的透明性，是指根据消费者知情权，厂商必须将产品或服务质量信息全面、客观、清晰地标识出来，供消费者自己作出判断，而不能利用模糊信息来诱导或误导消费者。

对品牌信用而言，产品质量类似水桶的“桶底”：没有桶底，桶壁再好也无法盛水，但只有桶底也不能盛水。我们无权对厂商产品或服务质量进行检验，这是质监局的职责。但是，根据消费者权益保障法，我们有权研究厂商自己的客观事实，即质量信息是否透明。即产品质量是政府的质监部门管制，我们不对某个商标所代表的产品质量进行评价，而是根据消费者保护法所给定的消费者知情权进行的评估。

我们得出的结论是：凡是质量信息透明性高的厂商，其承诺的利益必定是可验证的，其信用也必定是高的。反之，凡是信用度低的厂商，其质量信息必定是不透明的。

为了直观地理解质量信息的透明性，我们来看《北京晚报》在2011年1月10日的一个报道。题目是《北京停售16种存安全隐患小家电》。

背景资料2.4 小家电因安全问题遭停售[①]

16种小家电因为安全问题，昨天被北京市工商局责令全市停售。其中10种均来自广东，包括一款标称廉江市尚朋堂电器有限公司（制造）、苏泊尔电器有限公司监制的"SUATEY"快速电热开水壶。

市工商局近期委托北京市信息产品质检站对在本市销售的家用电器商品进行了质量监测，这些产品包括电吹风、离子烫发器、电子泡茶壶、多功能酸奶机、电热开水壶、电火锅等，都是居民家中常用的电器产品。

检测中发现，有的不合格样品的使用说明书未按国家标准要求明示相关内容，给消费者造成使用中的困惑及危险；有的电吹风和电热水壶输入功率和电流不合格，与其标注的额定输入功率相差甚远；还有的商品上的电源插头未达到标准要求。

"苏美"多功能酸奶机和"华龙双星"多功能电热锅的电源连接和外部软线不合格，在使用过程中极易过热，有发生触电及着火的危险。"泰坦"牌豪华分体电火锅和"金城"电热锅，接地措施不合格，主要是电源线连接不当，在消费者使用过程中如果意外受力，将导致地线先拉断，致使商品失去接地保护。

请注意上述报道的第三段，就是因为质量信息不透明而遭到停售的。

在对已有商标所承载产品或服务质量信息透明性进行测评时，我们采取的测评办法，就是测评企业产品或服务的所有质量信息，是否完全、清晰地在产品包装或说明书中予以说明。尤其是包括三类信息：

第一，是原料的质量和含量信息。例如：某著名豆浆机商标，没有公布其使用的金属刀具和塑料杯桶在长期使用后会存在磨损，磨损下来的成分就会混入豆浆中被饮用，而这些成分是否存在安全性问题，并没有明确告知消费者。某著名枣类食品商标，没有说出其中的阿胶含量。还有一种是恶意隐瞒，也即因生产工艺等原因，产品中含有相关法律明确规定的违禁成分，但厂商恶意隐瞒，例如，"巨能钙"内含过氧化氢事件。

第二，是产品适用或者不适用范围。例如，阿胶晶枣就注明了糖胶病人不适用。很多产品，尤其是食品，包含大量的添加剂，而且这些添加剂都有很好的名称，诸如甜蜜素之类的，但对其危害并没有给出明确的提醒。

第三，是信息的可测性。例如，某移动通信公司曾经说"话费差错，给予3倍补偿"，这个信息就是不可测的，因为话费差错是消费者很难测量的。再如某些厂家承诺自己产品的有效率是90%，如果顾客出现无效，则总是那无效的10%，这就属于典型的专业欺诈。

当然，善意的模糊信息不包括在内。通过案例理解2.7可以直观深刻地理解什么是善意的模糊信息。

案例理解2.7 标尺码哄你开心[②]

2008年10月，英国玛莎百货在上海南京西路开业。时隔不久，这艘亚洲最大的"旗

① 参见2011年1月10日《北京晚报》，作者：杨滨。

② 参见《发现》2010年第11期，作者：任惠兰。

舰"搁浅了，原因无他：外国人抱怨这里的内衣尺码太小，而中国顾客觉得服装号太大。玛莎显然忽视了一个事实，尺码就是竞争力。

国际同行们吃一堑长一智，来自西班牙的"ZARA"就聪明多了。"裙子看上去不错，但领口低得能看见内衣，高跟鞋也很漂亮，可是最小只有36码。"类似这样的抱怨成为动力，"ZARA"很快在中国内地店推出35码的高跟鞋，并在现有服装型号中增加一些XS(160)码。从这些地方可以看出，"ZARA"显露出攫住中国内地市场的决心。

本书点评：终点顾客的抱怨，就是获得新的单一利益点的来源。而面对顾客的抱怨，更多的厂商的直接反应是试图给出这样或那样的解释。

来自日本的"优衣库"靠给亚洲人做衣服起家，很明白这个道理。如果到"优衣库"的网站看看，会发现女装提供的S号是155，而非欧美品牌约定俗成的165；M号和L号都是针对160女性的身材，尺寸略有不同；而最大号XL也只到165。同样，国际大牌"杰尼亚"为了照顾那些身材较为瘦小的中国男人，也推出一对一订制服务业务。

所以，顾客能不能买到尺码合适的衣服，要看品牌重视不重视这个市场。世界时装大腕们心照不宣，中国正在从世界工厂变为世界市场，与其妄想顾客会增肥或增高迁就衣服，不如学会给顾客量体裁衣。

发明服装尺码，也许是为了让人找到合身的衣服，但其效果却经常相反，尺码的贡献，可能是让人便于找到"合心"的衣服。

本书点评："合心"这个词太对了，服装尺码的目标是让衣服"合体"，但是，"合体"不等于"合心"，换言之，"合体"是服装的物质利益，"合心"才是情感利益。

尺码的错乱中藏着流行密码。20世纪70年代Hip-hop流行，带热了宽松的T恤和肥腿裤，整条街的年轻人会穿大两个号衣服，摆一个叛逆的造型。迈克尔·杰克逊唱红以后，他的黑色紧身裤风靡一时，人们拼命把自己往窄紧的牛仔裤里塞。

然而，深谙消费心理的商家会在尺码上"放水"，这是取悦消费者的绝佳手段。

前不久，英国《星期日泰晤士报》揭露了一个很多人都不愿面对的事实，各大知名服装店内购买的牛仔裤，实际腰围超出标签上的型号，换句话说，人们的实际身材比自己想象的要胖。尺码会对人的心理产生微妙影响，比如对于大多数游走在X和XL的女人来说，突然挤进了M，简直可以摆筵席庆贺一下。

女性内衣的商家们也从尺码中发现有利于自己的规律：当顾客发现适合自己的胸围尺码从70A上升到70B时，会更容易买下产品。所以，当你挑选"黛安芬"的无痕系列，告诉导购小姐自己是穿80B时，营业员会主动拿出80C的文胸。而"安莉芳"也在新款内衣推出无A系列文胸，最小尺码就是从B罩杯开始的。

腿没细，胸没大，只是尺码变了。总之，女人怎么开心怎么标。

本书点评：让自己看起来更年轻更漂亮，是每个女性永恒的欲望，尽管谁也挡不住时间的磨损，但却使女性们乐此不疲。正如文章结尾所说的，"女人怎么开心怎么标"。

2.4 如何测算品牌信用度

2.4.1 指标相对量化

指标1～9是正向评级，在0～1之间给予相对评分。为了避免0.5这种模棱两可的含糊判断，我们采取了偶数分级法，将每个指标相对量化为0.0、0.2、0.4、0.6、0.8、1.0。其中，0.0是最差状态，1.0是最优状态。

指标10是减项指标，0.0是最好状态，−1.0则是最差。

在这10个一级指标基础上，细化出39个二级指标，每个二级指标内部细化出115个详细的测试计分标准，详细的测算计分标准，见后续的各个指标章节。

在实际测试时，获取信息的主要来源是网络搜索。之所以如此，是因为越来越多的年轻人，获取信息的途径更多的是通过网络搜索和自己喜欢的网络社区。

医生出身的政治素人柯文哲之所以当选台北市长，其团队告诉凤凰网，他们90%的力量都花在了新媒体上，而在20～30岁的选民中，柯文哲的支持率高达80%。柯文哲在当选感言中也肯定了网络的强大。其实原因很正常，现在20～30岁的选民中，极少是通过电视、报纸等传统媒体来被动地获得信息，而是通过网络搜索或网络社区来主动获得的。

关于10个指标的权重，由于10个指标对品牌信用度的影响是同等的，故我们采取等权重处理。考虑到类似三鹿奶粉等出现的重大质量事故，导致其在市场基本无人选择，迫使企业重组的现象，并且第10个指标是减项，故 $TBCI$ 的计算公式是：

$$TBCI=\frac{(1+B_{10})\sum_{i=1}^{9}B_i}{9}$$

式中，B_i 的数值是正值，B_{10} 的数值是负值。

当 $B_{10}=-1$ 时，$TBCI=0$，也就意味着质量信息的透明性对品牌信用建设的重要性。

指标相对量化，是社会科学计量研究一种方法。对此，部分人存在着疑问，其实自然科学中，很多计量也是相对量化，例如固体和液体的比重是该物质(完全密实状态)的密度与在标准大气压，3.98℃时纯 H_2O 下的密度(999.972 kg/m^3)的比值。还有很多检测，不同的检测方法会得出不同的数值，换言之，不同的检测方法带来的检测数值本身，也是相对的。

2.4.2 综合评价等级

采取AAA、AA、A、B、C、D六个等级。AAA级代表该商标的品牌信用度很高，AA级代表较高，A级代表高，B级代表低，C级比较低，D级代表很低。

2.4.3 信用等级标准

给定具体的商标及其代表的产品或服务，定义该商标的品牌信用指数：将10项指标评级实际得分除以 9 得出的数值，即为商标的品牌信用指数，英文是 Trademark Brand Credit Index，缩写为 *TBCI*，$TBCI=B_c$，也即在将实际测算的 *TBCI* 等同于品牌信用度 B_c。

本书对商标的品牌信用指数即 *TBCI* 的测算体系进行了很大的修改，为了有所区别，故称其为 *TBCI* 2.0 版。

为了避免 0.5 这种模棱两可的含糊判断，我们采取了偶数分级法，将 *TBCI* 分成 0.2、0.4、0.6、0.8、1.0，由此形成了以下信用等级表。

表 2.1　商标的品牌信用等级表

序号	*TBCI* 数值标准	信用等级	等级含义
1	$TBCI=1.0$	AAA 级	极高信用
2	$TBCI=0.8\sim0.99$	AA 级	很高信用
3	$TBCI=0.6\sim0.79$	A 级	较高信用
4	$TBCI=0.4\sim0.59$	B 级	较低信用
5	$TBCI=0.2\sim0.39$	C 级	很低信用
6	$TBCI\leqslant0.19$	D 级	极低信用

为了直观测量商标距离品牌还有多大程度，我们提出了商标品牌化指数 $TBI=TBCI-1$。

将每个指标的测试评级得分，填入测试评级表，并计算 *TBCI*，对照上述信用等级，即可判断商标的品牌信用现状，以及商标品牌化指数。

表 2.2　品牌信用测试评级表

商标名称：　　产品或服务：企业名称：　　地址：山东省济南市

序号	指标名称	指标分值	序号	指标名称	指标分值
1	目标顾客的精确性 B_1		6	终端建设的稳定性 B_6	
2	利益承诺的单一性 B_2		7	品类需求的敏感性 B_7	
3	单一利益的对立性 B_3		8	注册商标的单义性 B_8	
4	品牌建设的岗位性 B_4		9	媒体传播的公信性 B_9	
5	单一利益的持久性 B_5		10	质量信息的透明性 B_{10}	

$$TBCI=[(1+B_{10})\sum B_i]\div 9,\ i=1\sim 9$$

测试等级	1.0	0.8～0.99	0.6～0.79	0.4～0.59	0.2～0.39	≤0.19
	AAA 级	AA 级	A 级	B 级	C 级	D 级

根据表 2.2 *TBCI* 值，用彼岸阳光的商标-品牌测度尺，可以更直观地显示从商标到品牌的距离。

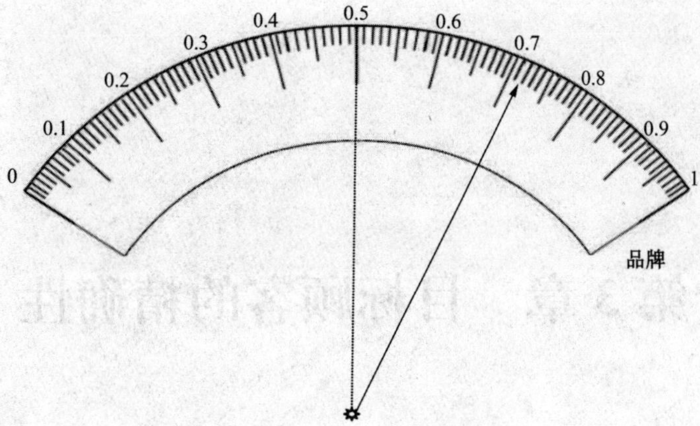

以华夏良子为例，来理解品牌信用评级表和测度尺。

表 2.3　　**华夏良子品牌信用评级表**

商标名称：华夏良子　产品或服务：足部按摩　企业名称：华夏良子集团　地址：山东省济南市

<table>
<tr><th>序号</th><th>指标名称</th><th>指标分值</th><th>序号</th><th>指标名称</th><th>指标分值</th></tr>
<tr><td>1</td><td>目标顾客的精确性 B_1</td><td>0.82</td><td>6</td><td>终端建设的稳定性 B_6</td><td>0.58</td></tr>
<tr><td>2</td><td>利益承诺的单一性 B_2</td><td>0.82</td><td>7</td><td>品类需求的敏感性 B_7</td><td>0.64</td></tr>
<tr><td>3</td><td>单一利益的对立性 B_3</td><td>1.0</td><td>8</td><td>注册商标的单义性 B_8</td><td>0.76</td></tr>
<tr><td>4</td><td>品牌建设的岗位性 B_4</td><td>0.52</td><td>9</td><td>媒体传播的公信性 B_9</td><td>0.04</td></tr>
<tr><td>5</td><td>单一利益的持久性 B_5</td><td>0.62</td><td>10</td><td>质量信息的透明性 B_{10}</td><td>−0.40</td></tr>
<tr><td colspan="5">$TBCI = [(1+B_{10})\sum B_i] \div 9, i = 1 \sim 9$</td><td>0.39</td></tr>
</table>

<table>
<tr><td rowspan="2">测试等级</td><td>1.0</td><td>0.8～0.99</td><td>0.6～0.79</td><td>0.4～0.59</td><td>0.2～0.39</td><td>≤0.19</td></tr>
<tr><td>AAA 级</td><td>AA 级</td><td>A 级</td><td>B 级</td><td>C 级</td><td>D 级</td></tr>
</table>

根据表 2.3 *TBCI* 值，用彼岸阳光的商标-品牌测度尺，可以更直观地显示华夏良子从商标到品牌的距离。

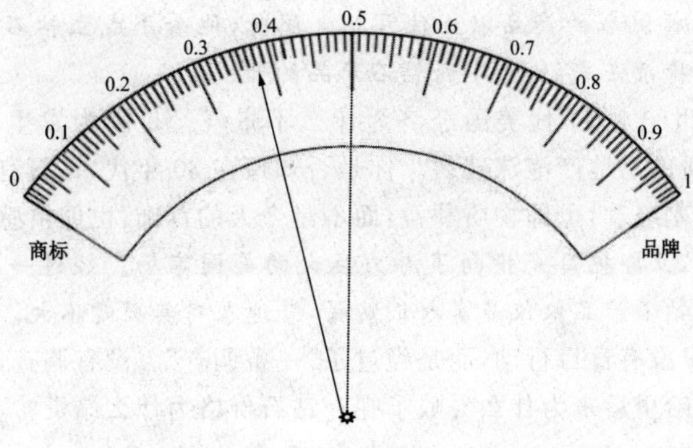

第3章　目标顾客的精确性

从品牌信用模型可见，在把商标建成品牌的过程中，目标顾客的精确性直接决定了一个注册商标能否成为品牌。

我们从实践中发现，厂商虽然卖出了自己的产品或服务，但并不知道自己的产品或服务究竟被谁买了、为什么买了、是否还会再买。换言之，这样的厂商只是被动地等着顾客选择。对厂商来讲，必须清楚：目标顾客一定会选择你的产品或服务，但选择了你的产品或服务的，却未必是你的目标顾客。在产品物质利益同质化条件下，只有那些能满足其情感欲望且对你的价格不敏感的顾客，才是你的目标顾客。

特请注意的是，在不加说明的条件下，本书的目标顾客都是指终点目标顾客。

我们认为，谁是目标顾客，这是厂商将注册商标建成顾客品牌，从而掌握定价权的第一步。问题是这个第一步，是一个专业性极强的技术问题。

精确的目标顾客从何而来？我们认为不是从天上掉下来的，而是需要进行科学测试的。从案例理解3.1中，可以深刻地理解目标顾客精确性的设计流程。

案例理解3.1　戴比尔斯是如何把石头建成品牌的？①

20世纪30年代，由于全球经济不景气，钻石供应商戴比尔斯(Dabeers)公司主席欧内斯特爵士决定削减90%的产品以止住亏损。同时，他着手成立钻石贸易公司，由他的儿子哈里·欧内斯特亲任掌门，专事新钻石产品的开发。

本书点评：20世纪30年代美国经济为什么不景气？是因为发生于1929年的大危机，其起因是芝加哥的房地产泡沫破裂。你是否知道在30年代，钻石有啥用？其实，当时的钻石主要用于切割玻璃，也即物质利益，而不是今天的首饰，也即情感利益。

哈里说干就干，立即把目光投向了潜力巨大的美国市场。经过一番调查之后，他发现：因为价格昂贵，钻石产品仅仅是富人们购买，普通人对其兴趣不大。

本书点评：哈里没有盲目行动，而是经过了“一番调查”。没有调查，就没有发言权，但经过了一番调查的哈里后来为什么失败了呢？钻石价格为什么昂贵？不是因为供小于求

① 参见《人民文摘》2005年第12期，作者：蒋平。

也即稀缺性，而是因为开采成本太高，当时，筛选出一克拉钻石，需要挖掘250吨矿石。哈里发现钻石价格昂贵，很自然地就确定其目标顾客是有钱的富人们，而不是普通人。

于是他将“时尚”作为钻石产品的全新定位，与当时负有盛名的普奈尔饰品公司联手打造精美钻石首饰，开始频频与上流人士打交道。但这一块的市场份额显然太少，而富人们对这个新事物的兴趣也不是很大，一段时间之后，经营业绩不升反降，策划失败了。

本书点评：哈里将富人们作为钻石的目标顾客，赋予钻石以“时尚”，并与当时知名度很高的普奈尔联手，但为什么失败了呢？富人们为什么对钻石这个新事物不感兴趣呢？我们认为，这就是因为哈里没有对富人进行个性化测试所致。富人不同于有钱人，靠自己努力获得了财富的人，是有钱人，如盖茨。而富人是指继承了爷爷辈的财富（俗称老钱Oldmoney），自己又不用亲自管理的人，这样的富人为了证明自己是富人，采取的是保守行为，也即对新事物不感兴趣。而所谓“时尚”，则是证明我跟上了时代，没有被时代淘汰。而富人们当然不接受作为新“时尚”的钻石。因此，哈里的失败，不是因为钻石这个产品不好，而是目标顾客选错了。之所以选错了目标顾客，是因为仅仅从价格出发，而没有进行个性化顾客行为测试，机械地得出富人们买得起高价格的钻石，而忘了累积消费，普通人也买得起。问题是哪些普通人要将积蓄的钱来买这块昂贵的石头呢？这就是下面克劳馥问的“它有些什么特别的意义呢”？

哈里有些心灰意冷，几经思考，认为钻石饰品的时代已经要成为历史了。他打算说服父亲淡出钻石行业，转攻市场竞争激烈的黄金饰品。公司还有一大堆积压的钻石饰品。哈里就联系好莱坞的赞助商，将它们作为一年一度奥斯卡颁奖典礼的赠品，为公司的下一步发展扩大影响力。

1945年，哈里照例出席了奥斯卡盛典，当他将一根镶有24克拉钻石的项链递到美丽动人的影后琼·克劳馥手心时，克劳馥当场就叫出声来：“真是太漂亮了，这是用什么做的？”

本书点评：克劳馥的这句话说明什么？说明在1945年，影后居然不认识钻石！

“这是我们公司的产品，24克拉纯钻石项链。”“钻石，它有些什么特别的意义呢？”“钻石代表了坚硬、亘古不变的品质，就是您的下一代，再下一代之后，它依然会保持今天的美丽和光鲜！”

本书点评：你觉得哈里回答的，是克劳馥问的本意吗？我们认为不是。按照品牌经济学的观点，顾客买钻石的单一利益点＝物质利益＋情感利益，哈里回答是什么利益？是钻石的物质利益，因为钻石这个石头的物质特点，就是亘古不变地坚硬。克劳馥问的是钻石的物质利益吗？显然不是，而是钻石这种石头能代表什么样的情感利益。

“是吗？”克劳馥有些伤感，“要是一个人，能有像钻石一样的爱情，那该多好啊！”

本书点评：克劳馥为什么会有这样的联想？是否是因为钻石的物质利益？哈里早就知道该物质利益，为什么缺乏此问？是因为目标顾客选择的错误。同时，“要是一个人，能有像钻石一样的爱情，那该多好啊！”，说出的恰恰是克劳馥的欲望所在！

说者无意，听者却是有心。哈里打听到，这位红极一时的女星在婚姻上几起几落，有着太多的不幸。看来，不仅仅是影星，就是普通人，也在为一生风雨飘摇的爱情所困扰。哈里一下子找到了钻石的灵魂，他当即调整了自己的营销策略，以爱情为主线，打出了名噪全球的广告“钻石恒久远，一颗永流传”。

结果，象征爱情的钻石产品不仅一举改变了城市人的婚恋习俗，而且还打开了哈里梦寐以求的普通消费者市场。

本书点评：在钻石之前，美国普通人结婚是否有信物？当然有，是黄金、白银。黄金或白银比钻石价格贵还是便宜？当然是便宜。但新人们为什么放弃了价格便宜的黄金或白银，改用了价格昂贵的钻石？是因为新人们的欲望都是“恒久远”。

到20世纪60年代，80%的美国人订婚都选择钻戒作信物。步入21世纪，戴比尔斯公司在全球的年销售额已愈50亿美元，成为钻石行业遥遥领先的“龙头老大”。

本书点评：请问戴比尔斯这个商标改变了吗？没变。钻石这个产品改变了吗？没变。同样的商标，同样的产品，目标顾客从“富人”变为“新人”，产品从昂贵的“石头”变为结婚的“信物”，为什么就成功了呢？富人们不需要昂贵的石头，而新人们需要表达他们内心祈求的“恒久远”。

通过戴比尔斯从失败到成功的过程可以清楚地看出，哈里败于目标顾客的不精确，成于目标顾客的精确。问题是哈里是如何获得精确的目标顾客呢？别忘了，1945年，哈里照例出席奥斯卡奖颁奖典礼，“照例”的意思，就是以前也参加过，但1945年这一次，克劳馥的偶然一问，才点醒了哈里。以前参加的历次颁奖，没人像克劳馥一样提出过感叹。这说明哈里的成功，更大程度上是“命好”。问题是，谁能保证你何时碰上“克劳馥”呢？因此，我们认为，何时何地能碰上“克劳馥”是不确定的，但是，按照品牌工程学的技术标准和设计流程，找到“克劳馥”就是确定的。

哈里通过克劳馥这个偶然的个性化的“顾客”，测定了钻石精确的目标顾客是结婚的新人，而不是原来的富人。尽管克劳馥这个个性化的“顾客”是哈里偶然得到的，但却得出了一个必然的结果。这就是为什么我们强调的是个性化的顾客测试，也即小样本甚至是独本数据，而不是通行的样本数调查。

3.1 目标顾客精确性的技术标准

将目标顾客完全精确定义为1.0分，将完全不精确定义为0.0分，为了避免出现含糊的中性判断也即0.5，我们采取了偶数分级法，可以划分出0.0(极不精确)、0.2(很不精确)、0.4(较不精确)、0.6(较精确)、0.8(很精确)、1.0(极精确)。

按照这个相对计量等级，将目标顾客的精确性测试与设计的技术标准确定如下：

(1)在产品设计时，是否有明确的个性化顾客描述？此项赋值0.15分。具体测试标准是：若有个性化顾客描述，得0.15分；若以老顾客为主，得0.12分；若经过个性化顾客试用后推广则得0.09分；如未经顾客试用直接推销，得0.0分。

(2)是否测试过个性化顾客的需求和欲望？此项赋值0.20分。具体测试标准是：若仅进行过产品功能性测试，得0.1分；若进行过快乐性欲望测试，则得0.2分。

(3)通过绘制顾客链，所描述的个性化顾客的是否是终点顾客？此项赋值0.30分，具体测试标准是：测试的若是终点顾客，则得0.30分；若不是终点顾客，则得0.0分。

(4)所选定的个性化顾客的成长性如何？此项赋值0.15分。具体测试标准是：若数量和收入都增长，得0.15分；若仅是数量增长，得0.10分；若两者都无增长性，得0.0分。

(5)为了进行顾客挖掘，是否建有顾客数据库或跟帖分析？此项赋值0.10分。具体测算标准是：若有顾客数据库且进行了品类组合分析，或对网络跟帖进行分析，得0.10分；若仅建有顾客数据库而未进行品类组合分析，得0.05分；若无顾客数据库，得0.0分。

(6)所选定的个性化顾客选择行为是否稳定？导致其选择行为逆转的外部因素有哪些？此项赋值0.10分。具体测算标准是：若顾客总体存在明显的逆转因素，得0.0分；若部分顾客存在明显的逆转因素，得0.05分；若顾客总体无明显的逆转因素，得0.10分。

所谓品类组合分析，是指对顾客购买过程中，哪个是初始动机？哪个是因初始动机带来的衍生动机？例如，沃尔玛超市将尿片和啤酒陈列在一起。

所谓个性化顾客选择行为的逆转因素，是指目标顾客的选择行为是否存在突然转折的因素。例如，2010年初，索尼表示不喜欢任何与互联网有关的事物，声称这种开放的模式会打乱市场秩序。而短时间内，索尼就在行动上表现出了截然相反的论调。原因就是四个月后索尼发现年轻人更喜欢互联网。

在分析顾客选择行为是否稳定时，关键是测试导致顾客选择的因素是什么？是价格、人物、功能、颜色、娱乐、显示等哪一个？这个因素可变性多大？

例如，28岁的某顾客是中国济南市一家发电厂的员工，自小米四年前开始销售智能手机以来，他把每一款都买了下来。他说他真的很敬佩小米创始人兼董事长雷军的创新力，敬佩他的思维方式。

表面看，该顾客四年来的选择性行为是稳定的，他选择小米的原因是敬佩雷军的创新力和思维方式。换言之，只要雷军还在小米，该顾客就会选择小米手机。那问题就来了，一旦雷军离开小米呢？

这就是为什么品牌经济学一再强调，企业唯一的任务是将注册商标建成目标顾客的品牌，而不是把某个人物变成企业的象征。有记者问娃哈哈老板宗庆后的女儿宗馥莉，“娃哈哈减去宗庆后”等于什么？她不假思索地说“等于零”。而理论上的回答应该是：娃哈哈－宗庆后＝娃哈哈。

背景资料3.1 尿片和啤酒[①]

在美国沃尔玛超市的货架上，尿片和啤酒赫然地摆在一起出售。一个是日用品，一个是食品，两者风马牛不相及，这究竟是什么原因？

原来，沃尔玛的工作人员在按周期统计产品的销售信息时发现一个奇怪的现象：每逢周末，某一连锁超市啤酒和尿片的销量都很大。为了搞清楚这个原因，他们派出工作人员进行调查。通过观察和走访后了解到，在美国有孩子的家庭中，太太经常嘱咐丈夫下班后要为孩子买尿片，而丈夫们在买完尿片以后又顺手带回了自己爱喝的啤酒，因此啤酒和尿片销量一起增长。

搞清原因后，沃尔玛的工作人员打破常规，尝试将啤酒和尿片摆在一起，结果使得啤

① 参见2007年4月13日 http://blog.sina.com.cn，作者Kevinlevin。

酒和尿片的销量双双激增，为商家带来了大量的利润。

所谓网络跟帖分析，是指对网路跟帖内容进行分析，从中判断帖友的共同乐点。在互联网发展到社交模式的时代，通过分析跟帖，可以很好地识别帖友的情绪化，从而判断哪种乐点具有更大的普遍性或聚类度。例如，《失恋33天》的故事背景，就是根据豆瓣热帖诞生的。

背景资料3.2 鲍鲸鲸与《失恋33天》①

2009年夏初，还不是85后才女作家的才女鲍鲸鲸跟男朋友激烈地吵了一架。这对鲍鲸鲸之外的任何人来说，都是件无关痛痒的小事，可当事者却痛得百爪挠心。彼时她还刚从中央美术学院毕业，待业在家。为了抒发心中愤懑，也为了"稍微打发下时间"，鲍鲸鲸开始在豆瓣网上连载后来命名为《失恋33天》的日记体小说。

在此之前，只为了"让自己舒服一下"的鲍鲸鲸完全不会想到这网络直播帖会引发疯狂围观，更不用说出版成书甚至改编成电影了。她没做过多故事规划，人物亦是信手拈来。连主角"黄小仙"的名字，都出自某位豆瓣网友——王、黄音近，于是顺应着有了"王小贱"。后来帖子火了，很多热情的网友会跟帖猜测接下来的剧情，鲍鲸鲸却不喜欢被猜中，想尽办法写出另外一条线索，用她自己的话说，"这是完全不顺应民意的小说"。

本书点评：基于鲍鲸鲸跟男朋友激烈地吵了一架而抒发心中愤懑写成的帖子，本身构成了一个悬念，而这个悬念又引发了"网友会跟帖猜测接下来剧情"，这是观众形成了自己的预期。而"鲍鲸鲸却不喜欢被猜中，想尽办法写出另外一条线索"，则是使悬念进一步强化，也就是整个连载的帖子具有了想象力。这就是文化产品的悬念价值。

需要强调，鲸鲸同学大学毕竟是学习编剧的（上大学时还发起过一个"铁影社"），加上本人思维敏捷、文字扎实，即便信马由缰，也不至于野马脱缰踩坏了花花草草。以上两点，保证了小说的情理之中、意料之外。

意料之外是属于鲍鲸鲸的，小说共连载了33章（从2009年5月到8月）。帖子刚开两三天后就有大量网友留言，让她倍感温暖。诚如后来的图书编辑推荐语，这是个"读一次会笑、读两次会哭、读三次含泪微笑的有趣故事"。它引发的赞赏或评论，不下万条，在线围观直播的，则数以百万计。失恋是个极其个人的经历，可失恋的体验却为大家所共有。

有位网友留言说，"终于可以借着看鲍鲸鲸帖子的机会，哭出来了"。在今天，你一定要给自己一个说得过去的理由，才能让自己面对失恋这件事的时候好意思哭。鲍鲸鲸也觉得这是没办法的事——"有点像牙疼，你嚷嚷出来是不会有人理会的，而有多疼只有自己特清楚。"所以到后期，鲍鲸鲸每天都会尽量留下个光明点的尾巴，让看过的读者有更开心的一天。以上两点，保证了小说鞭辟入里又感情真挚。

就这样被读者围观、监督、"威胁"着，这部即兴而起的小说没有半途而废。并且在小说出版大概一个月后，鲍鲸鲸也收到了导演滕华涛抛来的橄榄枝。

① 参见2011年12月14日"新浪女性"(http://www.sina.com.cn)。

背景资料 3.3 网络小说成影视剧改编“香饽饽”[①]

据微博热搜关键词数据显示，2015 年最受期待的电视剧榜单中，《盗墓笔记》《芈月传》《花千骨》等都属于网络小说改编的影视剧作品。据统计，截至 2014 年底，共有 114 部网络小说被购买影视版权，年代跨越古装、现代、民国，题材涉及仙侠、悬疑、权谋……其中，90 部计划拍成电视剧，24 部计划拍成电影，电视剧单集制作成本最高可达 500 万元。“这个数量在 2013 年应该在七八十部之间”，盛大文学一位员工向记者表示，“影视公司在疯狂地圈我们，我们在疯狂地圈作者。”

在网络小说积累了人气之后而转型的影视作品更具“钱途”已成为业内共识，因此，网络小说以不断刷新的改编版权费，迎来了春天。

据乐视网副总裁何凤云介绍，在 2013 年整体的网络小说影视改编版权才不过 10 万～30 万元（每集）之间，到了 2014 年，普通的小说则大概有了两三倍的增幅，至于顶级的小说甚至还出现了几百万元的高位。盛大文学副总裁汪海英表示：“在 2014 年很多网络小说如《史上第一混乱》《鬼吹灯》《朱雀》《斗铠》《盘龙》《步步生莲》都卖出了破 100 万元的价格，其中《史上第一混乱》和《鬼吹灯》单价更是高达 200 万元。”

“在网络小说积累了人气之后而转型的影视作品”，之所以“更具‘钱途’已成为业内共识”，是因为网络小说的阅读及其跟帖评论，就是一种个性化测试的过程。在网络里已经获得了足够数量的阅读和跟帖的小说，也就形成了小说自己的顾客社区，为改变成话剧、影视剧提供了精确的目标顾客，并由此极大地降低了投资风险。

3.2 目标顾客精确性的测试评级

对目标顾客精确性的测试评级，可以采取两个路线：

一是对商标现有产品的目标顾客精确性测试评级，按照技术标准的五个方面，通过商标企业的官方网站、宣传材料等逐项诊断，进行具体赋值，并根据具体赋值进行定级。

二是对商标新出产品的目标顾客精确性测试评级。对新推出的产品，也要按照技术标准的五个方面进行具体衡量，并根据技术标准进行具体赋值，形成具体分值。

在对已有商标进行目标顾客精确性测试评级时，关键是在该商标所属厂商的官方网站上，收集厂商对自己顾客的自述。通过厂商的自述，可以看出是否对个性化顾客购买行为进行过测试。如果在厂商官方网站自述中，对自己的顾客描述非常模糊，则可以逻辑地推断该厂商没有进行过顾客个性化测试，因为如果该厂商进行过个性化顾客购买行为的测试的话，其对顾客的描述绝对不可能是很模糊的。

推论：若厂商自述的顾客描述是模糊的，则可推定缺乏个性化顾客测试；反之，若进行过个性化顾客测试，则自述的顾客描述不可能是模糊的。

根据采集到的拟评商标的公开信息，按照目标顾客精确性的技术标准，完成目标顾客

① 参见 2015 年 1 月 20 日《济南日报》，作者：吴立湘。

的精确性测试评级表。为了与指标顺序保持一致，本章表中的指标编号为“1”。

表 3.1　　　　目标顾客精确性测试评级表

指标	测评二级指标	指标赋值要点	指标事实及其来源	得分
1. 目标顾客的精确性 B_1	1.1　在产品设计时，是否有明确的个性化的顾客描述？0.15 分	若有，得 0.15 分；若以老顾客为主，得 0.12 分；若经过个性化顾客试用后推广，得 0.09 分；如未经顾客试用直接推销，得 0.0分		
	1.2　是否测试过个性化顾客的需求和欲望？0.20 分	若仅进行过产品功能性测试，得 0.10 分；若进行过快乐性欲望测试，得 0.20 分		
	1.3　通过绘制顾客链，所描述的个性化顾客的是否是终点顾客？0.30 分	测试的若是终点顾客，得 0.30 分；若不是终点顾客，得 0.0 分		
	1.4　所选定的个性化顾客的成长性如何？0.15 分	若数量和收入都增长，得 0.15 分；若仅是数量增长，得 0.10 分；若两者都无增长性，得 0.0 分		
	1.5　为了进行顾客挖掘，是否建有顾客数据库或跟帖分析？0.10 分	若有顾客数据库且进行品类组合分析，或对网络跟帖进行分析，得 0.10 分，若有数据库但无品类组合分析，得 0.05 分；若无顾客数据库，得 0.0 分		
	1.6　所选定的个性化顾客选择行为是否稳定？导致其选择行为逆转的外部因素有哪些？0.10 分	若顾客总体有明显的逆转因素，则得 0.0 分；若部分顾客存在明显逆转因素，得 0.05 分；若顾客总体无明显的逆转因素，得 0.10 分		
得分合计				

信用等级	1.0	0.8～0.99	0.6～0.79	0.4～0.59	0.2～0.39	≤0.19
	AAA 级	AA 级	A 级	B 级	C 级	D 级

3.3　目标顾客精确性的设计流程

在品牌建设时，具体操作人员是不同的，不同人员的知识和个性可以是不同的，但操作过程应该是一致的，因为技术标准是一致的。为此，就需要规范的技术流程。

第一步：确定形象价格，预设减配空间

品牌经济学的出发点，是在价格既定也即掌握定价权的条件下，通过降低目标顾客的选择成本来赢得顾客的选择，并实现品牌溢价。因此，在进行品牌建设时，首先要确定具体的形象价格，并在此基础上，预设出减配空间。

所谓形象价格，就是能给顾客带来心理满足即欲望并成其衡量产品或服务质量的直观直接标准。之所以称其为形象价格，是指产品或服务以可直观衡量的价格高低，带给顾客的心理感应即欲望。因为"好货不便便宜，便宜没好货"的心理暗示。

通过形象价格的确定，一是选定目标顾客的前提，因为任何顾客对某个商品或服务的选择，首先是立足于自己的经济实力，用经济学的术语，就是顾客的预算是既定的；二是确立品牌形象的测量标准。

其实，绝大多数顾客并不是自己所购产品或服务的专家，对产品或服务的物质技术属性，并不了解。但是，"好货不便宜，便宜没好货"的教育是固化到基因的。因此，品牌形象不是依靠物质属性，而是依靠价格高低来树立的。

换言之，在顾客的大脑中，判断产品好坏的最直观的标准，就是数量指标。例如，轿车发动机的油缸数量、车体长度、价格高低、车身重量等，其中最简单的标准就是价格高低。

而配置空间则是增加或减少的技术可行性和类型的数量。例如，奔驰轿车的顶级配置是 S600，该款轿车定价很高，锁定的是对价格不敏感的权贵和巨富，而他们的需求是很个性化的，所以奔驰公司也只接受预订。但是，通过减配，奔驰公司也推出了 S560、S320 等批量的轿车，当然价格也随之下降。更有价格更低的 E 系列、B 系列、C 系列等奔驰轿车。

本章开始的戴比尔斯钻石如何减配呢？就是通过钻石的重量、色泽、纯度、切割等进行的划分，从而也形成了价格由高到低的档次，以满足不同购买力的结婚新人的需求。

最为典型的是联合利华，通过采取缩小包装的策略，就可以很好地理解什么是减配空间。

案例理解 3.2　联合利华是如何拓展贫困顾客的？[①]

联合利华拥有多芬（Dove）、立顿（Lipton）和凡士林（Vaseline）等品牌的英荷生产商，通过减配原理，在世界上最贫困的消费者当中创建了忠实的用户群。该公司通过缩小包装，设定一个就连每天生活费只有 2 美元的消费者也能负担得起的价格。它帮助人们赚

① 参见《商业周刊》（中文版）2009 年第 2 期，作者：克里·卡佩尔（Kerry Capell）。

钱购买自己的产品。“这并不是在做善事”，而是开发新市场，首席执行官夏思可说。

“联合利华是最先证明你在金字塔的底部同样能够构建品牌的公司之一，”新加坡品牌顾问公司 Venture Republic 的负责人马丁·罗尔说。从诺基亚到皇家飞利浦电子公司，诸多企业纷纷效法联合利华的做法。

这项战略诞生于25年前，当时印度子公司 Hindustan Lever 发现，数以百万计的印度人没有购买它的产品。HLL 想出了一个战略，在保证盈利的前提下降低价格：即让从洗发水到洗衣粉的所有商品全部使用一次性包装，而且每包只卖几分钱。太便宜了？未必。但是它让人们享受到了大品牌。

本书点评：采取的一次性的小包装，零售价格自然下降到几分钱，为什么说不便宜呢？这是因为对厂家而言，即使是几分钱，但毛利率可能却是比较高的。山东中科凤祥出口到尼日尔的 Mimido 牌鸡汤块，类似白糖块，很多低收入家庭没有钱买一大盒，却可以每顿饭买几块。这也是类似的减配策略。

联合利华继续取悦于经济拮据的顾客。在印度，它培训农村妇女向自己的邻居推销产品。“联合利华的过人之处就在于，它深入那些社区，了解人们的需求，并且根据实际情况调整自己的商业模式。”巴塞罗那的 IESE 商学院教授约翰·里卡多说。

3年前，这家公司在圣保罗最大的贫民窟修建了免费的社区洗衣店。这家洗衣店以联合利华的洗衣粉奥妙（Omo）来命名，并且声名远扬，我们可以从中看出尽管联合利华的产品价格比宝洁的碧浪贵了20%以上但仍能占领巴西70%的洗衣粉市场的个中缘由。

通过减配策略，尽管联合利华的产品价格比宝洁的碧浪贵了20%，但仍能占领巴西70%的洗衣粉市场。通过戴比尔斯的钻石和联合利华的实践证明，高价格产品只能是高收入者专用的这个判断，是不可靠的。

奔驰、联合利华等，通过减配获得了成功。那么，在低价格条件下，通过增配路线，是否能成功呢？本书给出的答案就是：技术上能成功，但情感上不成功，从而导致其销量难尽如人意。为此，我们可以通过小米手机来理解。

案例理解 3.3　杀出 1999 元价格红线的小米能否翻身？[①]

小米在上周举行了2015年第一场新品发布会，早在发布会之前各方消息均指出此次发布的产品将会是一款旗舰机型，但可以说是猜中了开头没有猜中结尾，不但有新品，在价格上也带给大家不小的惊喜，不过小米此次提价能否得到用户的认可，作为“屌丝”时代的产物能否凭借提价成功翻身，这里需要打上一个大大的问号。

不知道当时有多少人在听到新品名称就叫小米 Note 的时候第一时间想到了三星，就像苹果在2014年推出 iPhone 6 Plus 之后市面上也瞬间多出了好多名字带 Plus 的机型。当然或许你会说 Note 一词小米早在红米上就用了，但当小米和 Note 这两个词组合到一起的时候似乎还是预示着很多的不一样。

本书点评：Note 最早是三星手机使用，三星手机属于中高价位，故“红米＋Note”可以用 Note 来弱化红米的低价格带来的“便宜没好货”的心理。现在则是“小米＋Note”，对

① 参见2015年1月20日“手机中国”，作者：杨辰。

小米强调的顶级配置极有可能是一种弱化，毕竟三星手机的Note都已经到6了。

回顾此次小米新品发布会，给我们留下最深印象的还是小米Note在售价上的突破。曾几何时，小米以1999元的售价杀入手机市场，也是从那时起正式掀起了手机圈的价格战，在之后的数年当中小米一直以发烧为品牌理念推出1999元价位的顶配旗舰，直到在2014年小米4的发布，虽然定价同样为1999元，但雷军一改往日风格在发布会上更多的时间都在谈论产品工艺，如今看来似乎也是在为之后产品的溢价进行铺垫。

本书点评：配置上的“发烧”，价格上的“屌丝”，按照发烧程度强弱、价格高低，可以划分出四类手机顾客：

弱发烧＋低价格：对配置不在意，能用就成，但接受低价格。

弱发烧＋高价格：对配置不在意，也能接受高价格。

强发烧＋低价格：对配置很在意，但接受低价格。

强发烧＋高价格：对配置很在意，也接受高价格。

从现实看，小米属于“强发烧＋低价格”，红米属于“弱发烧＋低价格”。此次推出的小米Note属于“强发烧＋高价格”，既然能接受得起高价格，三星、苹果、华为等手机的配置也很好，就需要给出得起高价格的顾客一个选择小米Note的理由。

在近一两年当中，不少国货品牌手机都曾经试图走出价格战的怪圈，不过最终真正能够支撑起品牌溢价的厂商并不多，如今当我们谈论起3000元价位国产手机时被提及最多的还是OPPO、VIVO等依靠多年线下渠道获得不错用户口碑的品牌，互联网品牌手机由于其本身就是一个新鲜事物，加上价格战给消费者带来低价高配的惯性思维，单凭产品很难支撑一定的品牌溢价。

本书点评：为什么互联网打价格战？原因有两个：一是在缺乏实体体验的条件下，给顾客带来的情感体验比较弱，最直观的比较就是价格。在顾客难以进行功能、质量等比较的条件下，只能选择价格低的，从而将可能的损失降到最低。二是网购顾客的主体年龄在40岁以下，尤其是18～25岁，他们的购买能力也限制了价格。

2014年双11天猫平台最大的趋势，是传统品牌越来越占主要地位，以电商平台起家的淘品牌正在逐渐被传统品牌挤掉。至少在服装领域，传统品牌占据的比例高达80％～90％，以前排名前5位的品牌全是淘品牌，现在只有1个在榜。

记得之前曾有人说过，小米手机一旦杀出1999元的红线将会失去一多半用户，毕竟对于当初的小米来说坚定不移地走低价高配路线才是其品牌精髓所在，而如今小米Note起步价已经突破2000元大关，虽然业内普遍看好，但产品是否能够获得认可还是要靠出货量说话，那么问题就来了，之前习惯了以不足2000元的价格来买一部顶配手机的消费者还愿意为配置并不顶级的小米Note掏钱买单么？

比小米4贵出的300块钱到底用在哪儿了？小米Note与小米4最大的不同就在于外观设计，在多家厂商推出了2.5D弧面玻璃面板手机之后，我们在小米Note身上也看到了这样的设计，虽然并没有再提钢板的事儿，但终归算是外观上的一大亮点，也算是对小米4的一种传承。其次就是在基础版和高配版均有搭载的Hi-Fi方案，不过我一直认为在手机上谈Hi-Fi这事儿多少有些不伦不类。

我一向不赞同靠提升配置来实现产品溢价的套路，况且从小米手机诞生的那一天起，对于国产品牌而言这条路就已几乎被堵死，所以小米 Note 甚至是搭载骁龙 810 的小米 Note 高配版都不完全能够算是其提升售价的理由。

本书点评：本文作者杨辰“一向不赞同靠提升配置来实现产品溢价的套路”，尽管没有给出理由或依据，但确实是对的。之所以靠提升配置不能实现产品溢价，是因为别的厂商很容易采取相同的配置。

正如奇瑞尹同跃所言：现在的技术发展在加速，过去的安全气囊，早期如沃尔沃第一个用了安全带，所以在 logo 上就加了一个安全带。现在哪一个车子不装安全带？都成法规了。再如安全气囊。现在我们 G6 有 10 个安全气囊。过去说帘式的安全气囊是挺高档的，现在哪一个车子不是帘式的呢？现在的技术已经分不出高端和低端产品，分不出大车和小车的差距。因为现在所有供应商都打破脑袋找主机厂。

其实经常关注小米手机的网友一定都能够多少了解其产品套路，早在小米 3 发布之时，距离产品上市之前的空窗期小米 2S 一度卖疯，此次的两款产品也不免有借小米 Note 高配版卖小米 Note 之嫌。为什么这么说？从产业链角度来看，骁龙 810 并未像现阶段的骁龙 801 一样普及，实际情况是骁龙 810 由于其综合性能是目前顶级水准，在发热方面还有待完善，这也是目前很少有厂商急于跟进的原因。另一方面是采购价格居高不下，因为并没有达到足够大的出货量级，无法实现成本均摊，采购价格高也倒是情理之中。

但无论如何，小米提价也仅仅是时间问题，对于目前国内的行业发展来说，陷入无休止的手机价格战只会延缓企业和产品的创新能力，对此国内厂商大多采用两种方式来让自己脱身，一个是推出子品牌产品来覆盖本身没有覆盖到的价格区间，加强品牌自身竞争力，另一方面就是在保证现有低价产品的同时打造品牌生态圈来提升部分产品溢价，最终实现多价位区间的产品覆盖。

本书点评：根据顾客利益＝物质利益＋情感利益，无论是用子品牌产品来覆盖本身没有覆盖到的价格区间，还是用低价产品的同时打造品牌生态圈，这两种方式都属于物质利益，而不是情感利益，也就无法获得品牌溢价。

小米则属于后者，经过后期的多次并购以及入股，小米目前的产品已经设计家电、医疗、智能家居等多个领域，雷军也在此次小米 Note 发布会上透露出了在这一方面的野心，意欲通过多领域产品来实现小米软硬件生态圈。

此次发布小米 Note 可以说是将小米原本的产品路线完全打乱，但之后的小米手机 5 代该以怎样的姿态发布，是通过产品差异化来将用户细分，或者更大胆地预测是否会砍掉以小米 X 来命名的产品线，现在还是个未知数。

当然对于普通消费者来说，谁会在乎你生不生态圈，以前买小米就是因为性价比，提升售价之后还能不能像之前一样被大众接受是个问题，况且在 2000 元内价位产品不乏强手，小米 Note 配置并不具备绝对优势，恐怕最终仍会落到降价的境地。

第二步：绘制客户链，识别终点顾客

通过形象价格，将树立起美好形象，通过减配空间来扩大销量，这是提高目标顾客精确性的第一步。这一步确定之后，就能很清楚地圈出谁接受得起这个价格。用得着但买不起的顾客不是目标顾客。

但是，那些购买你的产品不是为了自己使用，而只是为了再次出手的客户，也不是你的目标顾客。换言之，你的商业伙伴，看重的只是产品买进和卖出的差价，而不是产品本身。所有的产品或服务，一定有其最终的顾客，也即终点顾客。品牌经济学理论证明，只有终点顾客对某个商标的选择成本等于零，厂商才能掌握定价权。

例如，我们完成本书写作的是一台笔记本电脑，生产商是日本索尼，但在其电脑键盘上，醒目地写着"Intel""Windows"。其实，我们都没见过"Intel"处理器或"Windows"软件是啥样子的，但我们在购买索尼电脑时，很清楚地提出是否是"Intel"处理器，是否安装了"Windows"操作系统。正是向我们一样的个人电脑用户，向电脑生产商反复地强调，才使"Intel"和"Windows"这样的中间产品，获得顾客链的定价权。

这就是终点目标顾客的力量！下面我们通过《达拉姆的储蓄》，可以很好地理解如何识别终点顾客及其力量究竟有多大。

案例理解3.4 达拉姆的储蓄[①]

从印尼归来的舅舅讲了一个关于他朋友的故事。这个朋友名叫达拉姆，此人三十多岁就担任了一家大银行的行长，比起那些六七十岁的资深金融家、银行家，他是地道的小字辈。他掌管的这家银行尽管在本市大名鼎鼎，但他浮浅的履历还是受到金融界巨头、银行翘楚们的嘲笑，认为由他掌舵银行业的旗舰，简直是开国际玩笑。

本书点评：没有经验的达拉姆，却开辟了全新的道路。

果然，达拉姆上任伊始就作出了一个贻笑大方的决定，他要求手下把距本行20公里范围内的所有新生儿全部列在一张名单上。员工们对他的举措感到莫名其妙，但还是照办了。

本书点评：员工们为什么对达拉姆的举措感到莫名其妙？是否是员工们认为新生儿不可能是本银行的目标顾客？达拉姆三十多岁，显然其经验远远不如哪些六七十岁的资深金融家多，可为什么达拉姆却做出了突出的业绩？我们一直认为，经验就是汽车的后视镜，只能看到后边，无法看到前边。而要到达一个未知的地点，人们需要的不是后视镜，而是导航仪。

三天后，名单上所有的新生儿都收到了银行的一封信，恭喜他们在如此幸运的时刻来到这个美妙的世界，来到这个漂亮的新区。从那时起，每年的适当时候，这些孩子都会收到达拉姆银行的信，提醒他们生日即将来临。

本书点评：这些新生儿读得懂达拉姆给的信吗？当然读不懂，那这封信是给谁的？当我们问到这个问题时，几乎所有的人都会不假思索地说是给孩子的父母的。我们无法确定这些新生儿的父亲是否一定在家里，但可确定的是这些新生儿的母亲一定在家里。因此，简单地说信是给孩子的父母的，就是目标顾客是模糊的，达拉姆的信的目标顾客是孩子的母亲，则是精确的。

当他们长到可以阅读故事的年龄，达拉姆的银行就会寄给他们一本故事书，以讲故事的方式说出储蓄的好处。如果是小女孩，她会收到一个芭比娃娃作为生日礼物，后面印着

① 参见《格言》2010年第1期，作者：程刚。

达拉姆银行的全名。如果是小男孩,他会收到一支棒球棒,上面也贴着银行的名字。几年来,仅这笔开支就着实不小,但收益并不明显。

本书点评:儿童爱看故事书,达拉姆就编故事书给孩子们,并将储蓄的好处隐含在故事书里。通过阅读这样的故事书,潜移默化也即日久生情地影响着孩子们。给女孩们喜欢的芭比娃娃,给男孩们喜欢的棒球棒,将达拉姆银行的全名也隐含在其中,同样是以无意识地形式传播着银行的信息。从心理学的角度看,人们的记忆系统有两部分,意识与无意识。达拉姆在故事书里讲述储蓄的好处,将企业名称包含在孩子们喜欢的礼物中,采取的都是无意识记忆,而这种记忆的效果是很牢固的。因此,尽管这笔开支不小,但比起来直接的普通的广告,效果是很好的。假设将这笔钱用于广告,分摊到这些孩子的母亲和孩子身,并达到同样的效果,将需要更高的广告投资。

达拉姆还把银行办公大楼最重要的一层装修成孩子们的游乐室。里面有旋转木马,溜滑梯、跷跷板、碰碰车、沙堆,还有一名能干的管理员,指导孩子们玩得尽兴。达拉姆把银行办成了最受孩子们欢迎的地方,很多年轻的妈妈舍近求远来达拉姆的银行存储,有的母亲甚至办完业务也把孩子留在这里,然后安心地去购物或访友。达拉姆的做法开始显现一些效益,但比起前期的投资来,收益并不大。有人开始质疑达拉姆的能力,觉得一个只会吸引家庭主妇的行长不会有大的作为。

本书点评:银行的负债业务包括单位存款和家庭存款。而家庭存款基本掌握在主妇手里。那主妇们最关心什么呢?当然是自己的孩子!所有的厂商都说自己关心顾客,可顾客最关心什么呢?只有满足顾客最关心的利益,顾客才能成为厂商的目标顾客。这就是用顾客的顾客,来吸引顾客。对达拉姆的银行来讲,直接顾客就是家庭主妇,而家庭主妇的"顾客"是她的孩子,达拉姆就用主妇们的孩子来吸引住了家庭主妇。

可是在印尼经济困难时期,大量工商企业破产,银行的经营步履维艰,有些大银行宣布破产。达拉姆的银行却靠吸收大量家庭存款而坚强地支撑过来,这时人们才发现个人储蓄原来是一个巨大的金矿!经济困难期过后,达拉姆的银行良好的信誉给顾客带来巨大的回报,达拉姆一度声名鹊起。

本书点评:家庭储蓄为什么是巨大金矿?是因为家庭储蓄的目的,就是为了备用。在经济危机时,工商企业破产,从商业银行贷的款无法归还,银行就破产了。但是,为了应付更坏的可能,越是经济困难期间,家庭存款越不敢动。这就是家庭储蓄为什么是一个巨大的金矿。

三十年后,一场席卷全亚洲的金融风暴再一次把银行业推到悬崖上。已经六十多岁的达拉姆又一次得到上天的青睐,当年那些在他的银行里玩耍的孩子,很多已经成为著名的企业家、社会精英,并且一直与达拉姆保持着良好的合作。他们纷纷注资达拉姆的银行,使它又一次化险为夷。他们说,他们只是在挽救童年的梦想,达拉姆的银行存着他们童年金色的梦,他们是从达拉姆的故事书里开始懂得理财的。

达拉姆当年的储蓄终于得到了丰厚的回报。

本书点评:不知作者为什么说达拉姆"又一次得到上天的青睐",上天为什么不青睐别人的呢?毛泽东说,没有无缘无故的爱,也没有无缘无故的恨。我们认为,在1997年的东南亚金融危机时,达拉姆及其银行之所以能化险为夷,就是因为达拉姆从上任伊始,就精确地确定了自己的负债业务也即存款的目标顾客，是家庭主妇。那些在他银行玩耍的孩子们，在成为企业家、社会精英时，为什么一直与达拉姆保持良好的合作？为什么在危机时纷纷注资呢？因为他们是从达拉姆的故事书里，懂得理财，因为他们在挽救自己的童年梦想，而他们的童年的梦存在达拉姆的银行。想想看，你的目标顾客的童年梦想是什么？他们当年渴望却得不到的是什么？将他们的童年梦想作为你的产品或服务的单一利益点，会怎么样呢？

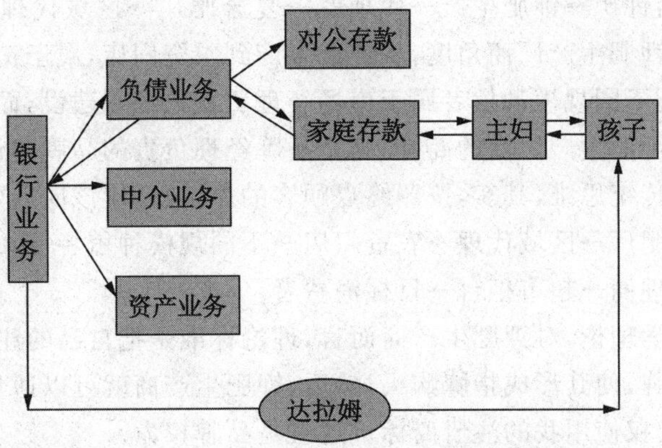

图 3.1　达拉姆银行的顾客链

在顾客链中，离终点顾客越远的厂商，越需要终点顾客的指牌购买拉力，否则，不可能掌握定价权！

问题是如何获得谁是终点顾客呢？方法就是绘制顾客链。而顾客链的绘制，可以划分为两类，一类是产品，一类是服务。

(1)产品类的顾客链

产品类的顾客链，可以从原料开始。其基本模式是图 3.2：

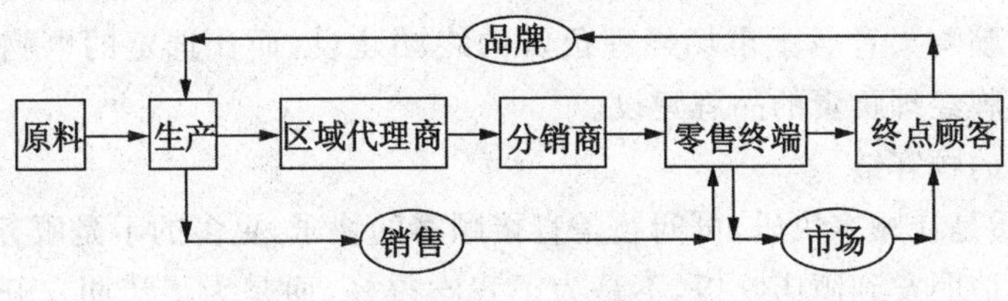

图 3.2　产品类顾客链

其中，站在生产厂商的角度，从生产到零售终端是渠道建设，也即销售业务，从零售终端到终点顾客是终端建设，也即市场业务，而生产厂商如何让终点顾客认牌选择自己，则是品牌建设，也即品牌业务。

啤酒的顾客链是：酒料→酒厂→区域啤酒代理商→分销商→终端(酒店＋商店)→喝酒或送礼。在这个顾客链中，站在酒厂的角度，从酒厂到终端，属于销售经理负责的渠道建设，从终端到喝酒或送礼顾客选择，则是市场经理负责的终端建设，而如何让喝酒或送礼的顾客认牌选择该酒厂的商标，就是品牌经理负责的品牌建设。

氨纶的顾客链是：石油→氨纶生产→纺织厂→成衣厂→区域代理→商场柜台→不同

年龄女性。在这个顾客链中,站在氨纶生产厂商的角度,从氨纶生产到商场柜台,属于销售经理负责的渠道建设,从柜台到不同年龄的女性顾客,属于市场经理负责的终端建设,而如何让不同年龄的女性顾客认牌选择某个商标的氨纶,则是品牌经理负责品牌建设。同样是氨纶的杜邦"莱卡"牌氨纶,价格比同行都高,但市场份额却很高,就是因为杜邦莱卡通过举办模特美腿大奖赛,在女性心目中,将杜邦"莱卡"从一种化纤原料的氨纶转换成了"美丽时尚",从而赢得了女性们的认牌选择,杜邦莱卡也就掌握了定价权。

钾肥的顾客链:钾矿→钾肥生产→代理商→复合肥厂→区域代理→农资门店→不同规模种植者。站在钾肥生产厂商角度,从钾肥生产到农资门店,属于销售经理负责的渠道建设,从农资门店到不同规模种植者属于市场经理负责的终端建设,而如何让选定的某类种植者认牌选择该钾肥生产厂商的商标,则是品牌经理负责的品牌建设。

该顾客链属于传统思维,其实,按照终点顾客的思维,还应该向后延伸:钾矿→钾肥生产→代理商→复合肥厂→区域代理→农资门店→不同规模种植者→农产品收购商→食品加工企业→食品代理商→超市柜台→目标消费者。

按照品牌经济学理论,对钾肥生产商而言,理论标准是把自己的注册商标建成消费食品的目标顾客的品牌,使其形成指牌购买,然后,钾肥生产商就可以通过品牌授权,谁用我的钾肥,谁就可以获权使用我的注册商标。这就是品牌拉力。

很遗憾,这种终点顾客思维很难被化肥等企业接受,从而只能被动地接受市场价格波动。

服装的顾客链:面料→服装厂→代理商→分销商→商场柜台→直接购买者→服装穿着者。站在服装厂的角度,从服装厂到商场柜台,属于销售经理负责的渠道建设,从商场柜台到服装穿着者,属于市场经理负责的终端建设,而让选定的服装穿着者也即目标顾客认牌购买,就属于品牌经理负责的品牌建设。

微处理器的顾客链:原料→芯片厂商→微处理器→部件厂→整机厂→代理商→柜台→电脑购买者。站在芯片厂商角度,从芯片厂商到电脑柜台,属于销售经理负责的渠道建设,从柜台到电脑购买者属于市场经理负责的终端建设,而让选定的电脑购买者认牌选择,就是属于品牌经理负责的品牌建设。

(2)服务类的顾客链

服务的本质是让顾客快乐,可问题是直接顾客的快乐,更多的不是服务所提供的基本业务。例如,我请朋友到酒店吃饭,不是为了我吃得好,而是为了让朋友开心。再如前边"尺码哄你开心"案例,顾客买衣服买得不是"合体",而是"合心"带来的快乐。

一次,有个已毕业的研究生请导师在济南净雅大酒店吃饭,那天正好是教师节,吃饭时学生对导师表示教师节快乐,这本是应景之事,但不久,净雅大酒店的漂亮的女士们就送来鲜花,并在吃饭房间唱起了祝福歌。这是这位教师最开心的一次吃饭经历!也成为他推荐净雅大酒店的最直接的理由!

因此,服务类的顾客链,可以从既定的基本业务开始,推出让目标顾客开心的派生业务。为此,可以采取孙子兵法所言的以迂为直的策略,其基本模式是:

基本业务→直接顾客 A→A 关心的人 B→取悦 B 的派生业务

例如,在"达拉姆的储蓄"案例中,达拉姆的基本负债业务是家庭存款,直接顾客是掌握家庭财务的主妇，而主妇最关心的自己孩子尤其是新生儿，儿童开心的就是玩具、故事书、游戏。达拉姆就从玩具、故事书、游戏开始，取得了成功。

商业银行的顾客链：负债业务→家庭存款→家庭主妇→孩子；负债业务→对公存款→单位财务主管→单位负责人→直接上级。

星级宾馆的顾客链：食宿业务→旅行社→旅行团→观光购物；食宿业务→商务散客；食宿业务→会议。

第三步：通过类型化，测评其成长性和稳定性

根据顾客链，可以确定终点顾客的类型，并根据终点顾客的不同类型，来测评其成长性。终点顾客的类型，我们将其划分为三类，即专业级、业余级、爱好级。

所谓专业级的终点顾客，就是以此为生或非此不可的终点顾客，也称其为"重度顾客"。每种产品都存在少数专业顾客。因属于必需品，故专业级的终点顾客对价格是不敏感的。

例一，女性长筒丝袜，多数女性只在夏天配合裙子时穿着丝袜，但存在一类女性，几乎不分季节地穿裙子配长筒丝袜。例二，越野车是军队或野外地质勘查工作者所必需的。例三，减震鞋底的运动鞋，是篮球投篮手的专业需求。例四，登山运动员所需要的户外装备，都属于其必需的。例五，对从事专业工业设计的人员而言，使用微软的 Photoshop 软件也能进行图形设计，但一旦他们有了钱，首先就要购买苹果电脑，因为苹果电脑是专业进行图形设计的，从而成为专业的代言或象征，也即品牌。

所谓业余级的终点顾客，就是有时间就使用，没时间就不用的，类似于机会主义者。例一，大学或单位的篮球队员，属于业余球队，他们不是以篮球比赛为生的，多数时间不是篮球比赛或训练。因此，对球鞋的需求就不是非得怎样。例二，对大量中小企业的销售人员，更多的时间是去拜访客户，而不是客户来酒店拜访他们。因此，不需要住在豪华功能的宾馆，晚上需要的只是卫生良好的、安全的睡觉休息的酒店，商务酒店应运而生。

所谓爱好级的终点顾客，就是喜欢但不参与具体活动的顾客。他们通过拥有某种专业产品而获得满足感。各个品牌的粉丝团，就属于爱好级的终点顾客。例一，多数青少年购买减震鞋底运动鞋，其实他们几乎都不真正到篮球场打篮球，只是因为减震鞋底运动鞋代表专业，而这些青少年没有专业，但向往专业，通过购买穿着减震鞋底的运动鞋，向别人表明自己也很专业。例二，笔记本电脑本来是便携的办公工具，但绝大多数笔记本电脑的拥有者，其实是将其作为一个影视播放器或娱乐工具。但至少看起来使人感觉自己也是个繁忙的人。

一个产品或服务的终点顾客的成长性，直接取决于两个要素：一是爱好级终点顾客的数量，二是爱好级终点顾客收入增长性。爱好级终点顾客的数量越多，或者其数量稳定但其收入增长性较高，其需求量的成长性也就很大，潜在的市场就很大，也就值得作为目标市场。

在测定成长性的同时，测定各类顾客选择行为的稳定性，尤其是测定是否存在以及存在哪些逆转因素。所谓逆转因素，就是一旦这样的因素出现，就会导致该类顾客放弃原来稳定的选择。例如，某酒店的目标顾客一直是政务宴请，随着国家严格控制公款吃喝，原

来稳定的选择行为出现了逆转。

终点顾客的类型分析出现错误，结果会是什么呢？请见实验 3.1：

实验 3.1　停留在不起眼处[①]

2007 年一个寒冷的上午，在美国华盛顿特区的一个地铁站里，有位男子用小提琴演奏了 6 首巴赫的作品，共演奏了 45 分钟左右。那段时间内，大约有 2000 人从这个地铁站经过，他们中大部分人是赶着去上班。

演奏进行大约 3 分钟后，一位中年男子注意到了这位音乐家。他放慢了脚步，甚至停了几秒钟，然后急匆匆地继续赶路了。

又过了大约 1 分钟，小提琴手收到了他的第一块美元。一位女士把钱丢到他的帽子里，她没有停留，继续往前走。第 6 分钟时，一位小伙子倚靠在墙上倾听他演奏，然后看看手表，走开了。

10 分钟时，一位 3 岁左右的小男孩停了下来，但他妈妈使劲拉扯着他匆忙离去。其他几个孩子也是这样，所有父母都硬拉着自己的孩子快速离开。

在 45 分钟里，只有 6 个人停下来听了一会儿，大约有 20 人给了钱就继续以平常的步伐离开。这位男子总共收到了 32 美元。当他结束演奏，地铁站里又恢复了寂静。没有人注意到，也没有人给他鼓掌。根本就没有人表示认可他。

没有人知道，这位小提琴手是约夏·贝尔，世界上最伟大的音乐家之一。他演奏的那些曲子是世上最复杂的作品，他用的是一把价值 350 万美元的小提琴。

第四步：根据成长性和稳定性，锁定目标顾客

根据不同类型终点顾客的成长性和稳定性，确定企业自己的目标顾客。为此，可以有四类目标顾客：

“高成长＋低稳定”类目标顾客，也即该类顾客数量和收入处于高的成长空间，但其选择行为极易改变。例如，李宁系列运动服，针对的就是大量的中低收入的运动爱好者，其成长性是足够的，但他们心里的欲望却是耐克、阿迪达斯等。因此，一旦收入增加了，他们就会放弃李宁牌。再如，遇到国家控制公款吃喝，高消费的海参等原来的顾客消费行为就出现逆转。

“高成长＋高稳定”类目标顾客，也即该类顾客的数量和收入处于较高的成长空间，而且其选择行为极其稳定，不受外部因素的影响。例如，白领阶层的数量和收入都处于高成长性，而且其选择行为也是比较稳定的。同时，城市里的中高收入的老年市场，其数量成长性很大，且其消费行为也比较稳定。

“低成长＋高稳定”类目标顾客，也即该类顾客的数量和收入处于较低的成长空间，但其选择行为则是稳定的。例如，农村人口在持续地减少，且其选择行为也不太改变。

“低成长＋低稳定”类目标顾客，也即此类顾客的数量和收入处于较低的成长空间，其选择行为也很容易改变。例如，以幼婴儿和学生为主体的年轻市场，受制于出生率的降

① 参见《北方人》2011 年第 8 期，作者：陈荣生。

低，其数量将持续减少，而且其选择行为极易改变。

对企业而言，“高成长＋高稳定”类目标顾客当然是最好的选择。例如，在《小时代》话题铺天盖地的时候，乐嘉发了一篇长微博，大意是他采访郭敬明的经过。乐嘉说：给我推荐你写的书，你会推荐哪本？而郭敬明直截了当地回答：你不是我的目标读者，我的书你不用读。

高中生这个群体，就属于“高成长＋高稳定”类顾客，所以，从市场的角度，郭敬明是成功的。

背景资料 3.4　郭敬明小说拒绝乐嘉阅读，分众阅读时代来临①

郭敬明很早就把自己的主战场定位在了“青春文学”，他也在采访中说过，自己曾经想过要改变写作的内容，提高读者的年龄群，但没有成功。最后，他的选择恐怕还是以先服务好现有的读者为首位。

在类型化文学越来越发达的今天，“分众阅读”似乎是个不可避免的趋势。之前在专访中国最大的推理小说文库主编褚盟的时候，他说新星出版社曾经作过一个市场调研，发现读者对实用类的书籍、通俗类的书籍和泛阅读类的书籍的阅读量有所下降，而伴随着他们的阅读习惯的形成，他们的阅读内容会更细化。

本书点评：实用类、通俗类等，属于产品分类的思维，而不是顾客分类思维。但郭敬明的“中学生”，是个顾客分类。好莱坞始于《一夜风流》(*It Happened One Night*)开始的爱情喜剧，故事悬念是“公主＋屌丝男”。而琼瑶纯情小说的故事悬念，基本是“灰姑娘＋王子”。这也是顾客分类思维，换言之，好莱坞爱情喜剧是拍给低社会等级的男孩子看的，而琼瑶纯情小说及其影视，则是给中学女孩看的。所以，在市场的角度，《一夜风流》(逃婚的富翁女＋小报记者)、《罗马假日》(逃避公务压力的王室公主＋小报记者)、《泰坦尼克号》(反对包办婚姻的贵族女＋流浪画家)等，不仅取得了奥斯卡奖，而且都取得了极好的票房收入。

所以，按照品牌经济学的观点，即使是文化作品的创意与制作，也要从目标顾客的精确性入手。

在科幻界被奉为经典的《三体》系列将默默无名的刘慈欣变成了大神，据说《三体》第三部预售时一时洛阳纸贵，成为科幻圈一时的盛景。而从其畅销程度来说，已经超越了大多数自称主流的畅销书。官场小说和穿越小说恐怕是最有“中国特色”的两种类型文学，而他们的目标读者恰好是电子阅读的主力军。

从一些手机阅读软件中看，现在小说的类型五花八门，悬疑、惊悚和恐怖分属不同类型。当一种文学能称为一个类型，一定是有着高度相似的内容、一定规模和数量的小说，和相对固定的读者群。年轻一代的个性化和以爱好群聚的特点，让阅读更加圈子化。从这角度来说，许多定位模糊的图书反而不好策划与营销，面对所有人有时候就意味着失去所有人。

本书点评：“年轻一代的个性化和以爱好群聚的特点，让阅读更加圈子化。”阅读更加

---

① 参见2013年7月22日“北晚新视觉网”，作者：陈梦溪。

圈子化，表明在互联网进入社交时代（SNS）后，社区成为圈子化的具体表形式，也是马斯洛提出的归属感的载体。一个很重要的原因，是通过阅读相同的作品，圈子成员之间能够有交流的共同话题也即投资。2015 年以来，可口可乐瓶贴推出台词版，也是基于社交谈资这个情感利益。

与其说是类型文学让阅读分众化，不如说是读者的选择自主化和兴趣细化让文学也变得类型化。一直以来，中国文学类的奖项通常按照“短篇/中篇/长篇”或者“纪实/非纪实”的分类来评选。试想以后的文学比赛和奖项，会不会以“爱情/悬疑/科幻/推理”等类似电影的分类方式竞争。

本书点评：无论是“短篇/中篇/长篇”或者“纪实/非纪实”，还是“爱情/悬疑/科幻/推理”，这都是产品导向分类的思维，而不是顾客导向的思维。品牌经济学认为，类型文学的“类型”，首先是顾客的分类，同一类目标顾客的需求，具有多元性。换言之，对一个中学生来说，既可以喜欢看郭敬明的小说，也可能喜欢看惊悚、悬疑类小说。

类型化文学的趋势必将把写作和文学拉下“神坛”，让“作家”这个词去神秘化，从被赋予“文化”和“高贵”的隐喻，到一个定时定量生产产品的普通职业。类型文学不需要被主流认可，或者被给予一个似是而非的“名分”，而是在自己的领域，发展着各自的读者，自成体系、自给自足，不在意外界的评价和干扰。

类型文学被诟病最多的就是其文学水平和社会价值，往往被严肃的“主流文学”所不屑。日本文学两个大奖“直木文学奖”和“芥川文学奖”，一个是代表大众喜爱的畅销文学奖，一个是纯文学奖，其中不乏推理作家获奖的先例。当然，这也是因为日本推理文学没有为类型所禁锢，走上一条越来越窄的路，而是广泛吸收各种元素，融入有时代特色的社会元素，描写也颇见文学功底。这或许是我们需要思考的。

类型文学目前的质量并不能让人满意，但是从这几年发展来看，它并没有在原地踏步，读者要得会越来越多，需求决定供给，保持现状无法满足读者的胃口。也许这是推动类型文学从“产品”走向“作品”的动力之一。一批好的作者的成长需要时间。

本书点评：之所以出现对类型文学的诟病，是因为将文化与文化产业混淆了。文化是为了规范、传承与创新，而文化产业则是通过娱乐来获得收入。因此，纯文学的评价标准是创新型的美学准则，而文化产业的评价标准是娱乐性的市场准则。纯文学的作品，完全可以为了自娱自乐，但文化产业的产品，必须是能给目标顾客带来乐而忘忧的体验，否则，没人购买，产品的投资也就无法回收。

第五步：深入在位者顾客，测试个性化顾客的需求和欲望

所谓个性化顾客的需求和欲望测试，是指对某个具体顾客行为所进行的客观描述，而不是“只见树林不见树木”的一定样本数量的数据分析。在戴比尔斯的钻石案例中，哈里刚到美国时，也进行过“一番调查”，得出的结论就是“只有富人们买得起，普通人对其兴趣不大”。但为什么失败了呢？就是因为不注重个性化顾客的需求和欲望测试。

对顾客个性化的分析，需要回答以下 6 个问题：

第一，是谁？这位顾客的情况有何特点？其年龄、收入、性别、婚姻状况、受教育程度、子女数量等。

第二，现在住在哪儿？也即所居住城市是大都市、中心城市，还是县城或者乡镇？其节假日最想去的地方是哪儿？现在住的地方是其需求，但其节假日最想去的地方就是其欲望。

第三，从事的职业是什么？下班后的业余时间，该顾客最喜欢做的事是什么？现在从事的职业是其需求，而其业余时间最喜欢做的，恰恰是其欲望。

第四，对拟测产品或服务的色彩、形状、质感、商标、图案等界面表情的快乐程度是多大？对此，可以将拟测样品与其他同类产品混合在一起，让测试对象一眼看出或一见钟情的那个。

第五，睡前长期地阅读杂志、图书，观看的电视节目，以及定期关注的网站是什么？通过分析睡前长期看的内容，就能分析出此人的欲望所在。例如，电视连续剧《激情燃烧的岁月》里的褚琴，床头一直放着《红楼梦》。

第六，常去哪个购物场所购买生活用品？价格较高的衣服到哪儿去购买？购买生活用品的场所代表的是需求，而购买价格高的衣服的场所所代表的则是欲望。

如果将这6个问题，通过与个性化顾客全部测试清楚了，而不是简单的问卷调查，就可以精确地判断该顾客是否是目标顾客。

问题是到哪儿去找这个个性化的顾客呢？答案就是到与拟测产品或服务的在位者产品或服务的顾客那里。

例如，在戴比尔斯的钻石案例中，既然哈里已经找到了普奈尔公司，也就是黄金首饰的厂商那里，前来购买黄金首饰的也一定以购买结婚信物为主的新人们。可以通过与他们的个体交流，来获得其敏感的单一利益点。

通过高价格，定位于某个缝隙市场的专业级终点顾客。例如，作为挖掘机品牌的卡特彼勒工装，专门提供给操作卡特彼勒挖掘机的驾驶人员，使他们感觉自己更加专业。挖掘机的性能是物质利益也即需求，而让自己看起来更专业从而获得尊重，则是挖掘机驾驶员的情感利益也即欲望。

实例3.1　英荷壳牌石油公司史[①]

20世纪初壳牌石油公司在亚洲国家发现煤油非常畅销，于是迅速组织大宗散装煤油运到亚洲各地。以为需要煤油的顾客会亲自带着盛器来排队购买。但是这批散装煤油却严重地积压下来，差点毁了他们的生意。

调查后才知道亚洲顾客其实中意的是标准石油公司盛装煤油的铁皮听，这些蓝色的铁皮听价值更大，已经成为当地重要的经济原料，人们可以将这些精致的马口铁制作屋顶、鸟笼、烟杯、手提炭炉、茶叶筛子等各种各样欧洲人无法想象的东西，在这些人眼里，没有铁皮听的价值要比煤油高得多，因此没人愿意买散装的煤油。

发现这一事实后，壳牌公司迅速行动，将大批马口铁原料运到亚洲，根据当地人的建议，制作了大批红色煤油听，当地制作、崭新的红色煤油听，比长途运输过来、磨损瘪凹的蓝色铁皮听更受当地人欢迎，于是壳牌公司的听装煤油在亚洲开始畅销，而上海、东京、新

① 参见《管理学家》2007年第5期，作者：刘波、闻华。

加坡、香港等地，也开始出现了红色铁皮制作的屋顶、鸟笼、烟杯、手提炭炉、茶叶筛子等。

对亚洲顾客而言，使用煤油是其需求，也即物质利益，而将盛装煤油的马口铁制作出自己喜欢的物品，则是其欲望，也即情感利益。不明白这一点，差点毁了生意，而明白了这一点，就成功了！

第六步：建立顾客数据库，进行深度挖掘

根据顾客的个性化描述，设计并建立顾客数据库。根据顾客数据库的统计分析，来识别稳定的顾客、流失的顾客、新增的顾客。尤其是哪些顾客是促销吸引来的，哪些是新产品购买者？只有建立起来的足够数量的终点顾客数据库，对顾客需求的分析和完善，才是真正落到了实处，为顾客负责的承诺才是值得信任的。

为此，我们可以看看花旗银行是如何做得：

实例 3.2　花旗银行的智能 CRM 用户识别系统①

花旗银行借助其智能的 CRM 系统，使得与客户的关系更加密切。首先是一个庞大的顾客数据库构成了花旗银行的百宝囊：客户的基本信息，如姓名、性别、职业、职位、偏好、交易行为、什么时候使用了他们的产品、交易时间有多久等等。

从你在花旗存第一笔款或者更早的时候，你就是 CRM 系统中的一名客户了，你的一举一动都难逃它犀利的眼睛：你刷卡了、刷了多少次、取钱了、取了多少钱、贷款了、贷款做什么用了，甚至你三个月后想买什么，CRM 都一清二楚。

"如果我们看到某个客户在分期付款购买汽车时很快就要付最后一笔款时，我们就可以根据客户的消费模式预测出这位客户很可能在六个月之内再购买一辆汽车。于是，我们便可以及时准确并且抢先让这位客户知道，我们银行会有特别优惠的汽车贷款利率给他。我们马上便会寄去我们银行购买汽车分期付款的宣传品。"花旗总是在你想到时或在你想到之前，为你想到一些事情。所以，你在花旗的监控之下，但你却有一种被监控的幸福感。

你受到的监控越多，就表明你获得的服务越多，你的生活质量就会越高，你获得的精神满足就越多。花旗银行的"高门槛"决定了它是一个"嫌贫爱富"的人，而 CRM 就是它最得力的"帮手"，靠着那双"神眼"。

顾客数据库的建设是一项专业工作，需要专业人员或专业公司来完成，但是，通过河南内黄县农资经营者宰运立的果农档案建设，就可以直观深刻地理解顾客数据库及其挖掘的价值有多大了。

案例理解 3.5　宰运立的果农档案②

编纂档案，听起来是档案馆做的事情，而在河南省内黄县，却有一名农资经销商主动做起了这份差事，他就是宰运立。

---

① 参见 2013 年 11 月 9 日"中国讲师网"(http://www.jiangshi99.com)，作者：邱道勇。

② 参见 2009 年 1 月 16 日《中华合作时报》(农资专刊)，作者：高璐。

2003年，经营农资的宰运立突然想编辑一本果农档案。谈到当时的想法，他说：前几年有外地的农技师来讲课，讲了个笑话，说内黄的果农不是种果树的，是栽树的，果农栽的树又高又大，就是不结果，不仅如此，而且很多果农还买市场上的水果吃。为什么这样？就是技术不到位，我当时就想改变这种局面。

本书点评：编纂档案不是他的本业，功夫在"诗外"！瓮福实业主管营销的张邦湘副总说，始于服务，终于服务。但究竟什么是服务呢？我们研究的结论是，所谓服务，就是让顾客开心，而要让顾客开心，就要知道顾客为什么不开心，或者正在为什么焦虑！宰运立的直接顾客是内黄县的果农们，果农们正在为什么焦虑呢？正在为自己的果树不结果而焦虑。而宰运立就想帮助果农们解决这个焦虑，这就是服务。

我搞这个档案，一是让农民有什么技术困难可以方便地接受指导，包括科学用肥，科学管理；第二就是给农民一个看得见的承诺。

本书点评：何为看得见的承诺？宰运立所说的档案，其实就是顾客数据库营销，这是精确营销的技术支持。作为农资经营商，你把化肥卖给了谁？去年有多少顾客来买？今年有多少流失了？为什么流失了？如果你只是卖给了另一个商家，只是买卖而已，离市场还很远！

果农档案包含果农的姓名，果园的数量、亩数、品种，化肥的选择与施用记录，病虫害的监控以及防治方案的制订、实行和效果，还有果农的产量。

本书点评：这就是顾客数据库的基本构成，将纸面的果农档案，编制成计算机语言，就成了顾客数据库。通过计算机建立的顾客数据库，可以进行便捷的深度信息分析，从中获得更有价值的顾客信息。我们建议宰运立经理，可以进一步丰富果农档案，尤其是可以按照每棵树进行档案编制。

因此，只要是我们推荐的化肥农药，农民只管放心使用，因为整个用药过程，哪一天用的、为什么用的、用的什么品种、用了多少，都记录得很清楚，等于给果农上了保险。

本书点评：这就是看得见的承诺！这些承诺本身是可以验证的！换言之，凡是不能验证的承诺，就永远不要相信的！所谓可验证性，就是要么能证实，要么能证伪。如果既不能证实，也不能证伪，就是不可验证。

说起这个档案，一开始办的时候十分艰辛，那时候是一家一家地上门走访，为此我们派出6个人，进行专项工作。

本书点评：这六个人花费的时间和费用，就是品牌投资，品牌信用的建设，也是需要投资的，但却是一劳永逸的！对厂商来讲，土地有租期，房屋和设备有折旧期，只有自己的注册商标，只要到期就继续缴费，这个注册商标就永远属于你的。因此，一个不把自己的注册商标变成终点顾客品牌的厂商，必定是没有前途的。

2003年年底基本编好后，第二年我们就举办了果农大会，一年一届，一直延续到现在，每届都有1000多人。果农大会是免费让果农参加的，包括没有纳入到档案的果农，费用嘛，一部分由我出，一部分由公司赞助。

本书点评：果农大会办得好！如果能够再举办苹果擂台赛、苹果采摘游、苹果运动会等，增值空间更大！为此，可以更好地学习美国新奇士橙和新西兰的佳沛奇异果公司的成功策略。

每年都请各地的专家讲课，有山西运城的，有河南灵宝的，今年我们准备请烟台专家来。

本书点评：一家一户请不起，也请不来，但通过专业合作社就可以！

再有，我每年还派技术员到比较集中的片区搞技术示范，组织农民观摩学习果树栽培技术。通过这几年的管理，果农的水平确实有了很大提高，原来落叶都控制不住，更不用说烂果了，而现在，高质无公害产品的种植已经扩展开来。

本书点评：这就是看得见的承诺！这种可以验证的承诺就是企业信用，从而是品牌信用！

内黄县种植有十几万亩果树，算是个果树大县，而有果农档案的就我一家。如今，我们的果农档案已经有1500多名果农在册，占内黄县果农的70%，档案已经记录了8大本的数据。通过果树，我们还发展到其他作物。蔬菜等大田作物种植随机性强，我们就实行会员制，我也给他们建立了会员档案，针对会员的不同作物进行不同指导，制定系统的解决方案。

本书点评：这就是通过顾客数据库进行的挖掘业务，很多厂商推出新业务或新产品，之所以成功率不高，就是因为缺乏顾客数据库的支持。而宰运立的新业务的拓展，就很成功，原因也很简单，就是建立了一个简单的顾客数据库。

比如说辣椒，整个生长期，前期应该怎么用药，防什么病，应该注意的事项，如何用肥、除草、用药，做一个整体方案，不管什么时候，只要打个电话，我的专家第一时间就能赶到，进到大棚，为会员服务。

本书点评：作物生长期就是满足顾客终身价值，将顾客终身价值作为实现企业自己利润的真正持久的源泉！唯一靠得住的，就是顾客终身价值！

我上学学的是农学，毕业后在供销社做农资科技服务，现在自己开植物医院，干了这么多年农资，我觉得农资公司要确确实实为农民提供有价值的服务。这是以后农资营销的发展方向，如果不确立这个方向，农资经营是很困难的，是走不远的。再者，要把农民吸引到自己的身边来，按你提供的思路和方法进行管理，农民增收了，企业也发展了。

本书点评：农户利润＝收入－成本。农资商所卖的化肥等，对农户来讲，就是他们的成本，当然就要和你砍价格。但是，宰云立的做法，则是增加种植户的收入项也即农户的欲望，他们收入增加了，当然对成本，也就是对农资商的收入就不敏感了。

案例理解 3.6 Target 商场的数据挖掘[①]

美国明尼阿波利斯市，一个中年男子怒气冲冲地走进塔吉特百货(Target)，要求见经理。他手里拿着这家商场寄给他女儿的优惠券。“我女儿收到了这些！”他对着商店经理咆哮。

经理一头雾水。他看了看邮件，里面确实有寄给这个女孩的孕妇服和婴儿床的广告单。经理不得不反复向他道歉，事情才得以平息。

过了几天，塔吉特百货的经理又打电话给这位父亲，想表示歉意。但在电话里，女孩

① 参见《世界博览》2012年第10期，作者：李洪声。

的父亲说话吞吞吐吐，显得很尴尬："我和女儿长谈了一次，我没有察觉到家里的一些事，她确实怀孕了，我要向你们道歉。"

百货公司如何早于父亲知道一个女孩未婚先孕的？

怀孕的高中女孩收到婴儿用品的广告单，并非只是商家的随机发送，这背后有一套精密复杂的数据分析系统。百货公司正窥探着消费者的生活变化和消费习惯。

本书点评：数据收集和分析，是信息管理的核心，也是提高经营管理精确性的前提。我国多数厂商还处于跟着感觉走的阶段。在朝鲜战争期间，新任联合国军司令通过分析我军每次攻势的数据，发现我军每次攻势都在一周也即七天。并进一步分析，这是由于我军后勤保障的最大能力所导致的。于是，面对我军新的攻势，以美军为主的联军主动撤退，同时准备反击。等到我军攻击到第八天时，美军即可按照计划进行反击，从而给我军造成很大的损失。

如何知道女顾客怀孕了？2002年，"数学狂人"安德鲁·波尔开始为塔吉特百货担任数据统计员。波尔拥有统计学和经济学双硕士学位，平日着迷于研究数据与人类行为的关系。

本书点评：想想看，我国公司尤其是民企，哪个设立了专业的数据分析职位？一些人总是认为数学没用。老板们总是相信自己的经验，而忘记了经验是汽车的后视镜，只能看到后边，却无法看到前边。

但塔吉特是一家无所不包的百货公司，其重要目标便是说服消费者，买东西来塔吉特足矣。不过，这个信息很难传递到消费者心中，因为人们的购物习惯根深蒂固，难以改变。

但人的一生中有一些简短的时间段是旧的程式被打破、新的购物喜好举棋不定，其中最重要的便是孩子出生前后，父母忙得团团转，消费模式和品牌忠诚度都会因此发生重大转变，准父母是商家纷纷争夺的目标群体。

本书点评：意外或特殊的干扰或刺激，稳定的习惯会发生改变甚至突变，即商机。请思考：目前那些购买你对手产品或服务的顾客，改变自己习惯的时机有哪些？你了解到什么程度？采取了哪些措施？

私人生活的数据库。商业公司收集顾客个人信息早已不是什么新鲜事。几十年来，塔吉特百货利用信用卡和会员卡储存了大量的会员数据，以密切关注他们的购买喜好。

本书点评：沃尔玛数据库是由P&G公司提供的，P&G拥有4000万户家庭的购物数据。

如果没有专人去分析和整理这些杂乱的信息，它们就是无意义的。而这正是波尔和几十位数据分析员在顾客营销分析部的工作。几乎所有的大型零售企业都设有这种分析部门，从而洞察顾客的消费习惯，更有指向性地推销商品。"但塔吉特是做得最聪明的一家。"数据分析顾问埃里克·西格尔说。对于商业公司来说，详尽地收集顾客有意识或无意识的行为方式，将其变成数据库和计算模型，堪称是一场革命。

本书点评：数据库建立之后，如何从中获得有效信息，就是数据挖掘业务。中国很多公司在这个方面，差距实在太大。

安德鲁·波尔的任务就是研究并试图改变消费者固有的购物习惯。数据分析部门的多数工作简单而明确：找到家里有小孩的顾客，在圣诞节前寄给他们以玩具为主的广告单；看看哪些顾客在 4 月买了泳衣，然后在 7 月寄出防晒霜的优惠券。但波尔的最主要的工作是洞察他们生活中的特殊时刻，用合适的广告或优惠券使他们尝试新的消费方式，即在那些时间段，“顾客极易被打动”。

本书点评：特殊时刻，也就是敏感性最大的时机，此时对价格不敏感。

如果塔吉特能够准确找到准妈妈们，毫无疑问可以大赚一笔，但这项工作难度很大。塔吉特设有宝宝派对登记处(孩子出生前举办的特殊派对)，波尔以此为起点，观察孕妇在预产期内的购物习惯如何转变。他反复测试和分析数据，很快一些有用的计算公式开始出现。

本书点评：这是塔吉特的会议营销，会议营销不在于现场成交量，而是信息收集！

波尔发现，妊娠中期刚开始，女性通常会大量购买无香型沐浴露，另一位分析员发现，在怀孕最初的 20 周，女顾客经常会大笔购买保健品，而当一位女士突然开始大量购入无添加肥皂、洗手液和毛巾时，意味着她可能接近了预产期。

波尔通过累积的数据，推算出当 25 种商品部分或集中出现时，就可为一位顾客贴上“可能怀孕”的标签，更重要的是，完全能够推断她的预产期，这意味着塔吉特可以在孕期的不同阶段送出特别设计的广告单。波尔在塔吉特百货的全美国会员数据库中找到上万名有可能怀孕的女顾客。得到这份名单后，销售部门疯狂庆祝。

新的问题随之出现：如果顾客知道塔吉特在窥视他们的私生活，将会做何反应？“如果我们寄出写着‘恭喜您第一个孩子出世’的商品目录，会让人非常不快。”波尔说。“而公司对遵守隐私法律也很谨慎。”如何洞察并改变一个人的购物习惯，而不让他们知道你在窥视他们的生活？

塔吉特百货决定把步伐放缓。销售部门通过随机抽取名单上的一小部分女顾客，向她们邮寄混搭的广告，看看她们的反应。

“我们有能力向每一名顾客邮寄专门订制的广告册，”一位高管表示。但对于孕妇，塔吉特的目标是卖出那些连她们自己都还没意识到该去买的母婴用品。“我们发现一些女性对此意见很大，于是把一些孕妇根本不会买的产品广告与定制广告混在一起，比如在尿布广告旁边放上割草机的广告，于是所有的商品和优惠看起来都像是随机发送的。”只要孕妇不觉得自己被暗中“监视”，她便会欣然使用优惠券，而且认为其他顾客也收到了相同的邮件，“只要没吓到她就没事了。”

从 2002 年波尔受雇于公司开始，塔吉特百货的母婴产品销量直线上升。2005 年，董事长格雷格·斯坦哈费尔向前来洽谈的众多投资者骄傲地表示，“公司对吸引特殊顾客群体，尤其是准妈妈们有独到的推销之道。”

3.4 目标顾客精确性的案例诊断

根据目标顾客精确性的技术标准和测试评级要求，我们选择了 5 个实际商标进行了案例诊断研究。这 5 个商标的品牌信用的 10 个指标，将分别在第 3 章到第 12 章，每章研究一个指标。每个商标品牌信用建设策略，则集中在第 13 章的第一部分。

3.4.1 “华夏良子”足疗的目标顾客精确性测试评级

从华夏良子的网站,我们摘出一段文字描述:1997 年 6 月,良子足疗于泉城济南诞生了。多年来,我们在逆境中寻发展,我们在混沌中一边摸索一边前行。当我们站在行业鳌头,回首那曾经的风风雨雨,我们感慨,曾经的付出终于有了的回报,现在华夏良子在全国已经有 300 多家连锁店。问天地,是什么支撑着我们?答案只有一个——是责任!华夏良子一直致力于养生保健事业的研究发展。有了健康的身体才会有美好的生活,我们用自己的双手为疲惫的人们送去健康,为各个岗位上辛勤劳动的人们送去多一些的健康,这是我们小小的心愿!当人们越来越多的认可养生保健,当健康的种子播撒到每一个角落,我们会感到无比的自豪,因为我们不是在创造商业利润,更是在从事一份神圣的事业。请记住我们,我们的名字叫作——华夏良子!

从这段自我论述中,关于目标顾客,我们看出两个相关描述,即“疲惫的人们”“各个岗位上辛勤劳动的人们”。这表明“华夏良子”尚未明确自己的目标顾客,“疲惫的人们”究竟是哪些人?“各个岗位上辛勤劳动的人们”都是华夏良子的目标顾客吗?显然不是。因此,“华夏良子”的目标顾客精确性是零。

目标顾客是一个类别,但需要有个性化描述。所谓个性化顾客的购买行为测试,就是选定目标顾客之后,选择某个或某几个目标顾客,测试他们为何、何时必然选择。如果缺乏个性化的顾客描述,也就不可能进行购买行为的精确测试,目标顾客的精确性也就没有保证。

对华夏良子来讲,就是测试目标顾客为何、何时必然选择足部保健。因为华夏良子缺乏个性化的目标顾客描述,所以,个性化顾客的购买选择行为测试也就不会进行。

客户与顾客是两个不同的概念,客户是直接付钱的人,而顾客则是直接使用或消费的人。因此,品牌经济学证明,不论是中间产品还是终端产品,只有最终的顾客的认牌选择,才能拥有定价权,从而才是品牌建设的根本目标。

来华夏良子养生馆购买服务的顾客,表面看基本都是终点顾客,但是,进一步分析,会发现有三类具体情况:一是自我消费,也即自己出钱自己消费;二是接待消费,也即某单位出钱,请客人来进行足部按摩;三是公款消费,也即用单位的钱,给自己消费。

这样一来,华夏良子的顾客链就有三个:

华夏良子→自我消费顾客;

华夏良子→接待单位→会员卡→接待单位的客人;

华夏良子→单位→公款消费顾客。

问题是华夏良子自己将哪个确定为自己的终点顾客呢?其实是不清楚的。但经过近 20 年的发展,华夏良子已经形成了老顾客的消费群体,尤其是中老年市场。

选定的个性化顾客的成长性,包括两个方面:一是数量的成长性,二是个体需求的连续性。当然,如果缺乏精确的个性化顾客,也就无法测评其成长性。

目前,华夏良子也推出了贵宾卡等,但只是一种公关类的打折卡,缺乏与持卡顾客持续的沟通。换言之,华夏良子只有贵宾卡,但并无顾客数据库。也就无法进行挖掘分析:哪些是专业级的高频顾客,哪些是偶尔的业余级顾客,哪些是足部保健的爱好者?哪些是高消费顾客,哪些是低消费顾客?根据这些事实和技术标准,得出商标“华夏良子”的目标顾客精确性测试评级如表 3.2 所示。

表 3.2 “华夏良子”的目标顾客精确性测试评级表

指标	测评二级指标	指标赋值要点	指标事实及其来源	得分
1. 目标顾客的精确性 B_1	1.1 在产品设计时，是否有明确的个性化的顾客描述？0.15 分	若有，得 0.15 分；若以老顾客为主，得 0.12 分；若经过个性化顾客试用后推广，得 0.09 分；如未经顾客试用直接推销，得 0.0 分	从官网上得出自己的目标顾客是“疲惫的人们”“各个岗位上辛勤劳动的人们”，不是个性化。但目前已形成了老顾客，故此项得分 0.12 分	0.12
	1.2 是否测试过个性化顾客的需求和欲望？0.20 分	若仅进行过产品功能性测试，得 0.10 分；若进行过快乐性欲望测试，得 0.20 分	构建了一个小良子的美好故事，类似于情感欲望，故此项得 0.20 分	0.20
	1.3 通过绘制顾客链，所描述的个性化顾客的是否是终点顾客？0.30 分	测试的若是终点顾客，得 0.30 分；若不是终点顾客，得 0.0 分	小良子是给爷爷足部按摩，爷爷代表的是勤劳的人，属于终点顾客。此项得 0.30 分	0.30
	1.4 所选定的个性化顾客的成长性如何？0.15 分	若数量和收入都增长，得 0.15 分；若仅是数量增长，得 0.10 分；若两者都无增长性，得 0.0 分	实际来看，尤其是其德国业务来看，中老年人的数量在增长，但收入在下降，故此项得 0.10 分	0.10
	1.5 为了进行顾客挖掘，是否建有顾客数据库或跟帖分析？0.10 分	若有顾客数据库且进行品类组合分析，或对网络跟帖进行分析，得 0.10 分，若有数据库但无品类组合分析，得 0.05 分；若无顾客数据库，得 0.0 分	有贵宾卡，说明顾客数据库在建设中，但未进行品类组合分析，故此项得 0.05 分	0.05
	1.6 所选定的个性化顾客选择行为是否稳定？导致其选择行为逆转的外部因素有哪些？0.10 分	若顾客总体有明显的逆转因素，则得 0.0 分；若部分顾客存在明显逆转因素，得 0.05 分；若顾客总体无明显的逆转因素，得 0.10 分	对会员消费的顾客而言，无明显的逆转影响，但对公款消费逆转因素明显。故此项得 0.05 分	0.05
得分合计				0.82

信用等级	1.0	0.8～0.99	0.6～0.79	0.4～0.59	0.2～0.39	≤0.19
	AAA 级	AA 级	A 级	B 级	C 级	D 级

3.4.2 “上海”牌手表的目标顾客精确性测试评级

我们在上海新世纪表业有限公司官网上看到这样一段话：上海手表厂建立于1955年，是我国最大的手表制造工厂，累计生产“上海”牌手表达1.2亿只，上缴税利达52亿元。曾被国务院批准为首批机电产品出口基地企业，被国家经委命定为大型一档和一级企业。

新世纪，新起点。为了重铸昔日辉煌，根据上海钟表有限公司沪钟新[2000]060号文件的精神，企业在做好产品升级换代的同时，及时转换机制，并以上海新世纪表业有限公司作为企业名，旨在以新理念、新产品、新机制，在新的世纪追求新发展。

公司仍以“精益求精”为企业精神，坚持质量第一、服务至上、价格公道的经营理念，不断开拓、研制纪念手表、广告手表、礼品手表和各类手表机芯的新款式，以满足社会各界、机关团体、工矿企业、部队院校的需要，并为周年庆典、开张志禧、会议留念、产品促销定制各类礼品、纪念手表。

从这段描述中，我们看到，“上海”表将销售对象设定为“社会各界、机关团体、工矿企业、部队院校”，还包括周年庆典、开张志喜、会议留念等，几乎涵盖了所有的人。可见，“上海”表完全没有明确目标顾客，不知道自己的产品是为谁设计的，只是泛泛地将生产出的产品面世，由消费者自行选择。这无疑大大增加了消费者的选择成本，因为消费者自己必须从大量的产品中通过比对，选出自己认为最合适的产品。这在早期计划经济时代，产品短缺，消费者没有太多选择余地的时候，或许行得通，但是到了市场经济时代，产品供大于求，如果有其他的产品明确设定了目标顾客，使消费者选择成本降低为零，那么这一部分消费者就会毫不犹豫地转而购买其他商品，“上海”表的市场份额只能越来越少。

所谓个性化顾客的购买行为测试，就是选定目标顾客之后，选择某个或某几个目标顾客，测试他们为何、何时必然选择。如果缺乏个性化的顾客描述，也就不可能进行购买行为的精确测试，目标顾客的精确性也就没有保证。对于“上海”表来说，就是测试目标顾客在什么情况下、为什么会必然购买“上海”表。而“上海”表缺乏个性化的目标顾客描述，所以，个性化顾客的购买选择行为测试也就不会进行。

品牌经济学证明，不论是中间产品还是终端产品，只有最终的顾客的认牌选择，才能拥有定价权，从而才是品牌建设的根本目标。终点顾客就是最终消费该产品的人。对于“上海”表来说，购买手表的人并不一定是终点顾客，其中包含三种情况：一种情况是自己购买自己使用手表；第二种情况是使用公款购买产品作为礼品；第三种情况是使用公款为自己购买手表。也就是说，“上海”表面对三种类型的顾客：一是自己购买、自己消费的顾客，偏重实用性；二是大量购买作为礼品的单位，偏重外观华丽；三是用公款为自己购买的顾客，偏重奢华。

那么，“上海”表将哪个确定为终点顾客呢？从“上海”牌手表的公开资料中，我们很难分析清楚。目前，“上海”表业有限公司网站设有信息反馈平台和会员论坛，方便顾客与公司沟通，但这种形式比较被动，更新速度较慢，并且没有建立顾客数据库，也就无法进行深度挖掘：哪些是高频顾客，哪些是偶尔顾客，哪些是高消费顾客，哪些是低消费顾客。

综上所述，得出“上海”表的目标顾客精确性测试评级如表3.3所示：

表 3.3　“上海”表的目标顾客精确性测试评级表

指标	测评二级指标	指标赋值要点	指标事实及其来源	得分
1. 目标顾客的精确性 B_1	1.1 在产品设计时，是否有明确的个性化的顾客描述？0.15 分	若有，得 0.15 分；若以老顾客为主，得 0.12 分；若经过个性化顾客试用后推广，得 0.09 分；如未经顾客试用直接推销，得 0.0 分	从其官网知，自述的销售对象是“社会各界、机关团体、工矿企业、部队院校”。不是个性化，故此项得 0.0 分	0.0
	1.2　是否测试过个性化顾客的需求和欲望？0.20 分	若仅进行过产品功能性测试，得 0.10 分；若进行过快乐性欲望测试，得 0.20 分	作为定制产品，需要与用户商定产品，类似产品功能测试。此项得 0.10 分	0.10
	1.3　通过绘制顾客链，所描述的个性化顾客的是否是终点顾客？0.30 分	测试的若是终点顾客，得 0.30 分；若不是终点顾客，得 0.0 分	自述“周年庆典、开张志禧、会议留念、产品促销定制各类礼品、纪念手表”，表明不是终点顾客。此项得 0.0 分	0.0
	1.4　所选定的个性化顾客的成长性如何？0.15 分	若数量和收入都增长，得 0.15 分；若仅是数量增长，得 0.10 分；若两者都无增长性，得 0.0 分	单位定制属于成本项，即使数量增长，价格也难以增加。故此项得 0.10 分	0.10
	1.5　为了进行顾客挖掘，是否建有顾客数据库或跟帖分析？0.10 分	若有顾客数据库且进行品类组合分析，或对网络跟帖进行分析，得 0.10 分，若有数据库但无品类组合分析，得 0.05 分；若无顾客数据库，得 0.0 分	推论有单位档案，但无终点顾客档案，也缺乏品类组合分析。故此项得 0.05 分	0.05
	1.6　所选定的个性化顾客选择行为是否稳定？导致其选择行为逆转的外部因素有哪些？0.10 分	若顾客总体有明显的逆转因素，则得 0.0 分；若部分顾客存在明显逆转因素，得 0.05 分；若顾客总体无明显的逆转因素，得 0.10 分	作为单位纪念产品，随着年度或采购负责人的变化，其选择行为极易逆转。故此项扣减 0.0 分	0.0
得分合计				0.25

信用等级	1.0	0.8～0.99	0.6～0.79	0.4～0.59	0.2～0.39	≤0.19
	AAA 级	AA 级	A 级	B 级	C 级	D 级

3.4.3 “七匹狼”服装的目标顾客精确性测试评级

精确的终点目标顾客是品牌建设需要解决的首要问题，其他所有决策和方案都建立在对目标人群行为和特征分析的基础上。因此，是否有精确的目标顾客定位是企业品牌发展的关键因素。

从“七匹狼”的官方网站中我们摘出了以下一段文字：“‘男人不只一面’，是‘七匹狼’的品牌口号。因自信突显不凡品味，用奋斗不断追求成功，于刚柔之间演绎浑然天成的智慧，沉淀出的男士生活方式已经清晰可见——智慧的、品位的、时尚的、积极的、侠骨柔情……‘七匹狼’最终展现一个拥有温柔、孤独、英雄、领袖等多种气质的男性形象。”根据《中国MBA经典案例——把握时机的强者》中的资料显示，“七匹狼”的目标顾客定位是成熟男性的服饰用品，消费年龄定位在30～45岁之间。

30～45岁之间的男人事业上已有一定的成就，家庭比较稳定。“七匹狼”试图通过不同类型的服饰(商务和休闲)满足男人在工作和生活中的不同需求，展现男人不同的性格侧面。然而30～45岁之间的男人都是“七匹狼”的目标顾客吗？显然不是，因此，“七匹狼”的目标顾客精确性是零。

“七匹狼”服饰类产品素有“夹克专家”的美誉，更加偏向于休闲时尚的消费者。然而如今通过“‘七匹狼’男士生活馆”，‘七匹狼’向人们展示的是一个集男士休闲、商务、配饰及部分儿童和女性服饰的综合性品牌形象。这种做法进一步模糊了“七匹狼”的目标顾客群体。

综上所述，“七匹狼”目标顾客的精确性测试评级如表3.4所示：

表3.4 “七匹狼”服装的目标顾客精确性测试评级表

指标	测评二级指标	指标赋值要点	指标事实及其来源	得分
1. 目标顾客的精确性 B_1	1.1 在产品设计时，是否有明确的个性化的顾客描述？0.15分	若有，得0.15分；若以老顾客为主，得0.12分；若经过个性化顾客试用后推广，得0.09分；如未经顾客试用直接推销得0.0分	其官网和资料分析。自述顾客是“年龄在30～45岁之间的成熟男性的服饰用品”。应该进行过个性试穿，故得0.09分	0.09
	1.2 是否测试过个性化顾客的需求和欲望？0.20分	若仅进行过产品功能性测试，得0.10分；若进行过快乐性欲望测试，得0.20分	由上推论至少进行过功能性测试，故此项得0.10分	0.10
	1.3 通过绘制顾客链，所描述的个性化顾客的是否是终点顾客？0.30分	测试的若是终点顾客，得0.30分；若不是终点顾客，得0.0分	“‘七匹狼’男士生活馆”的设立，推论重视是终点顾客，故此项得0.30分	0.30

续表

指标	测评二级指标	指标赋值要点	指标事实及其来源	得分
1. 目标顾客的精确性 B_1	1.4 所选定的个性化顾客的成长性如何？0.15分	若数量和收入都增长，得0.15分；若仅是数量增长，得0.10分；若两者都无增长性，得0.0分	至少成熟男性的数量在增长，但收入未必增加，故此项得0.10分	0.10
	1.5 为了进行顾客挖掘，是否建有顾客数据库或跟帖分析？0.10分	若有顾客数据库且进行品类组合分析，或对网络跟帖进行分析，得0.10分，若有数据库但无品类组合分析，得0.05分；若无顾客数据库，得0.0分	有商家数据库，无终点顾客数据库。故此项得0.0分	0.0
	1.6 所选定的个性化顾客选择行为是否稳定？导致其选择行为逆转的外部因素有哪些？0.10分	若顾客总体有明显的逆转因素，则得0.0分；若部分顾客存在明显逆转因素，得0.05分；若顾客总体无明显的逆转因素，得0.10分	对30～45岁男性而言，随着其收入增减或场所变化，其选择行为是很容易变化的。故此项得0.05分	0.05
得分合计				0.64

信用等级	1.0	0.8～0.99	0.6～0.79	0.4～0.59	0.2～0.39	≤0.19
	AAA级	AA级	A级	B级	C级	D级

3.4.4 “百达翡丽”腕表的目标顾客精确性测试评级

“百达翡丽”官网上有这样一段话：我们公司独立经营精神的主要受益者是谁？就是对我们最重要的人：那些制造“百达翡丽”腕表和拥有“百达翡丽”腕表的人。如果您希望有珍贵的家传之宝世代相传，那么一枚“百达翡丽”腕表将助您完美达成此愿。恒久价值体现于物质和情感两方面。

另外一段来源于百度百科的话写道：名人购精品，“百达翡丽”由此奠定了其贵族化的地位。钟表爱好者贵族的标志是拥有一块“百达翡丽”表，高贵的艺术境界与昂贵的制作材料塑造了“百达翡丽”经久不衰的品牌效应。“百达翡丽”是公认的世界上最好的钟表品牌，卓越的技术与一丝不苟的制作精神使其独步世界高级钟表业150余年。

从这两段描述中我们可以看到，无论是“百达翡丽”的自我描述还是第三方评论，尽管都没能就“目标顾客”给以明确说明。但从高价格定位，得出“希望有珍贵的家传之宝世代相传的人”，推论对高收入者进行过个性化测试。

所谓个性化顾客的购买行为测试，就是选定目标顾客之后，选择某个或某几个目标顾客，测试他们为何、何时必然选择。如果缺乏个性化的顾客描述，也就不可能进行购买行为的精确测试，目标顾客的精确性也就没有保证。对于"百达翡丽"来说，就是测试目标顾客在什么情况下、为什么会必然购买"百达翡丽"腕表。而"百达翡丽"缺乏个性化的目标顾客描述，虽然不乏贵族富豪订制腕表，但并没有进一步研究为什么订制和购买。

品牌经济学证明，不论是中间产品还是终端产品，只有最终的顾客的认牌选择，才能拥有定价权，从而才是品牌建设的根本目标。终点顾客就是最终消费该产品的人。对于"百达翡丽"来说，购买腕表的人并不一定是终点顾客，其中包含两种情况：一是自己购买自己使用腕表；二是客户购买奢华腕表后送人。也就是说，"百达翡丽"面对两种类型的顾客：喜欢"百达翡丽"并来购买的；只是为了送人的。那么，"百达翡丽"将哪个确定为终点顾客呢？通常大家默认第一种情况是终点顾客，但"百达翡丽"并没有明确。

在"百达翡丽"官网上，任何人都可以登录并注册会员，从而定期收到"百达翡丽"的新品通告等，"百达翡丽"内部还出版书籍杂志、建立博物馆等，对有史以来的经典腕表做记录，但这只是单方向的信息传播或者内部资料交流，并没有与顾客进行持续沟通，更没有建立顾客数据库，从而无法深度挖掘顾客。

综上所述，"百达翡丽"的目标顾客精确性测试评级如表3.5所示：

表3.5　"百达翡丽"腕表的目标顾客精确性测试评级表

指标	测评二级指标	指标赋值要点	指标事实及其来源	得分
1. 目标顾客的精确性 B_1	1.1　在产品设计时，是否有明确的个性化的顾客描述？0.15分	若有，得0.15分；若以老顾客为主，得0.12分；若经过个性化顾客试用后推广，得0.09分；如未经顾客试用直接推销，得0.0分	其官网自述"希望有珍贵的家传之宝世代相传的人"。可推论是对高收入者进行过个性测试，故得0.15分	0.15
	1.2　是否测试过个性化顾客的需求和欲望？0.20分	若仅进行过产品功能性测试，得0.10分；若进行过快乐性欲望测试，得0.20分	该表强调是家传之宝，属于快乐性欲望测试，故此项得0.10分	0.10
	1.3　通过绘制顾客链，所描述的个性化顾客的是否是终点顾客？0.30分	测试的若是终点顾客，得0.30分；若不是终点顾客，得0.0分	由于价格昂贵，该企业应该测试的应该是终点顾客，故此项得0.30分	0.30
	1.4　所选定的个性化顾客的成长性如何？0.15分	若数量和收入都增长，得0.15分；若仅是数量增长，得0.10分；若两者都无增长，得0.0分	随着收入水平的增加，希望给后人留下传世之宝的会越来越多，故此项得0.15分	0.15

续表

<table>
<tr><th>指标</th><th>测评二级指标</th><th>指标赋值要点</th><th>指标事实及其来源</th><th>得分</th></tr>
<tr><td rowspan="2">1. 目标顾客的精确性 B_1</td><td>1.5 为了进行顾客挖掘,是否建有顾客数据库或跟帖分析?0.10分</td><td>若有顾客数据库且进行品类组合分析,或对网络跟帖进行分析,得0.10分,若有数据库但无品类组合分析,得0.05分;若无顾客数据库,得0.0分</td><td>为了维修也得建立顾客数据库,但未必进行过品类组合分析,故此项得0.05分</td><td>0.05</td></tr>
<tr><td>1.6 所选定的个性化顾客选择行为是否稳定?导致其选择行为逆转的外部因素有哪些?0.10分</td><td>若顾客总体有明显的逆转因素,则得0.0分;若部分顾客存在明显逆转因素,得0.05分;若顾客总体无明显的逆转因素,得0.10分</td><td>部分顾客的购买是用于礼品,在反腐力度强化的条件下,此类顾客极易逆转。故此项得0.05分</td><td>0.05</td></tr>
<tr><td colspan="4">得分合计</td><td>0.80</td></tr>
</table>

信用等级	1.0	0.8～0.99	0.6～0.79	0.4～0.59	0.2～0.39	≤0.19
	AAA级	[AA级]	A级	B级	C级	D级

3.4.5 “依波路”手表的目标顾客精确性测试评级

1856年,瑞士“依波路”由Jules Borel创立,历经几代人的努力,奠定了这一世界名表的基础。传承150年的深厚文化底蕴,锐意进取,不断创新,“依波路”以“浪漫”为永恒主调,设计出无数情侣对表经典,堪称瑞士情侣表第一品牌。品牌文化独特,制表作风严谨,外在风格精美,内在品质卓越,“依波路”让不断追求完美、崇尚时尚与浪漫的人们,拥有一种无可替代的艺术精品,见证浪漫真爱,倡导浪漫积极的人生态度及对美好事物的不懈追求。

官网上也有相应的描述:爱情在时间中得以永恒!不管时间如何一点一滴地流逝,即使在两次世界大战的动荡岁月里,“依波路”一对翩翩起舞的情侣,这一经典形象仍在世人心中留下了过目不忘的浪漫情结,赢得享誉国际的名声。

“依波路”品牌标志——一对情侣,两颗不期而遇的心在瞬间交汇成永恒。友情,爱情已在“依波路”上谱写出悦耳的奏鸣曲,在简约时尚的金属轨道上游弋,用刻骨铭心的时间语言,追求艺术的生活和诠释生活的艺术……

沉积岁月之美,传承文化典藏,历经三代人的不懈努力,锐意进取,“依波路”始终坚持最初的企业精神与追求卓越品质的不变理念,不仅在钟表制造业界具有不可磨灭的意义,而且还为一百多年来,不断追求完美、崇尚时尚与浪漫的人们奠定了一种无可替代的生活品位。

亚太区行政总监苏大也曾经明确说明：依波路手表的主要消费群体是有一种浪漫的生活态度，优雅的个性和对懂得享受生活的人。

从这些描述中，我们可以看出，依波路的目标顾客定位与最初相比，有了一些改变。依波路在创立品牌之初，应该是以“追求浪漫的情侣”为目标顾客的，后来随着品牌的发展和市场竞争的加剧，依波路的目标顾客逐渐扩大为“不断追求完美、崇尚时尚与浪漫的人们”或者说是“有一种浪漫的生活态度，优雅的个性和对懂得享受生活的人”。显然，追求浪漫的情侣是比较精确的目标顾客定位，而追求完美、崇尚时尚与浪漫的人就显得宽泛很多，追求完美和有浪漫的生活态度的人有很多，但并不能全部成为依波路的目标顾客。

庆幸的是，150 多年来，人们对依波路的定位始终是情侣表，因此，依波路后来虽然扩大了目标顾客的定位，对顾客的心理认知并没有产生较大影响，人们在选择情侣表时首先想到的还是依波路。

目标顾客是一个类别，但需要有个性化描述。所谓个性化顾客的购买行为测试，就是选定目标顾客之后，选择某个或某几个目标顾客，测试他们为何、何时必然选择。通过网络检索，我们没有发现依波路公司以任何形式来测试目标顾客为何、何时能够必然选择购买该品牌腕表。

亚太区行政总监苏大说：“依波路传承 150 多年来经典制作的工艺，也经过一代又一代人的传承下来，汲取了 100 多年以来的精华，推出了以不同历史为背景的产品，结合每个年代时尚的潮流，来给消费者一种更有情感上的选择，或者是馈赠爱人、朋友，或者是自己表达一种身份的象征……依波路的定位在奢侈品和时尚品的结合体之间，依波路有 100 多年的历史的沉淀，它的个性比较独特，除了产品功能之外还代表独特的文化，象征着浪漫、优雅的传递，一种经典手表的产品，除了有奢侈品功能之外，还有本身这一种需要经典工艺做出来的产品，这种产品可以世世代代传下去的，还带出了奢侈品功能和价值。”也就是说，购买依波路的顾客，主要有两种，一种是自己佩戴，另一种就是馈赠。依波路将这两种类型的顾客都视为终点顾客，为依波路赋予独特的文化，一方面使依波路成为佩戴者身份的象征，另一方面成为某种情感的传递者。

但是，通过搜索，我们并没有找到依波路的顾客数据库，在依波路的官方网站也并没有与目标顾客沟通的平台，只有依波路的联系方式。

综上所述，依波路目标顾客的精确性测试评级如表 3.6 所示：

表 3.6　　“依波路”手表的目标顾客精确性测试评级表

指标	测评二级指标	指标赋值要点	指标事实及其来源	得分
1. 目标顾客的精确性 B_1	1.1　在产品设计时，是否有明确的个性化的顾客描述？0.15 分	若有，得 0.15 分；若以老顾客为主，得 0.12 分；若经过个性化顾客试用后推广，得 0.09 分；如未经顾客试用直接推销，得 0.0 分	因一浪漫故事而成就此商标，不是因表而编故事，故有个性化顾客。故此项得 0.15 分	0.15
	1.2　是否测试过个性化顾客的需求和欲望？0.20 分	若仅进行过产品功能性测试，得 0.10 分；若进行过快乐性欲望测试，得 0.20 分	官网自诉“爱情在时间中得以永恒”，从而“象征着浪漫、优雅的传递”，故认为有是快乐性欲望测试，故得 0.20 分	0.20
	1.3　通过绘制顾客链，所描述的个性化顾客的是否是终点顾客？0.30 分	测试的若是终点顾客，得 0.30 分；若不是终点顾客，得 0.0 分	情侣之间的馈赠，属于终点顾客，故此项得 0.30 分	0.30
	1.4　所选定的个性化顾客的成长性如何？0.15 分	若数量和收入都增长，得 0.15 分；若仅是数量增长，得 0.10 分；若两者都无增长，得 0.0 分	情侣市场存在数量增长性，在中国独生子女得收入也在增长，故此项得 0.15 分	0.15
	1.5　为了进行顾客挖掘，是否建有顾客数据库或跟帖分析？0.10 分	若有顾客数据库且进行品类组合分析，或对网络跟帖进行分析，得 0.10 分，若有数据库但无品类组合分析，得 0.05 分；若无顾客数据库，得 0.0 分	维修的需要，建有顾客数据库，但未必进行品类组合分析，故此项得 0.05 分	0.05
	1.6　所选定的个性化顾客选择行为是否稳定？导致其选择行为逆转的外部因素有哪些？0.10 分	若顾客总体有明显的逆转因素，则得 0.0 分；若部分顾客存在明显逆转因素，得 0.05 分；若顾客总体无明显的逆转因素，得 0.10 分	由于价格的因素，部分高收入情侣的选择行为存在明显的逆转因素，故此项得 0.05 分	0.05
得分合计				0.90

信用等级	1.0	0.8～0.99	0.6～0.79	0.4～0.59	0.2～0.39	≤0.19
	AAA 级	AA 级	A 级	B 级	C 级	D 级

3.5 目标顾客精确性的案例模拟

为了熟练地掌握目标顾客精确性的测试评级与设计，需要进行案例模拟，也即熟能生巧。为此，我们采集了以下案例。仔细阅读下列给出的案例，结合自己进行的网络信息收集，根据前述的技术标准和测试诊断要求，完成每个案例后面给出的目标顾客精确性测试评级表，并撰写诊断报告。

为了引导启发深入思考，对每个案例，我们借题发挥、寓理于案，将品牌经济学的基本原理，结合案例的实际，给出了本书点评。

案例模拟 3.1 餐饮大王不正宗①

在日本富士山下有一条街道，由于当地游人如织，这里几乎汇聚了全球各个国家不同风味的餐厅，而且大多生意红火，但奇怪的是，整个一条街，唯独没有法国餐厅。

一个法国人经过充分的市场考察，决定在此投资。无论是装潢还是设计，他几乎完全参照了法国餐厅的全部风格，甚至连餐厅的桌椅、地板和餐具也是从法国空运过来。不仅如此，而且他还从法国自带厨师，在餐厅里遍植法国花卉，完全就是一个法国高档餐厅的原版照抄。

谁知开业后的情形却并不像他想象的那样一帆风顺，两个月下来，餐厅不仅没有盈利，反而陷入了严重亏本的境地。菜肴的口味完全地道，配料也绝对正宗考究，可是，问题的症结究竟出自哪里？老板一筹莫展。

本书点评：该法国人“经过了充分的市场考察”，那为何“开业后的情形并不像他想象的那样”？这表明“充分的市场考察”一定是不充分的。我们推断，这个法国人所谓的“充分的市场调查”，一定没有得出精确的目标顾客。其实，第一段有一句话是“几乎汇集了全球各个货架不同风味的餐厅”，既然这条街道已有各国风味餐厅，该法国人为什么不去看看，在这些各个国家风味餐厅里的饭菜，是否是符合所在国家的正宗口味？如果这些现有餐厅里的饭菜口味不同于所在国家国内正宗口味的话，那成立的法国餐厅的法国饭菜，也就不应该是正宗的法国口味。

其后不久，一个年轻人来店里应聘，经过几天的观察，年轻人道出了其中的缘由：“其实餐厅生意一直不景气的主要原因，不是别的，就是缘于咱们这里的法国菜过于正宗了。”“正宗的难道不好吗?”老板愈发不解了。

“您有没有注意到，来咱们这里就餐的很少有法国人，试想，人家千里迢迢从法国来到日本，肯定不会再去品尝家乡的菜肴。”年轻人继续分析，那么，也就是说，光临咱们这个餐厅的90%都是外国人。您做的菜也许是很正宗，可是，您恰恰忽视了最为重要的一点，传统的法国菜肴尽管外观品质精美绝伦、品种繁多，但却存在火候较小、口味肥浓等不为大多数外国人所接受的弊端。就以咱们餐厅里的臭芝士、鹅肝酱为例，并不是很受顾客欢

---

① 参见《特别关注》2010年第12期，作者：付益松。

迎，特别是榴莲饭那种刺鼻的味道，相信，那只是法国人的最爱。不管是口感还是味觉，法国菜肴并不是适合这条街来自全球各地的游客。这也是之前几家法国餐厅最终歇业的主要原因。

本书点评：这个应聘来的年轻人，“经过几天的观察”，他观察的是什么呢？他观察到“光临咱们这个餐厅的90%都是外国人”，但“很少有法国人”，即使有法国人“人家千里迢迢从法国来到日本，肯定不会再去品尝家乡的菜肴”。得出的结论是“不管是口感还是味觉，法国菜肴并不是适合这条街来自全球各地的游客”。这个年轻人确实是个有心人，但他的观察是在法国餐厅开业之后进行的。在法国餐厅开业之前，法国老板该到哪儿观察呢？我们认为可以到别的餐厅观察，看看外国人对各国的餐饮口感和味觉的评价。

老板若有所思，也许，自己的失败真的就是缘于做的法国菜肴过于正宗。接下来，餐厅老板开始给自己的菜肴重新定位，那就是做法国没有的法国菜，从根本上彻底改变了菜肴的配方与制作工艺，不断借鉴其他各国餐厅的经验和做法。不仅如此，餐厅老板考虑到好多游客由于赶时间，也许不会像传统法国文化那样耗费几个钟头，坐在那里，持着刀叉文质彬彬地用餐，于是，该餐厅率先推出了独创的法国快餐和外卖。渐渐地，该餐厅在这条街有了名气，好多国家的旅游团来富士山旅游都会指定在该餐厅用餐，甚至很多法国的游客也特别青睐这种经过改进的特殊的法国菜肴。

本书点评：餐厅老板开始给自己的菜肴重新定位，也就意味着他原来的所谓的充分的市场调查，确实是不充分的。重新定位的任务，就是重新精确的确定自己的目标顾客。上一段话有两个要点：一是“做法国没有的法国菜，从根本上彻底改变了菜肴的配方与制作工艺”；二是“餐厅老板考虑到好多游客由于赶时间，也许不会像传统法国文化那样耗费几个钟头”。你认为哪个才是该餐厅最终成功的关键？为什么？我们认为正是第二个才是关键。因为本案例的第一段开篇就说明了，这条街是“游人如织”，游人就是来去匆匆，这就要求餐厅必须提供的是节省时间的快餐。

这家餐厅就是后来著名的法国福楼集团的前身，经过30年的创业，该集团已发展成为法国餐饮业的第一大集团和上市公司，在全球拥有200多家餐厅、5240名员工，2009年的营业额近4亿欧元。

很多时候，成功并不是原版照抄或者一成不变，正宗的法国菜，只适合于法国人，你不可能强求全球的游客都去迎合你的口感。

本书点评：此类结论永远正确，就像汽车的后视镜，只能告诉你后边的情况，却无法得知前边的信息，但GPS导航仪却能。

通过此案例，自己再进一步收集所需要的信息，按照目标顾客精确性的技术标准和测试评级，完成案例中法国餐厅的目标顾客精确性测试评级，并填写表3.7：

表3.7　日本法国餐厅的目标顾客精确性测试评级表

指标	测评二级指标	指标赋值要点	指标事实及其来源	得分
1. 目标顾客的精确性 B_1	1.1　在产品设计时，是否有明确的个性化的顾客描述？0.15分	若有，得0.15分；若以老顾客为主，得0.12分；若经过个性化顾客试用后推广，得0.09分；如未经顾客试用直接推销，得0.0分		
	1.2　是否测试过个性化顾客的需求和欲望？0.20分	若仅进行过产品功能性测试，得0.10分；若进行过快乐性欲望测试，得0.20分		
	1.3　通过绘制顾客链，所描述的个性化顾客的是否是终点顾客？0.30分	测试的若是终点顾客，得0.30分；若不是终点顾客，得0.0分		
	1.4　所选定的个性化顾客的成长性如何？0.15分	若数量和收入都增长，得0.15分；若仅是数量增长，得0.10分；若两者都无增长，得0.0分		
	1.5　为了进行顾客挖掘，是否建有顾客数据库或跟帖分析？0.10分	若有顾客数据库且进行品类组合分析，或对网络跟帖进行分析，得0.10分，若有数据库但无品类组合分析，得0.05分；若无顾客数据库，得0.0分		
	1.6　所选定的个性化顾客选择行为是否稳定？导致其选择行为逆转的外部因素有哪些？0.10分	若顾客总体有明显的逆转因素，则得0.0分；若部分顾客存在明显逆转因素，得0.05分；若顾客总体无明显的逆转因素，得0.10分		
得分合计				

信用等级	1.0	0.8～0.99	0.6～0.79	0.4～0.59	0.2～0.39	≤0.19
	AAA级	AA级	A级	B级	C级	D级

案例模拟 3.2　宝尊：专营"淘宝建店"①

你也许并不知道：李宁所有门店中的销售冠军并不是某个区域的线下实体店，而是李宁在淘宝商城的官方旗舰店，这家店2009年的交易额已超过5000万元。而促成这一切的幕后推手，则是来自国内最大的电子商务服务商——上海宝尊公司（以下简称"宝尊"），目前这家企业正以每年500%的增长率迅猛成长着。

宝尊创始人仇文彬表示，其主要商业模式是为众多世界品牌巨头运营品牌旗舰店或专营店，以及在淘宝网上为其搭建旗舰店。简单地说，就是做品牌的"网上零售商"，并提供一揽子电子商务服务。近日，与淘宝共生的成长路径也为宝尊引来了阿里巴巴的战略投资。"预计到2010年底，公司的销售额能冲到3亿元人民币，到2011年争取做到7亿元以上。"仇文彬说。

傍上淘宝

1992年毕业于清华大学的仇文彬先后在HP、SUN等知名IT外企工作，主要负责帮助企业实施IT规划，以及互联网骨干网的搭建。

仇文彬的第一次创业发生在2000年，当时公司的主营业务是为消费类企业提供供应链管理和服务。但让他困惑的是：一直没有找到企业的核心价值在哪里？直到2007年年初，仇文彬找到了电子商务这一新方向，从而创立了宝尊。仇文彬说，宝尊的优势是多年来形成的行业经验和技术积累，他同时还花9个月时间开发了一套系统，主要是对企业的商品、促销和会员等流程和环节进行管理。在这个系统之上，仇文彬搭建了一个员工购买平台。

仇文彬的本意是在飞利浦、强生、惠而浦等公司内部实现员工购买，即让大公司的员工在购买自己公司的产品时享受会员价，并且在不同的客户之间实现互通。当十几家公司形成一个生态系统之后，互相开放，这一购买量是相当可观的。这一模式看起来很美好，并且在美国已经有类似的公司实现了盈利。

但是，宝尊却在现实中遇到了很大的问题，这并不是一个初创型的公司能够解决的。仇文彬说，由于目标客户都是知名的大客户，这些客户决定一件事情的周期非常漫长。比如，宝尊为飞利浦搭建了官方商城，但宝尊从中获得的服务收入对于维持公司的发展来说却是杯水车薪。到2007年底，摆在仇文彬面前的只有干枯的现金流。

本书点评："这一模式看起来很美好，并且在美国已经有类似的公司实现了盈利。"但是，为什么"却在现实中遇到了很大的问题"？"看起来很美好"即是有盈利的先例，也不能作为成功复制的充分必要条件。从宝尊的这个阶段来看，目标顾客是清晰的，但却是不精确的。所谓精确的目标顾客，是指必定购买的顾客，犹如结婚的新人，必买结婚信物一样。宝尊给飞利浦建的官方商城，本身是成功的，为什么所得的服务收入还是不高呢？请想想本章设计流程中的案例《达拉姆的储蓄》就明白了：家庭资金掌握在主妇手里，而主妇最关心的是自己的新生儿。同样，飞利浦关心的不是自己的官方商城，而是购买自己产品的顾客。绘制飞利浦的顾客链：飞利浦公司→飞利浦官方商城→专购飞利浦产品的网购顾客。

① 参见2010年9月15日《经济导报》，作者：胡雅清。

专购飞利浦产品的网购顾客，也愿意到飞利浦官方商城，但如何解决支付、配送等问题，却不是飞利浦自己所能解决的。但是，通过淘宝等网上商城，这个问题也就解决了。

转机往往发生在最困难的时期。2008年淘宝推出网上商城，飞利浦决定要在淘宝上建立旗舰店。由于此前仇文彬和飞利浦积累的合作关系，宝尊拿下了这笔单子，成为了飞利浦淘宝旗舰店的电子商务服务商，宝尊也从中收到了第一笔服务费。飞利浦淘宝店的单月销售量急剧上升，在示范效应的带动下，惠普、美的、李宁等知名品牌也陆续成为宝尊的客户。于是，仇文彬决定将宝尊的定位转变为：为品牌商家提供各类电子商务外包服务，并协助品牌商家建立和运营网店。宝尊的业务也开始进一步延伸。

本书点评："转机往往发生在最困难的时期"，是因为不转就没有出路。《周易》讲，"凡事预则立，不预则废"，为什么非要到最困难的时期才转变？对中国今天的厂商而言，这个"预"就是品牌工程。飞利浦官方商城为什么销量不如在淘宝网上商城的飞利浦旗舰店？这就是商业品牌的价值：淘宝商城是一个商业平台，网上支付、产品配送都是有保障的。飞利浦淘宝旗舰店其实就是宝尊的一个个性化顾客描述。

仇文彬说，在为李宁建旗舰店时，李宁还提出了另一个要求：即除了在淘宝上开店，还要建立一个独立的官方商城。于是，宝尊就用自主研发的软件系统，在两周的时间内建成了李宁的官方商城，其中，包括进销存管理、仓储物流管理、电子商务系统平台等模块。事实上，像李宁这样的品牌客户的多重需求是比较多的。于是，仇文彬决定把两种业务模式合二为一，在公司的结构以及人员设置上完全以品牌客户为核心，一个客户品牌对应一个宝尊的经营团队。

本书点评：一个客户品牌对应一个宝尊的经营团队，其实就是类似于为该品牌配置了品牌经理，这是一个极好的策略。我们认为，宝尊所配置的品牌经理，如果掌握了品牌经济学的理论知识和品牌工程学的专业技术，必将极大地提高团队专业能力。

截至2010年4月底，宝尊共与20个著名的消费品品牌进行了直接合作，一方面为这些品牌建设淘宝旗舰店，同时又为其建设独立的官方商城。仇文彬说，针对在淘宝建立旗舰店的客户，宝尊采取收取销售佣金的方式，而不同的客户提取不同的比例，一般在15%～25%之间；如果涉及电子商务需要的产品拍照、制作等，则需要单独收费；而建立官方商城的客户，宝尊的收费则分为两部分：一是建站时要收的服务费（包括系统搭建、网站设计、装修、数据对接、IT应用等），二是后期运营的销售佣金（比例为15%～25%之间）。而如果涉及官方商城的整体推广，宝尊也会收取一定比例的市场推广服务费。2008年，阿里巴巴集团宣布实施"大淘宝"战略，旗下的淘宝网随即推出"淘拍档"平台。

本书点评：根据此段描述，我们推论出宝尊必定有顾客数据库，但是，宝尊的顾客数据库将是以委托的品牌厂商为单元。如果宝尊能够结合网购顾客，为每个品牌厂商建立网购顾客数据库，并进行挖掘分析，必将能给委托的品牌厂商提供更精确的服务，包括协助这些委托的品牌厂商组建自己的粉丝团及其主题活动，宝尊的价值将更大。所谓品牌粉丝团，就是品牌的爱好级目标顾客，例如，德国"双立人"在中国成立的锅友会，就是一个很好的雏形。在网络时代，网民们通过网络可以很好地表达自己的意愿，这就为成立品牌粉丝团提供了条件。在成立品牌粉丝团时，不仅要重视喜爱这个品牌的顾客，而且还要重视那些有抱怨者线上奥特莱斯，将这些抱怨者转化成为粉丝团的骨干，才是品牌建设的根本任务。

线上奥特莱斯

阿里巴巴集团试图通过投资、合作等扶持政策，推动网络购物产业链的全方位发展。而成立于2008年的阿里巴巴集团战略投资部，也有意斥资2亿～3亿美元用于投资电子商务产业链及相关行业。这时，宝尊的快速增长吸引了阿里巴巴战略投资部的目光。阿里巴巴方面称，投资宝尊是支持大淘宝战略和扶持电子商务服务商的一个重要举措。对于新获的资金，仇文彬说，这笔投资主要是用于2010年10月淘宝网即将上线的新频道"奥特莱斯"，这个频道是由淘宝和宝尊联合运营的，做的是"线上奥特莱斯"的概念，主要销售名牌的折扣产品。目前已确定有包括耐克、李宁等品牌的产品将会进驻。

本书点评：宝尊这样做，是否偏离了专为拟在淘宝商城建旗舰店的品牌厂商呢？这种偏离形成的新业务，是否是"看起来很美丽"的呢？

在仇文彬对于电子商务的理解中，电子商务产品的生命周期分为3个阶段：新品导入、主街市场和库存清理，而产品在这3个不同的时期，分别由品牌的官方在线商城、淘宝旗舰店和网上奥特莱斯来完成。此次阿里巴巴对宝尊的投资，正是覆盖了仇文彬预想的电子商务产品的最后一公里。"在美国，纳斯达克上市公司、电子商务服务商领先企业GSI的市值已经超过14亿美元，而中国电子商务服务要比美国有更大的市场潜力。"

本书点评：不是电子商务产品有这三个阶段，而是所有的产品都存在这三个阶段。问题是在实体店中，哪个品牌厂商分出了这三类店？如果实体店没有分出这三类店，为什么要在网上分开？对于这种三分法的理解，是否做过个性化顾客测试？如果没有精确测试，成功的充分必要条件是什么？如果这三个问题不解决，风险就大了。

仇文彬说，在宝尊现在的服务体系中，最核心的是市场营销与CRM（消费者关系管理），而宝尊自主研发的IT系统，则可直接帮助客户建站，进行各种流程管理和数据分析。目前宝尊正在筹备扩张的是宝尊自主研发的仓储平台和物流网络，预计未来物流员工将增加到40名，日处理订单能力可达到10000个。据仇文彬估计，品牌公司加速进入电子商务领域的趋势至少会维持到2012年，而这几年将是宝尊发展的黄金时期。

本书点评：到了2012年之后宝尊做什么？本章设计流程第6步中，宰运立通过建设果农档案，所拓展挖掘出来的新顾客、新业务，对宝尊是否有启发？品牌厂商建起了旗舰店和官方店，但与自己终点顾客的沟通与服务，也是一个可以外包的业务，宝尊是否通过测试，发挥自己电子商务技术优势，来判断是否以及如何进入这个价值领域？

第三只眼易观国际分析师陈寿送认为，电子商务服务商是很有前途的，他们的发展一方面依赖于类似于淘宝这样的平台商的快速成长，另一方面也在于传统行业"触网"的需求正在快速增长。

事实上，在平台之外，一些企业自建商城的工作也会委托给第三方服务提供商，有这方面需求的客户很多，目前市场正处于供不应求的发展阶段，宝尊等电子商务企业的发展前景应该没有很大的风险，但是持续提升服务品质和不断满足客户需求，是对他们最大的挑战。

通过阅读宝尊的上述资料，你自己再按照本章测试评级的要求和技术标准，完成对宝尊目标顾客精确性的测试评级，并填写表3.8：

表 3.8 宝尊公司的目标顾客精确性测试评级表

指标	测评二级指标	指标赋值要点	指标事实及其来源	得分
1. 目标顾客的精确性 B_1	1.1 在产品设计时，是否有明确的个性化的顾客描述？0.15 分	若有，得 0.15 分；若以老顾客为主，得 0.12 分；若经过个性化顾客试用后推广，得 0.09 分；如未经顾客试用直接推销，得 0.0 分		
	1.2 是否测试过个性化顾客的需求和欲望？0.20 分	若仅进行过产品功能性测试，得 0.10 分；若进行过快乐性欲望测试，得 0.20 分		
	1.3 通过绘制顾客链，所描述的个性化顾客的是否是终点顾客？0.30 分	测试的若是终点顾客，得 0.30 分；若不是终点顾客，得 0.0 分		
	1.4 所选定的个性化顾客的成长性如何？0.15 分	若数量和收入都增长，得 0.15 分；若仅是数量增长，得 0.10 分；若两者都无增长性，得 0.0 分		
	1.5 为了进行顾客挖掘，是否建有顾客数据库或跟帖分析？0.10 分	若有顾客数据库且进行品类组合分析，或对网络跟帖进行分析，得 0.10 分，若有数据库但无品类组合分析，得 0.05 分；若无顾客数据库，得 0.0 分		
	1.6 所选定的个性化顾客选择行为是否稳定？导致其选择行为逆转的外部因素有哪些？0.10 分	若顾客总体有明显的逆转因素，则得 0.0 分；若部分顾客存在明显逆转因素，得 0.05 分；若顾客总体无明显的逆转因素，得 0.10 分		
得分合计				

信用等级	1.0	0.8～0.99	0.6～0.79	0.4～0.59	0.2～0.39	≤0.19
	AAA 级	AA 级	A 级	B 级	C 级	D 级

案例模拟 3.3　杜邦"莱卡芯"狂揽行业伙伴[①]

盛况空前的 2001 年度中国国际服装博览会上，出尽风头的并不是 GAP、LizClaiborne、宝姿、逸飞等国内外名声显赫的服装品牌，而是杜邦莱卡这个非服装类品牌：几乎所有参展商的胸卡上都晃动着造型独特的三角形莱卡品牌标志。漫步在展览会的各个场馆，杜邦莱卡全球总裁马冠恒一脸泰然若定的微笑。作为站在所有成衣生产商背后的氨纶纤维生产商，杜邦莱卡凭什么撼动了整个服装界？

"莱卡芯"计划："这是世界纺织业有史以来最具雄心及影响力的产业伙伴结盟计划，"47 岁的马冠恒在接受记者采访时说道，"莱卡对中国的成衣市场充满信心，我们将全面进入中国市场，并将与中国服装品牌建立策略性长期合作伙伴。"

最佳伙伴计划是一个新颖的供应链管理计划，以莱卡这一终端原料为中心，杜邦莱卡试图把中国国内使用莱卡弹性纤维的纺织企业、布料生产企业、成衣生产商贯穿在一起，贯彻一系列的管理和监督措施，同时在品牌上实行并行推广。

杜邦莱卡在 1958 年诞生后推向市场，旋即风靡服装界，成为各成衣生产商、特别是内衣商争相追逐的宠儿。然而莱卡毕竟只是一种纤维，只是服装面料中的一种添加成分，它的直接客户是各大面料生产商，然后才是服装生产商，最后才是服装经销商和服装消费者。莱卡被这条长长的供应链埋在了最不为人知的末端，供应链上任何一个环节的脱离都会影响莱卡的销售，如果消费者和经销商不喜欢含莱卡的衣服，如果制衣厂不喜欢含莱卡的面料，如果面料商不购买莱卡，杜邦都将失去自己的市场。

与 IT 巨子 Intel 当年的"奔腾芯"外贴牌战略有异曲同工之处，杜邦公司用莱卡撬动全球服装供应链。

本书点评：莱卡确实就是一种化纤原料，只是服装面料中一种添加成分，如果是中国厂商，不会有人去关注服装的终点顾客，当然也就失去了定价权。但是，通过顾客链的分析，杜邦公司很清楚，自己处于这个条长长的链条中末端，离终点顾客最远，如果消费者不喜欢含莱卡的义务，杜邦就是去了市场。也正是基于这样的分析，才使杜邦莱卡举办了深圳首届模特美腿大奖赛，将一个商标叫"莱卡"的氨纶，转变成了女性们追求的"美丽时尚"。也就形成了指牌购买，而莱卡也就获得了定价权。莱卡的这个策略，确实与英特尔公司在 1991 年开始的"Intel Inside"是异曲同工，可问题是为什么中国的氨纶厂商们，就没有一家向英特尔学习呢？

1995 年起，莱卡在国内首先与内衣品牌开展合作，六年后中国市场上几乎所有的内衣品牌均推出了含莱卡的产品，其中除了黛安芬等世界名牌，也有三枪、豪门、猫人、铜牛等中国内衣品牌，莱卡在内衣领域一统天下的脚步当当作响。设在上海青浦的杜邦莱卡生产厂的产量也在逐年扩大，年生产量已经从 1997 年设厂之初的 2500 吨增加到了 2001 年的 1 万吨。在上海等大城市，莱卡的市场知名度更是达到了 70%。

然而莱卡的中国之路也并不是一路凯歌。继杜邦推出莱卡这个弹性纤维以后，其他的纤维生产商也在争相生产类似的纤维产品，众多国内的本土厂商纷纷崛起，欲和杜邦奋力一拼。杜邦的软肋是价格。"杜邦莱卡的价格几乎是国内厂商的两倍，"杜邦的客户、浙

① 参见《染整技术》2000 年第 4 期，作者：陈静。

江国宏的总经理孙利益在接受本报记者电话采访时说。国宏是一家泳衣面料生产商，90%的弹性纤维都来自杜邦。“但这并不是说明我们不会去寻找其他供应商，”孙说道。市场数据也在显示，莱卡的市场占有率从鼎盛时期的70%逐渐降低到了50%。入世以后，国外化工企业将大举进入中国的纺织市场，杜邦感到竞争者追赶的脚步越来越近了。

杜邦莱卡不能容忍一丝的衰落，自1995年以来，中国已连续六年保持着世界第一服装生产大国和出口大国的地位，1999年中国服装出口总额约占全球服装出口贸易额的1/6。如此大的市场，任何一步的退缩都是让人难以忍受的。

本书点评：杜邦莱卡的价格几乎是国内厂商的两倍，这说明杜邦莱卡有足够的空间打一场价格战，但是，杜邦莱卡为什么没采取降价这个最弱智的策略呢？是因为杜邦莱卡清楚地知道，莱卡的直接客户是纺织和服装厂商，而纺织和服装厂商的利润＝收入－成本＝销量×价格－成本。对这些纺织和服装厂商而言，杜邦莱卡构成了他们的成本，对服装厂商来讲，当然愿意降低原料成本，但降低原料成本，未必能增加利润，因为价格也可能降低。如果通过措施，能够增加服装厂商的服装价格，或者价格一定增加他们的销量，则他们将对作为成本的莱卡的价格，也就不敏感了，而要实现这个机制，唯一的措施就是让终端柜台上选择衣服的女士们，指牌购买“莱卡”，问题是终点顾客的女士们，最敏感的是美丽时尚，于是，杜邦莱卡就把“美丽时尚”作为注册商标“莱卡”的单一利益点，并通过模特美腿大奖赛系列活动，完成了从氨纶到美丽时尚的这个转变，从而获得了定价权。

“最佳伙伴计划”随之呱呱落地。

整合供应链：对于越来越多的生产企业，下面一条原则已经越来越为人取得认同：生产企业间的竞争将最终归结为供应链的竞争，谁能更快更好地整合供应链，谁就能在竞争中捷足先登。“作为一家终端原料的生产商，我们认识到了供应链上游的每一个环节对于我们来说有多么重要。”杜邦纤维中国区市场总监麦建柏对记者说道。

杜邦莱卡在中国市场已经有了很好的声誉和客户，整合供应链已成水到渠成之势。

“莱卡最佳伙伴计划是一种崭新的全球商业理念，是远程服务管理模式的合作性创新，”麦介绍说，“它将使杜邦及其服装行业的商业参与者对由高档纤维制成的高品质织物的需求做出更有效的反应，带来的好处是使对莱卡的全球采购更有效、缩短循环时间、加速莱卡创新科技到市场的速度。”

据马冠恒介绍，莱卡在最佳伙伴计划上的投资费用已经接近500万美元，主要的用途是在电脑管理统计、网络管理技术、客户管理提升和莱卡品牌宣传上。一年前才开始实施的莱卡最佳伙伴计划，立足在莱卡这一供应链的最终端，向前端的布料生产商、成衣商、成衣采购商、商场、消费者等各个环节延伸，试图打通整条供应链，给供应链上的每一个环节都烙上无法摆脱的莱卡情节。从品牌上来说，莱卡则是通过供应链的整合，把莱卡品牌和成衣品牌紧紧连在一起，甚至试图使莱卡品牌站在成衣品牌的先端，最后的目的是让消费者先选择莱卡，然后再考虑服装品牌。难怪乎服装博览会上莱卡的风头压过了服装公司的风头。

本书点评：500万美元，也就是3000万～4000万元人民币，却获得了终点顾客女士们的认牌购买，而获得这个定价权的，不是广告方式。问题是中国有多少厂商的广告费就超过了5000万元人民币，换来的却仅仅是个虚名呢？而有的厂商连个虚名也没有得到。为此，请思考本书第6章即品牌建设的岗位性案例模拟“6000万元打造的一段品牌梦”。按照品牌经济学的观点，杜邦莱卡的这个最佳伙伴计划，就是品牌工程。

季赫霆是杜邦公司纺织服装科技事业部的全球服饰总裁，在接受记者就最佳伙伴计划的采访时季说道："世界纺织业正向高新科技和全球化方向发展，这一趋势必将使纺织服装行业中各个不同环节上的主要经营者聚集在一起，莱卡最佳伙伴计划就是将纺织服装行业链以世界级认可联盟为基础结合起来，从而增强行业竞争力。"

本书点评：整合产业链，不等于全占产业链，也就是不等于自己直接投资或并购产业链上的每个环节，否则，必然四面为敌，因为你进入的环节越多，面对的对手就越多。因此，整合产业链，就是通过终点顾客的认牌选择，使中间客户自己产品或服务的价格或销量得以增加，从而使整个产业链整体价值提升。

请君入瓮？莱卡要整合供应链，要上游企业愿意成为最佳伙伴计划中的一员，需要有请君入瓮的能力。莱卡对自己的最佳伙伴提出了很多要求：所生产产品中必须有70%的莱卡含量，生产企业的质量控制过程必须符合杜邦公司的要求，生产企业必须有一定的开发创新能力。尽管有如许要求，从计划提出到现在一年多的时间中，已经有60多家中国企业被杜邦莱卡揽为最佳伙伴，而在全球，至今已有500多家面料制造及服装供应商陆续加入了杜邦这一全球性的最佳伙伴计划。

本书点评：当"莱卡"成为终点顾客女士们欢迎的"美丽时尚"代言时，这500多家面料及服装厂商的产品上，挂着"杜邦莱卡"，在商场的众多服装展区中，女士们认准了"杜邦莱卡"，使挂有"杜邦莱卡"标识的服装销量和价格都高，服装厂商们当然很高兴地采用高价格的"杜邦莱卡"。

各家生产商纷纷投怀送抱，原因究竟何在？中国的本土内衣名牌三枪从1995年就开始了和莱卡的接触，随后又投资4000万元人民币更新设备，引进将近30套专业设备以适应生产莱卡面料的需要，随之又成为莱卡最佳伙伴计划的首批成员。谈到与杜邦莱卡的合作，三枪集团总经理苏寿南深有感触，"三枪与莱卡的合作极大地促进了三枪整个企业的内部改造，使三枪在产品的市场适应性上进步了一个档次，"苏说，"莱卡在市场上具有较高的接受度，在消费者中也有较高的满意度，这对三枪成衣的销售带来了很多促进。"实际上，三枪每年有25%、大约2亿元人民币的销量是通过莱卡来实现的。

"莱卡所赋予服装品牌的附加值远远大于它给服装带来的功能性提高，"杜邦纤维中国公司主席路久成说，"我们给客户提供包括品牌、技术、产品创新、买家服务等多方面全方位服务，将我们的顾客直接引入价值创造过程中。"

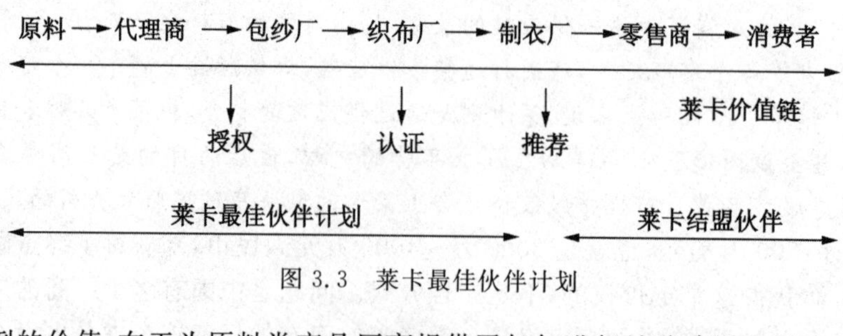

图3.3 莱卡最佳伙伴计划

此案例的价值，在于为原料类产品厂商提供了如何进行品牌建设。其实，原料类厂商的产品，本身被深深的掩埋在顾客链中，不被终点顾客所认知，往往因此而忽视了品牌建设，但是，杜邦莱卡却通过"美丽时尚"这个单一利益点，越过所有中间环节，直接与终点顾客即女性沟通，从而掌握了氨纶这种化纤原料的定价权。

通过阅读杜邦公司“莱卡”牌氨纶的资料，你自己再进一步通过网络采集相关信息，根据目标顾客精确的技术标准和测试评级，完成杜邦公司“莱卡”牌氨纶的目标顾客精确测试评级，并撰写出评级报告。

表 3.9　　杜邦莱卡牌氨纶的目标顾客精确性测试评级表

指标	测评二级指标	指标赋值要点	指标事实及其来源	得分
1. 目标顾客的精确性 B_1	1.1　在产品设计时，是否有明确的个性化的顾客描述？0.15分	若有，得0.15分；若以老顾客为主，得0.12分；若经过个性化顾客试用后推广，得0.09分；如未经顾客试用直接推销，得0.0分		
	1.2　是否测试过个性化顾客的需求和欲望？0.20分	若仅进行过产品功能性测试，得0.10分；若进行过快乐性欲望测试，得0.20分		
	1.3　通过绘制顾客链，所描述的个性化顾客的是否是终点顾客？0.30分	测试的若是终点顾客，得0.30分；若不是终点顾客，得0.0分		
	1.4　所选定的个性化顾客的成长性如何？0.15分	若数量和收入都增长，0.15分；若仅是数量增长，得0.10分；若两者都无增长性，得0.0分		
	1.5　为了进行顾客挖掘，是否建有顾客数据库或跟帖分析？0.10分	若有顾客数据库且进行品类组合分析，或对网络跟帖进行分析，得0.10分，若有数据库但无品类组合分析，得0.05分；若无顾客数据库，得0.0分		
	1.6　所选定的个性化顾客选择行为是否稳定？导致其选择行为逆转的外部因素有哪些？0.10分	若顾客总体有明显的逆转因素，则得0.0分；若部分顾客存在明显逆转因素，得0.05分；若顾客总体无明显的逆转因素，得0.10分		
		得分合计		

信用等级	1.0	0.8～0.99	0.6～0.79	0.4～0.59	0.2～0.39	≤0.19
	AAA级	AA级	A级	B级	C级	D级

第4章　利益承诺的单一性

根据品牌经济学原理,在目标顾客确定之后,降低其选择成本的关键,就在于向其承诺单一利益点。厂商提供商标承诺的利益点越多,目标顾客的备选集越大,从中作出最终择一的选择成本越高。形象的比喻,就是:当你有一只手表时,你能确定时间;当你有两只以上的手表并且这些手表的时间又不一样时,你就无法确定时间。

事实上,根据厂商对某个商标承诺的利益点数量的多少,可以直接判断厂商的信用。因为承诺的利益点越多,被验证的可能性越少,信用自然也就很低。

厂商通过自己的注册商标向目标顾客承诺的单一利益点,一定是物质利益与情感利益两个面,但这两个面是不对称的。在产品本身无差异化条件下,如何承诺单一利益点呢?是物质利益的功能需求,还是情感利益的欲望快乐?为此,通过案例理解4.1,可以很好地直观地获知如何向目标顾客承诺单一利益点。此案例我们在第11章即"媒体传播的公信性"中将再次提到。

案例理解4.1　美体小铺:身体力行道德营销[1]

美体小铺本是一家小企业,却被无数经典的教科书、国际奥美广告公司的《奥美的观点》、科特勒教授的权威著作《市场营销管理》以及大卫·爱格的《品牌经营法则》所广泛传播、引用。这源于它所坚持的一种价值,要赚钱,更要有道德。这种社会营销观念在思想学说中频频出现,但在实践中身体力行道德营销的企业并不多见。这正是作为一个小企业的美体小铺的可贵之处。

1976年,当艾妮达·罗狄克在英国的布莱顿市开了第一家"美体小铺"(The Body Shop)之后,这家跨国的美肤美发用品制造者和零售业者,打破了传统的所有旧观念。大部分化妆品的品牌特色,都是基于丰富的想象力以及由大量广告和包装所塑造出来的,富有感性及自我表现的优点。但美体小铺却正好相反,它所强调的价值观完全和竞争对手不同,而这种"支持原则的获利"的营销哲学,是美体小铺维持特色的主要原因。

本书点评:美体小铺承诺的单一利益点就是"支持原则的获利"(Profits with

---

[1] 参见《著名营销案例》,"百度文库"(http://wenku.baidu.com),作者:卢泰宏、王海忠、杨晓燕、陈昆。

Principles)，而不是将获利作为无条件的目的。因为美体小铺采取了与竞争对完全不同的价值观，也就是与在位者对立的策略，不仅创造出了属于自己的市场空间，而且还避开了与这些在位者的直接竞争。问题是美体小铺支持什么"原则"的获利呢？

美体小铺认识到好几个世纪以来，无论世界哪个角落，人们都在使用天然产品来护肤和护发。既然如此，为何不将这种护肤和护发知识加以改良，让更多人受惠？基于此，它开发了如"蜂蜜燕麦磨砂肤""苦瓜洗面乳""海菜洗发精""可可奶油美体乳液"等产品。美体小铺坚持从发展中国家取得原料，这不仅为其产品提供独特的创意，而且还为这些国家带来了就业机会和其他资源。

本书点评：这些化妆品本身并无什么常规的"卖点"，但"坚持从发展中国家取得原料"，却构成其"支持原则的获利"具体事实，关键是这个事实是可以验证的。各位是否知道国家环保局推出的环境标志产品认证？其实，在德国和欧盟，这个认证叫"绿点"认证，就是将对环境没有危害的产品，授予一个"绿点"标识。这个"绿点"认证却是民众的力量自发形成的，后来才被德国及欧盟变成了官方行动。德国及欧洲其他国家的环境保护主义者，组成了一个绿党，成为一支政治力量。有的厂商认识到了这个环保主义政党的社会力量，就在自己产品的外包装上，打印了一个"绿点"标识，向顾客承诺该产品的外包装箱将会手柄承诺功夫使用，以减少森林砍伐，由此获得了环保主义者的认牌选择。随后这个"绿点"就被德国和后来的欧盟作为环境标志产品的认证标识。在 1994 年以前，海尔冰箱难以出口到欧盟市场，不是因为海尔冰箱质量有问题，而是因为海尔冰箱没有获得"绿点"认证，海尔冰箱即出口到了欧盟，也没有消费者选择，因为外包装箱不被回收。1994 年海尔冰箱获得了欧盟的"绿点"认证，当年就出口到了欧盟 8 万台。因此，美体小铺的"支持原则的获利"也是将目标顾客社会价值观这个乐点，转换成为自己产品承诺的单一利益点，从而获得了成功。

美体小铺还坚持"要贸易，不要援助"的原则，为这些贫穷国家创造新活力。它把"第三世界国家"称为"多数国家"，以标明自己的非歧视性。它在多数国家的投入不只是赚钱而已，在 1989 年，它为了阻止不屑业者焚烧热带雨林，它发起了一项数百万人的签名活动。

本书点评：在发展中国家进行的这些活动，都是体现美体小铺"支持原则的获利"这一单一利益点承诺的具体事实，正是这些事实，将"支持原则的获利"落实到了实处，并得到了赞成该价值观顾客的认同，从而获得了他们的选择。例如，美体小铺放弃了带有歧视性语言的"第三世界国家"，而采取了"多数国家"这个政治学中的术语，意味着"多数派"的利益当然应该得到保护。这不仅仅是个术语转变，也给目标顾客一个选择的理由，就是我代表的是多数派的利益，因此，我自豪，而这就是快乐的欲望。

美体小铺除了卖化妆品，同时，还希望建立一个全球社区。随着它的成长，它所提倡的"反浪费""崇尚自然"的原则越来越显著。直到现在，它仍然拒绝用动物来测试产品，而且包装也力求简单。

本书点评：通过拒绝动物实验和简单包装，美体小铺进一步落实了"支持原则的获利"。使这个抽象的道德观，通过这些具体的、可以验证的事实，得以体现。反推出来的，就是其他的化妆品公司，存在着动物实验。尤其值得我们注意的是，美体小铺还希望建立一个全球社区,这个全球社区的原则就是“反浪费”和“崇尚自然”。我们的推论是:随着网络社会的发展,美体小铺的这个全球社区,将快速增加,其成员的主体力量,将是《读者文摘》的长期订阅者们。别忘了,中国《读者》期刊的长期订阅量,至少在3000万人。

诸如此类的对环境和社会的贡献,体现了它的原则,公司不断提醒员工:“目标、价值与产品、获利同等重要。”它强调:“美体小铺有灵魂,别让这灵魂消失了。”此外,它对员工也不轻视,透过各种课程和内部刊物,员工了解公司的产品和环保诉求,进而影响周围的人,共同加入他们的行列。

本书点评:我们历来认为,员工是企业产品的第一顾客,如果员工都不认同自己所在企业的价值观或产品,可以肯定地推断:该厂商对外部顾客所作出的利益承诺,都是不可信的。

凡此种种都带来了顾客的忠诚与好感。美体小铺的顾客也比较关心这个世界,也希望参与这个世界。这是一个小公司捍卫社会,高举社会道德营销的大旗的一个典型例子。

通过美体小铺这个实例,我们可以看出,道德观本来是很抽象的概念,但美体小铺没有空喊“道德”,而是将道德转换成“支持原则的获利”这个单一利益点,并在原料、产品、员工、公益等各个环节,将承诺的单一利益点变成可验证的事实。我们之所以在这一章选择美体小铺这个案例,是想表明,厂商承诺的产品或服务的单一利益点,完全可以不是产品或服务本身,而是目标顾客的乐点。

4.1 利益承诺单一性的技术标准

将利益承诺完全单一的定义为1.0分,将完全不单一定义为0.0分,为了避免出现模棱两可中性判断也即0.5,我们采取了偶数分级法。可以划分出0.0(极不单一)、0.2(很不单一)、0.4(较不单一)、0.6(较单一)、0.8(很单一)、1.0(极单一)。按照这个相对计量等级,我们将利益承诺的单一性测试评级与设计的技术标准确定如下:

(1)列出所承诺的利益是一个还是多个?若承诺多个利益点,厂方材料中排在第一位的利益即首位利益是什么?此项赋值0.40分,具体测试标准是:若是明确的一个利益点得0.40分;若有显著的首位利益得0.32分;若既无单一利益点也无显著的首位利益,则得0.0分。

所谓首位利益,就是厂商通过不同的宣传材料或媒体向目标顾客传播时,提到的第一个利益点都是一样的,若是提到的第一个利益点是随机变化的,则意味着首位利益点不显著。在认定首位利益时,方法是对企业传播资料进行分析,确定传播资料承诺的排在最前边的利益点及其重复程度,排在第一位的利益承诺重复度超过80%的,可以认定为具备首位利益。

(2)所承诺的利益点是边际递增的情感欲望,还是边际递减的物质需求?此项赋值0.30分。具体测试标准是:若承诺的利益点是边际递增的情感欲望,得0.30分;若承诺的利益点是边际递减的物质需求,得0.12分。

(3)作出的承诺是否是顾客的利益?此项赋值0.20分。具体测试标准是:若符合顾客的利益，得 0.20 分；若不是顾客利益，得 0.0 分。

(4)该商标用于几个产品？此项赋值 0.10 分。具体测试标准：若商标承诺的不是情感欲望，若该商标仅用于 1 种产品，得 0.10 分；若超过 1 种，得 0.0 分。

例如，英国 Virgin 代表青年人的反叛精神，故可以用于唱片、饮料、航空等 200 多种不同产品或服务上，产品或服务本身是物质属性，但喜欢反叛的年轻人要的不是这些产品或服务本身，而是因为这些产品或服务上印有 Virgin。

4.2　利益承诺单一性的测试评级

在实际品牌建设过程中，更多的企业是需要兑现现有产品的承诺，也即对正在销售产品或服务的单一利益点进行测试评级，以作为品牌建设的科学依据。

在对具体的某个商标承诺利益单一性进行实际测评时，所依据的信息，必须是来源于该商标是所属厂商的公开资料，包括其电视广告、电台广告、报纸广告、产品宣传材料、企业官方网站、接受记者的采访文稿等。

关于“承诺的利益是一个还是多个”，采集关于商标的整体性介绍语句，对厂商所作出的利益点，进行尽可能详尽的罗列。

表 4.1　　承诺利益点汇总表

利益点	1	2	3	4	5	6
物质利益点						
情感利益点						

关于“如果承诺多个利益点，厂方材料中排在第一位的利益即首位利益是什么”，根据上一条所收集到的信息，对厂商所有宣传材料中可以罗列的利益点，进行频率分析。

表 4.2　　承诺利益频率分析表

利益点	1	2	3	4	5	6
物质利益点	次数	次数	次数	次数	次数	次数
情感利益点	次数	次数	次数	次数	次数	次数

关于“该利益点，是边际递减的功能性需求，还是边际递增的快乐性欲望”，测算方法就是越多越好还是越多越不好。例如吃馒头，随着吃尽馒头数量的增加，感到满足的增加值在减少，因此，就不属于越多越好。而看电影玩游戏，不仅是圈子内交流的谈资，而且还给自己带来摆脱现实焦虑的快乐，自然是越多越好。

正如至乐汇舞台剧的负责人孙恒海所言：“2014 年是全民文化素质飞速提高的一年，互联网思维带来的去大师化，似乎让每个人都成了知识分子。体制优势越来越薄弱，作坊式的人文戏剧因走不出形式的束缚，市场直线下滑，商业戏剧无疑是大势所趋。我一直认为剧场不承载学校的使命，观众都有着良好的教育背景，进剧场既要赏心又要悦目，又要玩得不亦乐乎。这就要求创作者打破边界，坚持内容为王，先锋老矣，娱乐至死，但不娱乐必死。”①

关于“该商标用于几个产品”，通过商标所属官方网站有产品展示，统计出产品的类别总数。

根据采集到的拟评商标的公开信息，按照利益承诺单一性的技术标准，完成利益承诺单一性测试评级表。为了与指标顺序保持一致，表中的指标编号为“2”。

表 4.3　　利益承诺的单一性测试评级表

<table>
<tr><th>指标</th><th>测评二级指标</th><th colspan="2">指标赋值要点</th><th colspan="2">指标事实及其来源</th><th>得分</th></tr>
<tr><td rowspan="4">2. 利益承诺的单一性 B_2</td><td>2.1　列出所承诺的利益是一个还是多个？若承诺多个利益点，厂方材料中排在第一位的利益即首位利益是什么？0.40 分</td><td colspan="2">若是明确的一个利益点，得 0.40 分；若有显著的首位利益得 0.32 分；若既无单一利益点也无显著的首位利益，得 0.0 分</td><td colspan="2"></td><td></td></tr>
<tr><td>2.2　所承诺的利益点是边际递增的情感欲望？还是边际递减的物质需求？0.30 分</td><td colspan="2">承诺的若是边际递增的情感欲望，得 0.30 分；若是边际递减的物质需求，得 0.12 分</td><td colspan="2"></td><td></td></tr>
<tr><td>2.3　作出的承诺是否是顾客的利益？0.20 分</td><td colspan="2">若符合顾客的利益，得 0.20 分；若不是顾客利益，得 0.0 分</td><td colspan="2"></td><td></td></tr>
<tr><td>2.4　该商标用于几个产品？0.10 分</td><td colspan="2">若商标承诺的不是情感欲望，若该商标仅用于 1 种产品，得 0.10 分，若超过 1 种，得 0.0 分</td><td colspan="2"></td><td></td></tr>
<tr><td colspan="6">得分合计</td><td></td></tr>
<tr><td rowspan="2">测试等级</td><td>1.0</td><td>0.8～0.99</td><td>0.6～0.79</td><td>0.4～0.59</td><td>0.2～0.39</td><td>≤0.19</td></tr>
<tr><td>AAA 级</td><td>AA 级</td><td>A 级</td><td>B 级</td><td>C 级</td><td>D 级</td></tr>
</table>

① 参见郭佳《娱乐至死但不娱乐必死，小剧场要有“大作为”》，2014 年 12 月 31 日《北京青年报》。

4.3 利益承诺单一性的设计流程

在单一利益点承诺的测试过程中，存在三类错误，即利益的功能陷阱、盲测的条件陷阱、厂商的臆断陷阱。

所谓利益的功能陷阱，就是以为性能上的优质产品一定会有好的市场。前边的“燕加隆”地板专利就表明，好的技术功能，不一定有好的市场。

所谓盲测的条件陷阱，就是在产品测试时，忽视了目标顾客的选择条件。最典型的案例是可口可乐在1985年的改变配方时，也是经过了味道测试，耗费巨资在13个城市对19.1万人进行了盲测，其中55%的人表示更喜欢新可乐。但在投放市场之后，却受到了顾客们的强烈抵制，前后收到了4万封反对的信。在1985年5月30日前，可口可乐公司的调查表明，53%的消费者称他们喜欢新可乐。但在6月，至少有一半的被调查者的人说他们不喜欢新可乐。到7月，只有30%的每周被调查的人说他们喜欢新可乐。最终只好在7月11日决定取消新可乐，重新生产老可乐。

其实，在厂商的实际经营中，也经常存在这样的事实：邀请顾客对产品功能进行盲测时，顾客也给出了很好的评价。但一旦批量生产投放市场之后，却并未获得顾客的足够选择，从而退出了市场。

为什么成功的盲测，却会导致实际的巨大错误？因为盲测时的给定测试条件，不等于实际购买时的实景条件。在盲测时，受试者的选择是给定的，其基本命题是：在给定备选集的条件下，进行选择。但在实际选择时，实际备选集与盲测备选集是不等价的，这就是盲测的条件陷阱。

为此，我们可以做个盲测实验：在实验室里，给出两个一样的杯子，标号分别是A和B。在A杯子里装入普通的糖水，在B杯子中装入白酒。受测者没有酗酒倾向也不是糖尿病患者。让受测者先后喝完A和B，然后填写哪个好喝。

结论是：100%地认为A也即糖水好喝。

如果由此得出结论，则酒店就应该供应糖水而不是酒水。但事实上正好相反，为什么中国实际的饭局，大家选择的是酒水而不是盲测中受欢迎的糖水？问题出在哪儿呢？就出在盲测的条件：没有说出来在哪儿喝。

如果把测试条件改为：在请朋友聚会时，该喝糖水还是该喝白酒时，又是100%地选择喝白酒，尽管在实验室里同样的人100%地选择糖水好喝。

我国的酒文化是北方人劝酒，南方人不劝酒，这是如何形成的？我们的分析是：在地广人稀的时代，假设方圆50里范围内，就甲一家居住。一天，乙长途赶路，走到甲居住的地方，天色已晚，不能再走了，就到甲家求住宿一夜。如果甲不接受乙的留宿，传播出去以后，外地的人也不会接受甲的留宿。因此，甲会接受乙留宿一夜。可问题是甲乙二人并不认识，谁也不能保证对方不谋害自己，为此，甲将用烈酒来招待乙。如果乙不喝甲敬的酒，甲就认为乙存心不良，而为了让乙相信自己的酒没有下药，甲就先干为敬。最终均衡的结果是甲乙二人同时喝醉，也就意味着甲乙二人都觉着安全了。

而在我国的南方，人们以买卖为主，做买卖需要算账，算账要求的是头脑清醒。如果A和B两个人做买卖，A极力劝B喝酒，B会认为A试图浑水摸鱼，趁自己喝醉赚取便宜。反过来也一样，于是，最终均衡的结果就是A和B互不劝酒。

随着时间的推移，演变成了今天的酒文化。即使是酒文化的形成，也是互利机制的体现。

因此，在进行利益点测试时，按照目标顾客的实际购买条件进行测试，是成功的前提保证。

所谓厂商的臆断陷阱，就是厂商自以为是得出的顾客需要。其最为典型的案例是日本的索尼公司。“我们不能再固执己见，总认为我们的意见正确，而觉得消费者的观念有误。我们不能只推出自己愿意看到的产品和服务。”索尼公司的外籍掌门人斯金格表情严肃地说。索尼财报显示已经连续七年出现亏损。

有近70岁高龄的索尼一直以来都认为，自己是新技术和产品的提倡者，而不是顾客意见的追随者。这一点让索尼吃了不少的苦头。曾经是日本，乃至堪称全球电子制造业翘楚的索尼如今已深陷亏损的泥潭，在充满创造力与日新变化的IT行业里，在微软、IBM，甚至韩国三星的光环映照下，索尼有些黯然失色。

2010年初，索尼曾表示不喜欢任何与互联网有关的事物，声称这种开放的模式会打乱市场秩序，而4个月后，索尼就在行动上表现出了截然相反的论调。

其实，我们认为，索尼历史上所获得成功，是建立在四个条件基础上的：一是娱乐化，索尼集中在电视、录像、录音、摄像等娱乐类，也就是消费类电子，满足了人们追快乐的需求；二是便携性，通过微电子应用，索尼将消费类电子产品小型化，即轻薄化，从而便于携带，满足了顾客随时享受的要求；四是短缺条件下的占先性，也即在20世纪60～80年代，消费类电子产品处于短缺阶段，厂商开发出来，生产出来，就被顾客买走。四是专卖店，索尼曾在日本建立了1.7万个专卖店，确保了顾客在哪儿能买到的终端稳定性。

当电子消费进入互联网市场时，进入过剩市场时，索尼必定落伍，而满足新条件的手机后起之秀苹果公司则获得了领袖地位。

再如，英国壳牌加油站获得司机的青睐，壳牌公司自己认为是因为位置好、油质好，而司机们给出的理由却是壳牌加油站的厕所好。而沃尔沃轿车最早投放美国市场时，厂家自己强调的是坚实耐用，但邀请的记者们考察之后，给出的报道却是最注重安全，并得到了沃尔沃的认可，从此之后，沃尔沃才将安全作为自己的单一利益点坚持不懈的承诺并实现该承诺。

为什么会出现厂商的主观臆断这样的错误呢？我们认为原因是短缺市场形成的路径依赖。在短缺条件下，顾客没有选择权，只有要或不要的选择。厂商埋头于增加产量即可，也就是“推出自己愿意看到的产品和服务”。但是，等到到了供大于求的过剩阶段，突然发现好东西为什么没人要了呢？事实是，不是产品或服务本身出现了质量问题，而是目标顾客的备选集里增加了很多厂商，从而从中选择一个的成本增加了。到了这个时候，只有降低目标顾客的选择成本的措施，才能提高目标顾客的选择效率。

那么，厂商如何才能获得可靠的单一利益点呢？我们认为，正确的路线还是毛泽东的从群众中来到群众中去的群众路线，只不过将群众改为终点目标顾客即可。在我国，一个极为成功的实例，是史玉柱的脑白金。尽管其卡通人物广告“今年咱家不收礼，收礼只收脑白金”被评为十大恶俗广告，但却换来了极好的市场销量。而那些十佳广告们却只赢得了掌声，失去了货架(这也是因为这些十佳广告同时陷入了盲测的条件陷阱和厂商的臆断陷阱)。史玉柱在接受采访时，明确说明，他在亲自与老人交谈时，老人说需要但不好意思要孩子们买，那怎样才能得到需要的保健品呢？老人的回答是就看儿女是否有孝心了。

为了获得的可靠单一利益点，我们设计了以下设计流程：

第一步：邀请目标顾客，拟定交谈的要点

通过目标顾客的精确性研究，可以确定自己的目标顾客。在此基础上，拟定邀请目标顾客的名单，并进行独立访谈。

所谓独立访谈，就是在无干扰的情景下，与这些受邀的目标顾客进行交流。为此，就要预先准备好交谈的要点。这些要点的设置，包括三类：一是需要验证的问题，也即在访谈前，自己头脑中有一些想法，但不知道是否符合目标顾客的需要，通过交谈来获得验证。二是需要新增类的问题，也即在交流的过程中，发现一些原来没有想到的问题，如果通过交流，没有新增问题，则表明有可能陷入臆断陷阱。三是重复类的问题，即通过足够数量的顾客个体交谈，从中发现具有共性的需求，按照大数定理，这个足够数量是指30人以上。

案例理解4.2 奥琪是如何风靡全国的？[1]

北京日化三厂在1983年下半年，推出了“奥琪”抗皱美容霜，在整个20世纪80年代中后期和90年代初，奥琪取得了很好的市场销量，建立了抗皱美容的品牌。

在进行个别访问中，一次在北京的东风市场做调查时，一位已过中年的女营业员认真地问：“你们是化妆品厂的，看看我这脸上的褶子，您有什么办法把它去掉？”

通过调查，类似希望防止容颜早衰的需求是大量的。通过大量的调查分析，在化妆品市场中，中青年和中年以上妇女的抗衰老、延缓皱纹增生的雪花类护肤品。

其实，正是这个个别访问，也就是个性化顾客测试，猜得出了可靠的单一利益点。对这个个别需求，很多人怀疑其普遍性，而忘了从初中就开始背的认识论的基本原理，就是普遍性存在于特殊性中。

第二步：观察个体行为，采集顾客的乐点

观察个体行为，就是在不干扰个体顾客的情况下，看看一个一个的个体顾客的实际选择行为。问题是到哪儿观察呢？到顾客实际选购或者实际操作的现场去观察顾客的实际体验，而不是简单的盲测。为此，通过以下实例，可以深刻直观地理解。

---

① 参见《企业管理》1988年第1期，作者：张学恩。

实例 4.1　东芝通过调查赢市场[①]

东芝公司拟推出医用CT机，他们派人到医院，采访医生对现用的CT机的看法，尤其是有什么不满意的问题。调查发现医生们不喜欢现用CT机设置的多辅助功能，因为这些辅助功能医院还有专用设备。于是，东芝公司在设计自己的CT机时，将这些辅助功能取消，同时，还降低了价格，从而以后来者身份，赢得了市场。

实例 4.2　成功的启示[②]

一位妇女为了消磨时间进了吉拉德的汽车展厅，因为她要买的是对面车行的福特车。那里的推销员让他等一个小时。她告诉吉拉德自己准备选购一辆白色的福特车作为她当天的55岁生日礼物。

“生日快乐，夫人！”吉拉德仍然热忱地请她随意看，自己出去交代一下，然后他诚恳地介绍自己的白色轿车，尽管品牌是雪弗莱而不是福特。这时，女秘书进来，递给吉拉德一打玫瑰花，他郑重地把花送给那位妇女说：“祝您长寿，尊敬的夫人。”

女士深受感动，眼眶湿润了，她在那里受到了尊重，而福特车行的推销员却见她开着旧车而怠慢了她。她感到自己并不一定非得买福特车，于是放弃了原来的打算，选择了一辆雪弗莱，并填写了一张全额支票。

本书点评：杰拉德之所以能成为推销汽车的吉尼斯纪录者，既不是因为车好，也不是因为他“忽悠”推介得好，而是因为他懂得顾客的乐点所在。为此，他每个月都给在他这买过车的13000个老顾客，邮去一张贺卡，写上诚挚的祝福，一年12张贺卡，足以让这些老顾客相信杰拉德是真心喜欢他们。当身边的亲朋好友征询在哪儿买车时，这13000人能建议去哪里呢？

实例 4.3　名字里有什么？[③]

1982年丰田和通用在美国合资一家叫NUMMI的汽车公司，该公司1989年投产相同的两种桥车，取名分别是：丰田Corolla和通用Geo Prizm。

1989年，丰田Corolla的售价是9000美元，比通用Geo Prizm高出10%。但丰田Corolla的折旧却比通用Geo Prizm慢得多，5年以后，二手车的价格丰田Corolla比通用Geo Prizm高出18%。1990～1994年，两者制造成本相同，都为10300美元，丰田Corolla出厂价为11100美元，售出了200000辆。通用Geo Prizm出厂价为10700美元，售出了80000辆。

结果是丰田从NUMMI获得经营利润比通用公司高出1.28亿美元，丰田汽车经销商比通用汽车经销商获利也高出1.07亿美元。

本书点评：同样的两辆轿车，物质利益完全一样，为什么价格高的Corolla比价格低

---

① 参见菲力沛·柯特勒《新竞争》，中国商业出版社1988年版，第120页。

② 参见2008年7月24日“中国烟草”(http://www.China Tobacco.com)，作者：李贞晖。

③ 参见里克·莱兹伯斯等《品牌管理》，机械工业出版社2004年版，第7页。

的 Prizm 卖得多呢？不管当初丰田是如何思考的，今天世界最大的轿车市场美国，丰田 Corolla 牌轿车是作为子女成年后，父母送给子女的成年礼物，从而成为独立的象征。这种符号意义超过了其他商标的轿车，也就成为美国青年人“我独立了”的代言选择。换言之，一个年轻人开着 Corolla 车，会很自豪的，因为这等于向别人宣告我独立了。而 Prizm 就没有这个乐点。再想想看，我国的国产轿车厂商们，也开发出了与 Corolla 轿车物质利益一样轿车，有的配置甚至超过了 Corolla，并且价格还低于 Corolla 轿车，可为什么就是卖不好？品牌经济学认为，恰恰就是只在乎了物质利益，而忽视了目标顾客的情感利益。

那么，人们都喜欢哪些情感利益呢？为此，我们可以通过阅读《扬子晚报》的一篇报道，题目是《最美好的时刻》。在品牌建设过程中，识别出目标顾客的“最美好的时刻”，将其作为预期乐点，将会取得极好的效果。

实例 4.4 最美好的时刻①

那天，我扛着摄像机在人来人往的大街上采访过往的行人。题目只有一个，你经历过的最美好的时刻是什么？

一位60多岁的老者稍作考虑后回答：“大概是我10岁那年夏天，在河边树林里割牛草，突然发现一小片蘑菇，我采了它们回家去，我娘做了一锅蘑菇汤，全家人一起喝着那香香的蘑菇汤，那真是人生最美好的时刻。”

本书点评：对这位老者而言，10岁就是20世纪60年代，那是一个物质短缺贫穷的年代，他的人生最美好的时刻是鲜美的蘑菇汤吗？我们认为不是，而是作为一个只有10岁的孩子，能为全家人带来的美味，必定赢得了一家人的夸奖，这是他人生的第一次自豪！

正好碰上我住着别墅、开着奥迪车的老板朋友，他接受了我的采访。他摸了摸头，眨巴了几下眼睛说：“上小学时，在寒冷冬季的夜晚，我躺在奶奶用铜炉给烘好的被窝里，听奶奶重复讲述那些百听不厌的故事，然后在奶奶的呢喃中不知不觉入睡。”我的这位朋友自小失去了母亲。

本书点评：在寒冷的冬天，没有母亲的孩子，心里最渴望母爱，在奶奶那里得到了温暖的关爱。

一位40岁左右的女子，听了我的问题，哈哈笑起来，那笑容美极了。她说：“1986年，我上初二，获得20元的奖学金，把10元交给了母亲，剩余的10元给自己和妹妹各买了一双球鞋和一些小零嘴，那时刻，感觉自己是世界上最幸福的人，直到今天，依旧认为那是最美好的时刻。”

本书点评：人生的第一次奖学金，给母亲10元，给妹妹和自已各买了喜爱的物品，必定赢得了母亲和妹妹的称赞，也是第一次自豪！

一个25岁的男青年如此回答：“说出来，不许笑话我。上初中时，我对班里的一女生特感兴趣，我愿意为她干任何事情。一次爬山，我采了大把的山菊花偷偷送给她，她红着脸接受了。只可惜，半年后，她跟随她爸爸去了另一个城市。那种感觉太美好了。”

本书点评：对男青年来讲，给第一次暗恋的女生的花或物或活动，都将是人生最美

① 参见2010年12月13日《扬子晚报》，作者：刘英。

好的。

最小的受访者是小学一年级的小女生，她想了很长时间才说："最美好的时刻是妈妈带我去看世博会，虽然累，但我看到了不曾见过的好东西，比如丹麦馆内漂亮的美人鱼，白俄罗斯馆内漂亮的墙壁画，像贝壳形状的以色列馆的建筑体。"

本书点评：对出生于21世纪的孩子来说，物质生活已经满足了，对未曾见过的东西，就会产生美好的感觉。

这些被采访者的回答，无一例外地认为，最美好的时刻是在童年或少年时期，并且与物质生活的丰盛没有多大关系。我不由地陷入沉思：过着今天相对富裕的生活，为什么没有感觉到当下的生活是美好的呢？是不是，我们的生活中缺失了一些关乎心灵的东西？

本书点评：注意！"这些被采访者的回答，无一例外地认为，最美好的时刻是在童年或少年时期，并且与物质生活的丰盛没有多大关系。"既然如此，各位厂商们，为什么不去挖掘自己的目标顾客的童年或少年的"最美好的时刻"，并将这个"最美好的时刻"作为注册商标的单一利益点，而产品或服务只是体现这个"最美好的时刻"的载体而已。找到目标顾客"最美和的时刻"并将其转化为商标的单一利益点，就是品牌工程任务之一。

第三步：通过情感主题重复活动，将欲望乐点转换为单一利益点

产品总是以物质属性存在，尽管服务的本质是让顾客愉快，但服务也总是依托物质载体（如酒店、电信等）的。只有通过重复的情感主题活动，才能形成情感物质型的单一利益点。为此，我们设计了单一利益点生成表。

表4.4　　单一利益点生成表

商标-产品名称	物质属性	情感主题重复活动	单一利益点

在商标-产品名称栏目中，一是列出注册商标名称，包括文字名称和图案形式；二是产品名称，如卡通、轿车、服装、微处理器、三星酒店、商务酒店等。

在物质属性栏目中，列出产品或服务的物质属性，也即承诺的物质利益。如果是卡通，则是对卡通形象的描述，例如米老鼠的物质属性是：乖巧、夸张、矜持等。对产品或服务而言，不同商标所代表的产品或服务，其物质属性完全可能是同质化的。例如，星级酒店的设施与卫生标准，都是世界旅游组织规定的标准。再如，Zippo打火机的物质属性是坚硬的金属外壳、持续火焰、防风、抗低温等（详见本书第11章"媒体传播的公信性"案例模拟中的Zippo案例）。

在情感主题重复活动栏目中，突出的是"主题"，强调的是"重复"。"主题"类似聚焦的透镜，将物质属性的多个利益点，通过单一的"主题"聚集，形成该商标所代言的单一利益点，但只有"重复"也即日久生情，才能将顾客的大脑皮层信息转入海马体的潜意识信息，形成一旦产生购买动机，就不假思索地选择该商标。例如，本章开始分析的"美体小铺"案例，就是通过重复的活动，让目标顾客理解"支持原则的获利"这个单一利益点。

例如，在卡通片米老鼠中，情感主题重复活动就是一系列表达快乐的短片。以儿童为主的顾客们，反复收看米老鼠为主角的快乐短片。也就形成了米老鼠是"快乐"这个单一利益点。日本有关研究表明，低于 104 集的商业动画片很难进入市场；就算进了市场，也极难产生商业效应。

再如，Zippo 打火机，通过重复的一系列的质量和救人的主题故事(在战场，Zippo 装在士兵安东尼左上衣口袋里，挡住了子弹，挽救了该士兵的姓名)，将 Zippo 打火机转换成了"救命恩人的英雄角色"，从而成为少女送给自己恋人的定情物。

又如奔驰轿车，通过高档杂志图片，重复地强调"世界元首使用最多的车"，形成了"权贵"的单一利益点。

在单一利益点栏目中，确定引起目标顾客快乐的乐点，也即单一利益点。

表 4.5　　米老鼠的单一利益点生成表

商标-产品名称	物质属性	情感主题重复活动	单一利益点
商标：米老鼠 产品：卡通图像	夸张的造型	快乐主题短片	快乐
	乖巧的表情		
	活泼的动作		
	矜持的表达		
	意外的变形		
	简短的情节		

表 4.6　　Zippo 打火机的单一利益点生成表

商标-产品名称	物质属性	情感主题重复活动	单一利益点
商标：Zippo 产品：打火机	坚硬的金属外壳	救人的故事	定情物
	持续的火焰燃烧		
	防风的点燃		
	抗低温的火焰		
	可充的液体燃料		

实例 4.5 创作广告语的思考与入手[①]

某职业女性在洗发液货架上，选取了 6 种不同商标的洗发液，最终选择了最贵的海飞丝。原因是认为海飞丝坚持的专业去头屑的专业性。而她本人恰恰就是一个依靠专业生存与发展的职业女性！去头屑的洗发液很多，但海飞丝一直坚持不懈地专注于去头屑的“专业”，才是海飞丝以高价格赢得该职业女性的选择。因为她不是以相貌来赢得认可，而是更乐于同事们对自己专业的认可。“专业”就是她的乐点，而海飞丝就将“专业”去头屑作为自己的单一利益点。

其实，海飞丝(Head&Shoulders)是一种去除头屑的特殊的洗发水，临床上已证实了它的效果，这就是产品研制工程。在刚推出的年代，消费者对头皮屑并不非常在意。既然消费者对头屑不以为然，也就意味着对去屑的需求敏感度不高，在这种情况下，无论怎样宣传去屑效果多么多么好，也难以有销量。

那么该如何去激发顾客对去除头屑洗发液的需求呢？如何使消费者像消灭虱子或跳蚤那样坚决地去消灭头屑呢？采取的转换原理是：假如消费者不能(很快地)解决他的问题，那你就把他所面对的重要的社会后果戏剧化。

于是，海飞丝的打出广告语：“你不会有第二次机会给人留下第一个印象”。此话听来悦耳，实际上暗藏杀机：谁要是不去消灭他的头屑，可能葬送一生的事业。在日本播放的电视广告上，一位豆蔻年华的戏剧专业女生在决定性的入学考试前夕遭到头屑的侵袭。“我的前途完了。”女生认命地说。这时候，海飞丝从天而降，拯救了她的职业生涯。也就是说，海飞丝不仅可以消灭头屑，而且还可以为人生指点迷津。因此，谁如果不去消灭头屑，那么社会上等着他的倒霉事情还多着呢。

结果海飞丝不仅在日本销量大增，而且畅销全球市场，成为人们维护和拯救个人形象的救星。其实，海飞丝运用的逻辑是：某人有头皮屑，意味着不常洗澡；为什么不常洗澡？意味着家里没有洗澡设施；家里为什么没有洗澡设施？因为穷。这就是品牌工程。

表 4.7　　海飞丝的单一利益点生成表

商标-产品名称	物质属性	情感主题重复活动	单一利益点
商标：海飞丝 产品：洗发露	片晶状 ZPT	专业去头屑广告	专业形象
	月桂醇硫酸脂钠		
	聚二甲基硅氧烷		
	椰油酰胺 MEA		
	碳酸锌		
	吡硫翁锌(ZPT，活力锌)		
	(其他很多成分省略)		

① 参见 2013 年 12 月 27 日“新浪博客”，作者：智汇创意营销传播。

实例 4.6　脑百金表孝心[①]

史玉柱在推广脑白金时，最大的成功，既不是技术创新，也不是渠道创新，而是将一种保健品转化为表达孝心的礼品。想想看，当你要回家看望父母，探望老领导时，是否为带什么礼物而发愁？这时，“收礼只收脑白金”是否将你从选择的困境中解脱出来了？这就是脑白金通过将老人获得保健品这个乐点，转化为“礼品”这个单一利益点，而没有说脑白金的功效，如此转换，直接降低了送礼者的选择成本。

表 4.8　脑白金的单一利益点生成表

商标-产品名称	物质属性	情感主题重复活动	单一利益点
商标：脑白金 产品：保健品	松果体的改善睡眠	送礼广告	孝心
	低聚糖的润肠通便		

为什么要通过“测定”来确定“单一的利益”呢？是因为满足顾客乐点的具体方式或具体载体，是多种多样的。需要设计多个样本，并通过目标顾客的实际测试，才能确保可靠性，而不能靠哪个人的灵机一动！

上述的实例，是对已经建成的品牌进行的理性重建，他们是如何生成自己的单一利益点呢？我们认为这是一个不断测试的过程。《喜羊羊与灰太狼》的卡通图案，之所以能得到小朋友的喜爱，就是因为现场实景测试的结果。

实例 4.7　肯德基首次“牵手”中国动漫[②]

《喜洋洋与灰太狼》的有关人员在接受采访时说：“我们成立了一个近 20 人的编剧团队。与其他影视、动漫公司进行松散型合作不同的是，我们一直注重培养专职编剧，所以我们会有很好的、具有可持续的创意。而且我们还有 100 多个专业动漫画师，可以保证高质量、高产量的动漫创作。这些动画师会分成几组画不同的‘喜羊羊’，画完后挑出几组作品到幼儿园让孩子们挑最喜欢的，最终结果会以孩子们的选择作为标准。这就是我们遵循的以市场为导向，遵循市场规律。”

因此，我们认为，在具体设计时，需要对若干个单一利益点进行测试，以找到目标顾客最敏感的单一利益点，并以此来进行反向设计，获得情感主题重复活动。关于单一利益点的敏感性，详见第九章“品类需求的敏感性”。

---

① 参见何学林《巨人史玉柱怎样站起来：脑白金的战略与筹略》，光明日报出版社 2002 年版，第 67 页。

② 参见 2009 年 2 月 13 日《经济观察报》，作者：贺文。

第四步:锁定单一利益,测定品型空间

毛泽东强调坚定正确的政治方向,灵活机动的战略战术。在商标的品牌信用建设过程中,就是坚持测定的单一利益点,万变不离其宗。换言之,承诺的单一利益点不变,但实现该单一利益点的具体载体必须是“万变”的,原因是目标顾客对单一利益点的需求是一致的,但他们之间存在着具体需求的个体差异。

单一利益点也即品类的具体产品或服务形态,我们称其为品型,将品型的数量定义为品型空间。品型结构直接决定了市场规模:品型空间越大,其潜在的市场规模越大。

在本章后边的案例模拟中,你可以进一步理解沃尔沃是如何通过“万变”来坚持不懈地体现“安全”为单一利益点。沃尔玛又是如何通过“万变”来坚持不懈地体现“Every day low price,即天天低价”这个单一利益点的。

表 4.9　品型空间表

单一利益点	品型空间:产品或服务的具体表达		
规格	款式	版本	价格

表 4.10　微软的 WORD 体系的单一利益点品型空间

单一利益点	Windows 的品型空间			
	规格	款式	版本	价格
窗口提示操作简单			WIN95	
			WIN97	
			WIN98	
			Vista	

表 4.11　奔驰轿车的单一利益点品型空间

单一利益点	奔驰的品型空间			
	规格	款式	配置	价格
尊贵	S 系列	不同年度的款式	高低配置	高低价位
	E 系列	不同年度的款式	高低配置	高低价位
	B 系列	不同年度的款式	高低配置	高低价位
	C 系列	不同年度的款式	高低配置	高低价位

表 4.12　　云南白药品型空间

单一利益点	云南白药的品型空间			
	剂型	容量	含量	价格
清热止血	散剂【1902 年】			
	胶囊【1974 年】			
	创可贴【1995 年】			
	气雾剂【1999 年】			
	牙膏【2004 年】			

表 4.13　　海飞丝去头屑单一利益点的品型空间

单一利益点	海飞丝的品型空间		
	型号	容量毫升	价格
专业去头屑	植物净翠型去屑润发精华露		
	强根护发型去屑洗发露		
	乌黑强韧型去屑洗发露		
	水润滋养型去屑洗发露		
	清爽去油型去屑洗发露		
	怡神冰凉型去屑洗发露		
	深层洁净型去屑洗发露		
	海洋活力型去屑洗发露		
	丝质柔滑型去屑洗发露		

第五步：跟踪顾客乐点，及时更新表达

顾客的乐点可以保持不变，但获得乐点的具体方式却可以是变化的。为此，厂商要及时更新乐点的表达方式。

实例 4.8　迪斯尼麦当劳十年“婚姻”可能终结①

自 1996 年以来，麦当劳只在迪斯尼的电影、电视机以及主题公园中进行推广。迪斯尼—麦当劳的协议规定了麦当劳每年的电视广告量以及在全球餐厅中进行的推广活动次数。

对于麦当劳来说，这宗协议在当时的确有其意义，因为当时迪斯尼凭借轰动一时的《狮子王》(*The Lion King*)等影片是动画界无可争议的霸主。麦当劳携手迪斯尼，正是看

① 参见 2005 年 6 月 8 日《南方日报》，作者：琼斯。

准了这一形式。两家公司决心联盟,各取所需。于是,有了迪斯尼授权的麦当劳,在促销中陆续推出了很多有名的卡通形象,如"米奇""101 斑点狗""尼墨""神探加吉特"等。而迪斯尼公司通过麦当劳分布全球的约 3 万家连锁店,将公司形象进行推广,如每次迪斯尼发行新片,麦当劳店中的电影大海报。

但随着迪斯尼的主导优势减弱,双方的营销合作成了鸡肋,麦当劳发现自己陷入了《星银岛》(*Treasure Planet*)等影片失败的推广活动中。麦当劳的加盟商将开心乐园套餐的销售下降部分归因于这类失败的推广活动。

但是,近年来,迪斯尼的动画影片在激烈的竞争之下,表现得不尽如人意。特别是《星银岛》一片的失利,使麦当劳主要针对儿童的麦当劳欢乐餐销售直线下降。麦当劳的企业顾问理查德·艾德姆斯曾说,对公司来说,推广活动的成败与一部电影的成败关系密切,迪斯尼的表现,让麦当劳公司不得不考虑自己的销售策略。

2005 年,麦当劳公司宣布,他们正准备和梦工厂动画公司进行为期两年的合作,将在以后推出受欢迎的梦工厂卡通形象,包括怪物史瑞克。2007 年,这项合作将随着的发布而同时生效。这项合作虽不限制麦当劳公司与其他影片公司进行合作,但是在未来两年,麦当劳将会给予梦工厂 4 部筹拍动画片以优先赞助。这就意味着麦当劳与迪斯尼即将结束 10 年的合作关系。世界的小朋友在进入麦当劳进餐时,又多了一个选择,他们也许会和史瑞克一同进餐。

麦当劳为什么要放弃与迪斯尼的合作,而转向与梦工厂合作呢?是因为"近年来,迪斯尼的动画影片在激烈的竞争之下,表现得不尽如人意。特别是《星银岛》一片的失利,使麦当劳主要针对儿童的麦当劳欢乐餐销售直线下降。"而麦当劳的目标顾客即孩子们欢迎的是梦工厂的卡通故事片,尤其是怪物史瑞克。因此,目标顾客的乐点也不是一成不变的,这就要跟踪目标顾客的乐点演变,及时更新表达方式。

4.4 利益承诺单一性的案例诊断

4.4.1 "华夏良子"足疗的利益承诺单一性测试评级

为了获取华夏良子的信息,我们通过网络搜索和经营场所现场感受。通过搜索,我们发现华夏良子主要是通过自己的网站和经营场所,来传播自己的诉求。

从华夏良子的网站和经营场所,我们看出华夏良子承诺的利益是养生保健(传统保健),经营场所的名称是"华夏良子养生会馆"。其实,这个诉求不如创业时期的"足疗"。换言之,华夏良子从"足疗"转到"养生",是一次"扩容"。好就好在不管华夏良子自己如何"扩容",但顾客还是将其定义为"足部保健按摩"。因此,我们将仍然认为华夏良子承诺的利益基本具备了单一性,也就是"足部按摩,缓解身心疲惫"。

尽管华夏良子从单一的足部保健按摩扩容到了养生,但其首位利益仍然是足部保健按摩,这就是占先效应。

我们认为,华夏良子的真正贡献,是其在保健领域中,尤其是在全身按摩保健占先的状态下，率先开辟了"足部"这个单一部位的保健按摩。

尽管在华夏良子的宣传彩页中，也提出了"有了健康的身体才有美好的生活"，但这属于通用性诉求，不是华夏良子独有的情感诉求。因此，"足部养生"这个利益诉求属于物质类诉求。目前，注册商标"华夏良子"只用于华夏良子养生会馆。

综上所述，关于华夏良子的单一利益点测试如下：

表 4.14　"华夏良子"的利益承诺单一性测试评级表

指标	测评二级指标	指标赋值要点	指标事实及其来源	得分
2. 利益承诺的单一性 B_2	2.1　列出所承诺的利益是一个还是多个？若承诺多个利益点，厂方材料中排在第一位的利益即首位利益是什么？0.40 分	若是明确的一个利益点，得 0.40 分；若有显著的首位利益得 0.32 分；若既无单一利益点也无显著的首位利益，得 0.0 分	足部按摩，缓解身心疲惫。"足部养生"是确定的单一利益点。故此项得 0.40 分	0.40
	2.2　所承诺的利益点是边际递增的情感欲望？还是边际递减的物质需求？0.30 分	承诺的若是边际递增的情感欲望，得 0.30 分；若是边际递减的物质需求，得 0.12 分	足部养生属于边际递减的物质需求，故此项得 0.12 分	0.12
	2.3　作出的承诺是否是顾客的利益？0.20 分	若符合顾客的利益，得 0.20 分；若不是顾客利益，得 0.0 分	足部按摩是顾客的利益，故此项得 0.20 分	0.20
	2.4　该商标用于几个产品？0.10 分	若商标承诺的不是情感欲望，若该商标仅用于 1 种产品，得 0.10 分，若超过 1 种，得 0.0 分	承诺的不是情感欲望但商标仅限于养生馆，故此项得 0.10 分	0.10
得分合计				0.82

测试等级	1.0	0.8～0.99	0.6～0.79	0.4～0.59	0.2～0.39	≤0.19
	AAA 级	AA 级	A 级	B 级	C 级	D 级

4.4.2　"上海"表的利益承诺单一性测试评级

上海表业有限公司官网指出："陈丕显同志为'上海'牌手表题词：精益求精。四个字高度概括了产品特点和品牌文化特征。"我们在网站和经营场所也发现，上海表业传播的诉求是"精益求精，质量第一，价格公道，服务至上"，而这些诉求是"上海"表建厂之初就承诺的通用性诉求，是每一个生产厂家都应该自己做到的，只是物质类诉求，不是"上海"表的独有的情感类诉求。

尽管"上海"表在建国之初深受国家领导人喜爱，一度风靡全国，并成为当时权力的象征，但是随着市场经济到来，消费者的选择空间迅速加大，我们无法确定“上海”表承诺的首位利益是什么，这些通用性的物质类诉求也不足以引起消费者兴趣，因此“上海”表的市场份额迅速减少。

综上所述，“上海”表的利益承诺缺乏单一性测试如下：

表 4.15　“上海”表的利益承诺单一性测试评级表

指标	测评二级指标	指标赋值要点	指标事实及其来源	得分
2. 利益承诺的单一性 B_2	2.1　列出所承诺的利益是一个还是多个？若承诺多个利益点，厂方材料中排在第一位的利益即首位利益是什么？0.40 分	若是明确的一个利益点，得 0.40 分；若有显著的首位利益得 0.32 分；若既无单一利益点也无显著的首位利益，得 0.0 分	官网自述利益承诺是“精益求精，质量第一，价格公道，服务至上”过于含糊不清，难以验证。此项得 0.0 分	0.0
	2.2　所承诺的利益点是边际递增的情感欲望？还是边际递减的物质需求？0.30 分	承诺的若是边际递增的情感欲望，得 0.30 分；若是边际递减的物质需求，得 0.12 分	据上承诺都是边际递减的物质需求，故得 0.12 分	0.12
	2.3　作出的承诺是否是顾客的利益？0.20 分	若符合顾客的利益，得 0.20 分；若不是顾客利益，得 0.0 分	据上承诺属于顾客利益，故此项得 0.20 分	0.20
	2.4　该商标用于几个产品？0.10 分	若商标承诺的不是情感欲望，若该商标仅用于 1 种产品，得 0.10 分，若超过 1 种，得 0.0 分	多种款式不属于多种产品，故此项得 0.10 分	0.10
得分合计				0.42

测试等级	1.0	0.8～0.99	0.6～0.79	0.4～0.59	0.2～0.39	≤0.19
	AAA 级	AA 级	A 级	B 级	C 级	D 级

4.4.3　“七匹狼”服装的利益承诺单一性测试评级

通过网站及广告宣传，我们可以看到“七匹狼”向顾客传播的利益点是“男人不只一面”。“七匹狼”对于“追逐人生，男人不只一面”的解释为：“追逐”反映出男人以狼性核心元素为代表的进取精神，并勾勒出一个对事业成功和生活浪漫无限追逐的男人形象，也是实现铁骨柔情男人“不只一面”人生这一价值取向的必要途径和精神态势。

“七匹狼”曾经提出“与狼共舞，尽显英雄本色”的主题语，展现给人们的是以追求成就、勇往直前、勇于挑战的男士精品形象。“七匹狼”的发展经历了从体现男人英雄本色到展现多面男人，从“夹克专家”到各类服饰的转变，实则是对其品牌形象的一次“扩容”。

现在人们对“七匹狼”品牌形象的定位，大多依然停留在勇于挑战的方面；对“男人不只一面”的品牌形象认可度还有待提高。因此，我们认为“七匹狼”的利益承诺兼有这两者。

“七匹狼”服装利益承诺的问题是，既然承诺了“男人不止一面”，表明是男性服装，但其产品线拓展到了“经典商务、时尚商务、青春时尚、女装系列、童装系列……”，从而偏离了“男人”的承诺。

综上所述，“七匹狼”服装承诺的利益单一性测试如下：

表 4.16　“七匹狼”服装的利益承诺单一性测试评级表

指标	测评二级指标	指标赋值要点	指标事实及其来源	得分
2. 利益承诺的单一性 B_2	2.1　列出所承诺的利益是一个还是多个？若承诺多个利益点，厂方材料中排在第一位的利益即首位利益是什么？0.40 分	若是明确的一个利益点，得 0.40 分；若有显著的首位利益得 0.32 分；若既无单一利益点也无显著的首位利益，得 0.0 分	官网自述的利益，承诺多个利益，从早期的“与狼共舞，尽显英雄本色”到“追逐人生，男人不只一面”。但首位利益是显著的。故此项得 0.32 分	0.32
	2.2　所承诺的利益点是边际递增的情感欲望？还是边际递减的物质需求？0.30 分	承诺的若是边际递增的情感欲望，得 0.30 分；若是边际递减的物质需求，得 0.12 分	“追逐人生”属于边际递增的情感欲望，故此项的 0.30 分	0.30
	2.3　作出的承诺是否是顾客的利益？0.20 分	若符合顾客的利益，得 0.20 分；若不是顾客利益，得 0.0 分	“追逐人生”属于顾客利益，故此项得 0.20 分	0.20
	2.4　该商标用于几个产品？0.10 分	若商标承诺的不是情感欲望，若该商标仅用于 1 种产品，得 0.10 分，若超过 1 种，得 0.0 分	限定的是男人，但用于女装和童装，也就超过了 1 种产品，故此项 0.0 分	0.00
		得分合计		0.82

测试等级	1.0	0.8～0.99	0.6～0.79	0.4～0.59	0.2～0.39	≤0.19
	AAA 级	AA 级	A 级	B 级	C 级	D 级

4.4.4　“百达翡丽”腕表的利益承诺单一性测试评级

通过网络搜索获取“百达翡丽”的信息，我们发现“百达翡丽”通过多种方式来传播自己的诉求，包括出版杂志、建立博物馆、举办沙龙、做广告等形式。

从中我们发现，“百达翡丽”希望成为珍贵的家传之宝，从而承诺创出“世上最卓越、最具价值腕表”，它的经典广告词就是“没人能拥有‘百达翡丽’，只不过为下一代保管而已”。“百达翡丽”从选材到制作都一丝不苟，并且始终坚持腕表的诉求，虽然后来开始涉足珠宝和怀表，但还是顾客公认的世界上最好的钟表品牌。因此，我们认为，“百达翡丽”承诺的利益具备单一性，即创出“世上最卓越、最具价值腕表”。

“百达翡丽”官网上对腕表做了这样的情感传递描述：一枚“百达翡丽”腕表传达的不仅仅是时间，而是默默地体现着您的个人价值。每一枚“百达翡丽”腕表都会成为一个故事、一段情感。真情对话继承腕表的人——这是传递言语。您赠与腕表的人——这是传递爱的桥梁。所有腕表都可缔造起自己的情感回应。这种情感并不是只藏于每枚腕表中，它还在我们的企业中。“百达翡丽”腕表——真我体现。“用纯粹的金钱很难衡量‘百达翡丽’的价值。”美学、工艺、可靠性都应成为衡量标准。我们精心设计、生产、检测每一枚腕表，让腕表世代相传。我们可以这样说：“‘百达翡丽’，不但长伴身旁，而且还是传家风范。”正是如此，它的真正价值在于情感。

在“百达翡丽”的宣传中，不断地向顾客传递这样的信息：“百达翡丽”值得拥有，不仅仅是因为奢华和高贵，更重要的是，能够与拥有者进行感情交流，并能够成为传递感情的载体，“百达翡丽”足以成为传家之宝。也就是说，“传家之宝”是“百达翡丽”独有的情感诉求，它承诺的单一利益点属于情感物质类。

目前该商标主要用于腕表，还有少数怀表和珠宝，这三者有一个共同特点是尊贵奢华。

综上所述，“百达翡丽”的承诺的单一利益点测试如下：

表 4.17　“百达翡丽”腕表的利益承诺单一性测试评级表

指标	测评二级指标	指标赋值要点	指标事实及其来源	得分
2. 利益承诺的单一性 B_2	2.1　列出所承诺的利益是一个还是多个？若承诺多个利益点，厂方材料中排在第一位的利益即首位利益是什么？0.40 分	若是明确的一个利益点，得 0.40 分；若有显著的首位利益得 0.32 分；若既无单一利益点也无显著的首位利益，得 0.0 分	官网自述利益承诺很多，但都是围绕“世上最卓越、最具价值腕表”展开的，故此项 0.32 分	0.32
	2.2　所承诺的利益点是边际递增的情感欲望？还是边际递减的物质需求？0.30 分	承诺的若是边际递增的情感欲望，得 0.30 分；若是边际递减的物质需求，得 0.12 分	“最具价值”的承诺属于边际递减的物质需求，故此项得 0.12 分	0.12

续表

指标	测评二级指标	指标赋值要点	指标事实及其来源	得分
2. 利益承诺的单一性 B_2	2.3　作出的承诺是否是顾客的利益？0.20分	若符合顾客的利益，得0.20分；若不是顾客利益，得0.0分	所做承诺符合顾客利益，故此项得0.20分	0.20
	2.4　该商标用于几个产品？0.10分	若商标承诺的不是情感欲望，若该商标仅用于1种产品，得0.10分，若超过1种，得0.0分	不属于情感欲望，且用于珠宝，故此项得0.0分	0.0
得分合计				0.64

测试等级	1.0	0.8～0.99	0.6～0.79	0.4～0.59	0.2～0.39	≤0.19
	AAA级	AA级	A级	B级	C级	D级

4.4.5　“依波路”手表的利益承诺单一性测试评级

我们主要通过网络搜索的途径，获得“依波路”在利益承诺方面的信息。

“依波路”品牌的LOGO来源于一个浪漫的爱情故事，一次贵族的舞会上，第二代“依波路”创始人Ernest Borel认识了一位漂亮的姑娘，他们优美的舞姿引来全场艳羡的目光，一位摄影师忍不住用相机将这动人的浪漫时刻定格。浪漫的时刻、优美的舞姿，点亮了Ernest Borel的灵感，由眼前瞬间的触动变为心灵恒久的感动，他以两人的舞姿画面设计出了“依波路”表的品牌商标，从此这段翩翩起舞的LOGO商标就定格为“依波路”的品牌商标。

在之后150多年的品牌发展中，“依波路”也始终以“浪漫”为主调，将“浪漫时刻，一生相伴”作为其品牌理念，设计出无数情侣对表经典，成为瑞士情侣表第一品牌。亚太区行政总监苏大也坦诚：正是创业之初浪漫品牌的定格，使的“依波路”发展成为一个能唤起人们心灵深处，对美好生活无限向往崇敬的品牌，并且在传承经典、浪漫，演绎精彩人生方面有着独特的优势。

“依波路”正是紧紧把握自己的品牌特色，努力地打造瑞士情侣表第一品牌，使“依波路”真正成为传递和表达美好情感的载体。“依波路”手表在选择品牌代言人的时候，也非常注重代言人本身的浪漫气质，从而与“依波路”的品牌文化相辉映。

现在，“依波路”为了顺应时代的发展，在经典设计中也融入了时尚元素，但其承诺的首位利益依然是“浪漫”。

我们可以看到，“依波路”将爱情和友情等人类美好的感情与品牌联系在一起，不仅代表了一种生活品位，而且还成为见证浪漫真爱、倡导浪漫积极的人生态度及对美好事物的不懈追求的艺术品。因此，“浪漫”是属于“依波路”的独有的情感诉求，是情感物质类诉求。

通过网络检索,"依波路"(Ernest Borel)这一品牌目前只用于腕表。

综上所述,"依波路"承诺的单一利益点测试如表 4.18 所示:

表 4.18　"依波路"手表的利益承诺单一性测试评级

指标	测评二级指标	指标赋值要点	指标事实及其来源	得分
2. 利益承诺的单一性 B_2	2.1　列出所承诺的利益是一个还是多个?若承诺多个利益点,厂方材料中排在第一位的利益即首位利益是什么?0.40 分	若是明确的一个利益点,得 0.40 分;若有显著的首位利益得 0.32 分;若既无单一利益点也无显著的首位利益,得 0.0 分	尽管有过变化,但承诺的首位利益是"浪漫时刻,一生相伴",故此项得 0.32 分	0.32
	2.2　所承诺的利益点是边际递增的情感欲望?还是边际递减的物质需求?0.30 分	承诺的若是边际递增的情感欲望,得 0.30 分;若是边际递减的物质需求,得 0.12 分	"浪漫"的承诺属于边际递增的情感欲望,故此项得 0.30 分	0.30
	2.3　作出的承诺是否是顾客的利益?0.20 分	若符合顾客的利益,得 0.20 分;若不是顾客利益,得 0.0 分	"浪漫时刻,一生相伴"是情侣利益,故此项得 0.20 分	0.20
	2.4　该商标用于几个产品?0.10 分	若商标承诺的不是情感欲望,若该商标仅用于 1 种产品,得 0.10 分,若超过 1 种,得 0.0 分	未见用于其他产品,故此项得 0.10 分	0.10
得分合计				0.92

测试等级	1.0	0.8～0.99	0.6～0.79	0.4～0.59	0.2～0.39	≤0.19
	AAA 级	AA 级	A 级	B 级	C 级	D 级

4.5　利益承诺单一性的案例模拟

为了熟练地掌握利益承诺单一性的技术标准和测试评级要求,需要进行一定数量的案例模拟,也即熟能生巧。为此,我们采集了以下案例。在仔细阅读下列案例的基础上,结合自己进行的网络信息收集,根据前述的技术标准和测试评级要求,完成每个案例后面给出的利益承诺单一性测试评级表,并撰写诊断报告。

为了增强案例的阅读性,我们在每个案例的相关段落后面,插入了我们的点评,点评的理论依据就是品牌经济学原理(选择成本范式、品牌溢价模型)。

案例模拟 4.1　王琳的推销感悟

济南《齐鲁晚报》在 2002 年 9 月 21 日刊登了一名叫王琳的销售案例。王琳讲到自己几年前，有一段推销电脑耗材的经历。

一天，来到某单位，我径直走向打字室，打字员小黄和我认识，前几天我刚帮她打印了一份会议材料。见面后，她悄悄地对我说："我们所用的耗材都是从××电脑公司买的，××电脑公司的老板和我们办公室王主任关系不一般，并且，我觉得我们附近的这些单位你都不要再去了，××电脑公司老板平时什么事也不做，就在这几个单位转悠。恐怕这些单位早被他"俘虏"了。

本书点评：打字员小王为什么要告诉王琳这些事？是因为王琳"帮她打印了一份会议材料"。换言之，不能把利益承诺简单地理解为实物的好处，也可以是"帮助"。

"那好吧，我不打扰了，有什么需要帮助的，就给我打电话。"当我背起包刚要走的时候，小黄突然喊我："哎，你等一下，你会换色带吗？平时我的色带都是电工给我换，这会儿他不在，正好有个材料需要急用。"我放下包，手脚麻利地帮她换上色带，洗干净手刚要走的时候，她让我稍等一下。过了一会儿，她和一位中年男子走进来，然后说："王主任，这就是我所说的小王，不光上次帮我们打印那份急件，这次又帮我换好了色带。"王主任说："小王，干得不错，这样吧，这次你先留下一个备用的新色带架，我们单位的材料比较多，你最好一个多星期来帮我们换一下色带，我们原来都是电工换色带，毕竟不专业，两三天就拧坏了，以后这事就拜托你了。"

本书点评：王主任在买王琳的色带架时，是否提出打折要求？为什么没提？同样，在设计承诺单一利益点时，为什么就一定要打价格战？根据单一利益点＝物质利益＋情感利益，在物质利益也即产品质量、功能都是同质的情况下，能够设计的单一利益点只能是情感利益。

第一次上门营销，就开业大吉，卖三条色带能带来 10 元的利润，而卖一个色带架，就等于我卖三条色带的利润，不错，不错！以后，我每到一个单位，都不忙着先推销商品，而是看看有什么活要干，看看有没有色带要换了，什么材料需要帮忙打印、装订，实在没什么活干就帮着擦一下键盘，擦擦复印机什么的，我也渐渐地忙起来。到月底一结账，可把我们乐坏了，分给我们五个人 1800 元的奖金。

所以，做推销工作，不要光凭嘴皮子上的功夫，帮你的顾客做点事情，取得别人的信任和好感，付出才有回报。

本书点评：销售人员该说什么话？他们常说的是"见人说人话，见鬼说鬼话"。这就要求每次一见到一个人，首先得判断此人是"人"还是"鬼"。如果判断错了，就会说错话。如何才能保证一见面判断正确呢？这就需要经验。这也就是为什么厂商在招聘销售人员时，特别在意应聘人员是否有经验。其实，按照品牌经济学的理论研究证明，不管是"人"还是"鬼"，他们都爱听好话。所谓好话，就是能让他们开心的话，帮他们做点实事，则是他们更开心的事。

王琳销售感悟这个案例，属于典型的个人品牌实例。在这个案例中，王主任也即顾客并不在乎色带架的商标，而在乎王琳能主动帮助打印急件，而且还会熟练地更换色带架。

因此，按照单一利益点＝物质利益＋情感利益，王琳承诺的单一利益点＝合格的色带架＋(帮忙打印急件＋熟练更换色带架＋擦洗打印机)，在色带架都是一样的情况下(王琳只要提供一次假冒色带架并被发现，就被剔除了，这就是我们为什么将产品质量也即物质利益定义为水桶的“桶底”)，王琳提供的情感利益就是“帮忙打印急件＋熟练更换色带架＋擦洗打印机”。

根据上述资料，结合自己的思考，按照利益承诺的单一性技术标准和测试评级要求，完成王琳个人品牌的利益承诺单一性测试评级，并撰写分析报告。

表 4.19　　王琳的利益承诺单一性测试评级表

<table>
<tr><th>指标</th><th>测评二级指标</th><th>指标赋值要点</th><th>指标事实及其来源</th><th>得分</th></tr>
<tr><td rowspan="4">2. 利益承诺的单一性 B_2</td><td>2.1　列出所承诺的利益是一个还是多个？若承诺多个利益点，厂方材料中排在第一位的利益即首位利益是什么？0.40 分</td><td>若是明确的一个利益点，得 0.40 分；若有显著的首位利益得 0.32 分；若既无单一利益点也无显著的首位利益，得 0.0 分</td><td></td><td></td></tr>
<tr><td>2.2　所承诺的利益点是边际递增的情感欲望？还是边际递减的物质需求？0.30 分</td><td>承诺的若是边际递增的情感欲望，得 0.30 分；若是边际递减的物质需求，得 0.12 分</td><td></td><td></td></tr>
<tr><td>2.3　作出的承诺是否是顾客的利益？0.20 分</td><td>若符合顾客的利益，得 0.20 分；若不是顾客利益，得 0.0 分</td><td></td><td></td></tr>
<tr><td>2.4　该商标用于几个产品？0.10 分</td><td>若商标承诺的不是情感欲望，若该商标仅用于 1 种产品，得 0.10 分，若超过 1 种，得 0.0 分</td><td></td><td></td></tr>
<tr><td colspan="4">得分合计</td><td></td></tr>
</table>

<table>
<tr><td rowspan="2">测试等级</td><td>1.0</td><td>0.8～0.99</td><td>0.6～0.79</td><td>0.4～0.59</td><td>0.2～0.39</td><td>≤0.19</td></tr>
<tr><td>AAA 级</td><td>AA 级</td><td>A 级</td><td>B 级</td><td>C 级</td><td>D 级</td></tr>
</table>

案例模拟 4.2　“一针一线”缝出 23 家直营店[①]

一个偏僻的商场角落、一堆针头线脑、两三台缝纫机，外加两三个员工，这就是潘军敏

① 参见 2010 年 12 月 11 日《大河文摘报》，作者：刊小梅。

全部的挣钱家当。可就是这点不起眼的东西，却撬开了属于他的财富大门，8 年间，他不仅在全国开出 23 家直营店，还将小得让人忽略的一针一线做成了大生意。

商场角落里的小生意

10 年前，潘军敏改裤脚的小生意在一家百货商场做了起来。商场生意稳定，潘军敏人又活络，一年下来，盘点盘点，收益还非常不错。慢慢地，潘军敏便有了继续做下去的念头。

日子过得波澜不惊，专柜售出的货送过来，再量量顾客的尺寸，然后缝缝剪剪，清货，结款，OK。可有一天，一件意外的事发生了。这天，潘军敏正在忙碌，一位年轻女顾客急匆匆走来，递给他一件外套："师傅，请问能不能将我这衣服改改？这衣服颜色、款式、风格我都十分满意，但放了一个冬季，现在穿腰围粗了点。"潘军敏接过衣服看了看，改动不难，便接下了这单活。衣服改好后，女顾客一边付钱一边道谢："以前还有私营小裁缝店给改改袖子修修腰身，现在呢，这样的小店打着灯笼都难找。商场里的修改部吧，又多只给裤子签签边什么的，根本不接这种活。要是你们不嫌麻烦，扩大业务范围，那可就好了。"说者无心，听者有意，潘军敏一激灵，一个念头闪出来：如果有目的地增加些改衣项目，会不会发展空间更大？

本书点评：功夫不负有心人，问题是什么叫"有心人"呢？我们认为，所谓有心人，就是通过特殊性，从中发现普遍性。在这段文字中，最重要的一句就是"一件意外的事发生了"。"意外的事"就是特殊性，很多人将特殊性作为不会再发生的例外，而不给予过多的关注。但是，有心人则能从这个意外也即特殊性中，发现蕴含的普遍性。无论是创业，还是品牌建设，还是学术研究，出现的"意外"事件，都蕴含着新的普遍性，这样的"意外"事件，才值得关注和研究。

为了保证出招必胜，在正式扩大业务范围前，潘军敏进行了一番详细的市场调查。结果如那位女顾客所言，随着上海越来越多新式社区的出现，以前常见的私营小裁缝店已经越来越少；更重要的是，衣服越来越多元，许多版型的衣服必须经过修改才能适合亚洲人的身材。此外，许多人衣柜里都有些贵重的衣物，可不合身后又不知把贵重衣服送到哪里去改才放心——也就是说，真正的改衣店可行性非常强！

本书点评：潘君敏进行的市场调查，其实是对上边那位女顾客也即个性化顾客需求的验证，而不是漫无目的地普查。这再次证明，我们在目标顾客精确性中，为什么那么强调个性化顾客描述与测试的价值。

获知真实的市场行情后，潘军敏大胆地扩充了业务范围，将业务分为两类：新衣修改和旧物翻新。由于以前有过服装行业从业经验，手中也握有一部分资源，在经营一段时间后，根据客户需要，潘军敏又增加了一项：皮具翻新。比如：被小偷划破的包包，重新设计修补，即可拥有第二次生命；浅色皮具颜色过时可以重新染上时下流行色，光泽更胜从前。新项目的增加不仅提高了潘军敏的收益，而且还让他的名气一天比一天大，不久，另外几家百货公司主动找上门来，要和他合作。一个小小的签裤边的缝补柜台，变成一个有模有样的改衣店了。

注册店名"一针一线"

业务拓展了，收益增加了，一切似乎顺风顺水。然而不久，潘军敏便发现了更大的问题。潘军敏一直只和传统百货商场打交道，在他看来，将店面开在这里，第一是租金相对便宜，第二是各大服装专柜有现成的生意，第三，也是最重要的，和商场合作会让顾客觉得信誉有保障。因为这三点，潘军敏从没动过抽离商场、独自在外开店的念头。可凡事有利必有弊，许多传统百货商场有自己修改衣服的柜台，即使愿意和潘军敏合作，也没有把他太当回事——改改衣服嘛，又能赚多少钱呢。因为这些想法，潘军敏的铺面经常被商场安排在安全通道里，逢到消防检查，他就得关门歇业几天，此外，因为店面安全保障不到位，负责改衣服的师傅常常不敢把贵重的衣服放在店里，只能下班时抱回家。天长日久，潘军敏觉察出问题了：长此以往，绝不是长久之计，要想长足发展，还得打进注重品牌和形象的外资百货商场，寻求与他们的合作。

本书点评：传统百货商场有自己修改衣服的柜台，这就是在位者。如果潘军敏与这样的在位者直接竞争，失败的只能是自己。

有了主意后，潘军敏首先找到了淮海路的百盛。在详细了解他的情况后，百盛给他定下了基调：一旦我们定下来要合作，你这块地方就必须像一个形象专柜一样做好，要规范化、制度化、品位化。一席话，让潘军敏第一次感受到了尊重，他立刻同意了对方的建议，一周后，具体的合作方案就摆在了百盛负责人的办公桌上。

受百盛的鼓励，潘军敏决定按专业模式构建他的改衣店。他先以最快的速度注册了店名“一针一线”，随后对店铺进行了规范化调整。每家店铺，都由 3 名专业改衣师傅和一名前台组成。师傅只负责改衣，不与顾客直接交谈，沟通的事由前台负责。前台既是接待员，同时也担任店长的角色，除了服务耐心，还必须熟知服装修改的各种工艺，上岗之前，要跟不同的改衣师傅学习半年时间，一边培训一边工作。每接待一位顾客，前台都必须敲定每个细节，有时候还要简单定型打样，让顾客试穿以后再正式修改。一切全按专业化、标准化、品牌化的模式进行。

本书点评：作出利益承诺很重要，但如何做到所做的利益承诺更重要。百盛的要求和潘军敏所做的专业化和标准化，其实就是确保承诺利益的具体落实。

这次大刀阔斧的改革，很快给潘军敏带来了效益。“一针一线”不仅成了百盛的形象专柜之一，而且还成为众多中高档消费者改衣必去之地，潘军敏和他的“一针一线”收益日益丰厚，声名也逐渐扩大。

为了进一步扩大知名度，拓展“一针一线”，在傍上百盛这棵“大树”获得稳定客源的同时，潘军敏还将步伐踏进了其他外资商场，他不时去各大商场拜访专柜的负责人，发发传单、送送小礼物，再介绍介绍“一针一线”。时间久了，关系网便通了，只要有客人需要修改衣物，专柜的人就会介绍“一针一线”，渐渐地，潘军敏有了更多回头客，几次修改下来，客人们发现这里的手艺还不错，于是更为复杂的单子也接踵而来。

本书点评：回头客是有了，不知潘军敏是否建立了顾客数据库？

知名度和美誉度的一步步扩大，让潘军敏名气大增，不久，众多商场便慕名找到潘军敏，邀请他去开分店。就这样一家接着一家，3 年后，潘军敏的“一针一线”就发展到了 10 家直营店。2009 年，在上海连续开出 17 家直营店后，潘军敏将“一针一线”带到了无锡，开了无锡分店。随后，2010 年 4 月，他又进军苏州，“一针一线”火了，不仅利用 23 家直营店覆盖了上海和周边城市，而且还成了中高端收入人群玩改衣时尚的必行之处。

本书点评：如果说潘军敏最早的改衣服是满足目标顾客的物质利益，则现在的“中高端收入人群玩改衣时尚”，就是目标顾客的乐点所在，也即情感物质类利益。

每种生意都有未来。往常，潘军敏也接待过很多需要精心修护的“慢活”，比如曾经修补一件西装，改完之后还需补一粒纽扣，但是这种纽扣花纹特殊，市面上找不到替代品。潘军敏只能去纽扣厂定制，最后从 8000 粒里挑出 8 粒，把西服的袖扣全部换掉才算过关。这样的事，对潘军敏来说，理所当然，毕竟提供细致周到的服务才是生存之根本。但他意识到衣物的另一层情感意义，则缘于偶然。

本书点评：“潘军敏意识到衣物的另一层情感意义，则缘于偶然。”又一次“意外”，潘军敏的成功，就在于从这样的“意外”和“偶然”中发现的必然的普遍性。这就是有心人！关注自己身边和顾客的各种“意外”或“偶然”，才是成功的基础。

那天，潘军敏正好在淮海路的店内值班，商场还未开门，他就接到一个女孩垂头丧气的电话，预约了加急件。当女孩把衣服送来时，潘军敏发现这是一件 PU 皮的夹克衫，材料并不珍贵，但衣服却被横着撕成了两半。如果修补，还不如直接买件新衣，两者的价格也差不了多少。出于负责，潘军敏劝告女孩放弃修补的打算，另买一件新衣。没想到话音刚落，女孩子却抱着衣服哭了起来。“这件衣服是我买给男友的生日礼物，昨天我负气和他争吵，抢夺间竟把夹克撕成了两半。这件衣服对我很重要，无论花多少钱，您也要帮我修补好它。”女孩的话让潘军敏惊讶又震惊，他毫不犹豫地点点头，接下了衣服。

本书点评：请注意女孩的话是“无论花多少钱”都行，换言之，只要潘军敏能把衣服修好，潘军敏是有“定价权”的。女孩为什么将定价权交给了潘军敏呢？是因为潘军敏的专业能够满足她急需的情感利益。这就是品牌工程学的任务。

为了还原最初的面貌，潘军敏立刻和工厂联系，寻找相似甚至相同的皮料，再用专业设备一点一点修补，甚至连走线的方式也同夹克原本的样子没有丝毫差别。衣服修改好后，女孩取走了。几个月后，当她再次出现在“一针一线”时，她笑靥如花，身旁挽着的男孩正穿着那件夹克衫。

为了提高效率，潘军敏找到软件公司，要他们设计一套订单流程软件，让顾客可以在线查看自己衣服修改的进度，自己也能明确一件衣服经过哪些师傅的手，又是哪个环节出了问题。“我不懂软件设计，但我还会试着让软件公司更好地理解我，理解‘一针一线’。对于任何创意，哪怕它是小得不能再小的活计，只要认真经营，终会开花结果。我相信，每一种生意，都会有未来。何况改衣现在已经成为国际风潮。”

我们都知道只有垮掉的企业，没有垮掉的行业。当一个行业进入供大于求的过剩阶段，淘汰赛就开始了。如何才能在淘汰赛中生存发展起来呢？品牌经济学认为，只有通过品牌工程，将注册商标变成使目标顾客选择成本等于零的排他性单一利益点的代言或象征符号，才能拥有定价权并得以发展。

通过阅读“一针一线”的以上资料，再结合自己收集的网络信息，根据利益承诺的技术标准和测试评级及其案例，完成“一针一线”的利益承诺的单一性测试评级，并撰写测试评级研究报告。

表 4.20　“一针一线”的承诺利益单一性测试评级表

指标	测评二级指标	指标赋值要点	指标事实及其来源	得分
2. 利益承诺的单一性 B_2	2.1　列出所承诺的利益是一个还是多个？若承诺多个利益点，厂方材料中排在第一位的利益即首位利益是什么？0.40 分	若是明确的一个利益点，得 0.40 分；若有显著的首位利益得 0.32 分；若既无单一利益点也无显著的首位利益，得 0.0 分		
	2.2　所承诺的利益点是边际递增的情感欲望？还是边际递减的物质需求？0.30 分	承诺的若是边际递增的情感欲望，得 0.30 分；若是边际递减的物质需求，得 0.12 分		
	2.3　作出的承诺是否是顾客的利益？0.20 分	若符合顾客的利益，得 0.20 分；若不是顾客利益，得 0.0 分		
	2.4　该商标用于几个产品？0.10 分	若商标承诺的不是情感欲望，若该商标仅用于 1 种产品，得 0.10 分，若超过 1 种，得 0.0 分		
得分合计				

测试等级	1.0	0.8～0.99	0.6～0.79	0.4～0.59	0.2～0.39	≤0.19
	AAA 级	AA 级	A 级	B 级	C 级	D 级

第5章　单一利益的对立性

根据品牌经济学的理论研究证明，厂商在品牌建设过程中，在已有在位者的条件下，仅仅承诺单一利益点是不够的，只有拥有与在位者或对手所在单一利益点相对立的单一利益点，才能降低目标顾客的选择成本。否则，如果是采取跟随在位者的策略，即使是承诺了并且做到了单一利益点，也无法降低目标顾客的选择成本，从而难以取胜。

在我国的市场实例中，"去头屑"这个单一利益点的在位者是宝洁公司的海飞丝洗发液，而我国众多的厂商随后也推出了"去头屑"这个单一利益点，并且价格也低，但就是难以撼动海飞丝的地位。例如，"去头屑，买雨洁"，单一利益点是足够的，但就是因为跟随了海飞丝且采取了低价格策略，雨洁的形象和份额至今也落后于海飞丝。

1891年8月14日，法国的爱德华与工程师拉罗希花了两年时间终于研制出了第一条可拆卸轮胎，并将此项发明应用在24天后的布莱斯特—巴黎自行车环程赛上。这个比赛的桂冠被勇敢采用可拆卸轮胎的泰洪轻而易举地获得了。

对于生手来说，要完成整个安装可拆卸轮胎只需2～4分钟，而以往的轮胎修补至少需要3小时，然后还要等一个通宵胶水才能干，因此观众和竞争对手不得不心悦诚服地认输。由此，可拆卸轮胎的前途得以保证，并供不应求。这就是米其林轮胎。

在此之前的自行车轮胎，也即在位者是固定轮胎即"A"，而作为后来者的米其林，则是可拆卸轮胎也即"－A"。

那么，如何提高单一利益的对立性呢？通过"用瑕疵超越芭比"的案例，可直观而深刻的予以理解。

案例理解5.1　用瑕疵超越芭比[①]

十多年前，在纽约第五大街有一家玩具商店，老板拉里恩出于一种"销售不如生产"的想法，开办了一家小小的玩具娃娃公司，并将娃娃取了一个很可爱的名字：Bratz。

拉里恩的朋友都说他简直疯了，因为在玩具娃娃当中，已经有一个几乎雄霸天下的完美经典，那就是诞生于1959年的芭比！她以高贵典雅著称，白皙无瑕的皮肤，雍容华贵的

① 参见《特别关注》2010年第9期，作者：陈之杂。

服装，在几代人的心目当中，芭比简直就像公主一般完美，你拿什么去和人们心中的经典竞争？拉里恩的朋友果然没有说错，他的Bratz娃娃一生产出来就被积压在了仓库里无人问津。仅仅两个月后，他就无奈地暂时关闭了工厂。

本书点评：Bratz的在位者是芭比娃娃，而芭比娃娃承诺的单一利益点是高贵典雅的公主，构成了女孩们的童年偶像，也是她们梳妆打扮的对象。在女孩们已经不假思索地选择了芭比娃娃这个在位者的条件下，拉里恩生产出来的娃娃Bratz，能给她们一个什么样的选择理由呢？如果Bratz跟随芭比，女孩们会说我已经喜欢芭比了。正因为拉里恩的Bratz娃娃没有给女孩们一个不假思索选择的排他性单一利益点，所有，拉里恩不得不关闭了工厂。庆幸的是，拉里恩没有把Bratz积压的原因归于知名度不够，从而投放很大的广告，否则，亏得将会更多。

难道完美经典就真的无懈可击？拉里恩困惑极了。在一个周末的清晨，他独自一人拿起陈列在书房里的Bratz娃娃深思了起来，这时，他只有七岁的孩子走了进来，在玩耍的时候，他的孩子不小心将几滴墨水溅到了Bratz的脸上，可让人意外的是，他的孩子反而开心地一把抱起Bratz走到镜子前哈哈笑了起来。拉里恩奇怪极了，孩子平时并不喜欢这个陈列在家的娃娃，可为什么它的脸上一有瑕疵，他反而喜欢了？

本书点评：又是一个"让人意外"，从前面的戴比尔斯案例中的哈里，到"一针一线"的潘军敏，都是因为目标顾客的一个"意外"或者"偶然"事件，激发出了他们的灵感。其实，这就是特殊性中存在普遍性的基本哲学原理。之所以是"意外"或"偶然"，是因为那是按照已有的普遍性为标准得出的结论。现有的标准也即普遍性，无法解释的一个"意外"或"偶然"，必定包含着一个新的普遍性也即新的标准。

"你不觉得她和我很像吗？看她那一脸的雀斑，真可爱！"孩子指着Bratz脸上的墨水污渍说。"雀斑？"拉里恩细细看去，发现孩子说得确实很形象，娃娃脸上的墨水污点果真像极了孩子脸上的雀斑。拉里恩大胆地想：太完美的形象是不是容易给人一种不真实的感觉，而瑕疵的出现却使这些娃娃成了人们身边切实存在的朋友或者他们自己？拉里恩这样一想，顿时一阵激动：这其中是不是暗示着某一条能够超越经典的途径？

本书点评：在位者的芭比娃娃，是完美无缺的代言，而"完美无缺"的对立面，就是存在"瑕疵"。如果说"完美无缺"是女孩们的偶像，则"瑕疵"就是自己的熟人。在我们每个人的实际生活中，不都是既有自己的偶像，但更多的时候则是和自己的熟人呆在一起。

不久，拉里恩为自己的Bratz娃娃打造了一个共有5位成员的组合，分别叫作"雅斯敏""科洛""卡梅隆""小玉"和"萨莎"，他们肤色各异，来自不同种族，足蹬厚底靴，着装前卫，热力四射。

本书点评：之所以要有5个成员，是因为人类有5种肤色，如果缺了一种肤色，就有种族歧视之嫌。想想看，是否还记得中国海尔早期的两个儿童图案？20世纪90年代，海尔投入巨资创意设计播出了一部海尔兄弟卡通片，但是，现在为什么放弃不用了？就是因为不符合伊斯兰世界的不能光身子的习俗。此外，两个儿童，最多只能是两个肤色，这对世界化的海尔来讲，就面临着种族歧视的隐患。所以，不得不放弃不用了。

最主要的是，拉里恩有意识地在他们脸上制造了一些雀斑，这些瑕疵让人们一看到就觉得耳目一新，推向市场后，相继被包括沃尔玛和玩具反斗城在内的各大连锁百货公司看中收入橱窗，其平民化的特点很快得到了消费者的普遍认同，在当年圣诞节的礼物销售市场中，Bratz 娃娃一举击败芭比，排名时装玩偶第一，受欢迎程度震惊了整个玩具业。

本书点评：没有瑕疵的 Bratz 没人选择，有了瑕疵的 Bratz 一举击败芭比，这就是单一利益对立性的巨大价值所在。在品牌经济学中，我们提出了“品类对”模型，从数理理论上证明：在已有在位者存在的条件下，如果在位者所承诺的单一利益点是“A”，后来者承诺的单一利益点当且仅当是“－A”时，后来者才能成功。有瑕疵的 Bratz，击败完美无缺的芭比，就是一个典型的例证。想想看，当海飞丝树立起来去头屑这个单一利益点之后，中国有多少日化企业，纷纷推出了自己的“去头屑”商标，而且价格还比海飞丝便宜，结果呢？各自热闹一番而已，投入的广告，除了换来了商标知名度之外，离品牌差得还是很远很远。

为了扩大品牌影响力，拉里恩接着又为 Bratz 娃娃加入了激光唱片播放机、电话和其他生活时尚产品，并授权开发了包括寝具、太阳镜、鞋和电子游戏等一系列 Bratz 品牌产品，仅用了两年时间，Bratz 娃娃就成功打入了国际市场，彻底打破芭比独领风骚数十年的局面。

经过十年的发展，拉里恩的 Bratz 已经成为世界上最受欢迎的玩具娃娃，美国《时代》杂志这样评价说：“拉里恩创造了一个不可思议的奇迹——用瑕疵超越了完美的经典！”

5.1 单一利益对立性的技术标准

将单一利益完全对立的定义为 1.0 分，将完全跟随的定义为 0.0 分，为了避免出现含糊不清的中性判断也即 0.5，我们采取了偶数分级法。可以划分出 0.0(无差异的完全跟随)、0.2(差异很小的跟随)、0.4(差异较大的跟随)、0.6(差异很大的跟随)、0.8(很大的对立)、1.0(完全对立)。按照这个相对计量等级，将单一利益的对立性测试与设计技术标准确定如下：

(1)给出拟评商标国际或国内在位者，并给出在位者的单一利益点即在位品类，此项赋值 0.40 分。具体测试标准是：

①若只给出在位者厂商但无在位者产品，得 0.10 分。

②若给出在位者产品但无其单一利益点，得 0.20 分。

③若给出在位者产品及其单一利益点，得 0.40 分。

例如，某自主商标冰箱企业说要成为冰箱行业的富士康。富士康属于消费类电子代工企业，拥有大规模高效率的生产管理能力。这属于企业与企业之间的比较，而不是两个不同商标所作承诺之间的比较。

(2)将拟评商标的利益点与在位者的利益点进行比对，测试两者的对立程度。此项赋值 0.60 分。具体测试标准是：

①若与在位者完全对立，得 0.60 分。例如，瑞士生产机械表，日本精工生产石英表。美国哈雷摩托是大功率、日本本田摩托是小功率等。

②很大的对立，得 0.48 分。两者之间首先是对立关系，但又存在程度较小的共同性。例如，苹果手机和小米手机，通过苹果手机进入苹果 APP，可以下载很多收费或免费娱乐

软件,从而使苹果手机成为了娱乐终端。而小米手机则不具备这样的APP,但也具备了网络下载功能。在价格、娱乐等方面,两者之间是对立关系,但都具备了不同程度的娱乐性这个共同点。再如,奔驰的Smart车和奇瑞的QQ车之间,雅思兰黛的青年露浴液香水与传统香水之间,也属于很大的对立。

③不对立但差别很大,得0.36分。两者之间不是对立关系,但却有很大差异。例如,海飞丝承诺的是去头屑,飘柔承诺的是让头发更柔顺。"去头屑"和"让头发更柔顺"两者不具备对立关系,但差别很大。

④不对立但差别较大,得0.24分。两者之间不是对立关系,但有较大的差别。例如,都是去头屑类洗发液,霸王洗发液强调的是中药去屑。与海飞丝相比,都是去头屑,所以两者不对立,但差别较大。

⑤差异很小的跟随,得0.12分。在一个技术很成熟的行业里。例如家电产品,从技术角度,达到相同的技术标准的产品之间,差异就很小。

⑥完全跟随或通用性承诺,得0.0分。所谓完全跟随,就是故意模仿先有或已有其产品或承诺,但通过低价格占领部分市场,各种山寨产品,就属于此类。所谓通用性承诺,是指用于每个企业都可以的承诺,例如质量第一、宾至如归等。

5.2 单一利益对立性的测试评级

在对已有商标及其所代表的产品或服务的品牌信用度进行评级时,每个二级指标的信息来源,必须是厂商公开的,我们的工作就是运用法律、逻辑和品牌经济学理论,对其进行科学的分析。

关于"将拟评商标的利益点与在位者的利益点进行比对,测试两者的对立程度":采集在位者的利益承诺,从中整理该在位厂商通过其具体商标进行的利益承诺。若是承诺了多个利益点,则按照每次出现的第一个承诺,或者按照每个利益点的出现频率,获得首位利益点。然后,将获得在位者的单一利益点或首位利益点,与拟评商标的单一利益点或首位利益点进行比对,判断是完全对立还是完全一致,或者是虽不对立但有差异以及差异程度。

关于"给出拟评商标国际或国内在位者,并给出在位者的单一利益点即在位品类":在位者信息可以从四方面获取:一是行业网站;二是阿里巴巴之类的B2B网站、淘宝之类的C2C网站、当当网之类的B2C网站;三是在网页中搜索产品或行业商标排名;四是现实生活中的超市、商场,询问销售点的厂商导购人员,哪个厂商的产品对自己构成了最大竞争。

通过这些信息,将成立时间占先厂商、行业市场份额或规模第一厂商,或者与其直接竞争的厂商,作为拟评商标所在厂商的在位者。

如果拟评商标所代表的产品或服务本身就是占先者或份额第一(价格档次相同的产品中的份额),则与其所承诺的单一利益点也即品类相对立的品类所在现实厂商,或者此单一利益点潜在的假想厂商,就可以作为在位者。例如,柯达胶卷的前提是感光照相机的存在,我们认为,20年前,柯达公司的思路应该是:无法预知数码相机的产生,但完全可以作出这样的假想：一旦出现一种不用感光原理的照相机，这种新原理有哪些可能？柯达该如何应对呢？

根据采集到的拟评商标的公开信息，按照单一利益对立性的技术标准，完成单一利益点对立性测试评级表。为了与指标顺序保持一致，表中的指标编号为“3”。

表 5.1　　单一利益的对立性测试评级表

指标	测评二级指标	指标赋值要点	指标事实及其来源	得分
3. 单一利益的对立性 B_3	3.1　给出拟评商标国际或国内在位者，并给出在位者的单一利益点即在位品类。0.40 分	若只给出在位者厂商但无在位者产品，得 0.10 分；若给出在位者产品但无其单一利益点，得 0.20 分；若给出在位者产品及其单一利益点，得 0.40 分		
	3.2　将拟评商标的利益点与在位者的利益点进行比对，测试两者的对立程度。0.60 分	若与在位者完全对立，得 0.60 分；很大的对立得 0.48 分；不对立但差别很大，则得 0.36 分；不对立但差别较大，则得 0.24 分；差异很小的跟随，得 0.12 分；完全跟随或通用性承诺，得 0.0 分		
得分合计				

测试等级	1.0	0.8～0.99	0.6～0.79	0.4～0.59	0.2～0.39	≤0.19
	AAA 级	AA 级	A 级	B 级	C 级	D 级

5.3　单一利益对立性的设计流程

从我们团队的实际操作来看，选定在位者及其所属单一利益点的确定，也不是一件显而易见工作。这从反面证明，如果某个厂商以自己的注册商标推出了相应的产品或服务，但没有清晰地选定在位者并采取与其所在单一利益点相对立的单一利益点，也即在位者的单一利益点是“A”，如果没有找出单一利益点“－A”，即使产品或服务质量都很好，也难以降低目标顾客的选择成本，从而难以获得市场的成功。

以去头屑洗发液为例，从 1988 年“海飞丝”洗发水提出的“去头屑”的定位并牢牢掌控着去屑市场开始，中国越来越多的企业纷纷推出了去屑商标：

1997 年，“采乐”的承诺是“药物去屑”；

2000 年，“风影”的承诺是“去屑不伤发”；

2003 年，“雨洁”的广告词是“去头屑，用雨洁”；

2004 年，“蒂花之秀”宣传自己是“去屑升级，无屑可击”；

2005 年，“百年润发”宣扬的是“健康去屑”理念；

2009 年，“追风”的承诺是“中药去屑，就是追风”，并沿用“霸王”的名人策略，以 2000 万价格请王菲做代言，高调推出“追风”去屑洗发水。

《孙子兵法》强调的是不战而屈人之兵，并提出了“以迂为直”的具体策略。在商标品牌化的过程中，在市场在位者存在的条件下，只有采取与在位者所在品类对立的单一利益点，才能创造出属于自己的市场，从而实现不战而屈人之兵。为此，就需要可靠的设计流程。

第一步：根据产品功能，确定目标在位者

确定自己的产品功能或服务载体，深入目标顾客的生活，观察他们正在使用谁的与自己同类或替代类产品或服务，将频率最高的厂商作为自己产品或服务的在位者。

首先清楚自己提供的是什么产品或服务，然后，到正在使用此类产品或服务的目标顾客的生活现场，观察他们正在使用谁的产品或服务。这样，就可以填制在位者识别表。

表 5.2　　目标在位者识别表

你的产品或服务	顾客 1 正用产品或服务	顾客 2 正用产品或服务	顾客 3 正用产品或服务	顾客 m 正用产品或服务	顾客 n 正用产品或服务

例如，在本章开始分析的拉里恩的 Bratz 玩具娃娃的案例中，拉里恩实在没有必要闭门造车，而应该看看现在的女孩们都喜欢买什么玩具娃娃，则拉里恩的在位者识别表就可以填之如下：

表 5.3　　拉里恩女孩玩具娃娃的目标在位者识别表

你的产品或服务	女孩 1 正用产品或服务	女孩 2 正用产品或服务	女孩 3 正用产品或服务	女孩 m 正用产品或服务	女孩 n 正用产品或服务
玩具娃娃	芭比娃娃	芭比娃娃	芭比娃娃	芭比娃娃	芭比娃娃

例如，东芝在进入医用 CT 时，深入医院发现正用的产品是通用电气公司的 CT 机。

表 5.4　　东芝公司医用 CT 的目标在位者识别表

东芝公司的产品	医院 1 正用产品或服务	医院 2 正用产品或服务	医院 3 正用产品或服务	医院 m 正用产品或服务	顾客 n 正用产品或服务
医用 CT 机	通用电气的 CT 机	通用电气的 CT 机	通用电气的 CT 机	通用电气的 CT 机	通用电气的 CT 机

第二步：通过目标顾客现场，测定对在位者的 CED

为有效规避盲测的条件陷阱和厂商的臆断陷阱，我们坚决反对闭门造车或自以为是，而必须深入目标顾客的生活或使用现场，亲自体验测定目标顾客对在位者产品或服务的抱怨或期待，并填制在位者顾客 CED 表：抱怨(Complaint)、期待(Expect)、欲望(Desire)。

这一点，确实值得向史玉柱学习。因为史玉柱亲自带领团队下农村调查，在和老人的闲聊中找到了"老人希望健康，但不好意思跟孩子们要保健品"，那就"看孩子的孝心"的欲望，由此创意出了著名的"收礼只收脑白金"的广告语。

表 5.5　　在位者的顾客 CED 测试表

产品要素	功能	规格	可靠性	价格	款式	维修
抱怨内容						
期待内容						
欲望内容						

例如，东芝就是深入到使用在位者通用电气 CT 机的顾客也即医院，获得了顾客们的抱怨与欲望。

表 5.6　　通用电气 CT 机的顾客 CED 测试表

产品要素	功能	可靠性	价格	款式	维修
抱怨内容	尽管附加了很多的辅助功能，但这些功能基本没用，因为医院还有专用设备	辅助设备的可靠性不如专用设备	CT 机整机价格过高		
期待内容	价格降低但效果更好的 CT 机，从而获得更准确的诊断结果，治好病人的疾病				
欲望内容	通过赢得病人的尊重，获得成就感的快乐				

第三步：通过顾客 CED 测试，将在位者顾客最大的抱怨转化为快乐性欲望

在位者的产品或服务的优势，不是后来者的机会，而顾客对在位者产品或服务的抱怨，恰恰才是后来者的最大机会。之所以这样，是因为同一产品存在着品类不兼容性。换言之，生产"矛"的企业，就不能再生产"盾"。试想，通用电气已经生产出来是多功能的医用 CT 机，就必定向顾客宣传多功能诸多好处；如果再生产出单功能的医用 CT 机，也要说单功能的好处。这样一来，让顾客信哪个呢？这就是品类的不兼容性。

案例理解 5.2　埃里森和 Oracle 公司的传奇始于 IBM 对一份论文的漫不经心[①]

1970 年 6 月，IBM 的研究员埃德加·考特发表了名为《大型共享数据库数据的关系

① 参见《人物》2006 年第 5 期，作者：高广宁。

模型》的论文。这是数据库发展史上的一个转折点,在层次模型和网状模型数据库产品大行其道的时候,他拉开了关系型数据库软件的序幕。

虽然IBM早就掌握了这一理论,但并没有及时推出产品,一方面的原因是它不愿放弃层次型数据库,另一方面IBM庞大复杂的机构体系也使它在决策上非常缓慢。正是IBM的傲慢成就了埃里森和Oracle。1977年6月,32岁的拉里·埃里森与鲍勃·迈纳、爱德华·奥茨在硅谷创办了一家计算机公司——软件开发实验室(Software Development Laboratories,简称SDL)。

埃里森非常仔细地阅读了考特的论文,并为之深深震动,他敏锐地意识到了隐藏在这个研究成果之下的巨大商机。很快,埃里森和同伴们就将目标定位在了商用关系型数据库管理系统上,并开发出了一个不太像样的产品,他们把这个产品命名为Oracle。Oracle有"神谕,预言"的意思,1983年,为了突出公司的核心产品,SDL正式更名为Oracle。

直到1985年发布5.0版之前,Oracle产品的稳定性一直不能尽如人意,但是Oracle的销售人员却总是有能力把软件卖出去,而且还卖得相当好。不过有趣的是,Oracle早期的用户并不特别在意损失金钱和数据,即使是一些大客户也是如此,他们需要的是技术的发展,而不仅仅是一个产品。埃里森为他们描述了产品将会达到的美好功能,虽然现在还没有达到,但他们愿意为之支付费用。

埃里森的工作不只是推销产品,他还到处宣传关系数据库的观念。他经常做的演讲题目是"关系数据技术的缺陷",讲述关系数据库会出现的问题,然后介绍Oracle是如何解决这些问题的。埃里森另一个与众不同的推销技巧是:别人只是讲述产品功能,他则当场做演示——在计算机上输入一个关系查询,很快结果就出来了,虽然实际应用时情况可能会不同,但却给现场的观众留下了深刻的印象。

我们认为,通过此文可以极好地理解品类的不兼容性。埃德加·考特作出《大型共享数据库数据的关系模型》后,IBM之所以没有及时推出产品,既不是因为它不愿放弃层次型数据库,也不是因为IBM庞大复杂的机构体系,更不是因为它的傲慢,而是品类的不兼容性:想想看,层次模型和网状模型数据库产品之所以能大行其道,正是因为IBM的推广做得好,而且IBM越是推广层次模型和网状模型数据库,顾客越认为IBM就是做层次模型和网状模型数据库的。如果IBM突然说"关系型数据库"更好,怎么让顾客相信呢?

品类"A"与品类"－A"的不兼容性,恰恰为后来者提供了不战而屈人之兵的理论机会。关键在于后来者是否采取与在位者所属品类对立的策略和方法。

案例理解5.3 丰田公司是如何进入美国小型车市场的①

丰田公司深知它将打入的是美国的小型汽车市场,并非大型汽车市场,而小型汽车市场是由大众汽车市场统治。丰田知道它的成功与否取决于对付大众的挑战并取而代之。尽管日本的生产商很少直接进攻最成功的竞争对手,但它为和大众较量,丰田委托一家美国市场营销调查公司去访问大众汽车的拥有者,了解这些消费者对大众汽车的毁誉所在。

使用大众汽车的人普遍希望他们的车在冬天要更容易启动,后座的空间要大一些,同

① 参见科特勒《新竞争》,中国商业出版社1988年版,第85页。

时还要有更具吸引力的内部装饰。

然后，日本人设计出一种与大众车相比近乎是完美无缺的丰田车。为打开销路，丰田给它的车定了较低的价格，且不惜工本的大做广告，给经销商以较大众公司更多的利益。所以毫不奇怪，丰田由于击中要害，逐渐排挤了大众，从而位居小型汽车市场销售之冠。

我们特请各位注意，丰田公司小型轿车的在位者是谁呢？就是德国大众轿车。丰田采取的策略，不是跟随，而是“委托一家美国市场营销调查公司去访问大众汽车的拥有者，了解这些消费者对大众汽车的毁誉所在”，也即深入正在使用大众小型车的顾客那里，观察这些顾客在使用大众小型车过程中的抱怨和期待，从而发现了目标顾客的三个期待，即冬天易启动、后座空间大、内部装饰好。

竞争的前提是有明确的对手或在位者，而竞争的最高策略却是不战而屈人之兵。问题是如何做到呢？就是像丰田公司一样，深入到对手的顾客那里，观察到顾客在使用对手产品或服务过程中的抱怨与期待，从中概括出与对手所承诺的单一利益点“A”相对立的、且让顾客不假思索地选择排他性的单一利益点“－A”，就一定使对手无从下手。

案例理解5.4 雅诗兰黛的青年露浴液[①]

20世纪50年代早期，Estee Lauder开始着手香水的研发工作，并且亲自调配一款香水，它比当时市场上的高端产品，如香奈儿的No.5拥有更为持久的作用时间。

但是，在20世纪50年代中期，香水在整个美容行业中充当的仅仅是一个不起眼的弱势群体，大多数女性消费者将香水与奢侈品等同起来，除了特殊场合之外，它们往往被束之高阁，为自己购买香水的女性更是寥若晨星。通过观察，雅诗兰黛发现，女性化妆台上的香水通常都是自己的丈夫或男友所送，而品牌和香型的选择，也大都出自这些男士的偏好。如果一位妇女亲自购买香水的话，她必须有足够的心理承受力来面对“放纵、自恋甚至颓废”的批评。

面对如此保守的消费态势，雅诗兰黛认为，成功地创造出一个被大家广泛认同的香水品牌需要两个必不可少的条件：鼓励女性大胆地购买自己中意的香水；使他们相信香水只是生活中的必备品之一，同奢侈放纵没有任何联系。

雅诗兰黛巧妙地设计了一个一箭双雕的策略，她决定避重就轻，将自己的香水以浴液的形式推向了市场，这样的称谓必将为广大女性所接受。雅诗兰黛认为“浴液代表了女性一种柔美的形象，这是任何人都无法回避的”。所有女性都可以在下班回家的路上购买一瓶浴液，就如同选购一支唇膏一样自然，“而不必承受负罪感的折磨，不必翘首期盼自己的生日、结婚周年纪念日、毕业典礼，不必再为了一瓶香水费尽心思地暗示自己的丈夫”。1953年，雅诗兰黛开发了一种深色的“香水”，可以倒入洗澡水也可以直接喷洒到皮肤上，她为这个产品起了个“Youth Dew”即“青年露”的名字。“青年露”的价格为每瓶5美元，远远低于65美元一盎司(29.57毫升/盎司美制液体)的名贵香水。与大多数同类香水的包装方式不同的是，青年露并没有密封，用户可以随意打开瓶塞，把它涂抹在自己的身上。

青年露造就了“雅诗兰黛”创业史上第一个巨大的成功。一名工业观察家回忆当时的情景称“众多的美国人发疯般地”追逐青年露。女性消费者宁肯挤破柜台也要亲自领略一

① 参见[美]南希·F·凯恩：《品牌的故事》，机械工业出版社2003年版，第157页。

番雅诗兰黛香水的风采。

按照化妆品专家的观点,"青年露"强烈持久的香气是它得以迅速风靡美国市场的关键;作为浴液香水的多功能用途也令众多女性对其情有独钟。

根据这段凯恩的这段论述,我们可以进行进一步深度分析:"雅诗兰黛"在推出香水时,是如何找到或确定的在位者是谁呢?表面上看,似乎是类似"香奈儿"的No.5等香水,其实我们认为是浴液。香奈儿香水不是女性自己购买的,而浴液则是女性顾客自己购买的。如果"雅诗兰黛"将自己的香水在位者选定为"香奈儿"等,而且是因为"'青年露'强烈持久的香气",女性们还是无法摆脱"奢侈、放纵"的世俗约束,因为香气再怎么强烈的香水,还是香水,还是会让女性们面对"'放纵、自恋甚至颓废'的批评"。而且香气越强烈持久,面临的批评可能越强烈。

但是,雅诗兰黛将自己的在位者选择为女性顾客可以正常购买、正常使用的浴液,则对使用女性使用香水的世俗约束的问题也就解决了,女性和人们都会认为:这不是香水,而是浴液。在位者是浴液,女性们在购买使用浴液时,不会受到类似香水那样的批评。只不过当时女性们使用的浴液没有强烈持久的香气,而"青年露"只是有强烈持久的香气的浴液而已。但是,香气再怎么强烈持久的浴液,也不是香水。作为浴液,给女性们一个大大方方购买和使用的理由,但与香水一样的香味却留在身上了。

第四步:将获得的快乐性欲望,贯彻到具体产品或服务

通过对在位者品类的测试,获得了在位者顾客所存在的最大抱怨,也就获得了与在位者所在品类对立的单一利益点,尤其是获得快乐性欲望。但这还仅仅是一个创意或研发方向,需要具体的产品或服务载体来具体体现该单一利益点。

案例理解 5.5　大董烤鸭店"酥不腻"①

原北京烤鸭店成立于1985年4月28日。2001年由国营改制,总经理董振祥被朋友们昵称为大董,由此得名。向来以高端定位的大董烤鸭店也是外宾品尝烤鸭的主要去处之一。京城餐饮界都说大董是个奇才,不仅是因为他的烤鸭店门庭若市,而且还因为他在烹饪行业有着很高的声誉与地位,更因为他还是中国餐饮圈内唯一一位获得MBA学位的厨师兼餐饮管理者。

大董的烤鸭与众不同。大董在烹饪工艺上有了大的改变,从健康的角度为食客考虑是大董创新的基础,这也是他的店生意红火的原因。

大董烤鸭的鸭皮口感是最特殊的,真正的"酥不腻",而不是传统烤鸭所提倡的皮"又酥又脆"。又专门选用了甜度比较低的方粒白糖,用酥酥的鸭皮蘸了放在舌间,不用咀嚼也能化掉,口感层次丰富,也没有其他家鸭皮肥腻的感受。比较而言大董家的烤鸭吃起来感觉油脂要少一些,据说经过测试,脂肪含量比传统烤鸭要低得多。

对烤鸭吃法的挖掘和保留也是大董烤鸭店的特色,每桌上都有一份关于烤鸭吃法的指导小册子,让顾客感受到文化的关怀。

---

① 参见《中国食品》2008年第1期,作者:邱庞同、大董。

大董烤鸭店的烤鸭是“酥不腻”，传统烤鸭则是“又酥又脆”，其实还有“油腻”。大董的烤鸭保留的是“酥”，放弃的是“油腻”，而高脂肪的饮食正是现代人所要避免的。为什么要放一份关于烤鸭吃法的指导小册子呢？我们认为，是为了避免第一吃烤鸭的顾客的可能出现的尴尬。多数人都有过这样的经历：在正式场合，碰上平生第一次吃的食物，但不知如何吃。如果吃的方式错了，是很丢面子的。大董烤鸭店的这个关于吃法的指导小册子，很好地化解了这个问题。“酥不腻”是烤鸭的物质利益，但“不腻”带来的享受美味而又无增胖之忧，则是其快乐性欲望。所以，大董烤鸭店成功了。

我国有很多历史名吃，如山东的鲁菜、各地的灌汤包等，因为都是源于农业时代的食物，也就是脂肪短缺的年代，所以，这些名吃最大的特点就是油脂含量很高。如果能够学习大董烤鸭，降低脂肪含量，也将得到顾客们的欢饮。

案例理解 5.6 麦当劳反其道而行①

麦当劳进入法国时，公司在街头抽取了近200名不同年龄的路人，请他们来参与广告宣传片的问卷调查。麦当劳的宣传片重在介绍快餐是如何卫生、营养。为了让被调查者深信广告片的真实性，公司还邀请他们去原料产地和快餐制作现场实地见证。

而最终这200位消费者所填的问卷结果，却让公司难以接受。在“您打算每周光顾几次麦当劳”这项调查中，有76%的人表示一次，12%的人选择两次，9%的人选择三次及以上，剩下3%的人则表示一次也不会。

在接下来的广告宣传讨论会上，一片死气沉沉，大家一时拿不出更能打动和吸引顾客的广告创意。就在大家手足无措之际，有一个人突然站了起来，说：“其实，通过这次问卷调查，被调查者们，也就是我们未来的顾客，已经为我们设计好了一条广告宣传语。”

“已经为我们设计好了宣传语？”其他人纷纷向他投去疑惑的目光。

“是的，这个宣传语就是：‘麦当劳虽然好吃，但为了您的健康，我们建议您每周来这里最好不要超过一次！’”

这条自我否定的广告语，震惊了在场的许多人，最终却被法国公司采用了。就连麦当劳总部看到它时，也大为震惊，认为法国公司违背了麦当劳一贯优化快餐的宣传策略，这条灾难性的广告语注定会失败。

出人意料的是，这条广告语一经推出，竟反响强烈，一举让麦当劳深入法国消费者心中。目前，麦当劳在法国的连锁店已有1500多家，且每年以新开30家的速度递增，家家连锁店都生意兴隆。

法国公司是以非一般的诚实态度赢得了消费者。快餐吃多了对身体不好，没人能否认这个事实，试图掩盖和颠覆这个事实的任何广告都只会招致人们的反感，让人们觉得企业不够诚实，对他们的健康视若无睹。快餐吃多了对身体不好这个真相，你告不告诉，顾客都知道。但告诉的好处是，喜欢麦当劳的顾客会一如既往地每周去两次、三次，甚至更多次。那些原本对快餐排斥的顾客，反而会因此改变对麦当劳的看法，试着走进去吃吃看。他们会在潜意识里觉得，一周吃一次，应该不会有大的健康问题。

---

① 参见2013年8月20日《生命时报》，作者：徐立新。

谁把消费者当成傻子，谁就是真正的傻子。世界上不存在没有任何缺点的产品，如同不存在完美无缺的人一般，试图美化和粉饰本来就不完美的商品，是无法真正赢得消费者的，唯有真情相告、以诚相待才是经营的制胜之道。

5.4 单一利益对立性的案例诊断

5.4.1 “华夏良子”足疗的单一利益对立性测试评级

1997年，“华夏良子”开始从事足疗，但市场仍将其定义为“按摩”。在当时的市场环境中，在位者是宾馆里的全身按摩，并且带有不同程度的色情。但“华夏良子”以“足部”按摩与“全身”按摩相对立，以无色情服务与有色情服务相对立，竖起了无色情的足部按摩形象。

在位者是全身按摩，“华夏良子”是足部按摩；在位者是不同程度的色情服务，“华夏良子”是完全无色情服务。因此，与在位者的利益点相比，“华夏良子”是完全对立的。同时，“华夏良子”有属于自己的商标不是将别人在其他类别注册的商标，搬过来使用。

综上所述，“华夏良子”承诺的单一利益点对立性测试如表5.7所示：

表5.7　“华夏良子”足疗的单一利益对立性测试评级表

指标	测评二级指标	指标赋值要点	指标事实及其来源	得分
3. 单一利益的对立性 B_3	3.1　给出拟评商标国际或国内在位者，并给出在位者的单一利益点即在位品类0.40分	若只给出在位者厂商但无在位者产品，得0.10分；若给出在位者产品但无其单一利益点，得0.20分；若给出在位者产品及其单一利益点，得0.40分	华夏良子起步时在位者是酒店里诸如泰式全身按摩，属于有在位者产品及其单一利益点，故此项得0.40分	0.40
	3.2　将拟评商标的利益点与在位者的利益点进行比对，测试两者的对立程度。0.60分	若与在位者完全对立，得0.60分；很大的对立，得0.48分；不对立但差别很大，得0.36分；不对立但差别较大，得0.24分；差异很小的跟随，得0.12分；完全跟随或通用性承诺，得0.0分	在位者是全身按摩，并且主要在宾馆。而“华夏良子”是足部按摩的开创者，并且以独立门店提供服务。属于完全对立，故此项得0.60分	0.60
得分合计				1.0

测试等级	1.0	0.8～0.99	0.6～0.79	0.4～0.59	0.2～0.39	≤0.19
	AAA级	AA级	A级	B级	C级	D级

5.4.2 “上海”表的单一利益对立性测试评级

“上海”表在 1955 年面世之初承诺的通用性诉求主要集中在产品质量和服务上，当时的在位者是“北极星”手表，承诺的利益点是“产品质量像北极星一样恒定”，同样集中于产品质量。

不同的是，“北极星”表主要集中在机械表领域，“上海”表一开始也是以机械表为主，但在后来的发展中，慢慢地发展到了石英表。

在位者承诺产品质量像北极星一样恒定，“上海”表承诺质量第一，属于跟随；在位者的生产重心在机械表，而“上海”表的生产还包括石英表，属于对立。因此，“上海”表与“北极星”表构成了不完全对立关系。

同时，“上海”表虽然借用一个城市名称，但并不是他人已有的商标，而是属于自己的商标。

需要指出的是，20 世纪 90 年代末，上海手表厂重新调整，改制后，“上海”牌注册商标所有权由上海钟表有限公司（上海摩士达企业发展有限公司）和上海钟表公司共同所有，而现在“上海”牌这个注册商标的实际使用人是“上海”表业有限公司。新世纪表业是上海手表厂计划破产以后，按照上级的要求用于处理历史遗留问题的。现在新世纪表业主要是物业的出租。

综上所述，关于“上海”表承诺的单一利益点的对立性测试如表 5.8 所示：

表 5.8 “上海”表的单一利益对立性测试评级表

<table>
<tr><th>指标</th><th>测评二级指标</th><th>指标赋值要点</th><th>指标事实及其来源</th><th>得分</th></tr>
<tr><td rowspan="2">3. 单一利益的对立性 B_3</td><td>3.1 给出拟评商标国际或国内在位者，并给出在位者的单一利益点即在位品类 0.40 分</td><td>若只给出在位者厂商但无在位者产品，得 0.10 分；若给出在位者产品但无其单一利益点，得 0.20 分；若给出在位者产品及其单一利益点，得 0.40 分</td><td>当时的在位者是“北极星”机械手表，属于产品，但缺乏比较的单一利益点，故此项得 0.20 分</td><td>0.20</td></tr>
<tr><td>3.2 将拟评商标的利益点与在位者的利益点进行比对，测试两者的对立程度。0.60 分</td><td>若与在位者完全对立，得 0.60 分；很大的对立，得 0.48 分；不对立但差别很大，得 0.36 分；不对立但差别较大，得 0.24 分；差异很小的跟随，得 0.12 分；完全跟随或通用性承诺，得 0.0 分</td><td>“北极星”是钟表，突出的是产品质量。而上海钟表突出的也是质量，也即两者不对立。属于完全跟随或通用性承诺，故此项得 0.0 分</td><td>0.0</td></tr>
<tr><td colspan="4">得分合计</td><td>0.20</td></tr>
</table>

<table>
<tr><td rowspan="2">测试等级</td><td>1.0</td><td>0.8～0.99</td><td>0.6～0.79</td><td>0.4～0.59</td><td>0.2～0.39</td><td>≤0.19</td></tr>
<tr><td>AAA 级</td><td>AA 级</td><td>A 级</td><td>B 级</td><td>[C 级]</td><td>D 级</td></tr>
</table>

5.4.3 “七匹狼”服装的单一利益对立性测试评级

“七匹狼”作为服装商标始建于1990年，当时国内的主要竞争对手有“劲霸”“利郎”和“柒牌”等。从“七匹狼”目前强调的单一利益点即“男人不只一面”来看：在休闲装方面，始建于1980年的“劲霸”，作为中国高级时尚夹克领先者，提出让休闲装更时尚，对“七匹狼”夹克专家的定位有很大的挑战；在商务男装和商务休闲装上，始建于1990年的“利郎”承诺的“简约而不简单”，也构成了“七匹狼”很大的竞争对手。另外，始建于1979年的“柒牌”的利益承诺为“刚毅中带着儒雅，潇洒中带着风度，时尚又不失庄重，周身弥漫着自信、自律、自强的鲜明气韵，这正是彰显了蕴藏千年文化积淀的中国男人体态美的独特魅力”(摘自“柒牌”官方网站)。该利益诉求与“七匹狼”提出的“侠骨柔情”男人的形象较为相似。

然而，“七匹狼”不同于这些商标的利益承诺点在于，它提出男人既要有狼一般勇于进取的精神，又要有侠骨柔情的一面。

综上所述，“七匹狼”服装利益承诺的单一利益点测试如表5.9所示：

表5.9　“七匹狼”服装的单一利益对立性测试评级表

指标	测评二级指标	指标赋值要点	指标事实及其来源	得分
3. 单一利益的对立性 B_3	3.1　给出拟评商标国际或国内在位者，并给出在位者的单一利益点即在位品类。0.40分	若只给出在位者厂商但无在位者产品，得0.10分；若给出在位者产品但无其单一利益点，得0.20分；若给出在位者产品及其单一利益点，得0.40分	在位者的利益承诺分别是“更时尚”(“劲霸”)、“简约而不简单”(“利郎”)、“中国男人体态美”。比较的对象是产品，故此项得0.40分	0.40
	3.2　将拟评商标的利益点与在位者的利益点进行比对，测试两者的对立程度。0.60分	若与在位者完全对立，得0.60分；很大的对立，得0.48分；不对立但差别很大，得0.36分；不对立但差别较大，得0.24分；差异很小的跟随，得0.12分；完全跟随或通用性承诺，得0.0分	而“七匹狼”的利益承诺是“追逐人生，男人不止一面”。属于不对立但差别很大，故此项得0.36分	0.36
得分合计				0.76

测试等级	1.0	0.8～0.99	0.6～0.79	0.4～0.59	0.2～0.39	≤0.19
	AAA级	AA级	A级	B级	C级	D级

5.4.4 “百达翡丽”腕表的单一利益对立性测试评级

“百达翡丽”成立于1839年，以成为家传之宝为目标，坚持制造“世上最卓越、最具价值腕表”。当时，顶级腕表行业的在位者是成立于1755年的“江诗丹顿”。“江诗丹顿”承诺的利益点是“至臻完美”。

“江诗丹顿”承诺的利益点是物质利益，并没有更深刻的情感诉求，只有名贵典雅、精益求精的通用性诉求。“百达翡丽”率先提出的最有价值的腕表，字面上看是价值承诺，但隐含着很强的情感利益，因为作为“家传之宝”的物品，不仅是价值，更是打上了前辈的印记，形成睹物思亲、触景生情的情感利益。我们认为，这就与侧重于物质利益的“江诗丹顿”的利益承诺是完全对立的。

在位者是追求单只表的完美，“百达翡丽”追求是通过传家宝而寄托的亲人情感，在位者强调对拥有者的价值，不要求成为传家之宝；而“百达翡丽”强调成为传家之宝。因此，二者构成完全对立。

“百达翡丽”名字来源于创始人，是该企业独有的。

综上所述，关于“百达翡丽”承诺的单一利益点的对立性测试如表5.10所示：

表5.10 “百达翡丽”腕表的单一利益对立性测试评级表

指标	测评二级指标	指标赋值要点	指标事实及其来源	得分
3. 单一利益的对立性 B_3	3.1 给出拟评商标国际或国内在位者，并给出在位者的单一利益点即在位品类。0.40分	若只给出在位者厂商但无在位者产品，得0.10分；若给出在位者产品但无其单一利益点，得0.20分；若给出在位者产品及其单一利益点，得0.40分	在位者是诞生于1755年的江诗丹顿，所承诺的利益点是“至臻完美”，也即产品的物质利益。比较的对象是产品及其单一利益点，故此项得0.40分	0.40
	3.2 将拟评商标的利益点与在位者的利益点进行比对，测试两者的对立程度。0.60分	若与在位者完全对立，得0.60分；很大的对立，得0.48分；不对立但差别很大，得0.36分；不对立但差别较大，得0.24分；差异很小的跟随，得0.12分；完全跟随或通用性承诺，得0.0分	成立于1839年的“百达翡丽”，承诺的单一利益是传家之宝，也即成睹物思亲、触景生情的情感利益。两者完全对立。此项得0.60分	0.60
得分合计				1.0

测试等级	1.0	0.8～0.99	0.6～0.79	0.4～0.59	0.2～0.39	≤0.19
	AAA级	AA级	A级	B级	C级	D级

5.4.5 “依波路”手表的单一利益对立性测试评级

“依波路”牌手表创立于1856年，当时在位的手表商标主要是成立于1839年的“百达翡丽”、成立于1833年的“积家”表和成立于1848年的欧米茄表。“百达翡丽”承诺的首位利益是制造“世上最卓越、最具价值的腕表”，也即传世的艺术品；“积家”手表承诺的首位利益是“精密工艺”；“欧米茄”承诺的首位利益是“专业计时”。而“依波路”第一次引入情感诉求，将腕表赋予了情侣浪漫气质。

可以说，作为在位者，“积家”和“欧米茄”主要强调手表本身的价值、工艺或者计时作用，也即手表的物质利益；“百达翡丽”则是寄托家人亲情的情感利益，“依波路”则突出了情侣之间的浪漫情感。因此，“依波路”的“情侣浪漫”，与“积家”和“欧米茄”的物质利益构成对立，也与“百达翡丽”的家人情感构成对立。

另外，“依波路”(Ernest Borel)这一商标名称来源于该品牌的第二代创始人 Ernest Borel，品牌 LOGO 也是来源于与第二代创始人 Ernest Borel 相关的浪漫故事，并不是采用已有的他人商标。

综上所述，关于“依波路”承诺的单一利益点的对立性测试如表5.11所示：

表5.11　“依波路”手表的单一利益对立性测试评级表

指标	测评二级指标	指标赋值要点	指标事实及其来源	得分
3. 单一利益的对立性 B_3	3.1　给出拟评商标国际或国内在位者，并给出在位者的单一利益点即在位品类 0.40分	若只给出在位者厂商但无在位者产品，得0.10分；若给出在位者产品但无其单一利益点，得0.20分；若给出在位者产品及其单一利益点，得0.40分	“积家”和“欧米伽”的利益承诺是物质利益，比较的对象是产品及其单一利益点，故此项得0.40分	0.40
	3.2　将拟评商标的利益点与在位者的利益点进行比对，测试两者的对立程度。0.60分	若与在位者完全对立，得0.60分；很大的对立，得0.48分；不对立但差别很大，得0.36分；不对立但差别较大，得0.24分；差异很小的跟随，得0.12分；完全跟随或通用性承诺，得0.0分	“欧米伽”手表通过赞助体育赛事，赢得了计时精确的利益点，而“依波路”的利益承诺是情侣浪漫，与两类在位者构成了对立。故此项得0.60分	0.60
得分合计				1.0

测试等级	1.0	0.8～0.99	0.6～0.79	0.4～0.59	0.2～0.39	≤0.19
	AAA级	AA级	A级	B级	C级	D级

5.5 单一利益对立性的案例模拟

为了熟练地掌握单一利益对立性的技术标准和测试评级要求，需要进行一定数量的案例模拟，也即熟能生巧。为此，我们采集了以下案例。在仔细阅读下列案例的基础上，结合自己进行的网络信息收集，根据前述的技术标准和测试评级要求，完成每个案例后面给出的单一利益对立性测试评级表，并撰写诊断报告。

为了增强案例的阅读性，我们在每个案例的相关段落后面，插入了我们的点评，点评的理论依据就是品牌经济学原理。

案例模拟5.1 大学生办慢递公司，寄件速度越慢收费越贵[1]

时下，大学生创业已不再是什么新鲜事，但常州机电职业技术学院电气系的陈江瑶、汤洪波、吉彦军三名同学打起了“感情”牌，在快递“争分夺秒”的当下，反其道行之，瞅准了“寄信给未来”这一商机，创办了“羊羊慢递”，着实是件新鲜事。

本书点评：在位者是快递，快递公司的利益承诺都是争分夺秒，快递公司最典型的是美国联邦快递所承诺的“24小时，到达世界上任何地方”。快递公司承诺品类的都是快速，那么，现有的快递公司是否能作出慢递的承诺呢？在不启用新商标的情况下，是不可能的。这就是品类的不兼容性。

常州机电职业技术学院电气系的吉彦军同学告诉记者，现在大家在创业时，已经不是简单地卖卖电话卡、游戏点卡那么简单，“我们另辟蹊径，成立了羊羊慢递，名字来源就是我们三个人都属羊”。被问及创业初衷，90后的陈江瑶发出感慨：“我们的慢递服务也是为了让大家在快节奏的生活中放慢下脚步，将感情、期望、怀想等封存在信件中，给自己的亲人、朋友一个惊喜，这是一个很美好的过程。”

“慢递”服务越“慢”越贵。据了解，本周羊羊慢递已经开始试营业，在小范围内开始进行宣传，已经引起了不少同学的关注，前来打听的同学不在少数，有人好奇，也有人疑惑。到底什么是慢递？能为大家提供怎样的服务呢？

羊羊慢递的负责人汤洪波告诉记者：“慢递和快递一样，也是从事邮件和物品的投递业务，但‘慢递’传递的是一份感情，投递的时间由寄信人自己决定，可以是一月后、一年后，甚至更久以后，其间我们会帮顾客保管信件、物品，按顾客要求在未来的一个特定的时间把东西寄到目的地。”不过他告诉记者，快递一般都是越快越贵，而“慢递”的收费却恰恰相反，是越慢越贵，“一年是5元，两年是10元”。

本书点评：其实，每个人的手机里都存有几十、几百个手机号码，可是记不住很多朋友的生日，如果把朋友的生日祝福委托给“羊羊慢递”，问题也就解决了。

“可能有人会担心，我们在这里上学只有几年时间，那些需要等的时间比较久的‘慢递件’要由谁来处理呢？”该学院电气系的陈江瑶告诉记者，这个问题他们早就考虑到了，“目

[1] 参见2010年10月22日《扬子晚报》，作者：郭靖宇。

前来看，我们在校还有2年多的时间，因此我们暂时只接受2年内的业务。”不过记者也了解到，这一创业项目得到了学校相关老师领导的肯定和重视，如果羊羊慢递经营较好的话，可以在这些学生毕业后把该项目转交给学弟学妹们继续经营，“到时候我们的经营项目就可以长一些了，可能会推出更长时间的‘慢递’业务。”

“虽然现在还是试营业，但是已经开始有业务上门了。”陈江瑶开心地说，有不少朋友托自己“开后门”，希望羊羊慢递先将单子给接下来，并且要求一定要准时送达。“目前几笔单子都是同学的，是一些送给指定对象的生日礼物，收件人基本上也都在大学城范围内，骑个自行车就能到了，成本不算太高。”据介绍，如果慢递件的距离较远的话，将根据实际成本，适当调高收费。

封条确保客户隐私。“需要进行慢递的邮件，基本都是礼轻情意重的东西，可能是给朋友的一封信，也可能是要求在生日当天送达的一份小礼物，对客户来说，隐私是最重要的。”对于信件、物品的具体保管方式和运送流程，细心的羊羊快递负责人也早就考虑周详，“我们征得了学校的同意，将一号公寓楼的党员之家作为我们羊羊慢递的业务基地，每天下课后我们的业务员会到每幢公寓楼下收取信件，有特殊要求的同学还可以与我们电话联系，我们的业务员将上门收件。我们会为每一封信或物品再做一个包装，并在封口处加上封条，由顾客亲笔签名，保证信件及物品的安全和隐私。

本书点评：服务行业的品牌信用建设，终端建设的稳定性尤其重要。慢递业务解决的是委托人给接收人的未来特定日期的关心或问候，但是，委托人有可能忘记这个未来的特定日期。慢递公司就是起来按照约定的特定日期完成委托人的委托。这个市场的在位者，是手机里的日历备忘录，但是，这个备忘录同样是容易忘记的。

此外，记者还了解到，羊羊慢递还会像快递公司一样，为每一封信件或者物品设置一个独有的查询单号，通过这个单号，顾客可以追踪信件、更改收件地址，“毕竟随着时间的推移，收件人的状况也可能出现一些变化。”羊羊慢递的负责人一再表示，“同学们信任我们，愿意委托我们投递他们的物品，我们就一定不会辜负这份信任，我们也会妥善保存他们的物品，并在约定的时间内投递出去。”

本书点评：查询单号解决的是委托人对委托的不确定性导致的担忧，也属于终端建设稳定性内容。

据了解，慢递公司主要的客户为一些都市白领和高校学生，其中不少人通过给“未来的自己”写信，缓解现实生活中的压力，并对自己进行鼓励。他们希望未来的某一天，自己收到这封信时，能够再次体会自己曾经的心情和状态。

本书点评：通过这一段描述，我们得出的推论是，羊羊慢递公司的目标顾客精确性问题还没有解决。对此，我们给出的建议，就是建立已有顾客的数据库，对已有顾客进行需求分析，尤其是个性化顾客描述与测试，从中识别出谁是慢递的精确的目标顾客。

根据以上信息，根据单一利益的对立性技术标准和测试评级，完成“羊羊慢递”的单一利益对立性测试评级，并撰写相应的研究报告。

表 5.12 “羊羊慢递”的单一利益对立性测试评级表

<table>
<tr><th>指标</th><th>测评二级指标</th><th>指标赋值要点</th><th>指标事实及其来源</th><th>得分</th></tr>
<tr><td rowspan="2">3. 单一利益的对立性 B_3</td><td>3.1 给出拟评商标国际或国内在位者，并给出在位者的单一利益点即在位品类。0.40分</td><td>若只给出在位者厂商但无在位者产品，得0.10分；若给出在位者产品但无其单一利益点，得0.20分；若给出在位者产品及其单一利益点，得0.40分</td><td></td><td></td></tr>
<tr><td>3.2 将拟评商标的利益点与在位者的利益点进行比对，测试两者的对立程度。0.60分</td><td>若与在位者完全对立，得0.60分；很大的对立，得0.48分；不对立但差别很大，得0.36分；不对立但差别较大，得0.24分；差异很小的跟随，得0.12分；完全跟随或通用性承诺，得0.0分</td><td></td><td></td></tr>
<tr><td colspan="4">得分合计</td><td></td></tr>
</table>

<table>
<tr><td rowspan="2">测试等级</td><td>1.0</td><td>0.8～0.99</td><td>0.6～0.79</td><td>0.4～0.59</td><td>0.2～0.39</td><td>≤0.19</td></tr>
<tr><td>AAA级</td><td>AA级</td><td>A级</td><td>B级</td><td>C级</td><td>D级</td></tr>
</table>

案例模拟5.2 反潮流销售见奇效，卖火柴的大男孩赚得百万身家[①]

据《南都周刊》报道，80后的沈子凯说：当打火机满天飞，人人都在用Zippo的时候，原来的个性和时尚就变成了平庸和无趣。当大家都在玩时，这个东西往往就不再好玩了。是的，当人手一个Zippo时，拿着火柴的你就成了一种潮流。

在卖火柴之前，杭州人沈子凯拥有一家自己的广告公司。再往前，他是一个艺术设计专业的学生，梦想着用创意和设计的手段，将生活中很普通的东西变成有趣好玩的产品。

广告公司的生意不错。2007年，一个做创意的朋友送给沈子凯一盒酒店用火柴让他选择了改行。黑色的外盒上压着细碎的花纹，火柴又长又粗，与平时看到的火柴完全两样。朋友说这叫送财，既漂亮又讨口彩的礼物让沈子凯很高兴，无聊时常常反复把玩，他想起了曾经的创意产品计划。经过一番思考和市场调查，他离开一手创办的广告公司，注册了杭州吉卜力艺术创造社，专心开发起艺术火柴。

本书点评：又是一个“意外”或“偶然”，同样，隐藏在这个意外或偶然里的必然，被沈子凯抓住了，这就是有心人。

---

① 参见2009年8月13日“汉网—武汉晨报”，作者：桃乐丝。

2007 年 7 月，沈子凯正式注册了"纯真年代"艺术火柴商标，3 个月后开始销售，并在今年 4 月份正式开始加盟连锁。目前"纯真年代"的近百个经销商遍布除西藏、新疆外的中国大半地区。艺术火柴已为沈子凯赚得百万身家。

事实上，沈子凯并不是转型卖火柴的个案。重庆的 70 后杨华成原本也经营着自己的广告公司，后来也卖起了火柴，而且比沈子凯稍早。

2007 年春节，杨华成在朋友的家里看到一盒艺术火柴，立马爱不释手，靠着自己对印刷包装领域的熟悉，他敏锐地感到了这个项目的市场前景。凭借多年积累的资源，杨华成和朋友迅速成立重庆奇品堂文化传播公司，注册"火焰神话"品牌开始卖火柴。

这种时尚精美的火柴近几年广受欢迎，在国内许多旅游景区和大城市的商场里如雨后春笋般地冒出无数的专卖店，而沈子凯的纯真年代和杨华成的火焰神话正是其中最活跃的品牌之一。

根据上述信息，结合自己进行的网络信息收集，按照单一利益对立性的技术标准和测试评级，对"纯真年代"的单一利益的对立性进行测试评级，并撰写评级分析报告。

表 5.13　"纯真年代"艺术火柴的单一利益对立性测试评级表

<table>
<tr><th>指标</th><th>测评二级指标</th><th>指标赋值要点</th><th>指标事实及其来源</th><th>得分</th></tr>
<tr><td rowspan="2">3. 单一利益的对立性 B_3</td><td>3.1　给出拟评商标国际或国内在位者，并给出在位者的单一利益点即在位品类。0.40 分</td><td>若只给出在位者厂商但无在位者产品，得 0.10 分；若给出在位者产品但无其单一利益点，得 0.20 分；若给出在位者产品及其单一利益点，得 0.40 分</td><td></td><td></td></tr>
<tr><td>3.2　将拟评商标的利益点与在位者的利益点进行比对，测试两者的对立程度。0.60 分</td><td>若与在位者完全对立，得 0.60 分；很大的对立，得 0.48 分；不对立但差别很大，得 0.36 分；不对立但差别较大，得 0.24 分；差异很小的跟随，得 0.12 分；完全跟随或通用性承诺，得 0.0 分</td><td></td><td></td></tr>
<tr><td colspan="4">得分合计</td><td></td></tr>
</table>

<table>
<tr><td rowspan="2">测试等级</td><td>1.0</td><td>0.8～0.99</td><td>0.6～0.79</td><td>0.4～0.59</td><td>0.2～0.39</td><td>≤0.19</td></tr>
<tr><td>AAA 级</td><td>AA 级</td><td>A 级</td><td>B 级</td><td>C 级</td><td>D 级</td></tr>
</table>

案例模拟5.3 最差的财富[①]

15年前，太行山上有个村盛产柿子，但品种不好，皮厚肉少籽又大。于是，村民们纷纷为自己的果园更换了新品种，三五年之后，大家更换的新品种都开始产柿子了。唯独村里有一位穷困的小伙子依旧守着那片老果园过日子，他的父母刚病逝不久，家里穷得拿不出更换新品种的钱，所以他只能采摘着全村最差的柿子。别人家的柿子又大又圆而且还没核，可他的柿子个又小核又大，每到了卖柿子的季节，尽管他卖出最低的价格，还是没人愿意买他的柿子。他望着这片全村最差的果园发起了愁。为了生活，他只好放弃了那片果园到城里一家餐馆来打工。

那是一家以经营麻辣菜为主的餐馆，生意很火爆。每天傍晚老板都会去菜场买回许多商贩们卖剩下的最差的辣椒和花椒，用自己的独家手艺来熬制成麻辣酱。小伙子不解地问："老板，麻辣酱不是市场上有得卖吗？您为什么还要自己去做呢？再说您为什么老是买那些最差的辣椒和花椒啊？"

老板笑笑说："这些看上去辣椒花椒的外相是最难看的，但是味道却是一样的，把这些最差的辣椒用最便宜的价格买回来做成最美味的麻辣酱，用这些酱就能烹调出独一无二的美味菜肴，顾客被吸引了，我的财富也就来了。你说这些辣椒和花椒算不算是一种最差的财富？"

本书点评：外相不好看的辣椒，不等于味道差，但是，如果将承诺的利益点集中于辣椒的外相，则外相不好看的辣椒就不值钱；如果将承诺的利益点集中于味道，则与辣椒的外相就没有关系了。其实，在从商标到品牌的品牌工程中，注册商标本身类似于辣椒的外相，而品牌也即该注册商标所承诺的单一利益点，则类似于味道。

"最差的财富？"小伙子一听，心中顿时有了一种领悟："我家的柿园里不正是有一批最差的柿树吗？那会不会也是一种财富呢？"他当下向那厨艺精湛而且经验丰富的老板讨教："老板，水果能做成酱吗？"老板说："当然可以啊，不过水果做成酱的话可能会以甜味为主，我们太行山这一带是爱吃甜的地方，应该会有人用来烧菜。"

小伙子把这一番话听在耳里记在心中，他暗暗揣摩着能不能把自家所产的那些算得上是最差的柿子做成柿子酱。时间一天天过去，他的想法也越来越成熟。

转眼到了当年的柿子采摘季节，他毅然回到了果园。按心里所设想的拿了几个柿子洗净后去皮去籽，用小石磨将柿子磨碎，再加进一点天然香料后一闻，果然奇香无比。尝一尝味道也是异常浓郁，口感甜而不腻。当晚，他就用这点酱烧了一道"柿香红虾""酸甜柿味鸡"等菜肴，一尝果然味道十分独特。他当即把他的酱带给他的老板，他的老板试着烧了几道菜，竟然竖起了大拇指连连夸味道好。

初步的成功让小伙子欣喜不已，在老板的帮助下，他买了一台中档的水果碾碎机，回家办起了一个小作坊。当第一批柿子酱生产出来以后，他带了一箱样品去了省城，一天下来，他跑了50余家超市和酒店，几乎所有的商家都对他的柿子酱产生了浓厚的兴趣，纷纷下了订单，最让他意想不到的是几个调味品批发商对他许下了诺言："只要包装再精美一

① 参见《特别关注》2010年第9期，作者：陈亦权。

点，这柿子酱有多少要多少，而且可做长期合作代销业务。”一个月以后，在太行山里的政府部门的帮助下，他的柿子酱走进省城、北京、上海等一些大城市。

时至今日，当初的那位小伙子已经是一位生产各类柿子酱的大企业老总，而他的产品也遍布了全国各大城市。他在回忆自己的创业之路时无不感慨地说：“如果说当初我家的柿子是最差的，其实还不如说那是我一段最差的人生经历。别轻易把‘最差’的东西否定掉，因为那里往往潜藏着巨大的机遇和财富！”

在该案例中，没有提到柿子酱的注册商标，为此，我们可以鉴定为“M”牌柿子酱，根据上述信息，结合自己进行的网络信息收集，按照单一利益对立性的技术标准和测试评级，对“M”牌柿子酱的单一利益的对立性进行测试评级，并撰写评级分析报告。

表 5.14　“M”牌柿子酱的单一利益对立性测试评级表

指标	测评二级指标	指标赋值要点	指标事实及其来源	得分
3. 单一利益的对立性 B_3	3.1　给出拟评商标国际或国内在位者，并给出在位者的单一利益点即在位品类。0.40 分	若只给出在位者厂商但无在位者产品，得 0.10 分；若给出在位者产品但无其单一利益点，得 0.20 分；若给出在位者产品及其单一利益点，得 0.40 分		
	3.2　将拟评商标的利益点与在位者的利益点进行比对，测试两者的对立程度。0.60 分	若与在位者完全对立，得 0.60 分；很大的对立，得 0.48 分；不对立但差别很大，得 0.36 分；不对立但差别较大，得 0.24 分；差异很小的跟随，得 0.12 分；完全跟随或通用性承诺，得 0.0 分		
得分合计				

测试等级	1.0	0.8～0.99	0.6～0.79	0.4～0.59	0.2～0.39	≤0.19
	AAA 级	AA 级	A 级	B 级	C 级	D 级

第 6 章　品牌建设的岗位性

根据品牌经济学原理，商标的品牌信用建设，本身是一个专业技术。也不是一个人的兼职，而是一个团队的专职工作。厂商或组织在进行商标的品牌信用建设时，犹如财务部和财务经理、生产部和生产经理、销售部和销售经理、技术部和技术经理一样，同样需要品牌部和品牌经理。作为一个管理岗位，品牌经理的专业技术就是品牌工程学，其专业技术职称，则是品牌工程师。

品牌经理，就是公司为每个品牌的产品或产品线配备一名直接经营责任者，使其对该品牌的产品开发（包括产品概念、价格与成本、材料要求、包装要求、上市时间等）、产品销售、产品毛利等经营承担全部责任，并具体协调产品开发部门、生产部门以及销售部门的工作，负责品牌建设的全过程。

很多厂商羡慕宝洁公司，殊不知正是宝洁公司首创了品牌经理制。品牌经理的概念诞生于 1931 年，创始者是美国宝洁公司负责佳美香皂销售的麦克·爱尔洛埃。为此，请阅读思考以下背景资料。

背景资料 6.1　宝洁公司的品牌经理制[①]

始创于 1837 年的宝洁公司，是世界最大的日用消费品公司之一，在全球 70 多个国家设有工厂和分公司，其经营的 300 多个品牌畅销全世界 140 多个国家和地区。宝洁公司品牌管理系统的基本原则是：让品牌经理像管理不同公司一样来管理不同品牌。

1923 年，宝洁推出了新的香皂品牌“佳美”(Camay Soap)，但业绩一直不尽如人意。出现这一局面的重要因素是“佳美”的广告及市场营销“过于‘象牙皂’化”，不同程度上成了象牙皂的翻版。象牙皂于 1879 年诞生，是宝洁公司的重要产品之一，已成为消费者心目中的名牌产品，销售业绩一直很好。与象牙香皂面对同一消费群体，又被规定“不允许进行自由竞争”的佳美香皂，自然成为宝洁公司避免利益冲突的牺牲品。

本书点评：在种植树木时，如何让树长的尽可能直？很简单的办法就是加大树木的种植密度。对一定密度的树林而言，每个树为了尽可能地争夺阳光和空间，都会向上长，也

---

① 参见“新浪博客”(http://blog.sina.com.cn)，作者：Killor 2000。

就确保树木长得又高又直，这就是竞争的意义。当然，树林边缘的树除外。

1930 年，宝洁决定为佳美选择新的广告公司，并向这家广告公司许诺，决不为竞争设定任何限制。在此之前，负责“佳美”和“象牙”品牌的是宝洁自 1922 年起唯一指定的广告公司。佳美皂有了自己的广告公司后，可以自由地、毫无顾忌地与象牙皂展开竞争，就如同与当时别的公司的力士、棕榄等品牌竞争一样。佳美销售业绩随之迅速增长。

佳美品牌改变了宝洁的品牌管理模式，尽管它的目标竞争对手是力士和 Cashmere Bouquet，但是同时也是象牙的竞争对手，在那个时候，同一个公司的竞争对手还是人们闻所未闻的。资深管理者认为，佳美与象牙的广告太过相像，就为佳美选择了一家新的代理公司，这种做法是一个进步，因为管理者意识到最好的管理相似和竞争品牌的办法是为他们创造区别化的广告策略。

1931 年，负责佳美品牌的促销和与广告公司日常联系工作的是尼尔·麦克爱尔洛埃(Neil McElroy)，他后来成为宝洁公司著名的 CEO，并担任过美国国防部长)，他发现由几个人负责同类产品的广告和销售，不仅造成人力与广告费用的浪费，更重要的是容易对顾客造成顾此失彼，宝洁需要一个与其市场相匹配的特别的管理系统。

本书点评：需要我们特别深思的是“更重要的是容易对顾客造成顾此失彼”，换言之，解决人力和广告费用的浪费，还可以有别的办法，但对顾客造成的顾此失彼，才是设置品牌经理制的关键所在。这句话的科学价值，在于明确了品牌经理的服务对象是终点顾客，而不是广告费用管理。而我国目前设立品牌经理的很多企业，恰恰不是专注于终点顾客的服务，而在于广告管理。导致品牌经理制有名无实，当然效果也就没有了。

于是，他起草了一份具有历史意义的备忘录，提出了“一个人负责一个品牌”的构想，该备忘录指出宝洁的每一个品牌都应该有自己的品牌管理者，由他们来决定品牌的广告和其他营销活动。他的建议于 1931 年 5 月 31 日获得宝洁公司以倡导创新著称的董事长杜普利的正式批准，这一天被认为是宝洁公司品牌经理制度诞生的历史时刻。

麦克爱尔洛埃在备忘录中详细说明了“品牌员”(brand man)、“助理品牌员”(assistant brand man)和几位“现场核查员”(field check-up man)(指绝大部分时间都在商场里调查促销情况者)的工作职责，并在文件里写道：品牌经理应能够把销售经理工作的大部分接过来，使销售经理能将主要精力放在销售产品的工作上。

本书点评：按照今天规范的划分，销售经理负责与商家的谈判合作，能否与某个商家合作，是销售经理的责任。但是，在选定区域内，计划与哪些商家合作，以及进店之后的动销率、终点顾客的行为研究等，都属于品牌经理的责任，这就是品牌建设的岗位性。

麦克爱尔洛埃认为，应该通过分析不同市场的销售和利润状况区分“问题市场”，以此来加快营销问题的解决。品牌经理的职责是开展研究、发现产生问题的原因，接着找出措施解决问题，并保证这些措施能及时实施。解决问题的工具包括广告和其他营销手段，如价格策略、促销活动、店内展示、改进包装和产品革新以及刺激销售。这种制度固有的问题是品牌之间竞争和争夺资源的问题。

我们认为，品牌经理既不是个名称，也不是个概念，而是厂商拓展市场的进化新阶段，尤其是当所处的产品或服务，进入供大于求的过剩阶段，哪个厂商最接近终点顾客，并使终点顾客选择成本等于零，这个厂商就将获得定价权。

6.1 品牌建设岗位性的技术标准

将品牌经理运营制的岗位性的定义为1.0分，将完全无人专职负责品牌建设的岗位性定义为0.0分，为了避免出现含糊不清的中性判断也即0.5，我们采取了偶数分级法。可以划分出0.0(无专职负责)、0.2(其他岗位兼职)、0.4(有专职但以广告为主)、0.6(有专职但无团队)、0.8(有专职但不独立运营)、1.0(有专职团队且独立运营)。按照这个相对计量等级，将品牌建设的岗位性测试与设计技术标准确定如下：

(1)是否设立有品牌经理？此项赋值0.40分。其具体测算标准是：若有，得0.40分；若由公司决策者直接负责，得0.32分；若只是一般岗位兼职，得0.24分；若既无品牌经理、也无其他岗位专责品牌建设，得0.0分。

(2)若无品牌经理，是否有明确的其他岗位负责？此项赋值0.15分。其具体测算标准是：若未实行品牌经理运营制，得0.0分；若只有专职负责但无团队配合，得0.06分；若是品牌经理运营制，得0.15分。

(3)品牌实际负责人(老板或职业经理)对品牌的理解是物质性还是情感性？此项赋值0.30分。其具体测算标准是：通过检索、分析品牌实际负责人的讲话，若其对品牌的理解是质量、功能等物质性，得0.18分；若其理解是心情、欲望、快乐等情感性，得0.30分。

(4)针对目标顾客的逆转因素，品牌实际负责人(老板或职业经理)是否制定了预案？此项赋值0.15分。其具体测算标准是：针对逆转因素，制定了预案或不同方案，得0.15分；若没制定预案，得0.0分。

是否制定了预案，若是对企业进行内部项目研究，可以在内部访谈室获得。若是外部评级，则根据市场环境出现大的变化，企业销售下降程度推论，下降程度越大，表明企业内部没有识别逆转因素，并制定预案。

6.2 品牌建设岗位性的测试评级

在对拟评商标进行品牌信用评级时，对该商标是否有专职的品牌经理进行测评时，可以遵循以下流程：

通过官方网站和厂商的企业宣传册，获取拟评商标所属公司的组织结构图，判断知否有品牌经理。

如无法获得该公司的组织结构图，则可以通过网络查询，该公司是否有品牌经理招聘信息。或者通过网络查询，是否有该公司品牌经理的讲话或报道、媒体采访等信息。通过实践，我们得出这样的推论：既无品牌经理招聘也无活动报道或媒体采访的厂商，可以判断该厂商的品牌建设缺乏明确的岗位性；反之，设置了专职的品牌经理的厂商，在互联网上，必定留下活动或报道的信息。

在完成品牌建设的岗位性测试评级表时，为了保证指标的顺序编号，表内指标按照

"4"来编排。

表 6.1　　品牌建设的岗位性测试评级表

指标	测评二级指标	指标赋值要点	指标事实及其来源	得分
4. 品牌建设的岗位性 B_4	4.1　是否设立有品牌经理？0.40 分	若有，得 0.40 分；若由公司决策者直接负责，得 0.32 分；若只是一般岗位兼职，得 0.24 分；若既无品牌经理、也无其他岗位专责品牌建设，则得 0.0 分		
	4.2　若有品牌经理，是否是品牌经理运营制（即对拟评商标所承载产品的经营）？0.15 分	若未实行品牌经理运营制，得 0.0 分；若只有专职负责但无团队配合，得 0.06 分；若是品牌经理运营制，得 0.15 分		
	4.3　品牌实际负责人（老板或职业经理）对品牌的理解是物质性还是情感性？0.30 分	通过检索、分析品牌实际负责人的讲话，若其对品牌的理解是质量、功能等物质性，得 0.18 分；若其理解是心情、欲望、快乐等情感性，得 0.30 分		
	4.4　针对目标顾客的逆转因素，品牌实际负责人（老板或职业经理）是否制定了预案？0.15 分	针对逆转因素，制定了预案或不同方案，得 0.15 分；若没制定预案，得 0.0 分		
得分合计				

测试等级	1.0	0.8～0.99	0.6～0.79	0.4～0.59	0.2～0.39	≤0.19
	AAA 级	AA 级	A 级	B 级	C 级	D 级

6.3　品牌建设岗位性的设计流程

就像宇宙是长出来的一样，企业的组织结构也是随着企业的增长而不断更新出来的，而企业的成长则是孟子所言"虽有智慧，不如乘势"。这个"势"就是目标顾客最渴望的单一利益点，从而持续选择但对价格不敏感。

中国市场长期的短缺导致了短缺后遗症，总是以为生产出来的产品，不愁销售，从而导致厂商专注于生产。随着国际市场的订单转移到中国，中国的生产厂商们又专注于订单生产，也不关心终点顾客的利益需求问题。这就是为什么中国国内企业少见有专职的品牌经理的岗位设置，从而使终点顾客以及商标的品牌建设处于无人负责。

我们在和国内某大型饲料企业董事长交流时，问他是否希望有个强势品牌，他回答说非常希望。再问您公司有财务经理吗？答曰“有”；问您公司有生产经理吗？答曰“有”；问您公司有销售经理吗？答曰“有”。当问到您公司有品牌经理吗？答曰“没有”。

既然没有专职的品牌经理，谁对终点目标顾客负责呢？没人对终点目标顾客负责，又怎能把商标建成品牌呢？当然也就无法获得定价权！

而在和某复合肥企业交流时，他倒是接受了我们设置品牌经理的建议，并设置了品牌经理。但问题是并没有合格的品牌经理人选，虽然职位名称是品牌经理，可实际上还是销售经理，仍然在从事经销商的工作，没有将工作重点转到终点目标顾客。

因此，在聘用或任命品牌经理时，有必要测试候选人的品牌建设知识体系（详见孙曰瑶等：《BCSOK：品牌建设体系》，经济科学出版社 2009 年版），而品牌建设所需要的专业技术，则就是品牌工程学。

第一步：绘制品类结构，根据品类重叠程度，判断品类冲突性

所谓品类结构，就是按照单一利益点进行品类分类，有多少个单一利益点，就有多少个品类。

在划分品类时，不同产品或服务，品类的划分标准也是不同的，通常可以有以下 5 个：

按照价格高低划分的品类。例如，瑞士机械表的价格，从千元、万元到十几万元、几十万元的都有。同样是压力锅，德国“双立人”的价格就很高。

按照容量划分的品类。例如，按照油缸容积，可将摩托车划分为 2500cc、2000cc、1500cc、1000cc、750cc、250cc 等。按照瓶子容量，洗发液可以划分为 50ml、100ml、150ml、200ml、750ml 等等。

按照年龄划分的品类。按照年龄划分，可以把食品划分为有婴儿食品、儿童食品、青少年休闲食品、老年保健食品等。也可以把服装划分为婴儿服装、儿童服装、青少年时装、中老年服装等。

按照性别划分的品类。按照性别，可以把服装划分出女性服装、男性服装。

按照使用时段划分的品类。按照每天的时段，可以把女性卫生巾划分为夜用型和日用型。也可以像感冒药“白加黑”一样，白天吃白片，晚上吃黑片。

斯隆在就任美国通用汽车总裁时，发现通用汽车的品类结构如表 6.2 所示：

表 6.2　　通用汽车早期品类结构

序号	商标车型（品类）	价格（美元）
1	雪佛兰 490（四缸）	795～1375
2	雪佛兰 FB（四缸）	1320～2075
3	奥克兰德（六缸）	1395～2065

续表

序号	商标车型(品类)	价格(美元)
4	奥尔兹(四缸 FB)	1455～2145
5	奥尔兹(六缸)	1450～2145
6	奥尔兹(八缸)	2100～3300
7	斯克里普斯．布斯(六缸)	1545～2295
8	谢里丹(四缸 FB)	1685
9	别克(六缸)	1795～3295
10	凯迪拉克(1K 缸)	3790～5690

资料来源:《我在通用汽车的岁月(斯隆自传)》,刘昕译,华夏出版社 2005 年版,第 55 页。

从表 6.2 可见,当时的通用汽车有 7 个商标 10 个品类,问题在于价格出现了严重的品类重叠性。不同商标车型之间的价格重叠性,导致顾客在选车时反复比较,也就是增加了顾客的选择成本,降低了其选择效率。故可以判断当时通用汽车的品类结构存在较严重的内部价格冲突。例如,某位顾客要买价格 1500 美元的轿车,他将面临 4 个选择。

2011 年,奇瑞完成 65 万辆销量(其中海外出口超过 17 万辆),不仅与年初既定的"保 70 万争 80 万"目标相去甚远,甚至还不及 2010 年 68.2 万辆的销量。"产品太多,价格又没太大差异,消费者到店里不知道选哪个,最后干脆不买了。"一名奇瑞经销商如此评价。"奇瑞近几年的产品研发总想覆盖全系,而且很多产品做得不够精细。所以市场一收缩,你会发现它打群架的策略就会失灵。"一位业内人士评价道。

既然有通用汽车前车之辙,为何还要重复相同的错误?

第二步:通过品类规划,消除品类重叠性,克服品类冲突

如果多个品类之间,存在重叠性,将导致顾客选择的困难,也即增加了目标顾客的选择成本,从而降低顾客的选择效率,进而降低企业内部的生产效率。

针对通用汽车的品类结构,斯隆认为在价格上存在重叠,而且商标过多,为此,他主持批准了新的品类规划,形成了以下品类结构,如表 6.3 所示:

表 6.3　通用汽车规划后的品类结构

序号	车　型	价格(美元)
1	雪佛兰	450～600
2	奥克兰德	600～900
3	别克 4 型	900～1200
4	别克 4 型	1200～1700
5	奥尔兹	1700～2500
6	凯迪拉克(1K 缸)	2500～3500

资料来源:《我在通用汽车的岁月(斯隆自传)》,刘昕译,华夏出版社 2005 年版。

由此一来，要买1500美元轿车的顾客，就将只有一个选择。通用汽车就要认真地研究给只买1500美元轿车的目标顾客一个不假思索选择的理由即可。

第三步：为每个品类注册商标，并配置独立运营的品牌经理

理顺了内部品类结构后，就要为每个品类注册一个法律商标，关于注册商标的测试标准、测试评级和设计流程，详见第十章"注册商标的单义性"。

尽管现在招聘品牌经理的企业已经很多(笔者在2011年1月26日用谷歌搜索引擎，在0.12秒时间内获得34.6万条招聘信息；2014年9月30日，在用百度搜索"品牌经理招聘"，瞬间搜到3390万个信息)，但由于中国高校专业设计的滞后性，目前尚没有独立的专业培养品牌经理。涉及的品牌建设的知识，主要集中在广告设计或传播专业。换言之，仅仅是将品牌理解为广告传播。在现有的管理专业中，所进行的品牌研究，更多的是将商标与品牌混淆，说是研究品牌，其实是商标。

通过对品牌经济学的理论研究，我们对品牌经理的职责，进行了科学的界定。这个界定的依据，就是通过顾客链的分析，界定销售、市场与品牌的区别。

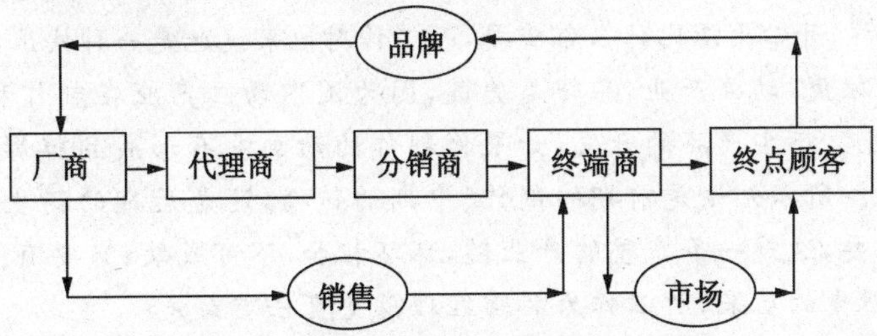

图6.1　销售、市场与品牌经理的责任

从图6.1可见，从厂商经过代理商、分销商，最终将产品放到各种终端商的柜台上(超市、专卖店、专业市场、展览会、便利店、网店等)，也即渠道建设。这是销售，也就是销售经理的责任。因此，销售经理完成的是商业渠道的开发、产品的配送和货款的回收。

当产品陈列到终端柜台之后，不同商标的同类产品集中陈列在一起，等待顾客的选择。终端柜台就是厂商与顾客完成交易的场所，也就市场。在柜台前，前来选择的顾客，选择哪个商标，该商标所属厂商就完成了价值转换。如何让光临的顾客选择呢？这就是市场经理的责任。换言之，产品能否提供代理渠道摆进终端柜台，是销售经理的责任，一旦产品进入终端柜台，能否得到顾客的选择，就是市场经理的责任，导购员就是隶属于市场经理的柜台责任人。

但是，市场经理及其所属的柜台导购员，只能争取自己光临的顾客，如何让更多的顾客主动到自己商标产品柜台前呢？这就是品牌拉力，也就是品牌经理的责任。

因此，一个完整的营销系统，除了财务、后勤、物流等岗位外，必须有销售部、市场部、品牌部。其中，销售部及其分区销售经理，负责渠道拓展与货款回收；市场部及其市场经理和柜台导购员，负责所进入终端的占有率(＝自己的商标产品占所在终端同类产品每周销量的比例)、成交率(＝实际购买的顾客数占前来自己柜台考察的顾客总数)；而品牌部及其品牌经理，则是负责目标顾客的界定、降低目标顾客选择成本的单一利益点承诺、产

品结构、促销方案、广告活动等。

因此,品牌经理有两个类型:一是独立运营制,也就是由品牌经理负责某个商标产品的具体运营,包括销量、销售额、利润、价格、目标顾客、产品、区域、促销、广告等。这是宝洁公司的运营模式。二是职能分工制,也就是专注于终点目标顾客的选定、目标顾客的行为研究、促销方案测试、广告样本测试。

我们认为,采取单商标制度的企业,可以采取职能分工制的品牌经理;而采取多商标制度的企业,则最佳选择就是独立运营制。到底应是采取单商标制还是多商标制,详见第十章“注册商标的单义性”。

背景资料 6.2 《神探威威猫》品牌经理专访(节选)[①]

“开心生活比什么都重要,为动漫画事业呕心沥血、痴迷不悟。”这是张新雄的个人宣言。

张新雄很忙,作为广东爱威文化发展有限公司品牌经理,他每天的生活都和动画结合在一起。随着他所管理的动画品牌《神探威威猫》屡获大奖,他现在更忙了,不但要为播出难的问题奔波,还要为加盟商的选择而费尽思量,市场上的盗版让他头痛,产品生产和销售的管理环节更是重中之重。张新雄虽然很忙,他仍然很快乐,他说自己是个快乐的人,正如自己的宣言一样,开心生活比什么都重要,而工作对他来说也是一种快乐,只因为喜欢。

采访中张新雄说,动画产业,品牌是关键,因为国内动画产业在制作和传播过程中是亏损的,赢利只能靠衍生产品的开发,如果你制作的动画没有形成品牌影响力,那就注定你将是血本无归。所以无论是前期的制作、中期的传播,还是后期的衍生产品的开发,每个环节都非常重要,这是一条完整的产业链,环环相扣,不可或缺,只要有一个环节出现问题,那都会出现严重的后果,所以作为品牌经理感觉责任重大。

本书点评:基本业务是动画制作和传播,但派生业务是依托卡通形成的衍生产品。问题是在这段论述中,实在看不出是如何将这些业务环节聚焦于目标顾客的欲望。这才是动画品牌建设的关键所在。

《中国品牌》:我想,无论做什么投资,前期都会有很多准备工作,尤其动画产业的投资,风险更大,那么在前期制作过程中,也就是产业链的上游,都需要做哪些准备工作?

张新雄:国内对动画产业的投资呈现一种盲目状态,很多公司去国外公司去考察一番,回来之后就开始自己做,制作前根本没有专业公司对它进行前期的策划与组织,就题材确定、角色设定、受众群体、市场点、竞争对手、道具、制作成本的估算、资金如何回笼、宣传推广及后续产品开发等问题作出一个完善的实施方案。即使有方案,也是粗略的,并且漏洞百出。

而在国外,一部片子推出前会请专业市场调查公司进行调研,然后选择不同的模式进行操作。比如:他们也许会先规划一个大故事,先做一二集的样片,然后再去找投资商,这样投资的风险就会降到最低,片子还没做完,宣传已经铺天盖地。并且他们已经将后期的规划做好了,比如要开发什么样的产品、用什么样道具、道具能否开发成产品等等。比如现在我们吃饭的刀叉,如果他们打算出这样的产品,他们会在动画片中,以动画的主角反复使用,以突出这个产品,为以后推出这种产品打下伏笔。当然他们也有很多其他的模

① 参见 2005 年 3 月 23 日“新浪动漫”,《中国品牌》记者:江传云。

式，总之，他们在投资非常谨慎，懂得规避风险，国内投资者不是不明白风险的存在，他们只是还不懂得如何去规避，这就造成行动上的盲目。

本书点评：根据专业市场调查公司，先规划一个大故事，就是品牌工程。之后的“先做一二集的样片”，就是研制工程。通过投资商获得投资，制作的完整动画产品，就是工艺工程。“片子还没做完，宣传已经铺天盖地”，就属于导入期的新闻策略，目的是建立起目标顾客的心理预期。“比如现在我们吃饭的刀叉，如果他们打算出这样的产品，他们会在动画片中，以动画的主角反复使用，以突出这个产品，为以后推出这种产品打下伏笔”，这个刀叉是自己的，还是由现有刀叉企业植入？这就是盈利模式分析。

《中国品牌》：你觉得作为一个品牌经理应该具备哪些素质？

张新雄：品牌经理其实就是一个职业经理人。作为一个品牌经理，要具备综合能力。你要懂策划，懂广告，懂传播，懂经营，懂管理，懂服务甚至世故人情。当然你不一定凡事都要亲自去做，但前提是你必须要懂，然后才能让别人去做。

本书点评：所谓的综合能力，就是将策划、广告、经营、管理、服务、人情世故等要素，聚焦于目标顾客的欲望。而“凡事都要亲自去做”，则是品牌经理所带领的一个团队，这是运营制品牌经理所必需的。

第四步：区分三类事务，品牌经理团队制定运营规划，尤其是逆转类事务的预案

军队作战之前，必定进行图上作业，也就是在作战地图上，进行军事部署，也就是纸上谈兵。通过纸上谈兵也即书面模拟，将未来可能发生的事情，进行模拟。在模拟过程中，区分三类事务：

第一类是团队内部完全可以决定的事务，也即可控类事务，此类事务事在人为，必须百分之百地做好，也即做到最高标准。为此，就需要清楚地界定哪些具体的事务是可控类的，最好的标准是什么，由哪个岗位负责，现在谁是该岗位的责任人，其任职资历和业绩如何，等等。

第二类是团队可以争取但无法决定的事务，也即争取类事务，此类事务只能是“谋事在人，成事在天”，也即不争取肯定不成，但即使争取了也未必能成。对争取类事务，团队必须要百分之百地去做到。为此，就需要清楚地界定哪些具体的事务是争取类的，做到的标准是什么，由哪个岗位负责，现在谁是该岗位的责任人，其任职资历和业绩如何，等等。

第三类是团队完全难以预料的事务，但此类事务一旦发生，又将导致严重的损失，也即逆转类事务。对此类事务，根本不能去思考如何避免，只能思考“一旦发生，该如何应对”，也就是“预则立，不预则废”。团队对意外风险类事务，必须给出详尽的应对方案。同样的，就需要清楚地界定哪些具体的事务是逆转类的，可能危害是什么，由哪个岗位负责？现在谁是该岗位的责任人？其任职资历和业绩如何？

背景资料6.2中的品牌经理张新雄在接受采访时，还指出：“因为动画品牌是个传播品牌，所以在这个过程中还要注意品牌的持续传播问题。另外，盗版很严重。这是中国普遍存在的现象，没办法，防不胜防，还有很多琐碎的问题需要解决。”这就属于逆转类风险。既然知道了盗版在中国普遍存在，那么，在启动一个动画项目时，在策划、设计、制作、推广等每个环节，都要思考一个问题，即如何防止被盗版？一旦被盗版了，该如何应对？才能转危为安？

根据品牌经济学原理的品类对模型，我们认为，企业有必要成立品牌运营的影子团队，类似乒乓球、摔跤、拳击等体育训练中的陪练。其任务是以旁观者的身份，模拟对手，设置逆转因素，促使品牌经营团队制定更有针对性的方案或预案。

背景资料 6.3 《神探威威猫》品牌经理专访(节选)[①]

《中国品牌》:作为动画品牌的品牌经理，你所要做的是什么样具体的工作?

张新雄:作为品牌经理，我的工作是比较琐碎的。要做战略规划，制定短期和长期工作目标；要负责制定各项规章及工作流程，完善品牌中心的制度体系；要根据年度工作目标，制定年度人力资源计划，根据公司人力资源政策，配合做好人员的选拔、录用、考核、培训、晋升、职业规划等工作；要做市场调研及信息分析，品牌规划及品牌形象的推广，广告策划、文案、创意、制作、跟踪、评估，媒介的选择、评估、购买、投放、监测，全国性、区域性促销活动的策划、执行、培训与监督实施，新闻发布、软性文章发表等公关活动，品牌/广告等供应商的选择、配合、评估，定期分析拟开发的客户需求，协同业务员走访客户，定期完成对客户的评估分析报告；另外，还有质量管理、加盟流程、加盟政策、加盟条件、产品设计与开发，还有后期的管理与监测等等，非常繁琐。

对于动画产业来说，品牌是个中心，是个非常重要的部门，需要各个部门来配合，策划部、产品开发、发行部、市场部等等，应呈一种放射状，因为你所做的一切都是为这个品牌服务的。特别是动画品牌尤其重要，因为动画如果没有品牌就没有一切。

《中国品牌》:在工作过程中，作为动画品牌的品牌经理，你觉得最大的困难是什么?

张新雄:游戏规则。不光是前期制作和中期的传播，就后期的产品的开发与管理来说，动画品牌衍生的产品跨很多行业，而不同的行业都有自己的游戏规则，只有当你懂得这个行业的游戏规则的时候，才有可能更好地去管理它们，管理就是要懂得游戏规则。

所谓游戏规则就是你要明白这个行业的办事风格是怎样的。比如玩具，你要按玩具领域的游戏规则去办事；比如服装、家电、文具、音像；甚至打击盗版，都有自己行业的游戏规则。这其中有很多细节的问题，比如行业的背景、人员的素质等等，都得尽量去考虑全面，否则就有可能出现很严重的后果。

比如，现在很多玩具生产商有的是从家庭作坊发展起来的，人员的素质普遍不高，他们有的甚至听不懂核心竞争力是什么意思，你得告诉他们，生产我这个品牌你的玩具会更好卖，并且能卖更好的价钱，因为这个动画片很出名，然后他们才明白，所以你得去迎合他们。

第五步:根据发展规划，品牌经理及其团队制定年度经营计划，尤其是逆转因素的预案

年度经营计划包括结果预定和过程模拟。

结果预定包括年度销量及其岗位分解、销售额、利润、费用预算及其岗位分解、人员配置、激励政策、区域政策(大本营、根据地、运动区、游击区)等。

过程模拟则是每个岗位年度责任制定与答辩。针对下达的任务，每个岗位都要形成书面的年度任务书，回答三个基本问题:为了完成给定的任务，我已经具备了什么条件?

---

① 参见 2005 年 3 月 23 日“新浪动漫”,《中国品牌》记者:江传云。

我还可以创造什么条件？希望公司支持什么条件？每个条件都要包括是什么、为什么、如何证明是可靠的等等。

在制定年度经营计划时，尤其需要切实评估目标顾客存在的那些逆转因素，并切实制定模拟演练逆转因素的预案，做到有备无患。

背景资料 6.4 《神探威威猫》品牌经理专访（节选）①

《中国品牌》：产品开发出来之后，要如何去经营和管理呢？我想这也是最关键的。

张新雄：是的，这个环节也是国内动画行业最薄弱的环节。人才、技术、故事通过努力，相对容易改善，而经营和管理却是个永恒的问题，特别对刚起步不久的国产动画产业来说，就更是个问题。比如蓝猫动画品牌，就是后来管理混乱造成现在的失控状态。这里最重要的就是如何去监控你所授权的加盟企业。

有三类客户，第一类是有生产能力，第二类既有生产能力也有销售能力，第三类只有销售能力。这样，你就要确定如何选择他们，你的加盟条件如何制定，选择之后要如何管理并且监控他们等。比如迪斯尼，他们是产销分离的，并且遵从严格的质量标准，这样，除了迪斯尼公司可以监控，产销企业之间也可以互相监督，你生产的产品不合格，作为销售企业可以拒绝。

另外，销售终端的选择问题，你是选择大卖场、高级商场还是专卖店，这里就有一个价格策略问题，根据不同销售终端可以定制不同的价格策略，选择不同的产品包装，以形成区隔而又不至于市场混乱。

第六步：总结品牌实践，制定品牌宪法，确保品牌建设的连续性

在设置了品牌经理的岗位责任制之后，并不是就能保证品牌建设一定成功。而是保证了即使出现了失误，也能可靠地总结失误。因此，在设置了品牌经理独立运营制之后，需要根据运营实践，不断进行总结，在此基础上，针对某个具体商标来制定“品牌宪法”，以公司内部法的形式，确保的品牌建设连续性，避免因人而异。

“品牌宪法”的基本构成包括六个内容：一是商标名称；二是规定该商标所承载的产品或服务，尤其重要的是清楚地界定其延伸的范围和条件；三是终点目标顾客的精确性界定，也即为谁服务；四是通过绘制终点目标顾客利益衍生链，并采取与在位者所承诺单一利益点相对立，来确定自己的单一利益点；五是经营指标体系，包括结果指标和过程指标；六是营销策略，包括渠道策略、促销策略、传播策略、延伸策略、资本策略、危机策略。这些策略的具体内容详见经济科学出版社2009年出版的《BCSOK：品牌建设体系》。

6.4 品牌建设岗位性的案例诊断

6.4.1 “华夏良子”足疗的品牌建设岗位性测试评级

我们没有获得华夏良子的组织结构图，从中难以发现是否有品牌经理。但通过网络

① 参见2005年3月23日“新浪动漫”，《中国品牌》记者：江传云。

搜索，获知华夏良子并未设立独立的品牌经理，而是由企业掌门人事实上在负责品牌的全面管理，即有明确的岗位负责华夏良子品牌建设。

因为没有设立专职的品牌经理，所以也就不存在品牌经理运营制。当然，作为企业创业者，也可以承担品牌经理的职责。但问题是企业创业者未必掌握品牌建设的专业知识和技能。同时，企业创业者还要承担企业经营的诸多事宜，导致其品牌建设被边缘化。品牌建设技能的缺乏与岗位责任的弱化，是绝大多数企业品牌建设不佳的重要原因。

华夏良子企业掌门人虽然为事实上的品牌建设责任者，但是，从该企业掌门人的知识结构和专业结构来看，缺乏品牌建设的专业知识和专业技能。

综上所述，华夏良子的品牌建设岗位性测试如表 6.4 所示：

表 6.4　“华夏良子”足疗的品牌建设岗位性测试评级表

指标	测评二级指标	指标赋值要点	指标事实及其来源	得分
4. 品牌建设的岗位性 B_4	4.1　是否设立有品牌经理？0.40 分	若有，得 0.40 分；若由公司决策者直接负责，得 0.32 分；若只是一般岗位兼职，得 0.24 分；若既无品牌经理、也无其他岗位专责品牌建设，则得 0.0 分	华夏良子公司没有设立专职的品牌经理，由公司决策者亲自负责品牌建设，故此项得分 0.32 分	0.32
	4.2　若有品牌经理，是否是品牌经理运营制（即对拟评商标所承载产品的经营）？0.15 分	若未实行品牌经理运营制，得 0.0 分；若只有专职负责但无团队配合，得 0.06 分；若是品牌经理运营制，得 0.15 分	因无专职的品牌经理，也就无独立运营制度，故此项得 0.0 分	0.0
	4.3　品牌实际负责人（老板或职业经理）对品牌的理解是物质性还是情感性？0.30 分	通过检索、分析品牌实际负责人的讲话，若其对品牌的理解是质量、功能等物质性，得 0.18 分；若其理解是心情、欲望、快乐等情感性，得 0.30 分	检索其官网，发现设计了一个良子给其爷爷洗脚的故事。揭示了对品牌的理解是情感性的，故此项得 0.30 分	0.30
	4.4　针对目标顾客的逆转因素，品牌实际负责人（老板或职业经理）是否制定了预案？0.15 分	针对逆转因素，制定了预案或不同方案，得 0.15 分；若没制定预案，得 0.0 分	存在逆转因素，有应对措施，但无制定预案，故此项得 0.0 分	0.0
得分合计				0.62

测试等级	1.0	0.8～0.99	0.6～0.79	0.4～0.59	0.2～0.39	≤0.19
	AAA 级	AA 级	A 级	B 级	C 级	D 级

6.4.2 “上海”表的品牌建设岗位性测试评级

我们没有获得“上海”表的组织结构图，从而难以发现是否有品牌经理。

但通过网络搜索，我们获知“上海”表虽然并未设立独立的品牌经理，但是加入了上海市钟表行业协会，参与协会的品牌推广活动，因此公司内部有人员负责品牌的全面管理，即有明确的岗位负责“上海”表的品牌建设。

因为没有设立专职的品牌经理，所以也就不存在品牌经理运营制。当然，作为企业领导人，也可以承担品牌经理的职责或者指定其他岗位经理兼职品牌建设。但问题是企业领导人或者其他经理未必掌握品牌建设的专业知识和技能。同时，企业领导人和经理还要承担企业经营的诸多事宜，导致其品牌建设被边缘化。品牌建设技能的缺乏与岗位责任的弱化，是绝大多数企业品牌建设不佳的重要原因。

“上海”表业没有设立专职的品牌经理，只是指定内部人员成为事实上的品牌建设责任者，而从品牌建设状况看，该负责人显然缺乏品牌建设的专业知识和专业技能。

综上所述，“上海”表的品牌建设岗位性测试如表 6.5 所示：

表 6.5　“上海”表的品牌建设岗位性测试评级表

指标	测评二级指标	指标赋值要点	指标事实及其来源	得分
4. 品牌建设的岗位性 B_4	4.1 是否设立有品牌经理？0.40 分	若有，得 0.40 分；若由公司决策者直接负责，得 0.32 分；若只是一般岗位兼职，得 0.24 分；若既无品牌经理、也无其他岗位专责品牌建设，则得 0.0 分	通过网络搜索，尚未发现设立品牌经理。加入上海市钟表行业协会以及协会品牌推广活动，推论有其他岗位专职负责。因是参加行业协会，推论由企业高层直接或间接负责，故此项得 0.32 分	0.32
	4.2 若有品牌经理，是否是品牌经理运营制（即对拟评商标所承载产品的经营）？0.15 分	若未实行品牌经理运营制，得 0.0 分；若只有专职负责但无团队配合，得 0.06 分；若是品牌经理运营制，得 0.15 分	因无设立品牌经理，也就不会有独立的品牌经理及其独立运营团队。故此项得 0.0 分	0.0
	4.3 品牌实际负责人（老板或职业经理）对品牌的理解是物质性还是情感性？0.30 分	通过检索、分析品牌实际负责人的讲话，若其对品牌的理解是质量、功能等物质性，得 0.18 分；若其理解是心情、欲望、快乐等情感性，得 0.30 分	通过检索资料分析，其对品牌的理解是质量、礼品等物质性。故此项得 0.10 分	0.10

续表

<table>
<tr><th>指标</th><th>测评二级指标</th><th colspan="2">指标赋值要点</th><th colspan="2">指标事实及其来源</th><th>得分</th></tr>
<tr><td>4. 品牌建设的岗位性 B_4</td><td>4.4 针对目标顾客的逆转因素，品牌实际负责人（老板或职业经理）是否制定了预案？0.15 分</td><td colspan="2">针对逆转因素，制定了预案或不同方案，得 0.15 分；若没制定预案，得 0.0 分</td><td colspan="2">存在逆转因素，但我们无法确定是否制定了预案，故此项不评分</td><td>0.0</td></tr>
<tr><td colspan="6">得分合计</td><td>0.42</td></tr>
<tr><td rowspan="2">测试等级</td><td>1.0</td><td>0.8～0.99</td><td>0.6～0.79</td><td>0.4～0.59</td><td>0.2～0.39</td><td>≤0.19</td></tr>
<tr><td>AAA 级</td><td>AA 级</td><td>A 级</td><td>B 级</td><td>C 级</td><td>D 级</td></tr>
</table>

6.4.3 “七匹狼”服装的品牌建设岗位性测试评级

服装商标“七匹狼”官方网站上对于公司架构，只公布了董事会和监事会成员名单，而在公司高级管理人员一栏中没有任何信息，因此我们只能通过网络搜索。结果发现“七匹狼”实业股份有限公司招聘品牌经理的信息，对于工作职责的描述为：根据公司的品牌发展战略，策划和运营新的品牌服饰。

根据该描述我们判断“七匹狼”虽然设有品牌经理，但是未实行品牌经理运营制。品牌经理运营制要求企业实行品牌型结构组织，品牌经理部的组织结构、工作内容和职责权限等内容请参见孙曰瑶等著《BCSOK：品牌建设体系》第四章相关内容。

综上所述，商标“七匹狼”服装的品牌建设岗位性测试如表 6.6 所示：

表 6.6　“七匹狼”服装的品牌建设岗位性测试评级表

<table>
<tr><th>指标</th><th>测评二级指标</th><th>指标赋值要点</th><th>指标事实及其来源</th><th>得分</th></tr>
<tr><td rowspan="2">4. 品牌建设的岗位性 B_4</td><td>4.1 是否设立有品牌经理？0.40 分</td><td>若有，得 0.40 分；若由公司决策者直接负责，得 0.32 分；若只是一般岗位兼职，得 0.24 分；若既无品牌经理、也无其他岗位专责品牌建设，则得 0.0 分</td><td>网络搜索，有招聘品牌经理的信息。故此项得 0.40 分</td><td>0.40</td></tr>
<tr><td>4.2 若有品牌经理，是否是品牌经理运营制（即对拟评商标所承载产品的经营）？0.15 分</td><td>若未实行品牌经理运营制，得 0.0 分；若只有专职负责但无团队配合，得 0.06 分；若是品牌经理运营制，得 0.15 分</td><td>该公司的品牌经理不属于独立运营制，故此项得 0.06 分</td><td>0.06</td></tr>
</table>

续表

指标	测评二级指标	指标赋值要点	指标事实及其来源	得分
4. 品牌建设的岗位性 B_4	4.3　品牌实际负责人(老板或职业经理)对品牌的理解是物质性还是情感性? 0.30 分	通过检索、分析品牌实际负责人的讲话,若其对品牌的理解是质量、功能等物质性,得 0.18 分;若其理解是心情、欲望、快乐等情感性,得 0.30 分	通过检索资料分析,其对品牌的理解偏向于情感性,故此项得 0.30 分	0.30
	4.4　针对目标顾客的逆转因素,品牌实际负责人(老板或职业经理)是否制定了预案? 0.15 分	针对逆转因素,制定了预案或不同方案,得 0.15 分;若没制定预案,得 0.0 分	存在逆转因素,但我们无法确定是否制定了预案,故此项不评分	0.0
得分合计				0.76

测试等级	1.0	0.8～0.99	0.6～0.79	0.4～0.59	0.2～0.39	≤0.19
	AAA 级	AA 级	A 级	B 级	C 级	D 级

6.4.4　"百达翡丽"腕表的品牌建设岗位性测试评级

通过网络搜索,我们没有获得"百达翡丽"的组织结构图,从而难以发现是否有品牌经理。但搜索发现"百达翡丽"设有中国区品牌经理,因此,我们可以合理地推断,"百达翡丽"在世界其他重要地区也设有区域品牌经理,即"百达翡丽"有明确的岗位负责"百达翡丽"品牌建设。

通常来说,品牌经理都掌握了品牌建设的专业知识和技能,能够专注于企业的品牌建设,这对企业的发展有重大的推动作用。

通过搜索,我们并不能明确得知,"百达翡丽"是否存在品牌经理运营制,但是,考虑到瑞士钟表公司进入中国,是以中国代理商负责具体销售业务,故可以推断未实行品牌经理独立运营制。

综上所述,"百达翡丽"的品牌建设岗位性测试如表 6.7 所示:

表 6.7　"百达翡丽"腕表的品牌建设岗位性测试评级表

指标	测评二级指标	指标赋值要点	指标事实及其来源	得分
4. 品牌建设的岗位性 B_4	4.1　是否设立有品牌经理? 0.40 分	若有,得 0.40 分;若由公司决策者直接负责,得 0.32 分;若只是一般岗位兼职,得 0.24 分;若既无品牌经理、也无其他岗位专责品牌建设,则得 0.0 分	网络搜索,设立中国区品牌经理,可推断此项成立。故此项得 0.40 分	0.40

续表

指标	测评二级指标	指标赋值要点	指标事实及其来源	得分
4. 品牌建设的岗位性 B_4	4.2 若有品牌经理，是否是品牌经理运营制（即对拟评商标所承载产品的经营）？0.15 分	若未实行品牌经理运营制，得 0.0 分；若只有专职负责但无团队配合，得 0.06 分；若是品牌经理运营制，得 0.15 分	瑞士钟表企业进入中国，以中国代理商负责销售。故此可以推断有专职的品牌经理，但不是独立运营制。故此项得 0.06 分	0.06
	4.3 品牌实际负责人（老板或职业经理）对品牌的理解是物质性还是情感性？0.30 分	通过检索、分析品牌实际负责人的讲话，若其对品牌的理解是质量、功能等物质性，得 0.18 分；若其理解是心情、欲望、快乐等情感性，得 0.30 分	一直在强调价格昂贵值得传承，偏向情感性。故此项得 0.30 分	0.30
	4.4 针对目标顾客的逆转因素，品牌实际负责人（老板或职业经理）是否制定了预案？0.15 分	针对逆转因素，制定了预案或不同方案，得 0.15 分；若没制定预案，得 0.0 分	至少对国内而言有逆转因素，从实际销售情况看，缺乏预案，故此项得 0.0 分	0.0
得分合计				0.76

测试等级	1.0	0.8～0.99	0.6～0.79	0.4～0.59	0.2～0.39	≤0.19
	AAA 级	AA 级	A 级（框选）	B 级	C 级	D 级

6.4.5 “依波路”手表的品牌建设岗位性测试评级

我们通过网络搜索，并没有获得“依波路”的组织结构图，也没有获得有关“依波路”品牌经理或者品牌经理的信息，故此我们推断没有设立品牌经理或品牌信息，只知道“依波路”在各个区设置了行政总监一职所谓的区域行政总监实际上就是区域市场经理。“依波路”的组织架构很扁平，只有市场和人事两个总监。因此，我们推断，“依波路”并未设置独立的品牌经理或者品牌经理，而是由行政总监负责品牌管理事务。

因为没有设立专职的品牌经理，所以也就不存在品牌经理运营制。作为一个大型企业的行政总监，要处理的日常事务有很多，虽然可以兼职品牌经理的工作，但是，未必能很好地掌握品牌建设的专业知识和技能，而且也很容易因为工作过多，而将品牌建设实际上边缘化。品牌建设技能的缺乏与岗位责任的弱化，是绝大多数企业品牌建设不佳的重要原因。

“依波路”没有设立专职的品牌经理，也不存在品牌经理运营制，不同区域的行政总监成为事实上的品牌建设责任者，但是，应该看到行政总监缺乏品牌建设的专业知识和专业技能。

综上所述，“依波路”的品牌建设岗位性测试如表 6.8 所示：

表 6.8　“依波路”手表的品牌建设岗位性测试评级表

指标	测评二级指标	指标赋值要点	指标事实及其来源	得分
4. 品牌建设的岗位性 B_4	4.1　是否设立有品牌经理? 0.40 分	若有,得 0.40 分;若由公司决策者直接负责,得 0.32 分;若只是一般岗位兼职,得 0.24 分;若既无品牌经理、也无其他岗位专责品牌建设,则得 0.0 分	网路搜索,尚未发现设立有品牌经理信息。品牌建设由行政总监负责,可以作为公司决策者来负责。得 0.32 分	0.32
	4.2　若有品牌经理,是否是品牌经理运营制(即对拟评商标所承载产品的经营)? 0.15 分	若未实行品牌经理运营制,得 0.0 分;若只有专职负责但无团队配合,得 0.06 分;若是品牌经理运营制,得 0.15 分	因无设立品牌经理,故此项得 0.0 分	0.0
	4.3　品牌实际负责人(老板或职业经理)对品牌的理解是物质性还是情感性? 0.30 分	通过检索、分析品牌实际负责人的讲话,若其对品牌的理解是质量、功能等物质性,得 0.18 分;若其理解是心情、欲望、快乐等情感性,得 0.30 分	通过检索发现“依波路”的品牌团队对品牌的理解偏向情感,故此项得 0.30 分	0.30
	4.4　针对目标顾客的逆转因素,品牌实际负责人(老板或职业经理)是否制定了预案? 0.15 分	针对逆转因素,制定了预案或不同方案,得 0.15 分;若没制定预案,得 0.0 分	“依波路”的目标顾客不存在逆转因素,故此项得 0.0 分	0.0
得分合计				0.62

测试等级	1.0	0.8～0.99	0.6～0.79	0.4～0.59	0.2～0.39	≤0.19
	AAA 级	AA 级	A 级	B 级	C 级	D 级

6.5　品牌建设岗位性的案例模拟

为了熟练地掌握品牌建设岗位性的技术标准和测试评级要求,需要进行一定数量的案例模拟,以便熟能生巧。为此,我们采集了以下案例。在仔细阅读下列案例的基础上,结合自己进行的网络信息收集,根据前述的技术标准和测试评级要求,完成每个案例后面给出的品牌建设岗位性测试评级表,并撰写诊断报告。

为了增强案例的阅读性，我们在每个案例的相关段落后面，插入了我们的点评，点评的理论依据就是品牌经济学原理。

案例模拟 6.1　经理人团队如何运营新西兰奇异果①

这是一个颇具传奇的故事，当然，它不仅仅是故事。

在400万人口的新西兰，在1904年一个偶然的机会从中国引进奇异果（在中国被称为猕猴桃），经过80多年的田园牧歌式的自然发展，形成了20世纪80年代2000多个果农种植的局面。

但在那个世纪后期，自身的无序竞争、国际市场推广的巨大支出、美国的反倾销，几乎让新西兰奇异果果业全军覆没；在果农的自发组织以及政府的配合下，2000多个果农注销了经营数十年的品牌，停用旧销售渠道，完全推倒重来，倾其所有力量，齐心协力组建了一个统一的销售窗口——新西兰奇异果营销局（New Zealand Kiwifuit Marketing Board）——也是ZESPPI（中文名"佳沛"）新西兰奇异果国际行销公司的前身，以一个统一的品牌，面对全球市场。这个在中国看似不可思议的举措，却起到起死回生的作用。

本书点评：新西兰2000多个果农遇到的问题，我国现实中更是普遍存在，可问题是为什么中国就没有得以有效解决呢？

这种新的商业模式，改变了2000多个果农以及一个国家的一个水果品种的命运，现在，不仅解决了生存的问题，而且这种模式还正在攻城略地，在全球范围内占领它的新市场。这种商业模式在全球水果种植和营销领域是绝无仅有的。

在刚刚过去的上周，ZESPRI以广州为第一站正式登陆中国大陆水果市场的时候，ZESPRI中国大陆区经理暨台湾区市场开发经理游仲渊这样评论。在他的介绍下，记者得以还原这个看来非常简单的商业模式的成长历程，以及在未来一段时间，它将在中国市场的野心和梦想。

一百年前，新西兰女校长伊莎贝尔来中国旅游，拜访了她在宜昌传教的教师姐姐，并因此把中国的"鹅莓""猕猴桃"种子长途跋涉带回了新西兰，开始了这种水果在新西兰的移民生涯。

讲起故事来，游仲渊这个3年前加入ZESPPI并使得台湾地区发展成为全球前7大市场的台湾人显得很老到，显然，他已不是第一次讲这个故事，不过，他说这是第一次有机会和记者分享。

回到新西兰后，伊莎贝尔将种子转送给了本地的果树专家。此后，新西兰的第一株"猕猴桃"树由当地知名的园艺专家亚历山大培植成功。由于适宜的气候与水土条件，加上其令人喜爱的独特风味，许多果农纷纷开始栽种，产量达到一定的数量后，于1952年开始将这种水果由新西兰外销到世界各地。

经过几年短暂的国际市场的销售，在1959年，这种中国血统的水果在它的"国际化"过程中遇到了第一个难题：在销往英国的时候，凡是以莓（berry）为品名申报的出口水果，都要支付很高的关税，作为合理避税的一种方式，这种水果被改称为自己本土的名字——

① 参见2005年6月20日《第一财经日报》，作者：刘永。

Kiwifruit(中文名“奇异果”)。改名为奇异果成功地避免了出口时的高关税,接下来经过20多年黄金时间的发展,形成了2000多果农种植的局面,成为新西兰第一大水果产业,并长期处于一种自然竞争的状态。

在1988年,奇异果产业再次遇到面临死亡的境况。这一年,新西兰奇异果产量奇高,当收获的时候,果农们正希望有一个好的收成,但来自当时最大的国外市场美国,对新西兰的奇异果实行反倾销。这些拥有2～5公顷种植面积的果农,根本没有力量去组建强大的海外销售团队,以及聘请律师队伍去进行反倾销诉讼。而新西兰国内本身只有400万人口的销售市场,根本消费不了这些堆积如山的果子,唯一的做法是把这些果子拿去喂猪。

本书点评:1988年,新西兰奇异果进入了供大于求的过剩阶段,换言之,在这之前,出口基本能够消化产量,小农经济的问题还未暴露出来。但是,一旦进入过剩之后,市场问题以及品牌问题就显得异常突出。但是,为什么没有未雨绸缪呢?

在游仲渊接触的老一代新西兰果农当中,很多种植了几十年的老果农离开了这个行业,余下来的果农也在苦苦地从银行借款支撑,这些债务让他们三四年都还不清。

组建营销局,自救与政府的支持救活了奇异果产业。在1988年奇异果收成季节一败涂地之后,为整合原有各自出口的产业组织、分散的品牌力量以及海外市场渠道,在数百个果农的发起下,一个单一出口整合的局势开始显现。

对于这种自发自救行为,新西兰政府也出面支持,最终成立了“新西兰奇异果营销局”,2000多个果农悉数加入,营销局以拥有土地作为果农加入的资格,按照土地多少为股份依据,并根据股份的多少决定在营销局组建过程中的资金投入,以及年终的分红。

这相当于2000多个股东聘请了一个职业经理人团队,游仲渊说,这个团队的任务在于制定种植计划、品牌推广、渠道建设,最终完成每年7000万箱奇异果在全球的销售。

本书点评:中国文化里有一句话,就是求人不如求己,这个文化的好处是强调了自强不息,但却压制了专业的职业经理文化。因此,按照求人不如求己的文化,即使中国的小农们成立了行销局这种规模组织,也会是自己管理,而不会聘请专业的职业经理团队。欧美国家为什么信任专业的职业经理呢?我们推测与天主教或基督教中的专业的神职人员有关。在中国的佛教中,虽然也有和尚,但“师傅领进门,修行在个人”,还是主张个人,而不是借助于专业的职业人员。

这个举措加强了从选育品种、果园生产、包装、冷藏、运输、配售及广告促销等环节的配合,集中了原来每个果农单一的力量,以一个统一的品牌和单一的窗口,统一在全球行销。在这个统一的组织领导下,新西兰奇异果果农逐渐恢复了生产,并成功地将奇异果销售到美国以外的全球70多个国家和地区。

1997年,为延续消费者对新西兰奇异果的印象,营销局决定更名为ZESPPI INTERNATION(新西兰奇异果国际行销公司),并决定推出“ZESPRI”作为唯一的品牌,负责新西兰奇异果全球的营销。

本书点评:作为唯一的商标,“ZESPRI”构成了新西兰奇异果的代言符号。国外顾客要么选择新西兰的奇异果,要么不选择。而只要选择新西兰的奇异果,就只有“ZESPRI”,这就降低了目标顾客的选择成本。

游仲渊说:“作为政府的支持,新西兰通过相关法令规定,任何果农以自己的品牌出口销售将被视为违法;但在澳大利亚和新西兰的一些地方,还有为数很少的允许存在的自有品牌在销售,但这对国际市场构不成任何威胁。

本书点评:新西兰保护“ZESPRI”作为新西兰奇异果唯一出口商标的这个法令,说明新西兰政府已经掌握了品牌经济的宏观管理规律,也即通过运用商标管理来调控资源的配置,而不是传统地通过干预价格来影响资源配置。

游仲渊介绍,到目前为止,在新西兰,有2700多个果农一共种植着10580公顷果园,2~5公顷的占45%,5~10公顷的占15%,10公顷以上的为5%。

变身后的公司奇异果国际行销公司也成为全球最大奇异果营销公司,100%为新西兰果农所有,每年拥有近7000万箱ZESPRI奇异果,99%供出口,营销至全球近70个国家和地区,占全球奇异果市场总生产及营销量的28%。

这种模式还有的好处在于,首先解决了反倾销的问题,它可以集中一个国家一个水果种类上下游产业的集体力量,去对抗来自别的国家的反倾销。

再者,在科研投入上费用的分担,以及采集来自全球市场的反馈信息上变得快速而准确。

在渠道和品牌方面,游仲渊介绍,主要是依靠ZESPRI这个单一窗口,由行销公司派遣的区域经理在全球不同的市场寻找总代理商,比如在中国大陆,ZESPPI在北京、上海和广州共找了3个代理商,依靠他们的渠道,把产品推到大卖场以及传统商店。

游仲渊认为,做好一个区域市场,实际上只需要控制好经过挑选和培养的大渠道商,这样的好处在于,可以随时知道销售的情况、货物充足率。

对于品牌的传播,由于整个新西兰奇异果只用一个统一的ZESPRI品牌对外出口销售,在同样的情况下,推广资金同其他水果相比,就显得充足。

在中国内地的品牌计划,游仲渊介绍,主要是移植以前在其他国家和地区的经验,通过电视广告、公关合作以及卖场试吃进行。

本书点评:通过上面这几段的介绍,就可以看出,奇异果国际行销公司负责的就是品牌推广,而区域代理商则负责渠道建设和物流。

实际上,这是不同层次的诉求,电视广告目的在于诉诸消费者有这样的水果品牌进入市场;公关活动则同当地的公关公司合作,吸引目标消费者;卖场试吃则是直接面对终端消费者在超市水果区域的促销,让消费者决定购买与否。

对于经验的总结,游仲渊说,实际上,这是一个因缘际会的事情,这个世界刚好有一些机会留给那些没有退路和出路的人,关键是有人在这个时候想到了求生的路。

2004年,ZESPRI在全球销售达到10亿新西兰币,相当于7亿元人民币。在新西兰,在蔬菜和水果的出口方面,无论是从数量还是价值排名,都排在第一位。

现在,那些曾经濒临破产的新西兰的果农们,雇用工人来种植,每年从行销公司的盈利中提取分红,多数人拥有了自己的庄园,甚至游艇,过着舒适的生活。

根据上述信息,结合自己通过网络收集的其他关于新西兰奇异果的信息,根据品牌建设的岗位性技术标准和测试评级,完成新西兰ZESPRI奇异果的品牌建设岗位性的测试评级,并撰写研究报告。

表 6.9　　新西兰 ZESPRI 奇异果的品牌建设岗位性测试评级表

指标	测评二级指标	指标赋值要点	指标事实及其来源	得分
4. 品牌建设的岗位性 B_4	4.1　是否设立有品牌经理？0.40 分	若有，得 0.40 分；若由公司决策者直接负责，得 0.32 分；若只是一般岗位兼职，得 0.24 分；若既无品牌经理、也无其他岗位专责品牌建设，则得 0.0 分		
	4.2　若有品牌经理，是否是品牌经理运营制(即对拟评商标所承载产品的经营)？0.15 分	若未实行品牌经理运营制，得 0.0 分；若只有专职负责但无团队配合，得 0.06 分；若是品牌经理运营制，得 0.15 分		
	4.3　品牌实际负责人(老板或职业经理)对品牌的理解是物质性还是情感性？0.30 分	通过检索、分析品牌实际负责人的讲话，若其对品牌的理解是质量、功能等物质性，得 0.18 分；若其理解是心情、欲望、快乐等情感性，得 0.30 分		
	4.4　针对目标顾客的逆转因素，品牌实际负责人(老板或职业经理)是否制定了预案？0.15 分	针对逆转因素，制定了预案或不同方案，得 0.15 分；若没制定预案，得 0.0 分		
得分合计				

测试等级	1.0	0.8～0.99	0.6～0.79	0.4～0.59	0.2～0.39	≤0.19
	AAA 级	AA 级	A 级	B 级	C 级	D 级

案例模拟 6.2　安踏品牌经理胡众辉论“品牌的核心是科技”[①]

以下是安踏品牌管理总监胡众辉在“2005 中国体育品牌风云榜暨领袖年会”上的讲话。

感谢大家，第一个跟大家沟通，我觉得压力很大，因为今天上午，我们安踏获得了三个奖项，有一个奖项，我认为是非常有价值的，就是科技奖。今年安踏是我们发展的第 15 个

① 参见 2006 年 1 月 6 日“搜狐网”(http://www.sohu.com)。

年头，15年来走过了很多的路，也取得了很多的成绩，但是接下来怎么走，当时主办方给我一个题目，要我谈一谈“运动科技与品牌危机”。

我觉得这个题目非常好，也想把这个题目和接下来的“国际化进程和竞争”的题目放在一起，现在国内品牌，不光体育界，国内品牌如果再发展下去，有一个问题就是不能回避的，就是你的产品，你的产品到底能不能在国际化舞台上扮演出非常好的角色，担负起国家和人民的厚望，能代表一个民族品牌。

那么，产品力有一个核心是什么？就是科技，因为只有科技才是真正的生产力，能够提升产品的附加值。产品品牌或者说美誉度更核心的是科技，所以今天要跟大家沟通的概念也是明年春夏产品定博会大的主题，就是“科技领航品牌，激情成就未来”。这两句话，我认为是有非常大的意义。大家知道，安踏是从1991年成立到现在发展速度非常快的品牌。2001年我来安踏的时候，当时我们的产值只有1亿元，发展到今天，可以说达到了18亿元到20亿元，我来了只有5年的时间，但是这个品牌发展速度这么快，一个是意味着安踏在发展过程中的确做了很多能满足消费者、满足球员、满足专业体育的事情，还有一个是说明我们的体育市场是如此潜力非常庞大的社会群，正因为有这么庞大的消费群，使得很多的市场，包括电视市场都已经被品牌深深地包装起来。今天参加体育峰会的，有一些新朋友，有一些老朋友，但是我感觉来自晋江的很多，至少占到阵容的一半。这么庞大的阵容，接下来要提升，要发展，怎么做呢？非常明确地要靠科技。科技如何领航品牌，科技到底给品牌什么样的增值呢？这几年安踏在科技方面进行了非常多的默默无闻的工作，这些默默无闻的工作核心就是打造我们的核心产品力，这核心产品力不是一年半年或五年十年打造出来的，需要不断地努力。

我们在做产品设计、市场推广这方面，还是有一定的特色的。特色的核心抓住了几个点，宣传点，比如说明星代言，晋江的特点就是明星加广告，打造了中国体育用品的新天地，但是我们是不是做得非常好呢？不是。因为接下来除了明星做广告，实实在在的是科技品牌的内涵，品牌内涵最终还是要广告、明星、赛事、活动，公关这些东西来体现。那么我们这几年在科技打造方面，有几点没有离开，一个是赛事，一个是广告代言人，再一个是公关活动，第四个才是广告。我可以跟大家说，因为广告预算，年度预算，安踏多少费用都是我做出去的，但是我敢说在中央五套的投资比你们很多品牌都要小，但是给大家的感觉为什么这么好，觉得安踏投放那么大的量，因为我们是一个集体体系的，集团化的综合的传媒起作用，所以给大家感觉，当你花1万块钱的时候，给人感受是10万的感受，这样你的企业实力和竞争力也能体现。

我们这两年有一个项目可以跟大家来共享，就是安踏垄断了中国的高端赛事，包括现在每周在中央台都有大概三场的现场直播，各地方台、体育台的现场直播，这意味着体育营销，真正意义的体育营销已经开始了，而且是借助球赛，借助球队赞助，让球员真正穿上我们的产品。

本书点评：对体育产品及其商标而言，只有清楚了谁是自己的专业级顾客，谁是自己的业余级顾客，谁是自己的爱好级顾客，才能从一个体育产品注册商标，建成为一个体育品牌。所有的科技进步，都是为了实现这个转换的手段，而不是目的。赞助体育赛事，仅仅是体育产品广告的一种投放方式与策略。换言之，安踏在中央五套的硬广告确实投放不是最多的，但如果加上体育赛事的赞助费用，就不是个小数目了。

在我们做这些赞助的时候，不光是篮球了，现在CBA大家看到，还有排球联赛、乒乓球超级联赛，还有我们自己打造的安踏精英赛，这几个大赛是伴随安踏成长起来的。这个成长历程也是很有意思的，因为跟赛事的结合，使得我们整个品牌全面提升了，因为你必须要满足穿耐克、穿阿迪的这些运动员的需求。这些球员在CBA是明星，在中国国家队也是这些球员，他们的要求非常高。现在一旦进入到赛事领域的时候，我们的产品必须要科技化，让这些球员穿得舒服，让这些球员能够满足他们专业的、竞技体育的需求。大家知道，专业的品牌需要专业的团队来打造，专业的团队到底打造什么，就是科技。我们在做科技方面，这些年投入的力度，不管是资金、人力、物力，包括连接资源、整合资源方面的合作都是比较多的，包括跟方方面面的合作，甚至现在成立了安踏运动科学实验室。搞科学，搞试验，那是需要大量投资的，而且投资之后，也不可能我今天投资了一块钱，明年给我冒出一块五的泡来，冒不出，科技是需要积累的。

本书点评：安踏不光赞助篮球，也赞助排球联赛、乒乓球超级联赛。体育用品公司赞助专业比赛，是通过专业运动员的示范和场地广告，来拓展业余级和爱好级这两个更大的目标顾客市场。但问题是篮球有篮球的业余级和爱好级顾客，排球有排球的业余级和爱好级顾客，乒乓球也有乒乓球的业余级和爱好级顾客。如果安踏公司只用一个注册商标即“安踏”，来涵盖这几个不同的赛事，也就意味着安踏要同时满足不同体育产品市场。在这种情况下，如果再特别强调自己的科技进步，就需要解释一个疑问：篮球、排球、乒乓球专业运动员，对运动鞋或服装的要求是一样的吗？如果不一样，但又用一个注册商标代言，不管至今的现实是否会已出现内在的冲突，既然在理论上存在着出现这样的内在冲突的可能，那么将来在实践中就一定会发生。

大家有时候说起一个品牌，茅台酒就这么值钱，中华烟就是那么值钱，这是靠品质取胜的。日本有些品牌是不做广告的，做的广告非常少，中央电视台用的最高精尖的设备都是索尼，靠内在魅力取胜，就是科技的不断提升和发展。

本书点评：麦当劳、肯德基里面卖的食品，都是中国企业生产供应的，换言之，生产这些食品的技术都在中国公司里，但为什么中国的这些公司，就无法建立起来自己的麦当劳或肯德基？产品品质是品牌的桶底，没有好的品质，肯定不成，但只有好的品质，其商标也不一定成为品牌。同样是索尼，为什么连续两个财年亏损呢？不是品质问题，也不是技术问题，而是忽视了目标顾客的利益。因此，厂商的一切科技进步，只有为了满足目标顾客的利益时，这样的科技进步才有价值。

今天我认为一个非常重要的问题，国内品牌包括安踏在内，如果来的是老板，你们要强调你们的科技投放如何能够真正地成为你产品的核心。我们国内品牌必须真正把科技投放、产品研发作为自己的核心，而不是说广告。广告是一部分，好酒不怕巷子深是一部分，大家发现以前是五粮液做广告，最近茅台酒也做广告，中华烟也做广告，因为不做广告销量就上不来，利润就上不来，这是最现实的问题。

本书点评：五粮液、茅台、中华烟，为什么要做广告？为什么不做广告，销量上不来？利润上不来？这不是现实问题，而是理论问题。理论问题不清楚，也就难以可靠地解释与解决问题。其实，广告的理论作用，就是为了解决购买者的购后不适症。因此，只有在产品成熟期，才有必要以大众媒体的方式做广告，因为这时的千人成本最低。

除了做广告之外，最核心的，不光金玉其外，还要金玉其内，我个人的感觉，今天来到这里，能给大家个想法的话，要踏踏实实做品牌，从产品研发，从科技入手，因为只有这样，才能有美好的明天。事实证明，安踏这几年赞助了排球联赛很多运动，使这个品牌从2000年之前从鞋类的单品，变成综合性的体育用品品牌，这个发展速度非常快，在做的过程中不能患得患失，因为眼前的小利益，会失去大的长久的利益。

有一份资料，到了2050年，再过50年，中国的体育人口要增加非常大的份额，光体育部分的销售额，如果一个人按千元算的话，这么多人应该是15000亿元的产值，这么大的产值，主要还是把握在我们在座的诸位人手里，甚至你们的后代，你们接班人的手里。未来的增长潜力非常大，如何抓住消费者的心，如何从做表面文章到做深度文章，是非常值得深思的。今天搞风云榜，搞这个研讨会是非常重要的，就是让在座的诸位，大家要建立一个非常高的标准，提升我们的产品品质，让所有的消费者、所有的球员、所有的爱运动的人都能喜欢我们的国产品牌，使我们的产品成为具有世界标准的产品，否则大家会感慨，为什么现在的小孩子只喜欢耐克，只喜欢阿迪，一说到国内品牌，大家都是不耐烦的感觉。今天说这些，只是希望大家扎扎实实地做下去，如果有什么想法，一会儿可以现场交流。谢谢大家。

根据上述信息，结合自己通过互联网对安踏的信息收集，按照品牌建设的岗位性的技术标准和测试评级，完成“安踏”体育的品牌建设岗位性的测试评级，并撰写分析报告。

表6.10　“安踏”体育的品牌建设岗位性测试评级表

<table>
<tr><th>指标</th><th>测评二级指标</th><th>指标赋值要点</th><th>指标事实及其来源</th><th>得分</th></tr>
<tr><td rowspan="3">4. 品牌建设的岗位性 B_4</td><td>4.1　是否设立有品牌经理？0.40分</td><td>若有，得0.40分；若由公司决策者直接负责，得0.32分；若只是一般岗位兼职，得0.24分；若既无品牌经理、也无其他岗位专责品牌建设，则得0.0分</td><td></td><td></td></tr>
<tr><td>4.2　若有品牌经理，是否是品牌经理运营制（即对拟评商标所承载产品的经营）？0.15分</td><td>若未实行品牌经理运营制，得0.0分；若只有专职负责但无团队配合，得0.06分；若是品牌经理运营制，得0.15分</td><td></td><td></td></tr>
<tr><td>4.3　品牌实际负责人（老板或职业经理）对品牌的理解是物质性还是情感性？0.30分</td><td>通过检索、分析品牌实际负责人的讲话，若其对品牌的理解是质量、功能等物质性，得0.18分；若其理解是心情、欲望、快乐等情感性，得0.30分</td><td></td><td></td></tr>
</table>

续表

指标	测评二级指标	指标赋值要点	指标事实及其来源	得分
4. 品牌建设的岗位性 B_4	4.4　针对目标顾客的逆转因素，品牌实际负责人（老板或职业经理）是否制定了预案？0.15 分	针对逆转因素，制定了预案或不同方案，得 0.15 分；若没制定预案，得 0.0 分		
得分合计				

<table>
<tr><td rowspan="2">测试等级</td><td>1.0</td><td>0.8～0.99</td><td>0.6～0.79</td><td>0.4～0.59</td><td>0.2～0.39</td><td>≤0.19</td></tr>
<tr><td>AAA 级</td><td>AA 级</td><td>A 级</td><td>B 级</td><td>C 级</td><td>D 级</td></tr>
</table>

案例模拟 6.3　尹同跃谈奇瑞品牌[①]

这个案例是《汽车商业评论》对奇瑞尹同跃的采访节录，时间为 2010 年 7 月 30 日。通过该案例，可以很好地理解厂商决策者是如何考虑品牌工程的。

《汽车商业评论》：奇瑞早期狂飙突进，销量一直很强，大概到 2007 年、2008 年开始准备转折。当时这种慢下来的原因是当时奇瑞的竞争力不行了呢，还是市场形势所迫？你觉得当时这种慢下来跟什么有关系？

尹同跃：2001 年奇瑞开始卖的时候我们正好抢了一个空当，汽车进家庭，正好是赶上好时候，量上去得比较快，同时也引发了其他企业做汽车的热情。奇瑞公司打破了中国做汽车没有希望的说法。人们总说做汽车投资巨大，外国品牌每年在中国都要发一个白皮书、蓝皮书，都要投资多少多少亿欧元或者是美元，国内呢也相信了外国人，认为必须做到几十万辆或者几百万辆才能够做研发。奇瑞公司当时没有想太多就做了，市场后来也接受了。

本书点评：尹先生将 2001 年奇瑞的快速增长，归结为抢了一个空当，正好赶上了好时候，就是汽车进家庭，而不是归因于自己的英明决策。仅从这个表态，我认为他是值得信任的，奇瑞也必将因此而得以发展。以代工为主的加工厂，之所以能赚钱，主要原因是人民币汇率的原因。遗憾的是，很多这样的加工厂，却把赚钱的理由归结为自己的英明。

到最后，我们在想奇瑞公司的未来是什么？企业做到最后没有技术不行，所以就开始大量投入技术，包括人员。从发动机开始，世界上最新的发动机厂、最新的变速箱厂、最新的底盘厂，就是在那几年花了很大的精力做的。

本书点评：我们在想奇瑞公司的未来是什么？这句话表明奇瑞是一家有理想的企业。记得松下老人家在公司成立一周年厂庆时，公布了 250 年规划，提出了要把家电做成像自来水一样便宜，以满足更多人的需要。从而奠定了松下以产量为目标的发展路线。如果企业老板，对松下的 250 年规划不屑一顾或嗤之以鼻，可以肯定的是，该企业既不会有前途，也不会讲信用。中国有句话，是着眼于未来，立足于现实。松下着眼于 250 年这个未

---

① 参见《汽车商业评论》2010 年第 7 期，作者：贾可、刘宝华。

来，但立足于第一个五年计划。很多家资料都说德国产品质量优异，并且生产这些产品的企业以中小规模为主，而且多数是延续了几代人的专业生产的家族企业。其实，这些德国家族企业之所以走专业化的道路，是因为家族的力量是有限的，只有精益求精的专业化，才能把有限的力量发挥极致。之所以极度重视产品质量，是因为家族企业是以家族姓名和荣誉作为背书的。

我们大概是从2002年开始全面启动了新一轮的发动机研发和自动变速箱的研发，因为国内还是空白。我们在技术上的成就传播得非常不到位。我们是国内第一家生产高压共轨柴油机的企业，我们是中国第一家生产缸内直喷汽油机的企业，我们是中国第一家生产cvt的企业。这的确是自己做的。人员、标准、配套体系都是不错的。

本书点评：工业化的基石是什么？我们认为就是能量转化技术，也就是内燃机。而这恰恰是我国的弱项，想想看，多年来的战斗机发动机、坦克发动机、大功率汽车发动机、大功率船用发动机等。奔驰、宝马、劳斯莱斯这些著名的轿车，无一不是从发动机开始的。一个没有彻底掌握发动机技术的工业化，必定是建立在沙滩上的。祝愿奇瑞能在轿车发动机技术上，不仅在内燃技术，而且在新能源技术上，像唐僧取经一样坚定不移。

2007年8月，奇瑞公司销量过了100万辆，我们搞了一个100万辆的下线仪式，当时行业里面也来了很多领导，北京的部长就来了好几人，行业里也来了很多人。当时我们就讨论，再往后怎么走？他们告诉我们，也就是中国缺少品牌。

2008年1月，胡锦涛总书记来的时候也反复强调中国还是要建立品牌，当时说要建立国际品牌。中国过去30年的发展应该说是在自主创新方面、品牌建设方面做得都不是很到位的30年，但是整个国家完成了一个原始积累。但是后30年，我们不能再牺牲环境，也不能牺牲员工、劳动者的权益，不能再牺牲资源，要产业升级。

本书点评：国资委原主任李融荣说：虽然125家中央企业中，有中石油这样的全球市值第一的企业，可是数不出几个产品能排上全球第一，更找不出一个全球叫得响的品牌。中国当然需要中石油这样的企业，但是，通过这样的企业，却是无法赢得全球市场的。在这两段中，是领导们告诉尹先生中国缺少品牌。这就可以解释李融荣说的中国缺乏一个全球叫得响的品牌原因了。同时，我们也可以看出尹先生的直率，因为他没有接着领导们的话说，自已找就关注品牌了。

产业升级的基础是什么？就是一个技术和品牌，我们不能再追求速度，因为当时已经有几十万辆的规模，几十万辆的规模足以让我们所有供应商对我们重视。如果我们再做一个门槛很低的产品，不投技术就这么盲目发展，最后一定会出现波动问题。

现在国外品牌企业往下走是很容易的，可以利用中国的投资环境，可以利用中国同样的方式可能比我们做得还好，他们可以往下探。如果我们不往上走，我们企业未来的生产空间会越来越小，甚至会死掉。

应该说，当时我们也承担了一定的所谓国家责任，大家给我们的鼓励也比较多。我们中国汽车工业到底怎么发展？奇瑞到底怎么发展？我们已经花了那么多经历把企业做起来，怎么样把企业做大、做稳、做强？实际最重要是要把它做久，一定要把这个企业做久，做久就是做具体的品牌。

本书点评：全面的思考做大、做稳、做强、做久，尹先生是我知道的第一人。很多企业老板常问一个问题，就是先做大还是先做强。我就问您是要前胸还是要后背？其实，做大与做强，不是一个非此即彼的选择题，而是可以像人体有前胸后背一样，可以同时存在的结构问题。对于像奇瑞这样的企业，完整的结构应该包括六类产品：

第一类是旗帜类即品牌，决定企业能否做久，只有当您的商标成为目标顾客的某种快乐的代言或象征时，才能成为永恒！这一点，将在第7章即“单一利益的持久性”中详细论述。

第二类是核心类即技术，决定企业能否做好，即具有知识产权的核心技术，必须得建设业内著名的科学实验室，构成自己的心脏。

第三类是利润类即盈利，决定企业能否做强，即定制类、毛利率高的产品，例如奔驰S600系列，只接受预订，所以利润率很高。

第四类是费用类即销量，决定企业能否做大，即通过减配来降低价格，从而尽可能大地扩大销量，以分摊费用，不仅挤压对手的市场空间，而且确保利润类产品的高盈利性，此类产品应占到总产量的60%。

第五类是误导类即诡道，决定企业能否做顺，通过用奸计，让对手的策略尤其是其产品研发和市场需求方向走向错误的方向，以确保自己顺利发展。

第六类是拦截类即伏击，决定企业能否做足，时刻了解对手，如果发现对手推出的产品，不论是同类还是替代类产品，只要对自己的四类主体产品构成潜在威胁，即推出与此雷同的产品，但启用新商标，并用更低的价格，跟随对手同渠道，目的就是将对手扼杀在摇篮里。发达国家的跨国公司，在中国收购很多同行或替代类产品或服务的企业，就是扼杀潜在对手的一种极为有效的策略，美其名曰资本运营。

今天我们所做的一切都是为了品牌，后来也请了一些外国咨询公司帮我们做品牌发展策划。应该说我从18岁开始学习汽车、摸汽车，从22岁毕业到一汽，这么多年对汽车这一块是什么玩意儿，多少还知道一些。我跟世界各地咨询公司汽车人打交道，交朋友，但对品牌这一块，我们关注得还是非常少。后来我们就跟国外回来的人研究什么是品牌，我们发现我们自己不知道，甚至认为中国汽车产业的其他同行也不知道，甚至认为中国的其他企业也不知道。

本书点评：尹先生敢于在媒体上公开承认“对品牌这一块，我们关注得还是非常少…我们发现我们自己不知道”。这句话再次证明，尹先生是一个值得信任的人。其实，厂商对品牌自觉地重视，不是一件容易的事，如果翻开经济学原理教科书，你就会发现，里面根本就没有品牌的内容。按照荷兰 Rik. Riezebos 的研究（《品牌管理》，机械工业出版社2004年版），1980年以后，企业管理者才开始意识到，品牌一旦形成，就可以代表企业的一部分价值。起初，这种观念只在金融分析家中流传，他们认为良好的品牌是企业未来收入的保证。20世纪80年代下半期，品牌价值不应该被低估的观点，又获得了营销界的关注。而形成这个观点的，就是1985年可口可乐新配方事件。所以，当尹先生说自己对品牌关注不够，并且也不知道时，完全是可以解释的，也是可以理解的。但却隐含了光明的未来！

那现在你认为品牌是什么呢？

品牌是什么？我们认为品牌好像是口碑，口口相传。实际不是这样的，不完全是这样的。品牌是一种生活方式，是一种文化的载体。咨询公司当时给我们做了一下测试，当时拍了很多人的照片让我们分解他们的层次，也就是哪些人是住在五星级，哪些人是住三星级，哪些人是快捷酒店的？哪些人吃什么？哪些人穿什么衣服？哪些人剃什么头？这都不一样，实际整个社会的层次分很多层次，细分层次。

本书点评：这就是顾客行为测试，从这段话来看，尹先生应该是亲自听过咨询公司的测试课程。有一个问题，我自己百思不得其解，就是刘备为什么敢用、敢听比自己小 20 岁的诸葛亮的。当刘备三顾茅庐时，年轻的诸葛亮提出了三分天下的隆中对。问题是刘备为什么敢接受？刘备至少应该有三个选择：一是为什么不找几个专家论证一番？二是至少该回去和哥儿几个商量商量；三是干脆让诸葛亮签下军令状：如果不成，你该当何罪？中国有句俗话：读万卷书，不如行万里路；行万里路，不如阅人无数；阅人无数，不如仙人指路。问题是：谁是仙人呢？

看看国外品牌之间的差异化，它们由很多元素构成了这么一个东西，也就是奥迪为什么成为奥迪？大众为什么成为大众？斯柯达是怎么回事？菲亚特是怎么回事？欧洲人对品牌的理解和亚洲人不一样，亚洲人又分日本人、韩国人和中国人等等，中国人到现在还有没有把企业品牌做明白。

做品牌时我们发现，我们这些人都是工科的脑袋。做品牌其实更多地像西方的政治，是一种历史，是一种学问，学历史的人能够组织管理国家，同样也能组织管理企业。原来惠普的那个女的，是学历史的，她在管理一个企业，而我们国家基本上都是学理工科的人在管理企业，所以在人文、社会学方面关注非常少，而人文、社会学这些东西真正是一种能把企业做长久的关键。

实际上，人类历史上保存最长久的是宗教，宗教就是一种社会学，或者是一种心理学，或者它也是一种品牌。

本书点评：这段表述其实代表了尹先生对奇瑞未来发展的深刻思考，因为他发现了“我们这些人都是工科的脑袋”，而且“做品牌其实更像西方的政治”。什么是政治？我认为就是解决不同利益集团或阶层之间利益均衡问题的理论、技术与策略。就像毛泽东在《毛泽东选集》第一卷第一篇开篇所言：谁是我们的敌人，谁是我们的朋友，这个问题是革命的首要问题。同样的，做品牌也是要先搞清楚谁是我们的在位者，谁是我们的目标顾客，这个问题是品牌建设的首要问题。尹先生能作出这样的思考，说明已经不是“工科的脑袋”了。

当时你们请了哪家咨询公司？

我们请的是美国的兰德，兰德是最好的品牌咨询公司，当时也请了麦肯锡，后来发现兰德对品牌研究还是比较深的。他们认为做品牌是绕不过去的，从那以后，我们这些人开始在这方面钻研，不再跟人家比量，不再跟人家比排名，那更多是很短暂、很虚的东西，要把高楼的基础夯实。

我们认为，现在技术已经开始可以了，我们技术有流程，也就是说技术发展的延续函数有了，我们往下做，一代一代地往下走，总是把以前不足的部分、遗憾的部分抛掉，不断推陈出新，这样等于产品越做越好。

但是，产品做好了，不一定能做出品牌，不一定能做出文化，所以我们叫“三分技术，七分管理”，管理比技术还重要。有很多纯技术企业也是死掉，好多有技术的企业死掉也是因为他不会管理，也不会经营。我们叫“十二分品牌”或者“十二分文化”，文化就是品牌，品牌是最重要的。三分技术、七分管理、十二分品牌。

本书点评：如果尹先生的“三分技术、七分管理、十二分品牌”这段话能得以实现，也即由此确定奇瑞的资源配置，奇瑞的未来必定是光明的，因为这意味着奇瑞将把目标顾客的利益作为第一位，而奇瑞的技术，就是为了来实现目标顾客的利益。因为品牌的本质，就是目标顾客不假思索地选择排他性单一利益点。

《汽车商业评论》：那你总分是 22 分？

尹同跃：那是夸张的说法，表示强调。我们后来就按照这个方向做。我在一汽大众工作的时候，有大众的同事和奥迪的同事，这两个企业文化差异比较大。当然他们也是允许这种差异，文化的差异，一个是慕尼黑的差异，一个是狼堡的乡土差异。它就让这种差异存在，甚至也是在竞争中排斥，但也是在竞争中成长，品牌定位越来越清晰。

大众原来是什么？大众原来不就是甲壳虫嘛，但是后来做成了产品系列，从甲壳虫变成了高尔夫一代，高尔夫一代又往上做更高级别的车，又做了帕萨特一代，后来就叫桑塔纳，再往下做了一个 Polo ，然后再往下有一个 Lupo，之后又收了一个奥迪，后来又收购了斯柯达，斯柯达的品牌也是比较低的。大众在德国品牌形象高了以后，再走平民化就不一定做得动，所以在下面再垫一个斯柯达，后来又收购了西亚特。西亚特这些年也不是很好，现在也不是特别成功，规模也没有做起来，也一直是亏损。

就是说，大众一直利用地区和文化的差异在做品牌，后面又收了一些规模非常小的产品。这些产品中进一步把奥迪往上走，就是拉空间，如兰博基尼、布加迪这些产品，这些产品不可能挣到钱，但这些产品把品牌往上拽，把奥迪逐步往奢侈品方向拉，把大众品牌往稍微豪华一点拉，尽管辉腾做得并不好，给下面这两个品牌让空间，定位是比较清楚的。也就是说，象限是比较清晰的，哪几部车做第一象限，哪几部车做第二象限，哪几部车做第三象限，哪几部车做第四象限，内部尽量减少一些自己相互之间的竞争，是这么一个情况。

本书点评：存在一个目标顾客群体，其行为特点是虽然有钱但为人低调，这个群体本来是购买安全又低调的 Volvo 的，但是，Volvo 后来加入了豪华时尚要素，安全但不低调了。但是，这个需求群体还是继续存在的，我认为，这个有钱而又低调的群体，必定会越来越多地选择豪华、安全但更低调的“辉腾”，前提是“辉腾”继续保持低调。

我们现在也是想这么做，但不是去简单学他的东西，不是这样的。哪些产品卖给谁？哪些产品卖给哪一群？什么样的造型代表了什么样的意思？我们现在是按照这个方向做，也是按照象限在划，哪些落在第一象限，哪些落在第二象限，我们现在拉得还不是特别开。因为我们的时间比较短，希望通过一代一代来拉，把品牌拉开。

本书点评：“哪些产品卖给谁？哪些产品卖给哪一群？什么样的造型代表了什么样的意思？我们现在是按照这个方向做。”这么做当然比不这么做要好，其实，按照品牌经济学的理论，品牌工程学的技术，更科学、更可靠的策略，应该将这种“产品→顾客”反过来，也即按照“目标顾客→产品”。“产品→顾客”的模式，容易成为广告导向，而“目标顾客→产品”则是品牌导向。

所以 2009 年，你们除了奇瑞之外，又搞出了瑞麒、威麟、开瑞，现在一共有四个品牌。

现在开瑞实际是作为一个品牌来讲，它不是一个品牌，开瑞实际就是一个商用车，希望做成我们的铃木，小车或者叫草根车。中国是一个国家，实际也是一个世界，相当于两个国家，极度发达的中国和极度不发达的中国。一方面国家的外汇还很多，一方面还要接受很多西方国家的资助，这是一个很奇怪的事情，这就是中国的现实。

中国一方面有很多人居然能买很多国外极度奢侈的产品，又有一些人刚解决温饱，希望通过车去解决移动的问题，所以我们希望把开瑞做成"中国的铃木"小型车。

本书点评：尹先生在这里所说的"四个品牌"，其实是四个注册商标，如何把这四个注册商标变成目标顾客不假思索地选择排他性单一利益点的代言或象征符号时，就成为了"四个品牌"。例如，丰田公司的主体产品也是四个："花冠"是代表父母送给刚大学毕业子女礼物的，"凯美瑞"是代表刚结婚成家的，"皇冠"是代表事业有成的，"雷克萨斯"是代表事业很成功的。另外，小车也不等于草根车。奇瑞的QQ，如果最初推出来设计和配置都极为精致，关键是给其高价格，从而树立"高档"的形象之后再通过减配来降低价格，其持续性必将更好。其实，刚解决温饱的人，更希望有个面子。

威麟也不是我们的主流品牌，威麟这个品牌其实是一个商务车，叫成一个品牌其实有点大了，实际有一点像大众商务车，大众商务车也是作为一个品牌存在的。在它的旗帜下是一个情况，名字还是用大众的Logo，其实是很独立的。

当时我们也是受它启发，但是单独起了个"威麟"名字，作为商务车来进行单独的传播。实际我真正的品牌是比较简单的，一个就是奇瑞，一个就是瑞麒，希望把瑞麒往豪华方向做，然后奇瑞跟它做得开一点。

我们也不可能分得太碎，丰田做了这么多年，丰田到现在实际上就两大品牌，一个是雷克萨斯在上面，一个就是丰田在下面。丰田代表的是什么？丰田代表的就是平民化、中庸、中庸之道。雷克萨斯实际上也是中庸，但是是属于豪华上的中庸，是亚洲人比较内敛的个性。

而德国就不一样，宝马很显然就代表了一种运动贵族，是一种奢华，奔驰就觉得是古典的豪华车。当然他们现在不是固守在自己这一块，他们也是逐步在做一些试探，包括原来宝马小车，收了罗孚以后也在打造一个品牌，相对也比较成功的Mini，它当时也是在英国最后留了一点点根，走了一个古典和时尚相结合的道路，复活了一个老品牌，规模也不是很大。

奔驰也是在想突破，当时的想法是比较好，主要是通过扩张来实现它的帝国梦，如并购克莱斯勒，收现代、三菱的股权，创建小的Smart，但是这些新的基本上没有一个是成功的。

在这个情况下做品牌，特别是研究德国的情况，觉得他们做品牌的思维方式也是有问题的，所以我们也不敢做得太远。如果开瑞、威麟不算，我想轿车就两个品牌，一个是奇瑞、一个瑞麒，我的瑞麒就是奥迪方向，奇瑞就是大众方向，奇瑞就是丰田，瑞麒就是凌志，他们之间有一个差异化。

本书点评：德国车之所以享誉世界，更重要的原因是占先，别忘了，德国是内燃机以及世界汽车发源地。

但是丰田，实际上在日本，它里面包括很多的品牌。我们后来总结，从品牌这一块来说，丰田不是特别好，在日本这一块有好几张网，它们的产品，前面的 Logo 都不一样，后面是统一的丰田 Logo，我们叫作"背书"。丰田的同质化也很强，风格做不开。其实在日本，不管是丰田的车，还是其他公司的车，Logo 捂上让人去猜，是很难让人家猜出是谁家产品的。欧洲车的风格不一样，从它的造型，甚至从声音都能听出来是什么样的品牌。

本书点评：丰田的街区销售责任制，也是值得奇瑞学习的。

我们觉得在品牌区隔方面，欧洲值得学习，美国品牌做得也是不错的，但是后来做得太多了，以后就不能支撑。现在品牌相对清晰的是福特，一方面是福特的品牌是一个极端的、大众化的品牌，上面有一个林肯，中间有个水星这一块。最近传出水星要关闭，那你是否认为林肯也要卖掉？不可能，水星我认为也不太可能关。福特还是一个主要的品牌，主要分三个层次：一个是福特，一个是林肯，一个是水星，实际中间地带这一块是水星这一块。

《汽车商业评论》：他们现在在讨论要不要关水星品牌，这说明这个品牌他们运作不成功。再看现代，这家公司到现在一直是一个品牌，一点点把品牌形象往上提，应该算还比较成功。你是不是觉得中国市场足够大，通过这种分品牌能够同时把这个量做上去。你觉得如果奇瑞不搞其他品牌，只是在把奇瑞品牌往上抬，难度是不是更大？

尹同跃：还是讲日本企业，日产做了一个英菲尼迪，本田也是做了一个阿库拉，每一家都在往上提。现代也是这样的，只不过上面做得比较差，而下面这个相对做得比较好。上面的也推了快三年，第一款雅科仕出来是很早的，但就在韩国卖，量很少很少。现代在逐步区隔，每家都在这么做，这其实跟我们不一样。

本书点评：至少在汽车领域，有两种路线：一是奔驰的减配路线，即先推出高档配置以树立形象，然后，通过减配即降低配置，来降低价格增加销量；二是丰田的增配路线，即先推出低端配置，然后，逐步增加高档配置。按照第一印象最重要的心理学法则和实践证明，奔驰的减配路线能"低"下去，但丰田的增配路线很难"高"起来。

我们对现代这么看，可能它现在量上去了，但这跟金融危机有很大的关系，并不表示它的实力多么强大，这是我们给他们的一个评价。韩国人目前到现在这种品牌的形象依然是比较低的，或者在国际品牌方面是垫底的。它同样的东西一定比别人便宜，它同样的东西一定比别人多。另外，韩元汇率变动比较少受注意，它可以上下 30%、40%地变，这让现代的产品可以很便宜地在全世界一下子就推开了，人们还是要买便宜的东西，现代能做得比较便宜，别人做不到的便宜。

本书点评：难道"现代"牌轿车的车主们，愿意让亲朋好友们说你咋买了个便宜车？如果"现代"被定义为便宜，也就意味着即使推出了高端车，也很难有市场。

我说这就是品牌的力量，必须承认我们品牌上的差距。所以，我们在品牌建设方面更多是学欧美的品牌经验。现在很多人都很着急，一口就想吃成个胖子。你看丰田，包括日产、本田推第二个豪华品牌的时候，实际还是在做了很多年以后。如果奇瑞按照他们的节奏，咱们推豪华车也算快了。

本书点评：同样的，奇瑞早期推出的轿车，也是低价格的轿车，现在推出了豪华车，也属于增配路线，如何改变人们先入为主的心理认知呢？如果不改变"奇瑞是便宜车"这个心理认知，无论是多么豪华的车，也很难有销量。

现在的情况跟过去比有很大的变化。为什么?现在这种技术基础经验的积累、传播,随着计算机手段的提高在浓缩。现在我们叫CAE、CAD或者CAT,实际上它就是国外百年的或者其他行业的一些经验,浓缩到这一块,大家都共同来用。

为什么过去车子做得不漂亮,它的模具还是靠手工的,它曲面还是平的,现在可以做成各种曲面,比如过去设计师可以画成很漂亮的两维图,也可以用泥巴做成模型,但是工业化不支持,加工不起来。现在随着计算机的技术的发展和基础技术的积累,这是非常容易的。

那天我开了一下2002年凌志,我觉得这个车怎么这么老、这么土,其实里面的整个结构还是很土的,里面用的还是卡带,里面的那几个功能都很传统。时间很短,车子却很老了。

上次去日本,他们开了个尼桑的世纪,好像觉得很牛。他们给我讲车子,说这个车子很贵的,是100多万元,雨刮是自动的,大雨就快刮,小雨就慢刮,灯怎么样自动就亮了、自动就关了。然后他问,国内没有吧?我说国内5万元的都有,我说这些现在都可以做的,过去觉得这个电子的东西很复杂,很神秘,现在这些根本不神秘。

你现在看到的豪华车,用的技术反而还很落后,包括我们看到的法拉利、玛莎拉蒂,这些车子,用的还是AMG那种结构,它们用不起这些大量新的技术。如果过去好多传感器,如果ABS、ESP,豪华车过去发明一个功能要经过好多年。现在一个ESP把过去所有功能全部接纳进去,而且这些功能马上所有的车都可以用。

现在的技术发展在加速,过去的安全气囊,早期如沃尔沃第一个用了安全带,所以Logo就加了一个安全带。现在哪一个车子不装安全带?都已法规化了。还有安全气囊。现在我们G6有10个安全气囊,过去说帘式的安全气囊是不是挺高档的?现在哪一个车子不是帘式的呢?

现在技术已经分不出高端和低端产品,分不出大车和小车的差距。因为现在所有供应商都打破脑袋找主机厂。我去德国供应商那里,他绝对不会让我看现在的东西,因为现在的东西对我们来说毫无意义,都是给我看5年后、10年后的东西。我看完以后说,你们这么干有前途吗?花了很多钱,干一个很低的东西。

本书点评:既然技术已经分不出高端和低端,分不出大车和小车的差距,那么,分出高端和低端、大车和小车的新标准是什么呢?品牌经济学认为,单一利益点=物质利益+情感利益。按照尹先生的观点,技术就属于物质利益,既然物质利益分不出差异,那要分出差异就只能是情感利益了。这个推论是非常正确的,这就意味着必须精确地识别目标顾客,将他们的乐点也即情感利益,转换为轿车的物质利益。

现在随着网络技术的扩散,人员在全球之间流动,技术在全球之间流动,市场在全球之间流动,做汽车已经很容易了。那次,有一个日本80多岁的老头,他是一个很大企业的会长。他当时对我说,中国是最适合做汽车的,中国一定会成为世界上汽车制造中心和出口大国,根本不把韩国放在眼里。

《汽车商业评论》:说一下我的意见,前一段时间瑞麒品牌做广告。为什么我们说瑞麒品牌的时候,还要说奇瑞造,为什么还要把奇瑞这个名字背书在上面?你想阿库拉、雷克萨斯都不愿意与本田或者丰田的原公司扯在一起,为什么奇瑞做广告的时候也要搞到一起,这些用意我不明白。

尹同跃:我们内部也有争议,实际上我本人还是倾向于隔开,这样更好。但因为他们有销售的压力，如果不背书，消费者就会觉得很奇怪，这个品牌是哪儿来的，卖这么贵？现在他们怎么也得说一下这是奇瑞出来的高档品牌，因为传播一个品牌、让很多人知道要花多少钱，但现在奇瑞在全国当中知道的人很多了。

这是一个双刃剑。这一块从传播方面来讲，就是我们跟奇瑞公司不能挂钩，要跟国外的东西挂钩。那天他们给我讲一个故事，凌志在美国的时候是很出名的，出来以后不说是丰田的，大家都不知道是丰田的，出来后做广告的时候就两个车型，一个是奔驰，一个是凌志，然后说"同样的品质一半的价钱"，就是联动，通过这种方式来传播。还有一款车在巴西，记不清是哪一个品牌，把另外一个品牌在前面开，也是著名的品牌，然后它的车超过去，他肯定知道这个要打官司，打官司也是一种传播手段，为的就是提升自己的品牌。

这就是互相比附嘛，就是往上弄，就是我们跟好的靠，不是跟坏的靠。现在吉利也在这么干。吉利所有的品牌，熊猫上面挂个牌牌"热烈祝贺吉利收购沃尔沃成功"，这肯定对吉利的好处很大，但是不好的地方就是它把沃尔沃往下拉。有的企业就是顾今天不顾明天，或者有的部门顾今天不顾明天。

收购沃尔沃后，吉利熊猫的广告是"小车中的沃尔沃"，这就等于把沃尔沃往下拉。但是品牌的提升和销量上的压力，这个东西永远矛盾，我觉得这时候就要看长远。

本书点评：关于吉利汽车的品牌建设，我们可以着重分析其帝豪轿车。当帝豪轿车刚设计出来时，我曾试驾过，其济南基地的负责人问我感觉如何，我说挺好的。我问帝豪的配置是以谁为基准，回答是凯美瑞。再问帝豪的价格预订是多少？负责人问我认为该定多少，我的回答是至少30万元。该负责人和现场的所有人都笑我，认为不可能。我就问你觉得定价多少好？回答是10万元上下，今天的实际价格是8万～12万元，也正好是10万元上下。

对此，品牌经济学的观点是：帝豪将很难达到预期销量。其实理由很简单，就是选择轿车的顾客们，有几个真懂轿车的各种配置的？人们判断一个轿车是否是高档还是中档、低档，不是看配置，而是看价格。但是，支付能力在10万元上下的购车者们，不仅构成了私家车主体，非而且很清楚10万元上下的轿车，无论如何不会被看作是财富的象征，但是，这个私家车群体却非常在乎轿车的牌子是否是出之名门。换言之，以10万元上下为购车对象的顾客们，知道所购轿车的物质利益不高，那就更得在乎所购轿车的情感利益。为此，他们的选择的一定是外资商标。

如果帝豪轿车在刚推出时，按照最高配置，甚至安装6缸发动机，将价格定在30万元，则直接就进入了中高档价格，这个"30万元"就是中高档的代言。然后，再通过减配，将10万元作为主体，这样，买了"10万元"上下的帝豪轿车，在别人看来也是值"30万元"，其销量必定比今天要好很多。

有一次，我们问一个民营企业老板，怎么不买个奔驰车，该老板马上回答是买不起。我说你缺50万元吗？他说不缺，那为什么不买价格在50万元的奔驰轿车呢？老板想了想，说是啊，当初还真该买。其实，这是因为人们一想到奔驰轿车，就想到了200多万元的S600，而事实上，奔驰的E系列、B系列、C系列，价格并不是高不可攀，但是，即使是30万元的奔驰，人们还是认为它是奔驰。

但这受限于我们内部的考核体系。每个部门都要有KPI指标吧，卖多少台车都要考核。另外这还是受经销商的压力。经销商卖的少话,支撑就困难。你要赚钱、经销商要赚钱、供应商要赚钱,主机厂本身你可以不赚钱。但是从企业的战略来讲,像丰田不会跟自己挂钩,它是跟别人挂钩。

这是一种两难的矛盾,怎么办?还是就这么着,等到未来再慢慢提升品牌?现在,我们是让大家知道瑞麒是哪一家公司做的,而不是凭空出来的一个新企业,然后再割断和奇瑞品牌的关系。我们正在想这些东西,像迈巴赫、奔驰已经够豪华了,又打造一个迈巴赫,它又不是一部特别好的车。因为这个车已经很久不造,很多人都淡忘了,奔驰又重新包装了一下,一下子打造成那么贵的一个东西。所以品牌有时候是可以连续的,有时候也可以不连续。

本书点评:其实这是企业品牌与产品品牌的关系。从品牌经济学的理论上讲,应当配置企业品牌经理,负责企业品牌建设;配置产品品牌经理,负责每个产品商标的品牌化建设。两者是土地与树木的关系:企业品牌是土地,企业品牌经理的责任是保持土地的肥沃。每个产品品牌则是长在土地上的一棵棵树木,其责任就是让每棵树长得又高又粗。

不过,现在自己拼命往上飞,但是下面又有一块石头总往下拽,这怎么行呢?但是,现在硬把这两个品牌割裂开是有点难度的。目前两难策略下造成一种后果,就是瑞麒的品牌形象不会太高,但是一个附带产品就是把奇瑞品牌形象往上带一带,主要是这个效果。

这样肯定不好,我们品牌策划公司也反对,认为这是有危害的。但是销售部的同志讲,凭空出来一个瑞麒,谁买啊?从另外一个角度看,奇瑞,不也是凭空出来一个奇瑞吗?凭空出来一个奇瑞是便宜车,但是瑞麒是比较贵,这个车快到30万元了,大家觉得如果这是来自太小的企业,可能就不会买你的。大家觉得奇瑞现在已经是个大企业了,还不错。

根据上述这篇长长的资料,我们可以看出作为公司决策者,是如何考虑品牌建设的。其实,在品牌建设缺乏科学的岗位保证情况下,企业决策者就是品牌经理。可问题时,企业越大,企业决策者越难以与产品的终点顾客沟通,尤其是连续的深度跟踪。

根据上述信息,结合自己通过互联网对奇瑞轿车的信息收集,按照品牌建设的岗位性的技术标准和测试评级,完成奇瑞轿车的品牌建设岗位性的测试评级,并撰写分析报告。

表 6.11 "奇瑞"轿车的品牌建设岗位性测试评级表

指标	测评二级指标	指标赋值要点	指标事实及其来源	得分
4. 品牌建设的岗位性 B_4	4.1 是否设立有品牌经理?0.40分	若有,得0.40分;若由公司决策者直接负责,得0.32分;若只是一般岗位兼职,得0.24分;若既无品牌经理也无其他岗位专责品牌建设,则得0.0分		
	4.2 若有品牌经理,是否是品牌经理运营制(即对拟评商标所承载产品的经营)?0.15分	若未实行品牌经理运营制,得0.0分;若只有专职负责但无团队配合,得0.06分;若是品牌经理运营制,得0.15分。		

续表

指标	测评二级指标	指标赋值要点	指标事实及其来源	得分
4. 品牌建设的岗位性 B_4	4.3 品牌实际负责人（老板或职业经理）对品牌的理解是物质性还是情感性？0.30 分	通过检索、分析品牌实际负责人的讲话，若其对品牌的理解是质量、功能等物质性，得 0.18 分；若其理解是心情、欲望、快乐等情感性，得 0.30 分		
	4.4　针对目标顾客的逆转因素，品牌实际负责人（老板或职业经理）是否制定了预案？0.15 分	针对逆转因素，制定了预案或不同方案，得 0.15 分；若没制定预案，得 0.0 分		
得分合计				

测试等级	1.0	0.8～0.99	0.6～0.79	0.4～0.59	0.2～0.39	≤0.19
	AAA 级	AA 级	A 级	B 级	C 级	D 级

案例模拟 6.4　谁说自有品牌一定要“大容量、低价格”？①

运作好自有品牌，既非想的那么简单，也并非需要想象的动辄成百上千万元的资金投入，所谓大有大的做法、小有小的道路，根据企业自身的实际情况，量力而行、因需而动即可。

便宜，却卖不动

腾龙超市经营十多年，已经实现跨区域一、二线城市网点布局，共有 30 家门店，单店面积在 8000～15000m^2。近几年同业竞争加剧，单店赢利能力急剧下降。迫于形势，公司在 3 年前就启动了自有品牌工程。

经过 3 年运作，腾龙已经开发了包装食品、日用品等近 40 个品种的商品，价格定位比同品类商品便宜 10%～20%，但销售状况一直不温不火，仅有 5 种单品进入了同品类销售排行前 5 名。

说来也不奇怪，这些自有品牌商品均统一采用“腾龙”商标，包装极其简易，基本上是用成本最低的包材印自己的标贴；商品市场调研、机会分析、包装设计、品控流程、推广手法显得随意且杂乱无章，属于典型“拍脑袋”式的粗放式运营。

本书点评：为什么在自己的门店里，价格便宜还是卖不过同类价格高的产品？问题是是谁在拍脑袋决策？其实，这不能怪谁，因为此时的腾龙超市还没有专职的品牌经理。毛泽东曾说：正确的政治路线确定之后，干部就是决定的因素。腾龙超市决定进行自有品牌建设，这个政治路线是正确的，问题是缺乏专职进行自有品牌建设的干部，也即品牌经理。

① 参见 2009 年 2 月 25 日“中国营销传播网”，作者：韦汉云。

端正态度，树立战略

有人认为做自有品牌很简单，只要在产品上面贴一张标签，标上自己的名称，然后利用自己众多的店铺销售就行了，没有多少技术含量，也没必要有太多投入；还有一部分人则认为打造自有品牌需要大量的人力、物力和资金，零售商不具备这样的条件。

其实，运作好自有品牌，既非想得那么简单，也不是一定要动辄成百上千万元的资金投入，所谓大有大的做法，小有小的道路，根据企业自身的实际情况，量力而行、因需而动即可。

不论是网络还是资金积累，腾龙都已经达到了相当的规模，却只是把自有品牌当作一种提升销售毛利、应对竞争的战术，并未投入太多的资源。

像腾龙这样的规模，应该赋予自有品牌更重要的战略功能：一是短期和中期的战略功能。提升门店商品毛利率水平，打造应对竞争的独特利器，树立自有品牌的美誉度和忠诚度，强化企业的全面运营能力。二是长期战略功能。成立独立的营销公司，经营独立的品牌，拓展自有超市以外的其他渠道，成为企业的另一赢利支柱。

品牌经理负责制：专业人做专业事

此前，腾龙仅组建了一个“兼职”项目组，由策划部牵头，采购部人员、各分店店长共同组成；项目组依据各店长反馈回来的一线商品信息、顾客购买行为信息决策，并向总经理汇报。

这样编制，一是出于人力成本考虑，二是出于领导对管理团队的策划能力过于自信。但在实际操作过程中有许多弊端。

策划部擅长策划促销活动、包装设计卖场和设计制作DM，但在自有品牌操盘手必须精通的方面，比如发掘产品市场机会、品牌设计及定位、产品的包装设计、卖点提炼、价格策略、顾客心理研究、产品专业属性、上游生产商监控等，能力却相对欠缺，因此，他们常感到力不从心，成功率自然不高。

而采购部和门店店长是兄弟部门，位高权重、事务繁忙，又不在同一个地方办公，策划部虽然有负责人之名，却无实权让他们按时保质保量地完成工作，导致项目推动工作缓慢、散乱。

凡是运作自有品牌成功的零售商，几乎都有专门的项目小组，其负责人直接向公司核心领导汇报，并具有横向调配兄弟部门完成项目工作的权力。

本书点评：腾龙超市要进行自有品牌建设，也即在超市的货架上，加入贴有自己注册商标的商品。而这些商品是需要等待顾客的自主选择的。这就意味着腾龙超市将增加一个管理因素，就是终点顾客选择行为。原来的策划部类似市场部，门店类似销售部，都缺乏对终点顾客的选择行为的研究技能与经验。腾龙超市接下来作出的“总经理＋品牌经理＋项目小组”的经营方式，则是非常正确的。在这个框架下，即使某个品牌经理出现失误，也没有关系，因为存在着品牌经理的标准，就能找到胜任的品牌经理。

于是，腾龙果断改革为“总经理＋品牌经理＋项目小组”的项目负责制。项目负责人的责任是：负责最终决策，监控项目投入产出比例，确保自有品牌按照既定战略推进；统筹规划，领导和调度小组成员进行市调研究、评估分析市场机会点；负责品牌注册、包装设计风格和包材的确定，进行新品推广策略以及品牌建设；负责上游供应链管理及品质监督控制;提出产品开发的投入产出核算,提供可行性报告供总经理决策;开展产品上市后的数据分析和销售跟进。

1. 策划部(兼职):负责必要的产品部件设计,比如瓶子、盒子、标贴,以及产品宣传资料的编撰设计和制作;负责自有品牌的品牌建设方案的策划与实施。

2. 采购部(兼职):协助品牌经理筛选,评估代工厂家的资质、产能及配套能力;收集包装材料厂家的配件信息,为核算开发成本以及与OEM厂家议价提供科学翔实的数据基础。

3. 门店店长(兼职):协助品牌经理组织实施市场调研、同类商品分析、市场机会点发掘、产品上市后的陈列、数据分析反馈等。

4. 专职品管督导:全面掌握自有品牌各类商品的特性、品质标准、评估标准,全程拟定并跟进上游生产厂家品质监控流程,确保自有品牌产品质量,建立质量危机处理机制。

其中,品牌经理外聘,策划部、采购部和店长沿用现有人员兼职,初期共享人力资源,节约成本;发展到一定规模之后,则独立编制。为了最大限度地杜绝质量事故,特别编制专职品管督导岗位。

本书点评:腾龙超市的这个新的运行模式,值得很多厂商学习!

分品牌运作:单一品牌不能承受之重

此前,腾龙超市所有自有品牌商品上均沿用"腾龙",包装简易,和同类知名品牌商品一比较,高下立现,唯一的亮点就是价格便宜。

只有在产品上打上自己企业名称,才叫"自有"品牌吗?要知道,一个商标无法承载过多的商品品类。试想,你去沃尔玛,如果看到的方便面叫"沃尔玛方便面",卫生巾叫"沃尔玛卫生巾",你会有什么样的反应?

本书点评:分品牌运作的方法极为正确。多商标策略的前提是,存在着多品类,并且多品类之间存在着不兼容性。这个不兼容性是针对终点目标顾客的。例如,假如存在"沃尔玛方便面"和"沃尔玛卫生巾",产品质量和商标法都没有问题,问题出在终点目标顾客的心理反感,也就不会选择。

事实上,成熟的零售商都会注册不同的品牌来运作自有品牌。于是,腾龙开始分品类注册商标,并且每个品牌在商标设计、品牌内涵、目标人群定位、广告语提炼等方面都按专业水准操作。比如,个人护理品类注册了"冰花之恋"品牌,广告词为"吻我的时候,才知道我的好"。注册品类包括化妆品、沐浴露。

市场调查否定行业惯例

这一步最为关键,最考验操盘手的功力,决定了自有品牌商品的成败。但这也是最容易被忽略的一环,80%的新品之所以失败正在于此。很多零售商自以为很了解消费者,了解市场存在的机会点,却往往被自己所欺骗。

腾龙以前开发自有商品,主要靠店长反馈回来的大致信息,然后大家一合计,觉得有做头,之后就上马,做不好也在情理之中了。

在和腾龙合作开发沐浴露这个品类时,我们厂家抽调了资深营销策划人员,与腾龙方面合作成立联合调研小组,花了半个月对30家自有门店以及竞争对手展开了详细的市场调研,主要包括:

(1)沐浴露品牌矩阵分析——产品定位分析(按照高、中、低三个段位分类研究)。

产品:包装材料、包装设计风格、容量设置、卖点分析;

价格:终端定价、各品牌的价格定位分布;

渠道:同类商品的渠道策略、渠道利润;

促销:同类商品的促销策略、价格变动对销售的提升效果。

本书点评:这属于典型的4P分析,尽管在这里面缺乏目标顾客的影子,但有这样的分析,总比拍脑袋决策要好得多。

(2)相关品类销售数据分析与消费行为、消费心理归纳。

对于腾龙旗下30家门店的沐浴露产品分两条线统计分析:一是按照价格带对销售数据分类统计,二是按照不同的卖点分类进行分类统计分析。

研究结果令人惊讶:

沐浴露产品零售价格在13～20元之间的二线品牌销量最大,占据了腾龙总销量的60%,在同等知名度的情况下,包装容量与零售价格之间的联系并不成正比关系。

凡是零售价格低于13元的杂牌销量很差,仅仅占5%;25元以上的高端价格一线品牌的销售量占据35%。

以牛奶和玫瑰等纯植物为卖点的品种销售量最大。

可以看出:腾龙的顾客是以中等消费能力的人群为主,低消费能力顾客极少,这与腾龙的商圈选择和市场定位不谋而合。

项目组研究得出市场机会如下:

产品机会点:包装材料差异化,选择带曲线的瓶,设计风格走清新鲜艳路线。

买点创新:在植物元素的基础上,创新添加香精油配方和概念,在借鉴的基础上创新。

价格定位:零售价为15元/瓶(1000mL)。

市调之前,项目组内部很多人想当然地认为自有品牌商品就应该走"大容量、低价格"的实惠路线,最好把1000mL沐浴露的零售价做到最低9～10元之间。但在细致的市调结果和数据分析面前,他们终于心服口服。

最终,项目组确定开发"冰花之恋"植物香薰系列的四种沐浴露产品:牛奶嫩白、玫瑰香体、薰衣草舒缓、桂花香薰。

本书点评:"冰花之恋"属于商标,"植物香薰"属于不具备排他性的物质利益,四种产品属于品型空间。"冰花之恋"单一利益点=物质利益+情感利益,则物质利益已经具备了,就是植物香薰,但缺乏情感利益。问题是"植物香薰"不是"冰花之恋"排他性的利益。因此,从品牌经济学理论分析,"冰花之恋"可以进一步在情感利益上进行测试研究。

筛选制造商:把他当兄弟,他会把你当父母

腾龙摒弃了业内"压榨"厂家以压缩成本的做法。选择代工厂时,硬件配置必须要有GMP生产车间,必须通过ISO9001-2000质量体系认证。因此,太大的厂不选,事实上,你也不可能找宝洁给你代工;太小的厂也不选,尽管小厂给出的条件更优惠,但其综合配套能力有缺陷。最终选择了一些中等规模的厂家。

在软件选择上,要求厂家具备丰富而良好的上游供应商资源、规范的生产流程、严格的品质控制流程,具备产品配方开发、产品设计与采购、营销策划、市场运营方面的综合能力。

在资金支持方面，开行业之先河，采取首批现金采购、后续月结算的政策，充分体现了对制造商的诚意和“真正打造战略合作伙伴，共求双赢”的战略眼光与经营理念。

如此一来，制造商与腾龙同心同德，从各个环节给予最大的支持。比如，我们就曾免费为腾龙提供了1：1比例配送的身体乳液作为新品上市的赠品支持，还给予产品设计、营销策划、促销队伍的专业支持。

本书点评：代工厂的利润＝收入－成本，腾龙超市从代工厂的订购价，就是代工厂的收入。如果腾龙超市压低订购价，也就是压缩代工厂的利润。代工厂为了保证自己的利润，就只有降低成本，这样一来，提供给腾龙超市的产品质量，就难以有保证了。原因很简单，腾龙超市不可能对代工厂送来的每件产品进行质量检验。假设订购了100瓶“冰花之恋”，其中有10瓶出现了质量问题，则购买到这10瓶的顾客，就可能进行投诉。假定有一名顾客投诉到了新闻媒体，则问题可就严重了。因此，腾龙超市采取的上述措施，不是一味地压缩代工厂的利润，而是同心同德，也就将隐患消除了。

点面结合，全面推广

新品上市之前，腾龙借助每月一期的20万份DM专刊封面整版推广，预热市场；上市首月，买一瓶沐浴露即赠送一瓶60mL身体乳液，每个门店全部采取端架或堆头陈列。这是“点”的发力。

但这远远不够，还得要“面”的提升来带动。在产品渡过导入期后，组织所有自有品牌集中陈列，并辅以DM媒介、户外推广等手段，开展“腾龙自有品牌商品体验节”活动，为塑造品牌知名度与美誉度作铺垫。

新品按照既定策略上市的前3个月，我们和腾龙组成联合项目推动小组，在每个门店都设置1名导购员。导购员主要由门店的工作人员担任，上岗之前集中到总部培训。

导购员除了做销售，还要承担市场调研员的职责，详细记录顾客对新品的各种评价，包括包装、价格、品质与同类品牌相比的印象等，以及本品成交率、选购沐浴露的主要因素等，汇总每天的销售数据，集中反馈至总部进行分析跟踪。

自有品牌也上导购员的创新举措，顾客也觉得稀奇，推荐成功率很高，超出了预期。

本书点评：在这些措施中，尤其值得称道的是开展的“腾龙自有品牌商品体验节”活动，如果此活动成为腾龙超市的主题系列活动，则效果更好。如果能学习德国双立人厨具成立“锅友会”那样，成立腾龙超市“冰花之恋”粉丝团，则就迈入了品牌建设的正轨。

质量控制：专人专职

质量问题一直是自有品牌的硬伤。腾龙设立了专职品管督导，他们精通产品鉴别和国家检验标准，并制定了严格的品质监督流程，要求厂家提供权威的检测报告，不定期到厂家现场监督，每隔三个月抽样送检，将检验报告陈列在产品旁边。

如此一来，与厂家的质量控制体系形成双保险机制，最大限度地消除质量隐患。同时，还建立了危机处理机制，防止因质量问题对品牌造成毁灭性打击。

本书点评：有一个值得称道的措施，就是建立危机处理机制。我们不知道意外的危机什么时候会发生，但通过建立模拟危机处理预案，一旦发生了某种意外的危机，就知道该如何处理。危机处理的最高标准是转危为安，而要做到这个标准，就要梳理出各种可能出现的意外危机，并未每个意外危机建立转危为安的预案。有了预案后，则要进行内部反复的演练模拟，以达到熟能生巧的程度。

经过周密策划和部署，“冰花之恋”植物香薰系列经过3个月的市场导入期，便取得了腾龙沐浴露品类销售的第3名；之后半年一直维持在前5名的佳绩，且毛利率高达35%。

其实，运作超市自有品牌的手法大家都懂，关键是其中每个环节的操作手法是否专业，是否到位、是否创新。

本书点评：何为是否专业呢？品牌经济学认为，首先是建立品牌建设的岗位性，也就是必需的配置专职的品牌经理。有了专职的品牌经理，并将其管理对象转到目标顾客的选择行为研究，大家都懂得哪些常规手法也即方术，才能发挥出作用。

在上述信息基础上，进行自己的深度思考，按照品牌建设的岗位性的技术标准和测试评级要求，完成“腾龙”超市品牌建设岗位性的测试评级，并撰写分析报告。

表6.12　“腾龙”超市的品牌建设岗位性测试评级表

指标	测评二级指标	指标赋值要点	指标事实及其来源	得分
4. 品牌建设的岗位性 B_4	4.1　是否设立有品牌经理？0.40分	若有，得0.40分；若由公司决策者直接负责，得0.32分；若只是一般岗位兼职，得0.24分；若既无品牌经理、也无其他岗位专责品牌建设，则得0.0分		
	4.2　若有品牌经理，是否是品牌经理运营制（即对拟评商标所承载产品的经营）？0.15分	若未实行品牌经理运营制，得0.0分；若只有专职负责但无团队配合，得0.06分；若是品牌经理运营制，得0.15分		
	4.3　品牌实际负责人（老板或职业经理）对品牌的理解是物质性还是情感性？0.30分	通过检索、分析品牌实际负责人的讲话，若其对品牌的理解是质量、功能等物质性，得0.18分；若其理解是心情、欲望、快乐等情感性，得0.30分		
	4.4　针对目标顾客的逆转因素，品牌实际负责人（老板或职业经理）是否制定了预案？0.15分	针对逆转因素，制定了预案或不同方案，得0.15分；若没制定预案，得0.0分		
得分合计				

测试等级	1.0	0.8～0.99	0.6～0.79	0.4～0.59	0.2～0.39	≤0.19
	AAA级	AA级	A级	B级	C级	D级

第7章 单一利益的持久性

追求百年品牌的企业很多，可问题是又有几个真正的百年品牌呢？品牌经济学理论研究证明，很多商标之所以曾经辉煌一时，没能成为百年品牌，是因为他们没有从理论上回答或解决一个根本问题，就是如何保证几十年或一百年以后，还能有足够多的顾客购买自己的产品或服务。

一谈到理论，很多厂商老板会说我是做实践的，对理论不感兴趣。其实不管对理论是否感兴趣，理论总是存在的，而且对实践有着这样或那样的指导。想想看，从1840～1950年，中国处于百年乱世中，乱世出英雄，但为什么最后的胜出者是毛泽东？为什么是毛泽东领导中国革命取得了成功？不是因为他会打枪，而是因为在共产国际主张的"城市工人武装斗争"的城市理论存在的条件下，毛泽东根据中国国情开创了"农村包围城市"理论。尤其是1932年12月5日完成的《中国社会各阶级分析》，是毛泽东运用马克思列宁主义的阶级分析理论，对中国社会当时的阶级状况进行的分析，得出了工人阶级领导的、以工农联盟为基础的、从农村包围城市的理论结论。从此，毛泽东开始了农民土地运动，并最终获得了胜利。理论的价值在于为实践提供了正确的方向，而技术的价值则是为实践提供了可靠的方法。

品牌经济学理论研究证明，厂商通过自己的注册商标，向目标顾客作出了单一利益点的承诺，并且与在位者所属单一利益点构成对立关系。这是否就一定能成为百年品牌呢？答案是不一定。因为所承诺的单一利益点，未必是未来的顾客所需要的。例如，古代的马车，即使做得再好，今天的城市居民还是不会购买，不是马车不好，而是被汽车替代了。同样，柯达胶卷之所以渐渐地退出了市场，不是因为它的质量出了问题，而是因为今天的顾客纷纷使用数码相机，不需要感光胶卷了。因此，单一利益如何保持持久性，就是本章要解决的问题。

对商标的品牌信用建设来讲，这个问题之所以重要，是因为厂商通过注册商标所作出的利益承诺，都没有给出明确的时间限定，其在法律上就是无限期承诺。如果在品牌信用建设的过程中，没有考虑持久性，从心理学的角度，就是一种隐形的欺诈行为。

为了直观深刻地理解如何才能做到单一利益的持久性，先阅读思考案例理解7.1。

长期以来，如何解决游客的重复游览即持久性，是困扰旅游界的核心难题之一，但却被一个果农解决了。这再次证明群众的智慧是无穷的，也再次表明，从事社会科学研究，只有立足于丰富的实践，而不是闭门造车，才能获得理论研究的营养。

案例理解 7.1　认养一棵摇钱树①

“此树已认养。谭莉，2008 年 3 月。”“此树已认养。田纯，2008 年 4 月。”……

田文英的农家乐“梨园”里，种植着四五百棵梨树，各种颜色的“认养牌”在树干上迎风飘展。号称有 2 万亩梨树的大林镇，有着“梨子之乡”的美誉，它出产的梨子早在 2005 年就被农业部批准为“国家级无公害农产品”。这些梨子被送入各大超市，每斤售价四五元。去年，田文英突发奇想，将每棵梨树以每年 30 元的价格给城里人认养，还向认养人保证年产量 50 斤以上。为何做这亏本生意？可田文英正是靠着这“亏本”生意，盘活了她的农家乐。

本书点评：旅游业作为广义的服务业，核心就是让游客得以快乐，农家乐也是如此。问题在于哪些游客喜欢农家乐呢？这些喜欢农家乐的游客，是否具有重复性呢？农家乐的主要内容是品尝农家饭菜，而农家饭菜的变化不大，游客吃几次之后就会失去兴趣，即边际收益递减了，也就不再来吃了。

“梨园”是大林镇最早的那批农家乐之一。2006 年开始，政府发展旅游经济，每年春天在大林镇开办梨花节。田家响应政府号召，买了些桌椅碗筷，在自家院子里开起农家乐，她并没有想到这会彻底改变一家人的农耕生活。

梨花节开幕第一天就迎来了 8 万游客，小车停了 10 多公里，农家乐更是人气爆棚：1 个凳子每小时租金 10 元，1 张桌子每小时租金 20 元，1 桌午饭 400 元。田文英数钱数到手软，这 7 天她就赚了 5000 元！要知道，从前她种庄稼，1 亩土地也才收入 1000 多元。

实际上，不到半个月的梨花节，给大林镇带来了 2000 万元的收入。

可是田文英的高兴劲并没持续几天。随着梨花凋谢，游人渐渐稀少。原来，大林镇距离成都市区 38 公里，地处双流县最偏远的丘区，前不着村后不着店，少了梨花的吸引，市民自然不愿长途跋涉。梨花节一过，田文英只能重新拿起锄头下地。秋天，满园的梨子都熟了，她以 5 毛 1 斤的价格卖给收梨的大卡车。“梨子一卖到城里就是好几元”，田文英无力把成吨的梨子运出大林镇，只能低价批发。

本书点评：梨花节卖的是梨花，换言之，其基本业务是观赏梨花，派生业务是吃农家饭。梨花再美不过半月，随着梨花的凋谢，观赏梨花这个基本业务就没有了，随之其派生业务即吃农家饭也没有了。“市民不愿意长途跋涉”就说明，大家之所以在梨花节愿意长途跋涉，是因为有盛开的梨花。那么，当梨花凋谢之后，什么能吸引市民们继续愿意长途跋涉前来吃农家饭呢？换言之，吸引市民们新的乐点是什么呢？其实，成都市私家车普及率是比较高的，区区 38 公里是不在话下的。问题是为什么要来呢？农家菜能重复吃几次呢？因此，把眼光盯在农家菜即物质利益上，很难保持持久性。

又是一年梨花节，田文英的老公陈福荣这时候冒出了一个想法：很多游客都喜欢品尝新鲜的梨子，如果在这里有一棵属于他们的梨树，他们会不会常来呢？抱着试试看的想

① 参见《商界》2010 年第 2 期，作者：曾晓娜。

法，陈福荣用废弃的纸壳写了一行字挂在梨园里——“欢迎游客认养梨树”。他保证年产量不低于50斤，还帮助修枝施肥。而认养费，最低的只收取了30元——其实把这些梨子卖给收梨的卡车，最多也是30元，不亏；而城里人买到50斤新鲜的梨子，得花两三百元，更不亏。可城里人哪自己种过梨？一眨眼，几十棵梨树立即被认养出去。陈福荣给每棵梨树挂上认养牌，跟游客签好“认养协议”，他还专门准备了一个本子，详细地记录了认养人的名字、电话号码和认养时间。每隔一段时间，他会给游客打电话：你的树今天施肥了，你的树今天修枝了，你的树结果了快来摘吧……

本书点评：吸引市民们乐意长途跋涉来的理由，一定是某种利益，而任何利益总是由物质利益和情感利益两个面非对称构成的，即顾客利益＝物质利益＋情感利益。认养的梨树以及梨树上的梨，都属于物质利益，而参与一下农事活动获得的体验快乐，则是情感利益。梨需要几个月的时间才能长熟，即使摘果了，对梨树也需要继续农事保养，这些活动本身是连续的，也就需要游客持续地前来，而来了，就要吃饭。因此，城里的游客认养梨树，获得的不仅仅是新鲜的梨子，更重要的是给那些喜欢农事但属于业余级的游客，提供了一个业余时间体验农事快乐的机会和通过体验就能获得身心放松的快乐。陈福荣的一个正确策略，是“专门准备了一个本子，详细地记录了认养人的名字、电话号码和认养时间”，并且每隔一段时间，就会给认养梨树的游客打电话，这就是一个实用的顾客数据库。

当初对这一举措并不重视的田文英突然发现，她几乎没有时间下地种田了。梨花节落幕后，依然不断地有游客光临，有的还一家老小专门来体验农事活动。陈福荣给记者算了这么一笔账：如果游客认养了一棵梨树，从他前来观花算起，就要在农家乐消费。花期后，游客还要前来修枝、施肥、摘果，如果带上家人和朋友，其间的消费还会更大。拥有了这样固定的客源，农家乐的收入远远大于卖梨子的收入。

本书点评：这就是单一利益持久性的价值所在。陈福荣是通过梨树管理的时间连续性，来将农事的娱乐体验予以持久性。低价格的梨树认养费用属于基本业务，但却获得了稳定高收益的派生业务，即餐饮消费。万幸的是，从修枝、施肥、打药等各个管理环节，陈福荣没有把每个环节当成“摇钱树”，否则，游客们认养了个麻烦，很快就放弃了。

“我今年认养梨树带来的收入，已经相当于两个梨花节的收入了。”陈福荣说，他们一家也不再下田了，明年他们的农家乐会扩大规模，再栽种500棵梨树。

因此，单一利益持久性的实现，不是靠广告来获得，而是通过取悦于顾客终身价值来获得。

7.1 单一利益持久性的技术标准

将单一利益完全持久定义为1.0分，将完全不持久定义为0.0分，为了避免出现中性判断也即0.5分，我们采取了偶数分级法。可以划分出0.0(极不持久)、0.2(很不持久)、0.4(较不持久)、0.6(较持久)、0.8(很持久)、1.0(极持久)。按照这个相对计量等级，将单一利益的持久性测试与设计标准确定如下：

(1)拟评商标承诺的单一利益或首位利益是否符合情感快乐这一终极利益？此项赋

值0.70分。其具体测算标准是:若从初始利益的产品,到终极利益的快乐,假设有 N 个利益,若拟评商标承诺的利益在第 i 个,则得 $0.7\times i/N$ 分。

根据顾客利益衍生链,判断拟评商标承诺的单一利益或首位利益处于哪个利益态。初始利益定义为第 N 个利益态,终极利益为第0个利益态,倒数第一个衍生利益为第1个利益态。

假定利益衍生链共有6个利益态,则每个利益态得分为1/6,若拟评商标所承诺利益态为第5个,得分为0.7×5/6即0.58分。

根据顾客利益衍生链,可以进一步测算拟评商标承诺利益的品类终极度和持久度。所谓品类终极度,是指某个具体品牌所代言的单一利益形态即品类,距离目标顾客终极利益形态的程度,品类终极度介于0和1之间。

品类终极度 $B_u=[(N+1)-i]/(N+1)$;持久度 $B_s=B_u/(1-B_u)$。

(2)终点顾客的终极利益也即乐点稳定吗?此项赋值0.20分。其具体测算标准是:若乐点是非常稳定的,则得0.20分;若乐点基本稳定,得0.12分;若乐点是不稳定的,得0.0分。

所谓乐点稳定性,是指使终点顾客快乐的方式是否容易改变。例如,同样是卡通片,迪斯尼的卡通形象,给国内儿童带来的乐点为《喜羊羊与灰太狼》所取代。而英国维珍(Virgin)带给其终点顾客即嬉皮士的乐点就不变。

(3)其产品更新换代是否构成情感快乐的版本升级效应?此项赋值0.10分。其具体测算标准是:若构成情感快乐的版本升级效应,得0.10分;若仅是产品更新换代,得0.0分。

所谓版本效应,是指目标顾客将选择新版作为更时尚、更优越、更亲近的快乐象征。例如,英特尔处理器从286、386到486、586,都属于产品更新换代,但在目标顾客心理上使用更新一代产品就构成了"我更优越"的情感快乐,从而乐此不疲地购买新版本产品。苹果手机也是如此。

再如,2012年可口可乐在瓶子外面印制了喵星人、高富帅、白富美、文艺青年、氧气美女、纯爷们、零度等,其口号是"今天你和谁一起分享了?"试想,在小学一个班里,有5个男孩子构成了小伙伴圈子。某天放学回家时,圈子里约定明天喝"纯爷们",于是,小伙伴们第二天早上就会在可口可乐箱子里扒拉来扒拉去地找出"纯爷们"那瓶。这样,到学校后,拿"纯爷们"的几个就是一伙的,也就具有了归属感,即更亲近的情感快乐。

7.2 单一利益持久性的测试评级

单一利益的持久性评级,关键是绘制拟评商标产品或服务的顾客利益衍生链。例如,柯达胶卷的顾客利益衍生链是:

胶卷(D_5)→照相(D_4)→记录(D_3)→留念(D_2)→触景生情(D_1)→快乐(D_0)

其中,胶卷只是初始利益,快乐是终极利益,中间的状态则是衍生利益。

而柯达定位于胶卷,经过我们的测试,顾客也都将柯达等同于胶卷。换言之,柯达已经成为了胶卷的品类代言，则其得分为 0.7×1/6＝0.12 分，从而其持久性就很低。测算柯达的品类终极度 B_u(柯达)＝[(N＋1)－i]/(N＋1)＝[(5＋1)－5]/(5＋1)＝1/6＝0.17；持久度 B_s(柯达)＝B_u/(1－B_u)＝0.17/(1－0.17)＝0.20。

通过测试顾客利益衍生链，来测定拟评商标所承诺的利益处于哪个利益态，从而对其评级。为了与第二章中的模型指标序号保持一致，将本章各表中的指标序号确定为“5”。

表 7.1　　单一利益的持久性测试评级表

指标	测评二级指标	指标赋值要点	指标事实及其来源	分值
5. 单一利益的持久性 B_5	5.1　拟评商标承诺的单一利益或首位利益是否符合情感快乐这一终极利益？0.70 分	若从初始利益的产品，到终极利益的快乐，假设有 N 个利益。若拟评商标承诺的利益在第 i 个，得 $0.7\times i/N$ 分		
	5.2　终点顾客的终极利益也即乐点稳定吗？0.20 分	若乐点是非常稳定的，得 0.20 分；若乐点基本稳定，得 0.12 分；若乐点是不稳定的，得 0.0 分		
	5.3 其产品更新换代是否构成情感快乐的版本升级效应？0.10 分	若构成情感快乐的版本升级效应，得 0.10 分；若仅是产品更新换代，得 0.0 分		
得分合计				

测试等级	1.0	0.8～0.99	0.6～0.79	0.4～0.59	0.2～0.39	≤0.19
	AAA 级	AA 级	A 级	B 级	C 级	D 级

7.3　单一利益持久性的设计流程

在对单一利益进行持久性设计时，核心有两个：第一，如何让某个顾客持久地选择；第二，如何保证让未来的顾客仍然选择，这就是顾客终身价值研究。

为此，就要在绘制或设计顾客利益衍生链的基础上，以目标顾客某种持久快乐为目标，将商标承诺的单一利益点进行相应转换。顾客利益衍生链的初始利益，就是产品或服务本身，也就是顾客通过支付货币获得产品或服务的产权。但是，根据品牌经济学理论研究证明，绝大多数产品或服务，之所以寿命很有限，不是因为产品质量不好，而是因为不符合终点顾客的终极利益也即某种快乐。

例如,《米老鼠和唐老鸭》从1933年开始,至今盛行了81年,而赵本山小品的寿命则取决于赵本山本人的自然寿命了。再如,任何体育明星的职业生命都将是有限的,如果将体育明星作为品牌形象代言,从理论上讲就是夜空的流星,闪亮而短暂。

我们提出了单一利益持久性设计的基本流程,包括三个基本步骤:

第一步:观察目标顾客,测定他们的欲望乐点

选定了目标顾客之后,测定他们对产品或服务的欲望乐点的最好办法,既不是闭门造车,也不是开所谓的诸葛亮会,而是赠送产品或服务,让目标顾客在实际环境中体验。然后,再通过拜访交流和观察,获得他们对该产品或服务的欲望乐点也即终极利益态。

案例理解7.2　顾客为什么用香皂?[①]

"象牙皂"一问世,就以"经济实惠"的广告宣传打开了销路,市场占有率相当高。可是好景不长,没多久,肥皂便渐渐堆积在货架上了。厂家多方面寻查原因,仍不知所以(也即不持久)。他们便求教于一位心理学家,后者并不闭门苦思,而是派出一批调查员走访顾客,征询他们在使用香皂时所抱有的心情。归纳起来,主要有两条:一是下班以后,用香皂洗澡能使身心俱爽,焕然一新;二是在约会或参加社交活动之前,用香皂洗澡,能使自己容光焕发,更富魅力。

本书点评:相对于价格较高的肥皂,经济实惠的"象牙皂"打开了销路。但这属于典型的边际递减的物质利益即需求。"经济实惠"还可能带来的是心理上的情感伤害:意味着没钱。面对产品积压,该企业能够找到心理学家,实在是智慧之所在,这也是中国企业落后之所在。"更富魅力"带来的尊重快乐,则是边际递增的情感欲望。

换言之,大多数消费者对香皂的期待,并不是"经济实惠",而是希望香皂给自己增添"魅力"或使自己"干干净净"。于是,该公司立即把以前的广告改写成:"芳香、典雅的象牙皂能使你更具魅力"。"象牙皂"的销售量果真又节节上升,一直保持着良好的势头。

找出顾客内心深处共同的欲望,并设法去满足这种欲望,是营销的关键。要确切了解和掌握这种欲望,必须完全立足于对方的立场才能办到。

其实,香皂是初始利益,洗干净灰尘是衍生利益态,由此获得的焕然一新再次衍生利益态,富有魅力是第三次衍生利益态,由此获得的尊重的快乐,则是终极利益态,也是其欲望快乐。通过调查后写成的广告词,即"芳香、典雅的象牙皂能使你更具魅力",满足的正好是第四个利益态;而开始的"经济实惠",满足的则是初始利益态。从消费行为角度解释,"经济实惠"的潜台词意味着购买此香皂的顾客"没有钱"。通过转换"象牙皂"的利益态,换来的则是销量的增加,也就解决了持久性问题。

第二步:将欲望乐点作为终极利益,倒向设计顾客利益衍生链

将观察到的目标顾客的欲望乐点,作为目标顾客的终极利益,就可以倒着绘制顾客利益衍生链。为此,我们设计了顾客利益衍生链倒向设计表(见表7.2)。

---

① 参见2010年11月1日 http://blog.chinaceot.com,作者:刘彦。

表 7.2　　顾客利益衍生链倒向设计表

利益态	初始利益	衍生利益 1	衍生利益 2	衍生利益 3	衍生利益 4	终极利益
序号	N	$N-1$	3	2	1	0
利益名称	产品或服务					某种快乐

例如，将第一步中提到的“象牙皂”的顾客利益衍生链倒向设计表绘制如下（见表7.3）：

表 7.3　　“象牙皂”顾客利益衍生链倒向设计表

利益态	初始利益	衍生利益 1	衍生利益 2	衍生利益 3	终极利益
序号	4	3	2	1	0
利益名称	香皂	洗净灰尘	焕然一新	富有魅力	尊重的快乐

再如，二维卡通片《喜羊羊与灰太狼》的终点顾客是幼儿园和低年级小学生。二维卡通片并没有多高的技术含量，可这些儿童们为什么乐此不疲地收看呢？而另一方面，为什么他们的老师却要求孩子们的家长尽量控制孩子们看呢？因为孩子们跟着学恶作剧。为此，我们可以绘制出其利益衍生链（见表7.4）：

表 7.4　　《喜羊羊与灰太狼》的顾客利益衍生链倒向设计表

利益态	初始利益	衍生利益 1	衍生利益 2	衍生利益 3	衍生利益 4	终极利益
序号	5	4	3	2	1	0
利益名称	卡通故事片	不用写作业	喜欢恶作剧	模仿恶作剧	比赛恶作剧	获胜的快乐

案例理解 7.3　韦普是如何取悦于顾客的？①

一天，菲德尔费电气公司的销售经理约瑟夫·韦普走到一家看起来很富有的整洁的农舍前去叫门。户主布朗肯·布德拉老太太只将门打开一个小缝。当她得知是电气公司的推销员之后，便猛然把门关闭了。韦普再次敲门，敲了很久，大门尽管又勉强裂开了一条小缝，但未及他开口，老太太就毫不客气地破口大骂了。

本书点评：虽然布德拉老太太的行为有些过激，但却是可以解释的：布德拉太太的利润＝收入－成本。韦普来的目的是推销电力，于是布德拉太太就认为韦普只不过想来赚取她的钱而已，也就是她的成本项。设身处地地想想看，如果是不期而遇的推销员敲开你家的门，你会是怎样的反应？

经过一番调查，韦普又上门了，等门开了一条缝时，他赶紧声明：“布德拉太太，很对不起，打扰您了。我这次来不是为了电气公司，只是向您买一点鸡蛋。”老太太的态度温和了许多，门也开得大多了。韦普接着说：“您家的鸡长得真好，看它们的羽毛长得多漂亮。这

① 参见《思维与智慧》2013年第6期，作者：袁腊梅。

些鸡大概是某种名种吧！能不能卖些鸡蛋呢?”门开得更大了，老太太反问：“您怎么知道是某种名种的鸡呢?”

本书点评：韦普再次来到布德拉老太太的家，是为了买她的鸡蛋，这是初始利益，而赞美她的鸡长得真好，使老太太很开心，则是乐点的第一次形成。

韦普知道，投其所好的策略初见成效了，于是更加诚恳而恭敬地说：“我家也养了这种鸡。可像您养得这么好的鸡，我还从来没有见过呢！而且，我家的鸡只会生白蛋。附近大家也都说只有您家的鸡蛋最好。夫人，您知道，做蛋糕得用好鸡蛋。我太太今天要做蛋糕，我只能跑到您这里来。……”老太太顿时眉开眼笑，高兴起来，由屋里跑到门廊来。

韦普利用这短暂的时间，瞄了一下四周的环境，发现这里有整齐的奶酪设备，断定男主人是养奶牛的，于是接着说：“夫人，我敢打赌，您养鸡的钱一定比您先生养奶牛的钱赚得还多。”老太太心花怒放，乐得几乎蹦起来，因为她丈夫长期不肯承认这件事，而她总是想把“真相”告诉大家，可是没有人感兴趣。

本书点评：称赞老太太养鸡挣的钱比其丈夫养牛挣的钱还要多，使老太太心花怒放，则是对其乐点的强化。

老太太马上把韦普当作知己，不厌其烦地带他参观鸡舍。韦普知道投其所好策略渐入佳境，但他在参观时还是不失时机地发出由衷的赞美。在赞美声中，老太太毫不保留地传授了养鸡的经验，韦普先生极其虔诚地当作学生。他们变得很亲近，几乎无话不谈。期间，老太太也向韦普请教了用电的好处。韦普针对养鸡的需要而详细地予以说明，老太太也听得很认真。

两周后，韦普在公司收到了老太太的用电申请。不久，老太太所在地申请用电者源源不断。老太太成为韦普先生的热心帮手。

在此案例中，韦普就是采用倒向设计的思路，发现了布德拉老太太的乐点。然后，倒向设计布德拉老太太的利益衍生链，从而获得了成功。其实，顾客永远只关心自己的利益，只有投其所好，才能与顾客形成共鸣。忘掉你的产品，记住顾客的利益和爱好！

第三步：对获得的欲望乐点，进行终身价值设计

随着时间的推移，目标顾客是否会放弃现在的这个预期乐点呢？这个问题直接决定了顾客生命周期内选择的持久性。为此，就要将预期乐点与顾客终身价值结合起来。关于顾客终身价值，是将顾客的初次购买作为基本业务，然后，进行顾客派生业务分析。我们将顾客的派生业务分为四类：

第一类是重复类，也即初次购买产品或服务的后续重复购买，这就需要掌握顾客的购买周期。例如，台塑王永庆先生早年开办的是米店。每当顾客来买米，他都亲自送米到家，借此了解顾客的家庭人口结构，由此推算出这次购买的大米够吃多少天。到了这一天，王先生就把米送到家。

第二类是衍生类，如购买打印机之后，墨盒就成为衍生类业务。为此，就要测算顾客此类衍生需求的购买周期。再如购买汽车之后的定期保养维护，也是衍生类。

第三类是关联类，即根据顾客初次购买的产品或服务，推测与此有关联的产品或服务有哪些。例如，购买轿车之后，车内饰品就是关联类业务。麦当劳初期是建在加油站里，

卡车司机们一边给卡车加油，一边吃个汉堡包，汉堡包吃好了，油也加满了。吃汉堡包就是卡车加油的关联类业务。

第四类是无关类，即与顾客初次购买的产品或服务没有关联的其他选择，尤其是同价位产品或服务。例如，在商场里，某顾客购买了德国双立人的厨具之后，就表明该顾客具有较高的购买能力，那么就应该为该顾客建立与双立人相同档次的其他产品的联系，及时将此类产品信息发送给该顾客。

因此，品牌经济学认为，顾客的初次购买，是厂商与顾客进行持续沟通的媒介，而不是一次简单的交易。按照这个原理，厂商就该为每个顾客建立预期乐点与终身需求转换表。该转换表的基本格式如表7.5所示：

表7.5　　顾客预期乐点与终身需求转换表

顾客欲望乐点描述							
乐点表现		乐点表现		乐点表现		乐点表现	
初次购买		衍生类		关联类		无关类	
名称	周期	名称	周期	名称	周期	名称	周期

在表7.5中，将顾客预期乐点与初次购买、衍生需求、关联需求、无关联需求进行转换，以乐点表现为具体内容。

为了直观而深刻地理解顾客预期乐点与顾客终身价值，我们先来理解一个案例：

案例理解7.4　如何把梳子卖给和尚？[①]

某企业招聘推销员，给出的考题是如何把梳子卖给和尚。看到这个考题，多数应聘者都放弃了，只有三个人愿意试试。

第一个推销员拿着梳子到几家寺院进行了简单推销，却一把也没卖出去，只是在下山时见到一个和尚在一边晒太阳一边挠着又脏又硬的头皮，他见状忙递上一把梳子。小和尚用后很高兴，当即买下一把。

本书点评：他在卖什么？梳子除了梳头发，还能挠痒痒。挠痒痒是物质利益还是情感利益？当然是物质利益。只卖物质利益时，销量只有1把。

第二个推销员去了一座较大的山庙卖了10把。因为他见这座庙山高风大，前来烧香叩头的香客头发被风吹得乱七八糟。因此他灵机一动找到方丈说："你看进香朝拜者蓬头散发，这是对佛的不敬。寺院应该在香案上摆着梳子，供虔诚的人梳头。"方丈一听觉得在理，于是为10个庙门的香案买了10把梳子。

① 参见《沿海企业与科技》2004年第5期，作者：海洋。

本书点评：他在卖什么？是卖梳头发，还是敬佛？敬佛是情感利益，而梳头发则是物质利益，物质利益和情感利益各占50%，此时销量是10把。

第三个推销员找到一座遐迩闻名香火很旺盛的宝刹对方丈说："这么多心诚的朝拜者，购票、买香还买纪念品，是寺院的财神。如果方丈对这些善男信女有所馈赠，定能温暖人心，招来更多的回头客。再说方丈的书法超群，可以在梳子上题写'积善梳'三个字，让人们带着题字梳将佛教的真善美广传天下。"

本书点评：该推销员为什么能找到这个香火很旺的寺院？是命好还是选择的结果？他怎么知道该方丈书法超群？真的是超群吗？其实超群是个中性词，但给人的感觉却是赞美。通过中性词带给对方快乐的心情，就是科学的赞美。

方丈听后大喜，当即买梳1000把，并同该推销员一起向香客赠梳。宝刹向香客赠梳施善之事不胫而走，吸引着朝圣者纷至沓来，宝刹香火越来越旺，方丈乐开了怀，又找到该推销员续签合同，并保证今后让他源源不断地供梳。

本书点评：你认为方丈究竟为什么大喜？我们认为是因为这个销售员说方丈的"书法超群"。方丈究竟为什么乐开了怀呢？是因为香客越来越多，知道他"超群"书法的人数也越来越多。这是典型的边际递增的欲望类的情感利益，销量当然是源源不断。

第三个推销员为什么会让方丈源源不断地购买梳子？这就是因为他给顾客即方丈带来了持久的乐点，这个乐点就是既满足了香客期盼保佑的欲望，而方丈书法又得以弘扬的"积善梳"。因此，一切体验式的快乐，都因边际递减而难以持久下去。想想看，再好的美景，你能连续去几次？再好的美食，你又能连续吃几顿？只有美好的欲望，才能因为边际递增而持久。

英国维珍(Virgin)品牌的创始人理查德·布兰森维珍(Virgin)是全世界最引人注目的"嬉皮士资本家"。他的形象超出了人们的想象，虽置身于名流社会，却一头披肩长发，终日休闲打扮，玩世不恭。这一切使他更像摇滚明星，而不是一个商业世界"穿着西装的绅士"。这样一位"嬉皮士资本家"，一手创建了"维珍"品牌，并让这个品牌在英国深入人心，其认知度达到了"骇人听闻"的96%。这个品牌质高价廉，而且时刻引领时尚潮流，始终受到年轻一代的狂热追随。从1970年到现在，维珍集团一直是英国最大的私有企业，旗下拥有200多家大小公司，涉及航空、金融、铁路、唱片、婚纱直至避孕套，俨然半个国民生产部门。

布兰森说："如果有谁愿意的话，他可以这样度过一生——喝着'维珍可乐'长大，到'维珍唱片大卖场'买'维珍电台'上放过的唱片，去'维珍院线'看电影，通过'virgin.net'交上一个女朋友，和她坐'维珍航空公司'的班机去度假，享受'维珍假日'无微不至的服务，然后由'维珍新娘'安排一场盛大的婚礼，幸福地消费大量'维珍避孕套'，直到最后拿着'维珍养老保险'进坟墓。"当然，如果还不够幸福的话，维珍还提供了大量的伏特加以供选择。

为什么维珍(Virgin)能获得目标顾客的终身价值呢？就是因为布兰森将嬉皮士文化贯穿于所有产品和服务中。

在网络时代，很多网站也在建立自己的群组。但是，群组却未必是稳定的，也就未必能持久。为此，我们可以阅读一个资料：

背景资料7.1 人以“群”分[①]

常言道“物以类聚，人以群分”，这句常言如今被形象地运用到了网络中，于是有了“QQ群”。所谓“群”，一定要有个名目把大家凝聚到一起，就像天地会的“反清复明”、梁山泊的“替天行道”。现在是和平年代，旗号当然不会这样暴力，于是寻找“交集”成为了立群之本。

本书点评：正是这个“名目”，构成了一个“群”是否持久的关键，对品牌建设而言，则是通过商标承诺的单一利益点。

同学群，尤其是阔别多年的同学相聚在一起的群，往往最有原始凝聚力。到底是四年同窗，二十年杳无音讯的一群人。我们那个同学群今年建立之初只有十几个人，其中还包括两对同学夫妇。然而不到一个月，温度就开始急剧下降，最后只剩几个混得较好又较清闲的同学，每次象征性地聊几句，以免群彻底熄火。

有的人大谈股指期货，有的人在问下岗再就业政策情况。二十年间，曾经同一起跑线的学友，如今早已被划进了各个不同阶层，彼此很难找到共同语言。

本书点评：彼此很难找到共同语言，所以，同学群也就难以持久了。换言之，要建立一个持久的“群”，必定是成员之间具有“共同语言”。“同学”是曾经的共同相处的环境，在同学时期，同学之间不存在其他利益干扰。但是，时过境迁，当年的同学都成为各种利益的载体了，也就出现了利益冲突或至少不兼容，同学群也就逐渐熄火了。

二十多年前，家境富裕的甲，请出身贫寒的乙吃了一碗生日炸酱面，这碗面被好记性的乙重新“端”到群里，这类尘封的往事自然也能感动大家片刻，但经不起两天回味，很快就会归于平淡。曾经关系很铁的哥们，互相私聊一阵，往往也会发现彼此已经很陌生了。都是社会经历惹的祸，如今大家即便很努力地想寻找交集，往往最后还是鸡同鸭讲。

本书点评：以微信为例，假设一个人同时有小学同学群、初中同学群、高中同学群、大学同学群、硕士同学群、博士同学群。您认为从理论上看，哪个群最热闹？我们的观点是高中群。道理是：小学到初中，年龄小，很多事儿记不住，同学之间共鸣点少。大学到博士，同学之间相同专业，毕业后生活状态出现差异，共鸣点也不多。而高中阶段学习非常紧张，同学之间交流的不多，毕业后各奔东西，重聚微信群之后，共鸣点就比较多。

同学群注定很难红火很久，除非刚毕业两三年那种。兴趣爱好基础上的群似乎基础稳固一些，比如文学群。去年，我有幸被拉入一个文学群，里面全是被文学召唤进来的老中青。然而现在的小文人们，都已不是传统印象中的书呆子了，许多人一进入群就打听各地报刊投稿邮箱。有的直言不讳地请求群里的“大腕”，要他们帮忙在编辑那里美言几句，以便自己多发些稿子。人人都开口索取，却没有人无私奉献。

本书点评：由此可见，共同语言是成立一个“群”的必要条件，但却不是这个“群”稳定持久的必要条件。如果成员之间只是开口索取，而没人无私奉献，则这个“群”也难持久。这就是稳定持久的“群”的第二个条件，即成员之间得具备互利机制，犹如“把梳子卖给和尚”案例中的第三个卖梳人和方丈的关系一样。

---

① 参见2010年12月7日“中新网－华文报摘”，作者：朱辉。

于是渐渐地，满怀希望进来谋好处的文学老中青，难免万分失落，都不再发言了，彼此更像小市民。无奈之下，群主祭出狠招：上文学女青年！自从几名文学女青年入群，群里顿时复兴起来，大家也不打听投稿问题了，谈起了风花雪月，个别人说起了暧昧的荤话。又过了一阵子，文学女青年们纷纷退群了，原因是群里总有文学色狼私下给她们留言，要她们的手机号，有的还约见面……人以群分，越来越难了。所以，许多人觉得自己很孤独。

通过上述背景资料，可以得出这样的一个结论，就是厂商在组建自己的品牌粉丝团时，务必别把粉丝团当成一种销售方式，否则，必定不会持久。厂商只有让自己的品牌粉丝团持久地获得免费的好处，这个粉丝团才能持久。换言之，品牌粉丝团的价值，不是销售产品，而是对潜在的顾客形成了示范，并通过举办系列的主题活动，使粉丝团成为团员们与亲朋好友们交流时的高尚或时尚谈资，这就是口碑传播。正如民语所言：金杯银杯，不如口碑。

案例理解 7.5　联想如何发掘大客户终身价值[①]

联想大客户市场策略的实质就是大客户市场的“VIP 模式”。这种模式既关注短期利润，也注重长期收益；既关注单笔交易，也注重长期关系。它的核心是挖掘“顾客终身价值”。

“20000 多个行业大客户，我们用 300 个客户经理和 1000 多家渠道商一一锁定。”联想集团副总裁、大客户业务部总经理蓝烨在接受《成功营销》记者专访时表示，“联想大客户这一块，已经占到联想中国 PC 销售额的 1/3 左右。”

从 2005 年新财年开始，联想将大客户业务部设立为单独的业务部门，面向政府、金融、电信等重点行业提供全面的针对性服务。有数据表明，“集成分销”策略经过几个月的运作，已经在大客户市场中发威。联想正在从对手嘴里全面抢回失去的蛋糕。

本书点评：联想是根据购买量来区分大客户的，并且假定这些行业大客户存在着终身价值。其实，这个关系应该反过来，即根据顾客终身价值来区分是否是大客户。关键在于标准设计，初次购买是基本业务，以后的连续购买是终身价值的一种体现，但不是最重要的，也是不稳定的。行业大客户虽有采购流程，但既有陪标行为，也有回扣返利，更有相关人员的更替，这些因素都导致了后续采购的不稳定性。因此，顾客终身价值的另一种计算，是分析顾客基本业务之后，有哪些派生业务。作为厂商，就要构筑这些派生业务的排他性，从而获得持久性。

关注客户“终身价值”

“我们内部建立了自己的商机管理系统，我现在每天的工作除了打开电脑看报表和商机分析，就是去拜访客户。”在蓝烨看来，联想的大客户策略吸取了惠普和戴尔的优势，并结合了自身的特点，发展成了一套独特的大客户市场运作体系。“我们针对大客户，不仅仅是销售渠道变了，而且企业各个环节都变了。产品、营销、销售、供应、售后服务，从企业资源这块看，我们对零散消费者和大客户打造的五个价值链完全不同。”

本书点评：从这一段内容来看，联想的大客户策略就是对大客户的直接销售，行业大

① 参见《成功营销》2005 年第 8 期，作者：邓勇兵、刘馨。

客户是否愿意直接从厂家购买呢？从降低价格的角度当然愿意。但问题是还要算另一笔账，就是回扣问题。回扣由两个要素构成：一是交易总额，二是回扣的安全性。回扣比例基本是一定的，则交易总额越大，回扣总额也就越多。但是，所有回扣行为还要考虑回扣安全问题。与民营经销商进行交易的回扣安全性，远高于与大企业的直接交易。

从目前联想推行"大客户市场"策略的手法来看，可以认为其实质就是一种有针对性的"VIP模式"。这种模式既关注短期利润，也注重长期收益；既关注单笔交易，也注重长期关系。它的核心是挖掘"顾客终身价值"。同时，联想大客户市场"VIP模式"既保障了联想的利益，也顾及了分销渠道的利益，并调动了渠道的积极性。

"VIP模式"的优势

"和竞争对手相比，联想在大客户市场方面有三大优势，"蓝烨强调，"第一是产品品质，第二是服务，第三是我们的销售队伍和合作伙伴的稳定性。"

首先是产品线的区隔：与针对中小客户市场和家用电脑市场不同，大客户对产品的稳定性、安全性等具有较高的要求，同时还要求较低的价格。大客户的个性化需求必须用定制服务来满足。而且大客户市场更强调服务增值，有时甚至是整体解决方案的提供。联想针对大客户市场将产品线独立出来，将"开天""启天"系列PC和"昭阳"系列PC专供于大客户市场。

本书点评：针对大客户的个性化利益需求进行个性化产品设计，当然是必需的。但这都是初始的基本业务，顾客终身价值的核心，是挖掘由基本业务产生的派生业务。

其次是服务体系的区隔：在新的客户模式下，联想专门为大客户设立以400打头的服务专线，提供VIP级服务。如对大客户出现的售后服务问题，会挑选最优秀的工程师上门服务，而不是像对待普通用户那样就近派员。对一些重要的大客户，联想甚至提供"驻厂工程师"服务。

除此之外，巨大的服务网络也成为联想大客户的卖点。"我们在全国有3000多个服务站点。在全国30多个城市，能够承诺48个小时修好。"蓝烨底气十足，"即使是到县一级，也有70%能够做到同城维修。"

本书点评：什么是售后服务？多数厂商的理解是解决顾客产品使用过程中出现的故障。其实，这是极其狭义的理解。假定故障率是10%，也就是说专门为大客户设立的整个服务体系，就是为着10%的顾客服务的，而那些不出故障的90%顾客，也就得不到服务了。其实，服务的本质就是让顾客开心。而让顾客开心的事，不仅仅限于故障的及时处理，而且还在于没有故障时的情感沟通或情感主题活动。换言之，顾客购买了产品或服务之后，厂商应将这次购买作为与顾客持久沟通的媒介，并借此建立该顾客的预期乐点与终身价值转换表。

双重界面锁定大客户

联想夺回大客户市场重要的杀手锏之一就是捆绑式合作带来的稳定与透明。"戴尔的流程、价值链很优越，但人员流动性太大，导致短期行为比较多，"蓝烨这样评价联想与戴尔大客户市场模式的不同，"而我们通过客户经理与代理商的双重界面来锁定客户。"

在联想大客户模式下，客户经理与代理商同时面对客户，但客户经理只管谈判不管签单，联想客户经理的主要任务是协助代理商获取大客户信任，以利于合同进行，而并非与代理商争利。

本书点评：联想客户经理只管谈判不管签单，而代理商负责签单和物流。这就是我们在精确营销中提出的双道策略，即厂家负责沟通与品牌建设，商家负责配送和资金。大客户愿意与厂家直接谈判，但具体签单与交易，还是愿意与代理商合作，因为代理商更安全。但是，这与顾客终身价值的关系还是不大的。换言之，联想的 VIP 策略对拓展大客户业务是很有帮助的，但不等于获得了大客户的终身价值。因为从这片资料中，我们无法推论出联想对大客户的预期乐点、衍生需求、关联需求、非关联需求进行过深入系统的研究。

在与代理商的合作上，戴尔通常都采用“按单合作，下回再说”的方法。而联想通过签署合作协议的方式，从法律上保障了与代理商合作关系的稳定性，“我们跟渠道商之间都签了一年的法律协议，正常情况下还会续签。”蓝烨表示。

无论是对大客户，还是渠道商，联想大客户市场“VIP 模式”关注的都是“长期价值”和“深度开发”，强调一种共同利益的和谐构造，并在重整竞争力的过程中实现联想、渠道商与客户的三赢。

案例理解 7.6　一部“哈 7”等于几部国产大片？①

无论你是不是个标准“哈迷”，是否走进影院，或者“非法”下载，又或是看过图书、玩过“魔法棒”，你都无法否认这个“虚幻人物”的无所不在。

在百度搜索里输入“哈利·波特”，只需 0.008 秒的时间，就会有 3020 万篇相关网页佐证人们对他的巨大关注，而由此带来的庞大收益恐怕连他的“生母”即作者 J. K. 罗琳都始料未及。

据美国票房统计机构 12 月 3 日公布的数据显示，刚刚上映两周的《哈利·波特与死亡圣器(上)》[简称“哈 7(上)”]在全球的票房已经突破 6 亿美元。而这部已经拍了 9 年的电影也将随着明年暑假哈 7(下)的上映而落下帷幕。

据悉，这部魔幻系列电影迄今为止创下了 37 亿美元票房的奇迹。早在 2005 年美国《财富》杂志就将作者罗琳评为英国最富有的女人，预估其个人财产达到 10 亿美元，超过英国女王伊丽莎白二世。同样具有魔幻色彩的是 1997 年在《哈利·波特》丛书出版前，时年 45 岁的罗琳还是一名单身母亲，靠着救济金过日子。

相比之下，回顾中国电影似乎还没有谁能熬到 7 的套系、9 的年头。中国最赚钱的导演之一冯小刚今年的《唐山大地震》在赚足了眼泪的同时，吸金 5 亿元人民币，成绩不俗，相比之下这只能算是“起步级”了，证明了中国电影发展的无限可能。

国外电影爱拍续集，重要的两个原因就是“偷懒”和“保险”。有了前面剧集的铺垫，续集在宣传上省事不少，在剧情上只要延续发展便可以了；至于主人公和大部分角色，都可以沿用原班人马。最重要的当然还是在票房上，能拍摄续集，证明这个故事已经取得过不错的票房，有了一定的影迷基础，“预订观众”对于制片商来说非常重要。

相比之下，国内电影似乎大有“一锤定音”之势。不过近年来如《叶问 2》、《非诚勿扰 2》等续集的出现也开始展露出国人对“连续效应”的关注。一位电影业内人士曾向笔者解

① 参见《中国经济周刊》2010 年第 48 期，作者：张璐晶。

释，和其他的文艺创作一样，国内目前最缺少的是创作型人才，没有好的剧本、编剧，怎么能产出好的电影，况且还需要“连续”的好的创作？事实上，国内刚刚起步的书籍、改编电影等版税还不能像国外一样，养活一个“精神自由”同时又有些“物质追求”的作家。

另外一向善于经商的中国人，在电影的衍生产品上的反应似乎是慢了半拍。如果说电影人把盗版书籍、DVD归结为一部分“损失”的原因，那么模型、服饰、日用品、旅游甚至主题公园的想法为何至今还无人接棒？

衍生产品

①自1997年出版第一部《哈利·波特》以来，《哈利·波特》系列已成为全球畅销书，被翻译成62种语言，在全球销售了3.3亿本。

②以哈利·波特为原型的玩具、明信片、电脑游戏、贴画、贴有波特形象的系列糖果，以及魔法学校道具等。

③英国爱丁堡象屋咖啡馆(The Elephant House)，哈迷必到之地，“哈利·波特诞生地”，作者罗琳一些章节的写作地点。

④电影拍摄地点旅游热线，包括哈利·波特魔法学校的神奇食堂、牛津大学基督学院食堂、霍格沃茨的教室、牛津大学图书馆等。

⑤真人版“哈利·波特魔法学校”——英国诺丁汉郡的罗伯特·梅勒斯小学，引入⑤“哈利·波特课程”，完全照搬了小说中的模式和内容。

想想看，我国的影视作品，为什么就做不到这样的持久性？为什么赵本山的小品就能影响20年？其实，通过网络搜索就会发现，说赵本山的小品“俗”的观点不绝于耳，但我们认为，赵本山小品之所以能持久20年，恰恰是因为它的单一利益点就是纯粹娱乐，就是带给观众开心一笑，而没有教育观众的用意。我们认为，对赵本山来讲，急需解决的问题仍然是持久性，即随着赵本山的退休，如何还能有他的演出呢？我们认为，可以通过卡通化的路线，即赵本山可以将自己以及自己弟子们的形象卡通化，并予以注册，那么，卡通形式的赵本山系列小品将会持久下去，而不会随着赵本山的退休而终止。

7.4 单一利益持久性的案例诊断

7.4.1 “华夏良子”足疗的单一利益持久性测试评级

根据顾客利益衍生链分析技术，按照“华夏良子”公布的资料，我们绘制出“华夏良子”的顾客利益衍生链：

足部按摩→加快脚部血液循环→缓解身心疲劳→促进健康→快乐心情

利益衍生链共有5个利益态，华夏良子承诺的单一利益点为“缓解身心疲劳”，位于顾客利益衍生链上的第三个环节，得分3/5=0.6分。

关于脚部按摩保健，传统中医认为，衰老从脚开始。随着年龄的增长，活动量减少，足部血液循环容易出现问题，因此，年龄越大，越需要足部保健。同时，现代中青年动脚的运动量在减少，导致脚部血液循环不畅。因此，“华夏良子”的利益承诺还是符合顾客的衍生需求的。

问题在于，这个衍生需求不等于终极利益，因为终极利益必定是某种快乐。其实，任何保健活动，本身是难以有直接的效果测量的。例如，缓解身心疲劳是个利益需求，但却是无法直接测量的需求。如果以快乐心情作为利益诉求，则要求“华夏良子”将其业务划分为基本业务和派生业务，将足部按摩作为基本业务，通过音乐和房间视觉设计，带来快乐心情。尤其是可以尝试设计属于自己的卡通形象，制作具有自主知识产权的卡通脸谱，给顾客带来快乐的心情。心情快乐是可以测量的。

综上所述，“华夏良子”的单一利益持久性测试如表 7.6 所示：

表 7.6　“华夏良子”的单一利益持久性测试评级表

指标	测评二级指标	指标赋值要点	指标事实及其来源	分值
5. 单一利益的持久性 B_5	5.1　拟评商标承诺的单一利益或首位利益是否符合情感快乐这一终极利益？0.70 分	若从初始利益的产品，到终极利益的快乐，假设有 N 个利益。若拟评商标承诺的利益在第 i 个，得 $0.7\times i/N$ 分	顾客利益衍生链共有 5 个利益态，“华夏良子”明确承诺的是第 3 个利益态，得 $0.7\times0.6=0.42$ 分	0.42
	5.2　终点顾客的终极利益也即乐点稳定吗？0.20 分	若乐点是非常稳定的，得 0.20 分；若乐点基本稳定，得 0.12 分；若乐点是不稳定的，得 0.0 分	促进健康带来的快乐心情的乐点是稳定的，故此项得 0.20 分	0.20
	5.3　其产品更新换代是否构成情感快乐的版本升级效应？0.10 分	若构成情感快乐的版本升级效应，得 0.10 分；若仅是产品更新换代，得 0.0 分	药物配方基本不变，服务内容有变化，但不构成情感快乐的版本效应，故此项得 0.0 分	0.0
得分合计				0.62

测试等级	1.0	0.8～0.99	0.6～0.79	0.4～0.59	0.2～0.39	≤0.19
	AAA 级	AA 级	[A 级]	B 级	C 级	D 级

7.4.2　“上海”表的单一利益持久性测试评级

根据顾客利益衍生链分析技术，我们绘制出“上海”表的顾客利益衍生链：

“上海”表→计时准确→老牌新时尚→身份的象征→快乐心情

“上海”表正开始重新定位，力求用老字号演绎新时尚，在怀旧气息中加入时尚元素，位于顾客利益衍生链上的第三个环节，得分为 0.6。

上世纪中后期，戴手表的中国人，每 4 个手腕上就有 1 只“上海”牌手表。始建于 1955 年的上海手表厂，如今已累计生产了超过 1.2 亿只手表，成为几代人的集体记忆。

现在“上海”牌手表的市场份额大幅下滑，但顺应潮流设计的多款时尚表，也获得市场认可。“上海”牌手表“老乱”系列设计总监说：“‘上海’手表、永久自行车、大白兔糖带给我们很多“童年的回忆”。

用现代的设计去重新表达和宣传中国老字号的历史，让年轻人更珍惜中国精髓是我们一直很想做的。”因此，很多人对“上海”表有很深的情感依托，将老字号与新时尚集合起来，既有对老字号的怀旧情感，也有浓浓的时尚气息，这一利益承诺还是符合顾客衍生需求的。

但是这并不是顾客的终极需求，因为终极需求应该是某种快乐。20世纪中后期，“上海”手表对于人们来说是一种能力和富足的象征，佩戴“上海”表说明一个人能自给自足。当时还流行一句俗语：如果没有“上海”牌手表，就没有姑娘会嫁给你。可以说，人们佩戴“上海”表是能够获得快乐的。

但随着时代发展，人们物质生活水平发生巨大变化，生活质量不再依靠“上海”表来体现，人们无法从佩戴“上海”表中获得生活富足的快乐感受，这就要求“上海”表重新定位。

综上所述，“上海”表的单一利益持久性测试如表7.7所示：

表7.7　“上海”表的单一利益持久性测试评级表

<table>
<tr><th>指标</th><th colspan="2">测评二级指标</th><th colspan="2">指标赋值要点</th><th>指标事实及其来源</th><th>分值</th></tr>
<tr><td rowspan="3">5. 单一利益的持久性 B_5</td><td colspan="2">5.1　拟评商标承诺的单一利益或首位利益是否符合情感快乐这一终极利益？0.70分</td><td colspan="2">若从初始利益的产品，到终极利益的快乐，假设有N个利益。若拟评商标承诺的利益在第i个，则得分$0.7\times i/N$分</td><td>顾客利益衍生链共有5个利益态，“上海”表明确承诺的是第3个利益态，得$0.7\times0.6=0.42$分</td><td>0.42</td></tr>
<tr><td colspan="2">5.2　终点顾客的终极利益也即乐点稳定吗？0.20分</td><td colspan="2">若乐点是非常稳定的，得0.20分；若乐点基本稳定，得0.12分；若乐点是不稳定的，得0.0分</td><td>通过显示型快乐的乐点，也是稳定的，故此得0.20分</td><td>0.20</td></tr>
<tr><td colspan="2">5.3　其产品更新换代是否构成情感快乐的版本升级效应？0.10分</td><td colspan="2">若构成情感快乐的版本升级效应，得0.10分；若仅是产品更新换代，得0.0分</td><td>存在产品款式的更新，不存在情感快乐的版本升级效应，故此项得0.0分</td><td>0.0</td></tr>
<tr><td colspan="6">得分合计</td><td>0.62</td></tr>
<tr><td rowspan="2">测试等级</td><td>1.0</td><td>0.8～0.99</td><td>0.6～0.79</td><td>0.4～0.59</td><td>0.2～0.39</td><td>≤0.19</td></tr>
<tr><td>AAA级</td><td>AA级</td><td>[A级]</td><td>B级</td><td>C级</td><td>D级</td></tr>
</table>

7.4.3　“七匹狼”服装的单一利益持久性测试评级

根据顾客利益衍生链分析技术，我们绘制出“七匹狼”的顾客利益衍生链：

"七匹狼"服饰→遮体保暖→美化漂亮→男人多面性格→被人艳羡的快乐

"七匹狼"承诺的利益点为体现"男人的多面性格",位于顾客利益衍生链上的第四个环节,得分为0.8。

服饰最基本的作用是保暖,在此基础上人们开始追求美观好看。再进一步,服饰可以满足人们的某种心理需求,表达出某种感情。

"七匹狼"提出要体现男人多面的性格,满足了男人对于不同场合、不同角色的心理和性格定位,其利益承诺还是符合顾客的衍生需求的。"过时"是服装企业面临的最大威胁,"七匹狼"也不例外。于是我们看到"七匹狼"力图通过不断创新(如改变宣传口号、建立男士生活馆等)来满足人们的需求。然而衍生利益不等于终极利益,只有找到千变万化中的那个不动点——享受穿上某种服饰带来的快乐——才能成为持续的品牌。

综上所述,"七匹狼"服装的单一利益持久性测试如表7.8所示:

表7.8　"七匹狼"服装的单一利益持久性测试评级表

指标	测评二级指标	指标赋值要点	指标事实及其来源	分值
5.单一利益的持久性 B_5	5.1　拟评商标承诺的单一利益或首位利益是否符合情感快乐这一终极利益?0.70分	若从初始利益的产品,到终极利益的快乐,假设有 N 个利益。若拟评商标承诺的利益在第 i 个,得 $0.7\times i/N$ 分	"七匹狼"顾客利益衍生链共有5个利益态,自述利益承诺处于第4个,故得0.7×0.8=0.56分	0.56
	5.2　终点顾客的终极利益也即乐点稳定吗?0.20分	若乐点是非常稳定的,得0.20分;若乐点基本稳定,得0.12分;若乐点是不稳定的,得0.0分	通过服装带来的显示型乐点是稳定的,故得0.20分	0.20
	5.3　其产品更新换代是否构成情感快乐的版本升级效应?0.10分	若构成情感快乐的版本升级效应,得0.10分;若仅是产品更新换代,得0.0分	存在产品款式更新,但不构成情感快乐的版本升级效应,故此项得0.0分	0.0
得分合计				0.76

测试等级	1.0	0.8～0.99	0.6～0.79	0.4～0.59	0.2～0.39	≤0.19
	AAA级	AA级	[A级]	B级	C级	D级

7.4.4　"百达翡丽"腕表的单一利益持久性测试评级

根据顾客利益衍生链分析技术,我们绘制出"百达翡丽"的顾客利益衍生链:

腕表→自己佩戴→身份象征→家传之宝→睹物思亲→快乐

该顾客利益衍生链共有5个利益态,"百达翡丽"承诺的单一利益点为"做世上最卓越、最具价值的腕表”，成为拥有者的家传之宝，位于顾客利益衍生链上的第四个环节，故得0.8分。但是，因为传家之宝必定得出睹物思亲的情感快乐，故给予0.1的加分，合计得分为0.9。

根据马斯洛需求层次理论，人类的需求分成生理需求、安全需求、社交需求、尊重需求和自我实现需求五类，依次由较低层次到较高层次排列。人们在满足了基本的生理和安全需求之后，就要寻找新的途径实现社交需求和尊重需求。而这两种需求实现的一个方式就是，通过奢华消费品体现与众不同。因此，“百达翡丽”承诺的利益点满足了人们的这种衍生需求。

但人类的终极需求应该是某种快乐，目前“百达翡丽”承诺的利益点还不是顾客的终极需求。能够体现身份的奢侈品有很多，能够成为传家之宝的物品也有很多，“百达翡丽”要想从中脱颖而出，必须承诺给顾客带来某种快乐。“百达翡丽”在创立之初就成为贵族的象征，而人们通常都希望成为贵族，享受贵族待遇。因此，就如同钻石与爱情联系在一起一样，“百达翡丽”也可以将腕表与贵族联系在一起，使人们佩戴“百达翡丽”的同时，能体会到贵族般的快乐。

综上所述，“百达翡丽”腕表的单一利益持久性测试如表7.9所示：

表7.9　“百达翡丽”腕表的单一利益持久性测试评级表

指标	测评二级指标	指标赋值要点	指标事实及其来源	分值
5.单一利益的持久性 B_5	5.1 拟评商标承诺的单一利益或首位利益是否符合情感快乐这一终极利益？0.70分	若从初始利益的产品，到终极利益的快乐，假设有N个利益。若拟评商标承诺的利益在第i个，得$0.7\times i/N$分	“百达翡丽”的顾客利益衍生链共有6个利益态，直接承诺的是第4个，得$0.7\times 0.67=0.47$分	0.47
	5.2 终点顾客的终极利益也即乐点稳定吗？0.20分	若乐点是非常稳定的，得0.20分；若乐点基本稳定，得0.12分；若乐点是不稳定的，得0.0分	睹物思亲带来的乐点是稳定的，故此项得0.20分	0.20
	5.3 其产品更新换代是否构成情感快乐的版本升级效应？0.10分	若构成情感快乐的版本升级效应，得0.10分；若仅是产品更新换代，得0.0分	其产品款式存在更新，但不构成情感快乐的版本升级效应，故此项得0.0分	0.0
得分合计				0.67

测试等级	1.0	0.8～0.99	0.6～0.79	0.4～0.59	0.2～0.39	≤0.19
	AAA级	AA级	[A级]	B级	C级	D级

7.4.5 “依波路”表的单一利益持久性测试评级

根据顾客利益衍生链分析技术，我们绘制出“依波路”的顾客利益衍生链：

“依波路”→情侣对表→生活品位→时尚浪漫→回忆的快乐

“依波路”承诺的单一利益点为“浪漫”，位于顾客利益衍生链上的第四个环节，得分为0.8。

无论在战争时期还是和平时期，爱情和友情都是人类感情最重要的组成部分，人们对“爱”都有永恒的追求。“依波路”承诺的“浪漫”，正满足了人们的浪漫情结，引导人们从“依波路”中寻求更深层次的情感寄托。在物欲横流的社会，人们对这种美好情感的追求更甚。因此，“依波路”承诺的利益点能够满足人们某个层次上的需求。

但是，人类的终极利益始终是某种快乐，换句话说，人类所做出的一切反应，从根本上来说都是为了获得快乐，也只有这种快乐，才具有持久性。目前“依波路”承诺的“浪漫”感受存在太多的不确定性，也许在某种场合的浪漫感受，换一个场合就不能再称之为浪漫。如果“依波路”能将利益点升级为某种快乐，就不会存在这个问题。比如人们看到“依波路”的LOGO时，想到某个贵族舞会上的甜蜜镜头，任何情况下都会觉得浪漫和快乐。

综上所述，“依波路”的单一利益持久性测试如表7.10所示：

表7.10 “依波路”表的单一利益持久性测试评级表

指标	测评二级指标	指标赋值要点	指标事实及其来源	分值
5. 单一利益的持久性 B_5	5.1 拟评商标承诺的单一利益或首位利益是否符合情感快乐这一终极利益？0.70分	若从初始利益的产品，到终极利益的快乐，假设有N个利益。若拟评商标承诺的利益在第i个，得$0.7\times i/N$分	“依波路”的顾客利益衍生链共有5个利益态，直接承诺的是第4个，得$0.7\times0.8=0.56$分	0.56
	5.2 终点顾客的终极利益也即乐点稳定吗？0.20分	若乐点是非常稳定的，得0.20分；若乐点基本稳定，得0.12分；若乐点是不稳定的，得0.0分	浪漫是情侣非常稳定的乐点，故此项得0.20分	0.20
	5.3 其产品更新换代是否构成情感快乐的版本升级效应？0.10分	若构成情感快乐的版本升级效应，得0.10分；若仅是产品更新换代，得0.0分	其产品款式存在更新，但不构成情感快乐的版本升级效应，故此项得0.0分	0.0
得分合计				0.76

测试等级	1.0	0.8～0.99	0.6～0.79	0.4～0.59	0.2～0.39	≤0.19
	AAA级	AA级	A级（框选）	B级	C级	D级

7.5 单一利益持久性的案例模拟

为了熟练地掌握单一利益持久性的技术标准和测试评级要求，需要进行一定数量的案例模拟，也即熟能生巧。为此，我们采集了以下案例，在仔细阅读下列案例的基础上，结合自己进行的网络信息收集，根据前述的技术标准和测试评级要求，完成每个案例后面给出的单一利益持久性测试评级表，并撰写诊断报告。

为了增强案例的阅读性，我们在每个案例的相关段落后面，插入了我们的点评，点评的理论依据就是品牌经济学原理。

案例模拟 7.1 雅虎为何衰落?①

雅虎的衰落，公司领袖负有不可推卸的责任，杨致远缺乏作出决断的个性和能力。与充满商业智慧的微软和Google相比，雅虎显得太过幼稚。

我之前创立的3721卖给了雅虎，后来还有过一段合作，所以对它有较深入的了解。我曾多次对雅虎发表过看法，很多人认为我是出于所谓“个人恩怨”，实际上没有必要，我只是惋惜这家公司失去了太多机会。

雅虎的衰落，公司领袖负有不可推卸的责任。无论精神领袖杨致远还是前CEO塞梅尔，他们都是不错的人，但并非天才，缺乏真正领袖需要的气质。在面对Google、微软的竞争时，他们手足无措，没有方向感。最初Google的创始人曾找到雅虎要出售技术，但遭到拒绝，在Google遭遇危机时雅虎又错过了收购机会。从这一点上就能看出来，雅虎是一家缺乏远见的公司。后来跟Google争夺Youtube时，雅虎因为犹豫不决而败下阵来；收购Facebook时，又被微软以2.4亿美元的价格(只占1.6%股权)将估值抬高，导致收购失败。

本书点评：本文作者将雅虎的衰落，归因于杨致远和塞梅尔不是天才，缺乏真正领袖需要的气质，这种解释也是管理学中的一派观点，就是将企业成功与否，归结于决策者的特质。如果企业成败确实可以用决策者的个人特质来解释的话，则企业管理就只需要解释清楚究竟需要什么特质，以及这种特质是天生的还是后天培养的就可以了。如果是天生的，则管理学可以取消了；如果是后天培养的，则管理学只要给出培养的条件和过程就大功告成了。

失去机会还不可怕，更要命的是，雅虎2000年时跟新创立的Google达成合作，在网站上使用其搜索技术，给后者带来了流量、品牌和收入。雅虎事实上是自己培养了自己的掘墓人。

雅虎在2004年醒悟过来，中止了与Google的合作，推出了自己的搜索技术，之前收购了Inktomi，在中国也收购了3721。我当时参与了雅虎搜索战略的规划，但感觉整个公司已经形成了压制创新的文化，任何人提出任何新想法，都会有很多人站出来挑毛病，而

① 参见2009年10月16日“投资中国网”，作者：周鸿祎。

不是进行建设性的讨论。

本书点评:本文作者认为,雅虎“整个公司已经形成了压制创新的文化,任何人提出任何新想法,都会有很多人站出来挑毛病,而不是进行建设性的讨论”是导致雅虎衰落的内在根源。问题是为什么雅虎公司能形成这样的内部文化呢?我们无法解释为什么雅虎公司形成了压抑创新的文化,但我们可以判断的是,只要一个企业的决策者出现了神话自己的情况,该公司的前途也就到了尽头了,其利益承诺的信用也就值得怀疑了。

其实,这种压制创新的问题,在国内外很多公司也都存在。之所以对雅虎产生的危害更大,是因为互联网更新速度太快,也更是因为顾客对互联网拥有高度的选择自主权。如果不能满足顾客们最敏感的长期需求,只要出现能满足这种需求的新的网络技术或网站,顾客们会头也不回地离开原有的网站。

在中国市场,当时我先斩后奏,推出了独立的搜索服务品牌“一搜”,没有花多少钱就做了起来,但雅虎总部还是充满了质疑。当时 Google 还没正式进入中国,我认为一年只要投入几百万美元,就完全可以赶超还不强大的百度。但总部的管理者只片面看待投资回报率,不愿意为公司的未来进行投入。就像种地一样,只知收获,而不去施肥和耕耘,最终就会使土地盐碱化、沙漠化,失去生命力。

本书点评:如果总部只看待投资回报率,意味着这家公司的投资标准是价值型而不是成长型。所谓价值型,也就是按照给定的折现率,将未来每年的预期利润予以折现,即 $NPV=A/i$,NPV 是净现值,A 是每年净收益,i 是既定的满足的投资回报率。所谓成长型,就是以成长率作为投资标准。例如,对网站而言,就是登陆人数和在网时间的增长率。在一个高速成长的网络产业中,采取价值型作为投资标准是错误的,而成长型才是未来的价值空间。

到了后来遭受各界质疑时,雅虎就把塞梅尔当替罪羊赶走了。但我认为核心问题在于精神领袖杨致远。他的性格很温和,不是能带兵打仗的人,不能果断作出决策。在公司面临困境时,领导力非常重要。领袖要看到方向,带给员工信心,并敢于在信息不明朗的情况下作决策。在战场上,即使作一个坏的决策,也比不作决策好,否则会贻误战机。杨致远在 2007 年接任 CEO 后,一直没有拿出明确的战略,也没有在搜索领域集中兵力。尽管雅虎换了 CEO,但施政纲领和组织架构、企业文化都没有改变。

本书点评:本文作者认为“领袖要看到方向”,这是极为正确的。问题是领袖如何才能看到方向呢?这就是要研究目标顾客的利益驱使。

在 2008 年与微软的收购案中,杨致远缺乏决断的个性再次成为雅虎寻求突破的阻碍。微软提出收购后,杨致远没有清晰地表态“战”还是“降”,暧昧的态度向团队传递了错误的信息。这种首鼠两端、患得患失的做法,让他失去了团队的信任,很多人都跳槽去了微软或 Google。在此过程中,Google 玩了一招漂亮的阳谋,也伸出了橄榄枝,让杨致远更加摇摆不定,阻止了微软的收购,最后还以“无法通过反垄断审查”为名始乱终弃。在微软和 Google 都表现出较高的商业智慧的同时,雅虎就显得太幼稚了,衰落就不可避免。

或许我们还可以换个角度分析,杨致远与微软或 Google 没有达成购并协议,是否与品类不兼容性有关。雅虎是一个门户网站,以综合性内容为主,而微软是软件公司,Google 是搜索引擎公司。如果门户网站能够与软件开发这个品类兼容,或者与搜索引擎这个品类兼容，则国内的其他综合性门户网站也应该早就有此类合作。

通过阅读以上资料的信息，结合自己网络收集的雅虎信息，根据单一利益的持久性技术标准的测试评级，完成雅虎的单一利益的持久性测试评级，并撰写出评级分析报告。

表 7.11　　**“雅虎”的单一利益持久性测试评级表**

<table>
<tr><th>指标</th><th colspan="2">测评二级指标</th><th colspan="2">指标赋值要点</th><th>指标事实及其来源</th><th>分值</th></tr>
<tr><td rowspan="3">5. 单一利益的持久性 B_5</td><td colspan="2">5.1　拟评商标承诺的单一利益或首位利益是否符合情感快乐这一终极利益？0.70 分</td><td colspan="2">若从初始利益的产品，到终极利益的快乐，假设有 N 个利益。若拟评商标承诺的利益在第 i 个，得 $0.7\times i/N$ 分</td><td></td><td></td></tr>
<tr><td colspan="2">5.2　终点顾客的终极利益也即乐点稳定吗？0.20 分</td><td colspan="2">若乐点是非常稳定的，得 0.20 分；若乐点基本稳定，得 0.12 分；若乐点是不稳定的，得 0.0 分</td><td></td><td></td></tr>
<tr><td colspan="2">5.3 其产品更新换代是否构成情感快乐的版本升级效应？0.10 分</td><td colspan="2">若构成情感快乐的版本升级效应，得 0.10 分；若仅是产品更新换代，得 0.0 分</td><td></td><td></td></tr>
<tr><td colspan="6">得分合计</td><td></td></tr>
<tr><td rowspan="2">测试等级</td><td>1.0</td><td>0.8～0.99</td><td>0.6～0.79</td><td>0.4～0.59</td><td>0.2～0.39</td><td>≤0.19</td></tr>
<tr><td>AAA 级</td><td>AA 级</td><td>A 级</td><td>B 级</td><td>C 级</td><td>D 级</td></tr>
</table>

案例模拟 7.2　Kitty 猫[①]

Kitty 猫（凯蒂猫）诞生于 1974 年 11 月 1 日，第一代设计人是清水侑子，创始人是信太郎。据悉，Kitty 猫每年为版权所有者三丽欧公司创造 5 亿美元的利润，同时也为获得授权使用其形象的公司赚取了几十亿美元的收益。

本书点评：请各位读者自己上网查查，1974 年对日本经济影响最大是什么？这种影响对国民的心理有何影响？这是 Kitty 猫产生的时代背景。

不过，与机器猫“哆啦 A 梦”和加菲猫不同，Kitty 猫只是商品，是没有任何电影或漫画支撑的。这只世界上最具市场价值的猫同世界上最著名的一只狗即 Snoopy（史努比）、世界上最受欢迎的一只熊即 Winnie Pooh（维尼熊）等卡通形象一样，其长盛不衰的原因在于有能力创造不仅吸引小朋友，而且还虏获全球女性芳心的产品。

本书点评：如果说目标顾客对 Kitty 猫是一见钟情，对 Snoopy 则是日久生情，因为 Snoopy 是以四联漫画的形式，在报刊上传播了数年，才获得了顾客欢迎，从而赢得了授权价值。

---

① 参见 2012 年 8 月 25 日“百度百科”（http://www.baike.baidu.com）。

Kitty猫的基本形象是一只没有嘴巴，脸蛋圆圆的，左耳上扎着一个蝴蝶结，还有一截小尾巴的猫。那么这只没有嘴的小猫靠什么来赢得女孩们的芳心呢？原来，支持者们就靠这副没有表情的猫脸孔，随意解读她的想法。这也是三丽欧的构思，让没有嘴巴的Kitty猫赋予消费者想象的空间，容许人们将自己的情绪投射到Kitty猫身上。换句话说，你今天想Kitty猫是快乐的，她就是快乐的；若是你今天心情不好，Kitty猫就是忧郁的。这种角色替代，容易让人感觉她是亲密的伙伴。

本书点评：由此，Kitty猫成为自己情绪的共鸣者。

日本是一个发达的工业国家，快节奏的工作和生活让人们感到压力很大。不过，日本人有自己的方式舒缓压力，那就是拥有孩子般不想长大的心态。他们喜欢那些可爱的毛绒玩具，喜欢印有卡通形象的衣服、背包甚至笔记本电脑。很多二十几岁的女孩喜欢穿娃娃装、戴蝴蝶结，扮天真可爱状。这种对可爱元素的追逐成了日本一道独特的风景。Kitty猫可爱，喜嘲讽，还颇有颠覆性，因此，她在日本大受欢迎。

本书点评：舒缓压力就需要快乐，也即乐而忘忧。我们认为，文化产业的本质就一个，就是以乐为本。如果劳教的乐点为0，纯粹娱乐为1，则赵本山就属于纯粹娱乐的代言。以乐为本有三个具体指标：一是乐而忘忧，也即如何摆脱烦恼。为此，就要精确地识别目标顾客正在为什么烦恼。二是乐不思蜀。能够摆脱烦恼的措施有很多，也即存在竞争性，要让目标顾客选择你的产品或服务。三是乐此不疲，也即如何让目标顾客持久地选择你的产品或服务。想想看，年轻人为什么喜欢苹果手机，就是因为苹果手机提供了多种纯粹娱乐。

在城市化的今天，其实不光在日本，全球都市人都普遍面临人际关系逐渐出现隔阂疏离的情况。有越来越多的城市新生代变得孤僻，不懂得和其他人交流，而机器、玩具变成他们倾吐心情的对象，也造就了各种卡通商品的成功。所以，Kitty猫不单单可以虏获小孩的心，成年人甚至老年人都会爱上她。Kitty猫对消费者似乎有多面向的影响力，对儿童来说，她是一个可爱的玩具；对成熟女性而言，Kitty猫号召怀旧情结，令人回想到童年的纯真；对父亲而言，顺从小孩的购买愿望可以显示父亲的爱。也就是说，相同的产品，吸引的却是不同的年纪、品位、风格、愿望，使得不同年龄层的人纷纷加入购买的行列。

本书点评：城市化的直接表现，就是住宅小区的迅猛增加。而居住在同一个小区、同一栋楼、同一个单元、同层对门的居民们，甚至都是不认识的，更多的是点头之交，相互之间彬彬有礼，心与心却是咫尺天涯。因此，城市化虽然使人口密度大大增加了，但交流空间却大大缩小了。但是，每个人毕竟都是社会性动物，需要交流。与谁交流呢？在单位里，同事之间存在着竞争关系；在生活中，同样存在着各种压力。渐渐地，宠物热出现了，因为宠物不会对主人构成竞争关系，也就成了交流的对象。但是，饲养活的宠物还是需要时间和耐心，则各种卡通宠物就有了更大的需求空间。Kitty猫、Snoopy狗、芭比娃娃等就应运而生了。

这只可爱的小猫，没有与之配套的故事、电影、图书…… 可以说，迪士尼卡通产品模式的成功元素在Kitty猫身上几乎一项都不具备，但是它却是有史以来最赚钱的卡通形象之一。Kitty猫满足了人们对于童真的热望，完全依靠自身的感召力，成为20世纪80年代至今一个长盛不衰的文化符号。

其实我们还需要了解一下真正使得Kitty猫在20世纪末成为一个蓬勃发展品牌的

深层原因:她成功地进军了成人市场,她让成年人接受了一种新型的卡通。

面对日益加大的生活或工作压力,复杂的人际关系,越来越磨灭创造性的工作状况,对未来的不确定性和对现实的焦虑,使得很多青年人,尤其是女性,非常怀念童年时简单纯真、充满梦想的心态。哈利·波特吸引了成千上万的成年人就是一个典型的佐证。

现在,Kitty猫提供了一种方式,让消费者回到童年时代,而且也显得比较潇洒时髦。她代表了时下典型的"可爱"文化,这种文化给现实生活披上一层情绪化和理想化的外衣。在Kitty猫的眼中,生活应该是有情绪倾向的,它说出了年轻消费者的心声。

本书点评:为什么要"让消费者回到童年时代"?是因为童年无忧无虑的快乐。因此,对生产产品或服务的厂商来说,实在是应该把重点放在测定自己的目标顾客所处的童年时代。他们的童年时代,最常看的电影是什么?最常玩的游戏是什么?最渴望的梦想是什么?将这些童年时代的印记,具体体现在自己的产品或服务上,就能产生很强的情感共鸣。例如,奥克斯空调在初期印刷的广告,采取的就是"文革"时期的工农兵图案,这个图案对20世纪60年代初出生的人而言,印象是很深刻的。但问题是60年代初出生的人,是奥克斯初期的目标顾客吗?

如果我们能理解这种对文化的把握,我们也就能自然而然地理解为什么以Kitty猫为代表的卡通品牌能占据那么多年轻人的心,同时也能理解为什么Kitty猫能进行如此多样化的跨品类延伸了——是它的消费者希望它这样做。

有很多大众消费品品牌在进行延伸的时候主要考虑延伸产品和自己的品牌核心价值不能相违背,Kitty猫的做法是不同的。她提供给自己的消费者一种定义自己个性的方法,让消费者能从现实世界中逃逸到一个非常纯真可爱的Kitty品牌世界里。这种延伸的方式并不是以强化品牌资产为导向的,而是以目标消费者的生活形态为导向的。它具体表现在:任何Kitty猫的目标消费者会使用的产品,都有可能成为其涉足的对象。

本书点评:"强化品牌资产为导向",说的是品牌建设是以增强品牌资产为目的,而Kitty猫则是以目标消费者的生活形态为导向。品牌经济学认为,品牌资产直接就取决于未来目标顾客选择形成的收益。因此,品牌资产是品牌建设的副产品,而不是目的。那些专注于自己的商标品牌价值测算的厂商,其实是没有多少价值的,因为"三鹿"奶粉当年的品牌价值也很高。从品牌经济学理论来看,品牌资产或品牌价值中有一个隐含的前提条件,就是厂商所拥有的注册商标已经成为"品牌",否则,品牌资产或品牌价值本身就是一个传说。

在卡通形象品牌授权实例中,Kitty猫最大的特点是"一见钟情",也就是这只猫获得目标顾客的喜爱,既没有一系列动漫故事片铺垫,也没有多期报刊的四联漫画连载。我们将故事片或连载漫画铺垫成为授权品牌的卡通形象,称之为"日久生情",例如,Snoopy狗、米老鼠、喜羊羊等。对于让目标顾客"一见钟情"的Kitty猫现象,我们今后将不断深入研究,以揭开在什么条件下,才能实现"一见钟情"。

可以说,三丽鸥公司并不仅仅提供一只可爱的小猫,而且还为这些喜欢Kitty猫的人提供一个机会来营造一个属于他们自己的生活方式。这使得这个品牌具有普通卡通形象或者普通快速消费品无可比拟的广度和深度。Kitty猫已经不再是一个形象的名称,而是一种生活态度的象征。这才是Kitty猫如此成功的深层次原因。

草根式的营销策略造就了Kitty猫的深入人心。当年在推出Kitty猫时,三丽鸥公司几乎没有做任何市场测试和广告宣传，而且，只要不给 Kitty 猫可爱单纯的形象抹黑，三丽鸥公司几乎对任何产品（除了烟、酒及枪支）都会答应给予使用授权。

本书点评：三丽鸥公司对 Kitty 猫确实没有任何市场测试和广告宣传，但这个产品却是极大成功的。我们认为，对三丽鸥公司而言，未经任何市场测试，Kitty 猫确实是成功了，但这个成功对三丽鸥来讲是偶然的。因为至今为止，三丽鸥公司再未创造出能与 Kitty 猫相比的其他卡通形象。我们认为，Kitty 猫偶然成功的里边，必定包含着必然。找出隐藏其中的这个必然，为指导其他厂商获得必然，就是研究者的任务。

Kitty 猫出名后，三丽鸥也很少刻意花钱做广告，而是采用全方位行销的概念。Kitty 猫被印在每一种你可以想象的产品上，小至贴纸、笔、笔记本、衣服、玩具、手表、杯子、盘子、筷子、手机、烤面包机、垃圾桶，大至电脑、跑步机、汽车，甚至是可以让人们置身其中的冒险主题乐园！并偶尔利用限量商品来刺激收集行为与重复购买率。

点评：Kitty 猫的授权品类如此众多，是否存在品类不兼容性？对此，我们认为，需要采用数学中的拓扑理论才能给予深刻揭示。我们认为，Kitty 猫与 Virgin 极其相似，按照拓扑理论的解释，都属于最高级别的情感物质类品牌，所以才避免了品类冲突问题。这也是我们品牌经济学理论今后需要深入研究的领域。

通过阅读以上资料的信息，结合自己网络收集 Kitty 猫的信息，根据单一利益的持久性技术标准的测试评级，完成 Kitty 猫的单一利益的持久性测试评级，并撰写出评级分析报告。

表 7.12　Kitty 猫的单一利益持久性测试评级表

指标	测评二级指标	指标赋值要点	指标事实及其来源	分值
5. 单一利益的持久性 B_5	5.1　拟评商标承诺的单一利益或首位利益是否符合情感快乐这一终极利益？0.70 分	若从初始利益的产品，到终极利益的快乐，假设有 N 个利益。若拟评商标承诺的利益在第 i 个，得 $0.7\times i/N$ 分		
	5.2　终点顾客的终极利益也即乐点稳定吗？0.20 分	若乐点是非常稳定的，得 0.20 分；若乐点基本稳定，得 0.12 分；若乐点是不稳定的，得 0.0 分		
	5.3 其产品更新换代是否构成情感快乐的版本升级效应？0.10 分	若构成情感快乐的版本升级效应，得 0.10 分；若仅是产品更新换代，得 0.0 分		
得分合计				

测试等级	1.0	0.8～0.99	0.6～0.79	0.4～0.59	0.2～0.39	≤0.19
	AAA 级	AA 级	A 级	B 级	C 级	D 级

第8章　终端建设的稳定性

中央电视台在2011年1月17日曾经报道过，有人在某地的宾馆里销售“纯”羊绒衫，价格只有280元。在现场，记者发现这些羊绒衫的标签上，确实也是写明100%山羊绒。其实，按照品牌经济学关于品牌信用研究表明，在宾馆里租房间销售，本身就是缺乏信用的证据。因为宾馆租房销售，随时是可以走人的。顾客在此购买的商品，一旦出现退换货问题，是无法得到保证的，因为宾馆并不承担退换货责任。由此推断该羊绒衫必定是假的。

根据《中华人民共和国消费者权益保护法》第35条：消费者在购买、使用商品时，其合法权益受到损害的，可以向销售者要求赔偿。销售者赔偿后，属于生产者的责任或者属于向销售者提供商品的其他销售者的责任的，销售者有权向生产者或者其他销售者追偿。

在上面这个宾馆销售羊绒衫的报道中，宾馆并不是销售者。所以，即使顾客想退换货，宾馆也是没有这个责任的。

那么，如何提高终端建设的稳定性呢？对此，通过沈阳机床的案例，来直观深刻地理解终端建设稳定性及其价值。

案例理解8.1　一个“工业母机”掌门人的转型之道[①]

“中国经济发展到今天，核心技术一定要靠自己！”在沈阳机床（集团）有限责任公司，董事长、总经理关锡友对前来调研的新华社小分队感慨道。

沈阳机床，一个几乎和共和国同龄的装备制造业企业，在市场的起伏跌宕中几经沉浮，最终跻身于全球机床企业前三强。它的转型，浓缩了中国机床行业几代人的梦想，更是一幅中国工业百折不挠、勇往直前的剪影。

从“汗颜参展”到“世界前三”

曾几何时，作为我国最大的机床制造商，沈阳机床有着辉煌的历史：共和国的第一台普通车床、第一台自动车床都诞生在这里，沈阳也因此被誉为中国的“机床之乡”。

本书点评：在短缺时代，追求大规模是正确的选择。问题是人无远虑必有近忧，为何

① 参见2010年12月2日“新华网”，作者：王敏、崔静、石庆伟。

不在日子好过的短缺时代，为日子不好过的过剩时代提前作好准备？请思考：您现在的远虑是什么？近忧是什么？

从计划经济时代进入市场经济时代，沈阳机床受到很大冲击。“刚改革开放时，国内市场大量进口机床，我们行业就不行了。最严重时，7 年间没有招到一个大学生！厂子一度还差点被卖掉了。”关锡友唏嘘道。

本书点评：大量进口，意味着国外的机床产品带给顾客的物质利益更高，这就是竞争的好处。顾客权益的保护，不是企业的恩赐，而是企业之间竞争的结果。

“让厂子起死回生的，一方面是中国经济快速发展带来的市场需求，另一方面是受益于东北老工业基地的振兴。”关锡友说，“即使最困难的时候，我们都坚信，中国制造业一定行！”

关锡友至今不能忘记数年前参加芝加哥国际机床展览会的情形。当时，沈阳机床在地下展馆有一个摊位，在“中国最大的机床企业”横幅下，放着几台笨重的机器。世界同行的先进程度，使他越看越汗颜，叫人马上取下横幅。

本书点评：“中国最大”与世界同行的技术水平的差异，表明了中国技术研发的落后。根本原因是计划经济体制隔断了竞争以及短缺的市场阶段，决定了沈阳机床厂不需要进行研发，也能过得挺好。

近年来，沈阳机床潜心研究市场，加快战略调整。“十一五”期间，沈阳机床对产品结构进行了调整。当时很多人都不理解，连续生产 30 多年、国内市场占有率高达 85%的普通机床，成了要淘汰转移的对象！关锡友说：“就算这个产品赚钱，我们也不能吃老本。如果不早点进行技术改造升级，迟早还要被淘汰！”

“今年我们再在芝加哥参展时，终于站在展示世界先进水平的 A 区，是世界前三名。是自主技术重塑了我们在国际上的地位。”关锡友说，“20 年前，世界著名数控机床品牌法纳克崛起时，在芝加哥展览排在 A 区前排。我们今年才在 A 区，但我们的目标是超过它！”

本书点评：即使超过了日本的法纳克，在机床用户脑子里，还是“法纳克”。沈阳机床如果通过价格战来抢占市场，低价格遇到的会是“便宜没好货”的习惯思维。

“地位是靠自己赢得的，不能靠别人施舍”

“如果按照规模来统计，我们很快就可以是世界第一。但大而不强不是我们的目标。要大而强，就一定要有自己的核心技术！”关锡友强调。一开始，沈阳机床希望通过模仿、引进来实现技术提升。但企业很快发现，通过这种方式，中国企业往往花费很多钱也学不到核心技术。

他组织技术人员去国外考察，但即使是平时关系很好的同行也紧闭大门，将技术人员拒之门外。沈阳机床和一家外国公司共同搞开发研究，当项目快要完成时却被该国政府叫停了，理由是机床行业诞生的革命性研究不能离开该国。

“这充分说明，如果没有强有力的技术创新作支撑，不能形成产品的核心竞争力，我们在国际舞台上将没有任何话语权！”这个在机床行业摸爬滚打了 20 多年的掌门人感慨道。

2003 年，为加强技术创新，他痛下决心，重新招聘、组建研究队伍，集中培训。每年投资 1 亿元搞投资研发，提升自主创新能力。经过多年积累，今年 4 月在南京的中国数控机床展览会上，人们突然发现沈阳机床仿佛一夜间冒出那么多产品，连外国同行也要求来考察沈阳机床了。

“过去我们曾被世界同行看不起，如今他们要求来考察我们，也不敢小看我们了！”关锡友加重语气道，“国际地位是靠自己赢得的，不能靠别人施舍！”

“必须在新一轮竞争中找到制高点”

“我有个愿望，将来提起沈阳机床厂，人们脑海中联想的是一个切割技术专家的称号，而不是一个机床生产厂家。”关锡友的话令记者耳目一新。

本书点评：“切割技术专家”比机床当然更精确，但还属于物质利益。想想看，即使是切割技术专家，必有衡量切割技术水平高低的参数。只要别人的参数超过沈阳机床，就意味着落后。就像某家电厂说“自己的空调零下5度能启动”，别的厂家接着就说“我的空调零下10度也能启动”。

国际金融危机发生后，关锡友多次去机床技术领先的德国、日本考察，发现那些技术先进的同行的情况并不好。“为什么高技术不能带来高市场份额？我们学习他们，会不会也走同样的路？”一连串困惑加深了他的思索。

“经过研究后我们感受到，企业必须要以客户为中心。无论是产品、内部结构，还是营销服务都要服务客户，服务市场。”他说，“过去我们完全以生产制造为核心，不重视市场营销和品牌、服务。随着制造技术的进步，下一步转型既要重制造、研发，又要做好市场营销和用户服务。”

本书点评：关先生通过对德国、日本的考察，“发现那些技术先进的同行的情况并不好”，这说明关先生也是个有心人。因为很多企业的高层们出国考察时，更关心技术本身，而对经营问题思考并不多。更重要的是，关先生得出的结论，就是企业必须以客户为中心。问题是以客户的什么为中心？若向客户承诺机床质量好，这是应该的。

于是，像汽车业的4S店一样，沈阳机床在青岛、武汉、宁波、温州、广州、厦门、沈阳等地开设了7家4S店，从事机床销售、维修、配件和信息服务。其中最大的一家今年盈利有望达到6亿元。这个数字完全可以和很多汽车4S店相媲美。

本书点评：我们认为，沈阳机床设立的区域4S店，也就是实现了终端建设的稳定性。通过4S店，可以极大地降低当地沈阳机床用户们的选择成本。因为机床用户买的不是机床，而是通过机床加工出来的产品。其实，对沈阳机床来讲，4S店本身就是一个既有价值的商业品牌。随着各地4S店的增加和管理升级，这个体系本身的价值也将不断提升。

“我们改变传统业务模式，以后不再单纯卖机床，转向技术、品牌、金融租赁业务相结合的业务。将来用户买完装备后遇到问题，我们甚至可以用远程网络来提供技术服务。这是未来的电子商务和信息技术，我们必须在新一轮竞争中找到制高点。”关锡友说。

通过阅读上述资料，我们总结出沈阳机床进行了五次转型：第一次，从计划经济转到了市场经济；第二次，从产品生产转到了产品研发；第三次，产品研发从模仿转到了自主知识产权；第四次，从生产制造为核心转到了客户为中心；第五次，从机床销售转到了综合服务。在这五次转型中，我们认为最大的转型是第四次和第五次，直接的表现就是沈阳机床区域4S店的建立，而这就是终端建设的稳定性。

8.1 终端建设稳定性的技术标准

将终端建设完全稳定的定义为1.0分，将完全不稳定的定义为0.0分。为了避免出现含糊不清的中性判断也即0.5，我们采取了偶数分级法。可以划分出0.0(绝对不稳定)、0.2(很不稳定)、0.4(较不稳定)、0.6(较稳定)、0.8(很稳定)、1.0(绝对稳定)。按照这个相对计量等级，将终端建设的稳定性测试与设计的技术标准确定如下：

(1)沟通终端的网络程度，包括二维码使用程度或新媒体是多少？此项赋值0.60分。其具体测试标准是：产品或其包装普遍未印制自己的二维码，得0.0分；若印制了普通二维码得0.24分；若背景使用了经过设计的广告型二维码，得0.36分；若使用了经过注册的商标型背板的二维码，则得0.48分；若是品牌型二维码，或集中于新媒体，得0.60分。

所谓广告型二维码，是类似“维多利亚内衣的秘密”的设计，将普通二维码放置的背景进行广告设计。

所谓商标型二维码，是把二维码进行个性化设计，尤其是把企业商标或标识设置在二维码中心位置。

所谓品牌型二维码，是把二维码设置在一个经过设计的背板上，形成一个可以商标注册的符号组合，目的是提高顾客扫码率。

所谓新媒体，是指通过网站、微博、微信等互联网进行信息传播。以往受众都是被动地接受传统媒体发出的信息，而在新媒体里，受众是主动的、按照自己的乐点关键词进行信息搜索，具有很高的精确性和目的性。

(2)拟评商标产品的现实终端形式是什么？此项赋值0.30分。其具体测试标准是：若只有代理商，则得0.0分；由代理商进终端但拟评企业派驻导购员，或受导购个人影响很大，得0.06分；若完全为加盟终端，得0.12分；若由代理商和企业各自拓展终端即双重渠道，得0.18分；若是旗舰店基础上的加盟连锁店，得0.24分；若完全为自控终端(厂家在商场直接租赁柜台，或者是自建专卖店)，得0.30分。

在某些行业的终端里，比如服装、家电、建材、保险、银行、宾馆、饭店等，导购员或服务员个人行为对顾客影响很大。如果形成这样的终端效果，一旦某个优秀导购员离开所在企业，对该企业在该终端的实际销售将产生很大的负面影响，这就是个人品牌超过企业或产品品牌。如果产生这样的结果，对企业终端稳定性是不利的。

连锁经营为主的自控终端，不等于说此类终端不出现倒闭问题，而是说即使出现倒闭或暂停营业，已有顾客在利益保障方面具备了追索的可靠性。正如本章后边的北京青鸟健身事件一样，此类事件如果发生在加盟店身上，顾客追索也无从下手。

(3)目标顾客到拟评商标所代表的产品终端是否便捷？此项赋值0.10分。其具体测试标准是：若是类似直销、网店或社区店等终端，就很便捷，得0.10分；若是设立于城市中心，或者是郊区的位置，便捷性就很低，得0.0分。

实例8.1[①]

我有个朋友在小寨飞炫广场负一层开了个面积很小的店铺，每月只有一周时间在店面，透过店面玻璃可以看到里面物品。朋友每次旅行都会带回当地特色的物品放在店里面，玻璃门上一边贴满了旅游时的生活照片，另一边贴了一个二维码连接至淘宝店铺，由此带来的每月的收入也很可观。

店里卖的东西都是面向学生群体，而学生群体基本都习惯了淘宝购物，社交购物方式也很符合现在消费者的习惯。

因此，对传统企业来说，电子商务应该是商务的电子化。企业率先考虑的不是去变成电子商务，而是原来的商务平台哪些环节可以用互联网电子商务手段去解决。

8.2 终端建设稳定性的测试评级

对已有的商标及其所承载的产品或服务进行终端建设的稳定性的测试评级时，可以采取三个步骤：

第一步，对该行业的终端形态进行总体判断：日用商品的终端以超市、便利店为主；电子耗材、机械配件、建材、家具等，多以专业市场为主；汽车、设备等，多以结盟的4S店为主；餐饮、饭店则以连锁店为主。

第二步，在拟评商标所属企业的官方网站上，查找其“营销网络”栏目或内容，其中就可以获得介绍该产品的所有终端形态。

第三步，以“××招商”或“××诚招代理”为关键词，通过网络搜索，以补充第二步获得的信息。

根据上述步骤获得的信息，完成终端建设稳定性测试评级表，并获得具体评级。为了与品牌信用模型中的指标序号保持一致，将本表中的序号确定为“6”。

表8.1　终端建设稳定性测试评级表

指标	测评二级指标	指标赋值要点	指标事实及其来源	分值
6. 终端建设的稳定性 B_6	6.1 沟通终端的网络程度，包括二维码使用程度或新媒体是多少？0.60分	产品或其包装普遍未印制自己的二维码，得0.0分；若印制了普通二维码，得0.24分；若背景使用了经过设计的广告型二维码，得0.36分；若使用了经过注册的商标型背板的二维码，得0.48分；若是品牌型二维码，或集中于新媒体，得0.60分		

① 参见2013年12月3日“西部网”(www.cnwest.com)，作者：房小雷。

续表

指标	测评二级指标	指标赋值要点	指标事实及其来源	分值
6. 终端建设的稳定性 B_6	6.2 拟评商标产品的现实终端形式是什么？0.30分	若只有代理商，得 0.0 分；由代理商进终端但拟评企业派驻导购员，或受导购个人影响很大，得 0.06 分；若完全为加盟终端，得 0.12 分；若由代理商和企业各自拓展终端即双重渠道，得 0.18 分；若是旗舰店基础上的加盟连锁店，得 0.24 分；若完全为自控终端（厂家在商场直接租赁柜台，或者是自建专卖店），得 0.30 分		
	6.3 目标顾客到拟评商标所代表的产品终端是否便捷？0.10 分	若是类似直销、网店或社区店等终端，就很便捷，得 0.10 分；若是设立于城市中心，或者是郊区的位置，便捷性就很低，得 0.0 分		
得分合计				

测试等级	1.0	0.8～0.99	0.6～0.79	0.4～0.59	0.2～0.39	≤0.19
	AAA 级	AA 级	A 级	B 级	C 级	D 级

8.3 终端建设稳定性的设计流程

在具体设计终端建设的稳定性时，关键点是从终点目标顾客的购买地点的测定开始。包括以下 6 个步骤：

第一步：测定终点目标顾客常在何处选购

目标顾客一旦产生对某产品或服务的购买动机后，接着思考的就是到哪儿购买，也就是终端形态及其哪个终端，基本包括实体店和网络店。

例如，如果是要购买家具类产品，目标顾客不会选择到超市，而会选择到所居住城市的家具市场。如果是购买轿车，选定了拟购轿车商标后，则会先上网查该车在本市的 4S 店。如果是购买日用品，则会到所在小区附近的连锁超市。

作为配套类产品，如何进行终端建设？为此，我们看一个鞋带企业的实例。

实例8.2 鞋带企业为何开专柜?[①]

“欢迎体验我们的产品。”作为安全鞋带生产企业，速乐客运动用品公司可谓是鞋市场中的“隐形”企业。它的首家形象店在晋江万达广场开业，开业首日，新颖的鞋带产品就吸引了大量顾客驻足购买。

“在鞋带生产领域，我们是全国首家进驻商场的企业。”在接受记者采访时，速乐客公司董事长许金井表示，速乐客进驻商场渠道这一举动，在鞋带生产企业中开创了先河。“我们在商场开设专卖店，主要是为了让消费者对‘安全鞋带’有一个直观体验。同时，我们还可以与客户近距离交流，了解客户对产品的需求，拉近与消费者的距离。”

实际上，作为鞋子的配件，鞋带一直处于被“忽略”的地位：大部分鞋带是随鞋销售，消费者往往很难在商场里买到鞋带。“大部分鞋带生产企业走的是批发体系。一双鞋带可能只有几分钱，单独拿出来销售无论对于企业还是商场来说，都不划算。”许金井告诉记者。

而对于速乐客来说，这不成“问题”：在速乐客首家形象店中，“防松安全鞋带”成为该店当中唯一的产品。而另一方面，商场渠道费对于进驻企业的利润压迫非常厉害，支撑速乐客进驻商场渠道的也正是鞋带产品的高价：每双“防松安全鞋带”售价23元。

运动伤害随处可见。据统计，在每4个运动伤害者中就有1个是因为鞋带松脱。速乐客鞋带安全性明显提高，而安全鞋带的防松功能可以有效避免运动摔伤，具有防松、防摔、防死结三大功能。

本书点评：这还是物质利益，缺乏情感利益，所以，依然无法获得品牌溢价。我们建议从儿童入手，举办儿童系鞋带比赛，面向父母用图展示儿童因鞋带松而摔倒的危害。

第二步：测定各种终端形态的稳定性

根据行业属性，获得该行业的终端形态类型，对各种类型的终端稳定性进行分析。

购物中心、连锁超市、专业市场、网络旗舰店的稳定性都是比较高的，而个体店、加盟店、网店、宾馆等的稳定性就很差。

表8.2 终端形态稳定性测定表

终端形态				
稳定性				

对传统的终端形态的稳定性是比较容易理解的，而对于近几年迅速发展的终端形态——网店，其稳定性如何呢?

2014年11月12日《第一财经日报》发表彭甜甜的关于11月11日天猫销售的文章指出：

“截至下午2点钟，我们的销售额已经达到了2400万元。”牛尔NARUKO品牌副总

① 参见2012年10月30日《东南网—晋江经济报》，作者：张云后。

监汪一泓对《第一财经日报》表示，牛尔“双11”当天的成交额是平时“线上＋线下”日均成交额的30倍。

除此之外，本土化妆品牌“韩后”、男士内衣品牌“Looksee”等负责人也纷纷表示，“双11”当天线上的销售呈现爆发式的增长。多位天猫商家对记者表示，根据天猫的要求，双11当天店铺产品为全年最低价。

记者在采访中发现，天猫上的大部分商家挂出全场5折的促销牌。如此大的走货规模和“折杀”力度，商家的利润却成了一个谜。

除了销售总额不断地创新高外，与往年相比，“双11”的商家结构也在发生变化。传统品牌所占的比重越来越大，线上线下的联动效应也越发明显。

本书点评：针对以上资料，我们提出的问题是：如此大的销量，究竟是天猫平台，还是低价格实现的？如果实体商业也联合进行打折呢？

既然互联网投诉已成为全省2009年十大投诉热点之一，互联网购物为什么还是在迅猛发展？我们认为，互联网购物能够极大地节省交易费用。换言之，只要存在着比现有购物方式交易成本更低的购物新方式，这个新方式就一定会发生发展。互联网购物就是这个新方式。与实体购物方式一样，网络购物也必定会出现这样或那样的欺骗，这就需要政府的立法与监督。

通过以下背景资料的深度分析，可以有助于理解网店的稳定性。

背景资料8.1　网店“信誉度积分”有猫腻勿轻信①

本报讯：随着网络购物日益受到青睐，省城济南不少商家也在网上开了店。开网店信誉很重要，不过，一些网店的信誉额度却并不完全货真价实。近日，数条帮助网店提高信誉的广告就出现在多个国内大型网站的论坛上。

网店掏钱就能“刷信誉”

据了解，在淘宝、拍拍等国内知名购物网站上，商家每顺利完成一笔交易，其信誉额度就会获得一个积分。交易越多信誉得分就越高，消费者也就越信任它。相反，如果商家交易少，信誉额度得分低，就很难引起消费者的关注。

本书点评：即使你拿到商品后，发现上当了，这笔交易也会给该网店增加信誉！换言之，这种制度设计的本身就有问题。

取得高额度的信誉本来需要商家坚持不懈地诚信经营。可从一些网站发布的广告中，笔者了解到，这一过程已变得异常简单。

“只要商家肯花钱，我们就可以把网店的信誉额度无限提高。”近日，省城某信息网站出现了这样一条广告。该广告宣称：“短时间内就能把门可罗雀的小店变成客流汹涌的名店。”记者在搜索引擎上输入“刷信誉”这一关键词，随即就能发现有几千条“结果”。在个别网站上，还有的广告号称“自己相比其他团队的优势在于，他们在招聘内部成员上进行了严格审核。所有成员都是计算机相关专业毕业生，并进行了统一培训，使用的IP地址是全国各地不同的代理IP，以此避免追查，安全度高达95%以上，已为数千家网店提供了

---

① 参见2009年2月11日《山东法制报》，作者：吴晓晨。

服务。"像该类广告,发布者大多只留下QQ号或者MSN号作为联系方式。

本书点评:这种以交易次数论信誉本身就没有信誉。通过虚假交易次数,就能增加信誉,就是这种信誉制度导致的。这些提供"刷信誉"的人员,不过是应运而生。我们认为,提供网店经营业务的平台网站,应该建立顾客投诉机制。换言之,顾客受到网店欺骗后,应该直接投诉到该网店所在的平台网站。由该平台网站根据顾客对每个网店的投诉,进行信用评级。对没有达到信用评级的网店,应该采取类似超市下架的措施,立即关闭该网店。

经进一步联系,某广告发布者讲解了具体操作过程,通过假冒消费者多次与相关网店产生交易,从而提高网店的信用额度。在实际交易过程中,商品和资金并不需要流动,双方只需要点击鼠标,完成购物网站相应的交易流程就可以了。

"为了增强可信度,我们可以用几十个账号假冒多名消费者与商家交易。"广告发布者将这种做法称为"刷信誉"。"刷"不同额度的信誉,需要的费用也不等。记者从广告发布者处获取的"刷信誉"价目表上看到,代刷网店信誉分为多种套餐,收费标准根据信用等级的变化,冲一个点的信用一般价格在0.5~1元,根据货品不同又分为"虚拟型"和"实物型"。如果是卖充值卡、Q币这类虚拟商品,代刷速度快,因此报价便宜些;而出售实体商品的店铺收费则要高一些。比如,虚拟冲"一钻"(250点以上信用,即正常情况下需完成250宗以上的交易才能获得)需120元;虚拟冲"五钻"(5000点信用)需要2000元;要冲到更贵的皇冠信用(1万点),则需要付出3900元。

该广告发布者还说,他们已经帮多家省内外网店"刷"过信誉,而且经过"刷信誉"之后,这些网店的经营情况都很好。

市民支招找出网店破绽

不过,对于这种靠"刷"获取信誉额度的虚假行为,大多数消费者和正规网店商家都不认同。市民王小姐是淘宝网的"老主顾",她认为,商家的信誉额度一定程度上代表商品的质量,如果商家信誉额度可以伪造,其可信度就降低了。

本书点评:这就隐含着这样一种可能,即可信度降低了,网店关闭了,网店所有者可以重新再开一家网店。

为此,王小姐总结了一些辨别信誉额度真伪的办法。她说,"刷信誉"伪造的交易一般频率比较密集,一个小时就能做好几次交易,这在现实中几乎不可能。另外,设法与曾经购买过该网店商品的消费者取得联系,询问商品的真实情况。

制造虚假信誉侵犯消费者知情权

山东科创律师事务所律师张红表示,根据《消费者权益保护法》规定,消费者有权知道为其提供商品或服务的经营者的真实经营情况和信誉情况。如果商家故意制造虚假信誉对商品或者服务作引人误解的虚假宣传,则侵犯了消费者的知情权。政府监管部门有权对这类经营者处以警告、没收违法所得、罚款、责令停业整顿甚至吊销营业执照的行政处罚。

网店购物,还是小心为妙。

第三步:制定自控终端建设规划

根据我们的品牌经济学理论研究证明,厂家追求的是市场占有率,而代理商追求的是进出差价也即代理毛利率。但是,随着销量的增加,代理毛利率比将下降,当下降到一定程度时,代理的价值也就降低了,从而出现代理商重新选择代理其他厂家的现象。为了直观理解,我们可以做出以下模拟:

实行区域总代理制,假设资金周转率是10次。

第一年的销售额是100万元,毛利40万元,毛利率是40%,占用资金10万元;

第二年的销售额是500万元,毛利150万元,毛利率是30%,占用资金50万元;

第三年的销售额是1000万元,毛利200万元,毛利率是20%,占用资金100万元;

第四年的销售额是5000万元,毛利500万元,毛利率是10%,占用资金500万元。

厂家的销售额在增加,市场占有率也在提高,区域总代理的毛利总额也在增加。但毛利率却在下降,而所投入的资金也在成倍地增加。到了第四年,该区域总代理可以有一个替代选择:用所投入的500万元,可以代理50个其他的新厂家,每个占用资金10万元,周转10次,每个销售额100万元,毛利40万元,总毛利就是50×40=2000万元。

这就是为什么在实行区域代理制的企业中,会发现各地的区域总代理那里,总是有很多其他厂家的产品,同时,代理商仍在不停地更换所代理的厂家。因为代理商的选择标准是进出差价也即毛利率。

因此,进行自控终端建设的厂商,必定要对终点目标顾客进行详尽的研究,以满足其渴望的需求,从而作出降低目标顾客选择成本的利益承诺。

科特勒在其研究日本的《新竞争》中指出,日本企业在拓展外国市场时,由于缺乏国外市场分销的实践经验,所以会在很大程度上依靠外国中间商分销他们的产品。许多日本公司先是单纯想外国中间商出售产品,并不涉及国外市场的经营事务。不过,日本人很快发现了这一做法的缺陷:完全依赖外国中间商使他们没有能力控制和经营自己的销售业务;而一旦市场份额增加到一定程度,这一业务的重要性就变得不十分突出了。如果一家公司在国外市场上没有自己的营销组织和分销网,它的长期战略和政策也就难以得到完整的实施,从而也达不到它们最终的市场目标。因此,日本人在进入外国市场后很快就开始着手建立自己的海外销售子公司。通过直接控制当地市场的某个营销业务,他们取得了管理经验,亦加强了他们在国际市场的营销能力。

在国内更是如此。松下公司在日本建立了2.2万家松下电器专卖店,索尼则建立了1.7万家专卖店,而丰田公司则是建成了覆盖日本城市的街区汽车销售事务所。

根据企业资源的具体实力,我们将企业市场分为大本营、根据地、运动区、游击区。大本营就是市场占有率必须达到60%的区域;根据地则是市场占有率在40%~50%的区域;运动区则是市场占有率在20%~40%的区域;游击区则是不做力量投入,有商家合作就做,没有商家合作也不主动开发。当然,这四类区域是年度递增的。这样拓展几年,就可以逐步稳妥地将区域市场发展起来。为此,我们提供了一个自控终端建设规划模拟表(见表8.3),供参照。

表 8.3　　自控终端建设规划模拟表

	阶段	大区代理阶段	小区代理阶段	代理＋直控双道阶段	直控终端阶段
终端建设策略	2011 年	运动区新区做大区代理	运动区老区做县区代理	根据地则采取县区代理和直控终端	大本营建立直控终端
	2012 年	选定部分游击区升为运动区新区	将 2011 年的运动区新区,升级为老区	将 2011 年的运动区老区,升级为根据地	将 2011 年的根据地,升级为大本营
	2013 年	选定部分游击区升为运动区新区	将 2012 年的运动区新区,升级为老区	将 2012 年的运动区老区,升级为根据地	将 2012 年的根据地,升级为大本营
	2014 年	选定部分游击区升为运动区新区	将 2013 年的运动区新区,升级为老区	将 2013 年的运动区老区,升级为根据地	将 2013 年的根据地,升级为大本营
	2015 年	选定部分游击区升为运动区新区	将 2014 年的运动区新区,升级为老区	将 2014 年的运动区老区,升级为根据地	将 2014 年的根据地,升级为大本营

案例理解 8.2　一个区域代理商的平衡术①

庞树信是唐山市丰南区供销社农友农资连锁总店总经理。在他眼里,县市级代理商与厂家的合作中,实力悬殊,不能抗衡,但可以平衡,在这方面他有一套。

数量的平衡

“现在最困难的就是县级代理商。厂家向我们要现款,不打款不发货;而终端网点的零售商要求不但赊账,还得送货上门。”庞树信谈起县级代理商的处境,一语中的。不过针对一线复合肥厂家的日渐强势,庞树信有自己的对策。

一个知名复合肥厂家与他的较量,让他悟出了平衡的策略。第一年代理时,庞树信承诺卖 500 吨,最后卖了 660 吨;第二年定了 800 吨的任务,他还能接受,毕竟厂家的增长幅度也是 30%,结果第二年卖了 900 多吨;第三年的任务厂家直接定到了 1500 吨。

本书点评:厂家最求市场占有率!

当时厂家业务员拿着促销的挂历说:“合同不签,挂历都不会给你。”庞树信很受伤,感觉必须控制单一品牌的销量,多品牌平衡,才不会被单一厂家控制。

本书点评:赤裸裸交易的结果!

控制单一品牌的销量,成为庞树信经营的原则。“我手头上的一线复合肥品牌就有三四个,他们每个厂家都想让我多卖一些货,我就是不多卖。每年一个品牌五六百吨,舍弃我吧,他们舍不得;不舍弃吧,又不上量。”他谈起自己的平衡术就是一脸的笑。

本书点评:谁教会了庞树信这套策略?

他直截了当地说出了厂家求销量的心理:“厂家的业务经理和大区经理身上都背着销量任务,你今年卖 1 万吨,他明年要你卖 1.5 万吨,后年让你卖 2 万吨。代理商的担子一

---

①　参见 2012 年 2 月 8 日《中国农资》,作者:王旭波。

年比一年重，而区域竞争这么激烈，每个县里都有一批县级代理商，这么大的市场你能独吞得了，还是能够垄断得了？”

同时，他的平衡术有自己的苦衷。“对于我们县市级代理商而言，真是有苦难言啊。你做起来一个高端品牌需要几年时间，推广会、观摩会搞了无数，但是一旦厂家把代理权拿走，你几年的辛苦就白费了。”庞树信的担心，是每一个代理商心中的担忧，毕竟品牌不是自己的，无法传承。

本书点评：其实这是厂商的错位。从理论上讲，厂家负责品牌建设，商家负责渠道建设。凡是替厂家进行品牌建设的代理商，最后必定都是为他人做嫁衣！就像加多宝一样，领养的是商标王老吉，还回去的是品牌王老吉。

心理的平衡

庞树信虽有平衡术，但是还是有很多困惑，比如法律纠纷问题。一线品牌总是在合同上标明，如遇纠纷，需到厂方所在地相关部门解决。虽然是长期的合作，双方已经非常熟悉了，但是每次看到这行字心里就不舒服。

庞树信就是不服气，凭什么有了问题去厂方所在地解决？可是想到一线品牌质量稳定，产品放心，心理也就平衡了。

本书点评：这种不平等反映的是品牌的力量。平等的本质，是实力的反映。庞树信要是有个面积足够大的种植合作社，他就有能力改变这种情况。

另外就是厂方突然的人事调整或者更替问题。本来随着与厂家合作的深入，和业务经理的友谊也越来越深厚，而厂家的人事调整往往会给合作带来麻烦。本来业务经理干得好好的，非得调整到另外一个区域，结果来了一个以前不认识的人，沟通起来不舒服，合作就很不愉快。庞树信没有其他办法，感情好就多卖几车，感情一般就少卖几车。

本书点评：厂家为何要进行区域经理的轮换制度？就是怕和代理商熟了，不忍下手！也即惰性产生。

背景资料 8.2　几百家超市门店去年消失①

记者查阅多家商业机构统计数据发现，2014 年山东新开百货店、购物中心数量达 27 家。虽然也有几百家超市、店面“消失”，但总体上看仍呈正增长。

乐购、百盛等“洋店”撤出山东市场

2014 年，是海外零售巨头在山东大规模撤资的一年。

继乐购青岛人民路店于 2013 年 7 月关闭后，去年 10 月下旬起，乐购潍坊店、东营东二店、青岛即墨店、济南二环东路店也相继关闭，济南经四路万达店则被华润万家接手。至此，这家英国零售巨头全面撤出山东市场。山东财经大学经济研究中心主任陈华认为，乐购退出山东市场既源于本土零售商扎根太深，外来资本生存空间被压缩，也与其商品定价偏高，经营定位存在问题有关。

同于乐购，马来西亚零售商百盛商业集团也在去年 5 月撤离济南市场，旗下济南百盛购物中心店于 5 月 5 日停业关闭。据报道，该店开业首日营业额不足百万元，远低于预

① 参见 2015 年 1 月 14 日《山东商报》，作者：张冠超。

期,此后日营业额仅约 20 万元。对于百盛商业集团败走一事,有业内人士认为,低附加值的联营模式是其停业主因,并指无自有产品和无产业链整合的“二房东模式”对百货业态而言已不可持续。

三家连锁超市“消失”,几百家店面关门

在外资撤出山东零售市场的同时,本土部分连锁超市也在年内“消失”。目前已被媒体曝光的有淄博政通超市、青岛泽雨超市以及百全超市。

2014 年 12 月 18 日,淄博政通超市多家门店突然停业。该超市为 1995 年成立的民营企业淄博政通集团有限公司所有,在当地直营分店超过 40 家。相关人士透露,政通超市的大面积停业与融资不利有关,停业前已拖欠员工工资长达半年。

也是 12 月,青岛一家投资集团旗下近 300 家连锁超市停业。据报道,这些超市中有 272 家位于青岛,31 家位于济南,10 月之后开始拖欠员工工资和供货商货款,目前集团董事长已被警方控制。

此外 6 月下旬,有“农村沃尔玛”之称的百全连锁超市山东区域业务被整体裁撤,所有门店统一关闭。据了解,百全连锁超市 2010 年 10 月成立,直营门店集中于河南、山东、江西三省。

内资企业在青岛上演“三出三进”

梳理中记者发现,省内零售市场的调整以青岛地区最为明显。除乐购撤离即墨外,去年 5～6 月期间,福建宝龙集团旗下的宝莱百货李沧店和即墨店相继关停。当地媒体称关店系招商不力、商圈消费能力弱、商场管理思路不对路等多重因素导致。

9 月,青岛巴黎春天广场宣布停业,其控股方系北京王府井百货(集团)股份有限公司。此外 12 月底,潍坊百货集团旗下的佳乐佳超市青岛李沧店也宣布停业,而青岛北方国贸集团股份有限公司旗下的北方国贸莱芜购物广场也因经营不善于 12 月初停业。

不过值得注意的是,期间也有海航万邦购物中心、利群集团青岛平度购物中心、华润万家广州南路店等 3 家购物中心或超市在青岛开业。

年内新开店 27 家,两家企业成“急先锋”

统计数据显示,2014 年我省商场、购物中心共关店 14 家(连锁超市计为 1 家),而新开门店达 27 家,市场总体仍呈现繁荣景象。

其中,华润万家去年在省内先后开出潍坊鸢飞路店、胶南广州南路店、烟台海港路店、济宁太白路店、淄博乐都汇店、烟台关南街店,并接手乐购济南经四路万达店。而万达集团则紧追其后,在潍坊、济宁、烟台开出百货店和购物中心。

此外,诸如济南世茂国际广场、淄博银泰百货、威海九龙城购物广场、大商集团淄博新玛特中润店等外省零售企业也于年内陆续开业。而本土的鲁商集团、鲁能集团也分别在滨州、济宁、济南开设新的购物中心。

第四步:自控终端建设终点顾客数据库

如果以中间商代理为主要销售方式,厂家对终端是没有控制力度的。自己的产品或服务被谁买去了,何时买去的,为什么买去的,去年有哪些顾客购买的,今年有多少老顾客流失了,为什么流失了,又增加了哪些新顾客,为什么增加了,诸多信息,厂家一概不知。

如果厂家不掌握这些信息,还在那里说自己多么为顾客着想,都是虚假的。

终点顾客数据库的具体结构的设计和运用,需要聘请专门的信息技术公司或内部专职技术人员专门设计,没有统一的格式。

因此,谭木匠已经建立了400多家加盟专卖店,沈阳机床也已建立了7家4S店。如果能够以每个专卖店或4S店为单元建设终点顾客数据库,并通过顾客数据库进行挖掘,必将会发现这是一个巨大的金矿。

哈雷摩托是如何建设顾客数据库的呢?当你购买了一辆哈雷摩托时,哈雷专卖店的销售顾问会交给你两样东西:一样是车钥匙,另一样是哈雷车主会的会员卡(Harley Owners Group,H.O.G)。此会员卡不仅是身份的象征,更是沟通的工具。

而在我国,各种会员卡成为打折卡。不知道这些企业除了懂得打折外,究竟懂得多少人性。如果不把会员卡变成企业终点顾客数据库的建设工具,并成为企业为这些终点顾客提供个性化服务与沟通的桥梁,一切承诺都是不可验证的。

曼谷的东方饭店,可以直观深刻地理解顾客数据库及其挖掘价值。

东方饭店之所以成为世界最好酒店,是因为其品牌定位是:只接待商务散客,不接待旅游团队。因为旅游团队没有重复入住的可能。泰国曼谷作为旅游目的地,每年有大量的国外游客,这些组团游客极少重复来旅游。东方饭店的那些记住顾客行为的所有细节,都建立在一个前提上,就是顾客必须是重复入住,而且接受得起房间定价。这样一来,整个问题就转为:在房价一定的条件下,如何提高重复入住率了。对此,东方饭店的策略就是锁定目标顾客,不接待组团游客,只接待商务散客。

能够在曼谷开设分支机构或开展商务活动的公司,也一定注重住宿的档次,从而能够接受得起东方饭店的定价。而商务散客最大特点是重复入住,因为要经常来处理商务活动。同时,商务散客对获得尊重尤其敏感。正是居于对商务散客的精确定位,才使东方饭店摆脱了价格战,采取了记住顾客、记录顾客、生日贺卡等一系列个性化服务。而这一切,都是基于顾客数据库的建设。

案例理解 8.3 泰国曼谷的东方饭店①

连续被世界旅游组织评为世界最佳饭店的是泰国曼谷的东方饭店。该饭店重复入住率是70%以上,需要提前一个月预订。其房价是480美元,而曼谷其他五星级酒店房价平均是280美元。东方饭店之所以成功,前提是该饭店的目标顾客定位极为精确,只接待商务散客,绝对不接待旅游团队。

一位朋友因公务经常出差泰国,并下榻东方饭店,第一次入住时良好的饭店环境和服务就给他留下了深刻的印象。当他第二次入住时几个细节更使他对饭店的好感迅速升级。

那天早上,在他走出房门准备去餐厅时,楼层服务生恭敬地问道:“于先生是要用早餐吗?”朋友很奇怪,反问:“你怎么知道我姓于?”服务生说:“我们饭店规定,晚上要背熟所有客人的姓名。”这令朋友大吃一惊,因为他频繁往返于世界各地,入住过无数高级酒店,但

① 参见2004年4月12日“百度文库”,作者:夏之。

这种情况还是第一次碰到。

朋友高兴地乘电梯下到餐厅所在的楼层，刚刚走出电梯门，餐厅的服务生就说："于先生，里面请。"朋友更加疑惑，因为服务生没有看到他的房卡，就问："你知道我姓于?"服务生答："上面的电话刚刚下来，说您已经下楼了。"如此高的效率让朋友再次大吃一惊。

本书点评：服务业的本质，就是让顾客开心！而尊重顾客是最基本的措施。但是，尊重不是一个抽象的概念，而是由顾客可以感受到的一件件具体小事构成的。

朋友刚走进餐厅，服务小姐微笑着问："于先生还要老位置吗?"朋友的惊讶再次升级，心想："尽管我不是第一次在这里吃饭，但最近的一次也有一年多了。难道这里的服务小姐记忆力那么好?"

看到朋友惊讶的目光，服务小姐主动解释说："我刚刚查过电脑记录资料，您去年8月8日在靠近第二个窗口的位子上用过早餐。"朋友听过兴奋地说："老位子！老位子!"小姐接着问："老菜单，一个三明治，一杯咖啡，一只鸡蛋?"现在朋友已经不再惊讶了，"老菜单，就要老菜单!"朋友已经兴奋到了极点。

本书点评：电脑记录资料就是顾客数据库。其实，东方饭店对顾客的偏好记录是很全的，包括喜欢什么样的枕头等。对今天的饭店前台登记计算机系统而言，可以很好地进行顾客分类：谁是团体顾客，谁是散客，谁来过两次以上等，这就是数据库挖掘业务。

上餐时餐厅赠送了一碟小菜，由于这种小菜朋友是第一次看到，就问："这是什么?"服务生后退两步说："这是我们特有的小菜。"服务生为什么要先后退两步呢？他是怕自己说话时口水不小心落在客人的食品上，这种细致的服务不要说在一般的饭店，就是美国最好的饭店里朋友都没有见到过。这一次早餐给朋友留下了终生难忘的印象。

后来，由于业务调整的原因，朋友有3年的时间没有再到泰国去。在朋友生日的时候，突然收到一封东方饭店发来的生日贺卡，里面还附了一封短信，内容是："亲爱的于先生，您已经有3年没有来过我们这里了。我们全体人员都非常想念您，希望能再次见到您。今天是您的生日，祝您生日愉快。"

朋友当时激动得热泪盈眶，发誓如果再去泰国，绝对不会到任何其他的饭店，一定要住东方饭店，而且要说服所有的朋友也像他一样选择！朋友看了一下信封，上面贴着一枚6元的邮票，6元钱就这样强化了一颗心。品牌就是这样建立起来的。

所以，谁说建品牌需要大的广告投入？如果能够建立起来终点顾客数据库，并与这些顾客建立深度的情感沟通，将顾客的抱怨作为创新之源，将顾客的赞美作为品牌之本，企业的品牌信用才能成为有源之水。

第五步：与顾客的顾客进行快乐沟通

所谓顾客的顾客，就是直接购买的顾客，他们更关心自己的顾客，因此，就需要通过与他们的顾客的快乐沟通，来赢得直接顾客的选择。

例如，吉尼斯汽车销售纪录保持者是美国的杰拉德，在他打破纪录时，他已经销售出去了13000辆汽车。每个月，杰拉德都会给从他这买了车的顾客邮寄一张贺卡，根据当月的节日进行问候，并总是写明"I LOVE YOU"(即我喜欢你)。

对杰拉德而言，直接顾客是那些预买车的潜在顾客，而这些潜在顾客在准备选购轿车时，首先要向自己身边已买过车的亲朋好友打听，到哪儿买比较好，这些亲朋好友就构成了顾客的顾客。杰拉德的每个老顾客每年都会得到杰拉德的12张贺卡。某个顾客的亲朋好友向其询问到何处买车时，该顾客不推荐到杰拉德这里，还能推荐到哪儿呢？

第六步：建设品牌型二维码

二维码是智能手机时代，顾客与企业联系和交流的“终端”。越来越多的大学生和年轻人，是通过智能手机来了解想要知道的信息，而最简便的方式就是扫二维码。

中小企业进驻传统的零售终端的成本很高，现在，通过“二维码＋网店＋快递公司”，自己就可以成为终端，从而降低中间成本。中小企业规模小，资金不足，人才不足，如何进行品牌建设呢？

困难一：终端难进，自建网站，可效果呢？

很多企业为了克服超市、门店的高费用，都建立了自己的网站，试图通过自己的网站，进行宣传和销售。但实际效果却很差，不仅成交率低得可怜，而且来登陆的人也很少。

可为什么会这样？我们认为是企业把商务电子和电子商务搞混了。

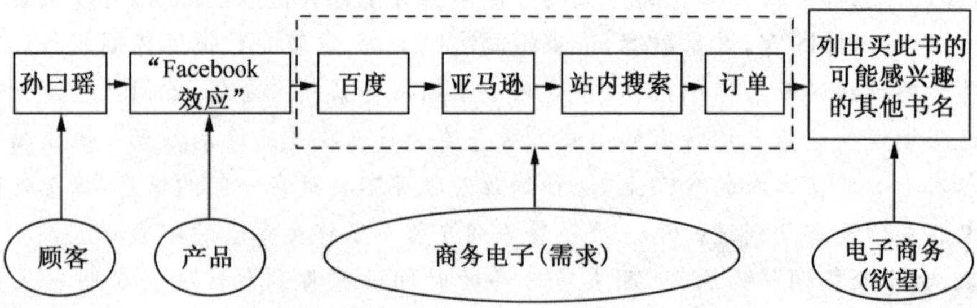

图8.1 电子商务示例

商务电子把线下交易搬到线上完成，满足的是需求。而电子商务则是通过网络技术，想顾客所没想到的，从而化解顾客焦虑，满足的是欲望。

由此可见，顾客通过网络搜索，有两种可能：

一是直接搜索商标名，二是搜索产品名。若是直接搜索产品名称，出来很多列表，从中再进行多次搜索，才有可能找到自己想要的东西，经济学称之为“交易费用很高”。

如果直接输入商标名称，搜索就简单多了。所以，在网络时代，不是品牌不重要了，而是更重要了。

困难二：缺乏亮度，自然销售，可价格呢？

广告，确实能提高商标知名度，但对中小企业而言，广告投入是难以承担的。在这种情况下，多数企业产品每年也都能卖出去，也就是自然销售，问题是价格随行就市。原因是缺乏品牌支撑。

困难三：缺乏人才，作坊思维，可专业呢？

中小企业最大的约束，就是不可能组建所需要人才的团队，从而形成了凡事自己做的作坊思维。问题是要提高效率，前提就是专业化。

面对这三个困难，如何办？在移动互联网时代，按照品牌经济学的观点，可以采取的策略是"产品＋二维码"策略，也即在产品上贴上二维码。面粉等包装类产品可以在外包装袋上，苹果等水果可以直接在水果表面贴上二维码。

问题是随着二维码的普及，面临着众多的二维码，消费者为什么要用手机扫你的二维码？换言之，请给我一个扫你家二维码的理由！

这就是品牌型二维码要解决的问题，就是给目标顾客一个不假思索扫码的理由。按照现行电子商务策略，在通过网站进行市场推广时，要解决四个问题：问题一，是把商务电子与电子商务区分开，通过商务电子来获得登陆顾客的信息，从而扩展电子商务。问题二，为此，就要吸引尽可能多的人来登陆。提高本网站知名度，这又进入广告模式。问题三，通过网站优化，来获得搜索引擎抓取。问题四，向搜索引擎公司缴费，尽可能地向前排名。

所以，实体电商化过程中，企业需要始终围绕终点顾客，思考一个核心问题，就是如何确保网站被搜索引擎高频抓住，否则，自己的网站就成了孤岛。

互联网的本质是交流，最可怕的问题就是无人登陆，也即孤岛化。那么，如何确保搜索引擎高频访问企业的网站呢？这就需要品牌经理掌握网站优化的专业技术。

背景资料8.3 辽宁沈阳农产品年底前不贴二维码将禁止出售①

辽宁沈阳建农产品监管平台，市民将吃得放心吃得明白。你知道在市场上购买的蔬菜等农产品来自哪里吗？生产者是谁？施用了哪些农药化肥？是否经过检测合格？这些内容，都可在沈阳今年将建成的农产品网络监管平台上查询到，并可进行投诉举报。

今年底，沈阳所有农产品都将贴上二维码。二维码上面将显示上述信息，没有二维码的农产品不得销售。目前试点单位是绿色食品企业、大型超市、批发市场。

2013年5月13日，记者从辽宁省沈阳市农委获悉，今年将建农产品网络监管平台。通过网络，消费者可以对所购农产品溯源，了解农业投入品，同时，有关部门还可通过该平台进行农产品质量安全等信息的发布。

据介绍，农产品质量安全追溯是通过二维码实现在生产、销售、日常监管、查询等环节进行追溯。目前以沈阳市现有的部分已认证的绿色食品企业、大型超市、批发市场作为农产品质量安全追溯试点单位。

二维码信息包括农药采购、使用情况。农委相关负责人介绍，二维码信息包括产品基本信息、检测合格等信息，附在商品外包装上，作为合格农产品上市销售凭证。

生产者从种植初期将种子采购、定植、农药采购、使用情况等方面建立产品电子档案，随着生产，还将补充用药次数、时间、施肥记录等信息。同时，在大棚中安装摄像头，24小时不间断监控，监控信息长期保存，可以随时提取录像。

本书点评：这些信息都存储在服务器里，二维码就是进入的门票。

上市监管

在上市前，由检测机构对农产品进行检测，合格的加贴二维码。该负责人表示，市场上没有生产环节和销售环节监管制作的二维码农产品不得销售，农业行政执法部门将对

---

① 参见2013年5月14日"东北新闻网"(http://news.nen.com.cn)，作者：谢扬。

假冒使用合格产品二维码标识的企业和经销商进行打击。

据介绍，目前追溯系统已经小范围试运行，前几天“十二运”竞走比赛，运动员、裁判员等定点餐饮单位的农产品，均是市农委贴有二维码检验合格的蔬菜，“运行的结果是成功的。”该负责人说。

外埠农产品

试点单位的蔬菜可以追溯，那暂未纳入监管平台及外埠的农产品如何监管呢？

“建立电子台账！”据了解，未纳入生产环节监管和外埠农产品由市场管理方负责建立电子台账，记录产品品名、产地、生产者、生产日期、索证发票等基本信息。上市前由检测部门进行检测，检测合格产品，由检测部门制作并发给包含基本信息及检验结果的二维码附在外包装上作为销售凭证进行销售。

这样，农产品质量安全监管部门可以通过二维码或网络平台对农产品的生产信息、检测进行追溯查询工作，确定出现问题的生产或检测责任人。

由上可见，目前在我国二维码应用，还主要处于质量管理阶段，尚未进入品牌阶段。因为质量管理，是政府的职责。而品牌建设，则是企业的职责。

按照传统的品牌建设，尤其是电子商务领域，要完成以上工作，可能是很多中小企业自己无法完成的。因为这些都涉及更专业的知识了，而且需要动态完善。是否有直指人心的方法呢？为此，我们看个案例。

实例 8.3 “维多利亚”内衣“诱惑”二维码①

著名内衣品牌“维多利亚”做了一个很有范儿的户外广告，在模特前胸盖上二维码，广告文案更是赤裸裸地充满诱惑——“Reveal Lily’s secret”(Lily 的真实秘密)，让你急不可待地拿起手机拍摄二维码。原来二维码的后面是维多利亚的秘密内衣，真的如广告语所说的那样，“比肌肤更性感”。

图 8.2 “诱惑”人的二维码

① 参见 2012 年 7 月 23 日“艾瑞网”(www.column.iresearch.cn)，作者：刘东明。

背景资料8.4　二维码,从死码到活码[①]

二维码出现在上世纪80年代,我国从1993年开始出现。但真正为人们熟知而使用开来在很大程度上是因为微信的大力推广,普通消费者对微信二维码会感到比较新鲜。

现在的二维码应用范围和用途都很广,而且使用方便,操作简单。某公司已经将二维码运用到雪狼陶瓷、高宏奥博陶瓷、喜之来瓷砖、米兰生态瓷砖的网站、产品包装箱、宣传图册、总部和终端展厅等不同的地方。

顾客通过微信主动扫描二维码,可以轻松获取企业的资讯、产品优势和卖点、搭配效果和相关优惠活动等信息。

武汉汉口一家公司年轻职员熊康说:“扫扫二维码,就不用在手机上挨个字母地输入网址,使‘低头一族’上网更便利。我现在几乎患上‘二维码强迫症’,一看到二维码就想扫一下,看是否有商场打折优惠券。”问题是什么样的二维码能吸引顾客主动扫面?

微信二维码也可以应用到促销里面,可以作为促销活动中的一环。例如,顾客通过关注企业微信来参加企业活动,他们回复信息后,可获得企业发送的电子优惠券,凭借这个优惠券可以享受到额外折扣或者礼品。

二维码旨在解决移动互联网的最后一公里:移动互联网应用落地。二维码已从传统的死码发展到现在的活码,即二维码不变,后台信息可以改变,从而方便了企业信息处理。

目前使用微信的企业也有一些,但还处在初步的应用阶段,只是简单尝试一下微信二维码的使用效果。微信的营销功能还有待深度挖掘。

企业进行品牌型二维码建设的核心,是通过提高扫码率,来提高成交率。

所谓扫码率,就是100个看到你的二维码的人,有多少人能够用手机扫描。所谓成交率,就是100个扫码进入的顾客,有多少人实际购买了产品。

扫码率是条件,成交率是目的。为此,我们提出了品牌型二维码建设的四个指标:

指标一:接触度,如何让更多的目标顾客看到。

四个策略:一是随着产品走,在产品的包装、产品本身印制或贴二维码,让自然购买的顾客及其亲朋随时可见。二是随着名片走,公司个人名片上印制二维码。三是随着材料走,公司的各种宣传材料上印制二维码。四是随着微信走,本公司个人发送微信时,设计带有二维码的模板。

指标二:快乐度,如何使潜在顾客看到二维码时,能产生快乐的心情。

三个策略:一是背板的萌态表情,可爱+可怜=萌。二维码可以放置在具有表情化的背板上,在人情越来越冷淡的时代,萌的表情可以给人带来点童年的回忆,触景生情地产生快乐。二是获奖的促销设计,即扫码大奖的文字提示,类似2元可能有500万元的中奖效应。三是性感的魅力设计,性感而不是色情产生的诱惑。

指标三:信任度,如何降低顾客担心病毒或陷阱的顾虑。

看到并产生兴趣的潜在顾客,如何克服最后一个防线,即二维码陷阱?策略是引入第三方认证。目前,提供二维码服务的公司很多,良莠不齐,其中就有恶意行为,目的不是给

---

① 参见2013年12月4日“新华网”(www.xinhuanet.com),作者:李劲峰、周劼人、皮曙初。

企业提供市场服务,而是通过内置软件,获取扫码人的信息,甚至传播病毒。

只有提供二维码展示平台的公司,才不会内置陷阱。

当某些提供二维码服务的企业,提出免费或低价格给你服务时,你要小心了! 因为不排除他们以出售你的信息为收益来源!

指标四:重复率,如何吸引一个顾客乐此不疲的多次扫码。

三个策略:一是保持二维码背板表情的稳定性,增强熟悉感觉。二是不断增加价外奖励的新颖性。除了逢年过节,不建议采取直接的价格促销,因为便宜没好货,可以采取赠品或者买一送几策略。三是主动问候和介绍产品用法的温暖性。即通过短信或微信,更佳的是建立微信群,问候老顾客,经常介绍产品新用法。

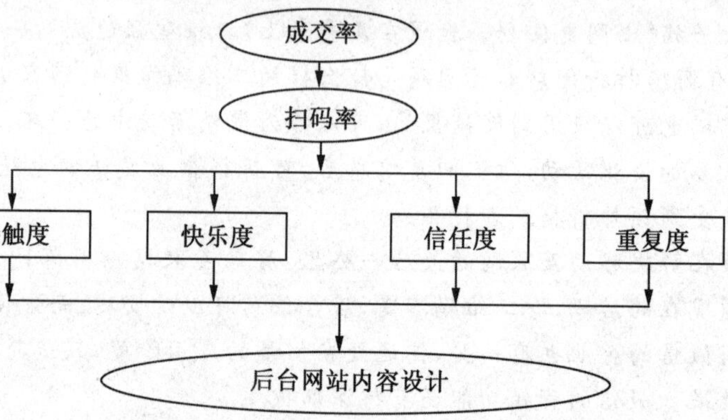

图 8.3　二维码内容示意图

8.4　终端建设稳定性的案例诊断

8.4.1　“华夏良子”足疗的终端建设稳定性测试评级

“华夏良子”属于保健按摩,包括两种终端形式:一是门店,即在各地设立连锁门店;二是产品,即可以携带回家使用的相关产品。

通过资料检索,我们发现“华夏良子”的终端形态为自控终端与加盟商结合,相当于“旗舰店+加盟店”形式。

目前,“华夏良子”主要是通过自己进行连锁经营,并没有进行区域代理制。同时,“华夏良子”拥有自己的员工培训中心和配送中心。因此,“华夏良子”对各地的连锁店的控制力度是比较大的,这样就能保证每个分店的服务和产品质量。

综上所述,“华夏良子”终端建设的稳定性测试如表 8.4 所示:

表 8.4　“华夏良子”足疗的终端建设稳定性测试评级表

指标	测评二级指标	指标赋值要点	指标事实及其来源	分值
6. 终端建设的稳定性 B_6	6.1 沟通终端的网络程度，包括二维码使用程度或新媒体是多少？0.60分	产品或其包装普遍未印制自己的二维码，得0.0分；若印制了普通二维码，得0.24分；若背景使用了经过设计的广告型二维码，得0.36分；若使用了经过注册的商标型背板的二维码，得0.48分；若是品牌型二维码，或集中于新媒体，得0.60分	在部分宣传材料上印制了普通二维码，故得0.24分	0.24
	6.2 拟评商标产品的现实终端形式是什么？0.30分	若只有代理商，得0.0分；由代理商进终端但拟评企业派驻导购员，或受导购个人影响很大，得0.06分；若完全为加盟终端，得0.12分；若由代理商和企业各自拓展终端即双重渠道，得0.18分；若是旗舰店基础上的加盟连锁店，得0.24分；若完全为自控终端(厂家在商场直接租赁柜台，或者是自建专卖店)，得0.30分	“华夏良子”的终端形态是旗舰店基础上的加盟连锁店，得0.24分	0.24
	6.3 目标顾客到拟评商标所代表的产品终端是否便捷？0.10分	若是类似直销、网店或社区店等终端，就很便捷，得0.10分；若是设立于城市中心，或者是郊区的位置，便捷性就很低，得0.0分	以社区店为主要形式，便捷性较高，故得0.10分	0.10
得分合计				0.58

测试等级	1.0	0.8～0.99	0.6～0.79	0.4～0.59	0.2～0.39	≤0.19
	AAA级	AA级	A级	[B级]	C级	D级

8.4.2　“上海”表的终端建设稳定性测试评级

“上海”表业的终端形式包括钟表公司专柜、展会、个性定制、网络订购，还有少量代理。也就是说，“上海”表业的终端形态为自控终端为主，代理加盟为辅，相当于“旗舰店＋加盟店”形式。目前，“上海”表主要采取单位客户订制即厂方直供，虽然还没有开设专卖店，产品主要放在一些钟表店来卖即专柜。

综上所述，“上海”牌手表的终端建设稳定性测试如表8.5所示：

表 8.5 “上海”表的终端建设稳定性测试评级表

指标	测评二级指标	指标赋值要点	指标事实及其来源	分值
6. 终端建设的稳定性 B_6	6.1 沟通终端的网络程度，包括二维码使用程度或新媒体是多少？0.60分	产品或其包装普遍未印制自己的二维码，得0.0分；若印制了普通二维码得0.24分；若背景使用了经过设计的广告型二维码，得0.36分；若使用了经过注册的商标型背板的二维码，得0.48分；若是品牌型二维码，或集中于新媒体，得0.60分	在部分宣传材料上印制了普通二维码，故得0.24分	0.24
	6.2 拟评商标产品的现实终端形式是什么？0.30分	若只有代理商，得0.0分；由代理商进终端但拟评企业派驻导购员，或受导购个人影响很大，得0.06分；若完全为加盟终端，得0.12分；若由代理商和企业各自拓展终端即双重渠道，得0.18分；若是旗舰店基础上的加盟连锁店，得0.24分；若完全为自控终端(厂家在商场直接租赁柜台，或者是自建专卖店)，得0.30分	“上海”表的终端形态是厂方直供、专柜和少量的代理，故得0.30分	0.30
	6.3 目标顾客到拟评商标所代表的产品终端是否便捷？0.10分	若是类似直销、网店或社区店等终端，就很便捷，得0.10分；若是设立于城市中心，或者是郊区的位置，便捷性就很低，得0.0分	顾客定制直供，类似直销，顾客便捷性很高，故此项得0.10分	0.10
得分合计				0.64

测试等级	1.0	0.8～0.99	0.6～0.79	0.4～0.59	0.2～0.39	≤0.19
	AAA级	AA级	A级	B级	C级	D级

8.4.3 “七匹狼”服装的终端建设稳定性测试评级

服装的终端形态包括代理门店、商场专柜、专卖店、网店、批发市场等。

通过资料检索，我们发现“七匹狼”的终端形态为自控终端与加盟商结合，相当于“旗舰店＋加盟店”形式。

从1995年起，“七匹狼”引入特许经营模式。“七匹狼”不仅为加盟商提高商标使用权，而且还提供一整套营销和管理的系统，包括培训、店面设计、店址选择、行为规范、财务制度等。这有利于“七匹狼”对其销售终端的了解和控制，同时也能避免同一地区不同门店之间的价格冲突，货品冲突，形象、服务和理念的冲突等。

综上所述，“七匹狼”的终端建设稳定性测试如表8.6所示：

表 8.6　“七匹狼”服装的终端建设稳定性测试评级表

指标	测评二级指标	指标赋值要点	指标事实及其来源	分值
6. 终端建设的稳定性 B_6	6.1 沟通终端的网络程度，包括二维码使用程度或新媒体是多少？0.60 分	产品或其包装普遍未印制自己的二维码，得 0.0 分；若印制了普通二维码得 0.24 分；若背景使用了经过设计的广告型二维码，得 0.36 分；若使用了经过注册的商标型背板的二维码，得 0.48 分；若是品牌型二维码，或集中于新媒体，得 0.60 分	在部分宣传材料上印制了普通二维码，故得 0.24 分	0.24
	6.2 拟评商标产品的现实终端形式是什么？0.30 分	若只有代理商，得 0.0 分；由代理商进终端但拟评企业派驻导购员，或受导购个人影响很大，得 0.06 分；若完全为加盟终端，得 0.12 分；若由代理商和企业各自拓展终端即双重渠道，得 0.18 分；若是旗舰店基础上的加盟连锁店，得 0.24 分；若完全为自控终端（厂家在商场直接租赁柜台，或者是自建专卖店），得 0.30 分	“七匹狼”的终端形态是“旗舰店＋加盟店”，故得 0.24 分	0.24
	6.3 目标顾客到拟评商标所代表的产品终端是否便捷？0.10 分	若是类似直销、网店或社区店等终端，就很便捷，得 0.10 分；若是设立于城市中心，或者是郊区的位置，便捷性就很低，得 0.0 分	以服装店为主，便捷性较高，故得 0.10 分	0.10
得分合计				0.58

测试等级	1.0	0.8～0.99	0.6～0.79	0.4～0.59	0.2～0.39	≤0.19
	AAA 级	AA 级	A 级	[B 级]	C 级	D 级

8.4.4　“百达翡丽”腕表的终端建设稳定性测试评级

奢侈品销售通常有以下终端形式：旗舰店、加盟店、商场专柜、拍卖、展会、个性定制、网络订购。

通过资料检索，我们发现“百达翡丽”的终端形态主要有授权零售商（代理）、经销商、展会、拍卖和个性定制几种，即自控终端与加盟商结合，相当于“旗舰店＋加盟店”形式。

目前，“百达翡丽”主要采用授权零售商和经销商的方式进行销售，在世界各地都有经销商和零售商，很多零售商已经与厂家保持了 150 多年的合作历史；“百达翡丽”还有足够的实力自己开办展会，在展会上发布并销售最新设计；同时，“百达翡丽”允许自己的设计拍卖和进行个性定制。因此，综合来说，“百达翡丽”对这几种终端形式的控制力度是比较大的，这样既能最大限度地获得利润，又能保证产品质量。

综上所述，“百达翡丽”终端建设稳定性测试如表8.7所示：

表8.7　“百达翡丽”腕表的终端建设稳定性测试评级表

<table>
<tr><th>指标</th><th>测评二级指标</th><th>指标赋值要点</th><th>指标事实及其来源</th><th>分值</th></tr>
<tr><td rowspan="3">6.终端建设的稳定性 B_6</td><td>6.1 沟通终端的网络程度，包括二维码使用程度或新媒体是多少？0.60分</td><td>产品或其包装普遍未印制自己的二维码，得0.0分；若印制了普通二维码得0.24分；若背景使用了经过设计的广告型二维码，得0.36分；若使用了经过注册的商标型背板的二维码，得0.48分；若是品牌型二维码，或集中于新媒体，得0.60分</td><td>在部分宣传材料上印制了普通二维码，故得0.24分</td><td>0.24</td></tr>
<tr><td>6.2 拟评商标产品的现实终端形式是什么？0.30分</td><td>若只有代理商，得0.0分；由代理商进终端但拟评企业派驻导购员，或受导购个人影响很大，得0.06分；若完全为加盟终端，得0.12分；若由代理商和企业各自拓展终端即双重渠道，得0.18分；若是旗舰店基础上的加盟连锁店，得0.24分；若完全为自控终端（厂家在商场直接租赁柜台，或者是自建专卖店），得0.30分</td><td>“百达翡丽”的终端形态主要有授权零售商（代理）、经销商、展会、拍卖和个性定制几种，即自控终端与加盟商结合，相当于“旗舰店＋加盟店”形式。故得0.24分</td><td>0.24</td></tr>
<tr><td>6.3 目标顾客到拟评商标所代表的产品终端是否便捷？0.10分</td><td>若是类似直销、网店或社区店等终端，就很便捷，得0.10分；若是设立于城市中心，或者是郊区的位置，便捷性就很低，得0.0分</td><td>都设立在城市中心的大商城内部，便捷性较低，故此项得0.0分</td><td>0.0</td></tr>
<tr><td colspan="4">得分合计</td><td>0.48</td></tr>
</table>

<table>
<tr><td rowspan="2">测试等级</td><td>1.0</td><td>0.8～0.99</td><td>0.6～0.79</td><td>0.4～0.59</td><td>0.2～0.39</td><td>≤0.19</td></tr>
<tr><td>AAA级</td><td>AA级</td><td>A级</td><td>[B级]</td><td>C级</td><td>D级</td></tr>
</table>

8.4.5　“依波路”手表的终端建设的稳定性测试评级

钟表的销售通常有以下终端形式，即旗舰店、加盟店、商场专柜、拍卖、展会、个性定制、网络订购。

我们在“依波路”的官网上获知，“依波路”在香港设有亚洲区总代理——依波路（远东）有限公司，该公司负责“依波路”品牌在亚洲区的销售和品牌推广。“依波路”还在中国包括香港和澳门共设有24个专门的服务中心，2009年在青岛和上海分别成立了两个旗舰店（不能确定的是旗舰店是自控还是加盟的）。另外，“依波路”的销售终端形式还包括商场专柜、拍卖和展会等。但是，“依波路”在官网明确说明，该腕表并没有通过网络销售，公司对网上购买的手表也不承担任何质量保证和国际维修服务。

也就是说，“依波路”的终端形式相当于“旗舰店+加盟店”的形式。

目前，“依波路”公司对旗舰店、展会等销售终端的控制能力非常强，同时还有代理商负责区域内的品牌销售和推广。

综上所述，“依波路”终端建设稳定性测试如表 8.8 所示：

表 8.8 “依波路”手表的终端建设稳定性测试评级表

指标	测评二级指标	指标赋值要点	指标事实及其来源	分值
6. 终端建设的稳定性 B_6	6.1 沟通终端的网络程度，包括二维码使用程度或新媒体是多少？0.60 分	产品或其包装普遍未印制自己的二维码，得 0.0 分；若印制了普通二维码得 0.24 分；若背景使用了经过设计的广告型二维码，得 0.36 分；若使用了经过注册的商标型背板的二维码，得 0.48 分；若是品牌型二维码，或集中于新媒体，得 0.60 分	在其官网上，未见二维码，故此项得 0.0 分	0.0
	6.2 拟评商标产品的现实终端形式是什么？0.30 分	若只有代理商，得 0.0 分；由代理商进终端但拟评企业派驻导购员，或受导购个人影响很大，得 0.06 分；若完全为加盟终端，得 0.12 分；若由代理商和企业各自拓展终端即双重渠道，得 0.18 分；若是旗舰店基础上的加盟连锁店，得 0.24 分；若完全为自控终端（厂家在商场直接租赁柜台，或者是自建专卖店），得 0.30 分	“依波路”的终端形式相当于“旗舰店+加盟店”的形式，故得 0.24 分	0.24
	6.3 目标顾客到拟评商标所代表的产品终端是否便捷？0.10 分	若是类似直销、网店或社区店等终端，就很便捷，得 0.10 分；若是设立于城市中心，或者是郊区的位置，便捷性就很低，得 0.0 分	多数在城市的二级商业中心销售，便捷性较高，故得 0.10 分	0.10
得分合计				0.34

测试等级	1.0	0.8～0.99	0.6～0.79	0.4～0.59	0.2～0.39	≤0.19
	AAA 级	AA 级	A 级	B 级	C 级	D 级

8.5 终端建设稳定性的案例模拟

为了熟练地掌握终端建设稳定性的技术标准和测试评级要求，需要进行一定数量的案例模拟，也即熟能生巧。为此，我们采集了以下案例。在仔细阅读下列案例的基础上，结合自己进行的网络信息收集，根据前述的技术标准和测试评级要求，完成每个案例后面给出的终端建设稳定性测试评级表，并撰写诊断报告。

为了增强案例的阅读性，我们在每个案例的相关段落后面，插入了我们的点评，点评的理论依据就是品牌经济学原理。

案例模拟 8.1 “阳光豆坊”，九阳突围？[①]

豆浆机 2008 年的火爆有目共睹，但是，爆炸性的增长后将面临什么？面对利基市场的不确定性和小家电行业的潮流性，九阳作为行业领头羊，作出了进军大豆产业的战略举措，九阳这步棋会成功吗？

本书点评：利基市场，英文是“Niche”，其实翻译成缝隙市场更恰当。Niche 来源于法语。法国人信奉天主教，在建造房屋时，常常在外墙上凿出一个不大的神龛，以供放圣母玛利亚。它虽然小，但边界清晰，洞里乾坤，因而后来被引来形容大市场中的缝隙市场。在英语里，它还有一个意思，是悬崖上的石缝。人们在登山时，常常要借助这些微小的缝隙作为支点，一点点向上攀登。20 世纪 80 年代，美国商学院的学者们开始将这一词引入市场营销领域。

“九阳开始卖大豆了！”乍一听，你可能会怀疑自己的耳朵。九阳豆浆机不是做得挺好吗？跑去凑那个热闹做什么？好像有点不务正业啊，何况现在大豆产业不景气，这是真的吗？

2008 年，九阳以订单农业的形式在东北三江平原这块沃土上创建有机大豆品牌“阳光豆坊”，开创了食品饮料加工设备企业进军食品饮料产业上游的先河。而仅仅过了不到一年，九阳又追加 1 亿元投资，将产能扩大到年加工大豆 6 万吨，加上济南生产基地原有 5 万吨的产能，九阳的大豆加工年产能将达到 11 万吨。可以看出，进入豆浆产业上游，不是小打小闹，而是九阳重要的战略举措。

2008 年，九阳遇到了好年景，销售收入达到 43 亿元，同比增长 122%，主营业务豆浆机的市场占有率达到 86%，企业市值曾一度超过海尔(上市部分)。在这种“大好形势”下，九阳为什么要进入豆浆产业上游呢？

九阳困局：成长性如何持续？

15 年前，爱喝豆浆的王旭宁发明了豆浆机，也许王旭宁自己也没想到，小小的豆浆机竟有如此之大的能量，造就了九阳今天的辉煌。从九阳的发展历程来看，从 2000 年起，九阳苦心经营的豆浆机市场开始出现较快增长，2008 年更是出现了井喷式的增长。然而，喜上眉梢的同时，九阳却不得不深入思考自身的现状和未来。

竞争白热化：在“体面”的业绩背后，九阳其实面临着严峻的市场形势。豆浆机行业由于技术、资本的门槛较低，在新一轮的火爆行情之后，竞争极为激烈。2008 年，国内新增豆浆机企业 800 多家，其中具有自主品牌的就有 100 多家。大型家电集团也陆续跟进，美的 2008 年投资 3 亿元进军豆浆机市场，到 2009 年上半年已经占据近 14% 的市场份额，九阳则降到了 80%。另外，东菱电器也开始进入，开发出了实用性更强的水果豆浆机；苏泊尔、飞利浦等企业也纷纷入局。根据家电行业市场调查机构中怡康的调查显示，消费者对豆浆机品牌的选择已经呈现出多样化的态势，美的、东菱等品牌认可度开始上升。从九

① 参见 2009 年 11 月 18 日《经济导报》，作者：李雨涵。

阳2008年的年报来看，由于市场竞争激烈，其营业成本同比增长了146%。

本书点评：其实，九阳豆浆机在初期，如果将毛利空间压低，还会有那么多的后来者进入吗？当然不会。换言之，如果九阳公司将豆浆机作为基本业务，以低价格阻挡后来者大量加入，同时自己开发出派生业务作为赢利空间，就不至于面临今天的问题。

受困利基市场：相对于行业竞争，九阳更担心的是豆浆机行业的萎缩和淡出，因为这对九阳的打击将是致命的。在小家电行业，由于消费者喜好漂泊不定，市场变化快，受消费潮流影响大，一旦所在细分市场过气，就成明日黄花。如曾经的电饭煲、VCD/DVD等风靡一时的产品，如今都已逐渐淡出市场。谁又能保证哪一天豆浆机不会退出市场呢？同时，作为一个细分性很强的小家电，豆浆机市场究竟能做多大？

多元化乏力：其实，九阳早在2002年底就开始向其他小家电产品渗透，希望通过相关多元化规避利基市场风险。九阳的第二大收入来源电磁炉，2008年的营业额达到9.6亿元，同比增长了66%，榨汁机也进入市场前三。但电磁炉、榨汁机的竞争力仍显局促。由于市场成熟、竞争激烈，2008年电磁炉业务的营业成本增加了68.4%，在2009年上半年，销售收入同比下滑46.4%，市场很不稳定。目前，九阳豆浆机的销售收入和利润都占到公司的70%左右，豆浆机行业的稳定仍然是九阳存亡和发展的关键。

本书点评：很多人都会说"不要把鸡蛋装在一个篮子里"，而忘记了没有免费的"篮子"。其实，一个厂商进入的行业越多，面临的对手就越多，学习成本就越高，失败的可能也就越大。换言之，即使是相关多元化，不是规避了风险，而是增加了风险。奔驰公司在1994年，以80亿马克出售了自己的航空航天产业，重新专注于汽车，得以更好地发展。很多人会说美国通用电气公司不是相关多元化很成功吗？其实，通用电气的主营业务是内燃机，所谓的多元化只是内燃机应用于不同的领域，这不是多元化，而是品型空间。例如，火箭发动机、火车发动机、飞机发动机、火电发电机等，都是内燃机这个品类的具体产品。

突围之路：以产业破局？

虽然豆浆机市场的增长和九阳十余年的市场培育有很大关系，但很多时候，中国企业的快速成长往往是市场增长的结果，而不完全是企业实力提升带动的。这种依赖于市场增长的企业成长一定会有停滞的时候。那么，豆浆机市场当前的爆发式增长是否透支了未来的市场？火爆的行情之后是否将进入停滞期？九阳将如何实现未来的持续成长？

本书点评：本文作者说"但很多时候，中国企业的快速成长往往是市场增长的结果，而不完全是企业实力提升带动的"，这是极有见地的，所谓水涨船高。

来自终端的信号：面临困局，一些来自市场终端的疑问似乎打开了九阳的思路。九阳的终端促销人员在销售过程中常遇到消费者的询问：哪种大豆做豆浆最好？哪里可以买到好的大豆？可以多种大豆一起混搭吗？等等。这些来自终端的信号引起了九阳的极大关注。

本书点评：来自九阳豆浆机终端的终点顾客的信息，是九阳公司的真正营养源，但前提是终端是自控的，才能真正关心终点顾客的抱怨和期待。九阳终端促销人员遇到的消费者的这些询问，其实就是顾客的期待，这才是九阳该关心的。换言之，通过绘制顾客利益衍生链，就会发现购买豆浆机的顾客，期待的不是豆浆机，期待的是好豆浆。

近几年，九阳以不断推出新产品来引领市场，也取得一定成效，但如果企业仅仅不断追求产品的变化，而忽略顾客的真正需求，一定会导致产品偏离顾客价值。

豆浆机是用来榨豆浆的，九阳等企业虽然提供豆浆机，但如果豆浆原料跟不上，又怎么能喝上好的豆浆？消费者愿意购买豆浆机是希望能够喝到比市面上的成品更优质的豆浆。但是，这些优质豆浆原料从哪里来呢？从市场上来看，并没有响亮的大豆品牌，同时，豆类多以菜市场及商场的散装零售为主，而且多以区域划分品质，如东北的大豆往往被认为品质较高。这导致消费者不知道如何买到好的大豆，在购买上也不方便，对榨豆浆放多少大豆、如何进行更好地搭配等问题更是无从把握，尤其是生活经验不足的年轻消费者，疑问会更多。这些都将影响消费者对豆浆机的购买。

本书点评：九阳公司能够推出这样的豆浆原料，其他的豆浆机公司为什么就不能呢？换言之，豆浆原料市场是否也会重演豆浆机的历史呢？按照九阳的逻辑，豆浆机是基本业务，豆浆原料是派生业务。问题是这个豆浆原料并不是九阳公司排他性的，一旦九阳公司将豆浆原料这个产品做起来了，跟随是很容易的。其实，九阳公司应该进一步研究购买豆浆机顾客的衍生需求、关联需求和非关联需求。

在顾客价值时代，消费者面临的问题，就意味着企业的机遇和挑战。九阳认识到，豆浆产业的稳定是九阳实现持续发展的前提，而要实现产业稳定，上游的原料必须跟上，生产原料对企业而言也是一个新的盈利点，因此，毅然推出“阳光豆坊”。然而，对于一个在小家电行业做了15年的企业来说，去做大豆产业能掌控得了吗？

资源与规模之争：大豆产业也似乎为九阳提供了机遇。近几年，中国非转基因大豆产业受到国外低价转基因大豆的极大冲击，甚至面临生存危机。与转基因大豆相比，非转基因大豆虽然油脂含量低，但蛋白质含量高，更加健康，非常适合豆制品及豆类加工。九阳此时进军大豆产业，受到当地政府的政策支持和农民的极大欢迎。

九阳对自己也很有信心，此次进入豆浆产业上游的大豆种植加工，方向非常明确，就是要为消费者提供优质豆浆原料。九阳与黑龙江省佳木斯市农垦局以订单农业的形式运作大豆种植，划走了三江平原的“寒地黑土”，这是世界上可以生产出高品质大豆的三块“寒地黑土”之一。从这一点来看，九阳的进军确实获得了一定的产地资源优势。

但是，永和豆浆、维维豆奶等豆制品企业也纷纷开始进入产业上游，争夺优质的产源地。其中，永和豆浆在黑龙江投资3亿元，建设有机大豆产业园。这种优质大豆产地资源的稀缺性，是否会限制“阳光豆坊”未来的发展规模呢？

本书点评：九阳豆浆机的在位者是永和豆浆。永和豆浆是在饭店里喝，而九阳豆浆机是顾客在家里自己做着喝。如果九阳公司进入了大豆产业，则面临新的在位者，尤其是豆浆粉。我们认为，速溶性的豆浆粉，能够进一步降低顾客喝豆浆的时间成本，对年轻的80后顾客，将有更大的吸引力。而在豆浆粉的竞争中，永和豆浆将具有更大的优势。其实，九阳公司有必要研究一下咖啡的饮用历史，二战之前的欧美家庭，都是家庭主妇为全家人熬煮咖啡。二战以及之后，大量的家庭主妇进入工厂工作，没有时间熬煮咖啡。这时，雀巢的速溶咖啡应运而生。而到后工业时代，年轻人之间需要一个交流聚会的场所，这个场所既不是餐馆，也不是办公室，星巴克应运而生了。同样，中国人爱喝豆浆，九阳豆浆机之前，只能在早餐小饭馆里喝，有了九阳豆浆机，则可以在家里喝。问题是在家里何时喝豆浆呢？多数是早晨。那么，早晨短短的时间里，哪些家庭有时间来得及用豆浆机现场做豆浆呢？可以分析一下：70后的家庭，孩子基本都在上小学，孩子的母亲在上班，是否有时间做豆浆；80后家庭是否会早上起来做豆浆。

定位之惑：九阳将推出的“阳光豆坊”定位于优质豆浆原料，通过以袋装方式对豆浆原料进行科学配比，解决了人们对原料的质和量无法把握的问题。在市场分销方面，“阳光豆坊”不仅走九阳的小家电渠道，还通过九阳豆浆生活馆、全国各大商场市场进行出售，使消费者购买豆浆原料更加便捷。2008年，“阳光豆坊”实现销售收入1258万元，今年上半年实现销售收入1500万元，较去年同期翻了一番。虽然规模还很小，不过，作为豆浆原料，消费者需要重复购买，未来市场的想象空间很大。“阳光豆坊”当前的市场定价约为25元/千克，价格远高于散装大豆；2008年的毛利高达41%，未来的盈利性也值得期待。这或许将是九阳未来实现持续增长的重要力量。

本书点评：九阳公司的“阳光豆坊”的豆浆原料，2008年的毛利高达41%。如此高的毛利率，将会吸引更多的后来者加入这个行业。因此，“未来的盈利性也值得期待”这个判断是不成立的。其实，九阳豆浆机在发展的早期，就应该把豆浆机的毛利率降低到尽可能低的程度，以阻止竞争者进入豆浆机行业。同时它还应该构筑金字塔式的产品结构：低价格低利率的产品分摊成本，阻挡对手进入；数量适中的定制类产品构成利润；高技术类或概念类产品构成旗帜，进一步提升形象。即使是今天，也可以举办豆浆机大奖赛，比赛的内容是谁磨出来的豆浆更鲜美。将获奖者的豆浆配料作为豆浆原料予以开发，比自以为是的好原料，更能得到顾客们的信任和欢迎。

此外，通过出售豆浆原料，从产业层面上来说，九阳与其他豆浆机制造商的关系，可以从某种程度上实现由竞争转变为竞合，在豆浆机行业中实现协同盈利。

但是，“阳光豆坊”源自三江平原，需要通过多种渠道覆盖全国市场，这就需要较高的物流配送成本，高物流成本附加在豆浆原料这种大众消费品上是否合适？豆浆作为大众消费品，“阳光豆坊”并没有降低反而是提高了豆浆的消费成本，这种高定价策略是否具有市场局限性？会让消费者望而却步吗？同时，高价豆浆原料和九阳一直力图将豆浆机大众化的意愿是否存在冲突？二者如何实现协同？

拿什么稳定产业？

随着人们生活水平的提高，对饮食安全越来越关注。而豆浆、牛奶等饮品本就是奔着健康去的，容不得有半点隐患。对九阳来说，或许可以保证豆浆机的品质，但是对消费者而言，更需要保证的是豆浆的安全和健康。豆浆机只不过是豆浆产业链上的一个价值点，并不能确保产业的稳定性。谁能保障大豆原料不出问题呢？而这样的问题一旦出现，对九阳而言无疑是致命的。

本书点评：谁说豆浆机只能用来磨豆浆喝？如果九阳公司深入到豆浆机顾客家中，就会发现主妇们为了家人的营养和健康，是多么的有创造力。除了黄豆之外，黑豆、花生、核桃、大米、红豆、绿豆等等，都能做出美味的“豆浆”。所以，家庭用豆浆机，不一定非得用黄豆。主妇们的实际操作，才是九阳公司的创新之源。

近几年，中国非转基因大豆产业受到强烈冲击，很大程度上影响了豆浆产业的稳定。对九阳而言，三聚氰胺事件虽然已经逐渐淡出媒体，但它让乳业巨头“三鹿”轰然倒塌的事实却仍然历历在目，而“伊利”“蒙牛”等企业直到现在也才刚缓过气来。

推出“阳光豆坊”，九阳可以进入产业上游参与当地农业产业结构的改造，从而较好地保障原料品质，一定程度上确保九阳豆浆产业链的健康、安全和稳定。另外，通过进入产业上游，获得原料定价权，可以从某种程度上影响豆浆的消费成本，从产业层面保障企业发展的稳健。此外，还可以强化九阳的豆浆机品牌形象。

本书点评：牛奶业的巨头们出现过明知故犯的信用危机，那么，九阳公司凭什么让顾客们相信自己？三聚氰胺事件导致人们不信任那些大公司，同样，也不会信任自吹自擂的公司，当然也包括九阳公司。德国双立人是靠一个小小的指甲刀树立起自己高品质形象的，是因为双立人兢兢业业地专注于指甲刀。为什么九阳豆浆机就不能？隔行不隔理。

但是，从另一个角度来说，九阳虽然进入豆浆产业上游，由于自身的规模限制，对于产业上游究竟能有多大影响？真的能实现从产业层面保障企业发展稳健的目的吗？

站在小家电行业，做大豆种植加工确实在意料之外，但是，从豆浆产业来看，好像又在情理之中。整体看来，九阳的“阳光豆坊”好像是有点戏，但它在九阳这个“戏台”上扮演着什么角色？“戏份”又能有多少？九阳此次从产品到产业，从豆浆机制造商到豆浆解决方案提供商的角色转换，真的能让它稳住豆浆机行业，实现未来的可持续发展吗？或者，这仅仅是一幅看上去很美的蓝图。

本书点评：什么才能真正稳住豆浆机行业？品牌经济学认为，不是豆浆机，也不是豆浆原料，而是使用豆浆机给谁、带来了什么必然的快乐。如果这个根本问题不解决，豆浆机行业将很快被饮用更方便的豆浆粉所替代。因此，根据豆浆机的利益＝物质利益＋情感利益来看，九阳公司的豆浆原料仍然和豆浆机一样，属于物质利益，这个物质利益是很容易被速溶豆浆粉替代的。只有从情感利益角度入手，发现豆浆机给家庭带来了哪些快乐，从而变成家庭快乐的要素，才能真正稳住豆浆机行业。

根据上述资料信息，结合自己网络搜索信息分析，根据终端建设稳定性的技术标准和测试评级要求，对“阳光豆坊”进行终端建设稳定性测试评级，并撰写分析报告。

表 8.9　“阳光豆坊”的终端建设稳定性测试评级表

指标	测评二级指标	指标赋值要点	指标事实及其来源	分值
6. 终端建设的稳定性 B_6	6.1 沟通终端的网络程度，包括二维码使用程度或新媒体是多少？0.60 分	产品或其包装普遍未印制自己的二维码，得 0.0 分；若印制了普通二维码得 0.24 分；若背景使用了经过设计的广告型二维码，得 0.36 分；若使用了经过注册的商标型背板的二维码，得 0.48 分；若是品牌型二维码，或集中于新媒体，得 0.60 分		

续表

<table>
<tr><th>指标</th><th>测评二级指标</th><th>指标赋值要点</th><th>指标事实及其来源</th><th>分值</th></tr>
<tr><td rowspan="2">6. 终端建设的稳定性 B_6</td><td>6.2 拟评商标产品的现实终端形式是什么？0.30分</td><td>若只有代理商，得0.0分；由代理商进终端但拟评企业派驻导购员，或受导购个人影响很大，得0.06分；若完全为加盟终端，得0.12分；若由代理商和企业各自拓展终端即双重渠道，得0.18分；若是旗舰店基础上的加盟连锁店，得0.24分；若完全为自控终端（厂家在商场直接租赁柜台，或者是自建专卖店），得0.30分</td><td></td><td></td></tr>
<tr><td>6.3 目标顾客到拟评商标所代表的产品终端是否便捷？0.10分</td><td>若是类似直销、网店或社区店等终端，就很便捷，得0.10分；若是设立于城市中心，或者是郊区的位置，便捷性就很低，得0.0分</td><td></td><td></td></tr>
<tr><td colspan="4">得分合计</td><td></td></tr>
</table>

<table>
<tr><td rowspan="2">测试等级</td><td>1.0</td><td>0.8～0.99</td><td>0.6～0.79</td><td>0.4～0.59</td><td>0.2～0.39</td><td>≤0.19</td></tr>
<tr><td>AAA级</td><td>AA级</td><td>A级</td><td>B级</td><td>C级</td><td>D级</td></tr>
</table>

案例模拟8.2 六旬老太的淘宝生意经[①]

说起时下火爆的开网店，似乎是年轻人的天下，然而一位60岁的老太太，硬是凭借自己的经营理念，从当初的"战癌老人"跃身成为今日的"网店达人"。

她的网名叫"马列主义老太太"，她的网店开业一年，已是四颗钻，生意红火，仅2010年5月就成交了368单生意。

她称网络不仅仅是年轻人的地盘，老年人也应占有一席之地。《致富时代》刊载的阿峻文章讲出了这位六旬"网店达人"的生意经。

"马列主义老太太"开网店

孟芳宁今年60岁，家住北京市昌平区天通苑社区。孟芳宁是一名癌症患者。如何调养好身体，让老太太度过退休后的时光，成为全家人的"心头病"。女儿和女婿给她提建议："开个网店吧，这样能和全国各地的网友们交流，扩大人际交往的圈子，对养病有好处，而且，动手动脑还可防止老年痴呆……"老太太根本就没当回事，一笑了之。

女儿使出了一个激将法："妈妈一辈子干什么都不服输，都能干成，还怕上网开店吗？"孟芳宁"上当"了："成，网络凭什么只能是年轻人的领地，咱也来他个网络夕阳红！"在儿女们的帮助下，孟芳宁在淘宝网开了个网店，叫"北京嘉诚商贸行"，她的网名叫"马列主义老太太"。2009年6月9日，以经营休闲食品为主的网店（http://shop58434794.taobao.

① 参见2010年11月21日《致富时代》，作者：阿峻。

com)开张了。

刚开始时,孟芳宁坐到电脑前,看着一条条购物信息,紧张得不知所措。孩子们耐心地做示范,孟芳宁就照葫芦画瓢,打出第一条谈生意的信息:“你好,需要什么吗?”老太太的字刚打完,对方的回应信息已经连着好几条了,速度很快。老太太跟不上对方的节奏,对方打出一连串“问号”。孟芳宁只好喊来孩子们帮忙看看。孩子们告诉对方:计算机面前是一位60岁的老妈妈,年纪大,打字慢请谅解!

本书点评:孟芳宁孩子们的这个偶然解释,恰恰是一个增强诚信的信息。因为60多岁本身就是一个值得信赖的信息。

第一笔生意谈成了,尽管只有区区几十元,可孟芳宁很有成就感,60岁的她仿佛一下年轻了许多。孟芳宁打字慢,又不会盲打,于是,她就事先把“老妈妈年纪大,打字慢请谅解”这句话打出来,客人进网店要求对话时,孟芳宁就把这句话发给对方。大多客户都能理解,还有客户会回复道:“老妈妈,别着急,我等着您。”老太太很是宽慰。

本书点评:预先地告知对方,就是诚信的表达。其实,孟女士办网店的目的,本来就不是为了赚钱,而是为了让生活有意义。换言之,孟女士办网店的利益=物质利益+情感利益=网店的盈利+生活的乐趣。因为孟女士的利益不在于挣多少钱,而是生活的乐趣,所以,从开办网店的动机上,就是值得信任的。

有时,客户谈完生意后,会认真地问上一句:“您真的有60岁了吗?”孟芳宁笑着答复:“60岁了啊。”时间长了,许多买家也就知道了,对方真是个六旬的老太太,对老太太给予了许多支持和鼓励。老太太也慢慢锻炼成了一个“熟练工”。

2009年7月,北京卫视采访了孟芳宁。该台的《身边》节目刚一播出,就有客户、网友登陆老太太的网店,很多人留言,还有人要求聊天,也有人打来电话进行求证,老太太的网店一下子变得热闹非凡。

本书点评:北京卫视的采访,就是一个新闻事件,这个免费的、主动的、正面的新闻报道,对提升孟女士的网店公信性,是有很大价值的。这比多少笔交易换来的信誉都值得信任。

网友daining542570998也想开一个网店,但是不知道卖什么好,也不知道怎么起步,他想卖杯子,因为很喜欢杯子。老太太回复说:“孩子,你挺有志气,兴趣是做好网店的基础。既然喜欢杯子,就好好做一下市场调研,找出特色来试试,努力做有可能成为杯子大王呢,人家小小吸管都做成世界第一呢……”

孟芳宁的子女把相关的电视截屏图放到网店首页,这样大家更放心了,不是假冒的老太太。再往后,很多客户一进店就先问候:“奶奶您好,我又来了!”“阿姨您好!多注意休息。”还有的客户非常耐心,教孟芳宁如何提高打字速度。

本书点评:孟女士子女把孟女士的电视截屏图放在网店首页,就是可以验证的信息。因为网民们的心理会认为虚拟世界就是虚拟的,所以“马列主义老太太”是否是真的老太太,也可能是虚拟的。而真实的可验证的信息,则告诉网民们“老太太”是真的。

有些人不买东西,就是来和她聊聊天,他们有不开心的事都愿意跟老太太说;老太太渐渐成为许多淘宝卖家和想创业网友的“精神导师”。

每天,老太太早上五点起床,开电脑登录网店、确认订单、打包发货,一直到晚上24点

“打烊”。这期间，她并不是一直盯着电脑，该干嘛还是干嘛。仓库在楼下，她每天跑上跑下对身体很有好处。至于说每月赚的钱吧，不多：2000多元，但收获更多的是快乐。现在，老太太的网店也具有了一定的规模……

本书点评：当老太太成为部分人的“精神导师”之后，也就意味着孟女士变成了一个品牌，只不过这个品牌不是直接的销售产品，但是却对销售产品具有很高的信用力。通过网店的忙碌，老太太收获的更多的是快乐，这就是老太太的乐点所在。为了这份快乐的持久性，老太太必定会坚守信用。

2010年6月，老太太的网店已营业一年了，生意越来越红火。仅2010年5月，就成交了368单生意。2010年春节，《北京晚报》报道了孟芳宁的网店。2010年6月6日，北京卫视生活频道又报道了老太太的网店。在客户们和媒体记者的鼓励和要求下，孟芳宁讲述了她的生意经。

本书点评：连续三次的新闻采访报道，进一步提升了孟女士的公信性，也就意味着孟女士成为了网店的一个符号，从而为成为一个品牌奠定了基石。

选货、进货绝不含糊

老太太的网店经营的大多是休闲食品。她说，吃的东西必须安全，如何选货、进货可是大有讲究。有些货是子女们帮忙选的，有些货是她亲自选的。她选货之前一般会到厂家去考察一番。如有近800年历史的明清两朝贡品琼锅糖，是由大麦、小米、芝麻三种原料制作成的麦芽糖类休闲食品，很受欢迎；但是仿制的厂家很多，而且多以蔗糖替代麦芽糖。老太太不远千里到陕西的厂家实地考察后，才确定做该厂的北京总代理商。

本书点评：基于互联网的电商网店，同类产品众多，更为重要的是，同质化产品价格极其透明。按照利润＝收入－成年＝销量×价格－成本，在价格透明及销量不确定的条件下，网店增加利润的最可靠的方法，就是减少成本，主要措施就是假冒伪劣。而孟芳宁则采取相反的做法，即保证产品的真实性。

还有，风靡京城的麻辣花生鱼龙混杂，为求真品，老太太以自己的信誉取得山东烟台某厂家颁发的经营销售授权证书。另外，山楂对人体健康非常有益，老太太在调研了解众多生产厂家后，确定以口味独特、无需泡水、即食型的原汁原味山楂脆片为小店的主打，凡是吃过、买过的几乎都成为回头客，供不应求。

为使出口的某种蜂产品系列能打进北京城，老太太苦学有关蜂产品的知识，并到厂家考察生产过程、质量保证体系。在选择给小朋友们吃的食品时，她着重选择用物理方法加工的没有添加剂的干果以及好消化的食品。

在子女们的帮助下，孟芳宁又在小店增加了亲子装、情侣装、个性化的儿童服装用品等，这些用品售出前，孟芳宁总是要问问上幼儿园的小孙女是否喜欢。正因为如此，店里销售的东西很受顾客欢迎，回头客多了，目前拥有一批比较固定的客户群。

本书点评：因为孟女士的动机是值得信任的，并且新闻媒体给予了多次正面免费报道，所以，以上的这些如何保证产品质量的信息，也是值得信任的。

信誉是网商的生命线

网络交易买卖双方是不见面的，孟芳宁认为，做生意最重要的是讲诚信，网店更要建立诚信，这是网商的生命线；不能因为网购，客户看不见，就坑人家，那就缺德了，那是占小便宜,要吃大亏的。

优质服务则是保证信誉的前提条件。有的客户下完订单后,三番五次地更改收货地址,客户都不好意思了。孟芳宁就告诉他:“没关系,别着急,买了东西就是要准确收到货的嘛。”客户更改地址是正当的要求,不是无理取闹,就应该满足客户的要求。交易成功后,客户非常满意,表示下次买东西一定还到老妈妈的店里来。

还有,网店售出的商品绝不短斤少两,糊弄客户。孟芳宁经常收到客户的反馈信息说:货好分量足,到底是首都,北京人素质就是高!

有时,孟芳宁的小店搞促销,比如在北京地区不限重,只收5元快递费。有的客户非常实在,直接拍完付款,而所付的邮费,有的显示超过5元,有的超过好几倍。老太太就主动联系客户,坚持只收5元,对多出来的钱,或退款或补货。有的人说孟芳宁傻,“客户都自愿付款了,您还费那么大劲干嘛”。孟芳宁可不这样想,她一定要心里踏实。

对于客户反映的问题,孟芳宁都要尽力解决。由于快递过程中的问题,如拖延送货、态度恶劣、包装破损、短货等,导致一些客户不满意;可是,快递业务又不归自己管,对此,老太太也很烦恼。她呼吁应该尽快规范物流行业,提升服务意识和服务质量。具体到个案当中,孟芳宁会及时找快递公司协调反映,并在快递单上以明显的字体写上警示语。对客户有明确时间要求的,在快递单上注明并且跟快递员叮咛跟踪货单。还好,大多问题都能圆满解决。

有一次,客户要沈师傅品牌鸡蛋干,而当时孟芳宁销售的醉仙湖鸡蛋干很火,就想当然地发货醉仙湖鸡蛋干了,结果客户认为商品不符,要求退货,孟芳宁主动联系表示道歉。

本书点评:出了差错是问题,出了差错不承认更是问题。只要不是明知故犯的差错,顾客都会原谅。顾客怎么会知道是不是明知故犯呢?那就是及时真诚地道歉和更正。

结果如何呢?还是看看客户对孟芳宁的信用评价吧:“老太太是网上最好的卖家,老太太始终记着开网店搞经营信誉最重要!”

提起自己的生意经,孟芳宁说,网店靠的是回头客,信誉是制胜法宝。此外,为了找到优质、畅销的货源,她还发动全家试吃,到外地厂家实地考察……

目前,孟芳宁的小店已入选2010年淘宝百强,并将参加本年度十佳店铺角逐。更令人称奇的是,很多年轻的网友都叫孟芳宁“淘宝明星老太”,而且她还有一群粉丝呢。最近,孟芳宁又在“阿里巴巴”网站上开店了。

通过上述资料信息,结合自己的深入分析,根据终端建设稳定性的技术标准,对“马列主义老太太”的终端建设稳定性进行测试评级,并撰写评级分析报告。

表 8.10　　"马列主义老太太"网店的终端建设稳定性测试评级表

指标	测评二级指标	指标赋值要点	指标事实及其来源	分值
6. 终端建设的稳定性 B_6	6.1 沟通终端的网络程度，包括二维码使用程度或新媒体是多少？0.60 分	产品或其包装普遍未印制自己的二维码，得 0.0 分；若印制了普通二维码得 0.24 分；若背景使用了经过设计的广告型二维码，得 0.36 分；若使用了经过注册的商标型背板的二维码，得 0.48 分；若是品牌型二维码，或集中于新媒体，得 0.60 分		
	6.2 拟评商标产品的现实终端形式是什么，0.30 分	若只有代理商，得 0.0 分；由代理商进终端但拟评企业派驻导购员，或受导购个人影响很大，得 0.06 分；若完全为加盟终端，得 0.12 分；若由代理商和企业各自拓展终端即双重渠道，得 0.18 分；若是旗舰店基础上的加盟连锁店，得 0.24 分；若完全为自控终端（厂家在商场直接租赁柜台，或者是自建专卖店），得 0.30 分		
	6.3 目标顾客到拟评商标所代表的产品终端是否便捷？0.10 分	若是类似直销、网店或社区店等终端，就很便捷，得 0.10 分；若是设立于城市中心，或者是郊区的位置，便捷性就很低，得 0.0 分		
得分合计				

测试等级	1.0	0.8～0.99	0.6～0.79	0.4～0.59	0.2～0.39	≤0.19
	AAA 级	AA 级	A 级	B 级	C 级	D 级

第9章　品类需求的敏感性

在商标品牌化建设过程中，如果厂商向目标顾客承诺的单一利益点也即品类，是目标顾客所不需要的，那么，作出这样的承诺，尽管没什么错，但有什么意义呢？就如本章讨论的"泥人小店开在非洲"案例，开始捏出来的泥人，质量也非常好，可就是没人买，不是因为质量不好，而是因为当地居民对单纯观赏性的泥人的需求不敏感。

因此，品牌经济学理论认为，厂商在对目标顾客承诺单一利益点时，必须测评目标顾客对该单一利益点也即品类需求的敏感性有多高。

那么，如何提高品类需求的敏感性呢？通过阅读思考《浙江日报》的报道《啥样的农产品卖得好》，就可以直观深刻地理解这个问题。

背景资料 9.1　啥样的农产品卖得好[①]

如何让更多农产品进超市、饭店？连日来，江浙沪三地超市、农贸市场和饭店的50多位负责人，深入湖州、杭州考察。他们走田塍、进基地，还与我省70家农业企业进行产销对接。一路跟踪采访，三地卖场有关负责人与记者聊起了"采购经"。

南京市蔬菜公司配送中心总经理许兴说道：如今可不是靠打季节差就能种啥赚啥的年头了。当前，农民要寻找种养业的新突破，大胆创新农业生产。要知道，这些年农副产品数量大大丰富，人们的消费水平又在不断提高。在这种情况下，只有发展人家没有的、市场稀缺的，才能获取高回报。

本书点评：文章里说"大胆创新农业生产"，什么叫大胆呢？如果农业生产的周期一旦出现失误，这个周期就没有收获了，损失也就大了。因此，对农业种植来讲，保守就是降低风险的最好策略，这就是农民为什么保守的原因。"发展人家没有的、市场稀缺的，才能获取高回报"也是值得分析的。种出"人家没有的"，谁来收购？卖给谁？一旦烂在地里和家里，损失是没人补的。

从我这几年捕捉的市场信息来看，首先要在品种改良上动脑筋。许多农产品只要稍加改良，就能迎来新的市场份额和消费群体。前不久，河南一家企业把普通山芋的基因进

① 参见2006年7月14日《浙江日报》，作者：王国锋、谭伟东。

行重新排列，开发出了七彩山芋，不仅卖相好，而且把山芋的毒性给解除了，结果每公斤卖到了4元，是普通山芋的10倍。

农民朋友还应敢于创新生产方式。我从山东寿光进过500公斤土豆和南瓜，不到两天就全卖光了，而且每公斤土豆从平时的2元卖到了3元。其实，这些产品在感观上并没什么两样，但它们突破了原有的种植方式——土豆长在树上，南瓜长在水上，不但确保没污染，而且吃起来口感更细腻，消费者自然就欢迎。

此外，还要在农产品用途上有新突破，以启发和引导新的消费需求。有人把番茄种在花盆里卖，不仅果子可以吃，而且还能起到美化居室的效果，成本也远远低于花卉。

本书点评：在供不应求的短缺市场，顾客们对买得到最敏感；而在供大于求的过剩市场，顾客们获得了充分的选择权，则千金难买我乐意，顾客们对"我喜欢"的最敏感。这就是为什么品牌经济学反复强调的，厂商别找自己产品或服务的卖点，而要把目标顾客的乐点作为自己的卖点。换言之，将目标顾客的乐点转换为厂商的卖点，并以注册商标为这个乐点的代言符号，商标就变成品牌，厂商也就掌握了定价权。

七彩山芋、长在树上的土豆、长在水上的南瓜、种在花盆的番茄，这都给顾客增加了快乐，而不仅仅只是蔬菜。孔子说寓教于乐，顾客也愿意寓吃于乐。

杭州联华华商集团生鲜采购经理虞亚萍提醒：千万不要忽视农副产品进超市前的许多细节。农业企业要想把产品打进超市，必须走标准化道路。这不仅仅包括农产品要绿色、无公害，而且还包括许多销售细节：比如说精细化挑选的产品不仅要排列整齐，而且包装也要讲究。像小茄子要用浅托盘，大青椒要用深托盘，以衬托出商品感光，勾起消费者的购买欲望；散装蔬菜要形状统一、长短一致，以免进超市后重新挑拣，增加配送成本。

如果忽视了这些细节，就会影响农产品销售的附加值。像黄瓜、茄子如果弯的、直的混在一起，价格起码要相差一半。再举个例子，我们超市的小番茄销量特别好，散卖每公斤不过3元。如果生产基地运货时用托盘包装整齐，每公斤成本不过增加4角钱，但每盘(0.25公斤)售价可近5元。农民辛辛苦苦把产品生产出来，到头来由于销售环节上的疏忽造成损失，岂不可惜！

这几年我跟许多企业在这方面进行了沟通，他们已逐渐看清了这些问题。萧山有家企业过去嫌执行我们的标准太麻烦，现在理念跟上了，成了我们超市的大客商，每天供货5吨以上。如今，到超市买农产品正被越来越多人接受，今年上半年我们集团的生鲜占比已达23%。我相信，农业企业只要严格执行标准，市场空间会很大。

本书点评：顾客为什么关注这些包装呢？因为标准转移效应。例如，"小茄子要用浅托盘，大青椒要用深托盘，以衬托出商品感光"，顾客是通过蔬菜的光感来判断新鲜程度的；再如"像黄瓜、茄子如果弯的、直的混在一起，价格起码要相差一半"，是因为顾客在挑选黄瓜、茄子时，是以长的是否直为标准。混在一起的蔬菜，有"不直的"意味着有不好的，这个心理会把预期价格降低了。

上海华联吉买盛超市采购部经理杨宇秋提出：生产商要抱团合作，给超市更多"第一手货"。

"从我10多年的采购经验来看，很关键的一点是要争取到'第一手货'——就是说生产商直接把农副产品销给我们零售终端。我们超市卖的农副产品中，浙江农副产品占了

20%左右,可惜的是基本都是通过代理商代理的。

我为什么对此感到遗憾?因为上海土地资源有限,农副产品靠全国各地支援。如果进超市的农产品有太多的中间环节,不仅难以确保新鲜度,而且很多产品的质量也很难保证。同时,随着流通成本的增加,超市的零售价也水涨船高。而对农业企业和农民而言,减少中间环节意味着能从中获取更多的毛利,能减少5个点左右的流通损耗,更主要的是能确保产品品质、打响品牌。"

本书点评:这就是农民专业合作社的价值,分散种植的农户,一户一户与超市谈,交易费用很高;通过成立专业合作社,由社长与超市谈,超市与种植户都降低了交易费用。

"这次浙江之行,也有一些基地企业想给我们直接供货,可惜规模太小只好忍痛割爱。我们在上海有13家门店,每天光进水果就10多吨,如果联系的基地缺乏足够的配送能力,销售将难以为继。所以,希望浙江农业企业、基地和农民抱团合作,成立或参加各种农业合作社、协会,以此把生产、销售等环节组织协调好。这是实现产销对接的最务实的方法。"

通过《浙江日报》的这篇报道,可以清楚地看出,在供大于求的过剩市场中,目标顾客对不同的品类也即单一利益点的需求敏感度是不同的。只有最大敏感度的品类也即单一利益点,才能对价格不敏感。

9.1 品类需求敏感性的技术标准

将品类需求敏感性的最高度定义为1.0分,将完全不敏感定义为0.0分,为了避免出现中性判断也即0.5,我们采取了偶数分级法。可以划分出0.0(极不敏感)、0.2(很不敏感)、0.4(较不敏感)、0.6(较敏感)、0.8(很敏感)、1.0(极敏感)。按照这个相对计量等级,将品类需求的敏感性测试与设计的技术标准确定如下:

(1)所做利益承诺是目标顾客生活、工作或情感所必需的吗?此项赋值0.40分。其具体测算标准是:若是一次性购买但常年性使用或标识的,得0.40分;若是经常性购买的,得0.32分;若是可有可无或可多可少的,得0.0分。

所谓一次性购买但常年性使用或标识的,就是不一定经常性购买但需要长时间使用或标识的需要。例如,汽车轮胎就是一次购买但却多年使用,而结婚钻戒也是一次性购买但常年性佩戴,属于标识的使用。

所谓经常性购买,就是日常消耗类产品或服务,如果所承诺的利益满足目标顾客的经常性需要,目标顾客对其敏感性就强。例如,对工作或社交场合的人而言,头皮屑或因痒而挠头皮,都是不好的,故"去头屑"的海飞丝就能满足他们经常性的需要;而能让长发更柔顺的飘柔,则是留长发女士们生活所必需的。

(2)所做利益承诺,是目标顾客在某个时间或某个场合所急需的吗?此项赋值0.20分。其具体测算标准是:若能给出明确的何时或何地所急需的,得0.20分;若有急需的可能但何时或何地不明确,得0.12分;若既无可能也不明确,得0.0分。

例如,在没有道路编号的时代,汽车司机外出容易迷路,米其林指南就是长途汽车司机所急需的;而壳牌石油加油站的设施良好的厕所,也是司机内急时所急需的。

(3)所作利益承诺对目标顾客而言,是锦上添花的吗?此项赋值0.20分。其具体测算标准是:若使顾客感到若有更好,得0.20分;若使顾客感到仅仅是有比无好,得0.12分;若说不出明确的原因,得0.0分。

所谓锦上添花,是指若有更好或有比无好的一种价值判断。例如,保健性的足部按摩,没有也行,但有更好,就属于锦上添花的需要。

(4)所作承诺对目标顾客而言,是基本利益还是派生利益?此项赋值0.20分。其具体测算标准是:若仅是基本利益,得0.0分;若是基本利益基础上的派生利益,得0.20分。

所谓基本利益,就是顾客购买的直接动机。例如,顾客购买的喷墨打印机,司机内急时寻找厕所。

所谓派生利益,就是顾客因直接动机衍生出来的需求。例如,顾客购买了喷墨打印机之后,就一定需要购买墨盒。司机内急时,若是在某个加油站厕所解决了,就会顺便给汽车加油。

9.2 品类需求敏感性的测试评级

在对已有商标及其承载的产品或服务进行信用测试评级时,需要掌握以下要点:

(1)"该单一利益点是目标顾客生活、工作或情感所必需的吗?"

首先,根据目标顾客的精确性、利益承诺的单一性、单一利益的对立性,分别获得目标顾客、单一利益点及其与在位者的对立性。如果三者的信用程度都很低,品类需求未必就一定低,因为存在着"碰巧"的可能性。但是,如果是靠"碰巧"对了,那与承诺即信用也就没有关系了。

因此,在对拟评商标的产品或服务的需求敏感性测评时,考评对象不是该商标所承载的产品或服务,而是对该商标自己作出的利益尤其是单一利益点的承诺。例如,沃尔沃轿车承诺的被动式安全,在测评该单一利益点的需求敏感性时,不是去测试目标顾客对轿车的需求敏感性,而是对"被动式安全"的需求敏感性进行测试。再如"海飞丝,去头屑",不是测试目标顾客对洗发液的需求敏感性,而是测试对"去头屑"的需求敏感性。

山东中科凤祥公司生产优质的鸡汁和鸡精,无论是产品口味测试还是赠送,都获得了极好的评价,但是,在国内市场的推广就是难有销量。该公司以"Mimido"为注册商标,以浓缩鸡汤块的产品形式,在尼日尔、多哥等非洲西部销售得非常好。西非市场的在位者是"美极",经过不到五年的拓展,"Mimido"在该地区市场中已经占据了很高的市场份额。

为什么会出现这种情况?2010年6月,我们到尼日尔进行了实地调查,正是需求敏感性期的作用。因为在西部非洲,人们吃饭时多数是炖汤拌饭,在养殖业极不发达的情况下,肉类价格太高,多数消费者难以日常消费;但在炖汤时,加入几块浓缩鸡汤块,既有鲜美的味道,又有鸡肉蛋白,成为多数消费者的生活必需。相比而言,在中国,鸡精和鸡汁是作为调味品,既然是调味品,可有可无、可多可少。

(2)"若不是必需的,那么,该单一利益点是目标顾客某个时间或某个场合所需要的吗?"

如果拟评商标所承诺的单一利益点也即品类,不是目标顾客生活、工作或情感所必需的,还可以测试是否是某个时间或某个场所所需要的。对此,需要给出明确的证据,证明是哪个时间或者是哪个场合所必需的。例如,感冒药"白加黑",承诺的是"白天服白片,不瞌睡","晚上服黑片,睡得香"。首先要清楚的是,"白加黑"承载的产品是感冒药,感冒药是在感冒这个时段所必需的。但是,"白加黑"承诺的单一利益点也即品类,不是治疗感冒,而是"白天服白片,不瞌睡","晚上服黑片,睡得香",那么,这个品类需求对谁最敏感呢?关键在于白天不瞌睡,谁白天不能打瞌睡呢?一定是上班族,但是,又不是满足所有上班族的需要,再通过价格来切割出自己的市场。

实例 9.1:顾客为什么用香皂?①

"象牙皂"一问世,就以"经济实惠"的广告宣传打开了销路,市场占有率相当高。可是,好景不长,没多久,肥皂便渐渐堆积在货架上了,厂家多方面寻查原因,仍不知所以。他们便求教于一位心理学家,后者并不闭门苦思,而是派出一批调查员走访顾客,征询他们在使用香皂时所抱有的心情。归纳起来,主要有两条:一是下班以后,用香皂洗澡能使身心俱爽,焕然一新。二是在约会或参加社交活动之前,用香皂洗澡,能使自己容光焕发,更富魅力。

换言之,大多数消费者对香皂的期待,并不是"经济实惠",而是希望香皂给自己增添"魅力"或使自己"干干净净"。于是,该公司立即把以前的广告改写成:"芳香、典雅的象牙皂能使你更具魅力。""象牙皂"的销售量果真又节节上升,一直保持着良好的势头。

找出顾客内心深处共同的欲望,并设法去满足这种欲望,是营销的关键。要确切了解和掌握这种欲望,必须完全立足于对方的立场才能办到。

实例 9.2:顾客为什么对散装煤油不感兴趣?②

20 世纪初,著名石油公司企业壳牌公司在亚洲国家发现照明煤油非常畅销,于是壳牌石油公司迅速组织了大宗的散装煤油运到亚洲各地,以为煤油的客户会亲自带着盛器来排队购买。但是这批散装煤油却严重地积压下来,差点毁了他们的生意。

调查了解后才知道亚洲客户其实中意的是标准石油公司盛装煤油的铁皮听,这些蓝色的铁皮听价值更大,已经成为当地重要的经济原料。人们可以将这些精致的马口铁制做屋顶、鸟笼、烟杯、手提炭炉、茶叶筛子、打蛋器等各种各样欧洲人无法想象的东西,在这些人眼里煤油铁皮听的价值要比煤油高得多,因此没有人愿意买散装的煤油。

发现这个事实后,壳牌石油公司迅速行动,将大批马口铁皮原料运到亚洲,根据当地人的建议,制作了大批红色煤油铁皮听。当地制作、崭新的红色铁皮听比经过长途运输、磨损瘪凹的蓝色铁皮听更受当地人的欢迎,于是壳牌石油的听装煤油在亚洲开始畅销,而上海、东京、新加坡、香港等地也开始出现了红色铁皮制作的屋顶、鸟笼、烟杯、手提炭炉、

① 参见 2010 年 11 月 1 日 http://blog.chinaceot.com,作者:刘彦。

② 参见 2007 年 6 月 25 日 http://blog.163.com,作者:刘文瑞、闻华。

茶叶筛子、打蛋器等。

(3)“若上两个方面都是否定的，那么，该单一利益点对目标顾客而言，是锦上添花的吗?”

如果商标承诺的单一利益点也即品类，对目标顾客而言，既不是生活、工作或情感必需的，也不是某个时间或某个场合必需的，还可以进一步测试是否是锦上添花的。所谓锦上添花，就是有胜于无、多胜于少。到了这个阶段，基本情况就是该商标没有承诺某个单一利益点，只是承诺了产品或服务质量，也即单纯的物质利益，自然也就是承诺物美价廉了。因为对目标顾客而言，相同的钱可以多买些产品或服务，也算是锦上添花了。

(4)“所作承诺对目标顾客而言，是基本利益还是派生利益?”

如果以上三种情况都被厂商自己公开的、可验证的信息所否定，则厂商所作出的这个单一利益点承诺，就是镜中的月亮了。那么，现实中是否存在这样的实例呢? 当然存在，在美国历史上，曾经出现过多次开发飞行汽车的创新，最“成功”的是保罗·莫勒(Paul Moller)，先后花费了40年，投资5000万美元，获得了43个专利，开发出了M400天空汽车(M400 Skycar)，但商业上却失败。根本原因就是违反了单一利益点的品牌分异规律，试图将飞机和汽车两个巨大利益点融合到一起。

在上述二级指标信息收集与分析基础上，完成品类需求敏感性测试评级表。为了与前几章指标序列号保持一致，表内的指标序号列为“7”(见表9.1)。

表9.1　　品类需求的敏感性测试评级表

指标	测评二级指标	指标赋值要点	指标事实及其来源	分值
7. 品类需求的敏感性 B_7	7.1 所作利益承诺是目标顾客生活、工作或情感所必需的吗? 0.40分	若是一次性购买但常年性使用或标识的，得0.40分；若是经常性购买的，得0.32分；若是可有可无或可多可少的，得0.0分		
	7.2 所作利益承诺，是目标顾客在某个时间或某个场合所急需的吗? 0.20分	若能给出明确的何时或何地所急需的，得0.20分；若有急需的可能但何时或何地不明确，得0.12分；若既无可能也不明确，得0.0分		
	7.3 所作利益承诺对目标顾客而言，是锦上添花的吗? 0.20分	若使顾客感到若有更好，得0.20分；若使顾客感到仅仅是有比无好，得0.12分；若说不出明确的原因，得0.0分		

续表

指标	测评二级指标	指标赋值要点	指标事实及其来源	分值
7. 品类需求的敏感性 B_7	7.4 所作承诺对目标顾客而言,是基本利益还是派生利益? 0.20 分	若仅是基本利益,得 0.0 分;若是基本利益基础上的派生利益,得 0.20 分		
得分合计				

测试等级	1.0	0.8～0.99	0.6～0.79	0.4～0.59	0.2～0.39	≤0.19
	AAA 级	AA 级	A 级	B 级	C 级	D 级

9.3 品类需求敏感性的设计流程

那么,如何获得目标顾客敏感性高的单一利益点呢? 这就需要有正确的设计流程,也即过程决定结果。

第一步:绘制拟设计产品或服务的物质利益

将拟设计产品或服务的功能性物质利益进行判定。例如,服装的物质利益是遮体和保暖,食品的物质利益是吃饱和营养,轿车的物质利益是驾驶,卡车的物质利益是运输,微处理器的物质利益是存储与计算。

问题是同类产品或服务,其物质利益都是同质的,尤其是在技术原理一样的条件下,充分竞争的结果必定导致产品或服务物质利益达到同质性。对此,可以看看奇瑞尹同跃的论述:

上次去日本,他们开了个尼桑的车子,好像觉得很牛。他们给我讲车子,说这个车子很贵的,是 100 多万元,雨刮是自动的,大雨就快刮,小雨就慢刮,灯怎么样自动就亮了、自动就灭了。然后他问,国内没有吧? 我说国内 5 万块钱的都有,我说这些现在都可以做的,过去觉得这个电子的东西很复杂,很神秘,现在这些根本不神秘。

你现在看到的豪华车,用的技术反而还很落后,包括我们看到的法拉利、玛莎拉蒂,这些车子,用的还是 AMG 那种结构,它们用不起这些大量新的技术。过去好多传感器,比如 ABS、ESP,豪华车过去发明一个功能要经过好多年。现在一个 ESP 把过去所有功能全部接纳进去,而且这些功能马上所有的车都可以用。

现在的技术发展在加速,过去的安全气囊,早期如沃尔沃第一个用了安全带,所以 Logo 就加了一个安全带。现在哪一个车子不装安全带? 都已成了法规了。如安全气囊,现在我们 G6 有 10 个安全气囊,过去说帘式的安全气囊是不是挺高档的? 现在哪一个车子不是帘式的呢?

现在技术已经分不出高端和低端产品，分不出大车和小车的差距。因为现在所有供应商都打破脑袋找主机厂。我去德国供应商那里，他绝对不会让我看现在的东西，因为现在的东西对我们来说毫无意义，都是给我看5年后、10年后的东西。我看完以后说：你们这么干有前途吗？花了很多钱，干一个很低端的东西。

现在随着网络技术的扩散，人员在全球之间流动，技术在全球之间流动，市场在全球之间流动，做汽车已经很容易了。

这就是为什么我们在品牌经济学理论研究时，发现单一利益点是由物质利益和情感利益两个面以不同的比例组成的，但是，在供大于求的过剩阶段，能够获得目标顾客需求高度敏感的则是情感利益。

第二步：设计顾客界面与衍生空间，测试如何让顾客一见钟情

所谓顾客界面，是指目标顾客与产品或服务的感官体验。

任何产品或服务，顾客开始接触时都是从界面认知开始的，故界面设计的最高标准就是让顾客一见钟情，从而乐在其中，并由此降低对价格的敏感性，进而使厂商获得定价权。对此，尤其值得关注的是“kidult”（长不大的成年人）现象。

所谓衍生空间，是指实体产品的配置增减、更新，或文化产品的改编、授权等。

背景资料9.2 “超乎预期”[①]

20世纪90年代初，两位日本研究者黑须正名和鹿志村香做过一个实验：他们研究了形形色色的自动提款机控制面板的外观布局设计。自动提款机能提供24小时的便捷银行服务，所有的自动提款机都有类似的功能，同时还有相同数量的按键，以及同样的操作程序。但是其中一些的键盘和屏幕设计很吸引人，另外一些则不然。让人惊奇的是，那些拥有迷人外表的自动提款机使用起来更加顺手。

后来，以色列科学家Noam. Tractinsky在以色列更严格地重复了该实验，结果是“超乎预期”验证了两个日本人的使用。

背景资料9.3 流行文化之“kidult”风潮[②]

“kidult”，长不大的成年人。

卡通一代

“追看动画片《灌篮高手》时，我24岁，在读研究生，我的很多朋友都已经工作，但他们跟我一样疯狂地迷恋这个片子，有的跟着电视播放看了两三遍，还有的买了碟片收藏。当时这样的行为还遭到某些人的嘲笑。后来随着《蜡笔小新》《樱桃小丸子》等等动漫的风靡，‘成人动画’的概念越来越流行，成年人喜欢动漫也就不足为奇了。”小B说。她认为20世纪70年代出生的人在青年期经历了动漫转型的洗礼，使得他们或多或少地带着“孩童化”倾向，而80年代出生的一代，几乎从小就受到动漫深刻的影响，是真正的“卡通一

① [美]唐纳德. A. 诺曼：《情感设计》，中信出版社2012年版，第4页。

② 参见2005年8月12日“新华网湖北频道”，作者：钱亦蕉。

代"。

本书点评：为什么"kidult"经久不衰？是因为在潜意识里，留下了美好童年的印记。童年为什么是美好的？因为不愁吃不愁穿，得到了亲人的照顾。因此，"kidult"构成了边际递增的情感欲望。

《21世纪中国文化地图》中，般罗毕这样解释"卡通一代"：自小以卡通片为主要精神食粮而长大的一代人。现今，他们大都已成为新世纪的一代青年，但在心理和行为上依然带有幼稚化的特质，多少也与他们成长期的卡通背景有关。事实上这批人即使成家立业后仍然是卡通文化的消费者，因此也可称为永远的"卡通一代"——他们中有多少人也属于NO一代？

广义的"卡通一代"基本上与国外流行的"kidult"概念相仿，很多正是我们所定义的NO一代。他们过着"三不"(不婚、不生、不立)生活，服饰举止都带着"卡通"倾向。"卡通"在汉语里，既可以作为名词用，指动画；也可以作形容词，形容动画形象的、幼稚的、童真可爱的。总之，卡通一代，首先与动漫本身有不可分割的关系。

现在，喜爱动漫的人群平均年龄正在增大，据上海炫动卡通频道的收视调查，原先7～14岁是卡通的主要收视群体，如今15～34岁的群体正在成为主导，其中25岁以上的观众也占有不小的比例。在日本，你可以看到地铁上很多青年人都专心捧着漫画书阅读，这样的情景在中国的都市里也已屡见不鲜。日本"成人卡通"(非指少儿不宜的那种)的形成和发展，产生了很多适合成年人观看的动漫，比如《东京爱情故事》《流星花园》《头文字D》，直接培养了成年人的动漫兴趣。

而越来越多的"kidult"，增加了这方面的需求，使得更多的"成人卡通"消费品得以存在发展。比如，炫动卡通就专门针对白领青年推出了8点档的"追炫白金剧场"，播出搞笑版《Q版三国》，还有唯美的青春偶像动画《云端的日子》等等。频道负责人认为只要培养了卡通收视习惯，年龄并不是问题。

由于对动漫的迷恋，"卡通一代"身上或多或少留下了卡通的痕迹。比如他们会对着蟑螂叫"小强"，说话像蜡笔小新一样瓮声瓮气，包包上吊着各种动漫小饰品；还有，听到"狂晕"的事情，总遗憾自己的脑门上不能出现"一滴汗"。他们的很多言行都不可避免地带上动漫人物的色彩，表情特别丰富。"卡通一代"是动漫产品消费的主力军，资深一点的动漫迷平均每月花费在动漫上的钱不下百元，如果算上衍生产品，那就更是惊人。商家闻风而动，更推动促进了这股流行文化的"kidult"风潮。

虚拟世界

"我儿子27岁了，每天下班回来吃完饭，就蜷缩在电脑前打游戏。刚开始，我想他工作也蛮辛苦的，回来玩玩就玩玩吧。可是后来，我看他除了游戏，什么事都懒得干，而且玩到深更半夜，要影响身体健康的呀。我就让他少打打游戏，他不听我的，关起门来自顾自打。现在他有女朋友了，我想这下好了，他有其他事情可以做了。谁知道，那个女的也喜欢打游戏，双休日两个人也不出门，就窝在家里打电脑游戏。人么，还是像小孩一样，婚么，也不想结，这可怎么办啊！"赵妈妈说起儿子，满心焦急。她实在弄不懂那些电脑里的假的东西，有什么吸引力，就让儿子无法抗拒、深陷其中呢？

本书点评：赵妈妈"实在弄不懂那些电脑里的假的东西，有什么吸引力，就让儿子无法抗拒、深陷其中呢”？赵妈妈的儿子之所以深陷虚拟世界，是因为她儿子的情感利益在现实世界里得不到满足。根据顾客利益＝物质利益＋情感利益，虚拟世界里的物质利益不是主要的，之所以深陷其中，唯一的解释就是情感利益。为此，我们可以进行理性分析：

顾客利益(现实世界)＝现实世界的物质利益＋现实世界的情感利益

顾客利益(虚拟世界)＝虚拟世界的物质利益＋虚拟世界的情感利益

顾客利益差值＝(现实世界物质利益－虚拟世界物质利益)＋(现实世界情感利益－虚拟世界情感利益)

虚拟世界尤其是网络游戏，本身存在着经济收益，也即物质利益。如果一个玩家在现实世界里的工作收入，低于其网络游戏的收益，则现实世界物质利益－虚拟世界物质利益＜0；而相比网络游戏的娱乐性，现实世界的工作等显然不具备吸引力了，也即现实世界情感利益－虚拟世界情感利益＜0。

于是顾客利益差值＜0，赵妈妈儿子当然选择深陷虚拟世界了。

除了动漫，喜爱电脑游戏是“卡通一代”的另一个“孩童化”特征。街机、GameBoy、PC游戏、网络游戏，席卷整个世界，正在让越来越多的人成为游戏一族。与卡通一样，游戏在传统观念中也是小孩子的专利，可是现在，很少有人还会坚持这个观点。电脑游戏特别是网络游戏的普及，让人们看到了适合不同性别和年龄的游戏，也让开发商看到了可观的市场。伴随着游戏文化的是游戏厂家的风起云涌。

实际上，目前的PC游戏和网络游戏，大多数是成人游戏，像CS、魔兽等等，充满血腥杀戮，都很不适合少年儿童玩。近日，文化部游戏产品内容审查委员会公布了第一批适合未成年人的网络游戏产品名单，包括盛大网络的“泡泡堂”“梦幻国度”“三国豪侠传”，新浪iGame推出的“野菜部落”，还有五子棋、中国象棋、围棋等益智休闲游戏。获得首批认可的绿色健康网游总共有10个，而实际活跃的网游有近百个，可见网游早已成为成年人的游戏。然而，由于游戏本身所携的特征，又让那些沉迷于此的成年人带着“孩童化”倾向，成为“kidult”。

卡通与游戏有一个共同特征——虚拟世界。如果一个人不能面对现实，把握自己真实的人生，而沉浸在虚幻的想象世界中，那么他就不可能完全成熟，真正长大成人。可是，这样的“kidult”正越来越多，让厂商们看到了这类消费品流行的希望。

时尚标记

卡通一代的成长(他们正在成为最有时尚消费力的一群)，改变了时尚的风向标，他们与商家共同推波助澜，让“kidult”风潮在近年来成为时尚标记。

◎图书

如果到街上的书店逛一圈，就会发现“青春读物”已成为畅销书柜台的主客了。什么是青春读物呢，它们的故事不是武侠奇幻就是校园爱情，它们的封面一般都是卡通和淡彩，它们的标题一般都有点非同一般。比如《猫的诱惑》《谁能陪我看烟花》《毕业那天我们一起失恋》《动什么，别动感情》《那小子真帅》《你转身，我下楼》《血薇》等等，数不胜数。它们的读者对象大部分为20世纪80年代生的卡通一代，而图书从内容到包装也几乎就是为这批人度身定制的。唯美的配图几乎是这些书的必需品，但过于雷同的题材和包装也会让人无从选择。然而，这些书在卡通一代中确实卖得不错，一些作者被万人追捧，成为青春偶像。

◎服装

“kidult”风潮在服装上体现得最为明显，韩系、日系的服装一般都以“卡哇依”(可爱)风格为主流。迪斯尼、Hello Kitty 的服装早已不局限于儿童，已有了针对“kidult”的设计，一般都比较活泼和运动，比如带米老鼠头像(只是形状)的网球裙等等。迪斯尼甚至还推出了卡通款像玩具一样的“彩妆盒”，特别吸引小女生的注意，同样令白领女性动心。

动漫文化也折射到普通的T恤，玩偶涂鸦和纯真风格受到越来越多的追捧。这些服装颜色鲜亮，胸前印着卡通人像和富有童趣的图像。可爱温情的常常会得到女生的青睐，而奇特有趣的往往会吸引男生。最近从韩国流行而来的手绘T恤，则让卡通一代有了更大的自我发挥的空间。

◎饰品

如果说动漫钥匙扣、卡通手机链、动漫人物像章和卡通文具是卡通一代标志性的饰物，不足为奇，那么，各大奢侈品牌推出的卡通饰品足以显示出“kidult”风潮的力量了。想想，当卡通与珠宝、水晶、绸缎、名表等联系在一起，登上T台，那将是怎样的美妙景象？

在周大福，《灰姑娘》中的南瓜车、水晶鞋，《阿拉丁》中的神灯，爱冒险的小美人鱼，善良的白雪公主……这些深受人们喜爱的卡通人物被打造成优雅的钻戒、精巧的吊坠。Dior 推出了甜心家族，共包含大耳狗、泰迪熊及无尾熊三款可爱娃娃。Prada 的“Trick”钥匙扣以及机器人图案配件系列更是把卡通时尚带给了优雅的男士们。顶尖品牌 BVLGARI 推出了一只米奇老鼠腕表，据说售价5万元人民币。LV 最近还推出了可爱樱桃包(包括皮包和皮夹)，吸引了众多“kidult”女性。

当你看到吉米漫画中的各色“布瓜”成了项链的可爱吊坠，难道你不心动吗？有句话说得好：装嫩不丢人，装嫩是时尚。

案例理解 9.1 “杜拉拉”品牌确立，小说衍生品创出3亿元产值[①]

2010年7月22日，电视剧《杜拉拉升职记》将登陆荧屏，这只是小说《杜拉拉升职记》众多衍生品之一。4年前的夏天，《杜拉拉升职记》是不超过2000字的文字片段。但截至目前，“杜拉拉”衍生出来的产业链，包括图书、电影、电视剧以及相关广告等，至少已经创造了3亿元的产值。

2006年的夏天，博集天卷图书发行有限公司常务副总经理王勇和往常一样早7点就到了办公室，那个早上的阅读经历让他难忘。“在和讯网博客，我发现一篇刚写了2000字的职场小说，文字量并不大，但很好玩、很机智、很活泼，文字感性，充满了弹性。在我丰富的阅读生活中是非常少见的。”

本书点评：在和讯博客，王勇发现了有意义的创意，这就是新媒体带来的非线性创新机制：我不知道谁会有创意，但我知道一定有人会创意。这2000字的博文，既不是名家之作，也不是命题作文，而是作者有感而发，却无意中契合了时代的呼唤。

这段文字唤醒了王勇心中的梦想，他和同事一直想做一本对社会有影响的书。王勇

---

① 参见2010年7月20日《北京日报》，作者：向勇。

已经意识到，从2006年开始，白领阶层的声音变得逐渐稳定甚至强大。不仅如此，而且图书市场出现的两本书对王勇也产生了很大影响，一本是《圈子圈套》，一本是《输赢》。"为什么职场人那么爱读这两本书，为什么这些书有这么好的市场，这实际上已经说明了白领阶层的形成和成熟。"

只有2000字的"杜拉拉"小说片段可谓恰逢其时。那天激动的阅读只是个开始，很快王勇对编辑蔡明非说："一定要与作者尽快联系。"蔡明非当天给作者李可留言，双方一拍即合，相约在2006年9月见面。接下来，李可将自己的思路、读者的需求，还有编辑的指点，化作《杜拉拉升职记》。

本书点评："王勇已经意识到，从2006年开始，白领阶层的声音变得逐渐稳定甚至强大。"这是典型的目标顾客导向，而职场人爱读的《圈子圈套》和《输赢》，属于在位者。这就是《杜拉拉升职记》成为畅销书的市场保证。

2007年9月，最初面世的"杜拉拉"并没有产生轰动。王勇回忆说："《杜拉拉升职记》最早的封面是粉色，是完全女性化的，女孩穿着高跟鞋、丝袜，露着大腿。"

《杜拉拉升职记》初印15000册，销量一般，随后，博集天卷改换了封面。新一版"杜拉拉"改成了阳光的、积极的、向上的封面，那是白色的封面，上面写着"她的故事比比尔·盖茨更精彩"，2007年11月，新版7000册问世，但依旧反应平平。

本书点评：内容符合白领这个目标顾客的乐点，为什么"依旧反应平平"？原因就是图书封面这个顾客界面设计的失误。读者一看到书的封面，首先产生一个自己的判断，而这个判断标准是"喜不喜欢"。如果不喜欢，就不会伸手把书从书架上拿起来翻阅，内容再好，也失去了目标顾客的选择。

很快，博集天卷又摸索出绑定"畅销书"的销售招数。王勇说："图书在销售店面摆放是很重要的，当时我们用了个笨办法，绑定《圈子圈套》，在全国各大书城，和这本书一同码放。"王勇和同事认为，很多职场生存中人都希望获得销售技巧，如果他们看到当时市面上还很少见的新的职场小说，也同样有翻看的冲动。

2007年底，内容积极向上的《杜拉拉升职记》终于赢得了无数读者。从2008年1月开始，这本书几乎每个月都要加印了，但这还不是"杜拉拉"最大的转机。

本书点评：在书店这个终端陈列时，采取"傍名牌"的策略，属于典型的有效的终端陈列策略。是因为慕名而来的顾客，具有货比三家的选择行为。这次销售的好转，是顾客导向的界面和内容的两者胜利。

图书即使再热销，创造的市场价值毕竟有限，而一旦踏上产业链之路就完全不同。2008年4月，话剧导演何念和博集天卷谈定了"杜拉拉"话剧版权。蔡明非说："小剧场话剧给我们的钱非常少。"但"杜拉拉"在话剧市场引起了热烈反响，2009年4月话剧首演，容纳1200个座位的上海美琪剧场座无虚席。

紧接着，"杜拉拉"开始吸引电影人的目光。电影制片人张一白向徐静蕾推荐了这本书，而蔡明非认为徐静蕾的形象更贴近白领、更知性，在观众和媒体中的号召力也更强，因此，尽管徐静蕾付出的版权费并不高，但依然决定与她合作。今年4月16日这部影片上映后，票房高达1亿元。

从表面看，博集天卷并没有从版权费中得到最大的利益。王勇说："我们的合作方首先需要对作品有认同感，当然也要真正做事情。那种签了以后不拍，把版权白白浪费掉的买方，我们一定不会选择。”他认为，在建构产业链的初期，相比版权费，品牌形象才是重中之重。

事实也证明，品牌形象的建立已经开始促成“杜拉拉”产业链的良性发展。与电影上映同期，博集天卷特意把《杜拉拉3》的发布日期定为今年4月中旬。蔡明非说，《杜拉拉2》上市的时候，徐静蕾要拍电影版的消息就已经出来了，而随着《杜拉拉3》的面世，书店海报加入电影元素，在当当、卓越的广告也采用了徐静蕾形象，完全突破了图书海报仅仅放一本书的模式，在电影票房攀升的同时，图书销售也比平日增长50%。

3年来，“杜拉拉”由2000字片段一步步走过来。如今，《杜拉拉升职记》一、二、三部总共发行400余万册。目前，“杜拉拉”品牌的鞋、服装等正在洽谈中。

本书点评：话剧、电影、鞋、服装等，就属于衍生产品。在原书写作时，如果能有目的地进行衍生产品设计，市场效果更大，价值空间也更大。而这一些的最大的转机，来自徐静蕾这个形象，这就是界面乐点。在设计《杜拉拉升职记》封面这个界面时，如果出版社能够根据期权定价模式，与徐静蕾合作，将其作为封面人物，效果能够更好地得以体现。

第三步：选定地区目标顾客界面和衍生利益敏感测试

在基本利益基础上，拟定多个衍生利益也即品类，以选定地区的目标顾客为对象，通过实景体验，测试每个品类的敏感度。

目标顾客对不同单一利益点的敏感度是不同的，这就需要通过实景体验测试，来测定最敏感的品类需求。

表9.2　　品类需求敏感性体验式测试表

序号	项目	1	2	3	4	5
品类承诺	界面乐点					
	物质利益					
	衍生利益					
实景体验	实景描述					
	体验方案					
	敏感测度					

其中，品类描述，就是单一利益点的具体描述。需要特别强调的是，厂商通过商标对目标顾客作出的品类承诺，不是对产品或服务的基本利益承诺，而是在产品或服务基本利益基础上的衍生利益承诺。例如，假定甲、乙是相同的车型（发动机容积、车体尺寸等），我们可以进一步揭示其承诺的区别。

甲车的单一利益点＝甲车的物质利益（车型）＋情感利益（权贵）

乙车的单一利益点＝乙车的物质利益（车型）＋情感利益（成功）

我们赞同尹同跃的观点，即

甲车的物质利益(车型)=乙车的物质利益(车型)

则甲、乙两个商标的轿车的单一利益点的差别就是情感利益,也即甲车的单一利益点是“权贵”,乙车的单一利益点是“成功”。“权贵”是甲车对目标顾客作出的衍生利益承诺,也是甲车目标顾客最敏感的需求;“成功”则是乙车对目标顾客作出的衍生利益承诺,却未必是乙车目标顾客最敏感的需求,因为“成功”是一个模糊的概念,不同的人对成功的理解是不同的。

在现实中,甲车就是奔驰,乙车就是雷克萨斯。从物质属性来看,12缸的奔驰和12缸的雷卡萨斯,没有区别。只是奔驰S600说自己是“世界元首用得最多的车”(早期广告语),“领导时代,驾驭未来”(现在广告语)。也即“权贵”;而雷克萨斯则一直不确定,只是在自己的车型结构上,将花冠定位于大学毕业也即人生第一辆车,将凯美瑞定位于核心家庭的成家用车,将皇冠定位于事业有成用车,将雷克萨斯定位于事业很成功的象征。但是,这只是其内部的自我承诺,却不是目标顾客最敏感的需求。因为取得了事业成功的人士,不仅具有强烈的统治欲,而且更加关注未来,奔驰的“领导时代,驾驭未来”也就更符合这类目标顾客的需求。也就是为什么雷克萨斯的销量难以与奔驰相比。

所谓实景体验设计,就是让目标顾客通过实际情景的具体使用,而不是室内测试,以免陷入可口可乐1985年出现的盲测的条件陷阱。为此,需要详尽地描述目标顾客对拟测商标载体的产品或服务的实际使用场所或时间,并在此环境下进行实际测试。

所谓敏感测试,就是所提出的单一利益点或品类,能否成为目标顾客的生活、工作或情感所必需的程度。

例如,欣和公司生产的甜面酱,起的名称叫“葱伴侣”,就是极好地结合了山东人大葱蘸酱的生活习惯,也就获得了山东人的选择。这可以很好地理解顾客对什么利益更敏感。

通过以下实例,就可以很好地理解什么是顾客衍生利益:购买保险获得意外赔付,是保户的基本利益,但保险公司催着保户检查身体,预防保户生病,则是保户更敏感的欲望!

案例理解9.2 奇怪的日本保险——保险公司催人体检[①]

日本的医疗保险机构与我们有所不同,不是你生病了自己去看,看了之后报销多少。他们是保险公司催着你检查身体,确诊生病之后会赶着你去看——这是以预防你生病为主的保险思路,预防付出高额的保费。

去年,姐夫的父亲生病了,非常严重的心脏病,为此他赶回了东京。不到两周,姐夫就回到了工作岗位,我觉得这日本人也太爱岗敬业了吧?老爸那么严重的病,据说已经生活不能自理了,他怎么这么快就回来工作了?鄙视!

那天和姐夫聊天说起,我的埋怨之情没能掩饰住。姐夫告诉我,他的父亲有完全医疗保证,不仅是全额医疗,而且还包括病后护理和康复。原来,姐夫的父亲工作了37年,公司一直给上着保险。而日本的医疗保险机构与我们有所不同,它们是保险公司催着你检查身体,确诊生病之后会赶着你去看——这是以预防你生病为主的保险思路,预防付出高额的保费。

① 参见2013年10月23日《北京青年报》,作者:张晓彤。

这个思路听起来好奇怪，我们都是保险之前要体检一下，以证明你是健康人才给你上保险。保险上了之后基本就不管了，等你生病了自己选择看还是不看，看了就按比例报销。看我奇怪，姐夫给我上起了课。保险公司当然不希望多付保费，让你注意身体，定期检查，不生病自然就没有保险费支出了。和一个人生病的费用相比，定期检查的费用就是很少的了。

如果你真的生病了，那保险公司就会追着你去看，如果很厉害，还派人陪着你。不是同情你，是希望你按医生说的做，认真治疗好好养病。这样你康复得快，他们的保费不就少掏一些了吗？

原来姐夫能迅速回到岗位，是这套保险机制起作用啊。姐姐回去照顾公公时，也只是做做饭，因为保险中有护理部分，每天都会有两个人轮班过来照顾公公，监护病情按时服药等。而每周两次的康复训练，也是康复机构的专业人员用专车接过去，训练完毕再送回来。姐姐讲了，这样做不是让家人轻松，而是保险公司希望老人能够迅速进入恢复期，减少费用。

我对姐夫开玩笑："赶明儿我也上个你们国家的保险，等我老了女儿会比较省心。"姐姐嘿嘿笑着说："那边保险可贵哟，一点价也讲不得的。"

本书点评："那边保险可贵哟，一点价也讲不得的。"这句话表明日本保户在购买保险时，也知道保险价格贵，那为什么还要购买？根据保户利益＝物质利益＋情感利益，保险价格贵，意味着物质利益小，但还是选择了，就证明是因为情感利益。也即"等我老了女儿会比较省心"。

看到姐姐、姐夫家里有生病的老人，还不影响在国外工作，我们真的很羡慕。因为弟妹家的母亲生病不能自理，现在只能是送进养老护理机构，但家人周末必须过去，康复训练也要家人陪同才行。最重要的是，高额的开支让一家人倍感沉重，而老人能不能恢复，什么时候恢复都是不可预知的。这笔支出几乎全部自费，怎能不让他们有压力呢？

七月，姐夫的妈妈来京旅游，看到年过80岁的老人仍然神采奕奕，着实让人意外。我礼节性地安慰她说："您先生身体不好，照顾他一定很辛苦。"老人家自然地回答："有保险公司呢。"

原来，在他们心里，有保险公司就是安全的、踏实的。这让我不得不重新审视保险的作用。以前，我非常排斥保险，特别是那种上保险时热情得让人受不了，出险时冷漠得让人受不了的状况。而日本的保险公司和我们的思路完全不一样，上保险时一板一眼分毫必争，上了保险就对你认真得不得了，恨不得你碰一下他比你还着急。

原来，在保险利润上，他们的经营理念是那么不同。你不出险他们的利益才安全，所以你上了保险他们就把你看作是他们的利润；你不生病或是尽快康复，他们的收入才有保证。而我们的概念是，你上保险交钱，我就有收入保证；你出了险我就有利益损失，那我当然不乐意。

姐夫家的老人能够安全进入衰老期，才是他们几个孩子敢于走向天涯海角做事业的最大动力吧。如果老人没有这么全面的保险，不能安全养老，想必也不会把孩子都培养得如此出色。这些方法和理念，是不是我们的保险机构也可以学习借鉴呢？

第四步:新地区目标顾客的品类需求敏感度测试

在选定地区测定出来目标顾客最大敏感度的品类需求后,还需要在拟拓展的新地区进行验证,以测定所得最大敏感品类,在这些拟拓展地区的目标顾客中,敏感度是衰减还是增强。

例如,欣和公司"葱伴侣",在山东地区就是敏感度很高的品类需求,但到了南方地区,这个品类需求就衰减了。

表9.3 新地区品类需求敏感度测试表

拟测品类承诺		葱伴侣			
拟测新地区名称		江苏	浙江	湖南	广东
实景体验	实景描述				
	体验方式				
敏感度测试					

以欣和"葱伴侣"为例,"葱伴侣"在山东地区的需求敏感度是很高的,因为山东人历来就有大葱蘸酱的习惯。但是,南方地区并没有这个习惯,对"葱伴侣"这个品类的需求是否敏感呢?可以选择江苏、浙江、湖南、广东进行测试。

表9.4 欣和"葱伴侣"新地区需求敏感度测试表

拟测品类承诺		葱伴侣			
拟测新地区名称		江苏	浙江	湖南	广东
实景体验	实景描述	A.中档餐馆	B.高校周边餐馆	C.机关食堂	D.家庭餐桌
	体验方式	1.列入餐馆菜谱,有多少顾客主动选择 2.赠送至家庭餐桌,一周后回访			
敏感度测试					

在餐馆测试中,可以将"葱伴侣"制成单页,夹在菜谱中,在不提示或不推荐条件下,统计一周,看看有多少顾客主动选择。在选定的家庭中,将"葱伴侣"赠送品放在家庭餐桌上,一周后回访,记录剩余量以及如何吃法。

案例理解9.3 霍普金斯是如何卖高价的[①]

现代广告创始人霍普金斯在其著作《科学的广告与我的广告生涯》中,谈到了他的一次亲身经历,可以很好地理解新地区的顾客的品类需求敏感性分析。

斯威夫特公司生产"苏特"牌代用猪油,其竞争对手的同类产品是"莱尼"牌。"苏特"

① 参见霍普金斯《科学的广告与我的广告生涯》,中国人民大学出版社2008年版,第48页。

的最大的市场之一是面点烘烤师。这些面点烘烤师知道“莱尼”与“苏特”是完全一样的产品，因此，他们可不想花更多钱。

本书点评：两者产品是完全一样的，也即在物质利益上是同质化的，那么，霍普金斯是如何在高价格的条件下，增加销量的？

斯威夫特公司的生意是在竞争中建立和发展起来的，他们可以承受任何代价，所以他们不打算使自己的产品价格高于市场价格。我曾经设定了一个价位，每磅比“莱尼”贵一分半，那是获得利润的最低限度。我可以让普通消费者接受这个价格，可是和面点房的也重要。我们在波士顿有一个办事处，每月的支出约为2000美元。那儿有6个推销员。阿尔德里奇先生负责那里的工作。由于我们在那里创造出了需求，因而他们在向杂货店进行销售时，倒不怎么费劲。但当他们以较高价格向面点烘烤师推销时，成绩几乎是零。

本书点评：在产品同质化的条件下，霍普金斯把自己的产品价格定得比对手贵，如何卖出去？消费者是终点顾客，面包房是中间用户，要求产品质量要好是基本需求，但面包房的利润＝收入－成本，代用猪油是面包房的原料，即是其成本，因此，面包房对代用猪油的价格更敏感。

有一天，斯威夫特先生把我叫到他的办公室。他说：“这是从波士顿来的一封信，我非常同意他们的意见。他们卖不动产品，你为我们产品定的价格，让他们没有办法推销出去。”

“他们说得不对，”我回答到，“真正的推销员才不在乎价格呢。我就是定价高一点也能把它们卖给消费者。为什么他们就不能卖给面包房呢？”

“那么，”他问道，“你什么时候去波士顿？”“我可以在两个星期后去。”我说，“我还有很多工作要交代。”

“你可不可以今天下午就去？”他问，“这是很紧急的事。我们在波士顿损失了很多钱。我想在我们采取下一步行动之前做一下判断。”“我今天下午就去。”我说。我走出去回到办公桌前，发现上面堆积了很多重要的公务要处理。

我到达波士顿后见到了阿尔德里奇先生。他一副沮丧的样子，又有点破罐子破摔。他把对斯威夫特先生谈过的话又对我讲了一遍，说我的经商是纸上谈兵。

本书点评：将霍普金斯这种岗位的工作，归为纸上谈兵，是很多实际操作人员的观点。其实，在盖大楼之前，都要绘制图纸，也就是纸上谈兵，也就是制订方案。从以下霍普金斯的实际推销来看，每到一个面包房用户那里之前，霍普金斯都制订了方案。

“好吧，你可以找切尔西的福克斯糕饼公司。”他回答说，“这是我们周围最大的一家。”“马上带我去找他们。”我说。阿尔德里奇先生照办了。我们到达的时候，看见福克斯先生正挽起袖子在烤制东西。我们等了他一会儿。

我像个老熟人一样和他打招呼。我说：“我是斯威夫特公司的广告经理，我从芝加哥来，是想向您咨询一张卡的事。”

我把那张乘车卡放在十几米远之外，然后走回来请他看一看那张卡。

我说：“这张卡，是用来表现最理想的糕饼的，花了我们一大笔钱呢。作画的人要了我们250美元。然后我们把这幅画刻在石头上，您看到的颜色是在石头上分别进行了12次涂染以后形成的。”

我把我知道的程序尽可能地解释出来。因为这和焙烤糕饼的工作完全不同，他非常感兴趣。我对他说，在印刷这些卡之前我希望能得到他的认同。于是，我得到了。他是一个糕饼专家，我希望了解他对印在上面的那个饼的意见。

最后，他坚持说这张糕饼宣传卡已经把糕饼表现得够好了，不可能更好了。要是他能做出那样的糕饼，肯定可以招徕波士顿所有的生意。

于是我就劝他留下这张宣传卡。我说："波士顿有多少商店在卖福克斯糕饼?"

"大约有1000家"。他答道。

我说："我可以帮你把这张卡搞得再漂亮一点，让它们进入每一家商店。你对我太好了，我要做一点事来回报你，但我必须在那些卡上宣传'苏特'。这样吧，我们在每张卡上都说，福克斯糕饼只用'苏特'使糕点酥松。如果你现在订货，你每买一车'苏特'，我可以给你提供250张这种卡。"他同意交易。他订购了4车"苏特"，拿到了1000张糕饼宣传卡。

本书点评：面包房的利润＝收入－成本＝销量×价格－成本。福克斯先生明明知道霍普金斯的代用猪油价格比对手贵，为何还是选择了贵的产品？是因为霍普金斯为他制订了一个增加销量的方案，从而能够增加福克斯先生的收入。而推销员阿尔德里奇带给福克斯的只是成本增加，福克斯要选择降低成本。

福克斯的利益＝物质利益＋情感利益，霍普金斯通过请教福克斯，使福克斯赢得了尊重的快乐，这就是福克斯的情感利益。然后，通过为其提供广告来增加福克斯销量的预期，也就是增加了福克斯的物质利益。

霍普金斯的两个方案，都增加了福克斯的利益，福克斯当然很高兴地和霍普金斯合作。

接着我又去了普鲁威登地区，到了阿尔特门的糕饼厂，谈成了同样的交易。

我每到一处，便向当地最有名的面点房推销出一大批"苏特"。他们比买"莱尼"要多付一点钱，但同时他们也获得了明显的优势地位。

我回到了波士顿，带回了一大批"苏特"的订单，比那6个人在6个星期里卖出去的总和还多。但是阿尔德里奇先生对此表现出不屑的神情。他说："我们最大的一个客户是马萨诸塞州的斯曼费尔德焙烤公司。在那儿你已经给出了专有的糕饼卡。现在我想知道你用一般的推销技巧能做什么。"

"我是孤身一个人，我不想一个人去。他们允许我再邀请一个客人，我想邀请你和我一起去。"泰迪拒绝了，他说他从来没去参加过晚宴，没有合适的衣服。我告诉他我会穿着见他时的那身衣服去赴宴。所以最终他还是同意了。

那天晚上对泰迪来说是难忘的一夜。他第一次有机会和城里的大人物们见面。他过得很开心。我们分手的时候，他对我非常友好。

在旅馆门口分手时我对他说："我星期一上午去找你，我有一些东西给你看，你会很感兴趣的。""最好别来。"他说，"今天晚上你对我太好了，我没法拒绝你任何要求。但是我已经积压了'苏特'。在我的储藏室里有40包，可你也知道我用不起它们。我很高兴再见到你，可是别让我买'苏特'。"

星期一上午我找到泰迪，像平常一样，他正在挽着袖子干活。我说："泰迪，我不想和你谈‘苏特’,但我有一个建议。我是斯威夫特公司的广告经理。我可以办到一些别人办不到的事。你在斯普林费尔德地区很有名,但外面没有人知道你。我向你提一个建议,让斯曼贵尔德糕饼的广告从这儿一直做到芝加哥。”

然后我就和盘托出了我的计划。如果他能订购两车“苏特”,我会在运货车的两侧都涂上标记和文字,向世人宣告——马萨诸塞州的斯曼贵尔德焙烤公司,将用“苏特”焙烤所有的糕饼。

有人说这点子太傻了。但是与提出“让每个人都知道你的名字”这样的主意相比,这并不算傻。泰迪是那个时代很典型的一个广告主,他的愿望就是要传播他的名声。他接受了我的条件。一个星期内货车就到了。

本书点评:泰迪的选择行为和福克斯是一样的,而霍普金斯采取的同样是增加泰迪的情感利益(邀请他参加晚宴而带来的快乐)。但泰迪是个商人,在商言商,所以仍然不客气地说“我很高兴再见到你,可是别让我买‘苏特’”。但霍普金斯为什么还能把贵的“苏特”卖给泰迪?是因为霍普金斯明确说:“泰迪,我不想和你谈‘苏特’,但我有一个建议”,而这个建议就是泰迪的欲望,即让每个人都知道他的名字,传播他的名声。

我在一个星期卖出去的“苏特”比6个人在6个星期里卖出去的还要多。没有一个买主抱怨价格。斯威夫特先生打电话给我,让我把波士顿所有的职员都炒掉。但我请他等我回去向他解释了我的方法之后再说。

见到斯威夫特先生,我说:“我不是在卖‘苏特’,我们并没有谈‘苏特’。我卖的是糕饼卡和运输里程。‘苏特’和他们是一体的。”“那么我希望你能教会我们的其他人怎么做。”“这种东西没法教。”我回答说。

我是在卖服务。我谈话的全部基础就是帮面点房获得更多的生意。他们一高兴,对我得到的好处也就看不见了。我总是把这套方法应用于广告中。人们总是希望别人能为自己做点什么,这套方法恰好促使那些人关注我们的产品,直到积极地行动起来。没有任何自私自利的做法可以做到这一点。

我总是给别人提供好处。我只是讲服务、利润、愉快、礼物,而不讲我个人的利益。

第五步:促销主题与广告主语的测定

在完成了上述品类需求敏感度测试之后,才能制定出可靠的促销主题和广告主语。促销主题是在售点的购买诱导,但是,多数厂商采取的都是赠品或优惠价格活动,尽管得到了销量,失去的却是利润和形象,并且停止促销活动后,销量也跟着停止。为此,又要采取新的赠品或优惠活动。产生这种情况的根本原因,就是没有对承诺的品类或单一利益点进行需求敏感性测试。如果通过测试,获得了潜在目标顾客高度敏感的品类需求,并进而将此单一利益点或品类变成促销主题活动,在售点举办,不仅获得销量,而且还获得了目标顾客的持续选择。

通过“什么样的促销是好的促销”,可以阅读并思考以下案例。

案例理解9.4　促销的“漏洞”①

福州有一家比萨餐厅在网上贴出了促销活动公告：全场9寸比萨，一律仅售8元；每桌限点一份。这里就有一个明显的漏洞：由于商家的活动策划中并未要求每桌消费者必须不低于多少人，所以即使一个人也可以算作单独一桌。这样，如果3个人通往该店，只要装作互不认识各坐一桌，就能享受24元买3份9寸比萨的优惠。

因此，许多人很兴奋地把这个链接发给好友，相约一同前去“占便宜”。处于经济危机、嘴巴又想吃好东西的人们自然是一拍即合，下班后便纷纷前往。他们为了“入戏”，甚至分几次乘坐电梯进入大堂。当服务员热情地邀请他们入座并问有几位时，他们斩钉截铁地说：“一位。”

坐定后他们一边看菜谱，一边四下张望同来的朋友，发现相隔并不太远，于是点头窃笑后完成点餐：一杯8元的可乐，再加一份9寸的金枪鱼比萨。

更有趣的是，他们在等待上菜的过程中与服务员搭讪，问如果还想邀请两位朋友来消费，是否也可以享受8元的优惠活动。本以为服务员会严词拒绝，不想他们却被小声告知：“如果你们坐一桌是不能享受的，一桌只能点一份。但如果你真的想叫的话，可以先分桌坐，最后分单结账，这样就没问题了。”

上菜后，他们纷纷端起盘子聚到了同一桌上，假装“无意中”碰到了好友，只留下装了1/6块比萨的盘子在原来的位置上。本以为会遭到服务员的劝阻，却想不到服务员就当没看见，甚至在他们吃了一小会儿后，还微笑着走过来问是否需要帮他们把剩下的东西拿过来，没有一点责问的意思。众人于是立刻点头道谢。

其实，这个所谓的“漏洞”不过是一个策划者早就设计好的圈套。策划者充分利用了人们爱钻空子、贪小便宜的心理，把一个早就计划好的让利促销活动，以另一种方式推出。这样的设计，远比直接告诉大家“每人可按8元价格享受一份原价53元的9寸比萨”效果要好得多。想想“发现”这个“漏洞”并向好友讲起时的兴奋，我们不得不佩服这种新型的“病毒营销”，因为它在让消费者进入营销圈套的同时，还一个劲儿地为自己的“聪明”沾沾自喜。

同样的，广告主语的创意，也不是一个灵机一动的智慧闪光，而是符合选择成本降低的逻辑推理。品牌经济学理论研究证明，广告主语是厂商通过注册商标进行单一利益点也即品类承诺的途径。因此，如果广告主语脱离了降低目标顾客选择成本这个理性不动点，创意出来的广告主语，必定成为断线的风筝，可以飞得很高，飞得很远，但却是失控的。对此类广告主语，通过投放资金给受众以高频率的视觉冲击的可能结果，就是赢得了掌声，赢得了流行语，却没有收获目标顾客的持续购买。问问自己，你熟知哪个商标的广告主语？这个广告主语对你的实际购买有多大的影响？

① 参见《名人传记》2010年第18期，作者：星艺。

9.4 品类需求敏感性的案例诊断

9.4.1 “华夏良子”足疗的品类需求敏感性测试评级

因为“华夏良子”没有精确的目标顾客，所以，其承诺的单一利益点“通过足部按摩，缓解心身疲惫”，就难以测量其需求敏感性。对广义的顾客而言，足部按摩不是必需的。

当然，如果对顾客进行了精确测试，是可以识别出必需足部按摩的目标顾客的。

从接待类顾客而言，招待自己的客人来进行足部按摩，尤其是首次见面或接触的客人，在不知其有何特殊爱好的情况下，到无色情服务的“华夏良子”来享受一下，是进行深度沟通的很好的地点。

尽管“华夏良子”没有精确的目标顾客，但是，足部保健按摩对绝大多数人，确实是锦上添花的。因此，在“华夏良子”目标顾客未精确定位的情况下，足部按摩，缓解身心疲惫，对来“华夏良子”接受服务的潜在的目标顾客而言，至少也是锦上添花的。

由于“华夏良子”缺乏精确的目标顾客，所以，足部按摩，缓解身心疲惫，是否是可有可无是难以测量的。但从其现有的300家连锁店和德国业务开展的情况而言，固定的店面经营，其基本顾客不可能是偶尔光顾的顾客，必定存在常客，也就意味着对这些常客而言，该单一利益点是存在需求的。

综上所述，“华夏良子”的品类需求敏感性测试如表9.5所示：

表9.5　“华夏良子”足疗的品类需求敏感性测试评级表

<table>
<tr><th>指标</th><th>测评二级指标</th><th>指标赋值要点</th><th>指标事实及其来源</th><th>分值</th></tr>
<tr><td rowspan="2">7. 品类需求的敏感性 B_7</td><td>7.1 所作利益承诺是目标顾客生活、工作或情感所必需的吗？0.40分</td><td>若是一次性购买但常年性使用或标识的，得0.40分；若是经常性购买的，得0.32分；若是可有可无或可多可少的，得0.0分</td><td>对于工作疲惫的人而言，足部按摩不是缓解疲惫所必需的，故得0.0分</td><td>0.0</td></tr>
<tr><td>7.2 所作利益承诺，是目标顾客在某个时间或某个场合所急需的吗？0.20分</td><td>若能给出明确的何时或何地所急需的，得0.20分；若有急需的可能但何时或何地不明确，得0.12分；若既无可能也不明确，得0.0分</td><td>作为保健性的按摩，对多数普通顾客而言也不是某个时间或场合必需的。但对商务伙伴，可能需要借助这个场合沟通，故得0.12分</td><td>0.12</td></tr>
</table>

续表

指标	测评二级指标	指标赋值要点	指标事实及其来源	分值
7. 品类需求的敏感性 B_7	7.3 所作利益承诺对目标顾客而言，是锦上添花的吗？0.20分	若使顾客感到若有更好，得0.20分；若使顾客感到仅仅是有比无好，得0.12分；若说不出明确的原因，得0.0分	足部保健有当然比没有好，也即锦上添花；足部按摩确实有助于消除疲劳，类似在家热水泡脚；得0.12分	0.12
	7.4 所作承诺对目标顾客而言，是基本利益还是派生利益？0.20分	若仅是基本利益，得0.0分；若是基本利益基础上的派生利益，得0.20分	若仅仅是足部按摩，就是基本利益。若能购买回家自用的药物或现场沟通，就是派生利益。故此项得0.20分	0.20
得分合计				0.44

测试等级	1.0	0.8～0.99	0.6～0.79	0.4～0.59	0.2～0.39	≤0.19
	AAA级	AA级	A级	B级	C级	D级

9.4.2 “上海”表的品类需求敏感性测试评级

手表作为计时工具的一种，并不是广义的顾客生活、工作或情感所必需的，只可能是某个场合或某个时间需要的。而只有对顾客进行精确测试，才可以识别出此需求的目标顾客。因为“上海”表没有精确的目标顾客，并且没有承诺首位利益点，就难以测量其需求敏感性。

随着经济的发展，手表已经不仅仅是计时工具，起装饰性作用不断加强。“上海”表在设计中开始追求老字号与时尚的结合，意在增加“上海”表的装饰作用。因此，对购买“上海”表的顾客来说这至少也是锦上添花的。

由于“上海”表没有精确的目标顾客，所以，其承诺的单一利益点是否是可有可无，是难以测量的。但是，“上海”表作为一个老字号企业存在了几十年，我们完全可以合理地推断出，其承诺的单一利益点对某些顾客来说是有需求的。

综上所述，“上海”表品类需求敏感性测试如表9.6所示：

表 9.6 "上海"表的品类需求敏感性测试评级表

<table>
<tr><th>指标</th><th>测评二级指标</th><th colspan="2">指标赋值要点</th><th colspan="2">指标事实及其来源</th><th>分值</th></tr>
<tr><td rowspan="4">7. 品类需求的敏感性 B_7</td><td>7.1 所做利益承诺是目标顾客生活、工作或情感所必需的吗？0.40 分</td><td colspan="2">若是一次性购买但常年性使用或标识的，得 0.40 分；若是经常性购买的，得 0.32 分；若是可有可无或可多可少的，得 0.0 分</td><td colspan="2">手表属于一次购买常年性使用的，故承诺质量和价格的"上海"手表，属于必需的，故得 0.40分。</td><td>0.40</td></tr>
<tr><td>7.2 所做利益承诺，是目标顾客在某个时间或某个场合所急需的吗？0.20 分</td><td colspan="2">若能给出明确的何时或何地所急需的，得 0.20 分；若有急需的可能但何时或何地不明确，得 0.12 分；若既无可能也不明确，得 0.0 分</td><td colspan="2">手表是生活或工作必需的，但看不出"上海"表是谁、在何时何地必需，故此得 0.0 分</td><td>0.0</td></tr>
<tr><td>7.3 所作利益承诺对目标顾客而言，是锦上添花的吗？0.20 分</td><td colspan="2">若使顾客感到若有更好，得 0.20 分；若使顾客感到仅仅是有比无好，得 0.12 分；若说不出明确的原因，得 0.0 分</td><td colspan="2">作为单位或会议纪念，有"上海"表比没有要好，故得 0.12 分</td><td>0.12</td></tr>
<tr><td>7.4 所作承诺对目标顾客而言，是基本利益还是派生利益？0.20 分</td><td colspan="2">若仅是基本利益，得 0.0 分；若是基本利益基础上的派生利益，得 0.20 分</td><td colspan="2">"上海"手表承诺的质量和价格，仅仅是基本利益，故得 0.0 分</td><td>0.0</td></tr>
<tr><td colspan="6">得分合计</td><td>0.52</td></tr>
<tr><td rowspan="2">测试等级</td><td>1.0</td><td>0.8～0.99</td><td>0.6～0.79</td><td>0.4～0.59</td><td>0.2～0.39</td><td>≤0.19</td></tr>
<tr><td>AAA 级</td><td>AA 级</td><td>A 级</td><td>B 级</td><td>C 级</td><td>D 级</td></tr>
</table>

9.4.3 "七匹狼"服装的品类需求敏感性测试评级

服装"七匹狼"没有精确的目标顾客，因此我们以其确定的年龄范围来分析品类需求的敏感性，即 30～45 岁的成熟男人。"七匹狼"承诺的单一利益点为"追逐人生，男人不只一面"，该年龄段的男人对此利益点的需求敏感度分析如下：男人展现出不同的性格侧面确是生活和工作中必需的，如在工作中男人需要体现出敏锐稳重的一面，而在生活中则需要体现出柔情和蔼的一面。

然而"七匹狼"关于"男人不只一面"这种说法，与中国传统道德修养中关于"表里如一"的观念，至少在字面上是有冲突的。因为从字面上来看，"多面"的感觉给人以奸猾之意。因此，"追逐人生，男人不只一面"既不是目标顾客生活、工作或情感所必需的，也不是目标顾客某个时间或某个场合所需要的。然而"七匹狼"给消费者的印象仍然有狼一样的拼搏精神，因此对于消费者来说，穿“七匹狼”的服饰属于锦上添花。

综上所述，“七匹狼”服装品类需求敏感性测试如表9.7所示：

表9.7　“七匹狼”服装的品类需求敏感性测试评级表

指标	测评二级指标	指标赋值要点	指标事实及其来源	分值
7. 品类需求的敏感性 B_7	7.1 所作利益承诺是目标顾客生活、工作或情感所必需的吗？0.40分	若是一次性购买但常年性使用或标识的，得0.40分；若是经常性购买的，得0.32分；若是可有可无或可多可少的，得0.0分	服装确实是经常性购买的，“七匹狼”承诺的“男人不只一面”，却没人敢说是自己必需的，故此得0.0分	0.0
	7.2 所作利益承诺，是目标顾客在某个时间或某个场合所急需的吗？0.20分	若能给出明确的何时或何地所急需的，得0.20分；若有急需的可能但何时或何地不明确，得0.12分；若既无可能也不明确，得0.0分	看不出谁、在何时何地需要告诉别人“男人不只一面”	0.0
	7.3 所作利益承诺对目标顾客而言，是锦上添花的吗？0.20分	若使顾客感到若有更好，得0.20分；若使顾客感到仅仅是有比无好，得0.12分；若说不出明确的原因，得0.0分	作为服装，尤其是喜欢狼的顾客而言，“七匹狼”作为符号当然锦上添花，故得0.12分	0.12
	7.4 所作承诺对目标顾客而言，是基本利益还是派生利益？0.20分	若仅是基本利益，得0.0分；若是基本利益基础上的派生利益，得0.20分	服装仅仅是基本利益，故得0.0分	0.0
得分合计				0.12

测试等级	1.0	0.8～0.99	0.6～0.79	0.4～0.59	0.2～0.39	≤0.19
	AAA级	AA级	A级	B级	C级	D级

9.4.4　“百达翡丽”腕表的品类需求敏感性测试评级

奢侈品的特性决定了“百达翡丽”并不是广义的顾客生活、工作或情感所必需的，只可能是某个场合或某个时间需要的。而只有对顾客进行精确测试，才可以识别出对此项必需的目标顾客。

因为“百达翡丽”没有精确的目标顾客，所以，其承诺的单一利益点“制作世上最卓越、最具价值的腕表”，就难以测量其需求敏感性。对广义的顾客而言，享受奢华、拥有传家之宝并不是必需的。

但是，在条件允许的情况下，对绝大多数人而言，追求尊贵享受，拥有一个传家之宝，确实是锦上添花的。因此，在“百达翡丽”目标顾客未精确定位的情况下，拥有一款世上最具价值的腕表，对购买“百达翡丽”腕表的顾客来说至少也是锦上添花的。

由于“百达翡丽”没有精确的目标顾客，所以，其承诺的单一利益点是否是可有可无，是难以测量的。但“百达翡丽”作为一个家族企业毕竟存在了上百年，我们完全可以合理地推断出，其承诺的单一利益点对某些顾客来说是有需求的。

综上所述，“百达翡丽”腕表品类需求敏感性测试如表 9.8 所示：

表 9.8　“百达翡丽”腕表的品类需求敏感性测试评级表

指标	测评二级指标	指标赋值要点	指标事实及其来源	分值
7. 品类需求的敏感性 B_7	7.1 所作利益承诺是目标顾客生活、工作或情感所必需的吗？0.40 分	若是一次性购买但常年性使用或标识的，得 0.40 分；若是经常性购买的，得 0.32 分；若是可有可无或可多可少的，得 0.0 分	作为奢侈手表，显然不是为了看时间，而是作为“传家之宝”。对于能接受此类价格的顾客而言，这可有可无，故得 0.0 分	0.0
	7.2 所作利益承诺，是目标顾客在某个时间或某个场合所急需的吗？0.20 分	若能给出明确的何时或何地所急需的，得 0.20 分；若有急需的可能但何时或何地不明确，得 0.12 分；若既无可能也不明确，得 0.0 分	尚看不出谁、何时何地必须将手表作为“传家之宝”，故得 0.0 分	0.0
	7.3 所作利益承诺对目标顾客而言，是锦上添花的吗？0.20 分	若使顾客感到若有更好，得 0.20 分；若使顾客感到仅仅是有比无好，得 0.12 分；若说不出明确的原因，得 0.0 分	对富豪类顾客，有一个能“传家之宝”的昂贵手表，当然更好。而“百达翡丽”正是如此承诺的，故得 0.20 分	0.20
	7.4 所作承诺对目标顾客而言，是基本利益还是派生利益？0.20 分	若仅是基本利益，得 0.0 分；若是基本利益基础上的派生利益，得 0.20 分	手表仅仅是基本利益，而显示身份才是关键，也即派生利益，故得 0.20 分	0.20
得分合计				0.40

测试等级	1.0	0.8～0.99	0.6～0.79	0.4～0.59	0.2～0.39	≤0.19
	AAA 级	AA 级	A 级	B 级	C 级	D 级

9.4.5　“依波路”表的品类需求敏感性测试评级

“依波路”亚太区行政总监苏大坦诚：“‘依波路’”的定位在奢侈品和时尚品的结合体之间。”“依波路”有 100 多年历史的沉淀，它的个性比较独特，除了产品功能之外还代表独特的文化，象征着浪漫、优雅的传递。一款经典手表产品，除了有奢侈品功能之外，还有本身这一种需要经典工艺做出来的产品，这种产品可以世世代代传下去的，还带出了奢侈品功能和价值。因此，我们首先能看到，“依波路”具有奢侈品和时尚品的功能，首先对于目标顾客来说，应该是锦上添花的。

另外，“依波路”作为瑞士第一情侣表品牌，虽然现在选定的目标顾客是“不断追求完美、崇尚时尚与浪漫的人们”，但是由于长久的文化积淀，人们对“依波路”的认识仍旧是情侣表，是追求浪漫的情侣的首选。而对于热恋中的情侣来说，浪漫的感觉是必不可少的，至少也是在某种场合所必需的，因此，“依波路”承诺的“浪漫”的单一利益点，对目标顾客来说，至少是在某种场合所必需的。而且事实也证明，很多购买“依波路”的顾客，正是看中了“依波路”见证浪漫爱情的利益定位。

综上所述，“依波路”表品类需求敏感性测试如表 9.9 所示：

表 9.9　“依波路”表的品类需求敏感性测试评级表

指标	测评二级指标	指标赋值要点	指标事实及其来源	分值
7. 品类需求的敏感性 B_7	7.1 所作利益承诺是目标顾客生活、工作或情感所必需的吗？0.40 分	若是一次性购买但常年性使用或标识的，得 0.40 分；若是经常性购买的，得 0.32 分；若是可有可无或可多可少的，得 0.0 分	作为一次购买常年性使用的手表，浪漫确实是情侣生活、工作或情感所必需的，故得 0.40 分	0.40
	7.2 所作利益承诺，是目标顾客在某个时间或某个场合所急需的吗？0.20 分	若能给出明确的何时或何地所急需的，得 0.20 分；若有急需的可能但何时或何地不明确，得 0.12 分；若既无可能也不明确，得 0.0 分	对于喜欢浪漫且具备一定购买力的情侣而言，情侣表是必需的，尤其是作为定情物，故得 0.20 分	0.20
	7.3 所作利益承诺对目标顾客而言，是锦上添花的吗？0.20 分	若使顾客感到若有更好，得 0.20 分；若使顾客感到仅仅是有比无好，得 0.12 分；若说不出明确的原因，得 0.0 分	对于情侣而言，承诺浪漫的“依波路”属于若有更好的，故得 0.20 分	0.20
	7.4 所作承诺对目标顾客而言，是基本利益还是派生利益？0.20 分	若仅是基本利益，得 0.0 分；若是基本利益基础上的派生利益，得 0.20 分	手表是基本利益，“依波路”带来的派生利益是情侣的派生符号利益，故得 0.20 分	0.20
得分合计				1.0

测试等级	1.0	0.8～0.99	0.6～0.79	0.4～0.59	0.2～0.39	≤0.19
	AAA 级	AA 级	A 级	B 级	C 级	D 级

9.5 品类需求敏感性的案例模拟

为了熟练地掌握品类需求敏感性的技术标准和测试评级要求，需要进行一定数量的案例模拟，也即熟能生巧。为此，我们采集了以下案例。在仔细阅读下列案例的基础上，结合自己进行的网络信息收集，根据前述的技术标准和测试评级要求，完成每个案例后面给出的品类需求敏感性测试评级表，并撰写诊断报告。

为了增强案例的阅读性，我们在每个案例的相关段落后面，插入了我们的点评，点评的理论依据就是品牌经济学原理。

案例模拟 9.1 泥人小店开在非洲①

有一个惠山的小伙子是个捏泥人的高手，经他捏出的泥人，惟妙惟肖，栩栩如生，颇得人们喜爱。小伙子泥人店的生意越来越红火，按常理应该在当地招兵买马，扩大经营，或者开一些分店，但最后他的决定却让人摸不着头脑：一些泥人同行已经把泥人卖到了欧洲、美洲，他要把泥人卖到非洲！

本书点评：在中国、欧洲、美洲，惠山的泥人是用来观赏的，对于温饱尚未彻底解决的非洲群体而言，对这类观赏物品的需求敏感吗？

按小伙子的说法，是想让我国的民间技艺得到更好的传播。有的朋友劝他："欧洲和美洲经济比较发达，推广起来比较容易；非洲经济落后，很多人吃饭都成问题，谁会买你的泥人呢？"

小伙子是个很有主见的人，他毅然起程来到了有些陌生的非洲大陆，在当地考察了一番后，他开了一家泥人商店"朋友泥人坊"。小伙子想，非洲人不太富裕，自己可以打经济牌，以尽量低的价格打开市场。可是，泥人店开张的第一天就遇到了一个棘手的问题，当地的泥土不适合做泥人，捏泥人的土要用上好的黏土，而当地的土比较涩，捏出的泥人容易干裂。

本书点评："小伙子在当地考察了一番"，得出的结论是：非洲人不太富裕，自己可以打经济牌，以尽量低的价格打开市场。我们无法知道小伙子具体考察了什么，但是，接下来的事情证明，小伙子所做的考察肯定是有问题的。第一，捏泥人用的原料是否适当，就没有列入考察范围；第二，捏出来的泥人，为谁捏的？买的理由是什么？小伙子也不清楚。而他得出的结论，就是一个低价格。他忘了一件事，对自己用不着的东西，也即需求不敏感，价格再低也是不买的。其实，小伙子不该打经济牌。出手就是低价格，也就意味着一起步就是低档产品。如果一开始就是高价格，以此树立起高形象，然后再推出中低价格，就会既有好的形象，又有多的销量空间。再阅读本书第3章目标顾客的精确性，开篇就分析的案例《戴比尔斯是如何把石头建成品牌的?》就会发现，谁说昂贵的钻石只能富人购买？换个利益点，从坚硬的亘古不变的石头，转换为结婚的信物，普通家庭的结婚新人，也

---

① 参见《特别关注》2010年第11期，作者：宜春人。

照样购买昂贵的钻石。结婚必定是要买结婚信物的，这就是需求敏感性。

小伙子只得回国搞黏土。可是这样一来，泥人的成本大大增加，如果硬以较低的价格卖出的话，注定是个赔本买卖，别说传播中国的民间文化了，自己都会饿得要饭。

起初，为了宣传，小伙子硬着头皮以低于成本价卖泥人，那时来店里买泥人的非洲朋友还算不少。不过，几个月后，小伙子积蓄已经全赔进去了，再想"赔本赚吆喝"是不行了。迫于生存压力，他不得不提高泥人的价格，可是这样一来，来店里买泥人的非洲朋友锐减，常常是几天都不见得来一个顾客。

小伙子曾经问过几个非洲朋友，为什么不喜爱泥人，得到的回答是："价太贵了，我们不富裕，钱要花在生活必需品上。"

小伙子知道问题的关键还是商品的价格，泥人便宜倒好，如果贵得让人承受不起，谁会把用来吃饭的钱用在买华而不实的东西上呢？一连数天，小伙子始终找不到解决问题的办法。突然有一天，他猛地想到："非洲朋友说过，不买泥人，是因为它不是生活必需品，可有可无，但如果泥人变成生活必需品呢？"

本书点评：钻石价格也很昂贵，可为什么普通百姓子女结婚，也要买这块昂贵的"石头"？这就说明，价格高低与是否购买没有直接的反向关系，关键还是目标顾客对产品或服务的需求是否敏感。小伙子猛然想到的，就是非洲朋友说的——不买泥人，是因为它不是生活必需品，可有可无。但如果泥人变成生活必需品呢？那当然就会购买。问题是小伙子刚到非洲时，也"在当地考察了一番市场"，为什么就没有考察非洲顾客对小泥人需求的敏感性呢？以此类推，很多厂商在推出新产品时，也大都是"考察了一番市场"，得出的结论也一定是好的，否则不会进一步研发和生产。但为什么实际销量还是难如预期呢？我们认为，原因就是缺乏品类需求敏感性测试研究。

怎样让泥人变成生活必需品呢？小伙子终于有了答案：让泥人与生活结合起来！

当地人有个习俗，待客时要给客人煮三碗茶，但是三碗茶"分量"很大，有一些肚子不舒服不便喝茶的客人，或是一些饭量小的客人，不得不硬着头皮喝下三碗茶。这是个很纠结的过程，不喝是对主人不敬，硬喝自己肚子还真难受。小伙子由此事受到启发，他捏了一批"歉意组合"泥人：一个小人捂着肚子，皱着眉头表情痛苦地喝着茶，后面还跟着一个医生模样的小泥人。

本书点评：很多厂商都会说品牌在于文化。可究竟什么是文化呢？小伙子观察到的当地人的习俗，就是文化。换言之，在一个社会中，能够一代一代地传承下去的个体行为就是文化。如果在某个时代终止传承，则就是古代文化或者时代文化。作为一种习俗，就是每个成员都要遵守的个体行为。如果一个厂商，自己的目标顾客非常精确，那么，就可以深入地研究这个目标顾客群体中，每个成员共同的习俗是什么，最佳的办法就是个性化观察与描述，然后进行推论验证。就可以将其习俗也即文化，转化为自己产品或服务的单一利益点。想想看，麦当劳、肯德基的目标顾客是儿童，他们的共同习俗是什么？当然是喜欢玩具。于是，麦当劳、肯德基就分别与不同的动漫公司合作，配合着孩子们喜爱的动画片，推出一件件卡通玩具，吸引着孩子们一次次来。

这个泥人组合的寓意很明显，就是客人确实不能喝茶，以求主人见谅。"歉意组合"推出后，颇受欢迎，很多人都来买泥人。在他们看来，这个泥人组合已经成了生活必需品，因为它确实有用。

小伙子的生意越来越火，泥人买卖步入正轨后，他又适当地降低了商品价格，这样一来买泥人的人更多了，小伙子终于在当地立住了脚。

没有不漂亮的脚，只有不适合的鞋，只要想法正确，肯定会获得成功。

根据上述资料，结合自己的深入分析，按照品类需求敏感性技术标准和测试评级要求，完成“歉意组合”的品类需求敏感性测试评级，并撰写分析报告。此外，你认为还有哪些措施，能进一步提高泥人的品类需求敏感性？

表 9.10　“歉意组合”的品类需求敏感性测试评级表

指标	测评二级指标	指标赋值要点	指标事实及其来源	分值
7. 品类需求的敏感性 B_7	7.1 所作利益承诺是目标顾客生活、工作或情感所必需的吗？0.40 分	若是一次性购买但常年性使用或标识的，得 0.40 分；若是经常性购买的，得 0.32 分；若是可有可无或可多可少的，得 0.0 分		
	7.2 所作利益承诺，是目标顾客在某个时间或某个场合所急需的吗？0.20 分	若能给出明确的何时或何地所急需的，得 0.20 分；若有急需的可能但何时或何地不明确，得 0.12 分；若既无可能也不明确，得 0.0 分		
	7.3 所作利益承诺对目标顾客而言，是锦上添花的吗？0.20 分	若使顾客感到若有更好，得 0.20 分；若使顾客感到仅仅是有比无好，得 0.12 分；若说不出明确的原因，得 0.0 分		
	7.4 所作承诺对目标顾客而言，是基本利益还是派生利益？0.20 分	若仅是基本利益，得 0.0 分；若是基本利益基础上的派生利益，得 0.20 分		
得分合计				

测试等级	1.0	0.8～0.99	0.6～0.79	0.4～0.59	0.2～0.39	≤0.19
	AAA 级	AA 级	A 级	B 级	C 级	D 级

案例模拟 9.2　美体小铺：身体力行道德营销①

美体小铺本是一家小企业，却被无数经典的教科书、国际奥美广告公司的《奥美的观

① 参见《著名营销案例》，“百度文库”(http://wenku.com)，作者：卢泰宏、王海忠、杨晓燕、陈昆。

点》、科特勒教授的权威著作《市场营销管理》以及大卫·爱格的《品牌经营法则》所广泛传播、引用。这源于它所坚持的一种价值：要赚钱，更要有道德。这种社会营销观念在思想学说中频频出现，但在实践中身体力行道德营销的企业并不多见。这正是作为一个小企业的美体小铺的可贵之处。

1976 年，当艾妮达·罗狄克在英国的布莱顿市开了第一家“美体小铺”(The Body Shop)之后，这家跨国的美肤美发用品制造者和零售业者，打破了传统的旧观念。大部分化妆品的品牌特色，都是基于丰富的想象力以及由大量广告和包装所塑造出来的，富有感性及自我表现的优点。但美体小铺却正好相反，它所强调的价值观完全和竞争对手不同，而这种“支持原则地获利”的营销哲学，是美体小铺维持特色的主要原因。

本书点评：多数化妆品产品的卖点，关注的都是化妆品对使用者个人带来的美丽与魅力，而美体小铺则关注化妆品给顾客带来个人美丽的同时，更强调社会的美丽。换言之，美体小铺的价值观是：满足个人利益的同时，还要满足社会利益。在富人、中产阶层、小资阶层中，你认为哪个阶层的人会坚守这个价值观？接受这个价值观的群体，就构成了美体小铺的目标顾客。

美体小铺认识到好几个世纪以来，无论世界哪个角落，人们都在使用天然产品来护肤和护发。既然如此，为何不将这种护肤和护发知识加以改良，让更多人受惠？基于此，它开发了如“蜂蜜燕麦磨砂肤”“苦瓜洗面乳”“海菜洗发精”“可可奶油美体乳液”等产品。美体小铺坚持从发展中国家取得原料，这不仅为其产品提供独特的创意，也为这些国家带来了就业机会和其他资源。美体小铺还坚持“要贸易，不要援助”的原则，为这些贫穷国家创造新活力。它把“第三世界国家”称为“多数国家”，以此标明自己的非歧视性。它在多数国家的投入不只是赚钱而已，在 1989 年，为了阻止不屑业者焚烧热带雨林，它发起了一项数百万人的签名活动。

本书点评：1989 年，美体小铺发起了数百万人的签名活动，以防止有人焚烧热带雨林。这数百万人都是谁呢？通过举办这个签名活动，至少在签名者中，加深了对美体小铺的认知；同时，也必定能获得新闻媒体的广泛报道。这数百万的签名者一旦签名了，就证明自己赞成美体小铺的观点，也就自然产生了选择美体小铺产品的的心理认同，这就是道德营销。

美体小铺除了卖化妆品，还希望建立一个全球社区。随着它的成长，它所提倡的“反浪费”“崇尚自然”的原则越来越显著。直到现在，它仍然拒绝用动物来测试产品，而且包装也力求简单。诸如此类的对环境和社会的贡献体现了它的原则。公司不断提醒员工：“目标、价值与产品、获利同等重要。”它强调：“美体小铺有灵魂，别让这灵魂消失了。”

此外，它对员工也不轻视，透过各种课程和内部刊物，员工了解公司的产品和环保诉求，进而影响周围的人，共同加入他们的行列。

凡此种种都带来了顾客的忠诚与好感。美体小铺的顾客也比较关心这个世界，也希望参与这个世界。这是一个小公司捍卫社会，高举社会道德营销大旗的一个典型例子。

美体小铺的利益承诺也即品类是“支持原则地获利”，但销售的产品却是化妆品。根据上述资料，结合自己网络收集的资料，按照品类需求敏感性的技术标准和测试评级要求，完成美体小铺“支持原则地获利”的品类需求敏感性测试评级，并撰写分析报告。

表 9.11　　美体小铺的品类需求敏感性测试评级表

指标	测评二级指标	指标赋值要点	指标事实及其来源	分值
7. 品类需求的敏感性 B_7	7.1 所作利益承诺是目标顾客生活、工作或情感所必需的吗？0.40 分	若是一次性购买但常年性使用或标识的，得 0.40 分；若是经常性购买的，得 0.32 分；若是可有可无或可多可少的，得 0.0 分		
	7.2 所作利益承诺，是目标顾客在某个时间或某个场合所急需的吗？0.20 分	若能给出明确的何时或何地所急需的，得 0.20 分；若有急需的可能但何时或何地不明确，得 0.12 分；若既无可能也不明确，得 0.0 分		
	7.3 所作利益承诺对目标顾客而言，是锦上添花的吗？0.20 分	若使顾客感到若有更好，得 0.20 分；若使顾客感到仅仅是有比无好，得 0.12 分；若说不出明确的原因，得 0.0 分		
	7.4 所作承诺对目标顾客而言，是基本利益还是派生利益？0.20 分	若仅是基本利益，得 0.0 分；若是基本利益基础上的派生利益，得 0.20 分		
得分合计				

测试等级	1.0	0.8～0.99	0.6～0.79	0.4～0.59	0.2～0.39	≤0.19
	AAA 级	AA 级	A 级	B 级	C 级	D 级

第10章 注册商标的单义性

品牌经济学认为，厂商在品牌建设中存在的最大问题，是将商标与品牌混淆。其实，商标是一个法律概念，在不转让、注册保护期到期后继续续期的条件下，作为知识产权的商标永远属于所属厂商。而品牌则是目标顾客对商标承诺单一利益点以及实现该单一利益点程度的判断。法律保护的是商标，而不是品牌，否则《中华人民共和国商标法》就该改为《品牌法》了。

在品牌建设过程中，注册商标本身很重要，但更重要的是将注册商标变成目标顾客某种永恒需求的代言符号，并进入目标顾客的潜意识。只有到这个时候，注册商标才从一个法律符号，转变为目标顾客的品牌认知。在这个过程中，注册商标的单义性，起到了相当重要的作用。

在网上看到一个帖子，内容是：今天有同学在网上发来一件衣服图片问我："这件李宁怎么样？"我看到衣服上那个商标跟我印象中的李宁的商标不一样，以为是山寨的，就回："一看就是假的，商标都不一样！"结果我同学说："李宁公司7月份就全部换新的商标了，原来的老商标都不再用了，看来你OUT了。"结果就为这事，那同学洗刷了我一个下午，唉！

为了直观深刻地理解如何提高注册商标单义性，可以阅读花旗银行第四次换标案例。

案例理解10.1 第四次换标：花旗银行不再"打伞"[①]

花旗银行使用了14年之久的小红伞标志(见图10.1))即将退隐。昨日，金融巨头美国花旗银行集团宣布启用新的品牌标志，新标志计划去掉前标志里的红伞图案，并将标志文字缩短为"Citi"。

citigroup 旧标志　　citi 新标志

图10.1

① 参见2007年1月17日《新快报》，记者：宋菁。

据了解,新标志与有一道弧线的"citi"标志类似。该标志目前广泛应用于花旗银行的广告、大楼和信用卡上。为区别花旗银行各项业务,新标志将使用不同颜色的弧线。黑色弧线代表花旗银行的公司及投资银行业务,红色弧线代表花旗的财富管理业务,而蓝色弧线将代表花旗的消费客户业务。

红伞图案曾是旅行者集团的标志,花旗 1993 年收购旅行者保险公司时获得这一标志。尽管红伞标志也有近 137 年的历史,但花旗方面指出,市场研究表明伞形图案在美国的银行客户中难以产生共鸣。花旗集团董事会主席兼首席执行官查尔斯·普林斯说:"调研结果持续表明,红伞标志使人联想到保险业务,尤其是圣保罗旅行者保险。"

本书点评:伞的用途就是遮雨或遮阳的,也就是提供保护的,如果与经济相联系,很自然与保险形成紧密关联。而花旗银行原来商标中的小红伞,本来就是来自旅行者保险公司。花旗银行不是单纯的保险业务,因此,如果美国的银行客户难以将小红伞与银行联系起来,也就是注册商标出现了歧义,将极大地增加目标顾客的选择成本。

花旗同时宣布,将向圣保罗旅行者保险出让红伞商标。不过,此项交易还需通过《Hart-Scott-Rodino 法案》的批准,预计将于 2007 年 3 月份完成。而交易所获收入将用于抵消未来施行统一品牌形象的费用。

本书点评:花旗银行调研结果持续表明红伞标志使人联想到保险业务,尤其是圣保罗旅行者保险。这表明,如果花旗银行继续宣传该商标,其实是间接地帮助"圣保罗旅行者保险"作宣传,这就是注册商标歧义性的后果。而花旗将原来的红伞商标出售给圣保罗旅行者保险,对双方都是一个双赢。

新 LOGO:"Citigroup"英文字样加一把红色雨伞,是万国宝通集团(Citicorp)在 20 世纪 90 年代与旅行者集团(Travelers Group)合并,并把中文名称改为"花旗集团"后的标志。但为统一旗下众多业务的形象,花旗换了"新装",把品牌标志的名字缩为"citi",新标志由"citi"及上方一个简单的弧形组成,红色雨伞亦会与客户说声再见。其原因:重新设计标志是其统一旗下广泛业务的其中一步,象征花旗正式步入新纪元。这亦是花旗自 70 年代推出自动柜员机、在 80 年代推出标明 24 小时银行服务的"Citi Never Sleeps"后,再度推出的全球品牌计划。

10.1 注册商标单义性的技术标准

将完全没有歧义的单义性定义为 1.0 分,将完全有歧义的单义性定义为 0.0 分,为了避免出现中性判断也即 0.5 分,我们采取了偶数分级法。可以划分出 0.0(极高歧义)、0.2(很高歧义)、0.4(较高歧义)、0.6(较高单义)、0.8(很高单义)、1.0(极高单义)。按照这个相对计量等级,将注册商标的单义性测试与设计标准确定如下:

(1)以注册商标或拟注册商标为主题词,通过网络检索测试,有多少种不同的含义?此项赋值 0.30 分。其具体测算标准是:若检索只有 1 个含义,得 0.30 分;超过两个及以上含义得 0.0 分。

(2)与在位者注册商标的相似性有多大?此项赋值 0.20 分。其具体测算标准是:若是完全不相似，得 0.20 分；若是文字不同但发音模仿在位者的注册商标，或者在文字上混淆与在位者的注册商标，得 0.0 分。

例如，依波路与依波，戴安芬（德国，1886 年）与霞黛芳、雪妮芳、曼蝶莉、黛莉安、爱莉莎、妮尔莉等，需要进一步检索哪个是第一个注册商标（国内外范围），除了第一个注册商标外，与第一个注册商标容易混淆的其他注册商标，尽管符合法律规定，但却在事实上对目标顾客的心理产生混淆行为。因此，这些后来的注册商标，尽管都是合法的，但不符合单义性标准，故得 0.0 分。

(3)注册商标或拟注册商标本身表情化及其欲望化程度多大？此项赋值 0.40 分。其具体测算标准是：若商标仅是个标识符号，得 0.08 分；若是无故事背景的图案或卡通类，得 0.16 分；若是有故事的图案或卡通类，得 0.32 分；若成为某种欲望代言的图案或卡通使目标顾客一见钟情，得 0.40 分。

例如，米其林的必比登、Kitty 猫、莫顿食盐的打雨伞的小女孩等。

(4)注册商标或拟注册商标是否借用了在先的其他厂商未注册类别的注册商标？此项赋值 0.10 分。其具体测算标准是：此类属于合法借用行为，也即已有商标在某类注册，而拟评商标在其他类别注册，若是实体产品，得 0.0 分。若是文化或软件产品，未获得授权，得0.08分；若获授权或原版权已过期，得 0.10 分；若不存在合法借用，得 0.10 分。

在实体产品中，比较好理解。例如“统一”食品和“统一”润滑油，分属于不同的商标注册类别。商标法将产品与服务分为 42 类，同一个商标可以注册于不同的类别，但是，必须要按照类别分别注册。如果某商标 A 在第 X 类中已经注册，但厂商以 B 以注册商标 A 没有在第 Y 类注册为由予以注册，尽管符合法律规定，但在事实上，却是利用了商标 A 的知识产权，在心理上，对目标顾客选择产生了混淆。

若用于文化产品，有两种可能，一是同名小说改编影视剧，二是小说或影视里的角色名称和图形，被用来作为软件类产品名称或图形，典型是安卓的名称 Android 是小说《未来夏娃》里的机器人名称。在不违反版权的条件下，这不属于合法借用。

10.2 注册商标单义性的测试评级

(1)以注册商标或拟注册商标为主题词，通过网络检索测试，有多少种不同的含义？

以注册商标或拟注册商标为主题，分别在百度、谷歌搜索引擎中，进行主题搜索，在搜索结果列表中，可以清楚地看到该注册商标或拟注册商标的含义有多少。例如，如果将“EXXON”输入，就只有一种含义，即美国埃克森石油公司；将“SONY”输入，也只有一种含义，即日本索尼公司。

(2)与在位者注册商标的相似性有多大？

网络搜索是以主题词为单位和对象，这样一来，如果是三个字组成的一个搜索主题，例如，搜索主题是“XYZ”时，能将“XYZ”“XZY”“ZYX”“ZXY”“YXZ”“YZX”全部搜索出来。如果“XYZ”是厂商 A 第一个注册登记，则后边的即使在法律上注册登记成功，却不符合注册商标的单义性，因为“XZY”“ZYX”“ZXY”“YXZ”“YZX”这些文字组合，对目标顾客而言是很容易混淆的,从而增加了目标顾客的选择成本。

(3)注册商标或拟注册商标本身表情化及其欲望化程度。

很多商标仅仅是一个抽象符号,对目标顾客而言,没有产生情感共鸣,也就降低了品牌信用度。因此,在单义性的基础上,商标要进一步表情化和欲望化。而这又涉及目标顾客的情感欲望测试。

请看图 10.2,这是两个食盐的商标。如果在两个相同的包装盒外部,一个印制的是打雨伞的小女孩商标,一个印有雪天字样的商标,被同一个消费者看了,会被哪一个打动情感?

图 10.2

(4)注册商标或拟注册商标是否借用了在先的其他厂商未注册类别的注册商标?

将注册商标作为搜索主题词输入百度或谷歌之后,如果发现同一个名称的注册商标,出现在不同的产品服务厂商中,则可以判断出现了合法借用他人注册商标的行为。例如,将“统一”牌产品作为主题词输入到百度或谷歌后,就显出了“统一牌食品”“统一牌润滑油”“统一牌蓄电池”“统一牌冰水机”“统一牌粉碎机”等。这就需要进一步查找究竟哪个“统一”是第一取得注册商标权的。确定了第一个厂商之后,其他厂商的行为就是合法借用他人注册商标。站在目标顾客的角度,也就是出现了注册商标的歧义性,增加了其选择成本。

为了与第 2 章中所列各个指标顺序号保持一致,表 10.1 按照“8”来标明。

表 10.1　注册商标的单义性测试评级表

指标	测评二级指标	指标赋值要点	指标事实及其来源	分值
8. 注册商标的单义性 B_8	8.1 以注册商标或拟注册商标为主题词,通过网络检索测试,有多少种不同含义? 0.30分	若检索只有 1 个含义,得 0.30 分;超过两个以上含义,得 0.0 分		
	8.2 与在位者注册商标的相识性有多大? 0.20 分	若是完全不相似,得 0.20 分;若是文字不同但发音模仿在位者的注册商标,或者在文字上混淆与在位者的注册商标,得 0.0 分		

续表

指标	测评二级指标	指标赋值要点	指标事实及其来源	分值
8. 注册商标的单义性 B_8	8.3 注册商标或拟注册商标本身表情化及其欲望化程度多大? 0.40分	若商标仅是个标识符号,得0.08分;若是无故事背景的图案或卡通类,得0.16分;若是有故事的图案或卡通类,得0.32分;若成为某种欲望代言的图案或卡通使目标顾客一见钟情,得0.40分		
	8.4 注册商标或拟注册商标是否借用了在先的其他厂商未注册类别的注册商标? 0.10分	此类属于合法借用行为,也即已有商标在某类注册,而拟评商标在其他类别注册,若是实体产品,得0.0分;若是文化或软件产品,未获授权得0.08分;若获授权或原版权已过期,得0.10分。若不存在合法借用,得0.10分。		
得分合计				

测试等级	1.0	0.8～0.99	0.6～0.79	0.4～0.59	0.2～0.39	≤0.19
	AAA级	AA级	A级	B级	C级	D级

10.3 注册商标单义性的设计流程

根据降低选择成本的品牌经济学原理,在提高或消除注册商标的单义性过程中,需要遵循以下流程:

第一步:根据目标顾客的精确性,选定商标的测试对象

每个商标及其承载的产品或服务,并不是为了满足所有人的要求,而是为了满足目标顾客的要求(这又再次证明了目标顾客精确性的重要意义)。因此,在对商标进行意义测试时,不是走在大街上的随机测试,而是有针对性地精确靶向测试。

案例理解10.2 "娃哈哈"是如何产生的?①

"娃哈哈"是如何产生的?最初,娃哈哈集团与有关院校合作开发儿童营养液这一冷门产品时,就取名之事通过新闻媒介,向社会广泛征集产品名称,组织专家对数百个应征名称进行了市场学、心理学、传播学、社会学、语文学等多方面的研究论证。

受传统营养液起名习惯的影响,人们的思维多在素啊、精啊、宝啊之类的名称上兜圈子,谁也没有留意源自一首新疆民歌的"娃哈哈"三字。厂长宗庆后却看中了这三个字。他的理由有三:(1)"娃哈哈"三字中的元音ɑ,是孩子最早最易发的音,极易模仿,且发音响

① 参见2008年3月7日 http://club.1688.com,作者:李其锐。

亮，音韵和谐，容易记忆，容易接受。(2)从字面上看，“哈哈”是各种肤色的人表达欢笑喜悦之欢的发音。(3)同名儿歌以其特有的欢乐明快的音调和浓烈的民族色彩，唱遍了天山内外和大江南北，把这样一首广为流传的民族歌曲与产品商标联系起来，便于人们熟悉它、想起它、记住它，从而提高它的知名度。取这样一个别致的商标名称，可大大缩短消费者与商品之间的距离。宗厂长的见解得到了众多专家的赞同。商标定名后，厂里又精心设计了两个活泼可爱的娃娃形象作为商标图形，以达到商标名称和商标形象的有机融合。

“娃哈哈”这个注册商标在设计时，虽然没有选择儿童来进行靶向精确测试，但却是以儿童的标准作为选定标准的。也就是宗庆后自己站在目标顾客——儿童角度进行的测试，所以也进行了正确的选择。

表 10.2 商标产品利益顾客测试表

产品利益	产品类别	基本利益	衍生利益	终极利益
利益内容				
目标顾客				

例如，“娃哈哈”公司对注册商标“娃哈哈”及其产品儿童营养液的利益顾客的测试如表 10.3 所示：

表 10.3 “娃哈哈”儿童营养液的利益顾客测试表

产品利益	产品类别	基本利益	衍生利益	终极利益
利益内容	保健品	从蜂蜜、山楂、红枣、葡萄糖酸钙、水解蛋白、葡萄糖酸锌、桂圆、莲子、枸杞、核桃仁、硫酸亚铁、薏苡仁等 12 种食品提炼而成儿童营养液，具有滋养儿童五脏、健胃、益智之功效，且无任何副作用	吃饭香 成长好	家长快乐
目标顾客	离开哺乳期之后，不好好吃饭的儿童			

第二步：通过网络搜索测试，删除歧义性明显或可能成为产品通用名的拟定符号

所谓歧义性明显，就是该符号(文字、图案或声音)在人们心里已经形成了不良联想的含义，尤其是与有关宗教或种族歧视相关联的符号。

例如，荣昌制药独创了“贴肚脐，治痔疮”的肛泰，但后来推出来“甜梦”口服液，市场表现实在不尽如人意，不是甜梦口服液效果有问题，而是在其外包装盒上的右上角，醒目的写着“荣昌制药”，使人们一看到“荣昌制药”，就联想到了治痔疮的肛泰。

再如，海尔兄弟的图案，是海尔公司在 20 世纪 90 年代主推的表情化商标，但随着海尔公司的国际化，这个投入亿元计的商标，逐渐淡出了视野，原因在某些宗教社会里，不允许光着身体。而海尔兄弟同属于黄种人，又可能被某些人当作种族歧视的象征。

一个商标名称的设计，涉及社会、文化、心理、法律、术语、语言等多个学科，绝对不是

某个人的灵机一动。在注册商标很少的19世纪和20世纪，给商标找个名称的重复率还是很低的，而在今天，厂商提供商标注册获得法律保护的意识越来越强，商标法也越来越完善。

例如，新商标法在修改时，将第52条原来的"明知"取消了。换言之，原来的商标侵权认定的前提条件是"明知"故犯才承担法律责任，不知道而侵权则不追究。新商标法在修改时，直接取消了"明知"二字，意味着即使不知道但只要做出了侵权事实，也要追求法律责任。

我们认为，在互联网如此发达的今天，想以"不知道"为由逃避侵权责任是难以置信的，因为将商标名称输入百度或谷歌，就能获知自己的行为是否侵权。因此，在进行商标设计时，拟定商标名称时，每提出一个拟定名称，就有必要进行网络搜索，以测定该商标名称是否已经注册。

经过这样的网络检索筛选，建立进一步测试的备选商标名称。

表10.4 备选商标名称表

备选序号	1	2	3	4	5
备选商标名称					

所谓可能成为产品通用名的拟定名称，是因为中国《商标法》第11条规定："下列标志不得作为商标注册：(一)仅有本商品的通用名称、图形、型号的……"典型的案例是金骏眉茶叶。

背景资料10.1 "金骏眉"商标纠纷案宣判——被视为通用名称不予注册①

近几年，一种名为"金骏眉"的红茶可谓越来越火，短短数年，金骏眉从无到有，价格也从问世的每斤3000多元涨到上万元甚至数万元不等。由于它的高端、稀有，茶友感叹难得喝到，而老百姓更是搞不清楚，这"金骏眉"是像铁观音、碧螺春、大红袍一样的茶叶的通用名称，还是一个茶叶的商标呢？

今天上午，北京市高级人民法院对武夷山市桐木茶叶有限公司诉商标评审委员会及第三人福建武夷山国家级自然保护区正山茶叶有限公司"金骏眉"商标异议复审行政案进行宣判，认定"金骏眉"是一种红茶约定俗成的通用名称，不应作为商标注册。

2007年，正山茶叶公司向商标局提出"金骏眉"商标的注册申请，指定使用商品为第30类"茶、冰茶、茶饮料、茶叶代用品"商品上。经商标评审委员会复审后，获得初步审定并公告。在法定期限内，桐木茶叶公司提出异议，认为"金骏眉"是福建武夷山生产的一种红茶，属于"武夷红茶"中"奇红"的品种之一，属于商品的通用名称，直接表示了商品的原料和生产工艺，若允许其注册，将损害公共利益。请求裁定被异议商标不予核准注册。桐木公司的申请被商标评审委员会驳回，也没有得到一审法院支持，一直将官司打到北京高院。

① 参见2013年12月12日"央广网"，记者：孙莹。

北京高院知识产权庭主审法官周波称：本案诉争的焦点在于，“金骏眉”是商标，还是属于茶叶的通用名称。因为根据《商标法》的规定，通用名称是不能作为商标注册和加以使用的。

正山公司始终强调，“金骏眉”系由其法定代表人江元勋首创研发并使用在第30类“茶”等相关产品上的商标，依法应当核准注册。案件二审时，30位茶农从福建赶到北京，旁听庭审，也是关心他们生产的茶叶以后还能不能叫“金骏眉”，二审法院如何判断。

周波：北京高院审理之后认为，“金骏眉”这个案件，在申请注册的时候，不是法定的通用名称，也不是约定俗成的通用名称，但是考虑到商标评审委员会作出本案被诉裁定的时候，基于一定证据证明，目前“金骏眉”已作为一种特点红茶的通用名称存在，基于这种事实，二审法院对商标评审委员会作出的认定给予纠正，认定“金骏眉”是特定种类的红茶的通用名称。

第三步：邀请目标顾客，对备选商标符号的含义进行自定义

即邀请或拜访一定数量（大于等于30人）的目标顾客，请其对备选商标符号的含义，说出自己的理解。

表 10.5　　商标符号目标顾客自定义测试表

备选序号	1	2	3	4	5
备选商标名称、图案					
看到此名称、图案，您认为适用于什么产品？					
看到此名称、图案，您认为是什么意思？					
看到此名称、图案，您联想到了什么？					

之所以要受测者给出自己的定义，是因为人们每当看到一个文字名称或图像符号，总是用自己的已有经验进行对比，并根据自己的经验给出自己的理解。设计者给出的定义，如果与受众的经验定义不符合，就要通过说服来改变受众的经验，由此带来的就是广告成本。

在实践中，某企业给自己的唇膏起的商标名称是“芳芳”牌，出口到国外时，商标用的是汉语拼音“FANG FANG ”，结果无人问津，原来在英文中是“狗牙”牌唇膏。一种牙膏的商标英文翻译为“BLUE SKY”，实际上是“价值极低的股票”牌牙膏。福特二世为了纪念自己的父亲，用父亲的名字“Edsel”做新车的商标，但与一种咳嗽药名发音相近，引起消费者的反感，为此损失3.5亿美元。丰田公司在美国推销“TOYOLET”牌轿车，没想到与英语TOILET（厕所、小便池）近似，销量可想而知。

在商标名称设计过程中，这些著名企业为什么也会犯这样的“低级”错误？就是没有遵循目标顾客自定义测试这个流程。

根据目标顾客的自定义测试表，进行离散度统计测量，以判断每个备选商标名称的单义性。离散度的计算，就是针对每个测试项目，受众提出的自定义归类后的定义个数与受众数量之比，离散度的值是1%～100%。离散度＝1%，表示高度集中，此商标名称存在

单义性；比例越大，表明离散度越高，商标名称的歧义性越强。

例如，受众人数是100人，关于"看到此名称，您认为适用于什么产品?"每个人都提出了自己的适应产品名称，归类后得出了80个不同的产品类型定义，则离散度＝80/100＝80%；如果归类后只给出了1个产品类型定义，则离散度＝1/100＝1%，也即表示该商标名称在产品类别上没有歧义性。

表10.6　　备选名称的统计分析表

测试项目	看到此名称、图案，您认为适用于什么产品?	看到此名称、图案，您认为是什么意思?	看到此名称、图案，您联想到了什么?
归类个数			
离散度(%)			

从品牌经济学降低目标顾客选择成本的理论上讲，目标受众没有经验意义的商标名称，是最优名称，也就意味着不会出现理解上的歧义性。而要达到此标准，是需要专业和成本的。也只有那些追求百年品牌的厂商，才有此种战略意志。

这其中最为经典的，就是美国的美孚石油公司"EXXON" 的商标设计，为了找到一个没有任何经验意义的商标名称，该公司付出了巨大的努力，调查了世界上55个国家的语言，使用了电子计算机编写了1万多个字母或数字组成的备选商标名称，动员了心理学、语言学、社会学、统计学、法学等方面的专家，对一般群众的心理、感情等进行了调查研究，最后决定采用"EXXON"这一商标，共花费了6年时间与300亿日元的费用。从专业上分类，此商标名称是典型的臆造商标，智力投入多，单义性强，市场效果好，商业价值大。

香港曾宪梓先生以制造领带起家，最初的商标名称是"金狮"(Gold Lion)，怎么也打不开销路，曾先生很是纳闷：我的领带质地、款式都不比那些世界级知名品牌差，价格也不高，可为什么就是卖不出去呢? 一日，亲友点拨：金狮，金狮，多不吉利，又"尸"又"失"的。这种领带谁还敢带? 广东话里，"狮"与"尸"谐音；普通话里，"狮"与"失"谐音。

后来曾宪梓先生保留了"金"字，又把英文Lion改为音译"利来"，并且突出了男性，以"金利来，男人的世界"为广告主语，遂销量猛增，销路大开。

当然，"金利来"后来也推出了女包，但市场表现也不尽如人意，不是因为其女包质量、款式不好，而是违背了其承诺的"男人世界"。

第四步：根据离散度，优化商标符号

第三步是一个耗时长的反复过程，经过反复测试之后，根据离散度，逐步淘汰离散度高的商标名称，保留离散度很低(≤10%)的名称，并进一步优化。例如，盛田昭夫在确定自己的公司和商标名称时，最后优选出来的是"SOUNY"，意为声音嘹亮，离散度已经很低了。但此名称的发音与日文的"损"极为接近，对此，盛田昭夫将字母"U"去掉了，就消除了这个歧义，变成了没有经验意义的"Sony"。

第五步：将目标顾客的欲望，进行商标表情化、表情欲望化设计

所谓商标表情化，是指通过图形、故事等，使注册商标成为一种表情符号。依据是在移动通信进入3G之后，人类就进入了表情社会（微信聊天时，人们会运用很多好玩儿的表情），各种表情符号成了沟通工具。各种拟人化的卡通形象，都属于表情化设计。

所谓表情欲望化，是指所设计的表情化的注册商标，本身能给目标顾客带来一见钟情或日久生情的快乐。在这方面，前述的莫顿食盐的打雨伞小女孩和Kitty猫值得学习。尤其是Kitty猫，因为这只猫没有嘴，也就没有故事、影视或漫画支持，其“可爱+可怜”的萌态表情，使女孩子们一见钟情，也就造就了其年授权费用近5亿美元的价值。

而以米老鼠、史努比、喜洋洋为代表的卡通形象，则是通过长期的故事传播（日本相关研究认为，卡通片需要107集以上，才能产生市场效果），形成日久生情的效果。

文字、字母、图案商标，在确保无歧义的条件下，需要进一步提高其表情化和欲望化程度。如果能够通过表情化和欲望化的设计，最优标准是使目标顾客一见钟情，从而极大地降低目标顾客的选择成本。

对已经存在的缺乏表情化、欲望化的商标来说，解决办法就是通过包装实现表情化和欲望化。

正如美国的弗索（Fossil）手表，作为运动表，弗索手表在17～24岁的年轻消费者当中很受欢迎。虽然弗索表质量上乘，但对于它的核心消费者而言，表本身却并不是价值的首要来源。当然，如果表的质量不行的话，它也很难找到消费者。不过，消费者被弗索吸引却是因为弗索品牌独一无二的个性——它的品牌形象是“回到20世纪50年代”。而承载“回到20世纪50年代”的就是专门设计的包装盒。

这种包装盒有一个既简单又可爱的名字叫“听”（Tin），是一种锡制的小盒子，上面印有20世纪50年代的各种图片。在任何时候都有一百多种设计各不相同的包装盒。消费者们在购买了表之后，可以再选择一个包装盒（免费赠送的）。

公司的管理人员相信，在购买了表之后还可以选择包装盒对消费者的购物经历来说是一个很大的附加价值。消费者们回到家后，每次看到它都会使他们想起弗索品牌独特的形象。

因此，在产品同质化的条件下，唯一不同的就是商标。只有将商标表情化，表情欲望化，才能降低目标顾客的选择成本，进而获取品牌溢价。

在这个过程中，成功的关键是根据目标顾客的需求和欲望测试，获得目标顾客的情感欲望究竟是什么。在肉类短缺的农业时代，以胖为美成为了欲望化的表情符号，胖娃娃就广受欢迎。而处于工业和信息时代，白领阶层相互之间充满竞争，让心灵有些温暖的“萌”态，是最具普遍性的欲望化表情。

所谓萌态，包括三个要素：一是可爱，让人一看就爱不释手。色彩、式样等外观的漂亮，就能影响到可爱程度。二是可怜，弱小和残缺构成了可怜的关键。三是大眼睛，如果是卡通人物或卡通动物，要显出萌态表情，一定是大眼睛。大眼睛一个特点是信息透明，给人一种心无城府的感觉。这就是为什么卡通形象多数都是大眼睛，尤其是米老鼠。

在互联网发展到社交时代，表情已经不仅仅是个符号，而成为一个产业，也即表情产

业。LINE在2013年第一季度直接售卖表情所得是1700万美元，第二季度是2700万美元。相比之下，去年逆势上市并表现强劲的多玩YY，在今年第二季度，其收入重要组成之一的网络游戏营收一共为2480万美元。对LINE自己而言，这也是一个出乎意料的数据。事实上，直到今年第一季度财报公布，LINE才真的相信售卖表情可以挣钱，并且还不少。

2013年8月，腾讯微信发布其5.0版本，也增加了表情贴图商店；而在一个月前，坐拥10亿用户的社交巨头Facebook在网页端和移动应用Facebook Messenger中也同时添加了这一功能。

第六步：按照工艺简便性，进行商标视觉设计

商标名称确定之后，进入商标视觉设计阶段，其标准是确保制作工艺的简便性，以保证制作出来的商标视觉的一致性。

商标名称确定之后，只是理解意义上消除了歧义性，达到了单义性。但还需要进行视觉设计。在商标的视觉制作时，不能仅仅从美学角度进行设计，因为符合美学角度设计出来的商标图案，如果制作工艺过于繁杂，在商标应用过程中，无法做到制作出来的商标图案和色彩保持一致，也就降低了商标的单义性。

为此，需要进行商标制作工艺的测试：

第一，商标制作效果的一致性工艺测试，包括色彩、字体、材料、大小、形状等。设计出来的商标名称与图案，在制作过程中需要的工艺环节越多，出现问题的可能性就越大。因此，能不用异形设计，就不用异形设计。

第二，商标使用成本的节约性工艺设计，包括制作成本和损坏更新成本。在商标视觉设计时，就要考虑到制作成本的降低，包括材料、印制、寿命、运输等。如果使用成本过高，将难以保证持久性，而一旦进行更换，新旧商标必将产生歧义性。

第七步：采取“商标＋单一利益点”，避免“商标＋产品名”

在用商标来拓展市场过程中，很多企业采取的是“商标名称＋产品名称”，这是很多企业成为“先烈”的问题所在，这种行为也恰恰是增加了注册商标的歧义性。尤其是那些技术领先企业，更容易成为行业“先烈”。这样的企业确实开发出了技术上的新产品，但将新产品作为给目标顾客的利益承诺，结果是目标顾客接受了新产品，却忘记了注册商标。等那些模仿该新产品的厂商加入进来，目标顾客就不知道究竟该选择哪种注册商标的产品了。在产品功能等物质利益无法区分的条件下，只好选择价格低的厂商产品。

例如索尼公司的“Walkman”。“Walkman”本身就是索尼的一个注册商标，但却成了随身听这个产品的产品名称。随身携带方便的微型录音机，确实给消费者带来巨大的享受。但是，后来很多电子企业也推出了自己的随身听，逐渐将索尼的“Walkman”掩盖了。

美国的米勒公司(Miller)推出了一种淡啤酒，取名为Lite，即淡字的英文light的变异，生意兴旺。其他啤酒厂纷纷仿效，也推出以Lite命名的淡啤酒。由于Lite是直接描绘某类特定产品的普通词汇，法院判决不予保护。因此，米勒公司失去了对Lite的商标专用权。

案例理解 10.3 为何不能宣传“商标＋产品名”?[①]

2001 年年初，吉林九鑫集团代理了济南东风制药厂的“扬帆”牌新肤螨灵霜之后，决定拓展广州市场。于是投入了几百万元的资金进行了市场运作。由于“扬帆”牌新肤螨灵霜是国内第一个提出“杀螨益肤”概念的产品，加之其广告宣传到位，因此，“扬帆”牌新肤螨灵霜进入市场之后，很快在广州走俏。

然而，好景不长，在看到“扬帆”牌新肤螨灵霜热销之后，广州的部分化妆品厂立即采取了模仿策略，他们相继推出了与“扬帆”牌新肤螨灵霜外包装相似，但价格却便宜得多的妆字号新肤螨灵霜。消费者认准的“新肤螨灵霜”，既然都是新肤螨灵霜，当然就选择价格低的。而这些化妆厂给予终端药店很高的回扣，导致药店也全力推荐这些本地产的新肤螨灵霜。结果就是“扬帆”牌新肤螨灵霜受到了巨大的冲击，销量一路下滑。滞销的时间一长，一些药店就要求退货。

因为济南东风制药厂在给产品命名时，采用是“注册商标＋产品名”的方式，而法律保护的是注册商标“扬帆”，新肤螨灵霜这个产品名是不受保护的。因此，即使很多其他商标也在销售新肤螨灵霜，“扬帆”牌新肤螨灵霜也无能为力。

很清楚，济南东风制药厂的问题，与索尼的“Walkman”如同一辙。在市场拓展中，济南东风制药和吉林九鑫公司突出的恰恰就是产品名，即“杀螨益肤”，而忽视了自己的注册商标“扬帆”牌，结果打开的是“杀螨益肤”这个新概念产品，而这个新概念产品是永远得不到法律保护的(当然，其生产的技术专利是能得到专利法保护，问题是实现“杀螨益肤”的技术手段有很多，不用你的专利，也有其他工艺手段，何况还有假冒的机会)。能得到法律保护的是实现“杀螨益肤”的“扬帆”牌。

其实，仔细想想，对厂商而言，至少在中国境内，企业的一切资产中，土地是租赁国有的，到期要么归还，要么交钱续期；流动资金在于周转；劳动者是流动的；设备通过折旧回收，如果是贷款购置的设备等固定资产，在贷款还本付息之前，就在给银行等债权人打工，唯一真正属于厂商的，就是获得法律保护的注册商标。但是，也只有变成某个单一利益点代言或象征的注册商标，才能从一个法律符号变成一个资本。

因此，如果将注册商标用于市场拓展时采取的是“注册商标名称＋产品名称”，如果这个产品名称或概念是新产品或新概念，而厂商主推的也是这个新产品或新概念，可以肯定地给出结论：你就是为后来的模仿者做嫁衣，因为你的所作所为违反了注册商标的单义性。你承诺给目标顾客的不是商标及其单一利益点，而是新产品或概念带来的好处。

第八步：测定隐形损害，进行保护性注册

所谓隐形损害，就是无法得到法律保护的损害。对商标而言，有两种隐形损害：

第一种情况是同一个商标，被不同厂商分别合法地注册在不同的类别中，但后注册的厂商所注册的类别，对先注册厂商构成了心理上的冲突。例如，厂商甲将注册商标“AA”用于方便面，后来，厂商乙将“AA”注册于化工类，用于生产有机肥产品，如果“AA”牌有

① 参见“品牌命名”，“百度百科”(http://baike.baidu.com)。

机肥也大作广告，对“AA”牌方便面有什么损害？尽管厂商乙的行为是合法的，但对厂商甲的顾客而言，就构成了隐形损害，这种损害是无法从法律上得到补偿的。

第二种情况是产品范围的模糊延伸，超出了注册商标原来的注册类别。例如，某商标注册时的注册类别是豆浆类，但产品增加了豆浆粉后，仍然将该商标用于豆浆粉。问题在于豆浆与豆浆粉出现了模糊延伸：豆浆是液体，豆浆粉是固体的，从名称上看，两者不属于同类产品，但“豆浆粉”这个词里却含有“豆浆”二字。如果执法部门严格抠字眼，就可以给予处分。

所谓保护性注册，就是针对心理冲突与产品模糊延伸，将注册类别进行扩大，以杜绝可能出现的隐形损害。例如，食品厂商将注册商标“AA”用于生产方便面时，也应该将“AA”在化工类予以注册。

下面的新闻报道，则是产品范围模糊延伸后产生的纠纷。如果厂商能够在注册商标时，就将“豆浆粉”也注册在内，则就会避免这场纠纷。

背景资料10.2 “永和”注册商标使用范围起争议①

受“三鹿”奶粉事件影响，时下，豆制品受到市民热捧。10月23日，一位较真的网友报料称，一些超市在销售一种冒充国家注册商标的豆浆粉。

24日上午，记者与这位留有电话的举报人王先生取得联系。王先生称自己是位律师，经常研究商标法律问题。他说他已经携带相关证据资料向市工商局进行了举报。市工商局接到举报后，正安排芝罘工商分局进行调查。

当日下午，记者随工商执法人员和王先生一起走进几家经营该产品的超市。在几家超市的货架上，执法人员找到了上海一家公司生产的标有“永和”注册商标标识和“中国驰名商标”字样的豆浆粉。

王先生认为，“永和”这一注册商标目前只在豆浆、米浆等6大类范围内使用。而这6大类不包含有豆浆粉，因此目前豆浆粉中尚无“永和”注册商标，更谈不上“中国驰名商标”。在国家商标局网上公布的注册商标商品目录上，也查不到“永和”注册商标的豆浆粉，该生产厂家在产品包装袋上使用注册商标标识和“中国驰名商标”字样明显违规。

本书点评：这就是典型的产品范围的模糊延伸，原来的产品是“豆浆”，现在产品形态出现了延伸，出现了“豆浆粉”。从法律上看，“永和”这个商标原来的注册范围内确实没有明确的“豆浆粉”。而厂家认为“豆浆粉”就是“豆浆”，因为“豆浆粉”这个词里就有“豆浆”二字。

根据相关规定，工商执法人员进行了取证，并要求超市暂停销售这些涉嫌冒充注册商标的豆浆粉。超市经营人员接到通知后，根据工商部门的要求，对豆浆粉价格、数量等进行一一登记，并通知了经销商。工商执法人员告诉记者，工商部门将与生产厂家联系，要求对方提供相关的文书，根据调查情况尽快作出处理。

25日上午，被停止销售豆浆粉的经销商朱先生找到记者。朱先生认为，他们在产品包装袋上使用“永和”注册商标没有错，“永和”注册商标使用范围中的豆浆类应当包含豆

① 参见2008年10月29日“水母网”，作者：金海善。

浆粉。为此，他还向记者出示了国家商标局的《商标使用许可合同备案通知书》。为了证明自己的说法，朱先生还带来了其他几家豆浆粉生产厂商的产品。记者在江苏和广西两家豆浆粉生产企业的产品包装袋上看到，该豆浆粉均以大字符标示“×××豆浆”，不同的是在该字符下加标了“固体饮品”字样。

豆浆和豆浆粉到底该是什么概念？市民怎么看？记者采访了部分市民。在接受调查的市民中，多数市民认为，豆浆不应该包含豆浆粉，豆浆应该是液体的，豆浆粉应该是固体，豆浆粉是泡制豆浆的原料；也有一些市民回答弄不明白。

市民孙女士说，现在商标使用争议的案例比较多，以前大家对商标的重视度不够，现在随着百姓对商品品牌意识的提高，商家也开始重视起商标的使用和保护。也有的市民认为，商标的相关规定比较专业，他们提出商家使用产品名称和商标应当考虑到百姓的习惯和习俗，不要引起大家的歧义。

显然，如果厂家在当初注册商标“永和”时，对产品范围可能出现的各种延伸进行分析，将豆浆粉也明确地列在保护范围之内，这场纠纷也就不会发生了。尤其值得厂商们注意的是市民孙女士的观点。其实，更多的顾客不是像举报者王先生一样是律师，看到此类事情，不会去报案，但会降低对此类商标的信任。

10.4 注册商标单义性的案例诊断

10.4.1 “华夏良子”足疗的注册商标单义性测试评级

通过网络检索，发现“华夏良子”名称无多项含义。其实，“华夏”是个已有的词汇，表达的是中国和传统的隐喻，“良子”是借用的一个传说故事，也即一个名叫小良子的孩子，给劳累的爷爷按摩脚，使爷爷身体健康。因此，“良子”本身也没有歧义性。

综上所述，“华夏良子”注册商标的单义性测试如表10.7所示：

表10.7 “华夏良子”足疗的注册商标单义性测试评级表

指标	测评二级指标	指标赋值要点	指标事实及其来源	分值
8. 注册商标的单义性 B_8	8.1 以注册商标或拟注册商标为主题词，通过网络检索测试，有多少种不同含义？0.30分	若检索只有1个含义，得0.30分；超过两个以上含义，得0.0分	通过网络检索，发现“华夏良子”名称无多项含义，故得0.30分	0.30
	8.2 与在位者注册商标的相识性有多大？0.20分	若是完全不相似，得0.20分；若是文字不同但发音模仿在位者的注册商标，或者在文字上混淆与在位者的注册商标，得0.0分	与在位者商标完全不相似，故此项得0.20分	0.20

续表

8. 注册商标的单义性 B_8	8.3 注册商标或拟注册商标本身表情化及其欲望化程度多大？0.40分	若商标仅是个标识符号，得0.08分；若是无故事背景的图案或卡通类，得0.16分；若是有故事的图案或卡通类，得0.32分；若成为某种欲望代言的图案或卡通使目标顾客一见钟情，得0.40分	其商标进行了图案设计，但不构成表情化和欲望化的代言，尽管有小良子的故事，但没有体现在商标上，故得0.16分	0.16
	8.4 注册商标或拟注册商标是否借用了在先的其他厂商未注册类别的注册商标？0.10分	此类属于合法借用行为，也即已有商标在某类注册，而拟评商标在其他类别注册，若是实体产品，得0.0分。若是文化或软件产品，未获授权得0.08分；若获授权或原版权已过期，得0.10分；若不存在合法借用，得0.10分	不属于合法借用行为，故此项得0.10分	0.10
得分合计				0.76

测试等级	1.0	0.8～0.99	0.6～0.79	0.4～0.59	0.2～0.39	≤0.19
	AAA级	AA级	A级	B级	C级	D级

10.4.2　“上海”表的注册商标单义性测试评级

我们在网络上检索“上海表”，搜索结果显示，除了有本文研究的“上海”牌手表外，还有多个含义，如上海的手表、上海其他品牌手表、在上海销售的手表等。而且，“上海”这个名词本来意义就是中国一个大城市的名词，这很容易带来歧义。

因此，网络检索的结果是，“上海表”这一名称存在多项含义，有歧义性。

综上所述，“上海”表注册商标的单义性测试如表10.8所示：

表10.8　“上海”表的注册商标单义性测试评级表

指标	测评二级指标	指标赋值要点	指标事实及其来源	分值
8. 注册商标的单义性 B_8	8.1 以注册商标或拟注册商标为主题词，通过网络检索测试，有多少种不同含义？0.30分	若检索只有1个含义，得0.30分；超过两个以上含义，得0.0分	通过网络检索，发现“上海”牌的名称有多个含义。故此项0.0分	0.0
	8.2 与在位者注册商标的相识性有多大？0.20分	若是完全不相似，得0.20分；若是文字不同但发音模仿在位者的注册商标，或者在文字上混淆与在位者的注册商标，得0.0分	与在位者商标完全不相似，故此项得0.20分	0.20

续表

指标	测评二级指标	指标赋值要点	指标事实及其来源	分值
8. 注册商标的单义性 B_8	8.3 注册商标或拟注册商标本身表情化及其欲望化程度多大?0.40分	若商标仅是个标识符号,得0.08分;若是无故事背景的图案或卡通类,得0.16分;若是有故事的图案或卡通类,得0.32分;若成为某种欲望代言的图案或卡通使目标顾客一见钟情,得0.40分	“上海”表的商标仅仅是个标识符号,不构成表情化和欲望化代言,故此项得0.08分	0.08
	8.4 注册商标或拟注册商标是否借用了在先的其他厂商未注册类别的注册商标?0.10分	此类属于合法借用行为,也即已有商标在某类注册,而拟评商标在其他类别注册,若是实体产品,得0.0分。若是文化或软件产品,未获授权得0.08分;若获授权或原版权已过期,得0.10分。若不存在合法借用,则得0.10分	不属于合法借用行为,故此项得0.10分	0.10
得分合计				0.38

测试等级	1.0	0.8～0.99	0.6～0.79	0.4～0.59	0.2～0.39	≤0.19
	AAA级	AA级	A级	B级	C级	D级

10.4.3 “七匹狼”服装的注册商标单义性测试评级

根据网络检索,关于“七匹狼”(Septwolves)名字的起因有以下一段话:周少雄与他的七个伙伴在一起,开始琢磨起海外那些各种各样图形图案的品牌来。经过一番激烈的争论,他们最后选定了——狼作为品牌形象。因为狼是非常有团队精神的动物,具有机灵敏捷、勇往直前的个性,而这些都是企业创业成功不可缺少的素质。

周少雄曾说:“既然我们是七个人一起创业,就叫‘七匹狼’吧,按闽南风俗,‘七’代表‘众多’,是寓意生命、活力和胜利的吉祥数字,既象征着一个由奋斗者组成的团体,又体现了年轻人同心协力、矢志不渝的创业精神。而‘狼’与闽南话中的‘人’是谐音,所以说非常巧合。”

同时,我们也检索到1989年,在中国台湾由朱延平导演指导,王杰、张雨生等主演的一部电影名叫《七匹狼》。虽然同名也许是巧合,但是该部电影的时间早于“七匹狼”服饰的创建时间,根据事实在先原则,无法排除两者的关联性,故此“七匹狼”商标不具有单义性。

综上所述,“七匹狼”注册商标的单义性测试如表10.9所示:

表 10.9　“七匹狼”服装的注册商标单义性测试评级表

指标	测评二级指标	指标赋值要点	指标事实及其来源	分值
8. 注册商标的单义性 B_8	8.1 以注册商标或拟注册商标为主题词，通过网络检索测试，有多少种不同含义？0.30分	若检索只有1个含义，得0.30分；超过两个以上含义，得0.0分	通过网络检索，发现“七匹狼”牌的名称有多个含义。故此项得0.0分	0.0
	8.2 与在位者注册商标的相识性有多大？0.20分	若是完全不相似，得0.20分；若是文字不同但发音模仿在位者的注册商标，或者在文字上混淆与在位者的注册商标，得0.0分	与在位者商标完全不相似，故此项得0.20分	0.20
	8.3 注册商标或拟注册商标本身表情化及其欲望化程度多大？0.40分	若商标仅是个标识符号，得0.08分；若是无故事背景的图案或卡通类，得0.16分；若是有故事的图案或卡通类，得0.32分；若成为某种欲望代言的图案或卡通使目标顾客一见钟情，得0.40分	其商标不构成表情化和欲望化代言，但却是有故事背景的图案，故此项得0.32分	0.32
	8.4 注册商标或拟注册商标是否借用了在先的其他厂商未注册类别的注册商标？0.10分	此类属于合法借用行为，也即已有商标在某类注册，而拟评商标在其他类别注册，若是实体产品，得0.0分。若是文化或软件产品，未获授权得0.08分；若获授权或原版权已过期，得0.10分。若不存在合法借用，则得0.10分	不属于合法借用行为，故此项得0.10分	0.10
得分合计				0.62

测试等级	1.0	0.8～0.99	0.6～0.79	0.4～0.59	0.2～0.39	≤0.19
	AAA级	AA级	[A级]	B级	C级	D级

10.4.4　“百达翡丽”腕表的注册商标单义性测试评级

欧洲的企业名称，常常来源于该企业的创始人，“百达翡丽”这一名称也正是来源于该企业的创始人。其实，“百达翡丽”这一词汇在中文中并没有既定的含义，而是从“PETEK PHILIPPE”一词翻译而来。

通过网络检索，发现“百达翡丽”这一名称在中文解释中无多项含义，“PETEK PHILIPPE”这一英文名称也同样没有歧义性。

综上所述，“百达翡丽”注册商标的单义性测试如表10.10所示：

表 10.10 “百达翡丽”腕表的注册商标单义性测试评级表

指标	测评二级指标	指标赋值要点	指标事实及其来源	分值
8. 注册商标的单义性 B_8	8.1 以注册商标或拟注册商标为主题词，通过网络检索测试，有多少种不同含义？0.30分	若检索只有1个含义，得0.30分；超过两个以上含义，得0.0分	通过网络检索，发现“百达翡丽”这一名称在中文解释中无多项含义，故得0.30分	0.30
	8.2 与在位者注册商标的相识性有多大？0.20分	若是完全不相似，得0.20分；若是文字不同但发音模仿在位者的注册商标，或者在文字上混淆与在位者的注册商标，得0.0分	与在位者商标完全不相似，故得0.20分	0.20
	8.3 注册商标或拟注册商标本身表情化及其欲望化程度多大？0.40分	若商标仅是个标识符号，得0.08分；若是无故事背景的图案或卡通类，得0.16分；若是有故事的图案或卡通类，得0.32分；若成为某种欲望代言的图案或卡通使目标顾客一见钟情，得0.40分	其商标本身不构成表情化和欲望化代言，仅仅是个标识，故得0.08分	0.08
	8.4 注册商标或拟注册商标是否借用了在先的其他厂商未注册类别的注册商标？0.10分	此类属于合法借用行为，也即已有商标在某类注册，而拟评商标在其他类别注册，若是实体产品，得0.0分。若是文化或软件产品，未获授权得0.08分；若获授权或原版权已过期得0.10分。若不存在合法借用，则得0.10分	不属于合法借用行为，故此项得0.10分	0.10
得分合计				0.68

测试等级	1.0	0.8～0.99	0.6～0.79	0.4～0.59	0.2～0.39	≤0.19
	AAA级	AA级	A级	B级	C级	D级

10.4.5 “依波路”手表的注册商标单义性测试评级

欧洲的企业名称，常常来源于该企业的创始人，“依波路”作为瑞士的情侣表品牌，其名称也正是来源于该企业的第二代创始人 Ernest Borel。而且，“依波路”这一词汇在中文中并没有明确含义，而是从“Ernest Borel”一词翻译而来。

通过网络检索，发现“依波路”这一名称在中文解释中无多项含义，“Ernest Borel”这一英文名称也同样没有歧义性。

综上所述，“依波路”注册商标的单义性测试如表10.11所示：

表 10.11 "依波路"手表的注册商标单义性测试评级表

指标	测评二级指标	指标赋值要点	指标事实及其来源	分值
8. 注册商标的单义性 B_8	8.1 以注册商标或拟注册商标为主题词,通过网络检索测试,有多少种不同含义?0.30分	若检索只有 1 个含义,则得 0.30 分;超过两个以上含义,得 0.0 分	通过网络检索,发现"依波路"这一名称在中文解释中无多项含义,故得 0.30 分	0.30
	8.2 与在位者注册商标的相识性有多大?0.20 分	若是完全不相似,得 0.20 分;若是文字不同但发音模仿在位者的注册商标,或者在文字上混淆与在位者的注册商标,得 0.0 分	与在位者商标完全不相似,故得 0.20 分	0.20
	8.3 注册商标或拟注册商标本身表情化及其欲望化程度多大?0.40分	若商标仅是个标识符号,得 0.08 分;若是无故事背景的图案或卡通类,得0.16分;若是有故事的图案或卡通类,得0.32分;若成为某种欲望代言的图案或卡通使目标顾客一见钟情,得 0.40 分	"依波路"的图案商标是一对跳交际舞的恋人卡通,并且是有故事背景,具备了浪漫欲望,故得 0.40 分	0.40
	8.4 注册商标或拟注册商标是否借用了在先的其他厂商未注册类别的注册商标?0.10分	此类属于合法借用行为,也即已有商标在某类注册,而拟评商标在其他类别注册,若是实体产品,得 0.0 分。若是文化或软件产品,未获授权得 0.08 分;若获授权或原版权已过期,得 0.10 分。若不存在合法借用,则得 0.10 分	不属于合法借用行为,故此项得 0.10 分	0.10
得分合计				1.0

测试等级	1.0	0.8～0.99	0.6～0.79	0.4～0.59	0.2～0.39	≤0.19
	AAA 级	AA 级	A 级	B 级	C 级	D 级

10.5 注册商标单义性的案例模拟

为了熟练地掌握注册商标单义性的技术标准和测试评级要求,需要进行一定数量的案例模拟,也即熟能生巧。为此,我们采集了以下案例。在仔细阅读下列案例的基础上,结合自己进行的网络信息收集,根据前述的技术标准和测试评级要求,完成每个案例后面给出的注册商标单义性测试评级表,并撰写诊断报告。

为了增强案例的阅读性,我们在每个案例的相关段落后面,插入了我们的点评,点评的理论依据就是品牌经济学原理。

案例模拟 10.1 卡特彼勒从工程机械到休闲鞋[①]

提起卡特彼勒，你肯定想到了他是蜚声海外的工程机械、再制造和金融服务商。但是你可能不知道的是这个全球第一的工程机械商还做着休闲鞋的“小”生意。

这是一个无意中的小发现。我端详着手中的这款休闲鞋，棕黄色的翻毛皮结实而精致，线条流畅且颇具硬朗的气质。

但最吸引我的却是在鞋帮黑色的商标上赫然印着 CAT 三个黄色的英文字母。“这不是大名鼎鼎的卡特彼勒吗!”

“这款 CAT 的休闲鞋造型典雅，质地优良，很适合您的个人气质。”促销员不遗余力地向我推销。但是我只关注一个问题：“这个 CAT 的鞋子是制造工程机械的那个卡特彼勒生产的吗?”“没错，就是美国原装进口的，这是 2004 年改良过的新款型，非常受户外运动者和街头潮人的欢迎……”我已经没有心思再听接下来的介绍了。我的脑海里只有一个念头：卡特彼勒可能远比我们想象的时尚，而我也可能已经“退潮流”很多年了。

本书点评：“CAT”这个商标最早就是用于工程机械的，后来用于了工装和户外装。问题是顾客们并没有感觉出有什么歧义。品牌延伸之后，没有出现商标歧义性，卡特彼勒是如何做到的？就值得我们思考和借鉴。

不管怎么看，工程机械和休闲鞋都是两个完全不相关的生意。但是卡特彼勒却无意中打通了它们之间的连接点。相关数据显示：卡特彼勒的鞋帽和服装生意已经实现了 9 亿美元的销售收入。虽然这些钱和他在工程机械领域赚取的钞票相比显得微不足道，但是和中国的任何一家服装、鞋帽生产商相比，都显得熠熠生辉。

1990 年，卡特彼勒公司的工人们给他们的高管提出了一个跨领域的问题：在我们的工作环境中，油污和粉尘无法避免，不知道公司能不能给我们配备一些不容易脏、不容易损坏的工服和鞋子。这个很现实的问题却触发了当时卡特彼勒高管的关联思维：施工工地的环境更为恶劣，污泥、脏水和可能掉落的碎石是工人们很头痛的问题。那我们公司能不能生产一些耐磨、防水能力更好且安全舒适的鞋子呢？抱着试试看的态度，卡特彼勒生产了第一批工装鞋。

本书点评：我们坚信，中国的工程机械企业的工作环境也是如此，为什么就没有形成这样的联想？一个巨大的商机也就丢失了。其实，如果真的将目标顾客的利益放在核心位置，商业机会就会很多。购买卡特彼勒的工程机械，是初次业务；操作这些机械的环境就是衍生业务，户外活动则是关联业务。这两个业务就是工装和户外装，也构成了卡特彼勒的两个盈利业务。

这种专为工人设计并能适应各种恶劣环境的鞋子很自然地受到了美国工人群体的欢迎。在短短几年时间里，几乎每一个美国工人都以拥有一双 CAT 的鞋子作为他们的职业象征。这种良好的市场反应基于 CAT 鞋子的质量。在美国流行的关于 CAT 工装鞋的故事这样说：加拿大的一位穿着 CAT 铁头鞋的铁路工人在施工时不幸被脱节的列车碾过脚面，能承受 2500 磅压力的钢头破碎了，但是脚却毫发无损。

---

① 参见 2010 年 5 月 9 日 http://blog.163.com，作者：李寻欢。

本书点评：深入顾客生活中，从顾客的实际生活中，获取真实的产品或服务故事，比什么广告都有效果。

机缘巧合，令卡特彼勒的高管们没有想到的是：他们推出的工装鞋正好赶上了 20 世纪 90 年代的英伦工装风潮大流行。如同当时时尚的年轻人所追随的朋克和嬉皮文化一样，所有不羁的、大气的、显得酷而有男性色彩的东西无一例外地得到追捧。而 CAT 的鞋子却无意中符合了这些精神内涵。在这股风潮到达香港之后，刘德华和杜德伟都成为 CAT 的"粉丝"。不可想象的是，在 2004 年，小布什参加美国总统大选的时候，竟然专门穿了一双 CAT 的经典工装鞋，其目的是为了争取明尼苏达州矿产工人们的选票。

本书点评：其实，CAT 工装鞋已经成为了野外工地的代言或象征符号，而不仅仅是一双鞋，这就是商标变成品牌的实例。

谁说做工程机械的人对时尚全无感觉呢？市场的热烈回应让卡特彼勒的高管们意识到原来工装鞋也可以像耐克和阿迪达斯一样运作。以阿迪达斯为师，卡特彼勒为自己的工装鞋打造了"硬朗、真实、骄傲、强而有力、永不妥协"的品牌内涵，并且大规模地展开了品牌许可经营。

蕴含上述品牌内涵的 CAT 工装鞋已经从工人群体中脱胎，但并不是和工程机械全无关系。在 CAT 的鞋子上，我们可以清晰地看到和卡特彼勒工程机械完全一样的商标，而在鞋跟的位置上，则都印着一款卡特彼勒的经典机器。机器带给人的感觉都是冷酷而硬朗的。也许作为一个业内人士，我们可能并不会注意到这一点，我们更关注产品的参数和性能。但是对于一个时尚感颇强的年轻人，机器的精神内涵或许能激发他们的认同。这恰恰被卡特彼勒公司发现并率先加以利用。

但是卡特彼勒并不满意 CAT 制鞋目前的成绩。工人群体和追求时尚的不羁青年对于鞋业来说都只能算作小众群体。于是卡特彼勒已经将自己的工装鞋拓展到休闲鞋领域。

通过上述资料，结合自己对注册商标"CAT"的网络搜索资料的补充，按照注册商标单义性的技术标准和测试评级要求，完成"CAT"的注册商标单义性测试评级，并撰写分析报告。

表 10.12　"CAT" 的注册商标单义性测试评级表

指标	测评二级指标	指标赋值要点	指标事实及其来源	分值
8. 注册商标的单义性 B_8	8.1 以注册商标或拟注册商标为主题词，通过网络检索测试，有多少种不同含义？0.30分	若检索只有 1 个含义，得 0.30 分；超过两个以上含义，得 0.0 分		
	8.2 与在位者注册商标的相识性有多大？0.20 分	若是完全不相似，得 0.20 分；若是文字不同但发音模仿在位者的注册商标，或者在文字上混淆与在位者的注册商标，得 0.0 分		

续表

<table>
<tr><th>指标</th><th>测评二级指标</th><th>指标赋值要点</th><th>指标事实及其来源</th><th>分值</th></tr>
<tr><td rowspan="2">8. 注册商标的单义性 B_8</td><td>8.3 注册商标或拟注册商标本身表情化及其欲望化程度多大？0.40分</td><td>若商标仅是个标识符号，得 0.08 分；若是无故事背景的图案或卡通类，得0.16分；若是有故事的图案或卡通类，得 0.32分；若成为某种欲望代言的图案或卡通使目标顾客一见钟情，得0.40分</td><td></td><td></td></tr>
<tr><td>8.4 注册商标或拟注册商标是否借用了在先的其他厂商未注册类别的注册商标？0.10分</td><td>此类属于合法借用行为，也即已有商标在某类注册，而拟评商标在其他类别注册，若是实体产品，得 0.0 分。若是文化或软件产品，未获授权，得 0.08 分；若获授权或原版权已过期，得 0.10 分。若不存在合法借用，则得 0.10 分</td><td></td><td></td></tr>
<tr><td colspan="4">得分合计</td><td></td></tr>
</table>

测试等级	1.0	0.8～0.99	0.6～0.79	0.4～0.59	0.2～0.39	≤0.19
	AAA 级	AA 级	A 级	B 级	C 级	D 级

案例模拟 10.2　李宁换标引发争议①

“松鼠尾巴”变身“断裂交叉”独宠 80、90 后？换标引发市场争议，人们熟悉的品牌口号“Anything is possible”（一切皆有可能）也变成了“Make the change”（让改变发生）（见图 10.3）。

原标识及口号

新标识

图 10.3

作为李宁的老客户，济南市民王先生很难接受这种突如其来的改变。

11 日下午，历山路李宁专卖店门前，王先生盯着李宁“断裂交叉”logo 看了又看：“怎

① 参见 2010 年 8 月 13 日《齐鲁晚报》，作者：仲爱梅。

么这么别扭啊,怎么看怎么像假的。”

本书点评:注册商标的歧义性就是这样产生的。

生于20世纪70年代的王先生是体操王子李宁的“粉丝”,也是李宁运动品牌的忠实用户,对于“李宁”有着深厚的感情。“李宁也是我迄今为止唯一坚持拥护的国产运动品牌。”他说。在他看来,新的logo不是不好,只是老logo跟了大伙这么多年,早已经深入人心。

与王先生有同样想法的大有人在。“李宁换标”事件发生后,有好事者专门在天涯论坛上发表讨论帖,调查网友对换标一事的看法,很多人都投了反对票。

本书点评:为什么事先不进行顾客测试?其实,李宁公司完全可以将此次换标,演变成为一次极具新闻价值的新闻事件。试想形成两派,一派认为应该换标,一派认为不该换标。认为该换标的则提出自己的新标方案,当然会引起更多的讨论。

“新的标志线条更利落,廓形更硬朗,更富动感和力量感;新的宣传口号则体现了从敢想到敢为的进化,鼓励每个人敢于求变、勇于突破。”这是6月30日李宁在京发布新标时给出的官方解释,而“90后李宁”的主题广告则被视为此次换标的生动注解:李宁希望能通过换标实现品牌重塑,获得年轻的“80后”“90后”们的认可。

本书点评:关于新标的意义,李宁当然可以给出自己的理解。但是,从心理学角度看,人们一看到某个符号,会自动形成自己的经验意义,而不会接受设计者给定的意义。

来自李宁公司的调查数据显示,李宁品牌的实际消费人群与目标消费人群相比有了一定的偏移,整体年龄偏大,35～40岁年龄段的人群超过50%;而在更为年轻的消费群体眼中,李宁品牌不仅不够“酷”和“时尚”,“国际感”也远逊于耐克和阿迪达斯。他们才是运动品牌的消费主力,决定着运动品牌未来的走向。

本书点评:李宁公司进行调查是正确的,结论也是正确的,问题是为什么非得改变标志呢?为什么不可以推出一个新的注册商标也即新标志呢?我们作个简单的博弈论分析:假设两个年龄段A和B,A是原来的目标顾客,B是潜在的新的目标顾客,再假定顾客A形成对原来商标的认可,顾客B尚未形成对原来商标的认可。如果不改变商标,则顾客A肯定是继续选择,但顾客B可能选择也可能不选择。而一旦改变了商标,采用了新商标,则顾客B仍然未必选择,但顾客A不选择的可能性反而增加了。因此,如果针对顾客B,通过实景体验测试后,推出新的商标,则顾客A继续选择原来的商标,顾客B选择新的商标。

改变的不只是logo。11日下午,记者在装饰一新的李宁专卖店内看到,“90后李宁”的巨幅广告十分抢眼,明黄、艳粉、大红的各式运动装主打,乍看上去确实年轻、时尚了许多。

本书点评:按照这个逻辑,是否会出现“00后李宁”“10后李宁”?换言之,是否意味着李宁今后将随着年轻人的年龄段的变化,而不断地变换自己的标志?

体育用品行业步入“后高增长时代”。李宁换标背后,是运动品牌越来越艰难的整体生存现状。数据显示,在2008年北京奥运会的刺激下,2007年和2008年国内主要体育用品公司年销售额平均增长30%以上,有的甚至高达100%,前所未有的繁荣使得国内外运动品牌处于一种亢奋状态,一时间,体育用品专卖店遍地开花。

以李宁公司为例。尽管2009年财报表现亮丽,实现销售收入83.87亿元,国内销售额自2004年以来首次超过阿迪达斯位居第二,但却无法掩盖这样一个事实:销售收入同比只增长了25.4%,与去年同期60%的增长率不可同日而语。

阿迪达斯不久前公布的2010年半年报更是暴露了中国体育用品市场的盛极而衰:今年上半年,阿迪达斯在全球的六大市场除大中国区外,其他五个全都实现两位数的增长;大中国区作为唯一收入同比下降的地区,收入4.03亿欧元,同比减少了16%。

"如果说以前中国体育用品增长的驱动力在于分销,也就是开店,店越多越赚钱,那么现在,这个时代已经结束了:2009年整个行业增速只有11%,今年预计能在15%左右。"业内人士认为,市场增速的放缓意味着中国的体育用品行业已经步入了"后高增长时代",在人力和租金成本不断上涨的压力下,单纯依靠开店盈利的传统模式已经不可能了,关键是提升单店利润率。

本书点评:通过加盟连锁专卖店的方式,要求李宁公司必须做品牌,为每个门店吸引足够的顾客流,而加盟店则通过门店销售获得毛利。这样,才能形成共生利益体。如果加盟店与厂商之间形成的只是价格利益,则必定不长久,因为无法排除加盟店销售假冒产品以获得更高毛利的可能。

来自李宁公司内部的数据显示,去年李宁全年新增门店1004家,而同店销售额增长却从2008年25.8%的增幅一下子掉到了-2.3%。

"市场争夺战"全线开打,李宁谋划中高端,阿迪达斯和耐克正考虑降价进入低端市场。四个361°、四个鸿星尔克、两个特步、两个乔丹、两个安踏,此外还有Kappa、匹克、李宁……济南最为繁华的商业街泉城路上,就有着不下8种运动品牌、17个专卖店。

鳞次栉比的体育用品专卖店显然已经大大超过了人们的实际需求,再加上各品牌间同质化严重,品牌忠诚度不高,为了吸引客户,商家只能走"低价战略"。在某国产运动品牌专卖店内记者注意到,原价128元的T恤打折之后还不到40元,而标价300多元的跑步鞋100多元就能买到了。

"李宁"当然也不能例外,打出了"夏装全场6.5折起、鞋7折起"的口号,168元的运动T恤折后价103元。

本书点评:频繁地降价促销,反证的是自己的目标顾客不精确,因为目标顾客的精确性,直接反映在只对承诺的单一利益点敏感,而对价格不敏感。而阿迪达斯等在节假日的价格优惠,一是为了抢占节假日的市场,二是由此进一步压制竞争者的空间。

然而,价格从来都不是李宁的优势所在。记者注意到,尽管李宁旗下也有100多元的T恤,但主流产品却集中在300~400元,与耐克和阿迪达斯的主流价格段只有50元之差,同样类型的产品其他国产品牌可能只有200元,打折之后就更便宜了。

价格拼不过安踏、361°、特步、匹克等国产品牌,品牌影响力又不如耐克和阿迪达斯,在国内外运动品牌的夹击之下,李宁的位置不可能不尴尬。

而这,也是李宁敢于冒天下之大不韪"换标"的动力所在。

"本次品牌重塑之后,李宁品牌将正式在一线城市推出,与耐克等国际品牌展开正面争夺。"换标之后,李宁公司公开表示,将提升旗下中高档价位的产品结构,增加以往专供运动员而在零售渠道买不到的"顶级装备",价格也会"越卖越贵"。据悉,在今年第四季度的订货会上,李宁的"身价"已经全线上涨,其中鞋类平均单价上涨了7%,服装上涨则超过10%。

本书点评:“与耐克等国际品牌展开正面争夺”,犹如正面攻击敌方强固阵地。作为中国人,怎么就是记不住孙子兵法所言的“以迂为直”呢? 怎么就不知道“以正合敌,以奇胜敌”的奇正之术呢?

几乎是在同一时刻,一份来自投行瑞银的研究报告指出,耐克和阿迪达斯正在考虑通过降价进入中国的低端市场。其中,耐克计划至 2015 年扩大销售额 40%到 270 亿美元,阿迪达斯计划以更低的价格更多的店铺开展在二三线城市的销售。

李宁向左,耐克、阿迪达斯向右;一个积极向上走,谋取一线更高端市场,一个渠道下沉,布局二、三线城市。可以想象的是,未来国内外运动品牌的市场争夺大战将在一、二、三线城市全面展开。

通过上述资料,结合自己对“李宁”新的注册商标的网络搜索资料的补充,按照注册商标单义性的技术标准和测试评级要求,完成李宁新商标的注册商标单义性测试评级,并撰写分析报告。

表 10.13　　“李宁”的注册商标单义性测试评级表

指标	测评二级指标	指标赋值要点	指标事实及其来源	分值
8. 注册商标的单义性 B_8	8.1 以注册商标或拟注册商标为主题词,通过网络检索测试,有多少种不同含义? 0.30分	若检索只有 1 个含义,得 0.30 分;超过两个以上含义,得 0.0 分		
	8.2 与在位者注册商标的相识性有多大? 0.20 分	若是完全不相似,得 0.20 分;若是文字不同但发音模仿在位者的注册商标,或者在文字上混淆与在位者的注册商标,得 0.0 分		
	8.3 注册商标或拟注册商标本身表情化及其欲望化程度多大? 0.40分	若商标仅是个标识符号,得 0.08 分;若是无故事背景的图案或卡通类,得0.16 分;若是有故事的图案或卡通类,得 0.32分;若成为某种欲望代言的图案或卡通使目标顾客一见钟情,得 0.40 分		
	8.4 注册商标或拟注册商标是否借用了在先的其他厂商未注册类别的注册商标? 0.10 分	此类属于合法借用行为,也即已有商标在某类注册,而拟评商标在其他类别注册,若是实体产品,得 0.0 分。若是文化或软件产品,未获取授权得 0.08 分;若获授权或原版权已过期,得 0.10 分。若不存在合法借用,则得 0.10 分		
得分合计				

测试等级	1.0	0.8～0.99	0.6～0.79	0.4～0.59	0.2～0.39	≤0.19
	AAA 级	AA 级	A 级	B 级	C 级	D 级

第11章　媒体传播的公信性

《中华人民共和国消费者权益保护法》第39条规定：消费者因经营者利用虚假广告提供商品或者服务，其合法权益受到损害的，可以向经营者要求赔偿。广告的经营者发布虚假广告的，消费者可以请求行政主管部门予以惩处。广告的经营者不能提供经营者的真实名称、地址的，应当承担赔偿责任。

在把商标建成品牌的过程中，如何把商标所承诺的单一利益点，传达给目标顾客，就是传播问题。不同的传播方式，千人成本也即传播效率是不同的。当目标顾客接受到该商标所传递来的利益信息时，对此信息是否信任，就构成了传播效果，也即媒体传播的公信性。

可口可乐的董事长曾对他的广告公司说，我知道我的广告费浪费了一半，但我不知道浪费了哪一半。我们认为，他之所以不知道，是因为那时还没有品牌经济学。我们可以从品牌经济学的角度来认识这一问题。假设只有两种可乐，一是可口可乐，二是百事可乐，两者各占50%的市场份额，同时，假设两者都通过大众媒体进行广告传播，则两家的广告费各浪费一半，因为接受可口可乐单一利益点的顾客，看了百事可乐的广告，也不会选择百事可乐；同样的，接受了百事可乐单一利益点的顾客，即使看了可口可乐的广告，也不会选择可口可乐。

11.1　媒体传播公信性的技术标准

将媒体传播的公信性完全信任定义为1.0分，将完全不信任定义为0.0分，为了避免出现含糊不清的中性判断也即0.5分，我们采取了偶数分级法。可以划分出0.0(极不信任)、0.2(很不信任)、0.4(较不信任)、0.6(较信任)、0.8(很信任)、1.0(极信任)。按照这个相对计量等级，将媒体传播的公信性测试与设计的技术标准确定如下：

(1)通过网络检索该商标，查看新闻媒体对该商标所承载内容的报道范围及人物比有多大？若是网络作品，则是否是热帖？此项赋值0.40分，其具体测算标准是：若搜索结果第1页2次(含)以上时，或者在前5页报道新闻媒体超过30家，或者是网络热帖，得0.40

分;若第1页有且前5页报道总数大于10家,得0.32分;若第1页无或者前5页报道低于10家,得0.24分;若前5页皆无报道内容或有但人物比超40%,得0.0分。

此项属于数量标准,而要满足这样的数量指标,最大的可能就是该企业产生或策划了类似山阴县奶牛节的模特到场助阵这样的新闻事件,从而获得新闻媒体免费报道。

所谓网络热帖,是在某个网站内就某个人发表的文章或看法,引发大量的网络读者发表自己的感想或观点。

所谓人物比,是指以拟评商标进行网络检索时,在所得到的前5页搜索结果中,该公司负责人的新闻条数占有该公司新闻内容报道总数的比例。该比例越高,意味着该企业的负责人替代商标的程度越大,可信度就越低。

(2)通过网络检索,该商标传播内容是否以实际顾客情感收益为主?此项赋值0.30分,其具体测试标准是:若传播内容是根据顾客真实收益获得的情感利益故事,得0.30分;若顾客真实收益仅是诸如质量或价格等物质性利益,得0.18分;若传播内容是推销或招聘类,得0.0分。

典型案例是Zippo打火机,该打火机传播的内容,集中于某些真实顾客利用Zippo打火机获救这类情感故事,而不是仅仅点火这个物质利益。

(3)通过网络检索,该商标的传播是商业广告还是网络热帖为主?此项赋值0.10分,其具体测算标准是:若是单纯产品硬广告,得0.04分;若是明星类代言广告,得0.06分;若是故事类软文,得0.08分;若是赞助类或植入式广告,或网络热帖为主,得0.10分。

(4)通过网络检索,该商标的信息传播的真实性有多高?此项赋值0.20分,其具体测算标准是:若存在虚构的顾客证言或销售数据,得0.0分;实体产品若有负面报道或负面评价,文化产品若无负面评价,得0.0分;实体产品若有召回类信息,或文化产品若有终止,得0.12分;实体产品若无任何负面信息,或文化产品有负面信息,得0.16分;实体产品若无任何负面信息且都是正面或真实信息,或文化产品争论激烈,得0.20分。

对实体产品,有负面报道不是好的事情,但若有召回信息,恰恰是负责任的企业。但对文化产品而言,如果没有批评的声音,就是不正常的。因为不同的受众也即顾客,对同样的文化产品的感受一定是不同的,有人喜欢,有人不喜欢,在网络带来的自媒体时代,各种观点或意见都会存在,而引发争论恰恰是文化产品的价值所在。

11.2　媒体传播公信性的测试评级

关于虚假的顾客证言。顾客的虚假证言,是指即厂商或其委托的广告公司,为了打动受众而杜撰出来故事证言。这类故事证言的基本形式都是某个或某些顾客,使用了该产品之后,获得了多么多么好的效果,主要发布在正式报纸或刊物的广告版、厂商自己印制的报纸或宣传单页上。

在网络时代,虚假的顾客故事的一个新形势,就是网店信誉度积分的虚假性。

背景资料 11.1 《广告法》有关规定

第五条 广告不得含有虚假的内容，不得欺骗和误导消费者。

第十二条 广告使用数据、统计资料、调查结果、文摘、引用语等引证内容的，应当真实、准确，并表明出处。引证内容有适用范围和有效期限的，应当明确表示。

第四十条 广告荐证者在广告中对商品、服务进行推荐或者证明，应当依据事实，并且符合本法和有关法律、行政法规的规定。广告主依法应当提供证明文件的，广告荐证者应当查验证明文件，核对广告内容。

广告荐证者不得为其未使用过的商品或者未接受过的服务进行证明。

关于商业广告。商业广告即常规的产品或服务广告，厂商委托广告公司，通过报纸、刊物、影视、网络等方式，传播自己的商标产品或服务。主要内容是直接地表述自己产品或服务的特点或好处。人们熟知“王婆卖瓜，自卖自夸”，因此，对这种王婆式的广告的信任度是不高的。

北京新媒体技师学院一位学生说：“几乎每次看完国产电影，我都有一种又上当了的感觉。”她坦言，自己很大程度上是被广告诱导去看的，“一有大片出来，电视、报纸、公交站牌上全在宣传造势，广告做得绚丽多彩，但电影内容却平淡无奇，漏洞百出。为什么制作方不把这些钱用在鼓励有想象力的创作上去呢？”

关于植入式广告。植入式广告就是厂商赞助影视拍摄，在影视片中，该厂商的商标产品或服务，以道具、台词或演员用品的形式，出现在影视片中。典型的是卡通片“大力水手”中的高频台词“我爱吃菠菜”，其实正是菠菜罐头厂的赞助广告。植入式广告运用的是受众的无意识记忆，也就是受众在收看这样的影视片时，意识集中于观看剧情故事情节，只是眼睛的余光在接受植入式广告的内容。故其记忆的牢固程度和信任度，都比单纯的商业广告要高。植入式广告在中国还处于起步阶段，尽管尚显生硬，但方向是正确的，也必将得到不断的改进。

关于“新闻报道”。这里的“新闻报道”，特指新闻媒体发布的正面的报道，主要包括以下三类：

一是真实的顾客故事。即以顾客在使用商标产品或服务过程中，发生的真实的情感故事。典型的案例可见本章案例模拟部分的案例“Zippo 打火机”。

二是正面新闻事件。新闻事件是指与常识相反的反常行为或现象。对于常识，人们熟视无睹，难以关注。但对于反常现象或行为，就很容易获得高度关注。典型的案例可见本章后面的案例模拟部分的“一个梨造就的财富”。正面的新闻事件，将得到新闻媒体的正面报道，厂商不仅获得了知名度，而且还能获得销量。

三是正面新闻报道。正面的新闻报道，是指作为正面的典型事例，对厂商进行的新闻报道，尤其是出现在中央电视台和省级卫视的新闻节目中，或者中央或省级主要报纸的新闻典型报道。

在实际测试评级中，可以以网络检索为主，对检索的内容，按照上述要求，进行分类统计：

第一，通过网络检索，查看新闻媒体对该商标所承载内容的报道范围；以受评商标为关键词,在搜索引擎中搜索,尽可能多地找出对该商标进行报道的媒体,以此判断媒体对该商标的报道范围。

第二,缺乏新闻媒体正面免费报道,主要是商业广告形式。考察受评商标的广告形式有以下四种方法:一是查看大型门户网站是否有该商标的广告;二是在SNS、论坛、视频之类的网站是否有该商标的广告;三是在网页中搜索,看是否有该商标的广告;四是在商场、超市、户外媒体、电梯、电视、广播、报刊、杂志等媒体上是否有该商标的广告。

根据上述步骤获得的信息,完成媒体传播的公信性测试评级表,并获得具体评级。为了与品牌信用模型中的指标序号保持一致,将本表中的序号仍确定为"9"。

表11.1　　媒体传播的公信性测试评级表

指标	测评二级指标	指标赋值要点	指标事实及其来源	分值
9. 媒体传播的公信性 B_9	9.1 通过网络检索该商标,查看新闻媒体对该商标所承载内容的报道范围及人物比有多大?若是网络产品,则是否是热帖?0.40分	若搜索结果第1页2次(含)以上时,或者在前5页报道新闻媒体超过30家,或者是网络热帖,得0.40分;若第1页有且前5页报道总数大于10家,得0.32分;若第1页无或者前5页报道低于10家,得0.24分;若前5页皆无报道内容或有但人物比超40%,得0.0分		
	9.2 通过网络检索,该商标传播内容是否以实际顾客情感收益为主?0.30分	若是根据顾客真实收益获得的情感利益故事,得0.30分;若顾客真实收益仅是诸如质量或价格等物质性利益,得0.18分;若传播内容是推销或招聘类,得0.0分		
	9.3 通过网络检索,该商标的传播是商业广告还是网络热帖为主?0.10分	若是单纯产品硬广告,得0.04分;若是明星类代言广告,得0.06分;若是故事类软文,得0.08分;若是赞助类、植入式广告或网络热帖为主,得0.10分		
	9.4 通过网络检索,该商标的信息传播的真实性有多高?0.20分	若存在虚构的顾客证言或销售数据,得0.0分;实体产品若有负面报道或负面评价,文化产品若无负面评价,得0.0分;实体产品若有召回类信息,或文化产品若有终止,得0.12分;实体产品若无任何负面信息,或文化产品有负面信息,得0.16分;实体产品若无任何负面信息且都是正面或真实信息,或文化产品争论激烈,得0.20分		

续表

<table>
<tr><td>指标</td><td>测评二级指标</td><td colspan="3">指标赋值要点</td><td>指标事实及其来源</td><td>分值</td></tr>
<tr><td colspan="6">得分合计</td><td></td></tr>
<tr><td rowspan="2">测试等级</td><td>1.0</td><td>0.8～0.99</td><td>0.6～0.79</td><td>0.4～0.59</td><td>0.2～0.39</td><td>≤0.19</td></tr>
<tr><td>AAA 级</td><td>AA 级</td><td>A 级</td><td>B 级</td><td>C 级</td><td>D 级</td></tr>
</table>

11.3 媒体传播公信性的设计流程

关于媒体传播的公信性，可以先看哈雷摩托的两个成名之作：

1903 年，威廉·哈雷、他的兄弟沃尔特，以及阿瑟·戴维森在美国的密尔沃基生产出了第一辆哈雷一戴维森摩托。那时的哈雷摩托结构简陋，不过是将自行车安上一个马达，性能也十分有限，只能在平路上行驶，上坡时还要骑车人自己蹬，因此销售业绩惨淡。哈雷当年就在芝加哥拥有了第一家代理商，但那一年只生产了三辆摩托车，仅仅售出了一辆。

1905 年的美国独立日，哈雷一戴维森摩托在芝加哥举行的摩托车锦标赛中，以 19 分 2 秒跑完 25 公里，一举夺魁。从此哈雷一戴维森声名鹊起，产品销量和生产规模渐渐扩大。

1918 年，一战停战协议签订的第二天，盟军下士罗伊·霍尔茨就骑着哈雷摩托率先踏入德国领土。一则题为《一个美国人和一辆美国摩托》的图片新闻，一夜间成为全世界几百种报纸的头条新闻。哈雷就此一举成名。

在商标的品牌化建设过程中，一鸣惊人并不难，难的是取得目标顾客的信任。我们认为，通过媒体的新闻事件或典型新闻报道，是一个专业性极强的工作，不是厂商自己所能做到的。花钱给媒体是可以获得报道，但这类报道更多地被受众称其为新闻炒作，知名度是提高了，但公信力是不会有的。为了切实提高媒体传播的公信性，可以采取以下基本流程，包括七个步骤：

第一步：确定所处市场生命周期，确定传播战略

所谓产品的市场生命，是指产品依次呈现的导入期、成长期、成熟期、衰退期。从传播角度，导入期采取新闻策略，成长期采取促销策略，成熟期采取广告策略，而衰退期则采取更新策略。

任何新产品，都有一个导入期。为什么新产品成功率在 10%以下？就是因为存在一个新产品陷阱。

所谓新产品陷阱，是指在未掌握导入期传播的新闻策略而推出新产品，从而因目标顾客选择成本过高导致技术成功市场失败。

导入期首先要解决的问题是知名度：顾客知道的，不一定购买；但不知道的，肯定不买。问题是如何提高知名度？有两条路：一是死路，也就是广告策略；二是活路，也就是新

闻策略。广告的任务是治疗购后不适症，在导入期，不存在已经购买的顾客，当然也就不存在购后不适症，接受广告内容的可能性也就大大降低了。

所谓购后不适症，是指顾客完成了一个购买行为之后，会怀疑自己的选择是否正确。为此，这样的顾客就会主动寻找信息以证明自己的选择行为是正确的。而在成熟期，已经购买的顾客数量很大，患有购后不适症的顾客也就很多，让其证明自己选择是正确的广告就成为必需，而且千人成本也最低。

实例 11.1　自由"飞翔"的太空游[①]

2008 年初，英国维珍集团在纽约举行发布会，宣布"太空船二号"预计今年试飞，2009 年开始商业飞行，有望成为世界第一艘商用太空船。它将把游客送入亚轨道，让游客们享受飞天和失重的非凡滋味。

太空游的消息一出，发布会上的媒体记者一下炸开了锅，手中的相机频频闪光。

接着布兰森推出了"太空船二号"1∶16 的模型，他称赞"太空船二号""美丽得让人窒息"。"太空船二号"船体长 18 米，大小如同一架"猎鹰"公务飞机。船体尾部有火箭助推装置，为飞船挣脱地球引力提供动力。船体两翼设有可移动的、如同翅膀般的稳定鳍，平添了几分科幻色彩。设计者伯茨·鲁坦说，这种设计使飞船更易于操控，着陆时更安全。"太空船二号"多数部件由高技术超轻材料制成，船体重量大为减轻。

模型展出，技术论证，一下让故事的真实度直线上升。讲到这里，人们已经沉溺于想象，仿佛置身宇宙，遨游星河，自由"飞翔"。

目前，全世界约 8.5 万人表达了乘坐"太空船二号"游太空的兴趣，来自全球 30 多个国家的 200 余人预订了太空之旅。其中大多是各界名人，像影星维多利亚·普林斯帕尔、英国著名物理学家霍金、英国公主比阿特丽斯。布兰森太空游的新故事又一次得到了大众的追捧，获得了成功。

第二步：邀请目标顾客参与企业

如果一个饭店，敢于将厨房和进货来源向顾客完全放开，就能取得顾客的信任。同样的，一个厂商能够定期不定期地邀请自己的顾客，不是为了到企业来走马观花地参观，而是深入企业，参与企业的生产和传播内容的设计与测试，这件事本身就是一个新闻事件。

在东方饭店和内黄县宰运立的案例中，都是建立了顾客档案而成功的。为了邀请到目标顾客，就要建立顾客数据库。

表 11.2　　**目标顾客参与企业计划表**

时间	邀请顾客姓名	参与活动内容	顾客的乐点观察	顾客的建议记录

① 参见 2012 年 2 月 27 日"新浪博客"，作者：李光斗。

例如，作为高端酸牛奶企业，与其说自己的奶牛如何如何，不如邀请目标顾客前去养牛场和生产厂参与过程。为此，可以指定以下参与计划：

表 11.3　　某酸牛奶企业目标顾客参与企业计划表

时间	邀请顾客姓名	参与活动内容	顾客的乐点观察	顾客的建议记录
2011.2.20（周日）	已有订户名单（x）	①参观养牛场，请专家介绍奶牛的种源及其来历 ②产品品尝活动	观察顾客在参观过程中，对哪些信息点产生浓厚的兴趣	请参观的顾客谈谈养牛场的改进建议
2011.3.20（周日）	已有订户名单（y）	①参观养牛场，请专家介绍奶牛的种源及其来历 ②产品品尝活动	观察顾客在参观过程中，对哪些信息点产生浓厚的兴趣	请参观的顾客谈谈养牛场的改进建议
2011.4.17（周日）	已有订户名单（z）	①参观养牛场，请专家介绍奶牛的种源及其来历 ②产品品尝活动	观察顾客在参观过程中，对哪些信息点产生浓厚的兴趣	请参观的顾客谈谈养牛场的改进建议

通过对顾客现场的乐点观察，可以进行统计分析，表 11.4 给出的是模拟分析。

表 11.4　　顾客现场乐点观察与统计表

乐点观察	乐点 1	乐点 2	乐点 3	乐点 4
乐点人数	20	60	15	5
乐点频率	20%	60%	15%	5%

同时，对顾客现场给出的建议进行记录和统计分析。表 11.5 给出的是模拟分析。

表 11.5　　顾客现场建议提议与统计表

提议主题	主题 1	主题 2	主题 3	主题 4
主题人数	35	40	15	10
主题频率	35%	40%	15%	10%
提议反馈	根据顾客提出的建议提议，必须以书面的形式给其反馈，并致谢			

第三步：组建顾客俱乐部，定期编发内部会刊

组建顾客俱乐部的目的，千万不要试图成为销售渠道。如果厂商有这个意图，人们一下子就会识破你的狐狸尾巴，牢牢记住《道德经》的告诫，“上德不德，是以有德；下德不失德，是以无德”（即：最好的获利就是不获利，所以能获利；最差的获利是不失去利，所以也就得不到利）。

因此，我们强烈提醒厂商，建立顾客俱乐部的根本作用，就是成为与你的价值来源即顾客，进行顺畅诚挚的信息与情感交流渠道。因为购买你的产品或服务的顾客们，已经接受了你的产品或服务。通过顾客俱乐部，与顾客建立深厚持久的情感联系，才能不断巩固

对商标的信任度。

以摩托车为例，我们观察到，中国的摩托车厂商们，学会了摩托车设计技术，也会逐渐掌握批量组装工艺技术(济南某摩托车生产企业，引进日本技术时，组装出来的摩托车在冬天油缸漏油。后来才发现，油缸应该在低温下组装，这样到了冬季，冷缩时也不会出现缝隙)，但就是学不会顾客沟通技术。在这方面，哈雷摩托值得中国厂商们学习。

美国著名分析家蒂姆·康德指出："购买哈雷摩托的人买的不仅仅是一辆摩托车，而且是一种形象，一种生活方式。"哈雷摩托不仅是一种成功的商品，而且还创造了一种文化。有人认为这种文化起源于退伍士兵，他们在战争中深深地喜欢上了这种哈雷摩托，骑上它能够感觉到一种强烈的自豪感，并且缅怀昔日并肩作战、为自由献身的战友们。这种爱国主义精神影响到了美国的青年，因此，20世纪五六十年代的年轻人也纷纷加入了哈雷摩托的行列。

有意思的是，哈雷摩托有三类顾客，三类顾客的价值观不同，但都接受哈雷摩托车：

第一类是官方的车主俱乐部，名字就叫 Harley Owners Group，缩写便是 HOG。HOG 协会成员多为私企老板、律师等高级白领，还有各种专业人士和其他小中产阶级分子。在他们的眼里，哈雷－戴维森摩托车同其他摩托车最大的不同之处，就在于哈雷并不那么注重整车性能，而是追求用车的不同凡响。

第二类是在电影《逍遥骑士》的影响之下，名为"逍遥骑士"的哈雷团体诞生，从改装摩托车，到设计服装饰品，无不流露出极为鲜明的哈雷-戴维森精神。"逍遥骑士"个个都是激情四射的改装狂人，现在他们经营着影响力重大的摩托车杂志 *EASYRIDERS*，以及同名的服装品牌。

第三类是嬉皮士，又称为"地狱天使"，这是"哈雷-戴维森"中最有争议的一个群体，与流氓、无赖、暴徒是同义词。二战结束后，曾有一批退伍的美国空军军人由于失业生恨，向"发了霉的美国社会"宣战。于是，战友们成群结队，穿上战时的老飞行夹克，骑上最喜爱的哈雷在美国大街上招摇过市。通过一切，甚至是暴力的手段来发泄他们对金钱社会的不满。这，就是哈雷的叛逆文化，美国的嬉皮士文化的起源。

在组建顾客俱乐部时，凝聚俱乐部成员的，不是产品或服务本身，而是成员们的共同爱好和兴趣，定期的编辑并印发俱乐部会刊，使顾客俱乐部会员定期地获得该会刊。该会刊绝对不能成为厂商广告媒体，也不能成为教育顾客们的教材，而应该是使顾客会员们感到快乐与自豪的媒介。

第四步：设计娱乐主题，形成主题系列活动

人们的终极需求永远都是快乐。想想看，日常生活中，人们相互之间的祝愿，都是快乐主题。例如，生日快乐、节日快乐、新年快乐、新婚快乐等。厂商们可以通过举办以娱乐为主题的系列活动，来吸引人们参加，同时，吸引新闻媒体的关注，并给予正面的免费报道，也就是形成正面新闻事件。

设计一个新闻事件本身不难，难的是形成系列活动。所谓系列，有两个具体形式，一是时间上的可重复性，至少是一年一次；二是表现形式的多样性，但表达的却是一个主题。

一年一次的娱乐主题活动，比较典型的是青岛啤酒节、西班牙的西红柿节、达喀尔汽车拉力赛等。主题导向的多样化活动的典型，是卡通图像 Snoopy。从 1950 年开始，Snoopy 就以四联漫画的形式，在报纸上连续刊登，每次讲述一个故事，但都是突出一个主题即“人间温情”。目前，这只小狗给作者查尔斯·舒尔兹每年带来 10 亿美元以上的授权收入。

我们观察到，很多厂商花费大量资金，印刷了很多精美的产品介绍，但究竟有多少人看呢？各位读者，你可以随便参加一次你所在城市会展中心举办的某产品会展，在每次会展上，参会的大量厂商印发了大量的宣传资料，每当有人前来自己展位时，厂商接待员几乎是硬塞给来宾精美的宣传资料。可结果呢？会展中心的每个出口处，都集中了人数不少的再生资源回收者，他们都以拾捡地上的宣传材料卖废纸为业，这些被丢弃的宣传材料哪儿来的呢？

我们就是不理解，厂商们为什么就不能用制造那些“废纸”的资金，设计并注册让人们乐此不疲的卡通图形，在印发宣传材料时，在每页适当位置上，以四联漫画形式，讲述一个情感故事，这个情感故事的来源，绝对不能为产品宣传，而应该是来源于顾客的乐点观察。随着时间的推移，这些卡通角色形象，就成为厂商商标的代言，此时就可以进行授权了，这就是新的价值空间。

将这样的策略，同样运用于顾客俱乐部的运行，就是设计娱乐性质的主题活动。在本章案例模拟部分，“一个梨造就的财富”中，当地林业局举办的“梨王赛”，就是这样的主题活动。因此，厂商以商标名称组建起顾客俱乐部之后，通过测试来选定娱乐主题，并以“注册商标名称＋选定的娱乐主题”为名称来进行主题娱乐活动。

实例 11.2　壹号农庄，拾回错失的童年足迹①

“六一”到了，您还在愁带孩子去哪儿玩吗？上树摘果、下河抓鱼、分田种地、赶猪跳水……快和电脑说 bye-bye，全家总动员，让我们一起来到现实版的“开心农场”——壹号农庄，一起呼吸泥土的芬芳，体验田间劳作的亲子乐趣吧，让孩子们远离城市的喧嚣，留下诗意一样的童年足迹。

近日，壹号农庄迎来了一群特殊的游客——“都市小农夫”亲子游，孩子和家长们在工作人员的带领下，经过“刚刚碾”大米和“粒粒选”花生油的压榨车间，来到了壹号农庄的“跑猪场”，争相期待着即将上演的“小猪赛跑”。

当壹号农庄工作人员把小猪放出来和大家见面的时候，一位小朋友惊呼：“啊，牛，黑牛啊！”其他小朋友听后都哈哈大笑，你一句我一句：“不是牛，那是猪，是黑毛猪。”

壹号农庄的工作人员介绍道：“这是我们的‘壹号土猪’，你们家经常吃的猪肉就是这种猪哦！等下我们要看小猪赛跑呢！”

随着工作人员一声哨响，小猪们像听到了发令枪响的运动员一样，马上跑动起来。小朋友们看着这些憨态可掬、活蹦乱跳的小猪，都十分兴奋，一边鼓掌一边呐喊助威：“加油加油！”还有的小朋友忍不住了，直接跑进赛道，赶着小猪跑起来。一时间，掌声、呐喊声、小猪的叫声，充满了整个壹号农庄，也吸引了更多的游客过来参观。当看到自己支持的小

---

① 参见 2012 年 6 月 26 日 http://bbs.ifeng.com。

猪获得第一名时，小朋友更是高呼："第一名，我的小猪第一名，我要领奖品！"

"小猪真可爱，胖嘟嘟的，它的尾巴是卷的。""刚才我给小猪喂东西了，它喜欢吃青菜。"在和小猪有了亲密接触，并观看了小猪赛跑后，家长和小朋友们直呼过瘾！

壹号农庄为了让小朋友们亲身体验蔬菜的种植方法，在壹号农庄菜田里分了两垄地，一垄"男生地"、一垄"女生地"，准备让小朋友们进行种蔬菜比赛。大家兴致勃勃地拿起青菜苗和小锄头、小铁铲就动起手来，在壹号农庄工作人员的指导下，小朋友们小心翼翼地将菜苗种进地里，小铲翻动，松个土，浇个水，刚开始他们还挽着裤管，后来，裤脚湿了，裤子湿了，上衣湿了。大家你追我赶，干得热火朝天，场面好不热闹！

当农庄工作人员宣布比赛结果"今天种菜冠军队是女生，第一名是男生队"时，小朋友们都欢呼雀跃，十分骄傲。这是小朋友们第一次近距离地接触田地学种菜，虽然动作笨拙，种出来的菜排列不整齐，但是充满生机，孩子们开心得仿佛种下了一颗充满希望的果实。

"原来青菜是这样长出来的啊，长在泥巴里，还要喝水，以后小青菜就会长成很大的青菜呢！"一位小朋友骄傲地告诉妈妈。家长们看到自己孩子的劳动成果，也激动得直为他们鼓掌。

壹号农庄里高高大大的杨梅树吸引了孩子们的视线，又大又红的杨梅，让人直流口水，小朋友们争相采摘。"你看，我摘了那么大一袋呢，来，给你一点。""我的比你的还要多，红红的又好看。"一两个回合，三五个趔趄，七八声嬉笑，闹一声，嚷一声，继续玩。满树的杨梅，加上小朋友们的欢声笑语，大家其乐融融。

"池塘里水满了，雨也停了，田边的稀泥里到处是泥鳅……"熟悉的旋律想起的时候，你是否也有年少时光脚捉泥鳅的童年回忆呢？小朋友们欢呼着奔向小池边，拿起手中的小鱼网寻找小泥鳅。机灵的小泥鳅总是与小朋友们捉迷藏，大家捉到了很多泥鳅，开心极了。家长们也都忍不住了，纷纷加入到捉泥鳅的行列，一会儿驻足在这一处，一会儿又蹲踞在另一处，一会儿手舞足蹈，一会儿又凝神屏息，生怕小泥鳅跑掉了，玩得不亦乐乎。伴随着一阵阵欢声笑语，整个壹号农庄弥漫着一片温馨。

"这是一次非常难得的机会，壹号农庄向孩子们展示了他们从未接触过的东西，如大米、油、土鸡、壹号土猪，菜地里面的青菜，树上的杨梅等等。孩子们不仅玩得开心，而且还接触了那么多大自然的东西，活动很有意义。"一位家长如是说。

现场一位李妈妈也说道，现在城市的孩子们都没机会接触农田，很多家长也是80后的，对农作物也认识得不多，现在来到农庄观看碾米、榨油，让孩子走下田间，认识土猪、土鸡，体验种菜、浇水、采摘果实等劳作，能让孩子和家长从中学到很多知识，使他们更加热爱大自然、热爱生活，而且在劳动的时候，还能增进家长和孩子之间的感情，培养孩子们的劳动意识和责任意识，真的是非常有意义的一项亲子活动。

明朝的僧人无愠有诗：闲到心闲始是闲。壹号农庄亲子游，让我们远离紧张忙碌的快生活，获得心情的舒畅和心灵的宁静。要做到真正的心闲是很需要修养功夫的，这个道理，相信有一天我们的孩子们也能体会得到。

第五步：邀请新闻媒体作为旁观者，发现新闻价值

我们观察到，厂商对新闻媒体的态度，历来有两个极端：一是收买利用成为吹鼓手，二是敬若鬼神敬而远之。其实，这都是对新闻媒体价值的误判。

新闻媒体的最大特点是接受受众的选择，如果受众放弃了某个媒体，该媒体就难以生存下去。因此，如果按照“厂商→媒体→受众”这个链条来看，就会发现，厂商与媒体的共同顾客都是受众。选择媒体的关键，就在于厂商要深入自己的目标顾客中，来发现自己的目标顾客习惯上所信任的新闻或信息媒体是哪个或哪几个。然后，与这个或这些个媒体建立起战略伙伴关系，为双方共同的目标顾客服务。

在邀请新闻媒体时，对厂商来讲，有两个要点：第一，根据厂商所属行业特点，邀请专业媒体中的专业记者，或者是综合媒体中的栏目负责人。专业媒体和媒体专栏，也要研究自己的目标顾客的关注点，从而采编相应的新闻或信息。第二，广告投放时，要尽可能地照顾相关的各个媒体。否则，一旦集中于某个媒体，其他媒体就可能专注于挖掘你的负面消息了。在实践中，如果广告预算难以照顾到这些媒体，有必要与未投放广告的媒体中的决策者保持良好的个人沟通，或者厂商决策者要不定期地前去拜访这些媒体，或者邀请其访问企业。

厂商如何与选定的新闻媒体联合活动呢？有三个策略：

第一，联合举办针对共同的目标顾客的主题活动。

第二，在新产品研制过程中，邀请记者深度参与、连续报道。看到这个策略，肯定有人会认为不妥当，因为涉及商业秘密。其实，邀请媒体专业记者参与研制过程，不仅加深专业记者对新产品的理解，而且有利于其发现其中的新闻价值。更重要的是，目标受众其实也对新产品的研发过程感兴趣。随着新产品的研发进展，专业记者的跟踪报道本身就是一个新闻事件。

第三，推出新产品时，邀请目标顾客和媒体记者一起，对新产品进行实景体验，以获得的体验来撰写文章。根据亲身体验，不仅可以获得改进的建言，而且还是观察获得真实的乐点所在。

第六步：邀请专业学者进行学术研究，发现理论价值

在提高媒体传播公信性的过程中，几乎所有的中国厂商都忽视了专业学者的力量。其实，站在理论研究的角度，专业学者们给予某个厂商的学术研究，通过学术期刊和教学过程中的传播，其公信力是相当高的。在这个方面，美体小铺就是一个典型的实例。

美体小铺是一家小企业，却被无数经典的教科书、国际奥美广告公司的《奥美的观点》、科特勒教授的权威著作《市场营销管理》以及大卫·爱格的《品牌经营法则》所广泛传播、引用。这源于它所坚持的一种价值：要赚钱，更要有道德。这种社会营销观念在思想学说中频频出现，但在实践中身体力行道德营销的企业并不多见。这正是作为一个小企业的美体小铺的可贵之处。

通过美体小铺建设品牌的实践，我们再次清楚地看到，品牌不等于商标，品牌就是给目标顾客一个不假思索即选择成本等于零的排他性单一利益点。美体小铺出售天然护肤和护发产品，此类产品别的化妆品公司也能生产出来，但是，美体小铺不是就产品论产品，不是告诉消费者“我的产品如何天然，有如何良好的功效”，而是用自己的企业环保行动，告诉自己的目标顾客，即那些关心环境的消费者——美体小铺就是保护环境的代言或象征，从而使目标顾客选择美体小铺的产品，代表着不仅自己在支持环保，而且间接地支持了发展中国家的发展，也就具有了崇高感。

其实，美体小铺的那些产品，不是什么高科技，不是什么家传秘方，都是普通配方产品。只是将天然的内在属性，转化为环境保护和支持发展，从而给目标顾客一个选购的排他性理由。这个公德式的品牌建设，不是单纯为了公益活动而公益活动，而是将公益活动直接作为自己的品类定位，不仅赢得了目标顾客的选择，而且还带来了投资收益。这就是真正的人性，即客观为别人，主观为自己，从而实现互利。

第七步：专职网络搜索，制定媒体危机预案

在商标品牌化的建设过程中，同样是智者千虑，必有一失。对厂商而言，正确的策略不是去赌会发生哪些危机事件，而是设立专职人员制定并模拟演练危机预案。其基本职责是三个：

第一，与工商和质检部门、行业协会，保持密切顺畅的信息沟通，随时了解这些部门的业务活动，从中识别出对本公司的正面或负面信息，并制定应对之策。

第二，每天进行网络搜索，监测对本公司不利的报道；同时，收集媒体对同行业其他厂商的正面和负面报道。

第三，制定危机预案，并进行内部演练。危机预案的基本课题是：一旦发生了对我不利的新闻报道，我当如何应对。

实例11.3　攻克济南[1]

关于济南战役，在确定了“以攻济为主，打援为辅”之后，毛泽东估计了三种可能：一是在援敌尚远之时攻克济南；二是在援敌距离已近之时攻克济南；三是在援敌已近之时尚未攻克济南。

毛泽东对前线指挥员说：你们应该首先争取第一种，其次争取第二种，又其次应有办法对付第三种。在第三种情况下，即应临机改变作战计划：由攻城为主，改为以打援为主，在打胜援敌之后再攻城！

通过上面的简短文字，我们可以清楚地看出，关于济南战役面临的情况，毛泽东没有赌，而是将可能发生的情况区分为好、中、差三种。然后，针对每一种制定一个预案。其中，针对最差的那种情况，预案的思路是“一旦发生，如何应对”。

实例11.4　一切在预定计划中[2]

“十一”发射的“嫦娥二号”，星箭分离时间比预定推迟了25秒以上，结果造成太阳帆板展开时间延长。我当时非常揪心，但科研人员还是很淡定。以前总觉得中国航天人牛，因为他们总能把那么高风险的事做得手拿把掐，但其实一切在预定计划中，是无数次演练、精心计算、自己给自己出难题才取得的。

从这段文字中，我们可以推论出，我国的科研人员，对“星箭分离时间一旦推迟，该采取哪些措施”这个差的状态，一定制定出了预案并进行了多次模拟演练。

---

① 参见萧诗美《毛泽东谋略》，湖南人民出版社1993年版，第99页。

② 参见2010年10月2日“中国广播网”，作者：郭静。

为了加深理解企业危机处理，请阅读七匹狼"标识门"事件及其我们对该事件的分析。

案例理解 11.1　七匹狼陷"标识门"，服协发公开信解围①

7月28日，北京市工商局公布了对服装的抽检结果，共有65种服装被曝出不合格，其中真维斯、七匹狼各有一款服装被检出不合格。根据此次的检测报告，被抽检的泉州市七匹狼体育用品有限公司生产的产品属氨纶成分超标。

针对此次事件，7月29日，福建七匹狼实业股份有限公司迅速作出回应。根据该公司的初步调查，被抽检的产品由七匹狼授权经营商——泉州市七匹狼体育用品有限公司于2007年7月生产，是严格按照当时的相关执行标准执行的合格产品。由于新旧标准问题，被检测的产品各项指标除氨纶成分与现行新标准不符外，其余各项指标均合格，而氨纶纤维材料是比较好的纤维材料，不存在有毒有害物质，对人身无任何有害影响。

抽查结果曝光后，中国服装协会发表了一封致媒体的公开信，替七匹狼解围，称关于氨纶成分出现不符合的情况，是一个新旧标准区别的问题。

据了解，全国纺织品标准化技术委员会和针织品技术委员会分别在2007年底修改了《纤维含量》执行标准，2009年修改了产品执行标准。修改标准后，旧标准并未作废，仍可使用，仅只是鼓励企业探讨使用最新标准的可能性。

今年年初，国家相关部门实施了10项服装类国家标准。其中包括"直接接触皮肤的服装pH值须在4.0～7.5之间""西服甲醛含量每千克不得大于300毫克"等，这些指标都应标注在服装吊牌上。但记者调查发现，市场上仍存在许多标识不合格的问题。

有关人士指出，别小看了小小的服装标签，里面蕴含的内容是非常多的。标牌和标签的规范化，是国内服装行业发展与国际接轨的直接表现，服装企业必须重视服装吊牌和标签的规范使用，才能保持整个行业的健康发展。

读完了上面这个危机事件文章之后，各位有何感受？我们提请各位注意三个重点：

第一，北京市工商局的检测报告是7月28日公布的，而"七匹狼"公司的反应速度很快，居然在7月29日就公布了初步调查结果。

第二，在这篇新闻报道中，将"真维斯"和"七匹狼"列在一起，而且"真维斯"名字列在"七匹狼"之前。至少在视觉上，弱化了读者对"七匹狼"负面的影响程度。

第三，抽查结果曝光之后，中国服装协会就发表了致媒体的公开信，替"七匹狼"解围，而且解围的理由是新旧标准区别问题。这个解释确实是客观的，不是"七匹狼"公司的主观错误。

根据这三个分析，各位能得出什么结论呢？对你有何启发呢？

11.4　媒体传播公信性的案例诊断

11.4.1　"华夏良子"足疗的媒体传播公信性测试评级

我们所讲的新闻媒体报道，不是各种形式的有偿新闻，而是新闻媒体主动做的正面报

① 参见2010年8月4日《信息时报》，作者：陈莉。

道。这就要求企业必须掌握新闻技术，也就给新闻媒体主动正面报道一个理由。这个理由一定不是企业经营业绩等，而是某种正面的反常现象。

通过网络检索，我们发现对“华夏良子”进行正面报道的媒体数量基本没有，但也没有负面的媒体报道。从网络检索来看，“华夏良子”主要在进行商业广告传播，尤其是软文传播。综上所述，“华夏良子”媒体传播的公信性测试如表11.6所示：

表11.6　“华夏良子”足疗的媒体传播公信性测试评级表

指标	测评二级指标	指标赋值要点	指标事实及其来源	分值
9.媒体传播的公信性 B_9	9.1 通过网络检索该商标，查看新闻媒体对该商标所承载内容的报道范围及人物比有多大？若是网络产品，则是否是热帖？0.40分	若搜索结果第1页2次(含)以上时，或者在前5页报道新闻媒体超过30家，或者是网络热帖，得0.40分；若第1页有且前5页报道总数大于10家，得0.32分；若第1页无或者前5页报道低于10家，得0.24分；若前5页皆无报道内容或有但人物比超40%，得0.0分	通过网络检索，缺乏新闻媒体对“华夏良子”的正面报道，故此项得0.0分	0.0
	9.2 通过网络检索，该商标传播内容是否以实际顾客情感收益为主？0.30分	若是根据顾客真实收益获得的情感利益故事，得0.30分；若顾客真实收益仅是诸如质量或价格等物质性利益，得0.18分；若传播内容是推销或招聘类，得0.0分	从网络搜索“华夏良子”来看，传播内容基本都是推销或招聘类，故得0.0分	0.0
	9.3 通过网络检索，该商标的传播是商业广告还是网络热帖为主？0.10分	若是单纯产品硬广告，得0.04分；若是明星类代言广告，得0.06分；若是故事类软文得，0.08分；若是赞助类、植入式广告或网络热帖为主，得0.10分	以单纯产品硬广告为主要类型，故得0.04分	0.04
	9.4 通过网络检索，该商标的信息传播的真实性有多高？0.20分	若存在虚构的顾客证言或销售数据，得0.0分；实体产品若有负面报道或负面评价，文化产品若无负面评价，得0.0分；实体产品若有召回类信息，或文化产品若有终止，得0.12分；实体产品若无任何负面信息，或文化产品有负面信息，得0.16分；实体产品若无任何负面信息且都是正面或真实信息，或文化产品争论激烈，得0.20分	通过网络搜索，有关于招聘和服务的负面报道，故得0.0分	0.0
得分合计				0.04

续表

指标	测评二级指标	指标赋值要点			指标事实及其来源	分值
测试等级	1.0	0.8～0.99	0.6～0.79	0.4～0.59	0.2～0.39	≤0.19
	AAA 级	AA 级	A 级	B 级	C 级	D级

11.4.2 “上海”表的媒体传播公信性测试评级

通过网络检索我们发现,“上海”表作为中国老字号企业,有很多媒体对其进行正面报道,但同样存在很多网友留言,指出“上海”表的不足等,给“上海”表的形象带来很多的负面影响。

从网络检索来看,“上海”表很少进行自发的商业广告宣传。

综上所述,“上海”表媒体传播的公信性测试如表 11.7 所示:

表 11.7 “上海”表的媒体传播公信性测试评级表

指标	测评二级指标	指标赋值要点	指标事实及其来源	分值
9. 媒体传播的公信性 B_9	9.1 通过网络检索该商标,查看新闻媒体对该商标所承载内容的报道范围及人物比有多大?若是网络产品,则是否是热帖?0.40 分	若搜索结果第 1 页 2 次(含)以上时,或者在前 5 页报道新闻媒体超过 30 家,或者是网络热帖,得 0.40 分;若第 1 页有且前 5 页报道总数大于 10 家,得 0.32分;若第 1 页无或者前 5 页报道低于 10 家,得 0.24 分;若前 5 页皆无报道内容或有但人物比超 40%,得 0.0 分	以“上海”手表为主题搜索,在前 5 页里无新闻类报道。故得 0.0 分	0.0
	9.2 通过网络检索,该商标传播内容是否以实际顾客情感收益为主?0.30 分	若是根据顾客真实收益获得的情感利益故事,得 0.30 分;若顾客真实收益仅是诸如质量或价格等物质性利益,得 0.18 分;若传播内容是推销或招聘类,得 0.0 分	通过网络搜索,出现的“上海”手表信息都是推销或招聘类,故得 0.0 分	0.0
	9.3 通过网络检索,该商标的传播是商业广告还是网络热帖为主?0.10 分	若是单纯产品硬广告,得 0.04 分;若是明星类代言广告,得 0.06 分;若是故事类软文,得 0.08 分;若是赞助类、植入式广告或网络热帖为主,得 0.10 分	网络搜索的内容,前 5 页都是产品广告类,故得 0.04 分	0.04

续表

指标	测评二级指标	指标赋值要点	指标事实及其来源	分值
9. 媒体传播的公信性 B_9	9.4 通过网络检索，该商标的信息传播的真实性有多高？0.20 分	若存在虚构的顾客证言或销售数据，得 0.0 分；实体产品若有负面报道或负面评价，文化产品若无负面评价，得 0.0 分；实体产品若有召回类信息，或文化产品若有终止，得 0.12 分；实体产品若无任何负面信息，或文化产品有负面信息，得 0.16 分；实体产品若无任何负面信息且都是正面或真实信息，或文化产品争论激烈，得 0.20 分	较多的怀旧信息，基本没有负面报道，故得 0.16 分	0.16
得分合计				0.20

测试等级	1.0	0.8～0.99	0.6～0.79	0.4～0.59	0.2～0.39	≤0.19
	AAA 级	AA 级	A 级	B 级	C 级	D 级

11.4.3　“七匹狼”服装的媒体传播公信性测试评级

“七匹狼”是服装行业中充分利用了媒体主动报道的典范，其品牌的知名度正是由于名噪一时的“真假狼之战”而上升的。

1990 年，“七匹狼”夹克进入上海“华联”、“一百”等一线百货大楼，取得非常好的销售成绩。但很快，市场上就出现了不少仿冒者，这在当时的服装市场上是非常普遍的现象，何况“七匹狼”也并非什么声名显赫的大牌。但七匹狼集团总经理周少雄却以此为机会，大张旗鼓地进行打假，将数家仿冒者告上法庭，一时间“真假狼之战”成了上海、北京、广州等地媒体的头版新闻，“七匹狼”也因此而名声大振。

同时，“七匹狼”还把握住各种时机，寻求新闻媒体的主动报道，增加其传播的可信性。如 2009 年 10 月 1 日，为庆祝祖国六十华诞，“七匹狼”为北京天安门阅兵仪式现场的中央电视台工作人员特别订制了“七匹狼”T 恤、冲锋衣等服装，为全球亿万观众进行国庆典礼直播。

综上所述，“七匹狼”服装媒体传播的公信性测试如表 11.8 所示：

表 11.8　　　　“七匹狼”服装的媒体传播公信性测试评级表

指标	测评二级指标	指标赋值要点	指标事实及其来源	分值
9. 媒体传播的公信性 B_9	9.1 通过网络检索该商标，查看新闻媒体对该商标所承载内容的报道范围及人物比有多大？若是网络产品，则是否是热帖？0.40 分	若搜索结果第 1 页 2 次(含)以上时，或者在前 5 页报道新闻媒体超过 30 家，或者是网络热帖，得 0.40 分；若第 1 页有且前 5 页报道总数大于 10 家，得 0.32分；若第 1 页无或者前 5 页报道低于 10 家，得 0.24 分；若前 5 页皆无报道内容或有但人物比超 40%，得 0.0 分	以“七匹狼”男装为搜索词，在前 5 页里没有新闻报道，故得 0.0 分	0.0
	9.2 通过网络检索，该商标传播内容是否以实际顾客情感收益为主？0.30 分	若是根据顾客真实收益获得的情感利益故事，得 0.30 分；若顾客真实收益仅是诸如质量或价格等物质性利益，得 0.18 分；若传播内容是推销或招聘类，得 0.0 分	搜索“七匹狼”男装的结果，是以推销或招聘类为主，故得 0.0 分	0.0
	9.3 通过网络检索，该商标的传播是商业广告还是网络热帖为主？0.10 分	若是单纯产品硬广告，得 0.04 分；若是明星类代言广告，得 0.06 分；若是故事类软文，得 0.08 分；若是赞助类、植入式广告或网络热帖为主，得 0.10 分	2003 年和 2005 年，“七匹狼”两度携手“皇马”中国行，成为皇马队“中国之旅”的唯一指定服饰赞助商，故得 0.10 分	0.10
	9.4 通过网络检索，该商标的信息传播的真实性有多高？0.20 分	若存在虚构的顾客证言或销售数据，得 0.0 分；实体产品若有负面报道或负面评价，文化产品若无负面评价，得 0.0 分；实体产品若有召回类信息，或文化产品若有终止，得 0.12 分；实体产品若无任何负面信息，或文化产品有负面信息，得 0.16 分；实体产品若无任何负面信息且都是正面或真实信息，或文化产品争论激烈，得 0.20 分	从搜索内容来看，尚未发现“七匹狼”的负面报道。故得 0.16 分	0.16
得分合计				0.26

测试等级	1.0	0.8～0.99	0.6～0.79	0.4～0.59	0.2～0.39	≤0.19
	AAA 级	AA 级	A 级	B 级	C 级	D 级

11.4.4 “百达翡丽”腕表的媒体传播公信性测试评级

通过网络检索，我们发现对“百达翡丽”进行报道的媒体不多，少于30家，主要针对高端消费群体，并且都是正面报道，没有负面报道。报道称，“百达翡丽”数次被香港、台湾等地专家评为“世界十大古董表”排名的第一名。

“百达翡丽”自主宣传的形式很多样，除了广告传播之外，还包括博物馆、图书馆（提供各种参考书籍）、沙龙、开办展会（发布新品）和自主创办杂志（《百达翡丽杂志》）等。在这些形式中，存在着效果较好的植入式广告。

综上所述，“百达翡丽”腕表媒体传播的公信性测试如表11.9所示：

表11.9　“百达翡丽”腕表的媒体传播公信性测试评级表

指标	测评二级指标	指标赋值要点	指标事实及其来源	分值
9. 媒体传播的公信性 B_9	9.1 通过网络检索该商标，查看新闻媒体对该商标所承载内容的报道范围或人物比有多大？若是网络产品，则是否是热帖？0.40分	若搜索结果第1页2次（含）以上时，或者在前5页报道新闻媒体超过30家，或者是网络热帖，得0.40分；若第1页有且前5页报道总数大于10家，得0.32分；若第1页无或者前5页报道低于10家，得0.24分；若前5页皆无报道内容或有但人物比超40%，得0.0分	网络搜索“百达翡丽”手表，显示的搜索结果中，前5页没有新闻报道。故得0.0分	0.0
	9.2 通过网络检索，该商标传播内容是否以实际顾客情感收益为主？0.30分	若是根据顾客真实收益获得的情感利益故事，得0.30分；若顾客真实收益仅是诸如质量或价格等物质性利益，得0.18分；若传播内容是推销或招聘类，得0.0分	从百度和360搜索中，搜索显示的前5页内容，都是关于产品推销类，故得0.0分	0.0
	9.3 通过网络检索，该商标的传播是商业广告还是网络热帖为主？0.10分	若是单纯产品硬广告，得0.04分；若是明星类代言广告，得0.06分；若是故事类软文，得0.08分；若是赞助类、植入式广告或网络热帖为主，得0.10分	至少在百度和360搜索中，搜索内容以产品硬广告为主，故得0.04分	0.04

续表

指标	测评二级指标	指标赋值要点	指标事实及其来源	分值
9. 媒体传播的公信性 B_9	9.4 通过网络检索，该商标的信息传播的真实性有多高？0.20 分	若存在虚构的顾客证言或销售数据，得 0.0 分；实体产品若有负面报道或负面评价，文化产品若无负面评价，得 0.0 分；实体产品若有召回类信息，或文化产品若有终止，得 0.12 分；实体产品若无任何负面信息，或文化产品有负面信息，得 0.16 分；实体产品若无任何负面信息且都是正面或真实信息，或文化产品争论激烈，得 0.20 分	在百度和 360 搜索中，尚未发现有负面报道，并且以正面信息为主，故得 0.20 分	0.20
得分合计				0.24

测试等级	1.0	0.8～0.99	0.6～0.79	0.4～0.59	0.2～0.39	≤0.19
	AAA 级	AA 级	A 级	B 级	C 级	D 级

11.4.5 “依波路”表的媒体传播公信性测试评级

我们通过网络检索发现，“依波路”作为一个 150 多年的瑞士经典情侣表品牌，本身就吸引大量媒体关注。同时，“依波路”还赞助足球队、举办慈善活动等，以此来吸引公众和媒体的主动关注，从而达到宣传效果。另外，“依波路”还进行广告宣传，如在国内聘请赵雅芝、陈慧琳等明星做广告代言，拍摄了一系列广告，并有“浪漫时刻，依波路表”等经典广告词。

经统计，对“依波路”进行正面报道的媒体数量大于 30 家，并无负面的媒体报道，但是有少量网友的负面评论，包括对产品质量和售后服务等方面，这给“依波路”的品牌形象带来一定负面影响。

综上所述，“依波路”表媒体传播的公信性测试如表 11.10 所示：

表 11.10　　“依波路”表的媒体传播公信性测试评级表

<table>
<tr><th>指标</th><th>测评二级指标</th><th colspan="3">指标赋值要点</th><th colspan="2">指标事实及其来源</th><th>分值</th></tr>
<tr><td rowspan="4">9. 媒体传播的公信性 B_9</td><td>9.1 通过网络检索该商标，查看新闻媒体对该商标所承载内容的报道范围及人物比有多大？若是网络产品，则是否是热帖？0.40分</td><td colspan="3">若搜索结果第1页2次(含)以上时，或者在前5页报道新闻媒体超过30家，或者是网络热帖，得0.40分；若第1页有且前5页报道总数大于10家，得0.32分；若第1页无或者前5页报道低于10家，得0.24分；若前5页皆无报道内容或有但人物比超40%，得0.0分</td><td colspan="2">以“依波路”手表在百度和360搜索，在前5页都缺乏新闻报道，故得0.0分</td><td>0.0</td></tr>
<tr><td>9.2 通过网络检索，该商标传播内容是否以实际顾客情感收益为主？0.30分</td><td colspan="3">若是根据顾客真实收益获得的情感利益故事，得0.30分；若顾客真实收益仅是诸如质量或价格等物质性利益，得0.18分；若传播内容是推销或招聘类，得0.0分</td><td colspan="2">在百度和360搜索的结果显示，传播内容以推销类为主，故得0.0分</td><td>0.0</td></tr>
<tr><td>9.3 通过网络检索，该商标的传播是商业广告还是网络热帖为主？0.10分</td><td colspan="3">若是单纯产品硬广告，得0.04分；若是明星类代言广告，得0.06分；若是故事类软文，得0.08分；若是赞助类、植入式广告或网络热帖为主，得0.10分</td><td colspan="2">以单纯产品硬广告为主，故得0.04分</td><td>0.04</td></tr>
<tr><td>9.4 通过网络检索，该商标的信息传播的真实性有多高？0.20分</td><td colspan="3">若存在虚构的顾客证言或销售数据，得0.0分；实体产品若有负面报道或负面评价，文化产品若无负面评价，得0.0分；实体产品若有召回类信息，或文化产品若有终止，得0.12分；实体产品若无任何负面信息，或文化产品有负面信息，得0.16分；实体产品若无任何负面信息且都是正面或真实信息，或文化产品争论激烈，得0.20分</td><td colspan="2">尚未发现负面信息，且都是正面信息，故得0.20分</td><td>0.20</td></tr>
<tr><td colspan="7">得分合计</td><td>0.24</td></tr>
<tr><td rowspan="2">测试等级</td><td>1.0</td><td>0.8～0.99</td><td>0.6～0.79</td><td>0.4～0.59</td><td colspan="2">0.2～0.39</td><td>≤0.19</td></tr>
<tr><td>AAA级</td><td>AA级</td><td>A级</td><td>B级</td><td colspan="2">C级</td><td>D级</td></tr>
</table>

11.5　媒体传播公信性的案例模拟

为了熟练地掌握媒体传播公信性的技术标准和测试评级要求，需要进行一定数量的案例模拟，也即熟能生巧。为此，我们采集了以下案例。在仔细阅读下列案例的基础上，结合自己进行的网络信息收集，根据前述的技术标准和测试评级要求，完成每个案例后面给出的媒体传播公信性测试评级表，并撰写诊断报告。

为了增强案例的阅读性，我们在每个案例的相关段落后面，插入了我们的点评，点评的理论依据就是品牌经济学原理。

案例模拟 11.1　杜邦莱卡举办“耐尔美腿姐姐大比拼”活动①

7 月 20 日晚，一场别开生面的时尚派对在淮海路百富勤广场三楼的“音乐盒子”(M-Box)进行，女士进门的第一件事是穿丝袜，而几十位身着迷你裙、连裤袜的“美眉”更是挖空心思地“秀”她们修长匀称的双腿。由杜邦莱卡(Lycra)主办、耐尔丝袜协办的“耐尔美腿姐姐大比拼”告诉每个时尚中人，没有什么比有一双漂亮的腿更时髦的了。

“作为一个站在时尚前沿的品牌，莱卡举办这样的活动是想要告诉大家，织有莱卡的丝袜让你更入时，更美丽。”杜邦纺织服饰科技事业部中国区品牌经理齐燕小姐对记者道出了举办此次时尚派对的初衷。

本书点评：商标“莱卡”的产品是一种被称之为氨纶的化纤，属于典型的原料类产品，这个产品隐藏在丝袜里边。没有哪位女士对这个化纤原料有兴趣，但是都对美丽时尚感兴趣。当女士们将商标“莱卡”作为“美丽时尚”的代言或象征符号时，“莱卡”就从商标变成了品牌，而完成这个转变的，就是重复地举办“美腿”赛。

曾经，丝袜是女性美的象征；可如今，也有许多女性都把赤脚作为时尚，而莱卡又在这里悄悄兴起了一股丝袜回归风潮。今天的活动中，每一位来宾都在进场时获得一双含有莱卡的耐尔丝袜，主办者同时要求所有女宾均需穿丝袜入场。

会场上，我们看到许多女孩子就穿着刚刚得到的莱卡丝袜，纤纤如玉，一展美腿风采。莱卡独特的伸展及回缩特性使丝袜能够平滑地贴和在双腿上，塑造优美的腿部线条。同时，莱卡也增加了丝袜中装饰花纹的精密度，大大拓展了丝袜的设计空间，使丝袜从暗淡的配角跃升为注目的焦点。

虽然莱卡只是小小一根弹性丝，但它在时尚领域已经闻名全球，莱卡的小小黑色三角标签已成为许多女性购买丝袜的标准。与莱卡合办此次活动的国内著名丝袜品牌“耐尔”产品中就内含莱卡成分，并在市场上取得了骄人销售业绩。

莱卡正逐渐成为女性的最爱，因为她们切身感受到了莱卡给生活带来的舒适与乐趣，并深深爱上了莱卡传达的一种现代人所渴望的轻松自在却又不失品位的生活方式。

杜邦莱卡继 2001 年、2002 年成功举办莱卡风尚颁奖大典，创建了国内首个规模最大，横跨时尚、娱乐、影视、音乐、体育等众多领域的颁奖活动之后，今年又将以新的姿态向人们呈现出莱卡风尚的全新面貌：更年轻、更时尚、更权威、更国际化。近日在京举行的 2003 Channel Young 莱卡风尚颁奖大典首次新闻发布会上，杜邦莱卡宣布，将与中国电视界最年轻而时尚的新生力量，国内电视界中唯一以时尚命名的电视频道——Channel Young(上海电视台生活时尚频道)携手，于今年 10 月 24 日在上海联合主办 2003

① 参见《国际服装动态》2001 年第 6 期，作者：李郎。

Channel Young 莱卡风尚颁奖大典,望能推动中国时尚业的发展,进一步推广和倡导一种自由、健康、动感、个性、魅力、热情的现代生活方式和时尚理念。

在本次发布会上,莱卡公布了本届入围的汇源风尚男演员、风尚女演员、风尚男歌手、风尚女歌手、风尚运动员等13项由公众评选奖项提名的名单,金城武、陈坤、张震、陈慧琳、郑秀文等榜上有名。跟往常一样,该名单几乎囊括了娱乐、时尚、体育界眼下最当红的明星。瞿颖、耿乐、吕燕等上届大奖得主也赶来为提名揭晓助兴。

本届大典,杜邦莱卡共设立了包括风尚男模特、风尚女模特、风尚设计师(内地/国际)、风尚新人、风尚国际特别贡献奖、风尚上海特别贡献奖、风尚星光大道奖、风尚成就奖、风尚国际品牌贡献奖、风尚国际突破品牌奖等在内的20多个奖项。除有公众投票外,其他奖项将结合公众投票与专家评委意见产生。

尽管只是第三届,莱卡风尚颁奖大典已经在国内外产生了巨大的影响力。与前两届相比,本届大典的评选范围进一步扩大,明星阵容空前强大,囊括内地、港台乃至亚洲、国际明星、名流和时尚品牌,在形式上更趋于国际化,倾力打造一个最具公正性和权威性的时尚盛典。尤其值得一提的是,由于第一、二届莱卡风尚颁奖大典在中国的成功举办,今年英国和印度都将举办规模盛大的莱卡风尚颁奖大典。其中,9月25日在伦敦举办的2003莱卡英国风尚颁奖大典将由国际著名影星休·格兰特主持,小甜甜布兰妮等众多国际明星将参加典礼。莱卡风尚颁奖大典正在走向国际。

根据上述资料,并结合自己网络收集的杜邦莱卡信息,按照媒体传播公信性的技术标准和测试评级要求,完成杜邦莱卡的媒体传播公信性测试评级,并撰写分析报告。

表11.11　　杜邦莱卡的媒体传播公信性测试评级表

指标	测评二级指标	指标赋值要点	指标事实及其来源	分值
9.媒体传播的公信性 B_9	9.1 通过网络检索该商标,查看新闻媒体对该商标所承载内容的报道范围及人物比有多大?若是网络产品,则是否是热帖?0.40分	若搜索结果第1页2次(含)以上时,或者在前5页报道新闻媒体超过30家,或者是网络热帖,得0.40分;若第1页有且前5页报道总数大于10家,得0.32分;若第1页无或者前5页报道低于10家,得0.24分;若前5页皆无报道内容或有但人物比超40%,得0.0分		
	9.2 通过网络检索,该商标传播内容是否以实际顾客情感收益为主?0.30分	若是根据顾客真实收益获得的情感利益故事,得0.30分;若顾客真实收益仅是诸如质量或价格等物质性利益,得0.18分;若传播内容是推销或招聘类,得0.0分		

续表

<table>
<tr><th>指标</th><th>测评二级指标</th><th>指标赋值要点</th><th>指标事实及其来源</th><th>分值</th></tr>
<tr><td rowspan="2">9. 媒体传播的公信性 B_9</td><td>9.3 通过网络检索，该商标的传播是商业广告还是网络热帖为主？0.10 分</td><td>若是单纯产品硬广告，得 0.04 分；若是明星类代言广告，得 0.06 分；若是故事类软文，得 0.08 分；若是赞助类、植入式广告或网络热帖为主，得 0.10 分</td><td></td><td></td></tr>
<tr><td>9.4 通过网络检索，该商标的信息传播的真实性有多高？0.20 分</td><td>若存在虚构的顾客证言或销售数据，得 0.0 分；实体产品若有负面报道或负面评价，文化产品若无负面评价，得 0.0 分；实体产品若有召回类信息，或文化产品若有终止，得 0.12 分；实体产品若无任何负面信息，或文化产品有负面信息，得 0.16 分；实体产品若无任何负面信息且都是正面或真实信息，或文化产品争论激烈，得 0.20 分</td><td></td><td></td></tr>
<tr><td colspan="4">得分合计</td><td></td></tr>
</table>

<table>
<tr><td rowspan="2">测试等级</td><td>1.0</td><td>0.8～0.99</td><td>0.6～0.79</td><td>0.4～0.59</td><td>0.2～0.39</td><td>≤0.19</td></tr>
<tr><td>AAA 级</td><td>AA 级</td><td>A 级</td><td>B 级</td><td>C 级</td><td>D 级</td></tr>
</table>

案例模拟 11.2　靠一个梨成就的财富[①]

山东省莱阳市是中国著名的梨乡，孙明是有名的种梨能手。2003 年，和莱阳市一直有着技术合作关系的北京市大兴区林业局，邀请孙明来考察梨园，这让他发现了商机。

回到家，他把自己的想法告诉弟弟孙升。孙升："我大哥过来考察以后，认为这片园子有经济价值。咱们自己做，好好管理，还能不赚钱吗？靠着这么大的市场，北京首都，市场消费也不一样。"

本书点评：长期生活在短缺中的中国人，形成了刻骨铭心的短缺后遗症：产品总能卖出去。正是假设产品能够卖出去，孙升才会得出这样的想法。

2003 年他们从山东来到北京，但进园做的第一件事，就是砍掉园子里的所有梨树，这连园子里的工人都觉得很是奇怪。慢慢地，大家才知道，这帮外地人砍树，是为了搞品种改良，在老树桩上嫁接新品种的枝条。一百多亩的梨园，5000 多棵梨树，每棵树接上 30 个枝条，光是这个工程，就用了一个月的时间。

到了夏天，嫁接上的新枝已经成活，如果来年每棵树接 100 斤的梨，梨园就有 50 万斤的收成。可是孙升没有料到，那年突如其来的一件事，让他狠狠地栽了跟头。2003 年夏

① 参见 2008 年 9 月 26 日央视"致富经"栏目，制片人：冯克。

天，北京刮了场大风。新品种的树枝才刚刚嫁接上两个月，与老树桩还没完全长在一起，哪里经得住这么大的风。等到孙升急忙赶回梨园时，风是停了，可地上已落满了被大风刮下来的嫁接苗。刚嫁接上的新芽，有百分之六七十给刮没了，地上一片，都绿油油的。夏天不是嫁接的季节，落下来的树苗也接不回去了。

本书点评：这就是不了解天时的代价，种植业对天气尤其敏感。如果事先了解北京存在潜在大风风险，对嫁接苗采取挡风或加固措施，这个损失是可以降低的。

梨树是头年嫁接，第二年结果，孙升把来年的希望都寄托在树上剩下的不到一半的树枝上。可是后来发生的事情，让他连这点希望也彻底破灭了。2004 年梨园总共结了 16 万斤的梨。但由于刚来北京不久，人生地不熟，梨子想要大批出售根本找不到销路，孙升情急之下便找到当地的一个果农，看看他有没有销路，是否可以收购自己的梨。

本书点评：早干什么去了？整整一年的时间，为什么不早点走访果品市场，或者果品经销商？因为存在着产品总能卖出去的假设。

当得到果农同意后，孙升像抓到救命稻草一样，赶紧带着几个工人把梨送到果农家。可等待他们的，却是对方毫不留情的压价。在选梨的时候选出其中的 1/3，还把价格压下一半来。虽然价钱压得低，孙升没有其他选择，也只好妥协。

本书点评：挑出来的可都是好产品，可是如此好的产品，孙升为什么没有定价权？你的产品如何？是否有定价权？什么叫好产品？谁是产品好坏的鉴定人？

而剩下没卖出去的几万斤梨，全都烂在了地里。那年梨园只收入了不到 10 万块钱，刨去当年成本，连工人的工资钱都没有挣回。孙升"卖不了在家里烂了，确实心疼，自己感觉就是说没奔头了，有什么办法来弥补？脑子一片空白。"

来北京创业，虽然离北京近了，但对这里的市场，他依然感到是那么遥远。失败让孙升从对北京市场的狂热中冷静下来，他开始想办法。第二年，孙升投资建冷库，摘下来的梨放在里面冷藏。由于梨的品种好，附近有不少小果商隔三岔五上门收购，梨子一直卖到当年冬天全都能卖完。靠着每年几十万斤的产量，每斤卖到 1 块多钱的市场价，梨园倒也将就维持下来。

本书点评：建冷库能解决旺季储存问题，但能解决市场问题吗？冷库是建起来了，可孙升有定价权了吗？为什么？

可孙升心里就不服，自己的梨比别人的品种都好，怎么就火不起来呢。2006 年，一个韩国人让孙升认识到品种与品质的区别，也让他感到离北京市场越来越近了。2006 年，大兴区政府请韩国果树栽培专家给农民讲课，孙升得知这一消息后，非常高兴。孙升："挺好的，因为自己从技术上需要补充，所以说就很高兴地去了。"

本书点评：原来没卖好是技术问题吗？

韩国专家在课堂上，讲的都是孙升从来没有听过、大哥也没教过的种梨方法。对于这些方法，孙升觉得既新鲜，又难以置信。

专家说不打农药，还能驱虫；不施化肥，梨能长得更好。孙升决定试一试。孙升："我把醋、糖还有豆面放在一块儿搅一搅，就装在糖醋液瓶里，就可以捉虫了，虫子进来，它就被淹死了。"他的地里也不施化肥了，改施有机肥，又将泡过辣椒的酒当成营养液往叶面上喷，还让工人种上草，等长高了再打掉，说是能变成绿肥。

经过试验之后，还真见到了效果，当年秋天结出来的梨，果然比往年要大，味道也更甜。丰收让孙升乐开了花，也让他对北京市场有了信心。

可是用什么办法进入北京市场呢？他想到了一个比赛。

本书点评：从2003年到2007年，为什么开始就没想到这个比赛？

孙升："我的梨在这里也没人知道，我参加比赛如果争得了梨王，出名了，我的梨也就好卖了。"就是这样一个想法，竟让他的一个梨卖出了66000元的天价。大兴区林业局举办的"梨王"擂台赛，每年都云集了全国各地的果农来参赛，它有着自己的评比规则。

本书点评：在你的行业里，是否有此类娱乐性的比赛？若无，你为什么不组织一个？

大兴区林业局总工程师李振茹："我们每年在果实成熟的季节，组织一次'梨王'擂台赛，评梨王的时候就是最大个儿，看谁家的梨最大最好。"原来，"梨王"奖评的就是个头儿，谁大谁得奖。碰巧的是孙升在一年前就培育过几十棵大梨品种的果树，这回可正好派上用场。

2007年9月8号，新的一轮"梨王"擂台赛又开幕了，孙升早早就挑选好了参赛的大梨，小心翼翼地送到现场。

普通的梨大个儿的也就1斤不到，孙升的一个梨就重3斤1两。这一回，门外汉不仅种出了好梨，而且还拿到了"梨王"奖。而就是这颗获奖的梨，在比赛结束后的拍卖会中拍出了66000元的天价。

本书点评：山东莱芜是生姜主产地，每年的生姜博览会，也搞姜王拍卖。2009年姜王是57斤，但仅仅拍卖了1500元，你觉得如何？

客户沈乐："因为我们组委会也介绍了，这个梨是从全国8亿多个梨中选出来的，这个梨的成本已经是很高的了。"

本书点评：看到有人花6.6万买一个梨这个消息，你是否想知道究竟是谁买的？记者们也会这么想，当然就会去采访这个人，这个人也借机提升了自己的知名度。所以，此人花6.6万元买的不是梨本身，而是新闻媒体的报道。

孙升对自己的梨拍卖了6.6万元，感觉骄傲和自豪。而最让孙升乐得合不拢嘴的，还是梨的销路打开了。自打得奖后，来梨园看梨的游客越来越多，有时一天能来上两三百人，孙升就干脆搞起了观光采摘生意。孙升："我得了梨王，新闻媒体都来采访。他们打电话，都问这个地方在哪里，好多采摘的过来。"

本书点评：新闻媒体为什么报道？这类报道是否收费？为什么？对你有何启发？怎样吸引媒体主动、正面、免费报道？

采摘的人冲着大梨来，孙升就借着机会，用大梨做起了广告。他将当年收获的600个大梨全部免费送给顾客，希望这样能一传十，十传百，吸引更多的人。这一招果然奏效，光是2007年，来梨园采摘的游客就达到了两三万人之多，销售了9万斤梨，共收入35万元，几乎占梨园当年总收入的一半。

本书点评：孙升雇人把梨摘下并冷藏起来，只卖到1元多，而顾客自己花钱来，自己上树摘，为什么愿意花近4元？孙升有了定价权吗？

用大梨留住的回头客当中，有一个人叫马志，是附近一个石油设备公司的经理，他日后成了孙升梨园的常来客。

马志："他送给我一个有3斤多的梨，觉得非常大。在办公室摆了好长时间，实在摆不住了，最后就把它给吃掉了。"马志吃了这个梨，感觉它口感特别好，味甜汁多，便打电话向孙升订货。

马志："我当时就订了几十箱，作为节日礼品发给大家，大家吃完以后反映非常好。我们有很多客户，全国各地来了以后，他们都让我带他们上那儿去，后来我这些客户陆陆续续又采购了好几百箱。"由于看上了梨的品质，马志和他的朋友都欣然接受了每斤4.5元钱的价格。

孙升："我送这个大梨根本就不吃亏，产生了这么多效益。2007年，像这样大批量来买梨的顾客络绎不绝，梨园又以团购的方式销售了10万斤梨，收入45万元。"

现在又到了下果的季节，是一年当中最忙的时候。孙升预计今年能收获60万斤梨，总共收入超过100万元。

本书点评：一个梨王赛，带来了媒体免费报道，孙升带来知名度，带来了采摘娱乐。在你的市场中，你能组织什么专题娱乐活动？

根据上述资料，并结合自己的深入思考，按照媒体传播公信性的技术标准和测试评级要求，完成孙升梨园的媒体传播公信性测试评级，并撰写分析报告。

表11.12　　孙升梨园的媒体传播公信性测试评级表

指标	测评二级指标	指标赋值要点	指标事实及其来源	分值
9. 媒体传播的公信性 B_9	9.1 通过网络检索该商标，查看新闻媒体对该商标所承载内容的报道范围即人物比有多大？若是网络产品，则是否是热帖？0.40分	若搜索结果第1页2次(含)以上时，或者在前5页报道新闻媒体超过30家，或者是网络热帖，得0.40分；若第1页有且前5页报道总数大于10家，得0.32分；若第1页无或者前5页报道低于10家，得0.24分；若前5页皆无报道内容或有但人物比超40%，得0.0分		
	9.2 通过网络检索，该商标传播内容是否以实际顾客情感收益为主？0.30分	若是根据顾客真实收益获得的情感利益故事，得0.30分；若顾客真实收益仅是诸如质量或价格等物质性利益，得0.18分；若传播内容是推销或招聘类，得0.0分		
	9.3 通过网络检索，该商标的传播是商业广告还是网络热帖为主？0.10分	若是单纯产品硬广告，得0.04分；若是明星类代言广告，得0.06分；若是故事类软文，得0.08分；若是赞助类、植入式广告或网络热帖为主，得0.10分		

续表

指标	测评二级指标	指标赋值要点	指标事实及其来源	分值
9. 媒体传播的公信性 B_9	9.4 通过网络检索，该商标的信息传播的真实性有多高？0.20分	若存在虚构的顾客证言或销售数据，得0.0分；实体产品若有负面报道或负面评价，文化产品若无负面评价，得0.0分；实体产品若有召回类信息，或文化产品若有终止，得0.12分；实体产品若无任何负面信息，或文化产品有负面信息，得0.16分；实体产品若无任何负面信息且都是正面或真实信息，或文化产品争论激烈，得0.20分		
得分合计				

测试等级	1.0	0.8～0.99	0.6～0.79	0.4～0.59	0.2～0.39	≤0.19
	AAA级	AA级	A级	B级	C级	D级

案例模拟11.3　Zippo，燃烧的诱惑[①]

在这个星球上，Zippo打火机对于众多男士来说，是他们生命的至爱，是他们成熟的标志；对于诸多女士而言，它更是一种生活的关心，一种爱情的信赖。

如果一种品牌有质量的保障，有良好的售后服务，则意味着该品牌已经完成了外在消费价值的积累，这是其经营的立业之本；如果一种品牌可以满足消费者在精神上的需要，对消费者的内在需求指向直接诉求，能够最大程度地塑造品牌忠诚度，则意味着该品牌已经兼备了外在的消费价值和内在的精神指向价值，这是其经营的长胜之道。

Zippo打火机就是这样一个具有魅力和价值的知名品牌。

本书点评：人们用打火机来做什么？基本利益就是点烟或者点火，但Zippo打火机在美国变成了定情物：女孩子买Zippo送给某个男孩子，意味着她接受这个男孩子成为自己的“保护神”。一个小小的打火机怎么完成这个转变的呢？

故事里的事：1932年，美国人乔治·布雷斯代，看到一个朋友笨拙地用一个廉价的奥地利产打火机点烟后，为了掩饰那令人尴尬的打火机，耸了耸肩，对他说：“它很实用。”事后布雷斯代发明了一个设计简单，且不受气压或低温影响的打火机，并将其定名为Zippo。此后，这个小小的打火机便演绎了一个又一个的经典故事。

本书点评：一个又一个的经典故事本身就具备真实性，如果出现虚假故事，无论如何美丽，都意在欺骗。因此，厂商只有深入顾客生活中，发现自己的产品或服务给顾客带来的实实在在的动人故事即情感利益，才能提高自己的品牌信用度。

在二战期间，由于战争的需要，Zippo把所有的产品都提供给了美军。这样，它就随着那些英勇的战士走遍战场的每一个角落。在战场上百无聊赖的深夜里，士兵们用

① 参见2008年4月22日《经理日报》，作者：金界。

Zippo 来点火取暖,或者用它暖一暖冻僵的双手,顺便点燃一根“万宝路”,还曾有人用 Zippo 和一只空钢盔做了一顿热饭。

1960 年,一位渔夫在美国奥尼达湖中打到了一条重达 18 磅的大鱼。在清理内脏的时候,他发现一只闪闪发光的 Zippo 打火机赫然在鱼的胃中。这只打火机不但看上去崭新如旧,而且一打即燃,完好如初。单凭这一点,就可以知道为什么不必把 Zippo 小心翼翼地收藏在工具箱里,而可以把它放在任何伸手可得的地方。

在越南战场上的一次攻击中,美军士兵安东尼在敌军炮火的攻击下,左胸口受到枪击,子弹正中了置于左胸口袋的 Zippo 打火机,机身一处被撞凹了,但却保住了安东尼的命。越战后,尽管 Zippo 公司期望他能将那只打火机送修,但安东尼却视“它”为自己的救命恩人,不仅慎重收藏,而且还希望永久保存它那受伤的机体。

本书点评:安东尼为什么不愿意将受损的打火机送修?显然,从物质利益角度,是应该送修的。但从触景生情的情感利益角度,是不送修。每次安东尼看到被撞凹的打火机,都会想到这段刻骨铭心的经历,从而产生更为强烈的情感。

1974 年 10 月 1 日,一名叫丹尼尔的飞行员驾机飞离旧金山机场不久后,发现飞机的引擎油门不顺,不得已只好采取紧急迫降的行动。而他正是利用 Zippo 打火机的火焰发出求救讯号,并以火焰引导海岸警备队的直升机迅速发现其迫降位置而安全获救的。

这些广泛流传的故事,将 Zippo 化身为“救命恩人”“信号灯”等英雄角色,无不是对 Zippo 品质最好的称颂,Zippo 的拟人化的故事行销空前成功。Zippo 将融合其品质的故事营销手法发挥得淋漓尽致,给用户的只有无边的赞叹而没有丝毫造作,这也是品牌营销的一大奇迹。在 Zippo 看来,始终如一的风格和品质缔造了这些神话及口碑,也更使得全球用户一生为之痴迷。

本书点评:这些故事都是可以验证的真实故事,而不是 Zippo 请人杜撰出来的。正是通过这些故事,Zippo 完成了从一个打火机到“保护神”这个品牌转换。而谁对这个“保护神”的需求最敏感呢?谁最敏感,谁将对价格不敏感,而只有对价格不敏感的顾客,才是目标顾客。因此,厂商在印制自己产品或服务的宣传册子或宣传资料时,应将更多的内容留给自己的顾客,将顾客实际使用产品的过程中,发生的那些感人的事实刊登出来。

科技成就梦想:和世界上其他著名品牌一样,Zippo 的设计和商标命名是很和谐的。Zippo 的文字易读、易记,这是对其简单的设计理念的最佳阐释。在中国市场被称为“芝宝”的 Zippo 打火机,始终秉执“管用”的设计理念,非但没有在打火机市场的烽烟中迷失自己,而且和牛仔裤、可口可乐一样,成为了美国的标志之一。

所有关心 Zippo 的消费者都知道,尽管 Zippo 打火机的款式在不断地变化,但是 Zippo 这个标志将永远刻在它的机身底部。Zippo 采用识别代码对每支打火机进行区分,每一只 Zippo 的底部都刻有代表着特定含义的识别码。

Zippo 采用识别代码的技术尽管“无与伦比”,但是其最值得称道的还是它“完美无缺”的“防风墙技术”。Zippo 依照它的原始的结构重新设计了灵巧的长方形的外壳,盖面与机身间以铰链连接,并克服了设计上的困难,在火芯周围加上了专为防风设计的带孔防风墙。这样,使得 Zippo 不仅是一只打火机,而且还是一件轻巧的随身工具。

本书点评:“管用”即质量与功能。这是打火机的“杯底”:杯子没有底,盛不住水,但若只有底，也盛不住水。从第一章的公式①～③可见，若质量或功能有一个是零，则顾客利益即等于零。问题是别的打火机也可以是“管用”的，即同质化。

户外活动之时，不论天气好与坏，Zippo 皆可协助燃起营火、炭烧炉，也可当作电筒帮助寻找失物或路线，紧急时更可利用火光作求救讯号。有 Zippo 就有可能，全球用户赞叹着 Zippo 的坚实品质，和瑞士军刀一样的多用途性也是它能够风靡全球的一项重要因素。

Zippo 防风打火机最初设计时就考虑到：它可以在任何恶劣的天气下都让人满意。Zippo 的原则是绝不画蛇添足。在需要它的任何时候，Zippo 都可以提供安全可靠的火源。0.27 英寸厚的镀铬铜制外罩，再加上 0.18 英寸厚的不锈钢内衬，构成了 Zippo 坚固的外壳；玻璃纤维制成的火芯可以永久地保证燃烧的可靠性，可以使用 73000 次的燧石轮等等无不体现了 Zippo 的简单、坚固、实用。

本书点评：从 1932 年至今，Zippo 已经经历了 70 多年的历史。在这 70 多年里，Zippo 公司坚持不懈地进行技术进步，才形成了今天的质量。即使到今天，我们也没有听说过 Zippo 公司有过房地产公司，我们所知道的就是孜孜不倦地专注于一个打火机。品牌经济学认为，如果一个厂商缺乏聚焦的精神，而是哪个行业赚钱就进入哪个行业，这样的厂商从动机上，就不会有信用。

其实，与其他品牌的打火机迥然不同的是，Zippo 并不是燃气型打火机，它的燃料是一种非常稳定的石油提炼物，由它燃烧产生的火焰不但安全可靠，而且异常洁净，不会产生任何污染。

科技铸造了 Zippo 的品质，而品质给了 Zippo 品牌始终如一的公众印象——稳健并值得信赖。正是这完美的品牌形象，使得 Zippo 在消费者心中早已超越了打火机的本身，消费者更愿意把 Zippo 看作他们忠实的朋友、神话和奇迹的创造者。

其实，Zippo 的这些物质功能，中国的打火机企业都能做到，但绝无一个中国打火机企业，会深入顾客生活中，发现产品在顾客生活中的这些“意外”或“偶然”。请牢牢记住：人们都对“新闻”感兴趣。所谓新闻，不是新近发生的事，而是某种“意外”或“偶然”，也即反常事件。

结合上述资料，结合自己网络收集关于 Zippo 的资料，按照媒体传播公信性的技术标准和测试评级要求，完成 Zippo 打火机的媒体传播公信性测试评级，并撰写分析报告。

表 11.13　“Zippo”打火机的媒体传播公信性测试评级表

指标	测评二级指标	指标赋值要点	指标事实及其来源	分值
9. 媒体传播的公信性 B_9	9.1 通过网络检索该商标，查看新闻媒体对该商标所承载内容的报道范围及人物比有多大？若是网络产品，则是否是热帖？0.40 分	若搜索结果第 1 页 2 次(含)以上时，或者在前 5 页报道新闻媒体超过 30 家，或者是网络热帖，得 0.40 分；若第 1 页有且前 5 页报道总数大于 10 家，得 0.32 分；若第 1 页无或者前 5 页报道低于 10 家，得 0.24 分；若前 5 页皆无报道内容或有但人物比超 40%，得 0.0 分		
	9.2 通过网络检索，该商标传播内容是否以实际顾客情感收益为主？0.30 分	若是根据顾客真实收益获得的情感利益故事，得 0.30 分；若顾客真实收益仅是诸如质量或价格等物质性利益，得 0.18 分；若传播内容是推销或招聘类，得 0.0 分		
	9.3 通过网络检索，该商标的传播是商业广告还是网络热帖为主？0.10 分	若是单纯产品硬广告，得 0.04 分；若是明星类代言广告，得 0.06 分；若是故事类软文，得 0.08 分；若是赞助类、植入式广告或网络热帖为主，得 0.10 分		
	9.4 通过网络检索，该商标的信息传播的真实性有多高？0.20 分	若存在虚构的顾客证言或销售数据，得 0.0 分；实体产品若有负面报道或负面评价，文化产品若无负面评价，得 0.0 分；实体产品若有召回类信息，或文化产品若有终止，得 0.12 分；实体产品若无任何负面信息，或文化产品有负面信息，得 0.16 分；实体产品若无任何负面信息且都是正面或真实信息，或文化产品争论激烈，得 0.20 分		
得分合计				

测试等级	1.0	0.8～0.99	0.6～0.79	0.4～0.59	0.2～0.39	≤0.19
	AAA 级	AA 级	A 级	B 级	C 级	D 级

第12章 质量信息的透明性

产品或服务质量，构成了商标承诺的“桶底”成分：没有桶底，桶壁再好再高也盛不住水；但是，只有桶底，也盛不住水。考虑到产品质量或服务本身属于法律范畴，我们只对质量信息是否透明进行评价。换言之，在对商标的品牌信用进行评级和建设时，不对产品或服务本身的质量进行评估。评级所依据的法律根据是《中华人民共和国消费者权益保护法》的相关条款，尤其是第八条消费者知情权。

第六条：保护消费者的合法权益是全社会的共同责任。国家鼓励、支持一切组织和个人对损害消费者合法权益的行为进行社会监督。

大众传播媒介应当做好维护消费者合法权益的宣传，对损害消费者合法权益的行为进行舆论监督。

第七条：消费者在购买、使用商品和接受服务时享有人身、财产安全不受损害的权利。消费者有权要求经营者提供的商品和服务，符合保障人身、财产安全的要求。

第八条：消费者享有知悉其购买、使用的商品或者接受的服务的真实情况的权利。消费者有权根据商品或者服务的不同情况，要求经营者提供商品的价格、产地、生产者、用途、性能、规格、等级、主要成分、生产日期、有效期限、检验合格证明、使用方法说明书、售后服务，或者服务的内容、规格、费用等有关情况。

……

第十九条：经营者应当向消费者提供有关商品或者服务的真实信息，不得作引人误解的虚假宣传。经营者对消费者就其提供的商品或者服务的质量和使用方法等问题提出的询问，应当作出真实、明确的答复。

……

第二十四条：经营者不得以格式合同、通知、声明、店堂告示等方式作出对消费者不公平、不合理的规定，或者减轻、免除其损害消费者合法权益应当承担的民事责任。格式合同、通知、声明、店堂告示等含有前款所列内容的，其内容无效。

根据上述的第六条，我们有权对厂商产品或服务的质量信息透明性进行评级，而第七条则规定了厂商必须对产品或服务的安全性进行科学、可靠的测试，第八条则是我们进行质量信息透明性评级的法律依据。

海尔的张瑞敏亲自用铁锤砸毁过不合格的冰箱，而谭木匠的谭传华烧毁过自己不满意的木梳子，这都是提升质量信息透明性的典型实例。其实，透明的质量信息背后，是可以验证的产品质量，这就要建立在科学、可靠的试验基础上，而不是想当然。换言之，那些未经过科学、可靠试验的质量信息以及质量承诺，本身就是不值得信任的。

质量信息的透明性，是本章开头引用的法律保护消费者利益的权利，因为就产品质量而言，消费者处于典型的信息弱势。正如中国俗话所言：从南京到北京，买的不如卖的精。说的就是厂商一方对自己产品质量拥有信息优势，而购买其产品或服务的消费者，则掌握不了这些厂商内部信息。我们在把商标建成品牌的过程中，将质量信息的透明性作为减项指标，换言之，透明的质量信息是厂商按照法律必须做到的。

12.1 质量信息透明性的技术标准

将质量信息完全透明定义为1.0分，将完全不透明定义为0.0分，为了避免出现中性判断也即0.5分，我们采取了偶数分级法。可以划分出－1.0(极不透明)、－0.8(很不透明)、－0.6(较不透明)、－0.4(较透明)、－0.2(很透明)、0.0(极透明)。按照这个相对计量等级，将质量信息的透明性测试与设计标准确定如下：

质量信息的透明性是品牌信用的“桶底”，故将此项作为独立的减分项：

(1)是否有产品说明书或者是包装上是否有产品说明？此项赋值－0.20分。其具体测算标准是：若无此项，得－0.20分；若有，得0.0分。

包括产品或服务的“价格、产地、生产者、用途、性能、规格、等级、主要成分、生产日期、有效期限、检验合格证明、使用方法说明书、售后服务，或者服务的内容、规格、费用等有关情况”。

(2)产品成分及其含量标注是否清楚？若是影视作品，大牌明星戏份是多少？此项赋值－0.20分。其具体测算标准是：若成分或含量违禁或两者标注都不清楚，得－0.20分；若有成分无含量，得－0.16分；若是辅料未注明，则得－0.08分；若成分及其含量标注皆清楚，得0.0分。

此项特别说明，若成分或含量违禁，这里的“违禁”，是指国家相关法律或规定禁止使用的成分或含量。若有企业存在此类行为，当然不会自己说出来，在提供具有法律效力的商标的品牌信用评级报告时，评估者必须独立地到市场上购买被评估的商标产品或服务，送到具备检验资格的质量检验机构进行检验。在送检时，产品的生产厂商的标识，必须全部取消，以确保公正性。

(3)产品成分使用是否给出清楚的不良结果或不适用顾客？若是文化产品，是否给出不适合顾客，或是否已形成顾客社区？此项赋值－0.20分。其具体测算标准是：若故意隐瞒或未及时公布不良后果或不适顾客，或标注不清楚，得－0.20分；若标注清楚，得0.0分。

此项特别说明：若故意隐瞒或未及时公布不良后果或不适顾客，是指已经发生了或存在不良后果，但厂商隐瞒不报，或未及时公布。所谓未及时公布，是指没有在第一时间利用公共媒体进行公布，而是在媒体曝光后被动公布。

(4)所作承诺、使用说明或成分名称是否具有误导性？此项赋值－0.20分。其具体测试标准是：若有误导性且一定产生危害，得－0.20分；若有误导性但不一定会产生危害，得－0.12分；若有误导性但无危害，得－0.02分；若无误导性，得0.0分。

(5)在产品或服务说明中若有第三方质量征信，此第三方征信机构是否承担失信赔偿的连带责任？此项赋值－0.20分。其具体测算标准是：若不承担连带赔偿责任，得－0.20分；若无第三方征信或有且承担连带责任，得0.0分。

在具体实践中，要根据不同行业的特点，将质量信息透明性进行具体化。例如，如果是文化产业中的电影产品，美国电影协会就给出了电影分级。

背景资料12.1　美国电影分级①

美国电影分级制度始于1968年。这种分级是由总部设在加利福尼亚州的民间组织“美国电影协会”(The Motion Picture Association of America, MPAA)制定的。这是一种自愿分级制度，既避免由政府官员来审查电影艺术和管束电影工作者，又及时帮助家长作出什么电影适合他们的孩子观看的决定。

分级制度包括：

G级(GENERAL AUDIENCES, All ages admitted)：大众级，所有年龄均可观看大众级，适合所有年龄段的人观看——该级别的电影内容可以被父母接受，影片没有裸体、性爱场面，吸毒和暴力场面非常少。对话也是日常生活中可以经常接触到的。

PG-13级(PARENTS STRONGLY CAUTIONED, Some material may be inappropriate for children under 13)：普通级，但不适于13岁以下儿童。13岁以下儿童必须要有父母陪同观看，一些内容对儿童很不适宜——该级别的电影没有粗野的持续暴力镜头，一般没有裸体镜头，有时会有吸毒镜头和脏话。

R级(RESTRICTED, Under 17 requires accompanying parent or adult guardian)：限制级，17岁以下必须由父母或者监护陪伴才能观看——该级别的影片包含成人内容，里面有较多的性爱、暴力、吸毒等场面和脏话

NC-17级(NO ONE 17 AND UNDER ADMITTED)17岁或者以下观众不可观看——该级别的影片被定为成人影片，未成年人坚决被禁止观看。影片中有清楚的性爱场面、大量的吸毒或暴力镜头以及脏话等。

特殊分级：

NR OR U：NR是属于未经定级的电影，而U是针对1968年以前的电影定的级。

M，X OR P：这一级中的电影基本上不适合在大院线里公映，都属于限制类的。

一部电影通过电影协会的分级后，给予明确的标记，类似工业产品的产品质量说明。我们认为，文化产品也应该这样进行分级，给消费者提供选择的依据。

---

① 参见2013年3月27日“好搜百科”(http://www.baike.haosou.com)。

12.2　质量信息透明性的测试评级

关于“是否有产品说明书或者是包装上是否有产品说明”：主要有三种采集方法：一是官方网站上“产品展示”一栏，点击打开具体的某件产品后，一般有关于该产品的详细介绍；第二，在网页中搜索某商标产品的说明书；第三，在现实商场中查看该商标所展示的产品或服务承诺。

关于“产品成分及其含量标注是否清楚”：从商标产品外包装或标签上，可以清晰地获知产品成分；若是商标载体是某种服务，则从其服务手册中采集服务内容。我们在对商标承载的产品或服务进行质量信息透明性评级时，不是针对质量本身，而是针对质量信息的可验证性。通过七匹狼服装“标识门”事件的新闻报道就可以深刻地理解。

背景资料 12.2　七匹狼陷“标识门”，服协发公开信解围①

7 月 28 日，北京市工商局公布了对服装的抽检结果，共有 65 种服装被曝出不合格，其中真维斯、七匹狼各有一款服装被检出不合格。根据此次的检测报告，被抽检的泉州市七匹狼体育用品有限公司生产的产品属氨纶成分超标。

针对此次事件，7 月 29 日，福建七匹狼实业股份有限公司迅速作出回应。根据该公司的初步调查，被抽检的产品由七匹狼授权经营商——泉州市七匹狼体育用品有限公司于 2007 年 7 月生产，是严格按照当时的相关执行标准执行的合格产品。由于新旧标准问题，被检测的产品各项指标除氨纶成分与现行新标准不符外，其余各项指标均合格，而氨纶纤维材料是比较好的纤维材料，不存在有毒有害物质，对人身无任何有害影响。

本书点评：七匹狼公司所作出的解释，非常值得借鉴：一是反应速度非常快，这说明该公司有危机预案快速处理机制；二是承认出现了标识不合格这个事实，而不是抵赖；三是明确指出这是新旧标准转换问题，不是明知故犯；四是告知在所有成分中，只有一种成分即氨纶不符合新标准，并进一步说明氨纶是一种比较好的纤维材料，而不是有害物质。

抽查结果曝光后，中国服装协会发表了一封致媒体的公开信，替七匹狼解围，称关于氨纶成分出现不符合的情况，是一个新旧标准区别的问题。

据了解，全国纺织品标准化技术委员会和针织品技术委员会分别在 2007 年底修改了《纤维含量》执行标准，2009 年修改了产品执行标准。修改标准后，旧标准并未作废，仍可使用，仅只是鼓励企业探讨使用最新标准的可能性。

今年年初，国家相关部门实施了 10 项服装类国家标准。其中包括“直接接触皮肤的服装 pH 值须在 4.0～7.5 之间”“西服甲醛含量每千克不得大于 300 毫克”等，这些指标都应标注在服装吊牌上。但记者调查发现，市场上仍存在许多标识不合格的问题。

有关人士指出，别小看了小小的服装标签，里面蕴含的内容是非常多的。标牌和标签的规范化，是国内服装行业发展与国际接轨的直接表现，服装企业必须重视服装吊牌和标

① 参见 2010 年 8 月 4 日《信息时报》，作者：陈莉。

签的规范使用,才能保持整个行业的健康发展。

服装标签的信息对顾客的选择是有影响力的,如果一个服装厂商的服装标签信息错误,本身就是对顾客的欺骗。只要服装厂商提供了服装标签,也即质量信息是透明的,按照国家法定标准,就能判断是否存在违规的可能。

背景资料 12.3 “喜羊羊悲剧”别再重演①

据报道,江苏一 9 岁男童模仿动画片《喜羊羊与灰太狼》中灰太狼烤羊的情节,在玩闹中将两个同伴捆在树上烧,造成严重烧伤。虽然这只是一起个案,但惨烈的后果让人不得不审视和思考国产儿童文化产品的内容问题。

近些年,儿童因模仿影视、动漫中的情节而造成自身和他人严重伤害的事件屡见不鲜,许多家长因担心国产动漫中的暴力、脏话、吸烟等的不良影响而禁止孩子看电视。讽刺的是,因看好儿童市场,大量资金涌进动画制作领域。2012 年我国生产了 22 万多分钟的电视动画片,位居世界第一。显然,逐利冲动才是推动国产动漫急剧增长的原动力。在一些文化企业眼中,电视机前的孩子首先是消费者,其次才是孩子。他们的文化产品是为满足消费者需求而生产制作的,至于其中所传递的价值观和是非观是不是适合孩子,只要不冲撞法律红线和基本伦理,也就无暇顾及了。

但文化产品不同于一般商品,一件衣服穿破了扔掉即可,一份食物不合口味不吃也罢,其损害随时可以终止。而文化产品特别是影视产品是直接作用于感官而诉诸心灵的,对人的意识和行为的影响既不易觉察又根深蒂固。儿童心智发育尚不健全,更易被文化产品的内容及其价值取向所影响。国外曾有一项调查:每天看电视超过 2 个小时的青少年的暴力倾向就会明显增强。之所以如此,最直接的因素正是电视节目中暴力情节的反复出现。

因此,对于儿童文化产品,家长和学校固然要负起筛选和监管责任,但首要责任应落到文化生产者的身上。这和食品安全领域,食品生产者必须承担首要责任是同样道理。文化企业有责任为孩子提供符合身心特点、有利于健康成长的合格产品。

文化企业必须认识到:文化产品的消费者首先是人,其次才是为企业提供利润的消费者。在文化企业的天平上,人与消费者,孰先孰后、孰轻孰重,将直接决定企业的创作生产。以人为重,必然关注作品的社会影响;以利润为重,必然为迎合消费者而渲染最能吸引眼球的情节。不同的选择,决定了不同企业的品格高下。

英国企鹅出版公司创办人艾伦·莱恩 1935 年创办企鹅的目的,就是痛感当时英国出版业唯利是图、以低级庸俗的小说迎合读者的风气。他希望以大众能承受的价格推出优美高尚的经典之作。“企鹅古典系列”“海雀图画书系列”等奠定企鹅声誉的丛书就是这样诞生的。但 20 世纪 60 年代初,当企鹅公司的总编辑戈德温为牟利而推出一本充满血腥和罪恶的漫画书《大屠杀》后,莱恩怒不可遏,率人冲进书库,将所有还没来得及上市的《大屠杀》全部销毁。他对戈德温说:“你可能是一个商业奇才,但你却不知道一本书不是一听黄豆。”

---

① 参见 2013 年 5 月 16 日《人民日报》,作者:张贺。

说得真好！只有文化企业具有这样的社会责任感，才会摆正消费者与人的关系，才能让“喜羊羊悲剧”不再重演。

关于“在产品或服务说明中若有第三方质量征信，此第三方征信机构是否承担失信赔偿的连带责任”，通过厂商官方网站或其宣传材料上，都可以清楚地获知是否有第三方质量征信的信息。厂商利用第三方质量征信的信息，来影响顾客的选择，但一旦出现质量问题，这些第三方认证机构又不承担连带赔偿责任，我们认为这类信息对顾客是有误导性的。

根据上述步骤获得的信息，完成质量信息的透明性测试评级表，并获得具体评级。为了与品牌信用模型中的指标序号保持一致，将本章表中的序号确定为“10”。

表 12.1　　质量信息的透明性测试评级表

指标	测评二级指标	指标赋值要点	指标事实及其来源	得分
10. 质量信息的透明性 B_{10}	10.1 是否有产品说明书或者是包装上是否有产品说明？－0.20 分	若无此项，得－0.20 分；若有，得 0.0 分		
	10.2 产品成分及其含量标注是否清楚？若是影视作品，大牌明星戏份是多少？－0.20 分	若成分或含量违禁，或两者标注都不清楚，得－0.20 分；若有成分无含量，得－0.16分；若是辅料未注明，则得－0.08 分；若成分及其含量标注皆清楚，得 0.0 分		
	10.3 产品成分使用是否给出清楚的不良结果或不适用顾客，若是文化产品，是否给出不适合顾客，或是否已形成顾客社区？－0.20 分	若故意隐瞒或未及时公布不良后果或不适顾客或标注不清楚，得－0.20 分；若标注清楚，得 0.0 分		
	10.4 所作承诺、使用说明或成分名称是否具有误导性？－0.20 分	若有误导性且一定产生危害，得－0.20分；若有误导性但不一定产生危害，得－0.12 分；若有误导性但无危害，得－0.02 分；若无误导性，得 0.0 分		
	10.5 在产品或服务说明中若有第三方质量征信，此第三方征信机构是否承担失信赔偿的连带责任？－0.20	若不承担连带赔偿责任，得－0.20 分；若无第三方征信或有且承担连带责任，得 0.0 分		

续表

指标	测评二级指标	指标赋值要点	指标事实及其来源	得分
得分合计				

测试等级	0.0	−0.01～−0.19	−0.2～−0.39	−0.4～−0.59	−0.6～−0.79	−0.8～−1.0
	AAA级	AA级	A级	B级	C级	D级

12.3 质量信息透明性的设计流程

为了直观深刻地理解质量信息透明性的设计流程，我们看《京华时报》的一个新闻报道：

背景资料 12.4 巨能钙损失千万后重新上架，消费者依然不买账[①]

昨天，北京巨能新技术产业有限公司(简称“巨能公司”)召开新闻发布会，宣布巨能钙在全国范围内重新上架。

巨能公司总经理李成凤在发布会上为事件发生后给广大消费者带来不便表示了歉意。他说，自11月17日媒体曝出巨能钙含有过氧化氢的消息以来，巨能钙在全国的下架率达到了81.2%，公司的直接和间接经济损失达到了千万元以上。

李成凤说，在卫生部关于巨能钙无毒的通告发出当日，巨能公司开始进行重返市场工作，目前巨能钙在京上架率达到95%。他在会上还出示了一张昨天早晨在医保全新大药房王府井店拍摄到的巨能钙上架的照片，照片上显示巨能公司特意在醒目位置竖立了“卫生部结论：巨能钙安全”字样的广告牌。

发布会后，记者在医保全新王府井店看到，巨能公司的广告牌已被店方撤下。销售人员告诉记者，巨能钙重新上架后“一盒也没有卖出去”。受此事影响，其他补钙类保健品也卖得不好。白塔寺药店负责人也表示，尽管巨能钙已重新上架，但几天来仍鲜有顾客问津。

在上述报道中，有这样的描述：巨能公司特意在醒目位置竖立了“卫生部结论：巨能钙安全”字样的广告牌。既然卫生部都给出了这样的结论，为什么还是“一盒也没有卖出去”？

我们将厂商出现的质量问题划分为两类：一是探索性的错误，也即因为技术手段导致的问题，而不是明知故犯；二是明知故犯，也即厂商知道不该这样做，知道这样做是对顾客利益的损害。

欧美日常出现的汽车召回事件，并不是汽车厂商故意设计出某些错误，而是因为技术手段未发现的错误，但经过使用后发现了错误。对这类错误，从动机上，顾客们是原谅厂

① 参见2004年12月9日《京华时报》，记者：卢亭。

商的。在实际受损上，因为这样的错误并不是百分之百地发生在每个顾客身上，也即不会对所有的顾客造成实际损害。而食品里含有三聚氰胺、过氧化氢等，却是厂商自己知道的也即明知故犯。而顾客们对厂商明知故犯的错误，是不会原谅的。

关于质量信息的透明性，是法治国家规范管理产品质量的基础手段，也是厂商通过商标向目标顾客所作出的质量信用承诺是否可验证的依据。如果厂商的商标产品或服务没有公开的质量信息承诺，本身就是缺乏信用的明证。从逻辑上看，既无法证实也无法证伪的承诺，就是缺乏信用。为此，我们认为，厂商可以通过以下流程，来提高自己商标所承载产品或服务的质量信息透明性。

第一步：邀请目标顾客参与，设计顾客易懂的产品说明书

在产品说明书中，消费者具有对产品的知情权，很多企业确实是遵从了法律的这个规定，但是却采取了两个软性措施来隐蔽地降低顾客知情权：一是大量使用专业技术术语，这些技术术语是顾客难以弄明白的；二是繁杂的使用说明，产品说明书厚达几十页。对此，我们看一个背景资料。

背景资料12.5　说明书的复杂的后果[①]

荷兰艾恩德霍芬技术大学的埃尔克·登在其《消费者投诉分析模型设计：高质量产品的另外一种失败》的论文中指出，遭遇退货命运的多功能电子产品中有一半是可以正常运转的，但它们繁复的菜单和按钮使得消费者不知该如何正确使用，继而纷纷投诉并要求退货。

埃尔克·登在这篇论文中说，近几年，MP3播放器、家庭影院、媒体中心、无线音响设备等多种电子产品潮水般涌入市场，但消费者却经常发现安装和使用这些产品实在困难，因而认为产品存在设计方面的缺陷并要求退货。

她说，美国消费者平均只愿花费20分钟来琢磨如何操作一种新设备，如果弄不明白便会抱怨、向厂家投诉、甚至退货。但厂家却经常将这些投诉嗤之以鼻，认为消费者在“无理取闹”。

作为研究的一部分，埃尔克·登还向飞利浦公司的一些管理层人士送去一些飞利浦公司生产的电子产品。一个星期之后，却发现他们仍然没有学会使用这些电子产品。

我们认为，符合法律要求但却没有考虑顾客使用的通俗性的产品说明书，本身就是不尊重顾客的明证。从逻辑上分析，那些将产品或服务说明书弄得复杂的厂商，其信用是绝对值得怀疑的。就像那些厕所非常肮脏的加油站或饭店，其对产品或服务质量所作出的承诺都是值得怀疑的一样。

为了设计出目标顾客易懂的产品或服务说明书，可以邀请目标顾客参与产品或服务说明书的设计。

第二步：慎用第三方认证，委托权威质检单位

某农业公司，定期地向城市顾客配送顾客所订购的蔬菜。为了保证自己蔬菜的食品

① 参见2007年2月20日“新华网”(www.news.cn)，作者：埃尔克·登。

安全，该农业公司付费委托锦州质监局进行农药残留检验，并将检验信息告知顾客。

很多绿色食品厂商，也在产品包装上注明获得绿色食品认证。

但是，通过三聚氰胺事件，我们发现一个问题：在产生质量问题的产品或服务上，尽管都有这样或那样的第三方质量认证，但一旦出现了质量问题，这些提供认证的第三方机构却不承担任何赔偿的连带责任。而事实上，厂商获得这些第三方质量认证，是要付费的。因此，从逻辑上可以得出这样的推论：在通过了第三方质量认证之后，如果产品或服务出现了质量问题，并使顾客受到了伤害，如果这些第三方认证机构不承担赔偿责任，则可推论此第三方认证是缺乏信用的，也就不值得信任。

有的企业向顾客传达本产品已由某某保险公司提供产品质量险。其实，这对顾客而言，也存在一定的误导。

通过测试，我们发现，被测试者对产品或服务包装上写的“××保险公司承包产品责任险”，多数认为是指一旦遇到损失，保险公司将给予自己赔偿。因此，为了完整地理解产品责任险，我们认为可以看看甲乙两个网友之间的问答：

背景资料 12.6　产品责任险的网友对答[①]

甲网友问：我准备安装一家车辆防盗器厂家的产品，安装店的负责人讲，本产品已加入产品责任险，产品包装上只有“某某保险公司承保产品责任险”字样，但是没有任何保单或文字上的字据，请问这是否可信？

安装了汽车防盗器，厂家赠送产品责任险，保险额度为最高人民币 20 万元整。那么，车辆丢失后就是凭着单纯的一个遥控器(在警戒状态中的遥控器)和公安交警开具的车辆丢失证明，能够得到理赔吗？他说厂家统一安排保单是保险公司的规定，没有个人保单。对此，我心里不踏实。

乙网友答：产品责任险的保险责任是指因该产品质量问题或缺陷问题导致第三者的人身、财产损失，保险公司予以赔偿。这里有三个概念你不能混淆：

第一，该保险的被保险人是生产厂家。如果发生了事故或者损失，那么保险公司赔偿的对象是厂家。因此，如果有类似事情发生，假如说家里的压力锅爆炸导致人身伤害，那么厂家作为责任方会赔给伤者损失，而这一部分损失厂家会找保险公司索赔。虽然赔款的最终流向是保险公司→损失方，但是还是牵扯到一个较为复杂的过程。往往这种损失需要打官司才能在三方中达成一个共识。

第二，如果车辆丢失，一定是要确认为“因该防盗器的种种原因而导致车辆被盗”，只有这样，才算是保险责任。不过第一条我也说明白了，就算丢了，作为车主，无权利向保险公司索赔(只能向厂家索赔，厂家再向保险公司索赔)。说到这儿，我想你也明白了，证明这一点是很难的。

第三点，保单的问题，你自然是没有任何保单，因为被保险人不是你而是生产厂家。那么你也许会纳闷，为什么会贴个保险标签。我想说的是，那么做完全是一种心理暗示和销售手段，给消费者一个提示：“出了事我不可能赔不起。”这样一来，可以提高销售量，扩

---

① 参见 2009 年 3 月 10 日 http://zhidao.baidu.com，作者：magicar2000。

大市场影响。

啰啰唆唆说了一大堆，不知道你明白了没有，反正对于这种产品有没有保险无所谓，没保险不一定代表你得不到赔偿，有保险也不代表你就一定能满意。购买防盗器，还是建议购买品牌响亮、普及率高的吧，祝你好运！

第三步：模拟使用过程，分解各个环节，探查潜在危害

为了提高质量信息的透明性，需要厂商公布的质量信息必须是经过验证的或可以验证的。在这个过程中，尤其值得厂商切实实践的，是探查目标顾客在使用产品或服务过程中，在哪个或哪些环节可能存在潜在危害，以及如何预先防范可能发生的潜在危害。因为《中国消费者权益保障法》的第七条明确规定：消费者在购买、使用商品和接受服务时享有人身、财产安全不受损害的权利。消费者有权要求经营者提供的商品和服务，符合保障人身、财产安全的要求。对此，可以通过下面实例《打孔的冰箱外包装塑料袋》予以理解。

案例理解12.1 打孔的冰箱外包装塑料袋[①]

新飞冰箱一直寻找跨国企业，想作为跨国企业的OEM的生产厂商，于是他们找到了通用电器公司。通用公司决定去考察新飞集团的产品质量，就派一批专家去了新飞公司，共找出新飞公司在产品生产的工艺流程和质量上3000个不符合通用电器的质量标准。

新飞冰箱的有关人员感觉到非常不可思议，于是就询问通用电器的专家，想知道到底怎么会有那么多质量问题，结果一查便发现，确实存在很多问题。

比如，其中一条问题就是冰箱的外包装塑料袋，专家给的评语是外包装塑料袋没有两个孔。当时新飞冰箱的人就很纳闷，为何外包装塑料袋要打两个孔？

通用电器的专家就指出，外包装塑料袋打孔是从小孩安全角度考虑。专家举例说，一般客户把冰箱买回家，往往会把外包装塑料袋扔在一边，假如有小孩，不小心钻进塑料袋里，很有可能造成小孩窒息，在外包装塑料袋上打两个孔，就是为了避免这种情况发生。

给冰箱外包装袋打出两个孔，确实增加了成本，但却可以彻底杜绝让小孩窒息的潜在风险。按照中国人的逻辑：谁叫你不看好自己的孩子？谁叫小孩钻进冰箱外包装塑料袋？但是，《中国消费者权益保障法》的第七条的规定中，并没有说"小孩钻进冰箱外包装塑料袋窒息而死除外"。第一，冰箱外包装袋本身构成了冰箱这个商品的使用过程。第二，作为家庭成员，小孩也属于冰箱的消费者。

为此，我们设计了产品或服务潜在风险诊断表，同时，我们认为企业必须成立顾客安全研究岗位和部门，专门分析诊断自己的产品或服务可能对顾客产生的潜在危害，并及时将发现的问题予以改进，并通知已购产品或服务的顾客。

---

① 参见《中国外资》2003年第7期，作者：范徽、邬彬红。

表 12.2 商标产品或服务潜在风险诊断表

环节分解	环节 1	环节 2	环节 3	环节 4	环节 5	环节 N
潜在危害						
危害程度						
防范措施						

通过商标产品或服务潜在风险诊断表,可以比较系统地对各种可能的产品或服务危害,进行专职研究。

第四步:与终点顾客保持畅通,统计顾客遇到的问题

企业通过建立顾客数据库,与自己的产品或服务使用者保持顺畅的沟通,通过直接沟通,了解顾客在使用产品或服务过程中,曾经遇到过哪些问题,这些问题哪些属于质量问题,哪些属于顾客使用不当产生的。我们认为,企业与顾客主动沟通,不仅能够提高品牌信用,而且还能通过统计顾客遇到的产品或服务中的问题,为质量信息透明性,提供真实的来源。

案例理解 12.2 海尔大地瓜洗衣机[①]

1996 年,一位四川农民投诉海尔洗衣机排水管老是被堵。服务人员上门维修时发现,这位农民居然用洗衣机洗地瓜,泥土大,当然容易堵塞!但服务人员并没有推卸责任,依然帮顾客加粗了排水管。农民感激之余,说:如果能有洗地瓜的洗衣机就好了。

技术人员一开始是把此事当笑话讲出来的,得到这一消息,当时海尔内部有两种意见:其一,洗衣机质量没问题,只是消费者使用不当,没必要改进,只需注重宣传指导和维修就行了。洗衣机,顾名思义是用来洗衣的嘛,怎么可以用来洗地瓜?其二,消费者有这种需求,这是一个新的商机,我们应该努力去满足,应该在设计、技术上创新,最大限度地满足顾客的需要。

对此,海尔集团董事局主席兼首席执行官张瑞敏听了之后,对科研人员说:满足用户需求,是产品开发的出发点与目的。技术人员对开发能洗地瓜的洗衣机想不通,因为按"常理"论,客户这一要求太离谱乃至荒诞了!但张瑞敏说:开发创造出一个全新的市场。终于,"洗地瓜洗衣机"在海尔诞生了!它不仅具有一般双桶洗衣机的全部功能,而且还可以洗地瓜、水果!

第五步:制定并演练质量危机预案

质量信息的透明性,还体现在产品或服务一旦出现意外事件时,企业如何应对。从实践来看,很多企业采取的是掩盖、推诿等手段。采取这些手段,把可能的意外事件演变成了故意行为,导致企业所属商标及其产品或服务的信用进一步降低。

---

① 参见《工厂管理》2001 年第 9 期,作者:陈松公。

生产过程中总存在某些意外，导致产品或服务质量出现问题。出现质量意外事件本身并不可怕，可怕的是企业处理不当，导致信用尽失。

在“七匹狼”服装标签事件中可以看出，“七匹狼”的危机处理能力是相当好的，在查处的第二天，中国服装协会就出面进行了理由充足的解释。

在互联网时代，大量信息的发布，不可能受到控制，这就存在着品牌攻击(Brand Attack)，从而要求企业必须制定预案。

12.4　质量信息透明性的案例诊断

12.4.1　“华夏良子”足疗的质量信息透明性测试评级

足部按摩由两部分构成：一是液体药物泡脚，二是人工按摩。其中，通过统一的培训，人工按摩的穴位、顺序、力度和时间长短等，都有基本标准。但是，从经营场所的实际服务来看，并没有清楚的液体药物说明书。

例如，其九阳神功套系的服务流程/时长：水疗(约14分钟)→足疗(含姜帖＋磨砂，约38分钟)→脊柱保养(约10分钟)→腰部温疗(约20分钟)→腹部温疗(约18分钟)，全程约100分钟。

免费提供茶水(大麦茶、菊花、铁观音、龙井、苦丁等)、饮料(雪碧、可乐、王老吉等)。

免费提供客餐(饺子、馄饨、汤圆、牛腩盖饭、排骨盖饭、西红柿鸡蛋面、炸酱面、蛋挞)。

免费提供果盘。

用于泡脚的液体药物，所用的药物组成成分究竟是什么，浓度究竟是多少，每次的浓度和数量是否得到统一的保证，这些并没有明确的说明。从实际操作来看，也存在因人而异的可能。问题是对泡脚中药材的组成和数量，缺乏国家法律的规定标准。

在“华夏良子”的宣传材料里和经营场所里，对哪些人不适合足部按摩，或者不适合药物泡脚，并没有给出明确的说明。从理论上讲，任何一种保健活动，总是有条件下的，并不是普适的。

因为缺乏明确的泡脚液体药物说明书，所以无法判断成分名称是否具有误导性。考虑到“华夏良子”所用泡脚药物不属于食品，并且足部按摩是以按摩为主要利益承诺，所以此项不作考虑。

综上所述，“华夏良子”足疗质量信息透明性测试如表12.3所示：

表 12.3　“华夏良子”足疗的质量信息透明性测试评级表

指标	测评二级指标	指标赋值要点	指标事实及其来源	分值
10. 质量信息的透明性 B_{10}	10.1 是否有产品说明书或者是包装上是否有产品说明？−0.20 分	若无此项，得−0.20 分；若有得 0.0 分	华夏良子主要是按摩，并且有按摩时间和收费价格。故此项得0.0分	0.0
	10.2 产品成分及其含量标注是否清楚？若是影视作品，大牌明星戏份是多少？−0.20 分	若成分或含量违禁，或两者标注都不清楚，得−0.20 分；若有成分无含量，得−0.16分；若是辅助性材料或原料未注明，则得−0.08 分；若成分及其含量标注皆清楚，得 0.0 分	所用泡脚药物属于辅助原料，但无成分及其含量注明，故得−0.08 分	−0.08
	10.3 产品成分使用是否给出清楚的不良结果或不适用顾客？若是文化产品，是否给出不适合顾客，或是否已形成顾客社区？−0.20 分	若故意隐瞒或未及时公布不良后果或不适顾客，或标注不清楚，得−0.20 分；若标注清楚，得 0.0 分	没有给出哪些顾客不适合足部按摩，故得−0.20分	−0.20
	10.4 所作承诺、使用说明或成分名称是否具有误导性？−0.20 分	若有误导性且一定产生危害，得−0.20分；若有误导性但不一定产生危害，得−0.12分；若有误导性但无危害，得−0.02 分；若无误导性，得 0.0 分	主推的九阳神功，具有误导性，但不一定产生危害，故得−0.12 分	−0.12
	10.5 在产品或服务说明中若有第三方质量征信，此第三方征信机构是否承担失信赔偿的连带责任？−0.20分	若不承担连带赔偿责任，得−0.20 分；若无第三方征信或有且承担连带责任，得 0.0 分	无第三方认证，故得 0.0 分	0.0
得分合计				−0.40

测试等级	0.0	−0.01～−0.19	−0.2～−0.39	−0.4～−0.59	−0.6～−0.79	−0.8～−1.0
	AAA 级	AA 级	A 级	[B 级]	C 级	D 级

12.4.2　“上海”表的质量信息透明性测试评级

手表制造有很强的技能要求，很多工艺属于商业机密，不会对外说明，顾客对此无从知晓。因此，既需要厂家承诺质量保证，这一行业还存在第三者认证，比如质量认定、“日内瓦印记”和“百达翡丽印记”等。

对“上海”表进行检索后，我们发现，公司具有一整套科学的、与国际先进管理理念一致的质保体系，同时获得包括28个国家中29个权威认证机构国际认证联盟的认可资格。但是，这些第三方认证并不承担顾客损失的连带责任。

公司有完善的各级质量文件，完整的质量工作记录，严格按照质量管理体系要求实施的内审与评审，使公司质量管理体系正常运行。网站上还公布了各种质量认定证书，以及手表养护常识、售后服务等。

手表的材质和纯度会明确告知顾客，但对于所使用的材质对人体是否有伤害，并没有明确说明。同时，说明书中采用的各种专业术语并不是大众所熟知的，会对顾客造成一定的误导。

综上所述，“上海”表质量信息透明性测试如表12.4所示：

表12.4　“上海”表的质量信息透明性测试评级表

指标	测评二级指标	指标赋值要点	指标事实及其来源	分值
10.质量信息的透明性 B_{10}	10.1是否有产品说明书或者是包装上是否有产品说明？−0.20分	若无此项，得−0.20分；若有，得0.0分	网站手表养护知识和服务信息，故得0.0分	0.0
	10.2产品成分及其含量标注是否清楚？若是影视作品，大牌明星戏份是多少？−0.20分	若成分或含量违禁，或两者标注都不清楚，得−0.20分；若有成分无含量，得−0.16分；若是辅助性材料或原料未注明，则得−0.08分；若成分及其含量标注皆清楚，得0.0分	不锈钢表壳给出了不锈钢标识，但皮质表带未说明，故得−0.08分	−0.08
	10.3产品成分使用是否给出清楚的不良结果或不适用顾客？若是文化产品，是否给出不适合顾客、或是否已形成顾客社区？−0.20分	若故意隐瞒或未及时公布不良后果或不适顾客，或标注不清楚，得−0.20分；若标注清楚，得0.0分	在手表养护知识中给出了说明，故得0.0分	0.0
	10.4所作承诺、使用说明或成分名称是否具有误导性？−0.20分	若有误导性且一定产生危害，得−0.20分；若有误导性但不一定产生危害，得−0.12分；若有误导性但无危害，得−0.02分；若无误导性，得0.0分	无误导性，故得0.0分	0.0

续表

指标	测评二级指标	指标赋值要点	指标事实及其来源	分值
10. 质量信息的透明性 B_{10}	10.5 在产品或服务说明中若有第三方质量征信，此第三方征信机构是否承担失信赔偿的连带责任？－0.20分	若不承担连带赔偿责任，得－0.20 分；若无第三方征信或有且承担连带责任，得 0.0 分	有第三方质量征信，但不承担连带责任，这种征信对顾客而言是有诱导但不可信的。故得－0.20 分	－0.20
得分合计				－0.28

测试等级	0.0	－0.01～－0.19	－0.2～－0.39	－0.4～－0.59	－0.6～－0.79	－0.8～－1.0
	AAA 级	AA 级	A 级	B 级	C 级	D 级

12.4.3 “七匹狼”服装的质量信息透明性测试评级

“七匹狼”的服饰上都挂有标签，标明了产品中各种成分的名称和含量。我们在商场抄录了一份“七匹狼”服装的标签：品名是茄克衫，等级是一等品。执行标准是 FZT81008－2004，货号是 111950101813，色号是 001，型号是 175/92A，检验号是合格 18。安全类别是：符合 GB18401－2003 的 C 类。成分是：面料：80.6％的锦纶，14.8％棉，4.6％再生纤维素纤维；里料：100％涤纶。零售价格人民币 599.00 元。

因此，“七匹狼”服装质量信息透明性测试如表 12.5 所示：

表 12.5　“七匹狼”服装的质量信息透明性测试评级表

指标	测评二级指标	指标赋值要点	指标事实及其来源	得分
10. 质量信息的透明性 B_{10}	10.1 是否有产品说明书或者是包装上是否有产品说明？－0.20 分	若无此项，得－0.20 分；若有，得 0.0 分	服装标签有产品成分说明和含量，故得 0.0 分	0.0
	10.2 产品成分及其含量标注是否清楚？若是影视作品，大牌明星戏份是多少？－0.20 分	若成分或含量违禁，或两者标注都不清楚，得－0.20 分；若有成分无含量，得－0.16分；若是辅助性材料或原料未注明，则得－0.08 分；若成分及其含量标注皆清楚，得 0.0 分	标签面料和辅料标注均已经清楚，故此得 0.0 分	0.0
	10.3 产品成分使用是否给出清楚的不良结果或不适用顾客？若是文化产品，是否给出不适合顾客，或是否已形成顾客社区？－0.20 分	若故意隐瞒或未及时公布不良后果或不适顾客，或标注不清楚，得－0.20 分；若标注清楚，得 0.0 分	不存在不良或不适问题，故得 0.0 分	0.0

续表

指标	测评二级指标	指标赋值要点	指标事实及其来源	得分
10. 质量信息的透明性 B_{10}	10.4 所作承诺、使用说明或成分名称是否具有误导性？－0.20 分	若有误导性且一定产生危害，得－0.20 分；若有误导性但不一定产生危害，得－0.12分；若有误导性但无危害，得－0.02 分；若无误导性，得 0.0 分	成分名称符合 GB 规定，故得 0.0 分	0.0
	10.5 在产品或服务说明中若有第三方质量征信，此第三方征信机构是否承担失信赔偿的连带责任？－0.20分	若不承担连带赔偿责任，得－0.20 分；若无第三方征信或有且承担连带责任，得 0.0 分	1999 年被福建省资信评级委员会评为“AAA”级资信企业，故得－0.20 分	－0.20
得分合计				－0.20

测试等级	0.0	－0.01～－0.19	－0.2～－0.39	－0.4～－0.59	－0.6～－0.79	－0.8～－1.0
	AAA 级	AA 级	A 级	B 级	C 级	D 级

12.4.4　“百达翡丽”腕表的质量信息透明性测试评级

腕表的很多物理原理为人们所熟知，但是高级腕表制作对技能要求非常高，很多工艺属于商业机密，不会对外说明，顾客对此无从知晓。因此，既需要厂家承诺质量保证，这一行业还存在第三者认证，即“日内瓦印记”。只要获得权威的“日内瓦印记”官方标志，就说明该产品质量可靠。但是，一旦出现质量问题，这些第三方认证并不对顾客承担连带赔偿责任。在产品上使用了这些第三方认证，对顾客却产生了一定诱导。尚未查到对“百达翡丽”是否有这类第三方质量征信。

对“百达翡丽”检索后，我们获知，每一款“百达翡丽”腕表均有原产地证书。该证书犹如腕表的出生证明，提供了顾客所购买的腕表的完整详细信息。该证书也可作为保修证书，它证明腕表已在公司的资料库登记，因为每一块“百达翡丽”腕表都有自己的序列号，这个号码记录在公司的资料库登记簿中。每支腕表的原始证书均是唯一且无法复制的。每一款腕表上还有公司绝不降低品质的另一个承诺“百达翡丽印记”，它在交付给手表的主人时已印在完全组装的手表上。借助这个“印记”，公司将确保后代子孙能够持续拥有并使用该钟表。同时，“百达翡丽”的全部机械机芯荣获了权威的“日内瓦印记”官方标志。

腕表的材质和纯度会明确告知顾客，但对于所使用的材质对人体是否有伤害，并没有明确说明。同时，原产地证书中采用的各种专业术语并不是大众所熟知的，会对顾客造成一定的误导。

综上所述，“百达翡丽”质量信息透明性测试如表 12.6 所示：

表 12.6 "百达翡丽"腕表的质量信息透明性测试评级表

指标	测评二级指标	指标赋值要点	指标事实及其来源	得分
10. 质量信息的透明性 B_{10}	10.1是否有产品说明书或者是包装上是否有产品说明？-0.20分	若无此项，得-0.20分；若有，得0.0分	每只表的证书都有完整信息，故得0.0分	0.0
	10.2产品成分及其含量标注是否清楚？若是影视作品，大牌明星戏份是多少？-0.20分	若成分或含量违禁，或两者标注都不清楚，得-0.20分；若有成分无含量，得-0.16分；若是辅助性材料或原料未注明，则得-0.08分；若成分及其含量标注皆清楚，得0.0分	贵重金属和宝石均有含量标识，但皮质表带未给出成分，故此得-0.08分	-0.08
	10.3产品成分使用是否给出清楚的不良结果或不适用顾客？若是文化产品，是否给出不适合顾客，或是否已形成顾客社区？-0.20分	若故意隐瞒或未及时公布不良后果或不适顾客，或标注不清楚，得-0.20分；若标注清楚，得0.0分	手表不存在过量使用，也不存在不适用性问题。故得0.0分	0.0
	10.4所作承诺、使用说明或成分名称是否具有误导性？-0.20分	若有误导性且一定产生危害，得-0.20分；若有误导性但不一定产生危害，得-0.12分；若有误导性但无危害，得-0.02分；若无误导性，得0.0分	不存在误导类成分，故此得0.0分	0.0
	10.5在产品或服务说明中若有第三方质量征信，此第三方征信机构是否承担失信赔偿的连带责任？-0.20分	若不承担连带赔偿责任，得-0.20分；若无第三方征信或有且承担连带责任，得0.0分	有第三方质量征信，但不承担连带责任，故得-0.20分	-0.20
得分合计				-0.28

测试等级	0.0	-0.01～-0.19	-0.2～-0.39	-0.4～-0.59	-0.6～-0.79	-0.8～-1.0
	AAA级	AA级	A级	B级	C级	D级

12.4.5 "依波路"表的质量信息透明性测试评级

我们在"依波路"的官网上获知，品牌创始人从一开始就注重纳沙泰尔天文台对计时器标准的权威认证，并在1866年获得该天文台比赛的第一名；在1876年美国费城，获得产品优质奖状；1878年在法国巴黎获得了瑞士钟表行业唯一的一枚珍贵金质奖章；1937

年，“依波路”表在希腊取得 Grand prix（格林披治）荣誉奖；在 1945～1958 年间，瑞士纳沙泰尔天文台颁发了“Bulletin demarche”证书给 4174 只“依波路”手表。

另外，“依波路”手表在生产的各个阶段，每种材质和零件均经过严格检测，确保每一部件完美无瑕，每一个机芯都要经过机械和专业技师的严格测试，外壳的装配严密无懈，并有专业水准的抗压测试，每只“依波路”表在投入市场之前均按严格的品质检测程式检验。

腕表的材质和纯度会明确告知顾客。例如，钢材选用的是业界通用的 316L 精钢，玻璃是蓝宝石水晶玻璃或是有机玻璃，机芯有黄铜、钻石等等。材质是明确的，这些材质对人体不存在有害影响。同时，原产地证书中采用的各种专业术语并不是大众所熟知的，会对顾客造成一定的误导。

综上所述，“依波路”表质量信息透明性测试如表 12.7 所示：

表 12.7　“依波路”表的质量信息透明性测试评级表

指标	测评二级指标	指标赋值要点	指标事实及其来源	得分
10. 质量信息的透明性 B_{10}	10.1 是否有产品说明书或者是包装上是否有产品说明？－0.20 分	若无此项，得－0.20 分；若有，得 0.0 分	已有清楚说明，故得 0.0 分	0.0
	10.2 产品成分及其含量标注是否清楚？若是影视作品，大牌明星戏份是多少？－0.20 分	若成分或含量违禁，或两者标注都不清楚，得－0.20 分；若有成分无含量，得－0.16分；若是辅助性材料或原料未注明，则得－0.08 分；若成分及其含量标注皆清楚，得 0.0 分	基本清楚，但皮质表带未给出清楚成分，故得－0.08 分	－0.08
	10.3 产品成分使用是否给出清楚的不良结果或不适用顾客？若是文化产品，是否给出不适合顾客，或是否已形成顾客社区？－0.20 分	若故意隐瞒或未及时公布不良后果或不适顾客，或标注不清楚，得－0.20 分；若标注清楚，得 0.0 分	不存在过量使用或后果不适问题，故得 0.0 分	0.0
	10.4 所作承诺、使用说明或成分名称是否具有误导性？－0.20 分	若有误导性且一定产生危害，得－0.20分；若有误导性但不一定产生危害，得－0.12分；若有误导性但无危害，得－0.02 分；若无误导性，得 0.0 分	不存在误导性成分名称，故得 0.0 分	0.0

续表

指标	测评二级指标	指标赋值要点	指标事实及其来源	得分
10. 质量信息的透明性 B_{10}	10.5 在产品或服务说明中若有第三方质量征信，此第三方征信机构是否承担失信赔偿的连带责任？ －0.20分	若不承担连带赔偿责任，得－0.20 分；若无第三方征信或有且承担连带责任，得 0.0 分	存在第三方质量征信，但不承担连带责任，故得－0.20 分	－0.20
得分合计				－0.28

测试等级	0.0	－0.01～－0.19	－0.2～－0.39	－0.4～－0.59	－0.6～－0.79	－0.8～－1.0
	AAA 级	AA 级	A 级	B 级	C 级	D 级

12.5 质量信息透明性的案例模拟

为了熟练地掌握质量信息透明性的技术标准和测试评级要求，需要进行一定数量的案例模拟，也即熟能生巧。为此，我们采集了以下案例。在仔细阅读下列案例的基础上，结合自己进行的网络信息收集，根据前述的技术标准和测试评级要求，完成每个案例后面给出的质量信息透明性测试评级表，并撰写诊断报告。

为了增强案例的阅读性，我们在每个案例的相关段落后面，插入了我们的点评，点评的理论依据就是品牌经济学原理。

案例模拟 12.1 超过九成汽车车内空气甲醛苯含量超标①

有机构对 200 辆汽车进行跟踪检测后发现，如果参照室内空气质量标准，超过九成的汽车都存在车内空气甲醛或苯含量超标的问题，其中新车车内的空气质量最差。

记者昨天了解到，2004 年启动的国家环保标准《车内空气污染物浓度限值及测量方法》有望年内实施。该标准对车内甲醛、苯、甲苯、二甲苯和总挥发性有机物等污染物的限值将首次进行明确规定。

国家环保总局有关负责人没有透露标准的具体内容，但表示，车内空气污染物浓度限值与《国家环境友好汽车实施方案》中提出的数据"非常接近"。据介绍，国家环保总局去年底启动了"国家环境友好汽车"的评定工作，这项评定的实施方案首次对车内空气污染物浓度进行了限制。

据介绍，此次对 200 辆汽车进行的跟踪检测是由中国室内装饰协会室内空气监测中心组织实施的。参与此项检测的专家介绍说，汽车车厢内大量的细菌以及胺、烟碱等有害物质可导致乘车人头晕、恶心、打喷嚏，甚至引起更严重的疾病。特别是由于开空调的时

① 参见 2006 年 2 月 20 日《北京娱乐信报》，作者：革继胜。

候车窗紧闭、空气内循环开启,大约有65%的司机驾车时会出现头晕、困倦、咳嗽的现象,致使司机感到压抑烦躁、注意力无法集中。而刚出厂的新车车内有害气体浓度也很高,挥发时间可持续6个月以上,从而使开车的驾驶员身体不适。

相关调查:配件装饰物是主要污染源。据介绍,车内空气污染源主要有两个:一是车内的装饰物。进行车内装饰所用的材料本身含有有害物质,如地胶、坐套垫、胶黏剂,这些装饰材料中可能含有的苯、甲醛、丙酮、二甲苯等,会造成车内的空气污染。二是新车本身。由于新车密封性好,车内空间又小,车内配件如塑料件、地毯、车顶毡、坐椅等含有的有害气体就造成了车厢内的空气污染。由于车内空气流通不够,因此挥发时间可持续6个月以上。

针对以上情况,有关专家建议:购买新车的半年内应尽量少用空调,行驶时要尽量敞开车窗;如果有私人车库,不开车时也可以打开车窗通风,还可以使用空气净化设施,但最好不要用香水,以免造成更重的污染。

本书点评:这是专家的建议,可问题是几乎所有的汽车厂商都没有给出这样的建议。

中国室内装饰协会室内空气监测中心则提醒说,如果车主开车时出现熏眼睛、呼吸刺激甚至头晕的感觉,就应该检测车内空气,尽快发现和清除车内污染源。另外,体弱者、妊娠期妇女、儿童等尽量避免在密封的条件下长时间驾驶和乘坐新车。

选择自己熟悉或感兴趣的某一商标的轿车,根据上述信息,结合自己网络收集的关于该轿车内饰信息,按照质量信息透明性的技术标准和测试评级要求,对该商标轿车的质量信息透明性测试评级,并撰写分析报告。

表12.8　××商标轿车内饰的质量信息透明性测试评级表

指标	测评二级指标	指标赋值要点	指标事实及其来源	得分
10.质量信息的透明性 B_{10}	10.1是否有产品说明书或者是包装上是否有产品说明?-0.20分	若无此项,得-0.20分;若有,得0.0分		
	10.2产品成分及其含量标注是否清楚?若是影视作品,大牌明星戏份是多少?-0.20分	若成分或含量违禁,或两者标注都不清楚,得-0.20分;若有成分无含量,得-0.16分;若是辅助性材料或原料未注明,则得-0.08分;若成分及其含量标注皆清楚,得0.0分		
	10.3产品成分使用是否给出清楚的不良结果或不适用顾客?若是文化产品,是否给出不适合顾客,或是否已形成顾客社区?-0.20分	若故意隐瞒或未及时公布不良后果或不适顾客,或标注不清楚,得-0.20分;若标注清楚,得0.0分		

续表

指标	测评二级指标	指标赋值要点	指标事实及其来源	得分
10. 质量信息的透明性 B_{10}	10.4 所作承诺、使用说明或成分名称是否具有误导性？−0.20 分	若有误导性且一定产生危害，得−0.20 分；若有误导性但不一定产生危害，得−0.12 分；若有误导性但无危害，得−0.02 分；若无误导性，得 0.0 分		
	10.5 在产品或服务说明中若有第三方质量征信，此第三方征信机构是否承担失信赔偿的连带责任？−0.20分	若不承担连带赔偿责任，得−0.20 分；若无第三方征信或有且承担连带责任，得 0.0 分		
得分合计				

测试等级	0.0	−0.01～−0.19	−0.2～−0.39	−0.4～−0.59	−0.6～−0.79	−0.8～−1.0
	AAA 级	AA 级	A 级	B 级	C 级	D 级

案例模拟 12.2　膨化食品①

膨化食品因为有脆爽迷人的口感，所以深受欢迎。但是，膨化食品的危害也很大。这主要是因为，膨化食品的膨松口感，主要是来自化学膨发和膨化工艺。而化学膨发剂中含有大量的铝，长期食用这种食品就会造成铝中毒。

首先要确定的是，膨化食品并没有经过发酵，它的膨松口感，主要是来自化学膨发和膨化工艺。膨化工艺虽然能够让产品初步疏松，但只有加上化学膨发的一臂之力，才能达到让消费者更为陶醉的疏脆口感。

那么，化学膨发剂里有什么呢？

据有关资料，我国用于粮食加工的膨发剂、化学发酵粉等里面大多含有碳酸氢钠和明矾，包括钾明矾和铵明矾等，常用于油条、面包和饼干等食品当中，也包括膨化食品。

在各种膨发剂里，含有明矾的产品通常"价廉物美"，膨发效果好，气孔细腻，价格也相对较低。实验表明，明矾的用量越高，膨发效果就越好。然而，明矾中含有铝元素，加入明矾就会带来铝的残留问题。无铝蓬松剂虽然早已研制成功，但因为成本较高，往往被企业所冷落。

按照国家标准规定，膨化食品中铝的残留量应当小于等于 100 毫克/千克，相当于万分之一的残留量。然而，因为追求"更脆"的口感，很多产品都添加了铝含量过高的膨发剂，给孩子们带来了铝污染隐患。

① 参见 2010 年 5 月 5 日 http://tieba.baidu.com，作者：楼主封二。

据中国农业大学食品学院2005年的一次测定，有三成膨化食品中铝元素残留超标。经过多方面的调查，排除了食品机械和食品包装的污染可能，确证为含铝膨发剂超标造成。

按照超标两倍计算，每吃100克膨化食品，就会带来30毫克的铝。对一个体重30公斤的儿童来说，这就是他们一天所能摄入的最高量。因为其他食物中也会含有微量的铝，孩子摄入铝的总量肯定会超标。

1989年，世界卫生组织(WHO)正式公布，铝是一种食品污染物，每日摄入数量需要加以控制，每日允许摄入量为1毫克/千克。也就是说，如果一个成年人体重为60千克，那么每天最多允许摄入60毫克的铝，如果是体重较轻的儿童，那么每天摄入量就要更少。

据国内外文献报道，铝摄入过量可能引起神经系统的病变，表现为记忆减退、震颤与身体协调障碍等，甚至可能增加老年性痴呆的风险。对儿童而言，铝可能会影响智力发育，干扰思维与记忆功能。过量的铝蓄积在人体脏器里也会引起相应的病理损害，怀疑它能促进心血管疾病的发生，并影响骨骼的健康。

除了膨化食品之外，要添加含铝添加剂的食品还很多。饼干、蛋糕、各种面点、油条、蛋卷、酥点、粉丝等食品，都有可能发生铝超标的问题。据媒体公布的检测数据，70%以上的油条、油饼、薄脆等酥脆面食铝残留量超标，有的甚至超标十几倍之多！这样的油条只需要吃1根，就会给人体健康带来威胁。

如果一个人每天吃50克膨化食品，加上一根油条，再加上少量饼干或面点等，每天就会吃进去一百毫克以上的铝元素，对人体健康的威胁之大，实在不可忽视。

选择自己熟悉或感兴趣的某一商标的膨化食品，根据上述信息，结合自己网络收集的关于该商标膨化食品的信息，按照质量信息透明性的技术标准和测试评级要求，对该商标膨化食品的质量信息透明性测试评级，并撰写分析报告。

表12.9　××商标膨化食品的质量信息透明性测试评级表

指标	测评二级指标	指标赋值要点	指标事实及其来源	得分
10.质量信息的透明性 B_{10}	10.1是否有产品说明书或者是包装上是否有产品说明？－0.20分	若无此项，得－0.20分；若有，得0.0分		
	10.2产品成分及其含量标注是否清楚？若是影视作品，大牌明星戏份是多少？－0.20分	若成分或含量违禁，或两者标注都不清楚，得－0.20分；若有成分无含量，得－0.16分；若是辅助性材料或原料未注明，则得－0.08分；若成分及其含量标注皆清楚，得0.0分		

续表

指标	测评二级指标	指标赋值要点	指标事实及其来源	得分
10. 质量信息的透明性 B_{10}	10.3 产品成分使用是否给出清楚的不良结果或不适用顾客？若是文化产品，是否给出不适合顾客，或是否已形成顾客社区？－0.20分	若故意隐瞒或未及时公布不良后果或不适顾客，或标注不清楚，得－0.20分；若标注清楚，得0.0分		
	10.4 所作承诺、使用说明或成分名称是否具有误导性？－0.20分	若有误导性且一定产生危害，得－0.20分；若有误导性但不一定产生危害，得－0.12分；若有误导性但无危害，得－0.02分；若无误导性，得0.0分		
	10.5 在产品或服务说明中若有第三方质量征信，此第三方征信机构是否承担失信赔偿的连带责任？－0.20分	若不承担连带赔偿责任，得－0.20分；若无第三方征信或有且承担连带责任，得0.0分		
得分合计				

测试等级	0.0	－0.01～－0.19	－0.2～－0.39	－0.4～－0.59	－0.6～－0.79	－0.8～－1.0
	AAA级	AA级	A级	B级	C级	D级

第 13 章　品牌工程研究案例

根据品牌信用十个指标的技术标准和测试评级要求，我们进行了案例研究。在这些案例研究中，所用信息以所属厂商官方网站为主。所进行的测试评级也是我们独立自主完成的。在每个商标的品牌信用评级研究报告中，我们都给出了品牌信用建设建议。这些建议的具体实施，涉及哪个指标，就要根据本书中 10 个指标的设计流程来具体研究。

在此特别声明：以下案例研究，所有信息皆来自网络。因对网络信息无法进行验证，故所得出的结论仅仅具有案例教学意义，不具有法律意义。

13.1　品牌信用建设策略研究案例

13.1.1　"华夏良子"足疗品牌信用建设策略研究

根据第 3 章至第 12 章 10 个指标的测试评级，获得"华夏良子"的品牌信用指数也即 *TBCI*，见表 13.1。

根据表 13.1 的 *TBCI* 值，用彼岸阳光的商标-品牌测度尺，可以更直观地显示"华夏良子"从商标到品牌的距离。

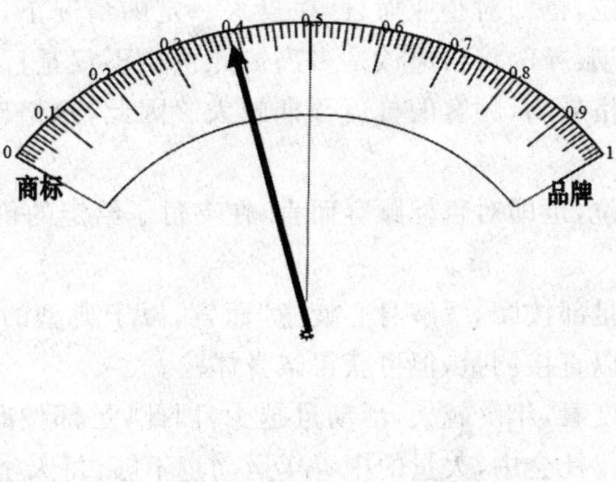

表 13.1　　"华夏良子"足疗品牌信用指数表

商标名称：华夏良子　产品或服务：足部按摩　企业名称：华夏良子集团　地址：山东济南市

序号	指标名称	指标分值	序号	指标名称	指标分值
1	目标顾客的精确性 B_1	0.82	6	终端建设的稳定性 B_6	0.58
2	利益承诺的单一性 B_2	0.82	7	品类需求的敏感性 B_7	0.64
3	单一利益的对立性 B_3	1.0	8	注册商标的单义性 B_8	0.76
4	品牌建设的岗位性 B_4	0.52	9	媒体传播的公信性 B_9	0.04
5	单一利益的持久性 B_5	0.62	10	质量信息的透明性 B_{10}	−0.40
$TBCI=[(1+B_{10})\sum B_i]\div 9, i=1\sim 9$					0.39

测试等级	1.0	0.8～0.99	0.6～0.79	0.4～0.59	0.2～0.39	≤0.19
	AAA 级	AA 级	A 级	B 级	[C 级]	D 级

从商标-品牌测度尺可以形象地看出，"华夏良子"从商标到品牌的距离是 0.39，折算成商标品牌化指数 $TBI=TBCI-1=0.39-1=-0.61$。换言之，商标"华夏良子"距离目标顾客选择成本等于零的真正品牌，还有 0.61 距离，正处于一个转变的关键点上。

其实，根据"华夏良子"品牌信用评级表可见，如果华夏良子设置专职的品牌经理，负责品牌建设；同时，解决一个印刷问题，即在产品外包装上注明产品成分和含量，其品牌信用度将得到很大的提高。

将 $B_c=TBCI=0.39$ 代入公式 $P_d=\dfrac{P_q}{1-h}=\dfrac{P_q}{1-e^{\frac{B_c-1}{B_c}}}$

可得 P_d(华夏良子)$=1.26P_q$(华夏良子)。换言之，如果华夏良子的质量价格 P_q(华夏良子)$=100$ 元，目标顾客的意愿价格是 P_d(华夏良子)$=126$ 元，品牌溢价率是 26%。

根据上述分析，我们对"华夏良子"足疗的品牌信用建设，给出以下 6 个建议：

(1)通过精确测试，锁定核心目标顾客

按照品牌经济学原理，满足顾客需求的是利益，而这个利益是由三个要素构成的，即价格、物质利益、情感利益。因此，从品牌经济学的角度，对目标顾客的精确定位，不是简单的市场营销的市场细分，而是通过价格水平、物质利益和情感利益进行的三维分析。

第一，进行价格定位，也即对企业而言，在投入一定的情况下，满意的利润率是多少，由此测算出来的产品或服务的价格应该是多高。此价格不仅是厂商的收入来源，更是顾客的价值预期，也即价格越高，顾客的价值预期越大。因此，价格确定之后，就要回答：谁对此价格不敏感？

第二，物质利益定位，也即对目标顾客而言，在支付了给定的价格之后，获得了什么可测量或可体验的价值。

对"华夏良子"的"足部按摩，缓解身心疲惫"而言，属于典型的物质利益诉求，顾客由此获得的价值，尽管难以直接测量，但可获得亲身体验。

其实，从自然的角度看，年龄越大，活动量越少，因此，足部按摩保健的目标顾客应该是老年人。但是，在现代社会中，大量的中青年运动量不够，每天坐着的时间较长，而动脚的时间很少,导致足部血液循环不畅。所以,“华夏良子”的目标顾客可以定位于:常年坐着工作的中高收入阶层。

但是,物质利益的最大问题是竞争导致的同质性。在技术原理一定的条件下,众多厂商竞争的结果必定是产品或服务的同质性,从而进入价格战。

第三,情感利益定位,也即在提供物质利益为基本业务的基础上,以某种情感利益为派生业务。为此,就需要对接受物质利益的潜在顾客,进行情感分析,以确定情感利益。

对“华夏良子”而言,前来的顾客除了获得“足部按摩,缓解身心疲惫”这个物质利益外,其敏感的情感利益是什么?如果缺乏这个情感利益,不仅既定的价格难以持久,即缺乏定价权,而且顾客也难以持久选择。

因此,我们建议“华夏良子”应着重对情感利益进行测试,在优化“足部按摩,缓解身心疲惫”这个物质利益的前提下,通过精确测试,确定自己的情感利益。

在价格、物质利益、情感利益确定之后,按图索骥,就可以确定谁是“华夏良子”的目标顾客。

(2)通过敏感测试,升级单一利益点

一个产品或服务,必定会有一定的价格、物质利益,但不一定有情感利益,这就是商标与品牌的差异。对品牌经济学理论而言,商标是个法律概念,而品牌是目标顾客对产品或服务的情感认知。因此,针对目标顾客,必须进行利益敏感性分析,以确定单一利益点。

我们认为,对“华夏良子”的“足部按摩,缓解身心疲惫”而言,其需求敏感性是不够的。即使从保健的角度,进行几次足部按摩,其效果也难以衡量。因此,我们建议通过敏感测试,将自己的单一利益点,从偏重于物质利益,升级到情感利益。关键是通过测试,确定哪种情感利益。

(3)通过品牌经理,明确品牌建设的责任

企业设有财务经理、店面经理、客户经理等,却独独缺乏专门负责品牌建设的品牌经理。对单一商标的企业而言,则是设立品牌经理。品牌经理的职责对象,是对目标顾客的精确定位与精确沟通。

对“华夏良子”来讲,有必要设立两级品牌经理,一是公司总部的品牌经理,负责“华夏良子”的总体品牌建设,制定“华夏良子”的品牌策略;二是区域品牌经理,负责公司品牌经理所制定的品牌策略在各期负责区域的具体实施。

(4)通过情感利益,确保经营的持久性

从实践来看,任何物质利益不仅是可以替代的,而且因技术进步,都会进入同质化阶段,从而进入价格战。价格战的结果就是收入下降,但成本总是在提高,最终导致盈利空间的消散而终止经营。

我们通过品牌经济学理论证明,企业经营的持久性,绝对不是建立在物质利益上,而是建立在目标顾客持久选择的情感利益上。因为情感利益尤其是某种快乐,能确保代际选择,从而确保代际持久选择。

我们认为,“华夏良子”公司完全可以通过“小良子”的卡通设计和动漫,塑造“小良子”的系列故事,以开心活泼纯粹娱乐为内容,将“华夏良子”店打造成开心快乐的场所。

(5)通过预案演练,确保危机转危为安

在企业经营或品牌运营过程中,可能会出现各种危机事件。我们在《BCSOK:品牌建设体系》中,提出了两类危机事件。我们的研究表明,企业不知道何时会发生什么样的危机事件,但可以思考"一旦发生,我们该如何应对"来进行危机事件的模拟演练,并由此将危机事件转危为安。

"华夏良子"属于连锁经营,不可控的环节是存在的,同行竞争也不能排除恶意竞争。因此,需要在设立品牌经理之后,制定品牌危机策略,并进行模拟演练。

(6)通过卡通运营,拓展品牌授权空间

按照(4)的建议,我们认为,"华夏良子"可以通过设计"小良子"的系列卡通形象,并通过赋予其某种快乐的系列故事,使"小良子"系列卡通形象成为该种快乐的代言符号。达到这种程度后,就可以进行品牌授权,进入品牌资本化阶段。

"华夏良子"日益增多的连锁店,完全可以成为"小良子"卡通形象传播的载体,尤其是将"小良子"与二维码组合,进行品牌型二维码设计与应用。但是,品牌授权是需要满足一定条件的,否则是无法实现的。

13.1.2 "上海"表的品牌信用建设策略研究

根据第3章至第12章10个指标的测试评级,获得"上海"表的品牌信用指数也即 *TBCI* 见表13.2。

表13.2 "上海"表品牌信用指数表

商标名称:上海　　产品或服务:腕表　　企业名称:上海表业有限公司　　地址:上海

序号	指标名称	指标分值	序号	指标名称	指标分值
1	目标顾客的精确性 B_1	0.25	6	终端建设的稳定性 B_6	0.10
2	利益承诺的单一性 B_2	0.42	7	品类需求的敏感性 B_7	0.52
3	单一利益的对立性 B_3	0.20	8	注册商标的单义性 B_8	0.38
4	品牌建设的岗位性 B_4	0.42	9	媒体传播的公信性 B_9	0.20
5	单一利益的持久性 B_5	0.62	10	质量信息的透明性 B_{10}	−0.28
$TBCI=[(1+B_{10})\sum B_i]\div 9, i=1\sim 9$					0.25

测试等级	1.0	0.8～0.99	0.6～0.79	0.4～0.59	0.2～0.39	≤0.19
	AAA级	AA级	A级	B级	C级	D级

根据表13.2的 *TBCI* 值,用彼岸阳光的商标-品牌测度尺,可以更直观地显示"上海"表从商标到品牌的距离。

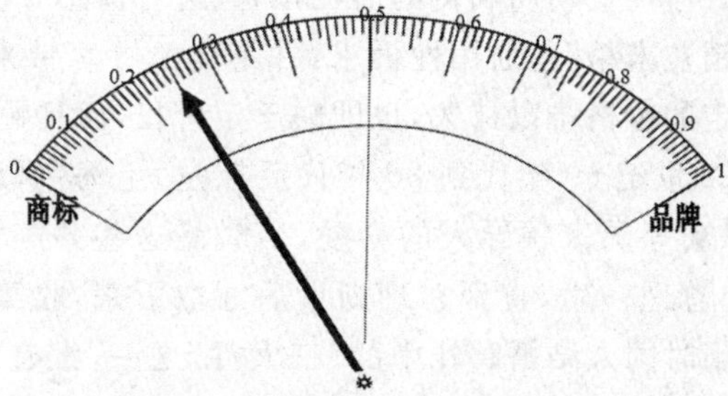

从商标-品牌测度尺可以形象地看出，“上海”表从商标到品牌的距离是0.25。换言之，商标“上海”距离真正的品牌，还有0.75的距离。

所谓真正的品牌，是指目标顾客一旦产生需求之后，不假思索也即选择成本等于零且持久选择的商标产品或服务。而要成为这样的品牌，其商标的品牌信用指数至少应在0.8以上。

将 $B_c = TBCI = 0.25$ 代入公式 $P_d = \frac{P_q}{1-h} = \frac{P_q}{1-e^{\frac{B_c-1}{B_c}}}$

可得 P_d(上海)$=1.05\ P_q$(上海)，换言之，如果“上海”牌手表的质量价格 P_q(上海)$=$1000元，目标顾客的意愿价格是 P_d(上海)$=1050$ 元，品牌溢价率是5%。

根据上述分析，我们对“上海”表的品牌建设，给出以下6个建议：

(1)通过精确测试，锁定核心目标顾客

按照品牌经济学原理，满足顾客需求的是利益，而这个利益是由三个要素构成的，即价格、物质利益、情感利益。因此，从品牌经济学的角度，对目标顾客的精确定位，不是简单的市场营销的市场细分，而是通过价格水平、物质利益和情感利益进行的三维分析。

第一，进行价格定位，也即对企业而言，在投入一定的情况下，满意的利润率是多少，由此测算出来的产品或服务的价格应该是多高。此价格不仅是厂商的收入来源，而且还是顾客的价值预期，也即价格越高，顾客的价值预期越大。因此，价格确定之后，就要回答：谁对此价格不敏感？

我们通过调查看到，“上海”牌陀飞轮金壳的手表大约10万元，普通型号的表从几百元到几千元不等，可以说价格跨度非常大。这很容易给消费者带来负面影响，低端消费者认为低价位的型号质量不合格，而高端消费者又认为“上海”表不能体现佩戴者的身份地位，从而导致双向顾客的流失。而只有精确目标顾客，根据目标顾客的特点设计和定价，才能获得更好的市场反响。

第二，物质利益定位，也即对目标顾客而言，在支付了给定的价格之后，获得了什么可测量或可体验的价值。

任何一块手表都可以实现计时和装饰功能，对上海牌手表来说，只要顾客佩戴，就可以亲身体验一款手表带来的物质利益。

但是，物质利益的最大问题是竞争导致的同质性。在技术原理一定的条件下，众多厂商竞争的结果必定是产品或服务的同质性，从而进入价格战。

第三，情感利益定位，也即在提供物质利益为基本业务的基础上，以某种情感利益为派生业务。为此,就需要对接受物质利益的潜在顾客,进行情感分析,以确定情感利益。

“上海”表追求的“精益求精”是通用性诉求,并不能给顾客带来情感利益。如果缺乏这个情感利益,不仅既定的价格难以持久,也即缺乏定价权,而且顾客也难以持久选择。

搜索中我们发现,20 世纪 60 年代到 80 年代后期是“上海”牌手表的黄金时代,它深受毛泽东、邓小平、周恩来等国家领导人的喜爱,当时是这些共产党领导人腕上的“计时器”,有一款腕表跟随周总理一生,直到总理逝世后才取下来,收藏到了军事博物馆。同时,“上海”牌手表还是当时国人结婚聘礼中的“三大件”之一,没有“上海”牌手表,甚至结不成婚。在当时市场供应有限的情况下,“上海”牌手表可以说是权力与地位的象征。直到 20 世纪 90 年代后,外来品牌大量流入我国市场,“上海”牌手表开始衰落。但是,仍有相当多的人对“上海”牌手表有深厚的感情。

确定以上三个方面的利益诉求后,“上海”牌手表可以将目标顾客定位于:有一定社会地位的怀旧者,并着重对情感利益进行测试,将自己的情感利益确定为佩戴者的社会地位的象征,并为佩戴者带来某种快乐心情。

(2)通过敏感测试,确定单一利益点

一个产品或服务,必定会有一定的价格、物质利益,但不一定有情感利益。这就是商标与品牌的差异。对品牌经济学理论而言,商标是个法律概念,而品牌是目标顾客对产品或服务的情感认知。因此,针对目标顾客,必须进行利益敏感性分析,以确定单一利益点。

“上海”牌手表追求的“精益求精”是通用性诉求,并且是物质类诉求,我们认为其需求的敏感性是不够的。因此,有必要对手表进行需求敏感性测试,首先确定其单一利益点,给顾客一个不假思索选择的理由,同时还要偏重情感利益,使顾客将“上海”牌当作某种情感寄托。

另外,“上海”牌手表与在位者“北极星”表构成了一定的跟随关系。我们通过品牌经济学的分析证明,跟随战略永远不能成为真正的品牌,只有对立策略才能获得足够的市场份额。因此,“上海”表需要建立顾客数据库,对目标顾客进行深层次挖掘,寻找新的单一利益点,避免跟随。

(3)通过品牌经理,明确品牌建设的责任

“上海”表业现在设有技术研发部门、生产部门和销售部门,但缺乏专门负责品牌建设的部门,也没有专门负责品牌建设的品牌经理。

品牌经理掌握专门的品牌建设知识和技能,负责目标顾客的精确定位与精确沟通,对品牌建设有着决定性作用。“上海”牌手表虽然是老字号,但品牌建设始终差强人意,急需有专业技能的人专门负责这一工作。有必要设立两级品牌经理,一是公司总部品牌经理,负责制定企业品牌战略与策略;二是区域品牌经理,负责执行总部品牌策略。

(4)加强终端建设,促进终端销售

销售终端始终是一个企业与目标顾客精确沟通的最好平台。目前“上海”表业还没有开设一家专卖店,而只是在钟表商店销售,这给目标顾客一个错误印象——“上海”牌手表走的是低端路线。毫无疑问,这给品牌建设带来了巨大的负面影响。因此,“上海”牌手表急需建立自己的专卖店,提升品牌形象。

另一方面,与专卖店相配合的是专门的终端销售人员的培训。“上海”表业有必要针对自身产品的特点和定位，对销售人员进行集体培训，提高终端销售人员对产品的认识和沟通技巧。尤其是通过品牌型二维码，根据承诺利益的对立性，强化与年轻人的情感沟通。

(5)通过情感利益，确保经营的持久性

从实践来看，任何物质利益不仅是可以替代的，而且因技术进步，都会进入同质化阶段，从而进入价格战。价格战的结果就是收入下降，但成本总是在提高，最终导致盈利空间的消散而终止经营。

我们通过品牌经济学理论证明，企业经营的持久性，绝对不是建立在物质利益上，而是建立在目标顾客持久选择的情感利益上。因为情感利益尤其是某种快乐，能确保代际选择，从而确保代际持久选择。

“上海”牌手表的文字标志是毛泽东的手写体，奠定了公司深厚的文化基调，因此公司完全可以在此基础上设定怀旧的情感利益点，带给有一定社会地位的怀旧者精神上的愉悦。

(6)通过预案演练，确保危机转危为安

“上海”牌手表作为中华老字号，在20世纪80年代末就曾受到外来品牌的强烈冲击而导致一蹶不振，这一方面是因为“上海”手表没有及时顺应潮流，另一方面也因为“上海”表业没有危机意识。为了避免历史重演，上海牌手表必须设立品牌经理，制定品牌危机策略，并进行模拟演练，包括内部产品质量危机、外部恶意竞争等。

(本书的“上海”表品牌信用评级研究报告由袁洁撰写，孙曰瑶根据TBCI2.0版修改。)

13.1.3 “七匹狼”服装品牌信用建设策略研究

根据第3章至第12章10个指标的测试评级，获得服装“七匹狼”的品牌信用指数也即 $TBCI$ 见表13.3。

表13.3　“七匹狼”服装品牌信用指数表

商标名称：七匹狼　产品或服务：服装　企业名称：福建七匹狼实业股份有限公司　地址：福建省晋江市

序号	指标名称	指标分值	序号	指标名称	指标分值
1	目标顾客的精确性 B_1	0.64	6	终端建设的稳定性 B_6	0.58
2	利益承诺的单一性 B_2	0.82	7	品类需求的敏感性 B_7	0.12
3	单一利益的对立性 B_3	0.76	8	注册商标的单义性 B_8	0.62
4	品牌建设的岗位性 B_4	0.76	9	媒体传播的公信性 B_9	0.26
5	单一利益的持久性 B_5	0.76	10	质量信息的透明性 B_{10}	−0.20
$TBCI=[(1+B_{10})\sum B_i]\div 9, i=1\sim 9$					0.47

测试等级	1.0	0.8～0.99	0.6～0.79	0.4～0.59	0.2～0.39	≤0.19
	AAA级	AA级	A级	[B级]	C级	D级

根据表 13.3$TBCI$ 值,用彼岸阳光的商标-品牌测度尺,可以更直观地显示“七匹狼”从商标到品牌的距离。

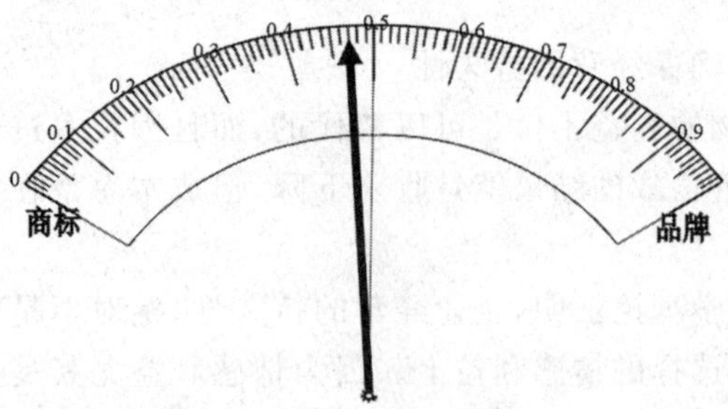

从商标-品牌测度尺可以形象地看出,“七匹狼”从商标到品牌的距离是 0.47。换言之,商标“七匹狼”距离真正的品牌,还有 0.53 的距离。

将 $B_c = TBCI = 0.47$ 代入公式 $P_d = \frac{P_q}{1-h} = \frac{P_q}{1-e^{\frac{B_c-1}{B_c}}}$

可得 P_d(七匹狼)$=1.48P_q$(七匹狼),换言之,如果“七匹狼”的质量价格 P_q(七匹狼)$=1000$ 元,目标顾客的意愿价格是 P_d(七匹狼)$=1480$ 元,品牌溢价率是 48%。

所谓真正的品牌,是指目标顾客一旦产生需求之后,不假思索也即选择成本等于零且持久选择的商标产品或服务。而要成为这样的品牌,其商标的品牌信用指数至少应在0.8以上。

根据上述分析,我们对“七匹狼”的品牌信用建设策略,给出以下五点建议:

(1)通过精确测试,锁定核心目标顾客

按照品牌经济学原理,满足顾客需求的是利益,而这个利益是由三个要素构成的,即价格、物质利益、情感利益。因此,从品牌经济学的角度,对目标顾客的精确定位,不是简单的市场营销的市场细分,而是通过价格水平、物质利益和情感利益进行的三维分析。

第一,进行价格定位,也即对企业而言,在投入一定的情况下,满意的利润率是多少,由此测算出来的产品或服务的价格应该是多高。此价格不仅是厂商的收入来源,更是顾客的价值预期,也即价格越高,顾客的价值预期越大。因此,价格确定之后,就要回答:谁对此价格不敏感?

第二,物质利益定位,也即对目标顾客而言,在支付了给定的价格之后,获得了什么可测量或可体验的价值。物质利益的最大问题是竞争导致的同质性。在技术原理一定的条件下,众多厂商竞争的结果必定是产品或服务的同质性,从而进入价格战。

第三,情感利益定位,也即在提供物质利益为基本业务的基础上,以某种情感利益为派生业务。为此,就需要对接受物质利益的潜在顾客,进行情感分析,以确定情感利益。

“七匹狼”虽然确定其目标顾客的年龄范围为 30~45 岁的成熟男性,但是对该年龄段男人并没有进行个性化的顾客描述,没有进行个性化顾客的购买选择行为测试。“七匹狼”提出的“追逐人生,男人不只一面”属于情感利益,满足男人在不同场合的着装需求,由此体现出男人的多个侧面。但是正如在品类需求的敏感性一项中所提到的那样,该利益点违背了人们对于为人处世的基本道德评判标准,因此并不符合该年龄段男人的情感利益需求。因此,我们建议“七匹狼”应重新对情感利益进行测试,找出真正符合目标顾客情感需求的利益点。

在价格、物质利益、情感利益确定之后,按图索骥,就可以确定谁是“七匹狼”的目标顾客。

(2)通过敏感测试,升级单一利益点

“七匹狼”“追逐人生,男人不只一面”的单一利益点被证明对消费者来说并不敏感,甚至会产生厌恶反感的心态。“七匹狼”应着重对此进行修改提升。

经我们调查研究发现,30～45岁的男人购买服饰的行为有以下三种情形:一是由妻子或女友陪同选购;二是妻子或女友单独前往购买;三是男人自己选购。而通过实际调查显示,第一和第二种情形比例较高,达到72%。经山东省济南市银座商场洪楼店实际调查,在随机抽查的50位男装店顾客中,有14位男士由女士陪同,22位女士单独为男士购买,14位男士单独购买。

我们随机访问了一些女士陪同男士选购衣服或单独为男士选购衣服的原因,总结起来有以下四种答案:第一,男士不擅长挑选适合自己的衣物,包括衣服样式、颜色、尺寸等;第二,男士不会讨价还价;第三,男士没有时间自己挑选衣服,现在多数服装店的售后服务较好,尺寸不合适可以更换,有的甚至可七天时间内无条件退货;第四,有部分男士长期穿着某个服装品牌,其合适的号码已确定,女士可自己前往选择样式,男士不必随同前往。

据此,在30～45岁的成熟男人中,我们选出由女性帮忙选购衣服的这部分男人,对其进行更加个性化的描述:这部分男人往往家庭或感情生活比较稳定,妻子或女友较贤惠;同时,这个阶段的男人家庭责任感增强,有孩子和父母需要照顾,大部分时间用于工作中,事业处于上升阶段。

结合该类人群的特点,我们认为“七匹狼”应该对其自始至终所传达的“狼性”进行修正。“七匹狼”对狼性的原解为:“狼”集智慧、机灵、团结于一身,是极具拼搏力、顽强执著、不停地为生存而奋斗的群体性动物,“七匹狼”商标图形是一匹向前奔跑的彪狼,以昂头挺尾奔越的形状、四脚蓄积爆发的立姿表现公司创业者勇于突破传统、独具个性的舒展形象。它整体呈流线型,充满动感,给人奋勇直前的感觉,象征着企业不断开拓的奋斗精神。英文专用词“SEPTWOLVES”及中文“七匹狼”象征着公司以一个团结的整体面向未来的经营作风和企业凝聚力。墨绿色是企业的标准色,象征着青春、活力,孕育着勃勃生机。(资料来源:http://baike.baidu.com/view/52929.htm)

近些年来,随着动物学家们对狼的研究报道及《狼图腾》等图书的出版,人们对狼性的认识越来越深入。狼是一种非常注重团体合作的动物,它们以亲情结合在一起,对伴侣矢志不渝,对儿女无微不至。

我们认为结合上述人群的特点,“七匹狼”应侧重于狼性中“对伴侣矢志不渝、对儿女无微不至”的重点上来。该利益点不仅对该阶段的男人有较敏感的品类需求,而且对于一同前去选购或单独为其选购的女性来说,该利益点更加敏感,她们更加看重男人对自己和家人的感情。因此我们建议“七匹狼”提升其单一利益点。

(3)通过突出品类,限制品牌延伸

“七匹狼”的品牌延伸现象已极为严重,“七匹狼”原是以夹克等时尚休闲装为主的服饰商标，现已扩展到商务装、商务休闲装、男士T恤、体育用品类、内衣袜品类、童装、女装等。另外，还有“七匹狼”香烟、“七匹狼”皮具、“七匹狼”鞋业等。

品牌延伸的风险性非常高，对原有的品牌形象是极大的挑战。“七匹狼”在“倡导男士族群新文化”的主体定位下，将服装、香烟、酒类、茶品等行业都统合在“男性文化”下，这符合品牌延伸对原有商标情感利益的要求，因此，“七匹狼”香烟曾很快在福建市场上打响，并迅速成为福建省名牌香烟，使福建的烟草业出现了前所未有的繁荣景象，有人形象地将此比喻为“狼烟四起”。但是我们也看到围绕“七匹狼”香烟的商标权问题，引发了一场旷日持久的连环商标权官司，使“七匹狼”的品牌信用度被损害。建议“七匹狼”谨慎实行品牌延伸策略，保证延伸后的新产品的物质利益和情感均包括在已有的物质利益和情感利益集合当中。

(4)通过情感利益，确保经营的持久性

从实践来看，任何物质利益不仅是可以替代的，而且因技术进步，都会进入同质化阶段，从而进入价格战。价格战的结果就是收入下降，但成本总是在提高，最终导致盈利空间的消散而终止经营。

我们通过品牌经济学理论证明，企业经营的持久性，绝对不是建立在物质利益上，而是建立在目标顾客持久选择的情感利益上。因为情感利益尤其是某种快乐，能确保代际选择，从而确保代际持久选择。

我们认为，“七匹狼”公司可以将狼性中“对伴侣矢志不渝、对儿女无微不至”的这种感情传达给目标顾客，并进一步通过生活体验馆，将其打造成享受家庭生活快乐的场所，确保其经营的持久性。

(5)通过结构调整，实行品牌经理运营制

企业的组织形式决定了企业的资源配置与业务流程。如果企业决定实施品牌经济，首先要在组织上确保品牌建设。“七匹狼”虽然设有品牌经理，但是并未实行品牌经理运营制。建议“七匹狼”建立以品牌经理为核心的品牌建设组织，充分发挥具有品牌专业知识的员工的作用，正确实施品牌计划和策略，不断提高“七匹狼”商标的品牌信用度。

(本书的“七匹狼”服装品牌信用评级研究报告由袁文华撰写，孙曰瑶根据TBCI2.0版修改。)

13.1.4 “百达翡丽”腕表品牌信用建设策略研究

根据第3章至第12章10个指标的测试评级，获得“百达翡丽”表的品牌信用指数也即 *TBCI*，见表13.4。

表 13.4　　"百达翡丽"腕表品牌信用指数表

商标名称:百达翡丽　　产品或服务:腕表　　企业名称:百达翡丽集团　　地址:日内瓦

序号	指标名称	指标分值	序号	指标名称	指标分值
1	目标顾客的精确性 B_1	0.80	6	终端建设的稳定性 B_6	0.48
2	利益承诺的单一性 B_2	0.64	7	品类需求的敏感性 B_7	0.40
3	单一利益的对立性 B_3	1.0	8	注册商标的单义性 B_8	0.68
4	品牌建设的岗位性 B_4	0.76	9	媒体传播的公信性 B_9	0.24
5	单一利益的持久性 B_5	0.67	10	质量信息的透明性 B_{10}	−0.28
$TBCI=[(1+B_{10})\sum B_i]\div 9, i=1\sim 9$					0.45

测试等级	1.0	0.8～0.99	0.6～0.79	0.4～0.59	0.2～0.39	≤0.19
	AAA 级	AA 级	A 级	B 级	C 级	D 级

根据表 13.4*TBCI* 值,用彼岸阳光的商标-品牌测度尺,可以更直观地显示"百达翡丽"从商标到品牌的距离。

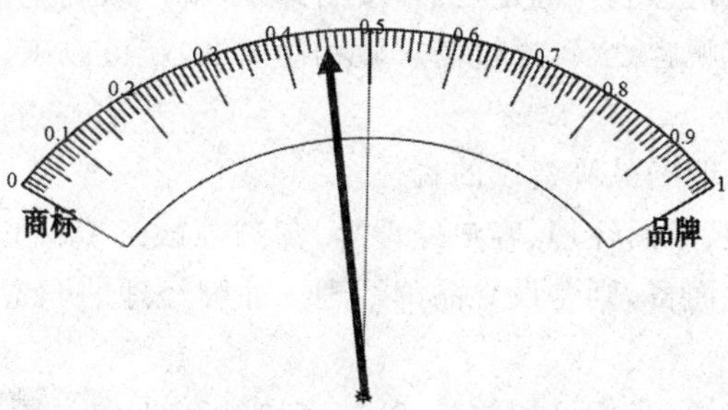

从商标-品牌测度尺可以形象地看出,"百达翡丽"从商标到品牌的距离是 0.45。换言之,商标"百达翡丽"距离真正的品牌,还有 0.55 的距离。

将 $B_c=TBCI=0.45$ 代入公式 $P_d=\frac{P_q}{1-h}=\frac{P_q}{1-e^{\frac{B_c-1}{B_c}}}$

可得 P_d(百达翡丽)$=1.42P_q$(百达翡丽),换言之,如果"百达翡丽"的质量价格 P_q(百达翡丽)=10000 元,目标顾客的意愿价格是 P_d(百达翡丽)=14200 元,品牌溢价率是 42%。

根据上述分析,我们对"百达翡丽"的品牌建设,给出以下 6 个建议:

(1)通过精确测试,锁定核心目标顾客

第一,进行价格定位,也即对企业而言,在投入一定的情况下,满意的利润率是多少,由此测算出来的产品或服务的价格应该是多高。此价格不仅是厂商的收入来源,更是顾客的价值预期,也即价格越高,顾客的价值预期越大。因此,价格确定之后,就要回答:谁对此价格不敏感?

搜索中我们得知,百达翡丽公司 1953 年生产的一只白金镶钻日月星万年历男表,在香港举行的'97 春季拍卖会上被一位欧洲买家以 530 万港币购得,破了万年历手表最高成交价和亚洲手表拍卖最高价两项纪录。公司每年只手工制造一只产品，其价在人民币3000万元左右，而谁要获得这只手表，起码要耐心等待8～10年时间。与此价格相对的是顾客极高的价值预期，包括材质预期、服务预期和心理预期。

第二，物质利益定位，也即对目标顾客而言，在支付了给定的价格之后，获得了什么可测量或可体验的价值。

腕表的首要功能就是计时，因此顾客在使用该产品时，所体验到的首要价值就是计时功能。同时，"百达翡丽"极具保值功能，它承诺制造能够成为家传之宝的"世上最卓越、最具价值的腕表"。因此，"百达翡丽"可以进一步将目标顾客确定为：喜好奢侈品的高端投资者。只有这类目标顾客，既具有足够的经济实力，同时还钟情于该腕表的保值功能。

但是，物质利益的最大问题是竞争导致的同质性。在技术原理一定的条件下，众多厂商竞争的结果必定是产品或服务的同质性，从而进入价格战。

第三，情感利益定位，也即在提供物质利益为基本业务的基础上，以某种情感利益为派生业务。为此，就需要对接受物质利益的潜在顾客，进行情感分析，以确定情感利益。

"百达翡丽"承诺的单一利益点属于情感物质类，希望腕表能成为人们传递感情的载体，获得如同家传之宝一样重要的地位。

在价格、物质利益、情感利益确定之后，按图索骥，就可以确定谁是"百达翡丽"的目标顾客。一旦确定了目标顾客之后，通过需求敏感性测试，就可以确定承诺的利益点对哪些顾客来说是必需的。

(2)通过品牌经理，明确品牌建设的责任

企业设有财务经理、店面经理、客户经理等，却独独缺乏专门负责品牌建设的品牌经理。对单一商标的企业而言，则是设立品牌经理。品牌经理的职责对象，是目标顾客的精确定位与精确沟通。

对于"百达翡丽"来说，我们已知的是，公司在刚刚起步的中国市场设立了品牌经理，因此合理地推断出公司在世界其他重要的地区也设置了品牌经理。但是，并不能明确公司是否实行品牌经理运营机制。

"百达翡丽"有必要在总公司设置品牌经理，负责全球范围的品牌推广和对地区品牌经理的协调管理。

(3)通过情感利益，确保经营的持久性

从实践来看，任何物质利益不仅是可以替代的，而且因技术进步，都会进入同质化阶段，从而进入价格战。价格战的结果就是收入下降，但成本总是在提高，最终导致盈利空间的消散而终止经营。

我们通过品牌经济学理论证明，企业经营的持久性，绝对不是建立在物质利益上，而是建立在目标顾客持久选择的情感利益上。因为情感利益尤其是某种快乐，能确保代际选择，从而确保代际持久选择。

"百达翡丽"目前承诺的利益点是情感物质类，位于顾客利益衍生链的第四环节，并不是顾客的终极需求。因此，"百达翡丽"完全可以充分利用历史上贵族的购买经历，将"百达翡丽"塑造成贵族的象征，使人们珍藏"百达翡丽"就如同拥有贵族珍品，佩戴"百达翡丽"就能感受到贵族般的快乐。

(4)通过媒体报道,拓宽品牌传播范围

通过网络搜索发现,对"百达翡丽"进行报道的媒体不多,少于 30 家;公司自主宣传的形式很多样,但是针对性并不强。

由于"百达翡丽"没有精确目标顾客,因此广告的针对性不强,而是面向所有高端消费群体。通过精确目标顾客之后,广告投放和媒体宣传可以更多地偏向有关投资方面的专业杂志和网站等。这类终端的受众主要是高端投资者,与"百达翡丽"的目标顾客相契合。

另一方面,"百达翡丽"有必要通过赞助等形式,扩大影响力,吸引媒体更多的正面报道。同时,品牌经理还要制定各种策略维护已有的企业形象。

(5)通过预案演练,确保危机转危为安

"百达翡丽"的终端形式包括授权零售商和经销商,不可控的环节是存在的,同行竞争也不能排除恶意竞争。因此,有必要在设立品牌经理之后,制定品牌危机策略,并进行模拟演练。

(6)通过导购培训,确保终端销售水准

通常来说,某种产品的价格越高,人们的价值预期越大,这其中就包括了服务预期。只有服务达到顾客的心理预期,才能获得更高的品牌信用度。

"百达翡丽"作为顶级奢华腕表,顾客在付出相当高价格的同时,也期望更高的服务预期。而且,"百达翡丽"的销售终端主要是授权零售商和经销商,它们都以店面的形式存在。这类店面要提供好的服务,除了装修环境严格要求,店内导购更加重要。

"百达翡丽"完全可以设立专门的培训机构,对导购进行集体培训,既确保导购的形象气质与"百达翡丽"承诺的单一利益点契合,也使导购对"百达翡丽"的历史和产品有一个更细致全面的了解,在销售过程中才能更得心应手,给顾客完美的心理感受。

(本书的"百达翡丽"腕表品牌信用评级研究报告由袁洁撰写,孙曰瑶根据 TBCI2.0 版修改。)

13.1.5　"依波路"表的品牌信用建设策略研究

根据第 3 章至第 12 章 10 个指标的测试评级,获得"依波路"表的品牌信用指数也即 $TBCI$,见表 13.5。

表 13.5　"依波路"表品牌信用指数表

商标名称:依波路　　产品或服务:腕表　　企业名称:依波路(远东)有限公司　　地址:中国香港

序号	指标名称	指标分值	序号	指标名称	指标分值
1	目标顾客的精确性 B_1	0.90	6	终端建设的稳定性 B_6	0.34
2	利益承诺的单一性 B_2	0.92	7	品类需求的敏感性 B_7	1.0
3	单一利益的对立性 B_3	1.0	8	注册商标的单义性 B_8	1.0
4	品牌建设的岗位性 B_4	0.62	9	媒体传播的公信性 B_9	0.24
5	单一利益的持久性 B_5	0.76	10	质量信息的透明性 B_{10}	−0.28
$TBCI=[(1+B_{10})\sum B_i]\div 9, i=1\sim 9$					0.54

续表

序号	指标名称		指标分值	序号	指标名称	指标分值
测试等级	1.0	0.8～0.99	0.6～0.79	0.4～0.59	0.2～0.39	≤0.19
	AAA级	AA级	A级	B级	C级	D级

根据表13.5*TBCI*值，用彼岸阳光的商标-品牌测度尺，可以更直观地显示"依波路"从商标到品牌的距离。

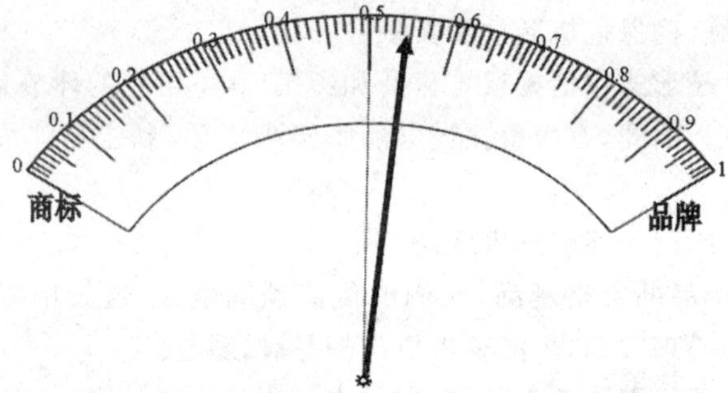

从商标-品牌测度尺可以形象地看出，"依波路"从商标到品牌的距离是0.54，距离真正的品牌还有0.46的距离。

将 $B_c=TBCI=0.54$ 代入公式 $P_d=\frac{P_q}{1-h}=\frac{P_q}{1-e^{\frac{B_c-1}{B_c}}}$

可得 P_d（依波路）$=1.74P_q$（依波路），换言之，如果依波路的质量价格 P_q（依波路）$=$ 1000元，目标顾客的意愿价格是 P_d（依波路）$=1740$元，品牌溢价率是74%。

所谓真正的品牌，是指目标顾客一旦产生需求之后，不假思索也即选择成本等于零且持久选择的商标产品或服务。而要成为这样的品牌，其商标的品牌信用指数至少应在0.8以上。"依波路"表的品牌信用指数已经接近0.8。根据测试分析，我们对"依波路"的品牌建设，给出以下4个建议：

(1)回归最初界定的目标顾客

"依波路"这一瑞士百年品牌，定位在奢侈品和时尚品之间，既有时尚品的特点，也有奢侈品的高价位。通常来说，不断追求完美、崇尚时尚与浪漫的人们，在选择"依波路"的时候，都已经考虑到了价位问题，只要获得等价甚至超值的服务，对"依波路"的价位应该不敏感。购买"依波路"的顾客，想要获得的物质利益包括购买中的服务，以及售后服务等。依波路理应能够满足这些顾客需求。

"依波路"在创立之初，无论是品牌LOGO还是产品设计，都是以情侣为目标顾客，也逐渐成长为瑞士情侣表第一品牌。但是后来，"依波路"将目标顾客的定位扩大成为追求完美、崇尚时尚与浪漫的人们。表面上看，目标顾客增多了，但实际上，在物质资源日益丰富的今天，追求完美的人们有很多，可选择的体系完美与时尚的物品也有很多，人们反而不一定会选择"依波路"，甚至会导致原本中意"依波路"的情侣们，也因为"依波路"的定位不明确而转向选择其他的替代品。

因此,“依波路”应该回归原始,重新将目标顾客定位在追求浪漫的情侣。一方面,“依波路”的LOGO设计是情侣形象;另一方面,人们这一百多年来对它的印象也是情侣表品牌。最重要的是,“依波路”承诺的首位利益点是“浪漫”,而热恋的情侣就是最需要追求浪漫的群体。

(2)设立品牌经理,明确品牌建设的责任

作为一个百年企业,“依波路”面临大的问题不仅仅是短期内的产品销售,更重要的是如何将品牌长久地发展下去。目前“依波路”公司在不同区域设行政总监,但无论是总部还是下属公司都没有专门负责品牌建设的岗位,这直接导致了品牌建设相对于企业发展的滞后。

因此,“依波路”有必要设立两级品牌经理:一是公司总部的品牌经理,负责“依波路”的总体品牌建设,制定“依波路”在全球范围内的品牌策略;二是区域品牌经理,负责执行公司总部品牌经理所制定的品牌策略,并针对各区域内的特点灵活制定品牌发展策略。

(3)加强总部控制能力,预防危机发生

检索中,我们发现,“依波路”在香港设立了亚洲区总代理,在中国内地的重要省市设立一级代理商。也就是说,“依波路”公司总部对产品销售终端的控制力并不是很强。虽然也设置了多家旗舰店,但销售终端更多的是由各级代理商控制,这就导致了总部对终端的产品销售和售后服务质量难以把握。这也是现有负面报道存在的原因之一。

另外一方面,“依波路”作为一个全球品牌,产品是由总部发往世界各地、各级代理商的,不可控环节很多;另外,行业内恶意竞争也可能导致危机发生。

因此,公司总部有必要加强对代理商的控制,如派驻总部人员监督和管理代理商,增加总部人员对代理商的审查力度和巡视力度,对代理商以及销售人员和售后服务人员进行培训等。

(4)适当增加品类空间,扩大市场份额

目前瑞士奢侈表市场品牌非常多,竞争日益激烈。“依波路”面临的挑战就是如何在现有条件的基础上,扩大市场份额。

“依波路”承诺的首位利益点是“浪漫”,这与维珍(Virgin)承诺的“叛逆”、凯特皮拉(Caterpillar)承诺的“粗狂”很相似,都属于情感物质类利益点。维珍贩售养老基金和摇滚音乐,凯特皮拉贩售推土机和步行鞋,看似不相关的品类,事实上却都充分利用了情感物质类利益点。

热恋的情侣会采用各种各样的方式和产品体现浪漫,因此“依波路”完全可以充分利用所承诺的“浪漫”的单一利益点,在情侣表的基础上,推出相似的几款彰显浪漫情感的产品,如情侣首饰等。这样不但不会稀释产品承诺的诉求点,而且还会将公司引入不同的品类市场,从而合理地扩大市场份额。

(本书的“依波路”表品牌信用评级研究报告由袁洁撰写,孙曰瑶根据TBCI2.0版修改。)

13.2 “双胞胎”品牌信用评级案例研究

双胞胎饲料公司是一家原料类的企业，其饲料是用于养殖场从事动物养殖的，通过对该案例的研究，可以对原料类企业进行商标品牌信用度研究。

13.2.1 “双胞胎”的目标顾客精确性测试评级

品牌经济学认为，如果缺乏精确的目标顾客分析，满足顾客需求或以顾客为上帝的承诺就是苍白的，甚至是虚伪的。

“双胞胎”用于饲料，而且是猪饲料。双胞胎公司自己对目标顾客的理解是养猪者，并且以“活在当下”为依据，认为2010年全国出栏6.67亿头生猪中，散养户的出栏量已经下降到60%。尽管这个比例还将继续下降，但双胞胎公司将自己定位于“不做50头基础母猪以上的客户”。话是这么说的，实际是这么做的吗？从养殖业内部来看，双胞胎这种定位似乎是有精确的目标顾客。

双胞胎集团在研发仔猪肠道健康调控关键技术及在饲料产业化中的应用获得重大突破后，又为养户着想，把服务做向养殖终端。为了帮助农户实现养猪效益最大化，同时使养猪过程变得简单化和傻瓜化，双胞胎集团通过探索猪的成长规律和长膘期，不断地摸索总结科学的养猪方法，通过用料比，把养猪方法变成数据化。

双胞胎集团首先在自己的猪场进行了喂养实验，然后再推广到大面积的散户喂养和猪场喂养中。经过不断的摸索、不断的实践、不断的调整，双胞胎集团最终为养户总结选择出了最佳的“420(33)＋料槽”数字化科学养猪模式。这说明“双胞胎”傻瓜式养殖模式是经过了顾客个性化测试的。

双胞胎公司说双胞胎的目标是薄利多销、微利经营，让养殖户赚到更多的钱。养殖户的利润＝收入－成本＝出栏量×卖价－(饲料费＋防疫费＋场地费＋管理费等)。

显然，双胞胎所说的让养殖户赚更多的钱，其实是通过降低饲料价格、提升肉料比、降低乳猪死亡率等，这些都属于养殖户的成本项，而不是养殖户的收入项，因为双胞胎公司无法控制猪肉价格。

随着原料等各种成本的增加，双胞胎的饲料也要提价，也意味着养猪户的成本在增加，而我国猪肉价格一直处于周期性的波动。在这个情况下，双胞胎说“让养殖户赚更多的钱”显然只能是一厢情愿。

而生产蛋鸡饲料的日本农产工业株式会社的“光”牌策略，则是直接向消费者推广“光”牌。消费者对“光”牌形成了认牌购买，不仅提高了使用“光”牌饲料的鸡蛋价格，而且销量极大。在带有“光”牌商标的鸡蛋就能卖高价且卖得多的条件下，也即日本农产公司成为了养鸡场的收入项，通过销量和鸡蛋卖价的提高而增加了收入，养鸡场才愿意花高价格使用“光”饲料。

其实，客户与顾客是两个不同的概念，客户是直接付钱的人，而顾客则是直接使用或消费的人。因此，品牌经济学证明，不论是中间产品还是终端产品，只有最终的顾客的认牌选择，才能拥有定价权，这才是品牌建设的根本目标。

原料→双胞胎→经销商→分销商→饲料门店→养猪户→屠宰场→肉食加工厂→超市或食堂、饭店→消费者

在这个顾客链中，双胞胎仅仅到了养猪户，在最终消费猪肉的消费者那里，根本没有概念。换言之，双胞胎在整个猪肉顾客链的终点顾客那里，没有形成品牌拉力，也就无法获得品牌溢价。

选定的个性化顾客的成长性，包括两个方面：一是数量的成长性，二是个体需求的连续性。当然，如果缺乏精确的个性化顾客，也就无法测评其成长性。若选定的目标顾客属于衰退的，也是错误的。

双胞胎坚持不做50头基础母猪以上的客户，理由是规模化虽然是趋势，但规模化增长的速度并没有大于散养户退出的速度，因此，当下的散养户依然占据了养猪业的绝对份额。

我们认为，人无远虑必有近忧。双胞胎的"当下"战略是正确的，但散养户却是一个逐渐退出的市场。通过农民专业合作社法，国家支持养殖业的政策的对象，都是养殖合作社，也即规模养殖。养殖合作社和规模养殖场的养殖技术不仅内部高于个体散养户，而且政府的畜牧站技术人员也可以进行技术指导。因此，我们认为，双胞胎的销售客户是清楚的，但终点目标顾客却是没有的，也就失去定价权。

根据这些事实和技术标准，得出商标"双胞胎"的目标顾客精确性测试评级如表13.6所示。

表13.6 "双胞胎"的目标顾客精确性测试评级表

指标	测评二级指标	指标赋值要点	指标事实及其来源	得分
1. 目标顾客的精确性 B_1	1.1在产品设计时，是否有明确的个性化的顾客描述？0.15分	若有，得0.15分；若以老顾客为主，得0.12分；若经过个性化顾客试用后推广，得0.09分；如未经顾客试用直接推销，得0.0分	通过测试，双胞胎推了"420(33)＋料槽"数字化科学养猪模式，说明有个性化顾客测试，故得0.15分	0.15
	1.2是否测试过个性化顾客的需求和欲望？0.20分	若仅进行过产品功能性测试，得0.10分；若进行过快乐性欲望测试，得0.20分	从上述资料看，这个测试是产品功能性测试，故得0.10分	0.10
	1.3通过绘制顾客链，所描述的个性化顾客是否是终点顾客？0.30分	测试的若是终点顾客，得0.30分；若不是终点顾客，得0.0分	测试的不是终点顾客，而是养殖场的养殖客户，故得0.0分	0.0

续表

	1.4 所选定的个性化顾客的成长性如何？0.15 分	若数量和收入都增长，得 0.15 分；若仅是数量增长，得 0.10 分；若两者都无增长性，得 0.0 分	双胞胎坚持不做 50 头基础母猪以上的客户，但规模养殖一定增长，故两者都无增长，故得 0.0 分	0.0
1. 目标顾客的精确性 B_1	1.5 为了进行顾客挖掘，是否建有顾客数据库或跟帖分析？0.10 分	若有顾客数据库且进行品类组合分析，或对网络跟帖进行分析，得 0.10 分；若有数据库但无品类组合分析，得 0.05 分；若无顾客数据库，得 0.0 分	从资料来看，其销售主要通过经销商，故有经销商数据库，而无养殖场数据库，故得 0.0 分	0.0
	1.6 所选定的个性化顾客选择行为是否稳定？导致其选择行为逆转的外部因素有哪些？0.10 分	若顾客总体有明显的逆转因素，则得 0.0 分；若部分顾客存在明显逆转因素，得 0.05 分；若顾客总体无明显的逆转因素，得 0.10 分	经销商对毛利很敏感，养殖场对成本敏感，都属于明显的逆转因素，故得 0.0 分	0.0
得分合计				0.25

信用等级	1.0	0.8～0.99	0.6～0.79	0.4～0.59	0.2～0.39	≤0.19
	AAA 级	AA 级	A 级	B 级	C 级	D 级

13.2.2 “双胞胎”的利益承诺单一性测试评级

双胞胎给出的利益承诺是：双胞胎只做好猪料，尤其是确立了“做中国最好的乳猪料、浓缩料、教槽料”的奋斗目标 。

乳猪料的研发可谓是他们的杰作。乳猪料的关键是解决仔猪拉稀的问题，由于仔猪胃肠较弱，饲料稍有不慎，就容易导致仔猪拉稀脱水而死亡。为此，他们曾在江西、广东、湖南、福建等地做了 1 万多次饲喂试验，经过不断地改进工艺配方，终于攻克了技术难关，95%的仔猪没有出现拉稀的现象。故此他们围绕着“乳猪料，不拉稀”进行了研发。

双胞胎承诺用双胞胎饲料养猪，养殖户只要按照双胞胎集团提供的数字模式进行饲养，就可以保证在 180 天时间内让猪长到 120 公斤左右，而且料肉比维持在一个有相当竞争力的水平。让养殖户像傻瓜一样喂猪，实现“轻松养猪，快乐赚钱”。

经过不断的摸索、不断的实践、不断的调整，双胞胎集团最终为养户总结选择出了最佳的“420(33)＋料槽”数字化科学养猪模式。“420(33)＋料槽”数字化养猪模式，就是乳猪在 28 日龄断奶后至 42 日龄时，使用 4 公斤“双胞胎乳猪奶粉”喂养。此时乳猪肠道脆弱，乳猪奶粉减少了应激反应，料槽的使用使喂养环境干净卫生，避免了乳猪的相互争食，从而使乳猪长得个体均匀。乳猪在 42 日龄开始长成仔猪至 63 日龄时，改用 20 公斤“双胞胎猪肠乳”喂养，喂完这个阶段，乳猪即可长至 23～24 公斤，比自配料喂养多长 3～4 公斤猪，料肉比达到1.45∶1，价肉比达到3.3∶1。此时如果选择卖小猪，4公斤奶粉和20公斤猪肠乳的饲料花费共计110元，卖小猪的市场效益十分显著。如果继续养肉猪，则在63日龄至130日龄时，喂3包40公斤的"双胞胎小猪料"，在130日龄至180日龄喂3包40公斤的"双胞胎中猪料"，喂完后猪重量可达120公斤以上。

此时可以出栏，全程料肉比达到2.4∶1，全程价肉比达到3.6∶1，刨去3包小猪料和3包中猪料的花费约735元，市场效益也是十分可观的，而且比自配料喂养整整可提前1个月出栏。

根据以上资料和技术标准，将"双胞胎"的利益承诺单一性评级如表13.7所示：

表13.7　"双胞胎"的利益承诺单一性测试评级表

指标	测评二级指标	指标赋值要点	指标事实及其来源	得分
2. 利益承诺的单一性 B_2	2.1 列出所承诺的利益是一个还是多个？若承诺多个利益点，厂方材料中排在第一位的利益即首位利益是什么？0.40分	若是明确的一个利益点，得0.4分；若有显著的首位利益，得0.32分；若既无单一利益点也无显著的首位利益，得0.0分	多个利益承诺，但突出的是"乳猪料，不拉稀"，属于首位利益，故得0.32分	0.32
	2.2 所承诺的利益点是边际递增的情感欲望，还是边际递减的物质需求？0.30分	承诺的若是边际递增的情感欲望，得0.30分；若边际递减的物质需求，得0.12分	承诺的是边际利益递减的物质性需求，故得0.12分	0.12
	2.3 作出的承诺是否是顾客的利益？0.20分	若符合顾客的利益，得0.20分；若不是顾客利益，得0.0分	承诺的是"乳猪料，不拉稀"，符合养殖户的利益，故得0.20分	0.20
	2.4 该商标用于几个产品？0.10分	若商标承诺的不是情感欲望，若该商标仅用于1种产品，得0.10分；若超过1种，得0.0分	"双胞胎"承诺的不是情感欲望，仅用于饲料1种，故得0.10分	0.10
		得分合计		0.74

测试等级	1.0	0.8～0.99	0.6～0.79	0.4～0.59	0.2～0.39	≤0.19
	AAA级	AA级	A级	B级	C级	D级

13.2.3 "双胞胎"的单一利益对立性测试评级

品牌经济学理论以及实践验证，为了规避在位者的拦截式竞争，同时克服目标顾客头脑中的对在位者的占先记忆，后来者若采取跟随策略是很难成功的。只有采取与在位者所属品类对立的品类策略，也即对立策略，后来者才有可能成功。

双胞胎成立之初，是做鸭饲料，后来曾经模仿正大集团主攻鸡饲料，结果路越走越窄，其月销量不足万吨，主要靠销售低档鸡鸭饲料维持生产。

换言之，在正大鸡饲料成为强大的在位者的条件下，即使在那个鸡饲料成长性较高的时期，双胞胎采取模仿即跟随策略都将是失败的。因为养鸡户首先会想到正大饲料，而不是双胞胎，这就是顾客的占先效应。

随后，双胞胎在2003年转向了猪饲料，是因为当时猪饲料市场很大，但缺乏领军品牌，也即缺乏强大的在位者。而在猪饲料中，技术含量最高的是乳猪料，因为大多数乳猪料很难解决猪拉稀导致乳猪死亡问题。当时占生猪市场份额80%的农村散养户大都用熬稀饭的方式养猪，使乳猪很容易拉稀，要不断喂药，成本加大。因此，2003年8月，双胞胎针对散养户推出了第一代产品“双胞胎乳猪料”。

换言之，当双胞胎进入猪饲料尤其是乳猪料时，在位者是散养户的自制乳猪料，而无强大的乳猪料在位者厂商。

总裁邓书甄说，双胞胎集团的第一次调整，由禽料成功转换成猪料。从前是90%的禽料，突破猪料危局，找准高档乳猪料、散养户为切入点，实现了产品由区域性走向全国性。

此前最大的特点是杂、乱、混，市场上什么好卖就生产什么，多品牌、很复杂。通过集团这一阶段的整合、简化、提升完成集团原始积累，双胞胎逐步走向了中国专业化生产猪饲料的道路上，实现了集团第一次重大跨越，为集团的快速发展插上了腾飞的翅膀。

根据以上资料和技术标准，我们将“双胞胎”的单一利益的对立性评级如表13.8所示：

表13.8　“双胞胎”的单一利益对立性测试评级表

指标	测评二级指标	指标赋值要点	指标事实及其来源	得分
3. 单一利益的对立性 B_3	3.1 给出拟评商标国际或国内在位者，并给出在位者的单一利益点即在位品类，0.40分	若只给出在位者厂商但无在位者产品，得0.10分；若给出在位者产品但无其单一利益点，得0.20分；若给出在位者产品及其单一利益点，得0.40分	在位者是正大集团的鸡饲料，但未给出其单一利益点，故得0.20分	0.20
	3.2 将拟评商标的利益点与在位者的利益点进行比对，测试两者的对立程度。0.60分	若与在位者完全对立，得0.60分；很大的对立得0.48分；不对立但差别很大，则得0.36分；不对立但差别较大，则得0.24分；差异很小的跟随，得0.12分；完全跟随或通用性承诺，得0.0分	通过推出乳猪料，与正大鸡饲料完全对立，故得0.60分	0.60
得分合计				0.80

测试等级	1.0	0.8～0.99	0.6～0.79	0.4～0.59	0.2～0.39	≤0.19
	AAA级	AA级	A级	B级	C级	D级

13.2.4 “双胞胎”的品牌建设岗位性测试评级

我们没有获得双胞胎公司的组织结构图，从中难以发现是否有品牌经理。

但通过网络搜索双胞胎的招聘广告，没有发现招聘品牌经理的信息，都是招收销售经理；也没有以品牌经理身份进行的活动信息。由此推定双胞胎并未设立独立的品牌经理。

但是，双胞胎公司有大量的广告和促销活动，由此推定尽管没有专职的品牌经理，但双胞胎的品牌建设是由企业相关部门兼任的。

因为没有设立专职的品牌经理，所以也就不存在品牌经理运营制。广告宣传不等于品牌运营。作为兼任工作，企业相关部门缺乏品牌建设岗位技能和岗位责任，从而导致品牌建设的实质性的弱化，导致其品牌建设被边缘化。品牌建设技能的缺乏与岗位责任的弱化，是绝大多数企业品牌建设不佳的重要原因。

缺乏明确的品牌经理，意味着无人对目标顾客负责。我们认为：猪饲料确实是给猪吃的，但猪不会自己来买饲料，而是养猪的人来买饲料。不同的养猪人的收入、知识、经验等都是有差异的，尤其是猪肉最终都是被消费者消费了。在供小于求的短缺时代，可以不考虑这些。但在供大于求时，这些行为差异就成了关键。尤其是作为猪肉的终点消费者，顾客利益＝物质利益＋情感利益。在柜台、餐馆中实际消费时，猪肉的感官和口味很难有差异，只有从情感利益入手，才能解决价格敏感性，获得品牌溢价。也只有获得了猪肉在终点消费者的高价认可，饲料厂才能获得终端定价权，通过类似日本农产“光”牌一样的品牌授权，获得饲料的定价权。否则，原料、人工等多种成本因素的必然上涨，将不可阻挡地侵蚀公司利润。

品牌经济学证明，有销量不一定有品牌，有品牌却一定有销量。因为销量的产生，可以有五个原因：一是供小于求的短缺；二是技术进步推动的产品物质利益；三是销售人员的技能；四是同行其他企业的错误；五是终点目标顾客也即消费者的认牌购买即品牌。因此，尽管双胞胎的猪饲料销量达到350万吨，但这不是品牌的力量，而是上述前四个原因共同形成的。

综上所述，按照技术标准，将“双胞胎”的品牌建设岗位性指标评级如表13.9所示：

表 13.9 “双胞胎”的品牌建设岗位性指标测试评级表

指标	测评二级指标	指标赋值要点	指标事实及其来源	得分
4. 品牌建设的岗位性 B_4	4.1 是否设立有品牌经理？0.40 分	若有，得 0.40 分；若由公司决策者直接负责，得 0.32 分；若只是一般岗位兼职，得 0.24 分；若既无品牌经理、也无其他岗位专责品牌建设，则得 0.0 分	从资料来看，由公司决策者直接负责，故得 0.32 分	0.32
	4.2 若有品牌经理，是否是品牌经理运营制（即对拟评商标所承载产品的经营）？0.15 分	若未实行品牌经理运营制，得 0.0 分；若只有专职负责但无团队配合，得 0.06 分；若是品牌经理运营制，得 0.15 分	未实行品牌经理运行制，故得 0.0 分	0.0
	4.3 品牌实际负责人（老板或职业经理）对品牌的理解是物质性还是情感性？0.30分	通过检索、分析品牌实际负责人的讲话，若其对品牌的理解是质量、功能等物质性，得 0.18 分；若其理解是心情、欲望、快乐等情感性，得0.30分	通过资料分析，“双胞胎”对品牌的理解集中于质量、功能等物质性，故得 0.18 分	0.18
	4.4 针对目标顾客的逆转因素，品牌实际负责人（老板或职业经理）是否制订了预案？0.15 分	针对逆转因素，制订了预案或不同方案，得 0.15 分；若没制定预案，得 0.0 分	小规模养猪场对饲料成本很敏感，即存在逆转因素，也未见其制定预案，故得 0.0 分	0.0
得分合计				0.50

测试等级	1.0	0.8～0.99	0.6～0.79	0.4～0.59	0.2～0.39	≤0.19
	AAA 级	AA 级	A 级	[B 级]	C 级	D 级

13.2.5 “双胞胎”的单一利益持久性测试评级

根据顾客利益衍生链分析技术，按照双胞胎公布的资料，我们绘制出双胞胎的顾客利益衍生链：

买双胞胎饲料→获得“420＋料槽”养猪技术→省事省心地养猪→卖小猪或卖肉猪→赚钱→培养儿子有个好前程→养儿防老→无忧晚年的快乐

利益衍生链共有 8 个利益态，双胞胎突出的是“轻松养猪，快乐赚钱”。我们认为双胞胎的这个承诺，“轻松养猪”是能做到的，但“快乐赚钱”未必做到，因为散养户是否赚钱，不取决于饲料，而取决于猪肉市场供求和饲料成本。

因此，我们将双胞胎的承诺利益定位于“省事省心地养猪”，即位于顾客利益衍生链上的第三个环节，得分 0.7×3/8=0.26 分。

但是，双胞胎自己的顾客利益链仅仅是物质利益，“轻松养猪”是双胞胎的技术问题，而“快乐赚钱”有两个问题：一是把赚钱本身当成了快乐，其实养猪户养猪赚钱不是目的，给儿子提供更好的教育以获得一个好的前程才是其赚钱的目的，因为养儿防老还是中国尤其是农村的主要养老方式；二是“轻松养猪”一定能赚钱，这个承诺是不可靠的。因为整个猪肉价格、饲料成本，都不是双胞胎能决定的。

我们认为，如果重新设计双胞胎的顾客利益链，就会有新的认识：

买双胞胎饲料→获得授权“双胞胎”贴牌→中高收入消费者喜欢“双胞胎”→高价买“双胞胎”猪肉→养猪户高价卖猪肉→确定多赚钱→生活的快乐

散养户为何买双胞胎饲料？是因为能获得授权贴牌使用“双胞胎”这个商标。为何贴牌？是因为中高收入消费者喜欢“双胞胎”，愿意以高价格买“双胞胎”猪肉，由此养猪户能高价卖猪肉，从而确定地多赚钱，最终获得改善生活的快乐。

综上所述，按照技术标准，“双胞胎”的单一利益持久性测试如表 13.10 所示：

表 13.10　“双胞胎”的单一利益持久性测试评级表

<table>
<tr><th>指标</th><th>测评二级指标</th><th>指标赋值要点</th><th>指标事实及其来源</th><th>得分</th></tr>
<tr><td rowspan="3">5. 单一利益的持久性 B_5</td><td>5.1 拟评商标承诺的单一利益或首位利益是否符合情感快乐这一终极利益？0.70 分</td><td>若从初始利益的产品，到终极利益的快乐，假设有 N 个利益，若拟评商标承诺的利益在第 i 个，得 $0.7\times i/N$ 分</td><td>根据其承诺，将双胞胎的承诺利益定位于“省事省心地养猪”，即位于顾客利益衍生链上的第三个环节，得分 0.7×3/8=0.27 分</td><td>0.26</td></tr>
<tr><td>5.2 终点顾客的终极利益也即乐点稳定吗？0.20 分</td><td>若乐点是非常稳定的，得 0.20 分；若乐点基本稳定，得 0.12 分；若乐点是不稳定的，得 0.0 分</td><td>对小规模养殖场来说，省时省心养猪这个乐点是非常稳定的，故得 0.20 分</td><td>0.20</td></tr>
<tr><td>5.3 其产品更新换代是否构成情感快乐的版本升级效应？0.10 分</td><td>若构成情感快乐的版本升级效应，得 0.10 分；若仅是产品更新换代，得 0.0 分</td><td>推出来的是产品更新换代，故得 0.0 分</td><td>0.0</td></tr>
<tr><td colspan="4">得分合计</td><td>0.46</td></tr>
</table>

测试等级	1.0	0.8～0.99	0.6～0.79	0.4～0.59	0.2～0.39	≤0.19
	AAA 级	AA 级	A 级	B 级	C 级	D 级

13.2.6　“双胞胎”的终端建设稳定性测试评级

双胞胎的零售终端是遍布村镇的饲料门店。

林志华在 2012 年 8 月 13 日中国农业网发表题为《丁老板的双胞胎饲料店和他的铁杆养户》中描述道，丁老板的饲料店后面还连着一个大后院，后院里是他的小型猪场。丁老板说，他养了 9 头母猪，现有存栏生猪 60 多头。他现在经销双胞胎饲料，就缘于他之前养猪用的是双胞胎饲料。

丁老板原来做板材生意，但做板材生意非常辛苦，当地经营这种生意的人又多，竞争非常激烈，一年下来，赚不出几个钱。去年猪价好，不少养猪的人都赚了大钱。丁老板 2011 年底开始就去搞了点猪来养，以贴补板材生意的不足。开始也是用自配料，后来双胞胎的业务员来推销双胞胎饲料，他因为要做板材生意，又要做自配料，忙不过来，就答应买几包料试试。这一试，就让他铁了心用双胞胎饲料了。因为双胞胎"420＋料槽"在他按规定时间喂到 35 天后，平均每头就长了 34 斤肉，日长近 1 斤，比自配料每头多长 6～8 斤！

他把小猪卖了，赚了一笔钱。嘿，还别说，养猪比做板材生意赚钱多了，也轻松多了。用双胞胎"420＋料槽"，只要往料槽倒倒料、打扫打扫猪圈卫生就行。丁老板思谋着扩大养猪规模，但他的爱人却比他想得更深一层。"双胞胎饲料这么好，何不去卖料，当老板呢！"丁老板豁然开窍："对呀，还是我老婆脑子好使！"2012 年 2 月，经过双胞胎集团徐州部的资格审查，丁老板正式成了双胞胎的客户，丁老板扔掉板材生意不做了。为了亮出自己店面的招牌，引起养猪户的注意，丁老板花了 1000 多元搞店面装饰和大型喷绘，把店面包装得红红火火，把声势造得轰轰烈烈，十里八村的人都知道，这里，有一家双胞胎饲料经销店开张了。

3 月份，丁老板从双胞胎江苏徐州工厂拉回第一批双胞胎饲料 10 吨，只 3 天时间，就销售一空。丁老板尝到了做双胞胎经销商的甜头，坚信自己的选择没有错！

我们认为丁老板使用双胞胎养猪赚钱了，才转行代理销售双胞胎饲料。到目前为止丁老板还能赚钱，如果卖双胞胎饲料不赚钱了，也就不代理了。

综上所述，按照技术标准，"双胞胎"终端建设的稳定性评级如表 13.11 所示：

表 13.11　　“双胞胎”的终端建设稳定性测试评级表

指标	测评二级指标	指标赋值要点	指标事实及其来源	得分
6. 终端建设的稳定性 B_6	6.1 沟通终端的网络程度，包括二维码使用程度或新媒体是多少？0.60 分	产品或其包装普遍未印制自己的二维码，得 0.0 分；若印制了普通二维码得 0.24 分；若背景使用了经过设计的广告型二维码，得 0.36 分；若使用了经过注册的商标型背板的二维码，得 0.48 分；若是品牌型二维码，或集中于新媒体，得 0.60 分	通过网络检索，尚未发现其普遍印制自己的二维码，故得 0.0 分	0.0
	6.2 拟评商标产品的现实终端形式是什么？0.30 分	若只有代理商，得 0.0 分；由代理商进终端但拟评企业派驻导购员，或受导购个人影响很大，得 0.06 分；若完全为加盟终端，得 0.12 分；若由代理商和企业各自拓展终端即双重渠道，得 0.18 分；若是旗舰店基础上的加盟连锁店，得 0.24 分；若完全为自控终端（厂家在商场直接租赁柜台，或者是自建专卖店），得 0.30 分	从资料来看，主要是通过代理商销售，故得 0.0 分	0.0
	6.3 目标顾客到拟评商标所代表的产品终端是否便捷？0.10分	若是类似直销、网店或社区店等终端，就很便捷，得 0.10分；若是设立于城市中心，或者是郊区的位置，便捷性就很低，得 0.0 分	通过代理商铺货到遍布村镇饲料门店，便捷性很高，故得 0.10 分	0.10
得分合计				0.10

测试等级	1.0	0.8～0.99	0.6～0.79	0.4～0.59	0.2～0.39	≤0.19
	AAA 级	AA 级	A 级	B 级	C 级	D级

13.2.7　“双胞胎”的品类需求敏感性测试评级

乳猪成活率直接决定了养猪成本和出栏量，“双胞胎”的首位利益是“乳猪料，不拉稀”。客户是散养户，那么，散养户对“乳猪料，不拉稀”是否敏感呢？答案当然是敏感。

但是，从品牌经济学角度看，猪肉的最终消费者对此并不敏感。换言之，双胞胎的“乳猪料，不拉稀”“轻松养户、快乐赚钱”，都是直接面向散养户的，这不是品牌信用，而是产品质量的承诺。

问题是产品质量是一个法律问题，也即吃“双胞胎”的乳猪饲料，本来就不能拉稀。换个角度，如果我们到饭店吃饭，饭店给出的承诺是本饭店饭菜，保证您吃后不拉肚子。您认为这个承诺有吸引力吗？

品牌经济学证明：产品质量是水桶的桶底，没有桶底，水桶无法盛水；可只有桶底，也无法盛水。因此，让乳猪不拉稀的饲料是饲料的质量问题，不是品牌问题。

想想看，国内厂商完全能生产出保证质量的可口可乐，可是“可口可乐”这个品牌还是美国的。

综上所述，按照品类需求敏感性的技术标准，“双胞胎”的品类需求敏感性评级如表13.12所示：

表 13.12　“双胞胎”的品类需求敏感性测试评级表

指标	测评二级指标	指标赋值要点	指标事实及其来源	得分
7. 品类需求的敏感性 B_7	7.1 所作利益承诺是目标顾客生活、工作或情感所必需的吗？0.40 分	若是一次性购买但常年性使用或标识的，得 0.40 分；若是经常性购买的，得 0.32 分；若是可有可无或可多可少的，得 0.0 分	乳猪饲料是养殖场工作必需的，也不可能喂一点买一点，而是一次购买常年使用，故得 0.40 分	0.40
	7.2 所作利益承诺，是目标顾客在某个时间或某个场合所急需的吗？0.20 分	若能给出明确的何时或何地所急需的，得 0.20 分；若有急需的可能但何时或何地不明确，得 0.12 分；若既无可能也不明确，得 0.0 分	在乳猪成长过程中，如何解决不拉肚子是养殖户急需的，故得 0.20 分	0.20
	7.3 所作利益承诺对目标顾客而言，是锦上添花的吗？0.20 分	若使顾客感到若有更好，得 0.20 分；若使顾客感到仅仅是有比无好，得 0.12 分；若说不出明确的原因，得 0.0 分	乳猪饲料对乳猪成长效果当然是第一位的，但在喂养的同时，确保乳猪不拉肚子更好，故得 0.20 分	0.20
	7.4 所作承诺对目标顾客而言，是基本利益还是派生利益？0.20 分	若仅是基本利益，得 0.0 分；若是基本利益基础上的派生利益，得 0.20 分	承诺的是基本利益，因为乳猪料就应该不让乳猪拉肚子，故得 0.0 分	0.0
得分合计				0.80

续表

指标	测评二级指标		指标赋值要点		指标事实及其来源	得分
测试等级	1.0	0.8～0.99	0.6～0.79	0.4～0.59	0.2～0.39	≤0.19
	AAA级	AA级	A级	B级	C级	D级

13.2.8 “双胞胎”的注册商标单义性测试评级

双胞胎集团官网对“双胞胎”标志的含义是“与国家、社会、养户、客户、员工等均实现双赢”。

无论是文字还是图案，都是一个符号。人们一看到一个符号，首先根据自己的经验给出自己的解释。

由此以来，同一个符号，不同的受众得出的意义理解是不同的，这就是歧义性。一旦商标出现很高的歧义性，就将导致传播效率和效果下降，直接降低了品牌信用度。

因此，一个商标的含义，不是所属企业想定义成什么意思，就能传播成什么意思。而是受众看到后理解成什么意思，就是什么意思。因此，在设计商标等符号时，不能闭门造车，而应该进行意义测试，避免产生歧义性。

“双胞胎”的来历：根据双胞胎公司资料，“双胞胎”打破传统乳猪料外观为“颗粒”状的思路，设计一种特殊的模具，将两个颗粒料压制连成一体。这种让人觉得新鲜而又区别于其他乳猪料的外观造型，被冠以“双胞胎”之名，并对这种外观造型到模具到命名“双胞胎”，乃至以后准备开发生产的“三胞胎”商标都申请了国家专利，从而为对手设置了“复制”的法律“壁垒”。

问题是受众看到“双胞胎”这三个字后的经验意义是什么呢？为此，我们看个新闻报道。

2010年2月3日，《重庆晚报》发表题为《带两女儿回家过年，被门口“双胞胎”乳猪饲料惹怒》的文章。

黔江区新华乡离家多年的梁先生携妻带女回老家过年，走到家门口，却看到自家大门口两边整整齐齐贴上一副大红春联，仔细一瞧，竟是油漆涂刷的“双胞胎”乳猪饲料广告。

随后，亲戚朋友纷纷来梁家走访，无不误把大门边广告当成春联，明白过来后都戏称梁家产了一对双胞胎乳猪。更让人尴尬的是，梁先生的两个女儿相貌、个头相差无几，大家都说像一对双胞胎，亲友的玩笑让梁一家人非常难堪。梁先生感觉受到侮辱，坚决要找广告厂商讨个说法，并准备通过法律途径解决。

梁先生是北京一家媒体驻重庆站的负责人 。经过调查，梁先生得知广告主人是四川成都“双胞胎”饲料有限公司重庆分公司。该公司在黔江设立了办事处，梁先生怀疑是其业务员所为，要求对方将广告清洗干净、赔礼道歉、给予精神抚慰性赔偿。

记者昨日与成都双胞胎饲料公司重庆分公司取得联系。接待的工作人员表示，已经接到梁先生的投诉，经调查该广告不是该公司业务员所写，而是当地客户所为。此前，已安排人员下去清洗、道歉和商量给予补偿，不知道为什么至今没有消息。该工作人员保证，当天一定前往梁先生家清洗并完成补偿商谈。

根据以上资料和技术标准，“双胞胎”商标单义性评级如表 13.13 所示：

表 13.13　“双胞胎”的注册商标单义性测试评级表

指标	测评二级指标	指标赋值要点	指标事实及其来源	得分
8. 注册商标的单义性 B_8	8.1 以注册商标或拟注册商标为主题词，通过网络检索测试，有多少种不同含义？0.30 分	若检索只有一个含义，得 0.30 分；超过两个以上含义，得 0.0 分	通过百度和 360 搜索“双胞胎”，在前 5 页中出现的主要不是饲料双胞胎，而是生小孩的双胞胎，超过两个以上含义，故得 0.0 分	0.0
	8.2 与在位者注册商标的相识性有多大？0.20 分	若是完全不相似，得 0.20 分；若是文字不同但发音模仿在位者的注册商标，或者在文字上混淆与在位者的注册商标，得 0.0 分	与在位者即正大集团完全不相似，故得 0.20 分	0.20
	8.3 注册商标或拟注册商标本身表情化及其欲望化程度多大？0.40 分	若商标仅是个标识符号，得 0.08 分；若是无故事背景的图案或卡通类，得 0.16 分；若是有故事的图案或卡通类，得 0.32 分；若成为某种欲望代言的图案或卡通使目标顾客一见钟情，得 0.40 分	“双胞胎”饲料有一个戴歪帽子的两头小猪卡通，但无故事背景，故得 0.16 分	0.16
	8.4 注册商标或拟注册商标是否借用了在先的其他厂商未注册类别的注册商标？0.10 分	此类属于合法借用行为，也即已有商标在某类注册，而拟评商标在其他类别注册，若是实体产品，得 0.0 分。若是文化或软件产品，未获授权得 0.08 分；若获授权或原版权已过期得 0.10 分。若不存在合法借用，则得 0.10 分	不存在合法借用问题，故得 0.10 分	0.10
得分合计				0.46

测试等级	1.0	0.8～0.99	0.6～0.79	0.4～0.59	0.2～0.39	≤0.19
	AAA 级	AA 级	A 级	[B 级]	C 级	D 级

13.2.9 “双胞胎”的媒体传播公信性测试评级

我们所讲的新闻媒体报道，不是各种形式的有偿新闻，而是新闻媒体主动作的正面报道。这就要求企业必须掌握新闻技术，也就给新闻媒体主动正面报道一个理由，这个理由一定不是企业经营业绩等，而是某种正面的反常现象。

通过网络检索，发现“双胞胎”的报道比较多，但多数是自己发布的，缺乏新闻媒体主动的正面报道。

2010 年 5 月，“双胞胎绿色安全的功能性乳猪饲料的产业化”获国家火炬计划项目证书。

2011 年 1 月 14 日，国家科技进步颁奖大会在京隆重举行，双胞胎集团参与研发的“仔猪肠道健康调控关键技术及其在饲料产业化中的应用”荣获国家科技进步二等奖。

双胞胎饲料还被国家质量监督检验检疫总局授予“中国名牌产品”。

王芳在《猪业经理人》2012 年 6 月号文章《坚守阵地，野蛮生长》中谈道，在 2003 年 8 月转入猪饲料时，双胞胎公司采取的是狂轰滥炸的广告和大规模的人海战术，形成了排山倒海的攻势。这表明双胞胎成为业内驰名商标的主要策略是广告和人员推销，而不是新闻策略。

在收集到的资料中，看到这样的信息：2011 年 1 月 23 日，300 多名专业养猪户参加了双胞胎集团在广东省廉江举办的 50 万元征求 3000 个“420”养猪模式示范户颁奖活动。颁奖活动期间，除了养猪技术介绍外，还进行了养猪户和经销商的成功经验分享。这一举动，不仅在农村普及了数字化科学养猪模式，而且还推动了农民一起走上了养猪致富之路。同时，他们还在双胞胎饲料用户中开展科学养殖大赛，重奖比赛中的优胜获得者。

这些活动本身属于“双胞胎”的业内促销活动，仍然属于双胞胎公司的内部活动，不具备社会性和反常性，从而不具备新闻性。美国每年举办吃热狗大赛，比赛 10 分钟谁吃得多，2012 年的男子冠军是吃 64 个，女子冠军是吃 47 个。这就具有了新闻性。

通过网络检索，未发现对双胞胎的负面媒体报道。从网络检索来看，双胞胎主要在进行商业广告传播，尤其是软文传播。

综上所述，按照该指标的技术标准和测试评级要求，关于双胞胎的媒体传播的公信性测试如表 13.14 所示：

表 13.14　“双胞胎”的媒体传播公信性测试评级表

指标	测评二级指标	指标赋值要点	指标事实及其来源	得分
9. 媒体传播的公信性 B_9	9.1 通过网络检索该商标，查看新闻媒体对该商标所承载内容的报道范围及人物比有多大？若是网络产品，则是否是热帖？0.40 分	若搜索结果第 1 页 2 次（含）以上时，或者在前 5 页报道新闻媒体超过 30 家，或者是网络热帖，得 0.40 分；若第 1 页有且前 5 页报道总数大于 10 家，得 0.32 分；若第 1 页无或者前 5 页报道低于 10 家，得 0.24 分；若前 5 页皆无报道内容或有但人物比超 40%，得 0.0 分	通过百度、360 检索“双胞胎”，前 5 页仅有一次双胞胎集团、双胞胎饲料。但若用“双胞胎饲料”搜索，则主要是双胞胎饲料信息，前 5 页缺乏新闻报道内容，故得 0.0 分	0.0

续表

指标	测评二级指标	指标赋值要点	指标事实及其来源	得分
9. 媒体传播的公信性 B_9	9.2 通过网络检索，该商标传播内容是否以实际顾客情感收益为主？0.30 分	若是根据顾客真实收益获得的情感利益故事，得0.30 分；若顾客真实收益仅是诸如质量或价格等物质性利益，得 0.18 分；若传播内容是推销或招聘类，得 0.0 分	通过前边的终端建设稳定性资料课件，所讲到的是真实顾客的质量、收入等物质性利益，故得 0.18 分	0.18
	9.3 通过网络检索，该商标的传播是商业广告还是网络热帖为主？0.10 分	若是单纯产品硬广告，得 0.04 分；若是明星类代言广告，得 0.06 分；若是故事类软文，得 0.08 分；若是赞助类、植入式广告或网络热帖为主，得 0.10 分	网络检索的双胞胎饲料信息，主要是产品硬广告，故得 0.04 分	0.04
	9.4 通过网络检索，该商标的信息传播的真实性有多高？0.20 分	若存在虚构的顾客证言或销售数据，得 0.0 分；实体产品若有负面报道或负面评价，文化产品若无负面评价，得 0.0 分；实体产品若有召回类信息，或文化产品若有终止，得 0.12 分；实体产品若无任何负面信息，或文化产品有负面信息，得 0.16分；实体产品若无任何负面信息且都是正面或真实信息，或文化产品争论激烈，得 0.20 分	通过百度、360 搜索“双胞胎饲料怎么样”，存在较多的负面评价，故得 0.0 分	0.0
得分合计				0.22

测试等级	1.0	0.8～0.99	0.6～0.79	0.4～0.59	0.2～0.39	≤0.19
	AAA 级	AA 级	A 级	B 级	[C 级]	D 级

13.2.10 “双胞胎”的质量信息透明性测试评级

1999 年国家即颁布实施了饲料行业管理规定。从双胞胎的外包装袋可以看出，对所含的成分也进行了说明，这都是符合法律要求的。

问题是，饲料厂外购的原料，如果对方出具了产品质量合格证，饲料厂多数不再检验。这恰恰就是问题所在：因为多数原料供应商只是告知了有效成分及其含量，却未告知是否含有有害或禁止使用的成分及其含量。例如，现在防腐剂多数由亚硝酸钠改为亚焦硫酸钠，但在生产过程中存在的重金属是否全部剔除，从来没有说明。下面是来自双胞胎官网

资料:

双胞胎仔猪浓缩饲料

适用阶段:15公斤至上市前7天。

产品特点:

(1)饲料中含有充足的维生素、蛋白质、氨基酸和矿物质,满足了中大猪快速生长的需要,具有多长瘦肉,少长肥肉的特点。

(2)饲料报酬高,60～100公斤阶段料肉比可达2.7∶1。

(3)以优质原料经适当调质、挤压、熟化而产生的自然香味,适口性好,猪采食量大,长速快。

(4)此阶段呼吸道多发病,通过添加中草药调和阴阳,扶正去邪措施,培养猪的抵抗力,达到抗病目的。

(5)由于饲料的适口性好、消化率高、猪采食量大,猪表现毛色光亮、皮肤红润的健康本色。

(6)无违禁药品,养猪户可以放心使用。

使用方法及注意事项:

(1)本产品必须与玉米按一定配比搭配饲喂,严禁直接喂猪。

(2)配置方法:A. 15～30公斤:推荐按玉米∶猪浓缩料=75∶25配比;B. 30公斤以后推荐按玉米∶猪浓缩料=80∶20配比或(玉米∶仔猪浓缩料∶麸皮=70∶20∶10配比)。

(3)每日饲喂量按体重4%～5%饲喂。

(4)要注意保温、通风、科学管理,保持饲养环境良好和正确的饲养方式。

(5)环境、卫生条件好,定期驱虫,防疫得当可使猪健康活泼、长势快。

(6)饲料干喂,供水充足,料、水隔开,料盆、水槽天天冲洗,保持清洁、干净。

我们提请注意:(3)(4)(5)(6)这四项,表面看起来很好,其实很难操作。第(3)条哪个养殖户能做到?

在预混料和浓缩料的生产中,常用的微量元素一般以无机盐的形式添加,有硫酸锰、硫酸铜、硫酸锌、硫酸亚铁、亚硒酸钠、碘化钾和氯化钴等。同样,这些原料饲料厂都是外部采购,问题是生产这些原料的企业同样存在工艺和原料问题,导致重金属残留存在。

此外,在双胞胎官网强调ISO9001:2000认证、HACCP、中国名牌、国家免检产品、中国30强饲料企业、中国饲料重大科技进步与应用奖。事实证明,这些“荣誉”或类似的,“三鹿”奶粉当年也都有,但并未保证其质量是可靠的;相反,却强化了误导。

综上所述,按照技术标准,双胞胎的质量信息透明性评级如表13.15所示:

表 13.15　　“双胞胎”的质量信息透明性测试评级表

指标	测评二级指标	指标赋值要点	指标事实及其来源	得分
10. 质量信息的透明性 B_{10}	10.1 是否有产品说明书或者是包装上是否有产品说明？－0.20 分	若无此项，得－0.20 分；若有，得 0.0 分	有此项，故得 0.0 分	0.0
	10.2 产品成分及其含量标注是否清楚？若是影视作品，大牌明星戏份是多少？－0.20 分	若成分或含量违禁，或两者标注都不清楚，得－0.20 分；若有成分无含量，得－0.16分；若是辅助性材料或原料未注明，则得－0.08 分；若成分及其含量标注皆清楚，得 0.0 分	饲料成分和配置方法等，都有清楚的标注。以双胞胎饲料抗生素是否超标进行检索，资料标注清楚，故得 0.0 分	0.0
	10.3 产品成分使用是否给出清楚的不良结果或不适用顾客？若是文化产品，是否给出不适合顾客，或是否已形成顾客社区？－0.20 分	若故意隐瞒或未及时公布不良后果或不适顾客，或标注不清楚，得－0.20 分；若标注清楚，得 0.0 分	通过上面资料，产品成分都已经清楚说明，故得 0.0 分	0.0
	10.4 所作承诺、使用说明或成分名称是否具有误导性？－0.20 分	若有误导性且一定产生危害，得－0.20分；若有误导性但不一定产生危害，得－0.12分；若有误导性但无危害，得－0.02 分；若无误导性，得 0.0 分	上面提到的资料(3)中“每日饲喂量按体重4%～5%饲喂”就很难做到；其抗生素含量也是养殖场无法测试的，故得－0.20 分	－0.20
	10.5 在产品或服务说明中若有第三方质量征信，此第三方征信机构是否承担失信赔偿的连带责任？－0.20分	若不承担连带赔偿责任，得－0.20 分；若无第三方征信或有且承担连带责任，得 0.0 分	获得了很多荣誉或第三方认证，但并不承担连带责任，故得－0.20 分	－0.20
得分合计				－0.40

测试等级	0.0	－0.01～－0.19	－0.2～－0.39	－0.4～－0.59	－0.6～－0.79	－0.8～－1.0
	AAA 级	AA 级	A 级	B 级	C 级	D 级

将上述 10 个指标的测算汇总，得出以下“双胞胎”牌饲料的品牌信用指数(见表 13.16)。

表 13.16　　“双胞胎”商标的品牌信用指数表

序号	指标名称	指标分值	序号	指标名称	指标分值
1	目标顾客的精确性 B_1	0.25	6	终端建设的稳定性 B_6	0.10
2	利益承诺的单一性 B_2	0.74	7	品类需求的敏感性 B_7	0.80
3	单一利益的对立性 B_3	0.80	8	注册商标的单义性 B_8	0.46
4	品牌建设的岗位性 B_4	0.50	9	媒体传播的公信性 B_9	0.22
5	单一利益的持久性 B_5	0.46	10	质量信息的透明性 B_{10}	−0.40
$TBCI=[(1+B_{10})\sum B_i]\div 9, i=1\sim 9$					0.29

测试等级	1.0	0.8～0.99	0.6～0.79	0.4～0.59	0.2～0.39	≤0.19
	AAA 级	AA 级	A 级	B 级	C 级	D 级

根据表 13.16 的 *TBCI* 值，用彼岸阳光的商标-品牌测度尺，可以更直观地显示“双胞胎”从商标到品牌的距离。

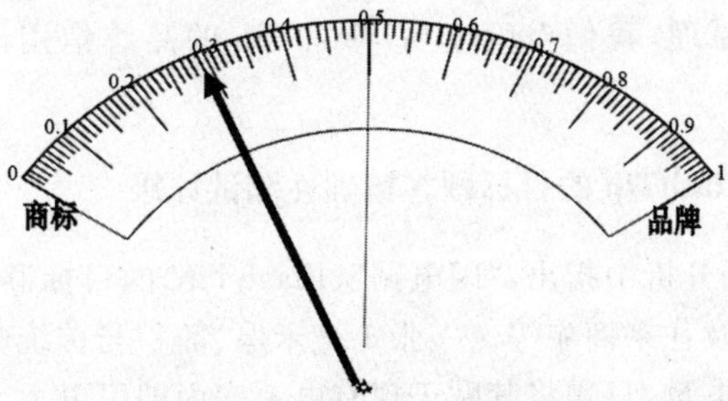

从商标-品牌测度尺可以形象地看出，“双胞胎”从商标到品牌的距离是 0.29，折算成商标品牌化指数 $TBI=TBCI-1=0.29-1=-0.71$。换言之，商标双胞胎距离目标顾客选择成本等于零的真正品牌，还有 0.71 距离。

将 $B_c=TBCI=0.29$ 代入公式

$$P_d=\frac{P_q}{1-h}=\frac{P_q}{1-e^{\frac{B_c-1}{B_c}}}$$

可得 P_d(双胞胎)$=1.09P_q$(双胞胎)，换言之，如果双胞胎的质量价格 P_q(双胞胎)$=$1000 元，目标顾客的意愿价格是 P_d(双胞胎)$=1090$ 元，品牌溢价率是 9%。

因此，到目前为止，“双胞胎”还仅仅属于一个行业内的驰名商标，而不是一个猪肉消费者这个终点顾客的品牌。

针对“双胞胎”饲料的 *TBCI* 的每个要素进行改进，将每个指标达到设计最优标准，从驰名商标升级为高信用品牌，从而获得品牌溢价，在抵消成本增长的同时，获得定价权。

我们在对“双胞胎”饲料进行 *TBCI* 测算时，所用信息全部来自百度、360 搜索到的双胞胎公司和媒体公开报道，不存在个人杜撰，特此声明。

13.3 闪电贴 FlashTip 商标的品牌信用评级案例研究

关于本报告的申明:本评级报告不同于现实品牌的信用评级,是对创业计划书中的虚拟公司的虚拟商标评级,不同于现实品牌。本品牌信用评级报告假定其创业计划书中所述公司资料真实可靠,所拥有核心技术稳定并已具备商业化生产条件。

作为第四届"挑战杯"创业大赛的金奖参赛作品,其创业计划书通过网络获得,此类计划书主流方法是折现现金流也即 DCF 法。我们认为,折现现金流法不适合创业计划项目,而基于品牌经济学原理的 TBCI 法,更适合创业计划评估。为此,本书选择了金奖获得项目,利用 TBCI 法重新进行评估。

如果将创业计划的创意转为现实,必须在"过剩经济"条件下接受市场和最终消费者的选择和检验。因此,本研究报告根据创业书所列计划,假定已具备创业书所列所有条件情况下对其商标进行品牌信用评级,用品牌经济学原理理论分析诊断其存在的问题并拟为今后发展提出合理化建议。

根据品牌经济学原理,我们对闪电贴 FlashTip 的品牌信用评级的 10 个指标进行分析。

13.3.1 闪电贴 FlashTip 的目标顾客精确性测试评级

创业计划书在市场分析中指出:"闪电贴"(FlashTip)的目标群体"主要定位于出差的商务人士、旅游群体以及往来商旅等。一张 1 毫米厚、面积与传统电池板相仿的产品将提供约为 12 小时的电池电量,只需将其贴于现有电池表面即可电力十足,轻便而快捷,既可以作应急使用,尽可能地降低短期断电造成的通信中断损失,也可省却外出携带充电器等不必要的麻烦,作为常用的备用手机电池。当然,由于其较高的性价比,其他普通消费者也可以接受"。

从这段文字分析,闪电贴的目标顾客为经常出差的商旅人士,这类消费者的特点是空间转换快,需要随时保持用手机与外界沟通联系的畅通性。此类消费者区别于一般的手机电池消费者,闪电贴这种一次性应急超薄手机电池能够满足其应急性需求。

本创业计划虽然也进行了前期的市场调研,但是仅仅面向普通手机用户,未进行个性化顾客的购买选择行为测试。虽然前期的调研对于精确目标客户和产品品牌单一利益点提供了分析依据,但是后期没有在此基础上进一步有针对性地对个性化顾客作进一步调研和分析,这使得后期的品牌建设失去了明确的方向。

根据顾客链的绘制,闪电贴的目标顾客即为此产品的终点顾客。根据创业书对中国手机及其配套产业的调查和预测,其年增长率高达 20%以上,属于高成长型行业。而随着经济的发展和居民生活水平的提高以及各种交通设施的不断完善和发展,人们的经济生活对外联络增多[①],因此其目标顾客具有成长性。

① 具体统计指标可见《中国统计年鉴》中关于 GDP、居民收入、交通运输量、酒店宾馆入住率等统计指标。

由于仅仅是创业计划而非已真正存在的现实企业，企业并未进行顾客挖掘并建立顾客的数据库，这对于创业大赛的模拟企业本身是正常的，但是，创业书中制定了十年的生产及市场扩张计划，其中也未列出目标客户的数据挖掘整理安排，这不利于深化目标客户的精度，加强企业与目标客户的联系，掌握目标客户的需求变化。

综上所述，按照该指标的技术标准和测试评级要求，闪电贴 FlashTip 目标顾客精确性测试如表 13.17 所示：

表 13.17　　闪电贴 FlashTip 的目标顾客精确性测试评级表

指标	测评二级指标	指标赋值要点	指标事实及其来源	得分
1. 目标顾客的精确性 B_1	1.1 在产品设计时，是否有明确的个性化的顾客描述？0.15 分	若有，得 0.15 分；若以老顾客为主，得 0.12 分；若经过个性化顾客试用后推广，得 0.09 分；如未经顾客试用直接推销，得 0.0 分	未进行个性化顾客描述，仅仅是对普通手机用户的市场调研，故得 0.0 分	0.0
	1.2 是否测试过个性化顾客需求和欲望？0.20 分	若仅进行过产品功能性测试，得 0.10 分；若进行过快乐性欲望测试，得 0.20 分	创业计划书集中于对产品功能性的说明，缺乏顾客快乐性欲望分析，故得 0.10 分	0.10
	1.3 通过绘制顾客链，所描述的个性化顾客是否是终点顾客？0.30 分	测试的若是终点顾客，得 0.30 分；若不是终点顾客，得 0.0 分	创业计划书本身没有绘制顾客链，但顾客分析的是手机用户，也即终点顾客。故得 0.30 分	0.30
	1.4 所选定的个性化顾客的成长性如何？0.15 分	若数量和收入都增长，得 0.15 分；若仅是数量增长，得 0.10 分；若两者都无增长性，得 0.0 分	所选定的商旅顾客的数量增长是肯定的，但收入是否增长不能确定。故得 0.10 分	0.10
	1.5 为了进行顾客挖掘，是否建有顾客数据库或跟帖分析？0.10 分	若有顾客数据库且进行品类组合分析，或对网络跟帖进行分析，得 0.10 分；若有数据库但无品类组合分析，得 0.05 分；若无顾客数据库，得 0.0 分	创业计划书中未提到对顾客数据库的建设，也未提到顾客品类组合分析。故得 0.0 分	0.0

续表

指标	测评二级指标	指标赋值要点	指标事实及其来源	得分
1. 目标顾客的精确性 B_1	1.6 所选定的个性化顾客选择行为是否稳定？导致其选择行为逆转的外部因素有哪些？0.10 分	若顾客总体有明显的逆转因素，则得 0.0 分；若部分顾客存在明显逆转因素，得 0.05 分；若顾客总体无明显的逆转因素，得 0.10 分	闪电贴属于技术类产品，一旦出现更好的替代类产品，顾客的逆转很强，而创业计划书对此未见分析，故得 0.0 分	0.0
得分合计				0.50

测试等级	1.0	0.8～0.99	0.6～0.79	0.4～0.59	0.2～0.39	≤0.19
	AAA 级	AA 级	A 级	B 级	C 级	D 级

13.3.2 闪电贴 FlashTip 的利益承诺单一性测试评级

根据创业计划书全文，对于闪电贴 FlashTip 先后出现过“及时、轻便的手机电量补充”“即买即贴，即贴即用”“性价比高”等详细描述。这些描述中，核心词是“及时、轻便、性价比高”，而在产品层次的描述中又明确提出产品核心利益承诺是“及时、轻便的手机电量补充”，很明显这是纯粹的物质利益诉求，非常贴切目前闪电贴产品的定位。从创业计划书的后期发展规划看，企业拟沿着闪电系列（广泛应用与不同电子产品的一次性超薄电池）—超能系列（类传统干电池）—可充系列（二次电池）扩张产品线，但对于采用单一商标还是多商标策略未作描述。但短期内，推出的成熟产品依然是粘纸型一次性超薄纳米手机电池“闪电贴”，该产品符合闪电贴的核心利益承诺。

综上所述，按照该指标的技术标准和测试评级要求，闪电贴 FlashTip 利益承诺单一性测试如表 13.18 所示：

表 13.18　闪电贴 FlashTip 的利益承诺单一性测试评级表

指标	测评二级指标	指标赋值要点	指标事实及其来源	得分
2. 利益承诺的单一性 B_2	2.1 列出所承诺的利益是一个还是多个？若承诺多个利益点，厂方材料中排在第一位的利益即首位利益是什么？0.40 分	若是明确的一个利益点，得 0.4 分；若有显著的首位利益得 0.32 分；若既无单一利益点也无显著的首位利益，得 0.0 分	“及时、轻便的手机电量补充”是其首位利益，故得 0.32 分	0.32
	2.2 所承诺的利益点是边际递增的情感欲望？还是边际递减的物质需求？0.30分	承诺的若是边际递增的情感欲望，得 0.30 分；若边际递减的物质需求，得 0.12 分	此承诺属于边际递减的物质需求，故得0.12 分	0.12

续表

指标	测评二级指标	指标赋值要点	指标事实及其来源	得分
2. 利益承诺的单一性 B_2	2.3 作出的承诺是否是顾客的利益？0.20分	若符合顾客的利益，得0.20分；若不是顾客利益，得0.0分	能够满足手机用户在急需时的充电需要，故得0.20分	0.20
	2.4 该商标用于几个产品？0.10分	若商标承诺的不是情感欲望，若该商标仅用于1种产品，得0.10分；若超过1种，得0.0分	创业计划书里仅限于闪电贴，故得0.10分	0.10
得分合计				0.74

测试等级	1.0	0.8～0.99	0.6～0.79	0.4～0.59	0.2—0.39	≤0.19
	AAA级	AA级	A级	B级	C级	D级

13.3.3 闪电贴FlashTip的单一利益对立性测试评级

创业书对闪电贴FlashTip以波特的五力模型进行了分析，指出其现有竞争者是传统的手机电池，潜在竞争者是商场等提供的临时充电器，替代品是国际现有新推出的需要更换手机的新型超薄电池，但闪电贴FlashTip以其“便利性”在市场竞争中具有差异性。

结合创业书内容和网络资料搜索，实际闪电贴的更确切的在位者应该是不需外接有线电源的手机电池解决方案，具体的国内在位者是以“飞毛腿”为代表的高容量手机商务备用电池和以“威特宝 ”“泓能”为代表的电池移动充电器。和闪电贴相比，这两类产品单价较高[①]，可重复使用，但是携带与闪电贴相比没有那么轻便，同时出现紧急电池电量不足的状况，电池移动充电器的及时性也比闪电贴要差(需要完成充电过程)。根据分析，闪电贴“及时、轻便的手机电量补充”的首要物质利益承诺与在位者的物质利益诉求有差异但不属于完全对立[②]，同时闪电贴FlashTip属于自己注册的商品，未采用他人商标。

综上所述，按照该指标的技术标准和测试评级要求，关于闪电贴FlashTip的单一利益的对立性测试如表13.19所示：

---

① 根据网络查询商务手机备用电池价格一般在50～100元之间，品牌移动电池价格在300元左右。

② 但根据创业计划书的产品发展计划，后期发展与在位者的对立程度逐步降低。此项目所评结果根据其短期计划给定，关于长期产品发展在诊断和建议中涉及。

表 13.19　　闪电贴 FlashTip 的单一利益对立性测试评级表

指标	测评二级指标	指标赋值要点	指标事实及其来源	得分
3. 单一利益的对立性 B_3	3.1 给出拟评商标国际或国内在位者，并给出在位者的单一利益点即在位品类。0.40 分	若只给出在位者厂商但无在位者产品，得 0.10 分；若给出在位者产品但无其单一利益点，得 0.20 分；若给出在位者产品及其单一利益点，得 0.40 分	给出了在位者产品但无其单一利益点，故得 0.20 分	0.20
	3.2 将拟评商标的利益点与在位者的利益点进行比对，测试两者的对立程度。0.60 分	若与在位者完全对立，得 0.6 分；很大的对立得 0.48 分；不对立但差别很大，则得 0.36分；不对立但差别较大，则得 0.24 分；差异很小的跟随，得 0.12 分；完全跟随或通用性承诺，得 0.0 分	从上述资料可见，闪电贴“及时、轻便的手机电量补充”的首要物质利益承诺与在位者的物质利益诉求不对立但差异较大。故得 0.24分	0.24
得分合计				0.44

测试等级	1.0	0.8～0.99	0.6～0.79	0.4～0.59	0.2～0.39	≤0.19
	AAA 级	AA 级	A 级	B 级	C 级	D 级

13.3.4　闪电贴 FlashTip 的品牌建设岗位性测试评级

根据创业书管理体系中所设计的组织结构图，无论是公司初建期的直线制结构还是发展三年之后的产品专门化＋直线职能制结构，均未设计出专门的品牌经理岗位和品牌经理运营机制；根据其管理体系中的岗位职责描述也未找到可代理品牌经理相应职责的岗位。由此可见创业书中的战略计划部分虽然提到了“提升品牌形象”，但企业对品牌的实质认知以及品牌建设的明确内容存在偏差，未能做到实处。

综上所述，按照该指标的技术标准和测试评级要求，关于闪电贴 FlashTip 的品牌岗位性测试如表 13.20 所示：

表 13.20 闪电贴 FlashTip 的品牌建设岗位性测试评级表

指标	测评二级指标	指标赋值要点	指标事实及其来源	得分
4. 品牌建设的岗位性 B_4	4.1是否设立有品牌经理? 0.40分	若有,得0.40分;若由公司决策者直接负责,得0.32分;若只是一般岗位兼职,得0.24分;若既无品牌经理、也无其他岗位专责品牌建设,则得0.0分	根据创业计划书资料,对品牌建设的岗位性未见,故得0.0分	0.0
	4.2若有品牌经理,是否是品牌经理运营制(即对拟评商标所承载产品的经营)? 0.15分	若未实行品牌经理运营制,得0.0分;若只有专职负责但无团队配合,得0.06分;若是品牌经理运营制,得0.15分	不存在品牌运行制度,故得0.0分	0.0
	4.3品牌实际负责人(老板或职业经理)对品牌的理解是物质性还是情感性? 0.30分	通过检索、分析品牌实际负责人的讲话,若其对品牌的理解是质量、功能等物质性,得0.18分;若其理解是心情、欲望、快乐等情感性,得0.30分	从创业计划书中,可见创业团队对产品技术的理解更强,故得0.18分	0.18
	4.4针对目标顾客的逆转因素,品牌实际负责人(老板或职业经理)是否制订了预案? 0.15分	针对逆转因素,制订了预案或不同方案,得0.15分;若没制定预案,得0.0分	因为未重视逆转因素,也就未制定预案,故得0.0分	0.0
得分合计				0.18

测试等级	1.0	0.8~0.99	0.6~0.79	0.4~0.59	0.2~0.39	≤0.19
	AAA级	AA级	A级	B级	C级	D级

13.3.5 闪电贴 FlashTip 的单一利益持久性测试评级

根据顾客的衍生链分析技术,绘制出闪电贴 FlashTip 的顾客利益衍生链如下:

闪电贴 FlashTip→及时轻便的手机电量补充→解决手机突然没电的紧急情况→保障商旅人士及时与外界的沟通→解决后顾之忧的快乐

闪电贴 FlashTip 承诺的单一利益点位于顾客利益衍生链的第二个环节。

同时计算出商标承诺利益的终极度和持久度①:

① 参见孙曰瑶、曹越、刘华军《BCSOK:品牌建设体系》,经济科学出版社2009版,第64页。

$B_u = \frac{(n+1)-i}{n+1} = \frac{(5+1)-2}{5+1} = 0.67 \qquad B_s = \frac{B_u}{1-B_u} = \frac{0.67}{1-0.67} = 2.03$

从此可以清晰看出，由于闪电贴的单一利益承诺不是顾客的终极利益形态，其终极度<1，从而品牌的持续度也远远地小于∞。闪电贴的“及时、轻便的手机电量补充”利益点承诺很大程度取决于其拥有的现有先进技术，如果仅仅依靠这一具体的物质利益承诺，该品牌的市场寿命很容易受到技术进步的影响。

综上所述，按照该指标的技术标准和测试评级要求，关于闪电贴 FlashTip 的单一利益的持久性测试如表 13.21 所示：

表 13.21　闪电贴 FlashTip 的单一利益的持久性测试评级表

指标	测评二级指标	指标赋值要点	指标事实及其来源	得分
5. 单一利益的持久性 B_5	5.1 拟评商标承诺的单一利益或首位利益是否符合情感快乐这一终极利益？0.70 分	若从初始利益的产品，到终极利益的快乐，假设有 N 个利益，若拟评商标承诺的利益在第 i 个，得 $0.7\times i/N$分	0.7×2/5=0.28，故得 0.28 分	0.28
	5.2 终点顾客的终极利益也即乐点稳定吗？0.2 分	若乐点是非常稳定的，得 0.2 分；若乐点基本稳定，得 0.12 分；若乐点是不稳定的，得 0.0 分	在商旅过程中，解决手机突然没电的紧急情况，的确是解决了后顾之忧，故得 0.2 分	0.2
	5.3 其产品更新换代是否构成情感快乐的版本升级效应？0.10 分	若构成情感快乐的版本升级效应，得 0.10 分；若仅是产品更新换代，得 0.0 分	从创业计划书中，没有涉及情感快乐的版本升级。故得 0.0 分	0.0
得分合计				0.48

测试等级	1.0	0.8～0.99	0.6～0.79	0.4～0.59	0.2～0.39	≤0.19
	AAA 级	AA 级	A 级	[B 级]	C 级	D 级

13.3.6　闪电贴 FlashTip 的终端建设稳定性测试评级

根据创业书中的分销策略分析，闪电贴 FlashTip 制定的计划里囊括了手机配件行业所有的销售渠道。具体包括采用代理分销商和自营两种模式，同时企业拟与手机生产厂商建立战略联盟形式。具体见图 13.1：

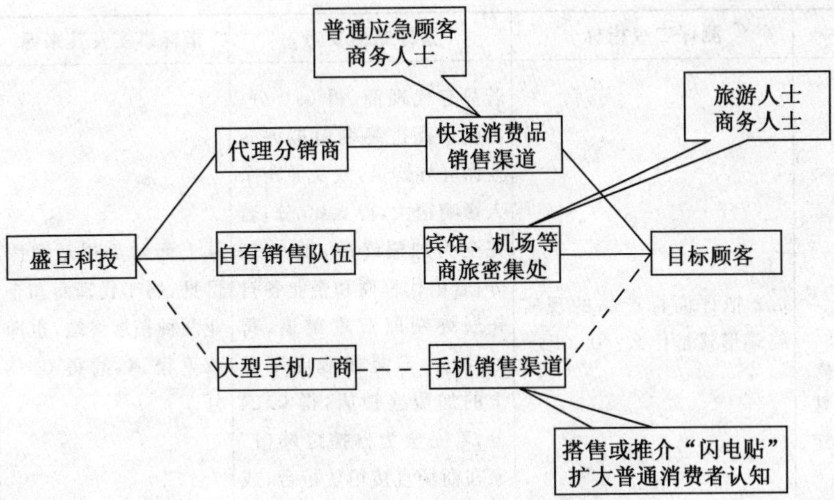

图 13.1　闪电贴 FlashTip 分销网络及最终销售点示意图

对于代理分销商的控制和自营的具体管理模式，创业书未作明确描述，拟作模糊处理。综上所述，按照该指标的技术标准和测试评级要求，关于闪电贴 FlashTip 的终端建设稳定性测试如表 13.22 所示：

表 13.22　闪电贴 FlashTip 的终端建设稳定性测试评级表

指标	测评二级指标	指标赋值要点	指标事实及其来源	得分
6. 终端建设的稳定性 B_6	6.1 沟通终端的网络程度，包括二维码使用程度或新媒体是多少？0.60 分	产品或其包装普遍未印制自己的二维码，得0.0分；若印制了普通二维码得0.24分；若背景使用了经过设计的广告型二维码，得 0.36分；若使用了经过注册的商标型背板的二维码，得0.48分；若是品牌型二维码，或集中于新媒体，得 0.60 分	作为创业计划书，当时不存在二维码，若在现在，作为年轻创业团队，推论他们能够印制普通二维码，故得0.24分	0.24

续表

指标	测评二级指标	指标赋值要点	指标事实及其来源	得分
6. 终端建设的稳定性 B_6	6.2 拟评商标产品的现实终端形式是什么？0.30 分	若只有代理商，得 0.0 分；由代理商进终端但拟评企业派驻导购员，或受导购个人影响很大，得 0.06 分；若完全为加盟终端，得 0.12 分；若由代理商和企业各自拓展终端即双重渠道，得 0.18 分；若是旗舰店基础上的加盟连锁店，得 0.24 分；若完全为自控终端（厂家在商场直接租赁柜台，或者是自建专卖店），得 0.30 分	从上面的渠道示意图可见，属于代理商和企业两种拓展终端，也即双重渠道，故得 0.18 分	0.18
	6.3 目标顾客到拟评商标所代表的产品终端是否便捷？0.10 分	若是类似直销、网店或社区店等终端，就很便捷，得 0.10分；若是设立于城市中心，或者是郊区的位置，便捷性就很低，得 0.0 分	从渠道示意图可以推论，所选择的终端，顾客的便捷性比较高，故得 0.10 分	0.10
得分合计				0.52

测试等级	1.0	0.8～0.99	0.6～0.79	0.4～0.59	0.2～0.39	≤0.19
	AAA 级	AA 级	A 级	B级	C 级	D 级

13.3.7 闪电贴 FlashTip 的品类需求敏感性测试评级

闪电贴的目标顾客为经常出差的商旅人士，而其品类所承诺的单一利益点——及时轻便的手机电量补充，是在目标顾客出差、旅行备用以及解决商旅人士面临突发性的手机电池断电的情境下所需要的，是消费者真实的、迫切的需要。

按照该指标的技术标准和测试评级要求，关于闪电贴 FlashTip 的品类需求的敏感性测试如表 13.23 所示：

表13.23 闪电贴FlashTip的品类需求敏感性测试评级表

指标	测评二级指标	指标赋值要点	指标事实及其来源	得分
7. 品类需求的敏感性 B_7	7.1 所作利益承诺是目标顾客生活、工作或情感所必需的吗？0.40分	若是一次性购买但常年性使用或标识的，得0.40分；若是经常性购买的，得0.32分；若是可有可无或可多可少的，得0.0分	所作承诺属于一次性购买常年使用，故得0.40分	0.40
	7.2 所作利益承诺，是目标顾客在某个时间或某个场合所急需的吗？0.20分	若能给出明确的何时或何地所急需的，得0.20分；若有急需的可能但何时或何地不明确，得0.12分；若既无可能也不明确，得0.0分	商旅类手机用户在旅途中，确实存在找不到充电电源的情况，故得0.20分	0.20
	7.3 所作利益承诺对目标顾客而言，是锦上添花的吗？0.20分	若使顾客感到若有更好，得0.20分；若使顾客感到仅仅是有比无好，得0.12分；若说不出明确的原因，得0.0分	在移动电源和车站都提供充电设施的条件下，闪电贴有比无好，故得0.12分	0.12
	7.4 所作承诺对目标顾客而言，是基本利益还是派生利益？0.20分	若仅是基本利益，得0.0分；若是基本利益基础上的派生利益，得0.20分	及时充电属于基本利益，故得0.0分	0.0
得分合计				0.72

测试等级	1.0	0.8～0.99	0.6～0.79	0.4～0.59	0.2～0.39	≤0.19
	AAA级	AA级	A级（框选）	B级	C级	D级

13.3.8 闪电贴FlashTip的注册商标单义性测试评级

根据网络搜索，发现闪电贴FlashTip名称无多项含义。flash有闪光、闪现、瞬间的含义，突出了其快捷性特征，同时flash也有矢量动画技术和文档的含义。flash这个单词与其他很多单词组合成为新的电子技术方面的专业词汇，如"flash memory"是"闪存"。"tip"其英文解释有尖、尖端、顶端的附件、小的等释义。"闪电贴"则是"FlashTip"的中文翻译，比较形象地表明了产品的内在和外在特征，没有其他歧义。

综上所述，按照该指标的技术标准和测试评级要求，对闪电贴FlashTip注册商标的单义性测试如表13.24所示：

表 13.24　闪电贴 FlashTip 的注册商标单义性测试评级表

指标	测评二级指标	指标赋值要点	指标事实及其来源	得分
8. 注册商标的单义性 B_8	8.1 以注册商标或拟注册商标为主题词，通过网络检索测试，有多少种不同含义？0.30 分	若检索只有 1 个含义，得 0.30 分；超过两个以上含义，得 0.0 分	通过百度、360 检索，只有 1 个含义。故得 0.30 分	0.30
	8.2 与在位者注册商标的相识性有多大？0.20 分	若是完全不相似，得 0.20 分；若是文字不同但发音模仿在位者的注册商标，或者在文字上混淆与在位者的注册商标，得 0.0 分	属于完全不相似的商标，故得 0.20 分	0.20
	8.3 注册商标或拟注册商标本身表情化及其欲望化程度多大？0.40 分	若商标仅是个标识符号，得 0.08 分；若是无故事背景的图案或卡通类，得 0.16 分；若是有故事的图案或卡通类，得 0.32 分；若成为某种欲望代言的图案或卡通使目标顾客一见钟情，得 0.40 分	从创业计划书可见，闪电贴 FlashTip 仅仅是个标示符号，故得 0.08 分	0.08
	8.4 注册商标或拟注册商标是否借用了在先的其他厂商未注册类别的注册商标？0.10 分	此类属于合法借用行为，也即已有商标在某类注册，而拟评商标在其他类别注册，若是实体产品，得 0.0 分。若是文化或软件产品，未获授权得 0.08 分；若获授权或原版权已过期，得 0.10 分；若不存在合法借用，则得 0.10 分	不属于合法借用，故得 0.10 分	0.10
得分合计				0.68

测试等级	1.0	0.8～0.99	0.6～0.79	0.4～0.59	0.2～0.39	≤0.19
	AAA 级	AA 级	A 级	B 级	C 级	D 级

13.3.9　闪电贴 FlashTip 的媒体传播公信性测试评级

由于是创业大赛的虚拟公司，和现实企业不同，因此关于该商标并无实际报道，假若该创意真正进入到实际操作阶段，作为 2004 年第四届“挑战杯”创业大赛的金奖作品，很容易得到新闻媒体的正面免费报道，这本身蕴含了借势宣传的可能性，但可能不等于现实。从对闪电贴 FlashTip 这一商标的网络搜寻来看，仅有的报道依然是 2004 年《市场报》(2004年12月10日第11版)关于"挑战杯"创业大赛的一篇文章《有了"闪电贴"手机将告别电池》的转载,可见虚拟公司并未转为现实,虚拟商标也并未借"挑战杯"创业大赛获奖之便转为实际商标,从而获取新闻媒体的正面免费报道。

综上所述,按照该指标的技术标准和测试评级要求,对闪电贴 FlashTip 的媒体传播的公信性测试如表13.25所示:

表13.25　闪电贴 FlashTip 的媒体传播公信性测试评级表

指标	测评二级指标	指标赋值要点	指标事实及其来源	得分
9. 媒体传播的公信性 B_9	9.1 通过网络检索该商标,查看新闻媒体对该商标所承载内容的报道范围及人物比有多大?若是网络产品,则是否是热帖?0.40分	若搜索结果第1页2次(含)以上时,或者在前5页报道新闻媒体超过30家,或者是网络热帖,得0.40分;若第1页有且前5页报道总数大于10家,得0.32分;若第1页无或者前5页报道低于10家,得0.24分;若前5页皆无报道内容或有但人物比超40%,得0.0分	通过创业计划书分析,该产品存在一个上市大导入期,导入期需要解决的是知名度。只有具备新闻事件的策划活动,才能吸引新闻媒体免费、正面报道。因缺乏此类策划,故得0.24分	0.24
	9.2 通过网络检索,该商标传播内容是否以实际顾客情感收益为主?0.30分	若是根据顾客真实收益获得的情感利益故事,得0.30分;若顾客真实收益仅是诸如质量或价格等物质性利益,得0.18分;若传播内容是推销或招聘类,得0.0分	创业计划书中并未涉及到此类内容,集中于推销活动,故得0.0分	0.0
	9.3 通过网络检索,该商标的传播是商业广告还是网络热帖为主?0.10分	若是单纯产品硬广告,得0.04分;若是明星类代言广告,得0.06分;若是故事类软文,得0.08分;若是赞助类、植入式广告或网络热帖为主,得0.10分	创业计划书中,提到了产品广告,故得0.04分	0.04

续表

指标	测评二级指标	指标赋值要点	指标事实及其来源	得分
9. 媒体传播的公信性 B_9	9.4 通过网络检索，该商标的信息传播的真实性有多高？0.20 分	若存在虚构的顾客证言或销售数据，得 0.0 分；实体产品若有负面报道或负面评价，文化产品若无负面评价，得 0.0 分；实体产品若有召回类信息，或文化产品若有终止，得 0.12 分；实体产品若无任何负面信息，或文化产品有负面信息，得 0.16分；实体产品若无任何负面信息且都是正面或真实信息，或文化产品争论激烈，得 0.20 分	从现有的搜索，看不出有负面报道，故得0.16分	0.16
得分合计				0.44

测试等级	1.0	0.8～0.99	0.6～0.79	0.4～0.59	0.2～0.39	≤0.19
	AAA 级	AA 级	A 级	B级	C 级	D 级

13.3.10　闪电贴 FlashTip 的质量信息透明性测试评级

根据创业计划书附录二中的技术说明，闪电贴所采用的是超薄打印电池核心技术。该技术荣获首届 GE“爱迪生”杯全国重点高校科技创新竞赛一等奖，第八届“挑战杯”全国大学生课外学术科技作品竞赛特等奖等一系列奖项，并申请国家专利。同时在创业书中的“产品包装与储运”中介绍了“闪电贴”的生产原料主要是纳米锌、二氧化锰、分散剂、聚合物黏结剂、表面活性剂、溶剂、稳定剂和无机添加剂，此外还需要一些包装用的黏合剂、不干胶纸张和塑料薄膜，但是并未注明其成分的含量。作为一次性使用的电池产品，消费者和市场会关心其对环境的污染性，而创业书中仅仅在附录的技术说明中指出“锌来源广泛，不具有毒性，不会像镉一样对环境造成污染”，并未给出实际衡量标准。而作为普通消费者，因不具备专业知识，不可能作出专业准确的判断。可见创业书中涉及产品的技术以及主要原材料，但未注明成分的含量以及对环境的影响程度。

综上所述，按照该指标的技术标准和测试评级要求，关于闪电贴 FlashTip 的质量信息的透明性测试如表 13.26 所示：

表 13.26 闪电贴 FlashTip 的质量信息透明性测试评级表

指标	测评二级指标	指标赋值要点	指标事实及其来源	得分
10. 质量信息的透明性 B_{10}	10.1 是否有产品说明书或者是包装上是否有产品说明？－0.20 分	若无此项，得－0.20 分；若有，得 0.0 分	作为工业产品，其投产之后，说明书应有，故得 0.0 分	0.0
	10.2 产品成分及其含量标注是否清楚？若是影视作品，大牌明星戏份是多少？－0.20 分	若成分或含量违禁，或两者标注都不清楚，得－0.20 分；若有成分无含量，得－0.16分；若是辅助性材料或原料未注明，则得－0.08 分；若成分及其含量标注皆清楚，得 0.0 分	创业计划书中提到了成分，但未有含量标注，故得－0.16 分	－0.16
	10.3 产品成分使用是否给出清楚的不良结果或不适用顾客，若是文化产品，是否给出不适合顾客，或是否已形成顾客社区？－0.20 分	若故意隐瞒或未及时公布不良后果或不适顾客，或标注不清楚，得－0.20 分；若标注清楚，得 0.0 分	创业计划书中给出了该产品对环境不具危害性，故得 0.0 分	0.0
	10.4 所作承诺、使用说明或成分名称是否具有误导性？－0.20 分	若有误导性且一定产生危害，得－0.20 分；若有误导性但不一定产生危害，得－0.12分；若有误导性但无危害，得－0.02 分；若无误导性，得 0.0 分	提到了很多荣誉，对顾客存在误导性但不一定有危害。故得－0.12分	－0.12
	10.5 在产品或服务说明中若有第三方质量征信，此第三方征信机构是否承担失信赔偿的连带责任？－0.20分	若不承担连带赔偿责任，得－0.20 分；若无第三方征信或有且承担连带责任，得 0.0 分	提到了很多荣誉，类似第三方征信，但不承担连带责任。故得－0.20分	－0.20
得分合计				－0.48

测试等级	0.0	－0.01～－0.19	－0.2～－0.39	－0.4～－0.59	－0.6～－0.79	－0.8～－1.0
	AAA 级	AA 级	A 级	B级	C 级	D 级

表 13.27　　闪电贴 FlashTip 商标的品牌信用指数表

商标名称:闪电贴 FlashTip　　产品或服务:一次性超薄手机电池系列产品

企业名称:上海盛旦科技股份有限公司　　地址:上海市张江高科技园区

序号	指标名称	指标分值	序号	指标名称	指标分值
1	目标顾客的精确性 B_1	0.50	6	终端建设的稳定性 B_6	0.52
2	利益承诺的单一性 B_2	0.74	7	品类需求的敏感性 B_7	0.72
3	单一利益的对立性 B_3	0.44	8	注册商标的单义性 B_8	0.68
4	品牌建设的岗位性 B_4	0.18	9	媒体传播的公信性 B_9	0.44
5	单一利益的持久性 B_5	0.48	10	质量信息的透明性 B_{10}	−0.48
$TBCI=[(1+B_{10})\sum B_i]\div 9$,i =1～9					0.27

测试等级	1.0	0.8～0.99	0.6～0.79	0.4～0.59	0.2～0.39	≤0.19
	AAA 级	AA 级	A 级	B 级	C 级	D 级

基于 *TBCI* 十项指数分析,按照该指标的技术标准和测试评级要求,闪电贴 FlashTip 商标的品牌信用评级综合得分为 0.27,对应的评级是 C,即较低的信用水平。

根据表 13.27*TBCI* 值,用彼岸阳光的商标-品牌测度尺,可以更直观地显示闪电贴 FlashTip 从商标到品牌的距离。

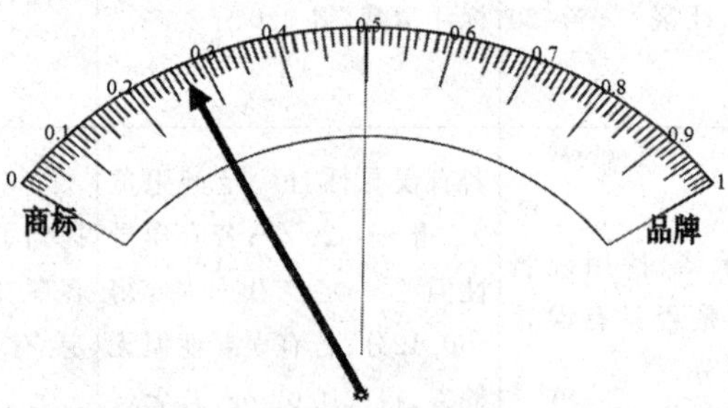

从商标-品牌测度尺可以直观地看出,"闪电贴 FlashTip"从商标到品牌的距离为 0.27,也就是说,创业书中的产品商标,仅仅取得了法律的认证和保护,而距离真正的品牌即"与目标顾客达成长期利益均衡,降低目标顾客选择成本的排他性品类符号,成为目标顾客不假思索且持续购买的理由",相去甚远。根据 TBCI 指数体系,要成为真正的品牌,其信用指数要在 0.8 以上。

将 $B_c=TBCI=0.27$ 代入公式

$$P_d=\frac{P_q}{1-h}=\frac{P_q}{1-e^{\frac{B_c-1}{B_c}}}$$

可得 P_d(闪电贴 FlashTip)$=1.07P_q$(闪电贴 FlashTip),换言之,如果闪电贴 FlashTip 的质量价格 P_q(闪电贴 FlashTip)=1000 元,目标顾客的意愿价格是 P_d(闪电贴 FlashTip)=1070 元,品牌溢价率是 7%。

根据利用 *TBCI* 技术对闪电贴 FlashTip 的商标进行品牌信用评级的结果来看,一个好的创意不代表已具备了真正的品牌信用。而根据品牌经济学原理，在“经济过剩”条件下，通过品牌建设降低目标顾客选择成本才是企业成长的基因。一个先进的技术要成为能被市场认可、被目标客户所需要的产品，一个良好的创业计划要成长为在市场竞争中不断强壮发展的真实的企业都离不开品牌建设体系。根据前面的品牌信用指标分析和创业书的基本内容，闪电贴 FlashTip 的品牌建设诊断建议如下：

(1)注重客户数据的调研和分析，提升目标客户定位的精确性

闪电贴 FlashTip 在创业书中明确了其目标客户为经常出差需要保持通信畅通的商旅人士，但是计划书中所列市场调研并未作出甄别，而是针对所有手机用户。这种市场调研对于产品的市场前景预测可提供相应依据，而对于进一步分析个性化顾客购买行为并不断挖掘整理顾客需求数据则无法提供有效信息。根据品牌经济学原理，品牌的核心是品牌信用，而品牌信用的第一个要点就是定向性，即明确的目标客户。品牌信用不是需要人人评价，只需要目标客户的评价。① 只有通过对个性化目标客户的不断调研和测试，才能明确产品的品类，提升商标的品类度，真正降低消费者的选择成本，成为消费者不假思索购买的理由。

因此建议闪电贴 FlashTip 对目标客户进行不断的精确测试，同时建立客户的数据库，对客户信息进行挖掘和分析，不断提升目标客户定位的精确性，这也是品牌建设的基础。

(2)注重明确商标的品类度，提升品牌利益的持久性

精确定位目标客户，科学分析目标客户的购买行为和真实需求是明确商标利益承诺单一性的前提条件。品类度是品牌建设的导向，商标代表单一品类，才可以成为品牌，而品类度越高，消费者的选择成本越低，二者呈反方向变动。这也是品牌存在的意义所在。而品牌持续度指品牌通过利益终极度来赢得未来目标客户选择的时间的永续性，直接决定了品牌价值的空间。②

根据品牌经济学原理，每个品类所代表的单一利益点由物质利益与情感利益两方面构成。根据创业计划书对闪电贴 FlashTip 分析出商标所作的单一利益点承诺——及时、轻便的手机电量补充，属于纯粹的物质利益。其商标承诺利益的终极度和持久度指标分别为 0.6 和 1.5，均不理想。因此在品牌建设中可根据对目标客户进行的大量的调研和分析，找到顾客的终极利益形态——快乐与商标品类的契合点，从而拉长客户利益衍生链，将商标品类所承诺的单一利益点由纯粹的物质利益转变成为物质情感利益。如新的顾客利益衍生链可以绘制为：

闪电贴 FlashTip—及时轻便的手机电量补充—解决手机突然没电的紧急情况—保障商旅人士及时与外界的沟通—沟通无限的快乐

假若闪电贴 FlashTip 的品类代言就为利益衍生链的最后一个环节——沟通无限的快乐，则品牌终极度=1，品牌持续度趋向于无穷。

---

① 参见孙曰瑶、曹越、刘华军《BCSOK：品牌建设体系》，经济科学出版社 2009 年版，第 48 页。

② 参见孙曰瑶、曹越、刘华军《BCSOK：品牌建设体系》，经济科学出版社 2009 年版，第 57～73 页。

(3)注重品类对立面分析,对品牌延伸做审慎评价

根据创业计划书的产品发展计划,企业的产品由一次性电池逐步发展到超薄手机电池以及超薄电池。后两个阶段,虽然采取的技术和在位者不同,但给顾客承诺的单一利益点却与“飞毛腿”商务备用电池逐步接近乃至重合,从而品类度降低,消费者选择成本上升。根据品牌经济学原理,单一利益点属于物质利益的商标不宜选择品牌延伸策略,只有物质-情感利益型的利益才可以采用此战略。因此未来闪电贴是否实行品牌延伸战略,需要根据企业的研发状况、在位者的发展状况以及商标所承诺的单一利益是否上升为情感物质利益才能作审慎判断。

(4)注重明确品牌经理职责,建立品牌型组织结构

闪电贴的产品研发靠的是“硬技术”,而企业的发展还需要“软技术”。虽然依靠专利技术能具备一定的竞争优势,但是从“山寨手机”的兴起可以看出,对新产品新技术的模仿速度非常快。同时还可以发现,即使能够出现类似苹果手机的山寨机,也并没有出现苹果手机的目标顾客的大量流失,原因在于其目标顾客购买的是品牌。因此,从研究消费者需求角度出发的品牌建设就是企业发展所需的“软技术”。而企业决定实施品牌经济,首先要在组织上确保品牌建设。作为单一产品的商标,应设立品牌经理,对企业组织结构以品牌建设为核心进行系统设计。

(5)注重新闻媒体正面免费报道,制定合理的传播策略

传播策略是品牌建设的常规策略,其核心在于向谁传播、传播什么、何时传播、如何传播。根据品牌经济学原理和品牌建设体系,在产品生命周期的不同阶段,应采取不同的品牌传播组合。在产品的导入期,产品刚刚进入市场,一方面广告费用过高,另一方面广告缺少公信力,因此利用新闻事件获得媒体正面免费报道,可以迅速提升品牌信用度。创业大赛本身就是契机,闪电贴应利用获得金奖有媒体跟踪报道的机会,开展一系列活动,将商标以及产品特性加以正面宣传。除了新闻媒体正面免费报道外,闪电贴还可以利用其销售网络,进行如计划书中所述的短信大赛等事件营销或 POP 广告强化目标客户对商标的了解和认知,并刺激消费者需求。

闪电贴 FlashTip 这一商标本身的单词“flash”具有 flash 动画的含义,企业可确立闪电贴 FlashTip 商标卡通形象,并在此基础上与门户网站合作举办以商标形象演绎的沟通无限 flash 动画大赛。类似于这样的做法一方面可以起到商标的信息传播作用,另一方面可以为配合商品品类由纯粹物质利益提升为物质-情感利益奠定基础。

(6)注重企业内外部环境监控,制定合理危机策略

品牌建设中,总会出现各种意想不到的危机事件,根据品牌建设体系分析具体包括内因型危机和外因型危机。危机并不等同于企业失败,危机之中往往孕育着转机。企业通过危机管理对策把一些潜在的危机消灭在萌芽状态,把必然发生的危机损失减少到最小的程度。闪电贴 FlashTip 面临着技术更替以及在位者和潜在进入者恶性竞争的压力,企业一旦遇到品牌建设危机,需要立刻判断是哪种类型的危机,从而采取不同的策略。

结语:本商标品牌信用分析报告对创业书中的虚拟商标闪电贴 FlashTip 评级,用商标的品牌信用指数(TBCI)从品牌的角度对创业计划书的现实性进行分析,并用 BCSOK 即品牌建设体系提出了诊断建议。由短缺经济条件发展到“品牌经济”的今天,任何一个

创业计划，最终都要接受市场和消费者的选择。基于这个原因，建立在品牌经济学基础上并广泛应用于现实商标的品牌信用测量 *TBCI* 指数体系同时适用于创业型企业的评估。

[本书的闪电贴(FlashTip)品牌信用评级研究报告由姚蓓艳撰写，孙曰瑶根据TBCI2.0 版修改。]

13.4 《失恋 33 天》剧本的品牌信用评级研究

试想，一个剧本被拍成电影或电视，投资都在数百万元甚至数亿元，在由观众自费选择的条件下，如何保证投资能够回收并有满意的收益？

对此，现有的评估基本是建立在导演或制片人的个人眼光或经验、甚至运气上，缺乏科学的评估理论和方法。为了解决这个问题，我们选择对《失恋 33 天》剧本进行品牌信用评级研究，尝试将 *TBCI* 模型应用于文化产品的投资评估。

电影《失恋 33 天》是 2011 年 11 月 8 日上映的中国大陆第一部专门为"光棍节"定制的"治愈系"爱情电影，讲述了白百合主演的"黄小仙"与相恋七年的男友分手之后痛苦蜕变，在文章主演的男主角"王小贱"帮助下走出阴影的历程。并且在这个过程中，她还看到了在友情、事业和爱情方面，从前被自己忽略的东西。《失恋 33 天》可以算得上是国产电影发展的经典案例，它引发了人们对电影投资和发展模式的新思考，因为它走出了一条与之前商业电影迥异的路径，即依靠电影剧本创新的主题、精确的定位以及配合主题的新颖营销，获得了市场的认可。

然而，在电影上映之前，业内人士似乎并不看好这部影片，原因是这部电影缺乏"亮点"：没有大师团队支撑，也没有精湛的制作和炫目的特效，男女主角虽在电视剧圈颇为有名，但在影视圈绝对不算特别大牌(至少在电影大卖之前)。而作为一个爱情故事，里边没有露骨的床戏，甚至没有接吻的镜头，这在靠激情镜头博眼球的当下是颇为少见的。有业内人士甚至在博客上作出了貌似"精确"的预测：考虑到同档期好莱坞大片的"挤压"，排片比率将会被压缩到较低的水平，最终票房最多不会超过 1300 万元![①]

2011 年 11 月 7 日，博主麻绳在题为《不属于导演的"作者电影"》一文中写道：一年多前，因为工作原因我看了《失恋 33 天》的小说原著，当时我的判定这不是一部适合改编电影的小说，除非作大的调整。现在电影《失恋 33 天》已经上映，但我依旧坚持我的判断，至少从现在的成品来看，出彩的部分都不是属于电影的，而是属于文本的。

既然如此，《失恋 33 天》电影为什么票房不错呢？麻绳认为"电影放映时观众会心的笑声挺多，因为这里的确有很多听上去很有快感的台词"。

麻绳认为：《失恋 33 天》成了一部很典型的带有浓厚电视剧导演色彩的电影，突出表现为对原著和对白的依赖，甚至讲电话也要一来一往地说半天，于是在电影吃重的部分不是画面和声音，而是对白。

---

① 参见《影评人唱衰〈失恋 33 天〉票房，小制作难敌好莱坞》，http://blog.sina.com.cn/s/blog_6c59b1dd0100zxov.html。

麻绳的评论是对的，因为这代表专业观点，可问题是影院里的观众在乎的不是从专业的角度来评价，而是从能否给自己带来快乐来评价。正如博主图宾根木匠的观点：很多业内人士对《失恋 33 天》颇多微辞，甚至在技术上也多有指责。不过这都无关宏旨，对观众来说，值回票价最重要，机位、景别、色差都是浮云。

博主“电影发狂”在题为《〈失恋 33 天〉，被扒光的电影》中，更是旗帜鲜明地认为，《失恋 33 天》是部糟糕透顶的电影，影片尽管留有原著小说的思想深度，却在电影表现手法上异常薄弱。影片被小说作者的语言严格掌控，电影语言悉数缺失。整部影片看上去像演员在后台对台词儿，声嘶力竭却让人难以入戏。

但是，它却成功了，以 900 万元人民币的投资、600 万元推广费用、合计 1500 万元的总投入，换来了 3.5 亿元票房收入，且正是发生在同档期好莱坞大片的夹击之下，成为国产小成本电影依靠好剧本取得成功的经典案例。它的成功也重新唤醒了电影投资者对本土电影竞争优势的审视，以及对电影剧本的重视，因为近几年中国电影似乎在大制作、大牌明星、炒作的路上忘了根本。

从品牌经济学的视角分析，我们认为《失恋 33 天》的成功不是偶然的，因为其剧本具有高的品牌信用度。高的品牌信用度降低了人们的选择成本，给了观众不假思索的选择理由。下面将对《失恋 33 天》剧本的品牌信用度十个要素进行分析，来解读其成功的秘密。

13.4.1 《失恋 33 天》剧本的目标顾客精确性测试评级

《失恋 33 天》剧本展现了精确的目标顾客定位，随着“光棍节”这一新生民间“节日”的流行和发展，大量的单身年轻人将这一天作为宣泄自己寂寞或是庆祝自己自由的一个时间窗口。而《失恋 33 天》就将目标顾客定位为单身人士。这种定位精确而大胆，因为众所周知看电影多是情侣们的选择，但没有想到，正是这样的反向定位却引爆和开发了新的潜在用户群体。因此，从这个案例我们也能看到，目标顾客大而泛未必是好事，范围大并不表示数量多，而精确性才是获得成功的良好途径。

《失恋 33 天》导演滕华涛说：“我只是想从人物的情感和性格出发，来展示大时代下的各种人。”滕华涛选择鲍鲸鲸同名小说并将其改编成剧本，也是看中了剧本对一类人的刻画，而这类人正是电影的目标顾客——失恋者。小说作者同时也是影片的编剧——85 后作家鲍鲸鲸，以她尖酸爽直的文风著称，作品中贯穿着调侃和自嘲，并带有京式幽默的鲜明色彩。作为《失恋 33 天》编剧，她同样将这种犀利却接地气的语言风格融入到了影片当中。这样的剧本刻画的电影是真实的、亲切的，也是深入人心的，这让观影的大众不必抬起头来仰视，因为电影呈现的就是属于平民大众的琐碎生活。这里边有工作的艰辛，也有失恋的苦闷，在情感和生存中挣扎并寻求救赎。事实上，这个失恋话题从“豆瓣”上的热帖，进而发展成流行网络的小说，就已经展现了它强大的受众基础。《失恋 33 天》剧本的目标顾客精确性测试如表 13.28 所示：

表 13.28　《失恋 33 天》剧本的目标顾客精确性测试评级表

指标	测评二级指标	指标赋值要点	指标事实及其来源	得分
1. 目标顾客的精确性 B_1	1.1 在产品设计时，是否有明确的个性化的顾客描述？0.15 分	若有，得 0.15 分；若以老顾客为主，得 0.12 分；若经过个性化顾客试用后推广，得 0.09 分；如未经顾客试用直接推销，得 0.0 分	该剧本故事本身是编剧的亲身经历，并成为豆瓣连载热帖，这属于个性化顾客描述，故得 0.15 分	0.15
	1.2 是否测试过个性化顾客的需求和欲望？0.20 分	若仅进行过产品功能性测试，得 0.10 分；若进行过快乐性欲望测试，得 0.20 分	剧本对话、情景、分镜头设计以及剪辑等，类似工业产品功能性测试，但整个电影带来的却不是失恋后的痛苦，而是快乐的结局，说明进行过快乐欲望测试，故得 0.20 分	0.20
	1.3 通过绘制顾客链，所描述的个性化顾客是否是终点顾客？0.30 分	测试的若是终点顾客，得 0.30 分；若不是终点顾客，得 0.0 分	在编剧本和分镜头时，需要分析影院观众的乐点。虽然影院里情侣多，但电影从失恋话题入手，结局却是圆满的，说明对影院观众进行了分析，故得 0.30 分	0.30
	1.4 所选定的个性化顾客的成长性如何？0.15 分	若数量和收入都增长，得 0.15 分；若仅是数量增长，得 0.10 分；若两者都无增长性，得 0.0 分	二胎放开后，其年轻情侣顾客的数量将是增长的，其收入也是增长的，故得 0.15 分	0.15
	1.5 为了进行顾客挖掘，是否建有顾客数据或跟帖分析？得 0.10 分	若有顾客数据库且进行品类组合分析，或对网络跟帖进行分析，得 0.10 分，若有数据库但无品类组合分析，得 0.05 分；无数据库，得 0.0 分	剧本来自"豆瓣"，跟帖过万，故得 0.10 分	0.10
	1.6 所选定的个性化顾客选择行为是否稳定？导致其选择行为逆转的外部因素有哪些？0.10 分	若顾客总体有明显的逆转因素，则得 0.0 分；若部分顾客存在明显逆转因素，得 0.05 分；若顾客总体无明显的逆转因素，得 0.10 分	这个世界总有失恋者，问题是化解失恋情绪的途径很多，不一定非得通过看电影。但部分顾客会选择看电影，故得 0.05 分	0.05

续表

指标	测评二级指标	指标赋值要点	指标事实及其来源	得分
得分合计				0.95

测试等级	1.0	0.8～0.99	0.6～0.79	0.4～0.59	0.2～0.39	≤0.19
	AAA级	AA级	A级	B级	C级	D级

13.4.2 《失恋33天》剧本的利益承诺单一性测试评级

《失恋33天》剧本将其表达的主题聚集得足够单一，与传统爱情电影错综的情感脉络和人物关系不同，《失恋33天》的路径足够简单，不牵扯过多的情感类别，也不牵扯过多的其他干扰因素，只想告诉观影者一个观点，那就是："失恋，不怕！"在光棍节期间，这样的单一利益点，这样纯粹的宣告，或许是所有单身男女最想要看到和听到的，也是他们寻求的或者曾经对自己说过的最好的安慰。

其承诺的利益点取自大众，用之大众，从网络热帖，到流行小说，再到电影剧本，最后到电影，它延续着大众的关注点并充分挖掘，并没有浮躁的添加和混杂。有影评人用"奇葩"一词来形容这部电影，因为如今改编电影失败的例子不胜枚举，不但无法进行好的演绎，反而破坏了原著的风采，而《失恋33天》剧本却足够"执著"。这样纯粹执著的坚守反而成就了这部电影的主题性即利益点单一性：这就是一部刻画失恋的电影，就是拍给失恋人看的。而剧本则成为原著和电影之间完美的桥梁。《失恋33天》剧本的利益承诺单一性测试如表13.29所示：

表13.29 《失恋33天》剧本的利益承诺单一性测试评级表

指标	测评二级指标	指标赋值要点	指标事实及其来源	得分
2. 利益承诺的单一性 B_2	2.1 列出所承诺的利益是一个还是多个？若承诺多个利益点，厂方材料中排在第一位的利益即首位利益是什么？0.40分	若是明确的一个利益点，得0.4分；若有显著的首位利益得0.32分；若既无单一利益点也无显著的首位利益，得0.0分	"失恋，不怕"，构成了明确的一个利益点。整个剧本围绕这一个承诺展开，不仅简洁，而且投入也低，故得0.40分	0.40
	2.2 所承诺的利益点是边际递增的情感欲望，还是边际递减的物质需求？0.30分	承诺的若是边际递增的情感欲望，得0.30分；若边际递减的物质需求，得0.12分	"失恋，不怕"，属于边际递增的情感欲望，故得0.30分	0.30
	2.3 作出的承诺是否是顾客的利益？0.20分	若符合顾客的利益，得0.20分；若不是顾客利益，得0.0分	失恋之后，如何化解低落情绪，重新开始，符合顾客利益，故得0.20分	0.20

续表

指标	测评二级指标	指标赋值要点	指标事实及其来源	得分
2. 利益承诺的单一性 B_2	2.4 该商标用于几个产品？0.10 分	若商标承诺的不是情感欲望，若该商标仅用于 1 种产品，得 0.10 分；若超过 1 种，得 0.0 分	“失恋 33 天”类似实体产品的商标，仅限于该电影，故得 0.10 分	0.10
得分合计				1.0

测试等级	1.0	0.8～0.99	0.6～0.79	0.4～0.59	0.2～0.39	≤0.19
	AAA 级	AA 级	A 级	B 级	C 级	D 级

13.4.3 《失恋 33 天》剧本的单一利益对立性测试评级

《失恋 33 天》剧本在单一利益的对立性上可谓做到了极致，这也是它能脱颖而出、让人们眼前一亮的原因。任何产品，创新都胜过盲目跟随，而最能打动消费者的创新方式就是站在在位产品的对立面。《失恋 33 天》所在的档期是 2011 年好莱坞大片排片最为集中的档期之一。相对于《猩球崛起》《铁甲钢拳》这些好莱坞进口大片华丽的制作、丰富的想象，《失恋 33 天》站在了草根大众的草根故事这一对立面上，也算是剑走偏锋、另辟蹊径了。导演滕华涛坦言，一开始他就对《失恋 33 天》类型的电影充满信心，他认为国产电影至少在一个方面是可以对抗甚至胜过美国好莱坞大片的，那就是国产电影创作者更了解中国，了解中国人的生活，了解我们身边同胞情感的细微变化，而国外电影人是无法做到这一点的。纵然他们可以做出华丽炫目的如《变形金刚》一样的大片，但却拍不出“黄小仙”和“王小贱”。他始终相信，只要中国电影人选择中国人敏感的好故事、好剧本，把握“观众的点”，那么观众是一定会买账的，中国电影也一定不会输给国外电影。[①]

放眼整个电影市场，《失恋 33 天》剧本所提供的利益点与其他电影的对立性表现在下边两个方面：

一是“清新”VS“狗血”。如今的电影也好，电视剧也好，剧情越来越让人匪夷所思，人物关系越来越复杂，即网络上常说的“狗血”。而《失恋 33 天》剧本中刻画了一条简单地从失恋到走出阴霾重新开始的路径，白百合的演绎也清新脱俗，给人久违的真实感觉。有网友说，这部电影终于不总是拿着“帅哥”“美女”“都市白领”“富二代”还有一堆时尚名牌说事了。电影的主人公是这个城市里最普通不过的人，他们也怕老板骂，也辛苦地找房子租住，坐着地铁来回地穿梭，也在面对情感、工作、生活的纠结和烦恼时，常常束手无策。但人们看了这样的电影反而不会有压力，因为这部电影让人们看到普通人可以获得幸福的方式。[②] 这是让观众最感动的情节，同时也是电影剧本最成功的地方，因为它造就了与其他电影剧本的不同：真实、脱俗。还有网友评论，说这部电影在拍摄技艺和制作效果上并

---

① 参见《专访〈失恋 33 天〉导演滕华涛，讲述成功“简单公式”》，http://china.cnr.cn/yaowen/201111/t20111121_508806936_1.shtml。

② 参见麻绳《不属于导演的“作者电影”》，http://movie.douban.com/review/5158423/。

不高超，它只是通篇讲了一个爱情故事，但它却胜在讲故事的态度上，因为电影市场上已经好久没有一部电影像《失恋 33 天》这样踏实、朴素、真诚。

二是单身者 VS 情侣。在位爱情电影多讲述甜蜜的恋爱，或者讲述有缘人终于收获爱情走向大团圆的过程，而悲剧则是描述爱情轰轰烈烈但最终无法善终。但《失恋 33 天》则第一次通篇讲述失恋者的心路历程，讲述单身者的生活经历。“豆瓣”影评人在评价《失恋 33 天》剧本时说，该剧本的魅力在于它敢于简单专注地，甚至略显粗暴地讨论一个其他电影都忽略甚至是逃避的主题，它把观众推到了一个稀缺的情感宣泄场所，跟主人公一同叩问“我哪里做错了”，在释放“我不想活了”，在激励自己“要振作”。这种剧本所拍出的电影对年轻人的吸引力必然是巨大的。《失恋 33 天》的剧本提供了一个不一样的爱情故事，这也是它给予电影最宝贵的财富。《失恋 33 天》剧本的单一利益对立性测试如表 13.30 所示：

表 13.30　《失恋 33 天》剧本的单一利益对立性测试评级表

指标	测评二级指标	指标赋值要点	指标事实及其来源	得分
3. 单一利益的对立性 B_3	3.1 给出拟评商标国际或国内在位者，并给出在位者的单一利益点即在位品类。0.40 分	若只给出在位者厂商但无在位者产品，得 0.10 分；若给出在位者产品但无其单一利益点，得 0.20 分；若给出在位者产品及其单一利益点，得 0.40 分	依资料可见，需要对某部电影进行分析，故得 0.40 分	0.40
	3.2 将拟评商标的利益点与在位者的利益点进行比对，测试两者的对立程度。0.60 分	若与在位者完全对立，得 0.6 分；很大的对立得 0.48 分；不对立但差别很大，得 0.36 分；不对立但差别较大，得 0.24 分；差异很小的跟随，得 0.12 分；完全跟随或通用性承诺，得 0.0 分	现有的失恋影视作品，尤其是梁山伯与祝英台之类，多数是悲剧。而《失恋 33 天》却更像喜剧。故得 0.60 分	0.60
得分合计				1.0

测试等级	1.0	0.8～0.99	0.6～0.79	0.4～0.59	0.2～0.39	≤0.19
	AAA 级	AA 级	A 级	B 级	C 级	D 级

13.4.4　《失恋 33 天》剧本的品牌建设岗位性测试评级

谁对剧本和影片的收益负责？导演负责制还是制片负责制，属于两个不同的运营体制。

《失恋 33 天》剧本成功的另一关键，在于好的品牌建设岗位性。换句话说，就是由有经验的专业人士对剧本进行制作、修改、选定，并用对的元素、按照对的设计、围绕剧本品牌进行科学的组装。对于《失恋 33 天》这部电影，最会拍都市生活言情剧（如《蜗居》《浮沉》）的导演，配合着最贴近生活、贴近都市年轻人的编剧，再邀请最适合演绎剧本元素的演员，创作出来的必然是最具该类型品牌效应的电影。正如导演滕华涛在回答记者有关“电影成功秘诀”时说的：“《失恋 33 天》是一个好故事，而且是我擅长拍的东西，我又有合适演这个故事的演员，怎么可能会出问题呢？”①

《失恋 33 天》剧本可以展现出极高的品牌建设岗位性，因为制作方围绕剧本，通过一个专门的团队，将这部电影所有的构成元素有机地整合。原著故事来自中文网络，原著作者充当编剧，并发挥较为核心的作用，从导演对电影的指导路线、演员的选拔和演绎，到制作团队对电影的打造、宣传团队对电影的营销，所有环节都围绕着“打造剧本品牌”这一中心进行。但考虑到导演在剧本选择中的主导作用，公司常设品牌岗位的作用仍有加强空间。综上所述，按照该指标的技术标准和测试评级要求，关于《失恋 33 天》剧本的品牌岗位性测试如表 13.31 所示：

表 13.31　《失恋 33 天》剧本的品牌建设岗位性测试评级表

指标	测评二级指标	指标赋值要点	指标事实及其来源	得分
4. 品牌建设的岗位性 B_4	4.1 是否设立有品牌经理？0.40 分	若有，得 0.40 分；若由公司决策者直接负责，得 0.32 分；若只是一般岗位兼职，得 0.24 分；若既无品牌经理，也无其他岗位专责品牌建设，则得 0.0 分	在很大程度上，属于投资方制片人类似品牌经理，负责经营，故得 0.40 分	0.40
	4.2 若有品牌经理，是否是品牌经理运营制（即对拟评商标所承载产品的经营）？0.15 分	若未实行品牌经理运营制，得 0.0 分；若只有专职负责但无团队配合，得 0.06 分；若是品牌经理运营制，得 0.15 分	导演或投资方，属于专职负责，但更多的是靠自己的分析和把握，有制作和运营团队。故得 0.15 分	0.15
	4.3 品牌实际负责人（老板或职业经理）对品牌的理解是物质性还是情感性？0.30分	通过检索、分析品牌实际负责人的讲话，若其对品牌的理解是质量、功能等物质性，得 0.18 分；若其理解是心情、欲望、快乐等情感性，则得 0.30 分	从资料看，编剧和导演理解的是情感类，故得 0.30 分	0.30
	4.4 针对目标顾客的逆转因素，品牌实际负责人（老板或职业经理）是否制定了预案？0.15 分	针对逆转因素，制定了预案或不同方案，得 0.15 分；若没制定预案，则得 0.0 分	影院播放产品很多，档期竞争激烈，观众有很多选择性，但通过加长版的网络版本，说明是有预案的，故得 0.15 分	0.15
得分合计				1.0

① 参见《专访〈失恋 33 天〉导演滕华涛，讲述成功“简单公式”》，http://china.cnr.cn/yaowen/201111/t20111121_508806936_1.shtml。

续表

<table>
<tr><th>指标</th><th colspan="2">测评二级指标</th><th colspan="2">指标赋值要点</th><th>指标事实及其来源</th><th>得分</th></tr>
<tr><td rowspan="2">测试等级</td><td>1.0</td><td>0.8～0.99</td><td>0.6～0.79</td><td>0.4～0.59</td><td>0.2～0.39</td><td>≤0.19</td></tr>
<tr><td>AAA 级</td><td>AA 级</td><td>A 级</td><td>B 级</td><td>C 级</td><td>D 级</td></tr>
</table>

13.4.5 《失恋 33 天》剧本的单一利益持久性测试评级

《失恋 33 天》剧本单一利益是否迟久？我们可以从编剧鲍鲸鲸发掘和发酵这一利益点的过程中找到答案：剧本故事源自豆瓣上的连载热帖，故事完善后成为网友广泛欢迎的小说。在这之后鲍鲸鲸受导演滕华涛委托，将其改编为电影剧本，进而在千呼万唤中在院线上映。一路走来，几乎走完了从创意到作品，再到电影演绎这一完整产业链条，并且依旧留下了可供延伸的空间。电影之后，相同题材的电视剧也获得了良好的收视成绩，足见受众对这一利益点的追捧乐此不疲。

导演滕华涛说他看完《失恋 33 天》这部小说之后产生了将其拍成电影的灵感，他说人们之前或许认为失恋是自己的事情，但其实它跟其他人类情感一样，是全社会所有人都共有的、相通的，这样的情感利益点是值得拿出来让人们共同去分享、感悟和反思的。[①] 因此，能体现这种共同东西的剧本才是有持久吸引力的剧本，因为只要你失恋了，你可能就会想到看《失恋 33 天》的小说或者电影，每个人或许有好多次失恋，每一代人也都经历失恋，而剧本所表现的东西是能让每个人产生共鸣或找到安慰和激励的。《失恋 33 天》剧本的单一利益持久性测试评级如表 13.32 所示：

表 13.32　《失恋 33 天》剧本的单一利益持久性测试评级表

<table>
<tr><th>指标</th><th>测评二级指标</th><th>指标赋值要点</th><th>指标事实及其来源</th><th>得分</th></tr>
<tr><td rowspan="2">5. 单一利益的持久性 B_5</td><td>5.1 拟评商标承诺的单一利益或首位利益是否符合情感快乐这一终极利益？0.70 分</td><td>若从初始利益的产品，到终极利益的快乐，假设有 N 个利益，若拟评商标承诺的利益在第 i 个，得 $0.7\times i/N$分</td><td>失恋者或情侣—到影院—选择《失恋 33 天》—建立预期—边看边检验预期—圆满结局—带来希望的快乐。7 个环节，该剧本处于终极快乐，故得 $0.7\times 7/7=0.70$ 分</td><td>0.70</td></tr>
<tr><td>5.2 终点顾客的终极利益也即乐点稳定吗？0.20 分</td><td>若乐点是非常稳定的，得 0.20 分；若乐点基本稳定，得 0.12 分；若乐点是不稳定的，得 0.0 分</td><td>失恋者或情侣对新希望和圆满的结局的乐点是非常稳定的，故得 0.20 分</td><td>0.20</td></tr>
</table>

① 参见《〈失恋 33 天〉主创专访，滕华涛：没时间迎接赞誉》，http://ent.qq.com/a/20111012/000019.htm。

续表

指标	测评二级指标	指标赋值要点	指标事实及其来源	得分
5. 单一利益的持久性 B_5	5.3 其产品更新换代是否构成情感快乐的版本升级效应？0.10 分	若构成情感快乐的版本升级效应，得 0.10 分；若仅是产品更新换代，得 0.0 分	从豆瓣热帖到小说、到编剧、到电影，类似产品更新换代。但只有围绕情感快乐进行版本升级，才能获得持久。故得 0.10 分	0.10
得分合计				1.0

测试等级	1.0	0.8～0.99	0.6～0.79	0.4～0.59	0.2～0.39	≤0.19
	AAA 级	AA 级	A 级	B 级	C 级	D 级

13.4.6 《失恋 33 天》剧本的终端建设稳定性测试评级

从评估的角度，剧本《失恋 33 天》是一部非常值得投资的剧本，因为正如大多专业影评人分析的那样，这个剧本经过调整，剧场版电影适合院线终端播放，加长版的电影适合网络终端的持续热播，同时还适合拍摄成电视剧出售给电视台。而事实也是如此，在这三个终端，剧本的演绎都取得了成功。对于一个旗下业务广泛，终端建设和合作完善的制片公司，剧本《失恋 33 天》的终端建设稳定性是极强的。它能保证多个终端的互补，增加了收益，降低了风险。《失恋 33 天》剧本的终端建设稳定性测试如表 13.33 所示。

表 13.33　《失恋 33 天》剧本的终端建设稳定性测试评级表

指标	测评二级指标	指标赋值要点	指标事实及其来源	得分
6. 终端建设的稳定性 B_6	6.1 沟通终端的网络程度，包括二维码使用程度或新媒体是多少？0.60 分	产品或其包装普遍未印制自已的二维码，得0.0分；若印制了普通二维码得0.24分；若背景使用了经过设计的广告型二维码，得 0.36 分；若使用了经过注册的商标型背板的二维码，得0.48分；若是品牌型二维码，或集中于新媒体，得 0.60 分	通过百度、360 检索，未发现《失恋 33 天》剧照资料上有二维码。但《失恋 33 天》的故事来源是豆瓣网的热帖，上万的跟帖已经形成了稳定的沟通终端，故得 0.60 分	0.60

续表

指标	测评二级指标	指标赋值要点	指标事实及其来源	得分
6. 终端建设的稳定性 B_6	6.2 拟评商标产品的现实终端形式是什么？0.30 分	若只有代理商，得 0.0 分；由代理商进终端但拟评企业派驻导购员，或受导购个人影响很大，得 0.06 分；若完全为加盟终端，得 0.12 分；若由代理商和企业各自拓展终端（实体或网络）即双重渠道，得 0.18 分；若是旗舰店基础上的加盟连锁店，得 0.24 分；若完全为自控终端（厂家专柜或自建专卖店），得 0.30 分	年轻观众选择影院或视频网站两类终端。影院多数隶属于某个院线，院线企业类似代理商渠道，视频网站属于投资方直接拓展的终端。考虑到发行公司的特点，故得 0.24 分	0.24
	6.3 目标顾客到拟评商标所代表的产品终端是否便捷？0.10 分	若是类似直销、网店或社区店等终端，就很便捷，得 0.10分；若是设立于城市中心，或者是郊区的位置，便捷性就很低，得 0.0 分	电影院和网络视频网站，便捷性很高，故得 0.10 分	0.10
得分合计				0.94

测试等级	1.0	0.8～0.99	0.6～0.79	0.4～0.59	0.2～0.39	≤0.19
	AAA 级	AA 级	A 级	B 级	C 级	D 级

13.4.7 《失恋 33 天》剧本的品类需求敏感性测试评级

电影产品本身仅仅是一种休闲娱乐产品，并非生活、工作、情感等所必需，那么我们在分析这一因素时，就要看这部电影是否成为某个场合或时间人们热衷的不忍错过的选择。《失恋 33 天》是首部为光棍节档期量身定做的产品，这也引爆了一场光棍节观影过节的热潮。从前看电影仿佛是情侣们的专利，可随着《失恋 33 天》的上映，一时之间，平日无缘找伴侣陪伴去看电影的单身大众仿佛终于找到了宣泄的窗口，结伴观看这部电影。在单身的节日，看给单身人拍的电影，在宣泄失恋伤感的日子，看治愈失恋的电影，《失恋 33 天》是典型的创造电影需求的案例，将一个时间的非必需品打造成了准必需品。

而这源自于《失恋 33 天》剧本的高品类需求敏感性。编剧和导演也都明白，观众归根结底是对情节和故事敏感，只要让他们产生共鸣，他们就会喜欢。滕华涛谈到这部电影时说，该片的成功就在于他做的是“让观众有感受”的故事。①

① 参见《专访〈失恋 33 天〉导演滕华涛，讲述成功“简单公式”》，http://china.cnr.cn/yaowen/201111/t20111121_508806936_1.shtml。

观众对剧本的高度敏感或许取决于主题、剧情与观众的对味。剧本中不仅有幽默犀利的台词奠定轻松气氛，更重要的是电影剧本抓住了年轻人生活中核心内容：心酸的感情经历，痛苦的恢复过程，工作和生活的巨大压力，面对种种不顺却仍旧鼓起勇气继续向前，依旧坚守着内心对爱情、对社会、对生活的价值观、热爱以及憧憬，这样的主题自然而然可以引起观众内心的共鸣，因为可以让他们从电影当中看到自己的影子，并且找到疗伤的药剂和前进的动力。另外，电影所传达的疗伤过程并不伤感，反而是快乐的，这也是观众所喜欢的风格。有观众在观后感中说自己观看这部电影，“一半时间在感动，一半时间在笑”，对白非常“接地气”，也非常幽默。① 还有网友评论这部电影则说，这部电影给人一种活在当下的亲切和一种审视时代的冲动。②《失恋33天》剧本的品类需求敏感性测试如表13.34所示：

表13.34 《失恋33天》剧本的品类需求敏感性测试评级表

指标	测评二级指标	指标赋值要点	指标事实及其来源	得分
7.品类需求的敏感性 B_7	7.1所作利益承诺是目标顾客生活、工作或情感所必需的吗？0.40分	若是一次性购买但常年性使用或标识的，得0.40分；若是经常性购买的，得0.32分；若是可有可无或可多可少的，得0.0分	“失恋，不怕”这对失恋者而言，属于一次性购买常年性使用，故得0.40分	0.40
	7.2所作利益承诺，是目标顾客在某个时间或某个场合所急需的吗？0.20分	若能给出明确的何时或何地所急需的，得0.20分；若有急需的可能但何时或何地不明确，得0.12分；若既无可能也不明确，得0.0分	一旦失恋，如何化解低落的心情，成为急需，故得0.20分	0.20
	7.3所作利益承诺对目标顾客而言，是锦上添花的吗？0.20分	若使顾客感到若有更好，得0.20分；若使顾客感到仅仅是有比无好，得0.12分；若说不出明确的原因，得0.0分	更多的现实情况，是失恋者自己想方法化解低落情绪，而《失恋33天》提供了更好的方式，故得0.20分	0.20
	7.4所作承诺对目标顾客而言，是基本利益还是派生利益？0.20分	若仅是基本利益，得0.0分；若是基本利益基础上的派生利益，得0.20分	看电影是基本利益，但失恋者或情侣通过电影来化解焦虑，获得快乐，属于派生利益，故得0.20分	0.20
得分合计				1.0

① 参见图宾根木匠《〈失恋33天〉：小清新的小三命》，http://movie.douban.com/review/5159744/。

② 参见麻绳《不属于导演的“作者电影”》，http://movie.douban.com/review/5158423/。

续表

指标	测评二级指标		指标赋值要点		指标事实及其来源	得分
测试等级	1.0	0.8～0.99	0.6～0.79	0.4～0.59	0.2～0.39	≤0.19
	AAA级	AA级	A级	B级	C级	D级

13.4.8 《失恋33天》的剧本注册商标单义性测试评级

电影剧本的注册商标单义性也就是电影剧本名称的单义性。高的单义性不会让人们产生歧义，并将人们的想象空间引向特定的方向。《失恋33天》剧本名称照搬了网络热帖和小说名称，这让人们清楚地知道电影的来源是什么，电影要表达什么。导演滕华涛曾说他的诠释习惯便是沿承原著的风格和思想，保持原著原有的味道，他不喜欢偏离这个大方向另寻殊途。[①] 可见该部电影的剧本很重视保持观众对其含义的稳定认识，以不变应万变。即使有人并不了解这部小说，"失恋"二字也会清晰地表达出电影所针对的目标顾客和所提供的单一利益点。《失恋33天》剧本的注册商标单义性测试如表13.35所示：

表13.35 《失恋33天》剧本的注册商标单义性测试评级表

指标	测评二级指标	指标赋值要点	指标事实及其来源	得分
8. 注册商标的单义性B_8	8.1 以注册商标或拟注册商标为主题词，通过网络检索测试，有多少种不同含义？0.30分	若检索只有一个含义，得0.30分；超过两个以上含义，得0.0分	通过百度、360检索"失恋33天"，得出的都是该电影，表明其含义只有一个，故得0.30分	0.30
	8.2 与在位者注册商标的相识性有多大？0.20分	若是完全不相似，得0.20分；若是文字不同但发音模仿在位者的注册商标，或者在文字上混淆与在位者的注册商标，得0.0分	与已有的失恋类影视、文学作品相比，《失恋33天》属于完全不相似，故得0.20分	0.20
	8.3 注册商标或拟注册商标本身表情化及其欲望化程度多大？0.40分	若商标仅是个标识符号，得0.08分；若是无故事背景的图案或卡通类，得0.16分；若是有故事的图案或卡通类，得0.32分；若成为某种欲望代言的图案或卡通使目标顾客一见钟情，得0.40分	从名称分析，《失恋33天》中，"失恋"是个客观状态描述，"33天"是个有想象力的术语：这33天发生什么了？故得0.40分	0.40

① 参见《〈失恋33天〉主创专访，滕华涛：没时间迎接赞誉》，http://ent.qq.com/a/20111012/000019.htm。

续表

指标	测评二级指标	指标赋值要点	指标事实及其来源	得分
8. 注册商标的单义性 B_8	8.4 注册商标或拟注册商标是否借用了在先的其他厂商未注册类别的注册商标？0.10分	此类属于合法借用行为，也即已有商标在某类注册，而拟评商标在其他类别注册，若是实体产品，得0.0分。若是文化或软件产品，未获授权，得0.08分；若获授权或原版权已过期，得0.10分；若不存在合法借用，则得0.10分	属于同名小说改编，故得0.10分	0.10
得分合计				1.0

测试等级	1.0	0.8～0.99	0.6～0.79	0.4～0.59	0.2～0.39	≤0.19
	AAA级	AA级	A级	B级	C级	D级

13.4.9 《失恋33天》剧本的媒体传播公信力测试评级

电影剧本的特性可以决定电影适合的媒体宣传方式，这是通过电影剧本媒体传播的公信力来衡量的。《失恋33天》剧本源自网络、源自生活，因此电影的宣传并未投入太多资金在传统媒体，却很好地利用了社交网络进行宣传。借助微电影、歌曲MV、图片等方式，唯美地将《失恋33天》推介到各个社交网络平台上，并且借助网友的自发宣传逐渐流行开来。“失恋”“恋爱”“生活”这样的主题本来就是观影群体最为关心的主题之一，恰逢光棍节期间，这部电影借力成为各大社交网络和论坛的热门话题，还未上映就积攒了巨大的人气，而上映之后网友继续在网络发表对电影的评论和推介，更进一步助推了电影的成功。

而对于电影产品，相比传统宣传方式，这种网络宣传模式显然更为成功。因为观影群体主要也是社交网络的主要用户，他们或许不看杂志、报纸、电视，但他们几乎每天都会登录人人、微博、qq、贴吧等网络平台。当然，并不是所有的电影产品都适合在社交网络宣传并能够取得成功的，这一方面取决于宣传策划的质量，但我们认为更重要的方面仍旧是电影剧本，即电影剧本是否具有能够融入观影群体生活的主题和思想。因此，从剧本媒体传播公信力的角度分析，剧本《失恋33天》也是非常成功的。《失恋33天》剧本的媒体传播公信性测试如表13.36所示：

表 13.36　《失恋 33 天》剧本的媒体传播公信性测试评级表

指标	测评二级指标	指标赋值要点	指标事实及其来源	得分
9. 媒体传播的公信性 B_9	9.1 通过网络检索该商标，查看新闻媒体对该商标所承载内容的报道范围及人物比有多大？若是网络产品，则是否是热帖？0.40 分	若搜索结果第 1 页 2 次(含)以上时，或者在前 5 页报道新闻媒体超过 30 家，或者是网络热帖，得 0.40 分；若第 1 页有且前 5 页报道总数大于 10 家，得 0.32 分；若第 1 页无或者前 5 页报道低于 10 家，得 0.24 分；若前 5 页皆无报道内容或有但人物比超 40%，得 0.0 分	提供百度、360 搜索，前 5 页缺乏新闻报道，说明在播放前期缺乏新闻事件策划。但在豆瓣里却是连载热帖，故得 0.40 分	0.40
	9.2 通过网络检索，该商标传播内容是否以实际顾客情感收益为主？0.30 分	若是根据顾客真实收益获得的情感利益故事，得0.30 分；若顾客真实收益仅是诸如质量或价格等物质性利益，得 0.18 分；若传播内容是推销或招聘类，得 0.0 分	全部是视频网站的播放链接或剧情介绍，类似推销类信息。但从剧本角度，来源于豆瓣热帖，故得 0.3 分	0.30
	9.3 通过网络检索，该商标的传播是商业广告还是网络热帖为主？0.10 分	若是单纯产品硬广告，得 0.04 分；若是明星类代言广告，得 0.06 分；若是故事类软文得 0.08 分；若是赞助类、植入式广告或网络热帖为主，得 0.10 分	剧本改编自小说，而小说源自网络热帖，故得 0.10 分	0.10
	9.4 通过网络检索，该商标的信息传播的真实性有多高？0.20 分	若存在虚构的顾客证言或销售数据，得 0.0 分；实体产品若有负面报道或负面评价，文化产品若无负面评价，得 0.0 分；实体产品若有召回类信息，或文化产品若有终止，得 0.12 分，实体产品若无任何负面信息，或文化产品有负面信息，得 0.16分；实体产品若无任何负面信息且都是正面或真实信息，或文化产品争论激烈，得 0.20 分	从 1905 电影网里关于《失恋 33 天》的大量影评或评价来看，存在着负面评论，但争论不激烈，故得 0.16 分	0.16

续表

指标	测评二级指标	指标赋值要点	指标事实及其来源	得分
得分合计				0.96

测试等级	1.0	0.8～0.99	0.6～0.79	0.4～0.59	0.2～0.39	≤0.19
	AAA级	AA级	A级	B级	C级	D级

13.4.10　《失恋33天》剧本的质量信息透明性测试评级

剧本《失恋33天》根据同名小说改编，而导演又承诺会遵从原著，其内容、主题都是极为透明的。而从电影审查的角度来看，该剧本的质量信息透明性也很高，看完整个剧本，包括加入电影的小说原著中的旁白以及片尾对大众的真实采访，会发现内容中没有任何暴力的镜头和肮脏的语言，没有任何情色镜头，也不掺杂任何意识形态和社会矛盾的讨论，全都是贴近生活的语言和场景。更重要的是，剧本传达出了作为普通奋斗青年健康地对待工作、财富、地位和情感的态度，治愈系的风格传达着满满的正能量。这样单纯的电影是爱情电影中极为少见的。《失恋33天》剧本的质量信息透明性测试如表13.37所示：

表13.37　《失恋33天》剧本的质量信息透明性测试评级表

指标	测评二级指标	指标赋值要点	指标事实及其来源	得分
10.质量信息的透明性 B_{10}	10.1是否有产品说明书或者是包装上是否有产品说明？−0.20分	若无此项，得−0.20分；若有，得0.0分	小说有内容简介，电影有剧情简介和演员、导演等信息，类似产品说明书，故得0.0分	0.0
	10.2产品成分及其含量标注是否清楚？若是影视作品，大牌明星戏份是多少？−0.20分	若成分或含量违禁，或两者标注都不清楚，得−0.20分；若有成分无含量，得−0.16分；若是辅助性材料或原料未注明，则得−0.08分；若成分及其含量标注皆清楚，得0.0分	剧本是根据同名小说改编的，而且是由小说作者改编，故能很好地把握原作，故得0.0分	0.0
	10.3产品成分使用是否给出清楚的不良结果或不适用顾客？若是文化产品，是否给出不适合顾客，或是否已形成顾客社区？−0.20分	若故意隐瞒或未及时公布不良后果或不适顾客，或标注不清楚，得−0.20分；若标注清楚，得0.0分	该剧本是依据网络热帖完成的小说，已经形成了顾客社区，故得0.0分	0.0

续表

指标	测评二级指标	指标赋值要点	指标事实及其来源	得分
10. 质量信息的透明性 B_{10}	10.4 所作承诺、使用说明或成分名称是否具有误导性？－0.20 分	若有误导性且一定产生危害，得－0.20 分；若有误导性但不一定产生危害，得－0.12分；若有误导性但无危害，得－0.02 分；若无误导性，得 0.0 分	《失恋 33 天》的圆满结局，对情侣分手有误导性，但不一定产生实际危害。故得－0.02 分	－0.02
	10.5 在产品或服务说明中若有第三方质量征信，此第三方征信机构是否承担失信赔偿的连带责任？－0.20 分	若不承担连带赔偿责任，得－0.20 分；若无第三方征信或有且承担连带责任，得 0.0 分	不存在此类征信，故得 0.0 分	0.0
得分合计				－0.02

测试等级	0.0	－0.01～－0.19	－0.2～－0.39	－0.4～－0.59	－0.6～－0.79	－0.8～－1.0
	AAA 级	AA 级	A 级	B 级	C 级	D 级

根据上述 10 个指标的具体测试，汇总得出《失恋 33 天》剧本的品牌信用指数测算如表 13.38 所示：

表 13.38　《失恋 33 天》剧本商标的品牌信用指数评级表

序号	指标名称	指标分值	序号	指标名称	指标分值
1	目标顾客精确性 B_1	0.95	6	终端建设稳定性 B_6	0.94
2	利益承诺单一性 B_2	1.0	7	品类信息敏感性 B_7	1.0
3	单一利益对立性 B_3	1.0	8	注册商标单义性 B_8	1.0
4	品牌建设岗位性 B_4	1.0	9	媒体传播公信力 B_9	0.96
5	单一利益持久性 B_5	1.0	10	质量信息透明性 B_{10}	－0.02
$TBCI=[(1+B_{10})\sum B_i]\div 9, i=1\sim 9$					0.96

测试等级	1.0	0.8～0.99	0.6～0.79	0.4～0.59	0.2～0.39	≤0.19
	AAA	AA	A	B	C	D

根据评估我们得出，《失恋 33 天》剧本 *TBCI* 值达到 0.96，品牌信用度达到 AA 级别，因此我们可以判定该剧本具有很高的品牌信用度，剧本价值高，评估风险小。

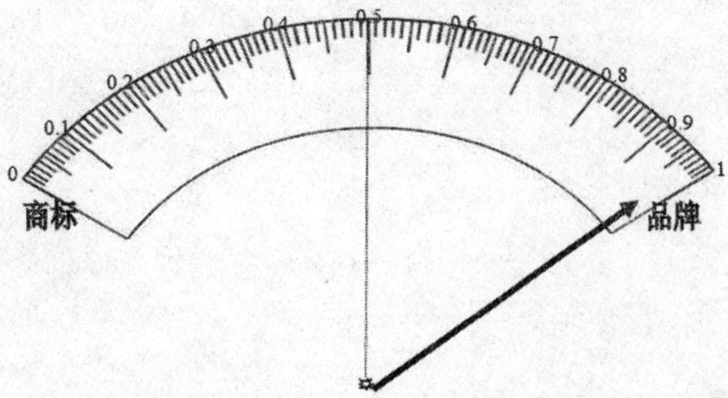

从商标-品牌测度尺可以形象地看出,《失恋 33 天》剧本从商标到品牌的距离是0.96,折算成商标品牌化指数 $TBI=TBCI-1=0.96-1=-0.04$。换言之,《失恋 33 天》剧本距离目标顾客选择成本等于零的真正品牌,还有 0.04 距离。

将 $B_c=TBCI=0.96$ 代入公式 $P_d=\dfrac{P_q}{1-h}=\dfrac{P_q}{1-e^{\frac{B_c-1}{B_c}}}$

可得 P_d(失恋 33 天)$=24.5P_q$(失恋 33 天),换言之,如果《失恋 33 天》的质量价格也即投资成本 P_q(失恋 33 天)=100 元,目标顾客的意愿价格是 P_d(失恋 33 天)=2450 元,品牌溢价率 24.5 倍。

按照 1500 万元总投入(900 万元制作投资和 600 万元推广费用),票房可得:0.15 亿×24.5=3.675亿元。

若按 0.45∶0.55 分账,投资方(发行方)获得 3.675×0.45=1.65375 亿元。

(本书的《失恋 33 天》剧本的品牌信用评级报告由孙曰瑶、万乾根据 *TBCI*2.0 版完成。)